DIE SEFARDEN IN HAMBURG
Band 1

DIE SEFARDEN IN HAMBURG

Herausgegeben von
Michael Studemund-Halévy

Band 1

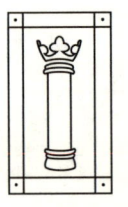

Helmut Buske Verlag
HAMBURG

DIE SEFARDEN IN HAMBURG
Zur Geschichte einer Minderheit
Erster Teil

Herausgegeben von
Michael Studemund-Halévy
in Verbindung mit
Peter Koj

HELMUT BUSKE VERLAG
HAMBURG

Dieses Buch erscheint als Band 29 in der von Johannes Kramer
und Hans-Josef Niederehe herausgegebenen Reihe
ROMANISTIK IN GESCHICHTE UND GEGENWART (Rom GG)

Gefördert haben diesen Band:

die Deutsch-Portugiesische Gesellschaft (Hamburg),
der Deutsch-Portugiesische Kulturkreis (Hamburg),
die Gabriel-Riesser-Stiftung (Hamburg)
und die Hamburgische Wissenschaftliche Stiftung

Umschlagabbildung:

Die Portugiesische Synagoge in Altona (Ausschnitt)
Federzeichnung von Ludwig Schwarz, 1917
Altonaer Museum in Hamburg, Inv. Nr. 1919/140

Die Deutsche Bibliothek – CIP-Einheitsaufnahme

Die *Sefarden in Hamburg* / hrsg. von Michael Studemund-Halévy
in Verbindung mit Peter Koj. – Hamburg : Buske.
NE: Studemund-Halévy, Michael [Hrsg.]

Bd. 1. Zur Geschichte einer Minderheit.
 Erster Teil. – (1994)
 (Romanistik in Geschichte und Gegenwart ; Bd. 29)
 ISBN 3-87548-048-1
NE: GT

ISSN 0341-3209

© Helmut Buske Verlag GmbH, Hamburg 1994. Alle Rechte, auch die des auszugsweisen Nachdrucks, der fotomechanischen Wiedergabe und der Übersetzung, vorbehalten. Dies betrifft auch die Vervielfältigung und Übertragung einzelner Textabschnitte durch alle Verfahren wie Speicherung und Übertragung auf Papier, Filme, Bänder, Platten und andere Medien, soweit es nicht §§ 53 und 54 URG ausdrücklich gestatten. – Druck: Strauss Offsetdruck GmbH, Mörlenbach. Einband: Schaumann, Darmstadt. Gedruckt auf säurefreiem, alterungsbeständigem Werkdruckpapier. Printed in Germany.

Dem Gedenken
an

Jehuda Cassuto (1808-1893)
Isaac Cassuto (1848-1923)
Jehuda Leon Cassuto (1878-1953)
und
Alfonso Cassuto (1910-1990)

Isaac Cassuto (Hamburg 1848-1923)

DANKSAGUNG

Dieses Buch verdankt seine Entstehung nicht nur der großen Anzahl von Autoren, die darin zu Wort kommen, sondern auch den vielen Personen, die uns bei der Arbeit unterstützten. Ohne die großzügige Hilfe, die die Herausgeber von mehreren in- und ausländischen Institutionen und Personen erfahren haben, hätte diese Arbeit nicht entstehen können, und so möchten wir ihrer Anteilnahme daran herzlich danken. Unser Dank gilt vor allem der *Gabriel-Riesser-Stiftung* für die Übernahme der Kosten für die Übersetzungen und Nachdruckrechte. Unser Dank gilt namentlich Herrn Dr. Fritz Hansen für seine Anteilnahme an dem mitunter komplizierten Projekt. Ferner gilt unsere Dankbarkeit der *Hamburgischen Wissenschaftlichen Stiftung*, die die Drucklegung der Arbeit übernommen hat, sowie der *Deutsch-Portugiesischen Gesellschaft* und dem *Deutsch-Portugiesischen Kulturkreis* für die finanzielle Unterstützung bei den zeitraubenden Recherchen. Ohne diese Institutionen wäre dieses Werk nicht zustande gekommen.

Dem Suhrkamp Verlag danken wir für die Erlaubnis, den Beitrag von Gershom Scholem nachdrucken zu dürfen, der Studia Rosenthaliana, der Bar-Ilan University Press, der Zeitschrift Pe'amim und dem Yad Ben Zvi für die Übersetzungsrechte an den Beiträgen von Gershom Scholem, Jonathan J. Israel und Zvi Maleakhi.

Namentlich möchten wir an dieser Stelle Dr. Adri K. Offenberg, Direktor der Bibliotheca Rosenthaliana in Amsterdam, und unserem Freund Dr. Robert Attal, Leiter der Bibliothek des Ben Zvi Institute in Jerusalem, unseren tiefen Dank aussprechen für ihre kollegiale Hilfe bei der Beschaffung seltener Literatur.

Karin am Felde, B.B. und Piedade Gralha redigierten die Korrekturbögen mit Geduld, Umsicht und Sorgfalt.

Abschließend möchten wir uns bei den Mitarbeitern der Universitätsbibliothek und der Bibliotheca Rosenthaliana in Amsterdam, der Jewish and National Library und dem Yad Ben Zvi in Jerusalem, des Staatsarchivs, der Staats- und Universitätsbibliothek Carl von Ossietzky und des Instituts für die Geschichte der deutschen Juden in Hamburg sowie zahlreicher in- und ausländischer Einrichtungen für die unzähligen Anfragen entschuldigen und ihnen für ihre Auskünfte und die Bereitstellung der Materialien, Archivalien und Druckvorlagen herzlichst danken.

Hamburg, im Dezember 1993   Michael Studemund-Halévy

AGRADECIMENTO

Este livro é resultado não só do elevado número de autores que para ele contribuíram, mas também das muitas pessoas que nos apoiaram. Sem a generosa ajuda prestada ao editor por numerosas Instituições e pessoas, nacionais e internacionais, não teria sido possível a publicação deste trabalho. Queremos, por isso, agradecer a sua contribuição. Antes de mais a *Fundação Gabriel-Riesser* (Gabriel-Riesser-Stiftung) por custear a tradução e custos de edição. Agradecemos ao sr. Dr. Fritz Hansen a sua participação neste, por vezes, complicado projecto. Além disso apresentamos os nossos agradecimentos à *Fundação de Apoio à Investigação Científica* de Hamburgo (Hamburgische Wissenschaftliche Stiftung), que financiou a impressão , assim como à *Fundação Luso-Alemã* e ao *Círculo de Cultura Portugal em Hamburgo* pelo seu apoio financeiro às morosas investigações preliminares.

Agradecemos, também, à editora Suhrkamp, a autorização de publicação do artigo de Gershom Scholem; à Studia Rosenthaliana e à Bar-Ilan University Press, à revista Pe'amim e ao Instituto Ben Zvi pelos direitos de tradução dos artigos de Gershom Scholem, Jonathan J. Israel e Zvi Maleakhi.

Apresentamos os nossos agradecimentos ao Dr. Adri K. Offenberg, Director da Biblioteca Rosenthaliana em Amesterdão e ao Dr. Robert Attal, antigo director da Biblioteca do Instituto Ben Zvi em Jerusalém, pela sua colegial ajuda ao colocarem à disposição literatura rara.

Karin am Felde, B.B. e Piedade Gralha reveram as provas com paciência, cautela e cuidado.

Finalmente, pedimos desculpa a todos os que trabalham na Biblioteca Universitária e Biblioteca Rosenthaliana em Amesterdão; na Biblioteca Nacional Judaica e no Instituto Yad Ben Zvi em Jerusalém; nos Arquivos Estatais, na Biblioteca Universitária e Estatal Carl von Ossietzky e no Instituto Histórico dos Judeus Alemaes em Hamburgo, assim como numerosas Instituições nacionais e estrangeiras, pelos numerosos pedidos de informação e agradecemos-lhes, amigavelmente, as informações recebidas e a pronta disposição de materiais.

Dezembro de 1993   Michael Studemund-Halévy

Die ausführlichen Abbildungs- und Autorenverzeichnisse erscheinen im zweiten Teilband.

INHALT

Vorwort des Herausgebers xi

Ben-Zion Ornan Pinkus (Tel Aviv)
Die Portugiesische Gemeinde in Hamburg und ihre Führung
im 17. Jahrhundert 3
(aus dem Hebräischen von Michael Studemund-Halévy)

Michael Studemund-Halévy (Hamburg)
Dokumentation Kahal Kadosh Bet Israel 37

Yosef Kaplan (Jerusalem)
The Place of Herem in the Sefardic Community of Hamburg
during the Seventeenth Century 63

Günter Böhm (Santiago de Chile)
Antijüdische Ressentiments gegenüber den Hamburger Sefardim
im 17. Jahrhundert 89

Gaby Zürn (Hamburg)
Der Friedhof der Portugiesisch-Jüdischen Gemeinden
in Altona (1611-1902) 103

Isaac Cassuto (Hamburg)
Friedhofsandachten nach sephardischem Ritus 125

Copia das Ascamot de Bikur Holim 135

Saskia Rohde (Hamburg)
Die Synagogen der Sefardim in Hamburg und Altona. Eine Spurensuche 141

[M]
Der Ritus der portugiesischen Synagoge 153

Edwin Seroussi (Ramat Gan)
Two Spanish-Portuguese «Cantorial Fantasias» from Hamburg 171

Alfonso Cassuto (Hamburg/Lissabon)
O livro das «Pregoems» dos Judeus Portugueses de Hamburgo 185

Gershom Scholem (Jerusalem)
Shabtai Zvi und Hamburg 201
(aus dem Hebräischen von Angelika Schweikhart)

Uri R. Kaufmann (Heidelberg) / Michael Studemund-Halévy (Hamburg)
Dokumentation: Affaire Shabtai Zvi 225

Jonathan I. Israel (London)
Duarte Nunes da Costa alias Jacob Curiel aus Hamburg (1585-1664) 267
(aus dem Englischen von Heide Lipecki)

Ulrich Bauche (Hamburg)
Sefarden als Händler von Fayencen in Hamburg und Nordeuropa 293

Zvi Maleakhi (Tel Aviv)
Moshe Gideon Abudiente et son œuvre littéraire 307
(aus dem Hebräischen von Colette Salem)

Anthony J. Klijnsmit (Amsterdam)
«Se qual o ouro entre todos os metais».
Abudiente's Hebrew Grammar (1633) 319

Karl-Hermann Körner (Braunschweig)
Sobre Abraham Meldola e a sua Nova Grammatica Portugueza de 1785   375

Jutta Dick (Duisburg)
«Wie sie sicher durch Fräulein de Castro wissen ...» 383

Margreet Mirande de Boer (Amsterdam)
Die Cassutos und ihre Bibliothek 415
(aus dem Niederländischen von Anthony J. Klijnsmit)

Jehuda Leon Cassuto (Hamburg/Lissabon)
«Os Cassutos teem sempre sorte» 441

Ina S. Lorenz (Hamburg)
Sefardim contra Ashkenazim. Der späte Streit um das Grabdenkmal
Gabriel Riesser (1937-1938) 455

Peter Koj (Hamburg)
Sechzig Jahre danach. Gespräch mit Álvaro Cassuto 489

Vorwort des Herausgebers

Wem die Geschichte und Entwicklung der Hamburger Portugiesen am Herzen liegt, muß feststellen, daß es eigentlich kein Werk gibt, in dem die Geschichte der *nação portuguesa* umfassend beschrieben wird. Den Marranengemeinden in Nordeuropa ist mit Ausnahme von Amsterdam von der Geschichtsschreibung bisher vergleichsweise wenig Aufmerksamkeit geschenkt worden, obwohl sie dort über Jahrhunderte eine bedeutende und vielseitige Rolle im religiösen, wirtschaftlichen und kulturellem Leben spielten. Zwar wurde über die wirtschaftliche Bedeutung der *nação portuguesa* in Antwerpen, Amsterdam, Hamburg und London viel geschrieben, hingegen ist die sozial- und kulturgeschichtliche Literatur über die seit dem Ende des 16. Jahrhundert in Nordeuropa ansässigen Portugiesen noch immer fragmentarisch. Und es fehlt eine vergleichende Sozial- und Kulturgeschichte der Gemeinden innerhalb der Marranendiaspora.

Vor allem in zwei deutschen Städten, in Hamburg und Altona, spielten bis 1933 die dort lebenden portugiesischen bzw. sefardischen Juden eine besondere Rolle. Die portugiesischen Gemeinden *Bet Israel* (Hamburg) und *Neve Salom* (Altona) konnten an Mitgliedern zwar nicht mit den ashkenasischen Gemeinden wetteifern, aber ihr Einfluß auf das wirtschaftliche, geistige, religiöse, politische und kulturelle Leben der Hansestadt und Norddeutschlands war größer als ihre geringe Zahl vermuten ließ. Was die portugiesischen Juden in Altona von allen anderen Juden in Hamburg, Altona und Wandsbek, ja in Deutschland überhaupt, unterscheidet, ist die bemerkenswerte Tatsache, daß ihnen bereits 1719 die Bürgerrechtsfähigkeit zuerkannt wurde, während Altonas deutsche Juden bis 1842, die Juden in Hamburg bis 1849 darauf warten mußten.

Außer den Arbeiten von Hermann Kellenbenz («Sefardim an der unteren Elbe», Wiesbaden 1958) und Max Grunwalds Studie («Portugiesengräber auf deutscher Erde», Hamburg 1902) gibt es keine zusammenfassende Geschichte der Hamburger Portugiesengemeinden. Wenn wir heute dennoch in der Lage sind, über die Hamburger Portugiesen zu forschen, so liegt das zum einen an der Tatsache, daß wichtiges Archivmaterial vor dem Zugriff der Nationalsozialisten gerettet werden konnte, und zum anderen an dem leidenschaftlichen Büchersammler Alfonso Cassuto, der in seiner (unvollendeten) Dissertation über den Friedhof Königstraße wertvolles Material zusammengetragen hat und in den Jahren vor der Emigration nach Portugal (1933) dank der von seiner Familie in mehreren Generationen zusammengetragenen sefardischen und judaistischen Bibliothek zahlreiche Aufsätze publizierte.

Der erste Teilband dieser Geschichte der Hamburger Portugiesen behandelt vor allem die jüdische Selbstverwaltung und die Schwierigkeiten, eine Gemeinde zu bilden und sich als eine Gemeinde von ehemaligen *marranos*, *conversos* oder *cristãos velhos* (Altchristen) zu behaupten. Einigen Studien wurde ein ausführlicher Dokumentenanhang angefügt und seltene und teilweise schwer zugängliche Arbeiten und Dokumente wurden in den Band aufgenommen. Die in diesem ersten Band vorgelegten Aufsätze markieren Wege der Sefardenforschung in den letzten beiden Jahrzehnten. Sie erlauben Einblicke in die Mannigfaltigkeit und Originalität der Forschung, die vor allem in Israel und den Niederlanden betrieben wird.

Im Verlauf der Vorbereitungen für dieses Buch wurde deutlich, daß die Aufarbeitung des umfangreichen Materials weitere Publikationen notwendig machen wird. Studien über die Grabsprache der Portugiesen, die Bedeutung Hamburgs für die Marrano-Diaspora oder die Edition der Dissertation über den Friedhof Königstraße von Alfonso Cassuto sind späteren Veröffentlichungen vorbehalten.

Bei der Natur dieser Arbeit ist es selbstverständlich, daß ihr besonders viele Einzelpersonen Beistand geleistet haben. In dankbarer Erinnerung möchte ich die Namen von Prof. Dr. Luís Filipe Lindley Cintra, Prof. Dr. Moses Bensabat Amzalak, Prof. Dr. Israel Salvator Revah, Prof. Dr. Hans-Karl Schneider, Prof. Dr. Wilhelm Giese und Dr. Herbert Minnemann nennen, die nicht mehr unter den Lebenden sind, und allen Freunden und Kollegen meinen Dank für ihre wertvollen Informationen oder wichtigen Hinweise aussprechen.

Michael Studemund-Halévy

RODERICI A CASTRO LUSITANI,
Philof. ac Med. D. per Europam notiſſimi,
De
univerſa muliebrium morborum
MEDICINA,
Novo & antehac à nemine tentato ordine
Opus abſolutiſſimum;
Et Studioſis omnibus utile, Medicis vero perneceſſarium.
PARS PRIMA THEORICA.
Quatuor comprehenſa Libris, in quibus cuncta, quæ ad mulieris naturam, anatomen, ſemen, menſtruum, conceptum, uteri geſtationem, fœtus formationem, & hominis ortum attinent, abundantiſſime
explicantur.
QVARTA EDITIO AUCTIOR ET EMENDATIOR.

HAMBURGI,
Apud ZACHARIAM HERTELIUM, Bibliop.
Anno M.DC.LXII.

TRADUCCION
DE LAS
CARTAS
MERCANTILES Y MORALES
de J. C. Sinapius,
en Eſpañol y Portuguez,
por
Abraham Meldola,
Eſcr. y Trad. pub. jur. por Su Maj. Caeſ. el Emperador
Joſepho II.

TRADUCÇAŌ
DAS
CARTAS
MERCANTIS & MORAËS
de J. C. Sinapius,
em Eſpanhol & Portuguez,
por
Abraham Meldola,
Tabelliaō & Trad. pub. jur. por S. M. Caeſ. o Emperador
Joſepho II.

Hamburgo 1784.
En la (Na) Imprenta de Mich. Chriſt. Bock.

Die Portugiesische Gemeinde in Hamburg und ihre Führung im 17. Jahrhundert

Ben-Zion Ornan Pinkus (Tel Aviv) [1]

1. Der Maamad

Der Maamad war das oberste Exekutivorgan der Kahal Kadosh Bet Israel in Hamburg. In dem Protokollbuch («*Livro da Nação*») der Gemeinde wird er mit folgenden Namen bezeichnet: *Maamad, Maamad os 7* (der Siebener Maamad), *os ss.res sette* (die sieben Herren) *ss.res do Governo* (die Herren der Regierung), *los sette* (die sieben), *os ss.res sette do Governo Geral* (die sieben Herren der allgemeinen Herrschaft), *o numero dos 7* (die Zahl der Sieben Herren). Gelegentlich erscheint nur die Abkürzung *MM*. Tritt der Maamad zusammen, wird er *Junta* genannt, was soviel heißt wie Versammlung oder Sitzung.

Der Titel Maamad für die Exekutive einer Gemeinde wurde auch in anderen portugiesisch-spanischen Marrano-Gemeinden in ganz Europa während des 17. und 18. Jahrhunderts verwendet. Den gleichen Titel erhielt das Exekutiv-Gremium der portugiesischen Gemeinde Talmud Tora in Amsterdam,[2] in Livorno,[3] der spanisch-portugiesischen Gemeinde Saar Asamaim in London[4] sowie der portu-

---

[1] Den Beitrag von Ben-Zion Ornan Pinkus übersetzte Michael Studemund-Halévy aus dem Hebräischen. Die leicht gekürzte Übersetzung (nicht übersetzt wurde das Einleitungskapitel (S. 7-9) wurde mit der 1983 an der Bar-Ilan Universität eingereichten Magisterarbeit «Die Portugiesische Gemeinde in Hamburg und ihre Führung im 17. Jahrhundert» (Ornan Pinkus 1983) sowie dem Protokollbuch der Gemeinde (*Livro da união geral da nação comesado nesta cidade de Hamburgo em primeiro de Tisry 5413*, StAH, JG 993) in der Teilübersetzung von I. Cassuto 1908-1920 verglichen. Die Dokumente in Ornan Pinkus 1983 und 1986 sind Teil der Dokumentation «Kahal Kadosh Bet Israel» in diesem Band

[2] Die §§ 4, 5, 6, 10, 12 und 38 erwähnen den Maamad und seine Befugnisse. Ein Mikrofilm mit den Vereinbarungen der Einheitsgemeinde Talmud Tora in Amsterdam befindet sich im Zentralarchiv für die Geschichte des jüdischen Volkes (HM2 / 1518); Siehe auch Wiznitzer 1958: 109-132; Pieterse 1968: 155-164

[3] Toaff 1968; Toaff 1972

[4] Die englische Übersetzung der Escamot (Acuerdos) wurde 1931 von Lionel Barnett veröffentlicht. Die Escamot finden sich auf den Blättern 2r-63 des Manuskriptes «Libro de los Acuerdos». Vgl. Barnett: § 3 und § 4. Den spanischen Originaltext veröffentlichte Miriam Bodeian 1985: § 3:

giesischen Gemeinde in Bordeaux im 18. Jahrhundert.[5] Es scheint auch der Titel des Exekutivgremiums der alteingesessenen portugiesischen Gemeinde in Venedig gewesen zu sein.[6] Das «*Libro de los Acuerdo*s» (Buch der Vereinbarungen) der Gemeinde Saar Asamaim zeigt, daß die Vereinbarungen der Londoner Gemeinde denjenigen der portugiesisch-spanischen Gemeinden in Venedig und Amsterdam entsprachen. Man kann daher annehmen, daß bei der Bezeichnung Maamad für die Exekutive der Londoner Gemeinde die venezianische Gemeinde Pate stand.[7]

Nach der Vereinigung der drei Hamburg Gemeinden Talmud Tora, Keter Tora und Neve Salom zur Gemeinde Bet Israel (1652) erhielt der Maamad «die unumschränkte Macht und die volle Befugnis, über die Nação zu bestimmen» (*autoridade plena e absoluto poder*).[8] Im Vorwort zu den Vereinbarungen heißt es: «Die zu wählenden Herren sollten unumschränkte Macht und Befugnis haben, um in allem das zu tun, zu bestimmen und anzuordnen, das nach ihrem Ermessen zur Förderung unseres heiligen Gemeinwesens und zu unserer Erhaltung das Zweckmäßigste ist. Die genannten Herren sollen einen feierlichen Eid dahin leisten, daß sie das Vorbesagte angelegen sein lassen werden, frei von allen Rücksichten und ohne einen anderen Zweck im Auge zu haben als den Dienst Gottes und das Wohl ihrer Nation. Die ganze Nation soll verpflichtet sein, alles das zu befolgen und unverbrüchlich zu beobachten, was jene Herren tun und anordnen werden, ohne daß irgend jemand hiergegen irgendwelche Bedenken vorbringen darf, und sollen sie

---

«La eleccion del Mahamad que nuevamente entráre con bien, ha de ser publicada el Dia de Rosanana (precediendo estar cobrada la imposta) i la harà el mahamad que de presente sirve llamado dos de los ancianos deste K. K. para esta primera eleccion, la qual se harà de dos parnasim i un gaby por quatro botos de los sinco, i las demas sucecivam[en]te las harà el mahamad que sirviere que dando por adjuntos para este efecto los dos parnasim q[ue] salieron, los quales no podran ser elegidos menos de haver passado dos annos de hueco, ni un pariente con otro serviran de la tercero grão, ni los que vinieran de fuera a vivir en esta, asistiran dos anos primero que se le pueda dar cargo»; (§ 4): «El mahamad tendra autoridad i superioridad sobre todo, i ninguna persona se levantarà en la esnoga para reprovar las resoluciones que tomaren, si formaran papeles sobre ello, i los que lo hisieren incurriran en pena de herrem por que finalmente es lo que conviene para la conservacion deste K. K. i sus dependencias, esperando que los que gobernaran dispondran siempre las cosas sin pacion, i con selo i temor del Dio para lo qual al mahmad que fuere electo, en la entrada de su cargo, delante el mahamad que saliere, tomarà juram[en]to con las puertas del ehal abiertas, prometiendo de servir sus cargos con verdad, justicia, i temor del Dio, sin respetos, ni despechos, en perjuisio de partes, i esto se observarà inviolavelmente.» (Anm. des Übersetzers)

---

5 Schwarzfuchs 1981: 10, 12 ,24, 631
6 Siehe dazu die Studie von David Joshua Malkiel «A Separate Republic. The Mechanics and Dynamics of Venetian Jewish Self-Government, 1607-1624», Jerusalem 1991 (Anm. des Übersetzers)
7 Barnett 1931: § 3; Bodeian 1985
8 Im Vorwort zum Vereinigungsbeschluß der Gemeinde und in der Vereinbarung § 6

diejenigen, welche solches etwa nicht tun, mit allen ihnen gut zu dünkenden Strafen und allen Zwangsmitteln unseres Judentums zwingen dürfen.[9]

In den anderen portugiesisch-spanischen Gemeinden war die Stellung des Maamad ähnlich: Die Gemeinde Talmud Tora in Amsterdam legte in der zwölften Vereinbarung im «Buch der Vereinbarungen» die Oberhoheit des Maamad fest.[10] In London erhielt der Maamad der portugiesischen Gemeinde Saar Asamaim «Befugnis und Hoheit in jeder Sache»[11]. Die Bedeutung und die Machtbefugnisse des Maamad in Livorno ergeben sich aus der Sammlung der Ascamot, auch wenn es keine Vereinbarung gibt, die diese ausdrücklich festschreibt.[12] In der portugiesischen Gemeinde von Bordeaux hatte der Maamad eine ganze besondere Bedeutung und seine Befugnisse waren sehr weit gefaßt. Das ergibt sich aus dem Gemeindebuch sowie aus der Sammlung der Gemeindevereinbarungen, die sich auf die Aufgaben des Maamad beziehen. Aber weder werden diese eindeutig festgelegt, noch gibt es Hinweise darauf, daß der Maamad in Bordeaux weiterreichende Befugnisse hatte als andere Gremien der Gemeinde, so wie dies in Hamburg, Amsterdam und London festgelegt war.[13] Das einzige uneingeschränkte Recht, das ausdrücklich erwähnt wird, ist das Recht, Gelder aus der Gemeindekasse zu verteilen.[14]

2. Die Wahlordnung für den Maamad

Wie aus dem Vorwort zu den Ascamot hervorgeht, wurde der Maamad von den Oberhäuptern der großen Familien gewählt (*cabeças de caçal*). Die Teil-

---

[9] Übersetzung nach I. Cassuto 1908: 5. Der portugiesische Originaltext lautet:

> «Os ss. res, que foreim eleitos terão absoluto poder E autoridade plena para em tudo fazerem, disporem e hordenareim o q[ue] entenderem he mais conveniente ão servisso de Nossos beim Jeral e conservansa nossa. / Dittos ss.res tomarão Juram[en]to solenme, de que seaplicarão ão referido Livre de todos os Respeitos seim poreim diante outro que o servisso del Dio e beim de sua Nação. / Toda a Nação fiarão obrigados de obedeser e guardar inviolavlmen[en]te tudo o que tais ss.res fizerem e hordenarem, seim que a ysso possã ningueim por duvida algua e poderão obrigar dos que azi não fizerem com todas as penas q[ue] os ss.res Eleittos tomareim, se obrigarão ao Castigo dos Rezistentes em quando emsy for e possã para o que lhes concede, todo absoluto poder e autoridade como ditto he e tudo [se?] rezolvera por mais vottos.» (Dokument A in Ornan Pinkus 1986; vgl. auch Dokument 1 in der Dokumentation «Kahal Kadosh Bet Israel»• [Anm. des Übersetzers]

[10] Mikrofilm der Vereinbarungen. Siehe Fußnote 3
[11] Barnett 1931: Vereinbarung § 4; Bodeian 1985
[12] Toaff 1968-1972; Hacohen 1976: 109
[13] Schwarzfuchs 1981: 9-21
[14] Schwarzfuchs 1981: 74-77, 106-107. Der Ausdruck für seine absolute Vollmacht in allen Angelegenheiten der Kasse lautet «*dueños absolutos*» (völligen Besitz)

nahme an der Wahl war im übrigen kein Recht, sondern eine Pflicht. Ein Bußgeld (*finta*) von drei Mark hatte jedes Oberhaupt einer großen Familie zu zahlen, das nicht an der Wahl teilnahm. So wurde es am 15. Elul 5423 bestimmt.[15] Auf dem Wahlzettel hatte der Wählende die Namen seiner Kandidaten für den Maamad zu notieren, so wurde es am 16. Elul 5242 bestimmt.[16] Zusätzlich sollte er einen Kandidaten für das Amt des Schatzmeisters (*tesoreiro*) der Gemeinde notieren. Nachdem der Wahlberechtigte seinen Wahlzettel unterschrieben hatte, händigte er diesen dem «Weisen der Gemeinde» (*haham*) oder einem anderen Weisen aus. Nur die Weisen (*hahamim*) wußten, wen der einzelne gewählt hatte.[17] Wahlberechtigte, die nicht zum Haham gehen konnten, um ihre Stimmzettel abzugeben, mußten von diesem besucht werden, der dann die Wahlzettel entgegennahm.[18] Für die Wahl zum Maamad reichte die einfache Mehrheit.

Nach den Bestimmungen, die bei der Vereinigung der drei Gemeinden festgelegt wurden, mußte der Maamad am Ende des Jahres und acht Tage vor Ablauf der Legislaturperiode gewählt werden. In der Regel fanden die Wahlen etwa eine Woche vor der ersten Sitzung des neuen Maamad statt, und zwar jeweils am 3. Tishri.[19] An diesem Tag wurde den Herren des neuen Maamad vom Haham der Gemeinde ein Eid auf ein Paar Gebetsriemen (*tefilim*) abgenommen.[20] Als zum Beispiel der Oberrabbiner Moshe Israel im Jahr 5433 starb, wurde der neue Maamad für das Jahr 5434 durch den Vorbeter Israel Nahmias vereidigt.

Die Eidesformel ist nicht einheitlich. Im Vorwort zu den Vereinbarungen steht nur, daß die Mitglieder des Maamad schwören mußten, für das Wohl des Gemeinwesens (*beim Geral*) zu wirken, dem Herrn zu dienen und der Gemeinde Gutes zu tun. Außerdem mußten sie schwören, daß sie alles in ihrer Macht stehende tun würden, um die Aufsässigen zu zähmen und zu bestrafen. Im

---

15   Am 26. Elul 5428 wird diese Vereinbarung wiederholt:

   «Die Hahamim wiesen darauf hin, dass einige Mitglieder bei der Stimmabgabe am vergangenen Donnerstag gefehlt hatten. Der Vorstand entschied, dass die Betreffenden wegen ihres Ungehorsams durch die Verordnung festgesetzte Geldstrafe von M 3 zu erlegen und überdies bis heute Mittag ihre Stimme abzugeben haben, da ihnen andernfalls auch an Roshasaná der Zutritt zur Synagoge verwehrt werden würde.» (Cassuto 1916: 71) (Anm. des Übersetzers)

16   I. Cassuto 1908: 6
17   «Weiser der Gemeinde» war der Titel des Gemeinderabbiners. Dieser wurde vom Maamad oder von der «Großen Versammlung» (*junta geral*) gewählt. Der Titel «Weiser» wurde in den spanisch-portugiesischen Gemeinden immer demjenigen verliehen, der zum (Ober-)Rabbiner berufen wurde. Mit dem Ausdruck «*haham da nação*» wurde häufig auch der Vorstand (Maamad) der Gemeinde bezeichnet.
18   *«E estando algums dos q[ue] ao de Vottar yncapaz de sahir yrao os sr.res HH tomar seo votto como os requezittos referidos.»* (Dokument 1 in der Dokumentation «Kahal Kadosh Bet Israel».
19   Die Wahlen fanden jedes Jahr am 25. Elul, am 26. Elul oder am 28. Elul statt. Meistens wurde am 26. Elul gewählt.
20   Siehe I. Cassuto 1908: 11

Gemeindebuch werden noch weitere Eidesformeln aus den Jahren 5435, 5439 und 5442 festgehalten.[21] Die Formel für das Jahr 5435 zum Beispiel lautete: «Jeder wird in der Versammlung nach eigenem Verständnis und Gewissen abstimmen, frei von jedem persönlichem Interesse.[22] Jeder wird nur nach seinem eigenen Gewissen und zum Wohl der Allgemeinheit handeln. Ein jeder wird (schwören), das Geheimnis zu wahren, wenn der Präsident dies anordnen wird.» Im Jahr 5442 gibt es eine leichte Veränderung: «Sie werden nach ihrem Gewissen und ohne Vorbehalt (*sem reseito algum*) abstimmen und werden als Geheimnis zu wahren wissen, was ihnen aufgetragen ist». Das Fehlen einer verbindlichen Eidesformel läßt nur den Schluß zu, daß eine solche niemals schriftlich festgelegt wurde. Es kann daher angenommen werden, daß der Haham jedes Jahr die Formel aus der Erinnerung vorsprach, wodurch sich auch die geringfügigen Änderungen erklären würden. Häufig fanden auch Ereignisse des letzten Jahres, die das Gemeindeleben beeinflußt haben, Eingang in die Eidesformel.

Wer einmal gewählt war, durfte nicht von seinem Amt zurücktreten. Wer die Wahl nicht annahm oder wer von seinem Amt zurücktrat, mußte eine Strafe in Höhe von 30 Mark entrichten. Als sich zu Beginn des Jahres 5442 die Rücktritte häuften, wurde beschlossen, daß die Zurückgetretenen nicht nur einen *Strafzoll* zahlen mußten, sondern ihnen auch für die Dauer von zwei Jahren keine gute Tat (*mizva*) erlaubt sei. Auch durften sie in dieser Zeit nicht zur Tora aufgerufen werden.[23]

Auch wer häufig den Sitzungen des Maamad fernblieb, wurde bestraft. Dies geschah zum Beispiel einem gewissen Semuel Guedes, der, immer dann, wenn der Maamad tagte, sich nicht in der Stadt aufhielt. Er folgte selbst dann nicht der Aufforderung, zu den Sitzungen zu erscheinen, als man nach ihm in der Nachbarstadt Glückstadt schickte. Als Strafe durfte er für die Dauer von vier Jahren nicht in den Maamad gewählt werden.[24]

Ähnliche Strafen für die Verweigerung eines Amtes oder Rücktritt von einem Amt finden sich auch in anderen portugiesisch-spanischen Gemeinden. So bestimmte die Gemeinde Talmud Tora in Amsterdam, daß ein Gewählter sein Amt weder ablehnen noch von ihm zurücktreten durfte.[25] Und in der ersten Vereinbarung der portugiesischen Gemeinde in Livorno steht, daß jeder, «den das Los

---

[21] 3. Tishri 5435, 3. Tishri 5439, 3. Tishri 5442
[22] «*Cada qual votara na Junta o q' entender em sua consciencia, livre de toda affeição e paixão.*»
[23] 10. Hesvan 5420, 3. Tishri 5442
[24] «Semuel G[u]edez, welcher zum Parnas erwählt worden, hält sich zur Zeit in Glückstadt auf. Er soll ersucht werden, seine Rückkehr nach Möglichkeit zu beschleunigen.» (Cassuto 1912: 278). Eintrag im Protokollbuch vom 14. Hesvan 5432. In diesem Fall wurde entschieden, daß der Maamad einen «Einzelnen» als Ersatz für Semuel Guedes wählt. Semuel G[u]edes alias Alberto Petersen wurde am 17. April 1665 Bürger in Glückstadt. Fünf Jahre nach dem Tode seiner Frau (1673) verließ er Hamburg und wanderte nach Jerusalem aus, wo er einige Jahre später starb.
[25] Wiznitzer 1958: 114; Pieterse 1968

(sic!) traf, als Vorsteher der Öffentlichkeit zu fungieren, das Amt unter Androhung einer Strafe von hundert Dukaten anzutreten hatte. Wer das Amt dennoch ablehnte, mußte die Strafe zahlen und durfte in den nächsten drei Jahren dieses Amt nicht innehaben».[26] In der Gemeinde Saar Asamaim in London legte der § 13, der den Rücktritt von Gewählten regelte, fest, daß ein Gewählter sein Amt weder ablehnen noch davon zurücktreten konnte. Sollte jemand aber auf seinen Rücktritt bestehen, wurde er mit einem Strafe in Höhe von zehn Pfund Sterling belegt; für die Dauer von drei Jahren war ihm keine gute Tat erlaubt und er durfte nicht zum Sefer aufgerufen werden.[27] Die portugiesische Gemeinde in Bordeaux legte am 21. April 1716 (= 29. Nissan 5476)[28] fest, daß ein Vorsteher oder seine Stellvertreter (also der Maamad),[29] die das Amt ablehnten, einhundert Livres an die Armenkasse zu zahlen hatten und für die Dauer von fünf Jahren nicht wiedergewählt werden durften. Diese Beispiele zeigen, daß die portugiesisch-spanischen Gemeinden nahezu identische Vereinbarungen erlassen hatten, um Rücktritte zu verhindern. Es ist anzunehmen, daß sie damit einerseits die Verantwortung des Einzelnen der Allgemeinheit gegenüber stärken und zugleich verhindern wollten, daß er sich dieser Verantwortung entzog.

Die oben angeführten Vereinbarungen sind ein Beweis dafür, daß die Ablehnung eines Amtes oder der Rücktritt vom Amt des gewählten Mitglieds eines Maamad kein seltenes Ereignis gewesen sein kann. In bestimmten Gemeinden häuften sich in manchen Jahren die Ablehnungen bzw. die Rücktritte derart, daß

---

[26] Toaff 1968: 4
[27] Barnett 1931: § 7; Bodeian 1985 § 7:

> «*Los pagam[ien]tos de la imposta se han de haser, el primero, ocho dias antes de Sabat agadol, i el segundo ocho dias antes de Rosasana, como se contiene en el acuerdo echo por este K. K. en primero de Ylul 5423, i quien lo contrario hisiere en estos tiempos limitados, se an por escluidos de la esnoga, i cada mahamad tendra obligacion haserlo publicar, i executar assi, i en falta lo pagarà de su dinero en los mismos tiempos limitados, i en caso que alguna persona fuere rebelde, se manda que con pena de herrem ninguna persona se pueda juntar con el para haser minyan ni resar en congregacion, n fuera della, i no serà admetido a la esnoga aun que sea despues de haver pago como conste que aya salido por este caso fuera della, asta que satisfaga a el mahamad. Y los mismo se ha de entender sò las misdmas penas, con los que de fuera vinieren haser sus negocios en esta ciudad, i se fueron della, dexando de pagar la imposta que ubieron causado, i la que causaren las morradores i habitantes en estos Tres Reinos de Inglaterra, Irlanda, Escocia, assi mismo han de ser, i son obligados contribuir con ella a este K. K. en el inter que no se fundare otro en las partes onde viven, por que de derecho le pertenese a este i el rendimento que importàre dicha imposta en cada año i año entrarà en la quenta de la sedaca, i lo mismo sera el fardin de la carne que està impuesto sobre cada livra, i es agregado a la imposta, como se declàra en su lugar con calidad que se podrà quitar esta imposta del fardin, quando se allàre rendimiento bastánte para los gastos deste Kahal.*» (Anm. des Übersetzers)

[28] Schwarzfuchs 1981: 84
[29] Schwarzfuchs 1981: 11-2, 20-21

die Strafen drastisch erhöht werden mußten. So zum Beispiel in Hamburg (s. o.) und in Bordeaux, wo der Strafzoll von zwanzig auf hundert (!) Livres erhöht wurde.[30] Es darf angenommen werden, daß die Strafgelder die reichen Juden, die in den Maamad gewählt wurden, nicht sonderlich beeindruckt haben dürften. Im Gegenteil. Daher wurden zusätzliche Strafen erlassen, wie zum Beispiel das *mizva*-Verbot und die Androhung, nicht zur Tora aufgerufen zu werden. Solche Strafen galten als ehrenrührig. Aber selbst diese Art von Bestrafung haben viele einem Dienst im Maamad vorgezogen. Auch wenn der Maamad viele Befugnisse hatte - die Verantwortung, die mit dieser Wahl nach innen und außen verbunden war, erschien vielen Gemeindemitgliedern zu hoch, so daß sie lieber eine Strafe akzeptierten, als die Last des Amtes zu tragen.

3. Das Wahlverfahren des Maamad

Wie aus dem Protokollbuch hervorgeht, wurde nach der Vereinigung der drei Gemeinden[31] das Wahlverfahren der Hamburger Gemeinde Bet Israel häufig und weitreichend ändert. Diese Änderungen deuten auf gesellschaftliche Spannungen innerhalb der Gemeinde hin, zumindest was ihre Führung betrifft. Wie aus den Vorbemerkungen zu den Vereinbarungen hervorgeht, sollte das Gremium, das den Maamad wählte, aus den Oberhäuptern der großen Familien bestehen.[32] Aus dem Eintrag vom 24. Tishri 5423 geht aber hervor, daß das Wahlverfahren zu jener Zeit nicht den Vereinbarungen entsprach. So pflegte der Maamad selbst diejenigen Gemeindemitglieder zu wählen, die im kommenden Jahr den Maamad bildeten. Wir wissen aus dem Protokollbuch, daß dies schon ein Jahr nach dem Beschluß über die Vereinbarung, nach der die Wahl durch die Oberhäupter der großen Familien erfolgen sollte, der Fall war.[33] In der Beschreibung der Wahlen zum Maamad vom 25. Elul 5413 heißt es: «Die Herren des Siebener-Collegiums (*ss. res sette*) versammelten sich zur Wahl der neuen Funktionäre (*offissiais*) für das kommende Jahr. Es wurden gewählt ... »[34] Diese Formulierung wiederholt sich fast wortgetreu bis zu den Wahlen im Jahr 5422.

Es muß angenommen werden, daß die Durchführung der Wahl trotz der Vorschriften der Vereinbarung zu Streitigkeiten innerhalb der Gemeinde führte, die ihren Höhepunkt in der Affaire um die Familie de Lima erreichten. Im Monat

---

30 Schwarzfuchs 1981: 20. Zwanzig Livres zahlte ein Zurückgetretener im Jahr 1711; 1716 mußte ein Zurückgetretener 100 Livres zahlen.
31 Siehe I. Cassuto 1908-1920
32 Siehe Dokument B in Ornan Pinkus 1986 und Dokument 2 in der Dokumentation «Kahal Kadosh Bet Israel»
33 Siehe I. Cassuto 1912: 229-231
34 Gemeint sind die Mitglieder des Maamad. Vgl. I. Cassuto 1908: 32

Tishri des Jahres 5423, nach einem Streit zwischen der Familie de Lima[35] und einigen Mitgliedern der Gemeinde, begann die Familie de Lima zusammen mit einigen ihnen Nahestehenden im Haus ihrer Familie zu beten. Sie beteten dort, wo sich vor der Vereinigung der drei Gemeinden das Bet- und Lernhaus der Familie de Lima befand.[36] Die Weisen der Gemeinde sprachen mit der Witwe Rahel de Lima, die seit dem Tod ihres Mannes David als Oberhaupt der Familie fungierte. Man drang in sie, ihre Familie und die ihr Nahestehenden zu veranlassen, wieder mit der ganzen Gemeinde zu beten. Ihr wurde erklärt, daß das getrennte Beten der Gemeinde schade und den Vereinbarungen über die Vereinigung der Gemeinden widerspräche.[37] Die Witwe erklärte sich bereit, zusammen mit den ihr Nahestehenden in der Gemeinde zu verbleiben, doch nur unter der Bedingung, daß die Vereinbarungen, die man im Jahr 5412 bei der Vereinigung der drei Gemeinden beschlossen hatte, eingehalten wurden. Dabei wies Rahel de Lima vor allem auf die Wahl des Maamad durch die ganze Gemeinde (also durch die Oberhäupter der Familien) hin. Es sollte nicht mehr so sein, wie in den letzten Jahren, als der Maamad seinen Nachfolger selbst bestimmte. Der Maamad akzeptierte die Bedingungen der Witwe, die, wie es im Protokollbuch heißt, von der Mehrheit der Gemeinde geteilt wurden. So führte die de Lima-Affäre am Ende dazu, daß die Mitglieder des Maamad wieder demokratisch gewählt wurden.[38]

Zehn Jahre später, im Jahr 5433, wurde in der Gemeinde erneut über den Wahlmodus zum Maamad diskutiert.[39] Der Anlaß dafür war, daß sich keine Vertrauenspersonen fanden, die Wahlzettel einzusammeln. Nach den Vereinbarungen gehörte es zu den Aufgaben der Weisen (*hahamim*), die Wahlzettel einzusammeln. Weil aber in jenem Jahr die beiden *hahamim* Moshe Israel und Jehuda Karmi kurz hintereinander verstorben waren, mußte die Gemeinde eine Lösung für dieses Problem finden. Folgender Vorschlag wurde gemacht: Der amtierende Maamad beruft eine Versammlung aus Mitgliedern der beiden früheren Maamad-Gremien, damit die Zahl der Anwesenden elf Männer beträgt, die dann den neuen Maamad wählen sollten. Um den Wahlmodus zu ändern, war eine Zweidrittelmehrheit der Oberhäupter der großen Familien erforderlich, wie es zum einen in

---

[35] Dies war eine besonders reiche Familie, die finanzielle Verbindungen zur dänischen Krone unterhielt. Über die Familie da Lima siehe Kellenbenz 1958: 371-373; siehe auch I. Cassuto 1912: 226-232

[36] Der Maamad ließ folgendes Plakat anbringen: «Auf Befehl des Maamad und der Adjunkten wird allen und jedem einzelnen in dieser Gemeinde kundgetan, dass sich keiner von derselben absondern darf, um sich der Vereinigung anzuschliessen, welche man neuerdings im Hause des sel. David de Lima bilden will, weil solches gegen die Satzungen unserer Vereinigung verstösst; unter der Strafandrohung, dass derjenige, welcher diesem Befehl zuwiderhandelt, als ein Ausgeschiedener gelten, als solcher behandelt und an dieser Stelle als solcher öffentlich namhaft gemacht werden soll. Hamburg, 26. Tishri 5423.»; apud I. Cassuto 1912: 228 (Anm. des Übersetzers)

[37] Vgl. die Vereinbarungen 8 und 12, die bei der Gründung der Einheitsgemeinde festgelegt wurden.

[38] Siehe I. Cassuto 1912: 229-231

[39] 24. Av 5433

der dreizehnten Vereinbarung festgelegt[40] war und im Monat Tevet 5423 im Zusammenhang mit der de Lima-Affaire erneut beschlossen wurde.[41] Der Maamad beschloß also, den Wahlmodus zu ändern. An einer Abstimmung, die zu Beginn des Monats Av des Jahres 5433 in der Hauptsynagoge stattfand, nahmen die Familienoberhäupter (*cabezas de cazal*) teil. Dreiundsechzig Personen stimmten für die Beibehaltung der Wahl durch die Allgemeinheit und sechsundfünfzig stimmten für die Änderung. Zwei Jahre später, am 29. Elul 5435, stand die Wahl erneut auf der Tagesordnung:. «Die Vorsteher der Junta Geral[42] haben festgestellt, daß bei Wahlen, die durch die Allgemeinheit [Junta Geral] abgehalten werden, immer wieder Probleme auftauchen, da einzelne Gemeindemitglieder die Wahl immer wieder kritisieren. Daher hat der Maamad beschlossen, eine Junta Geral einzuberufen, um über diese Sache zu verhandeln.»

Obwohl es, wie man dieser Formulierung unschwer entnehmen kann, in der Gemeinde wegen dieser Sache gärte, kam das Thema zwei Jahre später, Ende Elul 5437,[43] erneut auf die Tagesordnung. Am Ende dieses Jahres wurde den fünf Mitgliedern des Maamad eine Petition überreicht, die von 112 Familienoberhäuptern (von 119) unterzeichnet worden war. Darin wurde gefordert, die Wahlen zum Maamad durch den jeweils noch amtierenden Maamad unter Hinzuziehung von vier oder sechs weiteren Personen erfolgen zu lassen. Die Wahl durch die Allgemeinheit sollte abgeschafft werden, «da es dieses Verfahren an keiner anderen Stelle gibt».[44] Da dieser Antrag von einer großen Mehrheit der Familienoberhäupter unterzeichnet worden war, wurde er vom Maamad angenommen. Der neue Wahlmodus konnte nur von der Mehrheit von Dreiviertel aller Familienoberhäupter geändert werden. Diese notwendige Mehrheit wurde in den Vereinbarungen festgelegt, die die Veränderungen in den Gebräuchen der Gemeinde betrafen.[45]

Die Diskussion um den Wahlmodus für die Exekutive von der Gründung der Einheitsgemeinde im Jahr 5412 bis zum Jahr 5437 deutet auf erhebliche gesellschaftliche Spannungen innerhalb der Gemeinde. Diese Spannungen beruhten auf zwei Bestrebungen innerhalb der Gemeinde: dem Wunsch nach Demokratisierung einerseits und dem Wunsch nach mehr Oligarchie andererseits. Nach den demokratischen Bestrebungen, die in den Vereinbarungen festgehalten wurden, sollte die Wahl des Maamad von den Oberhäuptern der Familien vorgenommen werden. Doch schon ein Jahr nach Beschluß wurde sie so nicht mehr realisiert. Bis zum Jahr 5420 wählte der Maamad seine Nachfolger selbst. Dieses Verfahren führte

---

[40] Siehe I. Cassuto 1908: 14-15, Dokument B in Ornan Pinkus 1986 und Dokument 2 in der Dokumentation «Kahal Kadosh Bet Israel»
[41] Ein genaues Datum wird nicht genannt, lediglich das Jahr und der Monat
[42] Versammlung des amtierenden Maamad zusammen mit dem vorhergehenden Maamad.
[43] 22. und 23. Elul 5437. Siehe Dokument F in Ornan Pinkus 1986
[44] Gemeint ist wohl, daß dieses Wahlverfahren in den anderen portugiesisch-spanischen Gemeinden nicht gebräuchlich war.
[45] § 13 der Vereinigung der drei Gemeinden im Jahre 1652

dazu, daß der Kreis der betroffenen Personen, die sich immer wieder gegenseitig in die Exekutive wählten, sehr eng wurde. Das hatte Einfluß auf die Zahl der Familien, deren Mitglieder dem Maamad angehörten. Nach der de Lima-Affaire im Jahr 5423 galt wieder der demokratische Wahlmodus und zwar für vierzehn Jahre bis zum Jahr 5436. Es scheint, daß gegen dieses Verfahren zuerst nur einige Gemeindemitglieder ankämpften. Aber diese Opposition wurde immer größer, so daß im Jahr 5433 eine Abstimmung über einen Änderungsvorschlag stattfinden mußte. Der Vorschlag wurde zwar abgelehnt, aber die Zahl der Gegner war kaum geringer als die Zahl der Anhänger des demokratischen Verfahrens. Dieses knappe Abstimmungsergebnis spaltete die Gemeinde, weshalb zwei Jahre nach der Abstimmung im Elul 5435 erneut über eine Änderung des Wahlmodus diskutiert wurde. Diese Diskussion hatte keine unmittelbaren Folgen, erst im Jahr 5437 wurde der Wahlmodus verändert. In der letzten Phase der Auseinandersetzung zwischen den beiden Richtungen zeichnete sich ein Sieg der Anhänger der Oligarchie eindeutig ab.

Die oligarchisch ausgerichtete Führung des Maamad ergibt sich auch aus der Anzahl der Personen, die in diesen dreißig Jahren gewählt wurden und deren Namen im Protokollbuch festgehalten sind. Aus diesen Eintragungen und aus den dreißig Listen mit den Namen der Personen, die in dieser Zeit Mitglieder des Maamad waren,[46] ergeben sich eine Reihe interessanter Tatsachen:

1. In den dreißig Jahren dienten im Maamad etwa vierzig Einzelpersonen (das entspricht etwa einem Drittel aller Familienoberhäupter).

2. Einige Mitglieder wurden nur für eine Amtszeit gewählt, andere für mehrere Amtszeiten. So wurde zum Beispiel Dr. Izhak Pimentel in 23 Jahren zwölfmal gewählt (5413-5435)[47], Selomoh HaCohen neunmal in 17 Jahren (5416-5432) und Dr. Baruch Nahmias achtmal in 18 Jahren (5414-5431).[48] Es gab Familien, die fast jedes Jahr einen Vertreter im Maamad hatten: Abraham und Isaak Teixeira dienten vierzehnmal inner-

---

[46] Der letzte Bericht für jedes Jahr im Protokollbuch ist die Liste der gewählten Maamad-Mitglieder für das kommende Jahr sowie die Gewählten für die verschiedenen Ämter. Siehe Dokument D in Ornan Pinkus 1986

[47] «Dr. Isaac Pimentel alias Alfonso Dias Pimentel. Da er kinderlos war, hinterließ er sein beträchtliches Vermögen einer von ihm errichteten noch bestehenden Familienstiftung.»; apud A. Cassuto 1927-33: 58-59, Nr. 1940. (Anm. des Übersetzers)

[48] Dr. Baruch Nahmias alias Benedictus de Castro, Sohn des Dr. Rodrigo de Castro, promovierte 1620 als Arzt an der Universität Leiden; er praktizierte in Hamburg und wurde Leibarzt der Königin Christina von Schweden. Er war Anhänger des selbsternannten Messias Shabtai Zvi und starb verarmt im Alter von 87 Jahren am 15. Sebat 5444/1684 in Hamburg. (Anm. des Übersetzers)

halb von 24 Jahren (5414-5437) Mitglieder aus der Familie Curiel dienten siebzehnmal innerhalb von 25 Jahren (5415-5439).[49]

Es muß betont werden, daß es sich bei den Familien, die häufig in den Maamad gewählt wurden, um besonders reiche Familien handelte, vorwiegend Bankiers und Kaufleute. Ihr zahlreiches Auftreten in den Listen des Maamad zeigt eindeutig, wer über die Gemeinde bestimmte. Der Maamad erscheint uns heute wie eine Festung, die von den besonders wohlhabenden Familien der Kahal Kadosh Bet Israel verteidigt wurde, um dadurch das Gemeindeleben, aber auch die Beziehungen der Gemeinde zu den Schwestergemeinden zu bestimmen.

An dieser Stelle ist es angebracht, einen Vergleich der Wahlmodi zum Maamad in Hamburg mit denen anderer portugiesisch-spanischer Gemeinden in Europa anzustellen. In der Gemeinde Talmud Tora in Amsterdam wurde der jeweils neue Maamad vom ausscheidenden Maamad gewählt. Um gewählt zu werden, war eine Mehrheit von fünf der sieben Maamad-Mitglieder notwendig.[50] In der portugiesisch-spanischen Gemeinde in Livorno wurde in einer Vereinbarung festgelegt, daß der abtretende Maamad sowie weitere fünf oder zehn Männer den neuen Maamad wählen sollten. Für die Wahl benötigte der Kandidat die Mehrheit der Stimmen.[51] Die Londoner Gemeinde Saar Asamaim legte in der dritten Vereinbarung fest, daß die neuen Mitglieder des Maamad von einem Gremium gewählt werden sollen, dem drei Mitglieder des abtretenden Maamad und zwei Vorsteher der vorhergehenden Maamad angehörten sollten.[52] Die Wahl des Maamad in der portugiesisch-spanischen Gemeinde in Bordeaux im 18. Jahrhundert wurde durch ein Gremium durchgeführt, das *ansianos* (die Alten) genannt wurde. Es bestand aus Mitgliedern der früheren Maamad, die alle dem Kreis der vornehmen Familien der Gemeinde angehörten.[53]

---

[49] Über die Familie Curiel, die in Hamburg unter dem Namen Nunes da Costa bekannt war, sowie über deren angesehene Stellung in der Stadt siehe den Beitrag von Jonathan I. Israel; Kellenbenz 1958: 352-362.

[50] Wiznitzer 1958: 114. Pieterse 1968: § 11:

«Todos os cazos que se tratarem no mamad se avera de resolver pelo que pareser aos sinco votos dos sete e se ouver cazo dino de volotarse em secreto, farão segindo o mesmo estilo em todos os mais que pareser e for pedido por quoalquer dos do mamad e o que por sinco votos emcuberta ou descubertamente se rezolvera sem contradicaõ alguma e averão de formar todos.» (Anm. des Übersetzers)

[51] In der achten Vereinbarung der Gemeinde von Livorno ist die Zahl der Begleiter des Maamad zur Wahl des neuen Maamad nicht klar. Vgl. Toaff 1968-1972, der die Zahl der Begleiter mit 10 angibt.

[52] Barnett 1931: § 4. Der Londoner Maamad bestand aus zwei Vorstehern und einem Synagogenvorsteher.

[53] Schwarzfuchs 1981: 12-13

Salo W. Baron führt mehrere Beispiele aus Spanien dafür an, wie dort die Gemeindebeamten und ihre Vorsteher durch das ausscheidende Exekutivgremium gewählt wurden. Seiner Meinung nach haben die Flüchtlinge aus Spanien dieses Wahlverfahren dann in die Gemeinden des Balkans gebracht.[54] Es ist also nicht auszuschließen, daß dieses Wahlverfahren in den portugiesisch-spanischen Gemeinden der Diaspora genau dem Verfahren entspricht, nach dem Wahlen in den Gemeinden auf der iberischen Halbinsel vor 1492 abgehalten wurden.

4. Zusammensetzung des Maamad

Bei der Gründung der Einheitsgemeinde wurde in den Vereinbarungen festgelegt, daß der Maamad aus sieben Personen bestehen und jeweils vom Neujahrstag bis zum kommenden Neujahrsabend amtieren sollte. Zwei Mitglieder sollten als Präsidenten dienen und den Titel Vorsteher-Präsident (*parnas presidente*) tragen. Jeder sollte für die Dauer von sechs Monaten amtieren. Ein Mitglied hatte als Schatzmeister (*tezoreiro*) zu dienen, die anderen wurden Vorsteher (*parnasim*) genannt. Nach einem Jahr beschloß der Maamad, seine Zusammensetzung zu ändern.[55] Er sollte jetzt aus fünf gewählten Herren bestehen, von denen zwei den Titel *deputados* (Vertreter, Gesandte) tragen sollten[56], die drei anderen wurden Erwählte (*eleittos*) genannt. Einer der Erwählten war der Schatzmeister. In das Fünfer-Gremium wurden zwei weitere Mitglieder gewählt, die aus dem alten Maamad kommen mußten.[57] Wahrscheinlich wurde diese Veränderung eingeführt, um die Kontinuität zu sichern und das Wissen und die Erfahrung von einem Maamad auf den anderen zu übertragen. Die neue Ordnung legte fest, daß alle zwei Monate ein anderes Mitglied - mit Ausnahme des Schatzmeisters - als Präsident amtieren sollte. Die beiden *deputados*[58] (Gesandten), oder mit ihrem vollen Titel *deputados da nação* (Gesandte der Gemeinde), hatten die Aufgabe, die äußeren Angelegenheiten der Gemeinde, vor allem die Beziehungen zum Hamburger Senat zu regeln. Sie durften für ihre Aufgabe die Unterstützung «einer passenden Persönlichkeit» in Anspruch nehmen. Man kann vermuten, daß dies Gemeindemitglieder waren, die wegen ihres diplomatischen Status besondere Beziehungen zu den Hamburger Behörden unterhielten. Dazu zählten zum

---

54 Baron 1942: 47-48
55 1. Elul 5415. Siehe Anhang E in Ornan Pinkus 1986
56 «.[...] da unsere Gemeinde zur Zeit an Personenzahl so schwach ist (*diminuta de gente*), [es] zweckmäßig wäre, wenn fortan die Verwaltung von nur fünf Personen wahrgenommen würde, welche Zahl er für genügend halte. Auch dieses wurde von allen genehmigt [...].»; apud I. Cassuto 1910: 276 (Anm. des Übersetzers)
57 Siehe I. Cassuto 1908: 11-12
58 Mit dem Titel *deputados* oder *deputados da nação* wurden gelegentlich auch alle Maamad-Mitglieder bezeichnet, wie aus einem Eintrag im Protokollbuch vom 14. Tevet 5431 und vom 26. Elul 5437 hervorgeht.

Beispiel Abraham und Isaak Teixeira, die als Bankiers, vor allem als Finanzberater der schwedischen Krone in Hamburg diplomatischen Status genossen. Neben diesen beiden Persönlichkeiten, die einen entscheidenden Einfluß auf das Leben der Gemeinde hatten, gab es noch weitere Gemeindemitglieder, die diplomatische Beziehungen zu Schweden, Dänemark, Polen und Portugal unterhielten und wegen dieser Beziehungen eine besondere Stellung in der Stadt genossen.[59]

Nach fünf Jahren wurde die Zusammensetzung des Maamad erneut geändert. Am 29. Sivan 5419 (= 1659) schlug der Präsident vor, den Maamad auf fünf Personen zu verkleinern. Der Eintrag im Protokollbuch begründet das mit der erheblichen Schrumpfung der Gemeinde in der letzten Zeit (*diminuta de gente*). Der Vorschlag wurde einstimmig angenommen. Es mag sein, daß die vom Präsidenten genannte Begründung nicht der Wahrheit entsprach. Es gibt keinerlei Angaben über die angebliche Abnahme der Gemeinde Ende der fünfziger Jahre des 17. Jahrhunderts. Auf keinen Fall fand eine größere Abwanderung statt, die die Verkleinerung der Führung gerechtfertigt hätte. Der Eintrag im Protokollbuch vom 2. Shevat 5420 läßt vermuten, daß diese Begründung kaum stichhaltig gewesen sein konnte. Im Protokollbuch steht, daß die Ordnung in der Synagoge geändert werden mußte, da die Gemeinde gewachsen und der Platz in der Synagoge zu klein geworden sei.[60] Man kann annehmen, daß die Verkleinerung des Maamad auf die Erfahrung der ersten sieben Jahre seit der Gründung der großen Einheitsgemeinde zurückzuführen ist. Es hatte sich wohl herausgestellt, daß fünf Personen ausreichten, um die Gemeinde zu führen und außerdem ein Gremium von sieben Personen zu unbeweglich war. Nicht auszuschließen aber ist, daß auch diese Veränderung auf Druck der oligarchischen Fraktion innerhalb der Gemeinde erfolgte.

Dem fünfköpfigen Maamad dienten vier als Präsidenten und zwar jeder für die Dauer von drei Monaten. Zwei von ihnen waren stets auch im vorhergehenden Maamad. Diese Regelung wurde bis zum Jahr 5442 beibehalten.[61] Zwei der fünf dienten auch als Vertreter der Gemeinde. Das fünfte Mitglied war der Schatzmeister (*tezoreiro*), der diese Funktion für den Zeitraum von zwölf Monaten ausübte. Vor seiner Wiederwahl durfte ein Mitglied des Maamad ein Jahr lang kein Amt annehmen. Von dieser Regelung waren die beiden Mitglieder ausgenommen, die für eine zweite Periode in den Maamad gewählt wurden.[62] Als Gründe für diese Vereinbarung werden genannt: a) die Belastung des einzelnen durch eine Wiederwahl sollte reduziert werden; b) alle sollen gleichmäßig am Maamad beteiligt sein.

---

59 Kellenbenz 1958: 323-419
60 «[...] nachdem sich durch Gottes Gnade die Mitgliederzahl vermehrt hat [...].»; apud I. Cassuto 1911: 327-328 (Anm. des Übersetzers)
61 Ausnahme von dieser Regel sind nur die Wahlen vom 27. Elul 5423, bei denen nur ein Mitglied des amtierenden Maamad in den neuen Maamad gewählt wurde. Im Gemeindebuch gibt es dafür keine Erklärung. Vgl. I. Cassuto 1912: 238-239
62 Die Ausnahme wird im Text selbst in Klammern erläutert; 15. Elul 5419. Siehe Vereinbarung §4

Ähnliche Vereinbarungen über Zwangspausen gab es auch in anderen portugiesisch-spanischen Gemeinden. In Livorno bestimmte der § 1 der Ascamot, daß zwischen zwei Wahlperioden eine Pause von drei Jahren liegen mußte.[63] In Amsterdam legte die zehnte Vereinbarung fest, daß der einzelne drei Jahre warten mußte, um wieder in den Maamad gewählt zu werden.[64] Wohingegen in der Gemeinde Saar Asamaim in London in der Vereinbarung § 10 festgeschrieben wurde, daß die Vorsteher, die ihren Dienst beendet hatten, für die Dauer von zwei Jahren nicht wiedergewählt werden durften.[65] In der portugiesischen Gemeinde in Bordeaux wurde ein Zeitraum von fünf Jahren festgesetzt, der zwischen zwei Wahlperioden für den Vorsitzenden des Maamad (*sindic*) zu liegen hatte. Es ist allerdings nicht auszuschließen, daß diese Feststellung nur dem *sindic* die Möglichkeit geben sollte, seine Wahl abzulehnen.[66]

Mit der Begrenzung des Maamad auf fünf Personen wurden drei weitere Personen als Attachés (*adjuntos*) zum Maamad gewählt. Die Institution der Attachés gab es nur vier Jahre lang, und zwar von 5419 bis 5423. Das Protokollbuch gibt keinen Hinweis darauf, warum dieser Brauch aufgegeben wurde. In diesen Jahren wurden die Attachés nur dreimal zu Sitzungen des Maamad gerufen: am 2. Shevat 5420, um über Änderungen in der Ordnung der Hauptsynagoge zu debattieren. Am 14. Av 5420, als der Maamad zusammen mit den Mitgliedern des vorhergehenden Maamad über eine Änderung der Besteuerung der Vermittler debattierte. Am 24. Tishri 5423, um über den Auszug der Familie de Lima und den ihr Nahestehenden zum getrennten Gebet zu diskutieren. Alles deutet darauf hin, daß man im Laufe der Zeit die Attachés für überflüssig hielt und diese Institution deshalb wieder abschaffte. Statt der Attachés pflegte der Maamad den vorhergehenden Maamad zu seinen Sitzungen einzuladen. Die Versammlungen der beiden Maamad-Gremien wurde *Junta Grande* (große Versammlung) genannt. Wenn der Maamad zu seinen Sitzungen gelegentlich Personen aus Gremien vorangegangener Maamad einlud, wurden diese Personen ebenfalls Attachés (*adjuntos*) genannt.

In anderen portugiesisch-spanischen Gemeinden war die Zahl der Mitglieder des Maamad nicht immer festgelegt. In Livorno waren es fünf Mitglieder, die Vorsteher oder *massari* genannt wurden.[67] In der Gemeinde Talmud Tora in Am-

---

[63] Toaff 1968: 14
[64] Wiznitzer 1958: 114 (Vereinbarung 10 im Original); Pieterse 1968: § 10:

> «*Naõ poderaõ elegerse pera servir no mamad da sedaqua pesoa de quoalquer calidade que seya, que pelo menos naõ aya asestido em judiesmo 3 anos compridos nem podera tornarse a eleger nenhum que aya servido em dito mamad, senaõ depois de pasar tres anos da saida de sua serventia.*» (Anm. des Übersetzers)

[65] Barnett 1931: § 4
[66] Schwarzfuchs 1981: 20-21
[67] Vereinbarung 33 der Gemeinde in Livorno. Siehe Toaff 1968: 4; Hacohen 1978: 109. Die Vereinbarung erwähnt nicht ausdrücklich die Zahl fünf, aber die Zahl läßt sich aus dem Text ableiten.

sterdam sechs Vorsteher und ein Synagogenvorsteher.[68] Die Gemeinde Saar Asamaim in London wurde von drei Mitgliedern geführt, zwei Vorstehern und einem Synagogenvorsteher.[69] Und in der portugiesischen Gemeinde von Bordeaux bestand im 18. Jahrhundert der Maamad aus einem Vorsitzenden und zwei Stellvertretern.[70]

Wahrscheinlich war die Anzahl der Mitglieder des Maamad auch eine Folge gewisser Gemeindezwänge. Die Anzahl der Mitglieder im Maamad in Amsterdam erklärt sich aus der Tatsache, daß man unbedingt allen drei Gruppierungen in der Einheitsgemeinde Talmud Tora die gleiche Verteilung durch je zwei Vorsteher zugestehen wollte.[71] Ähnliches gilt wohl auch für Hamburg, weil dort die Einheitsgemeinde Bet Israel aus drei Gemeinden hervorgegangen ist und der Maamad aus sechs Vorstehern (außer dem Kassenwart) bestand. Ein anderer Grund für die Besetzung des Führungsgremiums könnte auch auf eine iberische Tradition zurückgehen: eine Erinnerung daran, daß «sieben Getreue» die Gemeinde in Barcelona zu Beginn des 14. Jahrhunderts führten.[72]

Drei wichtige Funktionen gab es im Maamad zu besetzen: den Posten des Vorsteher-Präsidenten (*parnas presidente*), den des Gesandten (*deputados*) und den des Schatzmeisters (*tesoureiro*). Jeder Vorsteher (ausgenommen der Schatzmeister) war eine bestimmte Zeit lang Vorsteher-Präsident. Es liegen keine Vereinbarungen vor, die seine Funktion bestimmen. Vermutlich aber war der Präsident für die Einberufung des Maamad verantwortlich, denn für die Sitzungen waren keine genauen Termine festgelegt. So wurde es zumindest in Amsterdam praktiziert.[73] Die Einberufung des Maamad war die wichtigste Aufgabe des Präsidenten. Er saß den Sitzungen vor und leitete sie nach einer vorher vereinbarten Tagesordnung. Das Protokollbuch beschreibt weitere Aufgaben des Präsidenten:

---

68 Wiznitzer 1958: 114, Vereinbarung 4 im Original; Pieterse 1968: § 4:

> «*Pera admenistracaõ e governo do Kaal e nacaõ os prezentes quinze dos tres mamadod eleyeraõ mamad de sete pesoas benemeritas, zelosas e temente del Dio das quoais seraõ seis parnasim e hum gabaj ao quoal se dara hun ajudante pera que notem as promesas e escrevaõ o que nesesario for, acodindo dito gabaj a todo o que toca a seu cargo e ditos seis parnasim e gabaj se asentaraõ em banqa que pero iso se fara aonde todos estaraõ juntos.*» (Anm. des Übersetzers)

69 Barnett 1931: § 3
70 Schwarzfuchs 1981: 11-12
71 Schwarzfuchs 1981: 12
72 Baer 1959: 135. Leider wissen wir sehr wenig über die Führungsstrukturen in Spanien und in der Gemeinde Talmud Tora in Venedig. Die verlorengegangene Verfassung dieser Gemeinde gilt als Modell für die anderen portugiesisch-spanischen Gemeinden. Dieser Verlust macht es unmöglich, die tatsächlichen Quellen für die Führungsstrukturen der portugiesisch-spanischen Gemeinden im 17. und 18. Jahrhundert zu erforschen.
73 Wiznitzer 1958: 116; Pieterse 1968. Zwar wurde (in Hamburg) am 22. Iyyar 5414 beschlossen, daß der Maamad alle acht Tage tagen soll, aber dieser Beschluß wurde nie realisiert.

a) Aufsicht über das Schächten. Der Präsident gab die Genehmigung zum Schächten. Wer ohne diese Genehmigung schächtete, dem drohte eine Strafe.[74]

b) Die Erteilung von Genehmigungen zu Geldsammlungen : Am 12. Adar 5416 wurde bestimmt, daß jeder, der eine Geldsammlung für einzelne veranstalten wollte, die Genehmigung des Präsidenten einzuholen hatte.[75]

c) Die Erteilung einer Lizenz zum Verkauf von Käse. Die Käselizenzen mußten dem Präsidenten vorgelegt werden, damit dieser die Qualität festlegen kann.[76]

Zwei *deputados* waren im Maamad für die Beziehungen der Gemeinde zu den Behörden zuständig. Ihnen oblag es, darauf zu achten, daß die Rechte, die der Senat der Gemeinde eingeräumt hatte, auch gewahrt wurden. Sie hatten sich zudem beim Senat der Stadt um Wohlwollen in denjenigen Angelegenheiten zu bemühen, die für die Gemeinde wichtig waren. So nahmen sie am 29. Tevet 5426 Kontakt mit dem für die Verteilung von Flugblättern und Aushängen zuständigen Beamten auf, als gemeindefeindliche Aushänge in der Öffentlichkeit erschienen.[77] Die Aufgabe des Schatzmeisters, auch allgemeiner Schatzmeister (*tezoreiro*

---

[74] 25. Nissan 5421. Der Maamad ernannte einen Schächter, der eine Gebühr berechnete denen, die zu ihm zum Schächten kamen. Und zwar nach einer Gebührenordnung, die der Maamad festlegte. Dennoch gab es Personen, die selbst schächteten:

«*Die Schächter Ishac Mendez und Ishac Jesurun werden jeder in 1 M Geldstrafe genommen, weil sie ohne Erlaubnis des Präsidenten eine Kuh ausgeschlachtet hatten. Für den Wiederholungsfall werden ihnen schwerere Strafen angedroht. Sie werden nochmals darauf hingewiesen, dass sie laut geleistetem Eide an dem Kalbfleisch (vitella) nicht mehr als 1 placa (Schilling) pro Pfund verdienen dürfen.*»; apud I. Cassuto 1911: 349 (Anm. des Übersetzers)

[75] Vgl. I. Cassuto 1909: 163 (Anm. des Übersetzers)

[76] 5. Sivan 5416: «Es wird verordnet, die Atteste (*sertidoins*) über Käse fortan bei dem präsidierenden Parnas einzureichen, welcher das Nötige veranlassen wird, damit die Käse zum Konsum für zulässig (*queserim*) erklärt werden»; apud I. Cassuto 1909: 174 (Anm. des Übersetzers)

[77] «*Es findet eine Sitzung unter Hinzuziehung des früheren Vorstandes statt, um darüber zu beraten, welche Massregeln zu ergreifen sind, um dem Schaden vorzubeugen, der uns durch Ruhestörung von seiten des Pöbels (pleve) infolge der in Druck erschienenen Neuigkeiten über das Eintreffen des von uns erhofften Heils (Gott in seiner Barmherzigkeit lasse es nahen!) entstehen können. Man beschließt, die zwei Deputierten Isaq Namias und Selomó Curiel sollen im Namen der Gemeinde mit dem Syndicus Borderio Paulo, welcher vom Senat damit beauftragt worden ist, jene Druckschriften zu prüfen, Rücksprache nehmen und ihm anempfehlen, er möge nicht gestatten, dass jene Flugschriften (gazetas), welche unsere Beunruhigung verursachen, in Druck gegeben werden [...]*» (apud I. Cassuto 1912: 295 (Anm. des Übersetzers)

Geral) genannt, wurde in der fünften Vereinbarung festgelegt. Seine Aufgabe war es, die Einnahmen aller *offertas* (Spendenzusagen) zu verwalten. «Zur Buchführung über die in der Hauptsynagoge (*Escola Geral*) gelobten Spenden soll ein Generalverwalter (*Gabay Geral*) angestellt werden, welchem die Sorge obliegt, über dieselben Buch zu führen, sie allmonatlich einzukassieren und das Geld an den besagten Generalschatzmeister abzuliefern, was ebenfalls von seiten der Verwalter der Lehrhäuser zu geschehen hat.»[78] Im Protokollbuch lesen wir, daß der Schatzmeister die Budgets der Gemeinde verwaltete und dem Maamad jährlich über Einnahmen und Ausgaben zu berichten hatte. Bei der Berichterstattung war auch der vorhergehende Maamad anwesend, dem der Berichtende angehört hatte. Die beiden Maamad-Gremien bestätigten den Bericht durch Unterschrift im Rechnungsbuch (*livro das contas*).[79]

Aus den Berichten erfahren wir auch, daß es Jahre gab, in denen der Schatzmeister einen Teil der Gemeindeausgaben aus seiner eigenen Tasche vorstreckte, manchmal recht erhebliche Summen.[80] Am Ende des Jahres und nach Vorlage der Rechnungen bezahlte dann die Gemeinde ihre Schulden an den Schatzmeister. Dementsprechend war die Zahl der Kandidaten für das Amt des Schatzmeisters relativ klein. Nur wenige Wohlhabende waren in der Lage, der Gemeinde für mehrere Monate erhebliche Summen vorstrecken zu können.

5. Aufgaben und Befugnisse des Maamad

Es wurde bereits erwähnt, daß die Macht des Maamad in der Kahal Kadosh Bet Israel in Hamburg nicht begrenzt war. In der sechsten Vereinbarung heißt es im Protokollbuch: «Dieser Vorstand der sieben Erwählten (*eleittos*) und die, welche ihnen in dem Amte folgen, sollen volle Befugnis haben und absolute Gewalt zur Leitung dieser Nation (*nação*) haben, sowohl für Angelegenheiten mit dem Senat wie auch bezüglich der Ausgaben aus der allgemeinen Kasse, zu Anstellung und Absetzung von Beamten, nebst allen übrigen dieselben angehenden Dingen [...].»[81]

Der Maamad hatte viele, teilweise auch sehr unterschiedliche Aufgaben:

Siehe auch den Beitrag von Uri R. Kaufmann und Michael Studemund-Halévy
[78] Siehe I. Cassuto 1908: 12 (Anm. des Übersetzers)
[79] 28. Kislev 5418, 2. Kislev 5419, 7. Kislev 5421, 7. Adar 5425, 28. Hesvan 5436, 3. Kislev 5441, 16. Hesvan 5442
[80] Im Jahr 5441 schuldete die Gemeinde dem Kassenwart 3.521 Mark, eine sehr große Summe. Sie war höher als die *finta*, die von der gesamten Gemeinde im Jahr 5418 erhoben wurde. Die *finta* war die Jahressteuer, die jede Familie zur Deckung der Gemeindekosten aufzubringen hatte.
[81] Vgl. I. Cassuto 1908: 12

1. Vertretung der Gemeinde nach außen: Diese Aufgabe nahmen vor allem die zwei Gesandten (*deputados*) der Gemeinde wahr. In der sechsten Vereinbarung wurde festgelegt, daß der Maamad die alleinige Befugnis über die Beziehungen der Gemeinde zum Hamburger Senat besitzt.[82]

2. Verantwortung für das Budget der Gemeinde. In der gleichen Vereinbarung erhält der Maamad die alleinige Befugnis, Ausgaben aus der Gemeindekasse (*Bolsa Geral*) zu tätigen. Der Schatzmeister war für die Kassenbücher der Gemeinde zuständig. Der Maamad war das entscheidende Gremium für die wirtschaftlichen Angelegenheiten.[83]

3. Einstellung und Entlassung von Gemeindeangestellten.[84]

4. Die Wahl ehrenamtlicher Funktionsträger. Die jährlichen Wahllisten zeigen, daß der Maamad die einzelnen Personen in ihre Funktionen gewählt hat. Dabei handelt es sich um folgende Ämter: a) Vorsteher der *Talmud Tora* (Religionsschule); b) Vorsteher des Vereins für die Krankenpflege (*Hebrá de Bikur Holim*); c) Vorsteher der Schulen und der Synagogen; d) Vorsteher des Heiligen Landes, Jerusalems und für die Einlösung von Gefangenen; e) Vorsteher der Wohltätigkeit. Außerdem wählte der Maamad am Abend des Pessahfestes den Direktor (*administrador*) der Gesellschaft für die Vergabe zinsloser Darlehen innerhalb der Gemeinde.[85]

5. Gerichtsaufgaben. Der Maamad war auch eine richterliche Instanz. Er richtete einzelne und legte die Strafen fest. Gelegentlich bestimmte der Maamad auch Schiedsrichter, um Streitigkeiten zwischen den Kontrahenten zu schlichten.

6. Zensur von Büchern, die in der Gemeinde vertrieben wurden Eine Zensur übte der Maamad aus, als er 1652 anordnete, das «sehr skandalöse» (*muy escandaloso*) Buch des Manuel de Pina[86] zu verbrennen. Ein

---

[82] Vgl. I. Cassuto 1908: 12
[83] Die wirtschaftlichen Angelegenheiten der Gemeinde standen unter ständiger Kontrolle des Maamad. Das ergibt sich aus der Tatsache, daß auf jeder Sitzung des Maamad ein Budgetthema auf der Tagesordnung stand; vgl. I. Cassuto 1908: 12
[84] Vgl. I. Cassuto 1908: 12
[85] Vgl. I. Cassuto 1908: 15
[86] 25. Av 5416, 8. Elul 5416. Obwohl ein Dichter dieses Namens in der Biblioteca von Kayserling erwähnt wird, paßt es chronologisch nicht zu der Erwähnung im Gemeindebuch. Über das Buch von Manuel de Pina siehe Kaplan 1983 : 115, Fußnote 66

zweiter Fall von Zensur ereignete sich zehn Jahren später.[87] Da wurde sie durch den amtierenden und durch den vorhergehenden Maamad (die Große Versammlung) beschlossen. Am gleichen Tag wurde auch eine Vereinbarung darüber festgelegt, daß jeder, der ein Buch veröffentlichen wollte, eine Genehmigung des Maamad einholen mußte. Wer gegen diese Vereinbarung verstieß, dem drohte eine Geldstrafe von 20 Reichstalern (60 Mark).

7. Zuzuggenehmigung für Juden in die Stadt. Nach einer Vereinbarung vom 22. Nissan 5416 durfte kein Jude, ob portugiesisch-spanischer oder ashkenasischer Abstammung, ohne die Genehmigung der portugiesischen Gemeinde in der Stadt wohnen.[88]

8. Vertreibung negativer Elemente. Der Senat erteilte der Gemeinde die Genehmigung, negative Elemente aus ihrer Mitte zu vertreiben, und der Maamad war hierfür die Exekutive. Dieses Recht wurde erwähnt, als der Maamad über das leichtfertige Verhalten einiger junger Leute debattierte, die den inneren Frieden der Gemeinde erschütterten.[89]

9. Regelung der Ordnung in der Hauptsynagoge.[90] Der Maamad leitete die Ordnung in der großen Synagoge. Er bestimmte die Gebetszeiten, die Sitzordnung, die Liturgie, und er legte fest, in welchem Alter Kinder die Synagoge besuchen durften.[91] Der Haham, die eigentliche religiöse Instanz der Gemeinde, war an den Festlegungen dieser Ordnungen nicht

---

[87] 3. Elul 5426, S. 51; vgl. I. Cassuto 1916: 27-28. Es handelte sich hier um das berühmte Buch «Fin de los Días» von Mosseh Gideon Abudiente. Siehe auch den Beitrag von Zvi Maleakhi

[88] *«Zum Bestande und zur besseren Verwaltung der Gemeinde sei es nötig, ein Decret dahin zu erlassen, dass niemand, ob von unserer oder der anderen Nation, in hiesiger Stadt wohnen dürfe, ohne zuvor durch den Vorstand zugelassen zu sein. Zu diesem Ende wurde beschlossen, folgende Bestimmung zu erlassen, welche am 25. ds. Mts. veröffentlicht wurde: Da der Vorstand Missverständnissen vorzubeugen und Anlässe zu vermeiden wünscht, welche den Bestand unseres hiesigen Aufenthalts und unsere gute Verwaltung gefährden können, verordnet er, dass niemand von unserer oder der anderen Nation hier wohnen darf, ohne zuvor die Einwilligung und Genehmigung des Vorstandes erlangt zu haben. Gegen etwaige Contravenienten soll mit aller nach Sachlage angebrachten Strenge vorgegangen werden.»*; apud I. Cassuto 1909: 167-169 (Anm. des Übersetzers)

[89] 30. Tishri 5426, S. 51

[90] In der Gemeinde gab es eine Hauptsynagoge, die Bet Israel genannt wurde, und zwei weitere Synagogen, die als eine Art Filiale der zentralen Synagoge dienten.

[91] Solche Ordnungen wurden zum Beispiel am 28. Kislev 5416, am 26. Tishri 5422, am 6. Nisan 5426 und am 9. Kislev 5439 bestimmt.

beteiligt. Sie wurden ihm vielmehr vom Maamad als feststehende Tatsache vorgegeben.

10. Genehmigung von Arbeiten für die Gemeinde. Der Maamad war das einzige Gremium, das befugt war, Arbeiten für die Gemeinde zu genehmigen. Eine entsprechende Anordnung beschloß der Maamad am 4. Nisan 5424.[92] Es kann vermutet werden, daß Gemeindemitglieder vom Maamad Genehmigungen für Aufträge erbeten haben, um Arbeiten für die Gemeinde durchzuführen. Diese Vermutung bezieht sich auf die Erwähnung vom gleichen Tag, daß der Haham noch vor Erlaß der genannten Anordnung vom Maamad die Erlaubnis erbat, Ausgaben im Zusammenhang mit dem Einbau eines Ofens in dem von ihm bewohnten Gemeindehaus zu genehmigen.

11. Die Handhabung von Erbschaften, Ehevertretungen und Testamenten sowie deren Vollstreckungen. Nach der Vereinbarung[93] hat der Maamad die vollen Befugnisse, diese Angelegenheiten zu behandeln. Der Maamad war in diesen Angelegenheiten die Schiedsinstanz, das urteilende Gremium, er führte Vergleiche herbei und war gleichzeitig für den Vollzug der eigenen Entscheidungen zuständig.[94]

12. Einmischung, um zerrüttete Familienverhältnisse zu ordnen. Der Maamad pflegte sich einzumischen, um Frieden zwischen Eheleuten und um Verabredungen zwischen Kindern und Eltern zu erreichen. So wurden zum Beispiel der Haham Moshe Israel und der Kassenwart der Gemeinde, David Senior, auf Bitten des Maamad beauftragt, das Ehepaar Tovar zu versöhnen, damit es wieder «nach dem Gebote Gottes zusammenwohnt. Denn der Mann wohnte im Gasthaus und seine Frau befindet sich bei ihrer Mutter».[95] Ein anderes Mal beklagte sich die Witwe Lea Cohen bei einem Mitglied des Maamad und bat darum, daß der Maamad aktiv würde, um auf ihren Sohn einzuwirken. Nach ihrer Behauptung hatte der Sohn zweifelhafte Freunde, pflegte einen losen Lebenswandel und ehrte seine Mutter nicht. Die Witwe beschuldigte die Söhne des Isaac Machorro, sie hätten ihn zu diesem Lebenswandel aufgehetzt. Der Haham verbot dem Sohn der Witwe, sein beanstandetes Verhalten fortzusetzen.[96]

---

[92] Vgl. I. Cassuto 1912: 247
[93] Vgl. Cassuto 1908: 12
[94] 7. Av 5427, 2. Shevat 5417, 8. Av 5417, 13. Elul 5428, 29. Tamuz 5429
[95] 2. Adar Rishon, 3. Adar Sheni 5426; vgl. I. Cassuto 1916: 4 und 8
[96] 28. Kislev 5416

13. Erteilung einer Genehmigung zur Ehescheidung. Zwei Einträge im Protokollbuch aus dem Jahr 5436 zeigen, daß eine Ehescheidung der Genehmigung des Maamad bedurfte. In einem Fall wurde eine Person bestraft, weil sie bei einer Scheidung als Zeuge fungierte, die nicht vom Maamad genehmigt wurde.[97]

Die vielen, zum Teil sehr unterschiedlichen Aufgaben und Befugnisse des Maamad machen deutlich, welche Macht dieses Gremium über das Leben der Gemeinde besaß, beginnend mit der Repräsentation gegenüber den Behörden bis zur Einmischung in das Privatleben der einzelnen Gemeindemitglieder. In der Tat: Die absolute Machtbefugnis des Maamad, wie sie sich aus der sechsten Vereinbarung ergibt, war tägliche Realität in der Hamburger Gemeinde Bet Israel.

6. Die Große Versammlung

Seit dem Jahr 5419 besaß die Gemeinde Bet Israel ein neues Gremium, die *Junta Geral* (große Versammlung). Dieses Gremium bestand aus dem amtierenden Maamad, dem vorhergehenden und manchmal auch aus weiteren Maamad-Gremien früherer Jahre. Die gemeinsame Versammlung der beiden Maamad-Gremien ist in der sechsten Vereinbarung verankert. Dort heißt es, daß in bestimmten Fällen der Maamad gemeinsam mit dem früheren Maamad zu entscheiden hat.[98] Diese Vereinbarung gewann besonders an Gewicht, als der Maamad auf nur fünf Personen verkleinert wurde und es notwendig wurde, sich in bestimmten Fällen mit erfahrenen Personen zu beraten und Entscheidungen in einem größeren Forum zu fällen. So wurde anläßlich der Festlegung auf fünf Maamad-Mitglieder folgendes festgehalten: «Bei dieser Gelegenheit muß berücksichtigt werden, daß es üblich zu sein hat, in bestimmten Fällen den früheren Maamad hinzuzuziehen».[99]

Die Große Versammlung wurde bei folgenden Anlässen einberufen:

> 1. Bei großer Finanznot versammelten sich beide Maamad-Gremien, um über notwendige Schritte zu beraten. Meist wurde beschlossen, eine einmalige Steuer zu erheben.[100]

> 2. Die Hinwendung eines einzelnen an die Behörden in Gemeindeangelegenheiten. Einer der Autonomiegrundsätze, auf

---

[97] 20. Kislev 5436, 8. [?] Nisan 5436
[98] Vgl. I. Cassuto 1908: 12
[99] 19. Tishri 5423
[100] 15. Elul 5419; vgl. I. Cassuto 1910: 288

deren Einhaltung die Führung der Gemeinde besonders achtete, bestand darin, daß sich kein Gemeindemitglied an nichtjüdische Instanzen wenden durfte. Dazu kam das Verbot, den Behörden über innere Angelegenheiten zu berichten. Wer gegen diese Grundsätze verstieß, wurde der Denunziation (*malsinaria*) beschuldigt und mußte mit Verbannung (*herem*) rechnen. Eine solche Beschuldigung behandelte die große Versammlung zwei Mal.[101]

3. Entscheidungen über das Gemeindevermögen. Die Gemeinde pflegte Häuser zu vermieten. Entweder an ihre Mitarbeiter oder auch an eigene Institutionen der Gemeinde. Bei Diskussionen über diese Dinge wurde manchmal der frühere Maamad einbezogen. So zum Beispiel, als die Gemeinde ein Haus kaufte und ein Gemeindemitglied Vermittlungshonorar verlangte. Die große Versammlung beschloß, diesem die Forderung nicht zu bezahlen, sondern dem nichtjüdischen Makler, der das Geschäft ermöglichte.[102]

4. Die Erzwingung eines Amtes. Die Gemeindeführung stand häufig vor dem Problem, daß Gewählte von ihrem Amt zurücktraten oder die Annahme des Amtes verweigerten. In zwei Fällen kam die Große Versammlung zusammen, um einen einzelnen zur Annahme eines Amtes zu zwingen: als Jacob de Lima sich weigerte, ein liturgisches Amt (*hatan bereshit*) anzunehmen[103], und Selomo Curiel das Amt des Vorstehers ausschlug, das er nach dem Tod von Aharon Senior übernehmen sollte.[104]

5. Beratung über die Beziehungen der Gemeinde zu ihrem christlichen Umfeld. Diese Beziehungen waren sensibel. Die Gemeinde hatte darauf zu achten, daß sie nicht beschädigt wurden. Als die ersten Nachrichten über Shabtai Zvi auch Hamburg erreichten, gab es Unruhe in der Gemeinde.[105] In der Stadt wurden Flugblätter verteilt, die der Gemeinde hätten schaden können.[106] Die große Versammlung trat zusammen und beschloß,

---

[101] 5. Elul 5420, 8. Tishri 5421; vgl. I. Cassuto 1911: 337-338; vgl. auch den Beitrag von Yosef Kaplan
[102] 23. Nisan 5420; vgl. I. Cassuto 1911: 333
[103] 18. Tishri 5433
[104] 28. Shevat 5428
[105] Siehe auch den Beitrag von Uri R. Kaufmann und Michael Studemund-Halévy
[106] Über die Shabtai Zvi-Bewegung in Hamburg siehe den Beitrag von Gershom Scholem

sich an den Beamten zu wenden, der in der Stadt für die Genehmigung von Flugblättern zuständig war, um die Verteilung der schädlichen Flugblätter verbieten zu lassen.

6. Unterstützung einer Nachbargemeinde. Als die benachbarte Gemeinde in Glückstadt in finanzielle Schwierigkeiten geriet, trat die Große Versammlung zusammen und beschloß, der benachbarten Gemeinde mit Geldmitteln zu helfen. Die Begründung war: Man müsse das Bestehen der Gemeinde in Glückstadt gewährleisten, wegen der Möglichkeit, dort eines Tages Schutz suchen zu können. Zwar waren die Beziehungen zum Senat gut, und die Gemeinde wußte, daß sie wegen der wirtschaftlichen Bedeutung und dem diplomatischen Status der Gemeindeführer in der Stadt willkommen ist. Aber die Portugiesen gingen davon aus, daß die Situation sich eines Tages aus sehr verschiedenen Gründen unerwartet schnell ändern könne und sie wieder zu Flüchtlingen würden, die Schutz suchten.

7. Zensur über Bücher. Die Große Versammlung trat laut Eintrag im Protokollbuch einmal als Zensor für jüdische Literatur auf. Es geschah im Jahr 5426, als in der Gemeinde das Buch des Shabtai Zvi-Anhängers Mosseh Gideon Abudiente «*Fin de los Días*» (Vom Ende aller Tage) vertrieben wurde. Nach Meinung der Maamad-Mitglieder schadete das Buch den Beziehungen zu den Christen. Daher beschloß die Große Versammlung, alle in der Gemeinde befindlichen Exemplare zu beschlagnahmen und sie in einem versiegelten Paket in der Gemeindekasse zu verwahren. Bis «der Tag kommt, den wir alle herbeisehnen und den der Herr sicher bald herbeiführen wird». Zehn Jahre zuvor verbrannte der Maamad (die Große Versammlung gab es zu der Zeit noch nicht) ein «sehr skandalöses» Buch von Manuel de Pina.

8. Die Wahl der Hahamim. Die Große Versammlung wählte im Jahr 5434 Moshe Jessurun zum Haham. In all den anderen Jahren hat der Maamad diese Wahl vorgenommen. Es liegen keine Begründung und keine Vereinbarung für diese Abweichung vor.

9. Beratung über die Vereinigung mit der ashkenasischen Gemeinde in Hamburg. Die Große Versammlung hat diesen Vorschlag beraten und abgelehnt.

10. Genehmigung zur Errichtung einer freiwilligen Gesellschaft innerhalb der Gemeinde. Am 8. Adar 5435 wollten einige Gemeindemitglieder eine Gesellschaft (*irmandade*) gründen, die Kranken helfen und Sterbende betreuen sollte. Die Versammlung beriet über diesen Vorschlag und stimmte dem Antrag zu. Daraus wird ersichtlich, daß keine ehrenamtliche Gesellschaft gegründet werden konnte ohne Genehmigung des Maamad, der sich als Kontrollgremium für diese Gesellschaft betrachtete, wie wir noch später sehen werden.

Zusätzlich trat die Große Versammlung zusammen, um verschiedene Themen zu behandeln. Dazu gehörten unter anderem Verbannung[107], Behandlung eines Aufsässigen[108], Bestätigung oder Annullierung eines Vertrages zur Gründung einer Vereinigung von Handelsvertretern[109], Erbschaftsangelegenheiten[110] und Reform der Talmud Tora.[111]

7. Die Familienoberhäupter (cabeças de caçal)

Eine besondere Bedeutung und Stellung in der Gemeinde hatte die Zusammenkunft der Familienoberhäupter, die *cabeças de caçal* genannt wurden. Dieser Personenkreis trat bei folgenden Gelegenheiten zusammen:

1. Als die Versammlung der Familienoberhäupter bei der Gründung der Einheitsgemeinde[112] über die Führung der Gemeinde zu beschließen hatte. Bei dieser Zusammenkunft wurden auch die ersten und grundsätzlichen Vereinbarungen für die Gemeinde getroffen.

2. Nach den Wahlvorschriften für den Maamad wurden dessen Mitglieder von der Versammlung der Familienoberhäupter gewählt.

---

[107] 11. Kislev 5435; siehe auch den Beitrag von Yosef Kaplan
[108] 24. Tishri, 2. Hesvan 5435
[109] 29. Nisan 5435
[110] 12. Adar 5437
[111] 14. und 15. Hesvan 5436
[112] Siehe Dokument B in Ornan Pinkus 1986 mit den Unterschriften der Oberhäupter der Familien

3. Die Oberhäupter wurden von dem Maamad zusammengerufen, wenn die Zusammenarbeit der ganzen Gemeinde erforderlich war.

Eine solche Gelegenheit war die Notwendigkeit,

4. eine Delegation nach Konstantinopel zu schicken, um «unseren König, Shabatai Zvi Messias von Jacobs Gott der Erleuchtete» (*nosso Rey sabetay seby ungido do Dio de Jaacob cuja coroa seja eixaltada*) zu ehren.[113]

Der Maamad rief im Monat Adar im Jahr 5426 alle Familienoberhäupter zusammen, um über die Entsendung einer Delegation zu Shabtai Zvi zu diskutieren. Nach tagelangen Beratungen wurde beschlossen, die einberufene Versammlung zu annullieren. Zum Schluß entschied der Maamad am 23. Adar, keine Delegation zu schicken. Begründung: Die Delegation würde nicht rechtzeitig ankommen, und außerdem wäre die Reise sehr gefährlich.

Die Diskussion darüber, ob eine Delegation geschickt werden sollte oder nicht, erklärt sich aus dem Streit zwischen den Anhängern Shabtai Zvis und seinen Gegnern, der in der Gemeinde tobte. Gerade in Hamburg war die messianische Begeisterung groß. Am 26. Adar hatte der Maamad beschlossen, alle Häuser der Gemeinde zu verkaufen, um jederzeit bereit zu sein, sich auf den Weg zu begeben, «den wir mit Gottes Hilfe demnächst beginnen werden». Auch diese Entscheidung wurde nicht umgesetzt.

5. Im Jahr 5433 verlangten einige Gemeindemitglieder eine Änderung des Wahlmodus. Der Maamad rief eine Versammlung der Familienoberhäupter ein, um über diesen Vorschlag zu beraten. Die Versammlung entsprach den Vorschriften der dreizehnten Vereinbarung. Darin wird bestimmt, daß es einer Mehrheit von drei Viertel aller Familienoberhäupter bedarf, um die Ordnung der Gemeinde zu ändern. Der Antrag wurde mit einer Mehrheit von 63 gegen 56 Stimmen abgelehnt.[114]

---

[113] «dem Gesalbten des Gottes Jacob, dessen Herrschaft sich entfalten möge» (Anm. des Übersetzers)
[114] Als im Jahr 5437 die Wahlordnung geändert wurde, geschah das ohne eine Versammlung der Familienoberhäupter, sondern auf einen schriftlichen Antrag von 112 der 119 Familienoberhäupter hin.

Aus der Lektüre des Protokollbuches kann man den Eindruck gewinnen, daß die Macht und der Einfluß der Versammlung der Familienoberhäupter sehr beschränkt war. Nach der Wahl der Mitglieder des Maamad endete ihre Macht.

Dieses Gremium entfaltete seine Macht nur einmal in der Geschichte der Kahal Kadosh Bet Israel, als es bei der Gründung der Einheitsgemeinde im Jahr 5412 (1652) aufgerufen war, über die Gemeindestatuten zu beraten. Später bestimmte allein der Maamad die weiteren Vereinbarungen. Die Versammlung der Familienoberhäupter hielt sich immer im Hintergrund. Aber der Versammlung der Familienoberhäupter kam eine große ideelle Bedeutung zu, da sie die Versammlung aller portugiesisch-spanischen Juden in Hamburg war. Die tatsächlich regierende Körperschaft in der Gemeinde war aber ohne Zweifel der Maamad.

8 Die Alten, die Geehrten

Gelegentlich wird in dem Buch der Gemeinde berichtet, daß zu den Sitzungen des Maamad auch Persönlichkeiten geladen wurden, die man *velhos* (Alte) nannte. Das waren die Gemeindeältesten und die Geehrten.[115] Diese Personen hatten in früheren Maamad-Gremien gedient oder sie besaßen eine besondere Stellung in der Gemeinde.

Ähnliches finden wir in der Gemeinde Saar Asamaim in London, wo die Geehrten der Gemeinde *ancianos* (Spanisch) oder *velhos* (Portugiesisch) genannt wurden.[116] Die ancianos der portugiesischen Gemeinde in Bordeaux dienten auch als Synagogenvorsteher und bildeten das Wahlgremium für die Leitung der Gemeinde.[117] Etwa vierhundert Jahre vorher trugen die Mitglieder der vornehmsten Familien der Gemeinden in Kastilien den Titel *viejos* (Alte). Diese *viejos* waren im 13. Jahrhundert die einzigen weltlichen Herrscher. Sie regierten uneingeschränkt über ihre Gemeinde.[118]

Wann aber wurden die *velhos* der Hamburger Gemeinde zur Versammlung gerufen?

       1. Als Jacob Ulhoa sich an die Behörden wandte und Berichte über die Gemeinde weitergab, lud der Maamad die *velhos* ein,

---

115   I. Cassuto 1912: 226 erklärt in einer Fußnote zu seiner Übersetzung, daß mit velhos diejenigen Personen gemeint waren, die früheren Maamad-Gremien angehört hatten oder ein Ehrenamt in der Gemeinde bekleideten.
116   Barnett 1931: XIV. Über ihre Aktivitäten siehe S. 4, 13-14, 49-50, 80. Die velhos werden auf S. 80 erwähnt, und auf S. 81 werden sie « ehemalige Vorsteher » genannt.
117   Schwarzfuchs 1981: 12-13
118   Baer 1966: 126

um gemeinsam mit ihnen zu beraten, welche Schritte zu unternehmen sind.[119]

2. Als sich die Familie de Lima und die ihnen Nahestehenden von der Gemeinde zurückzogen und die Gefahr der Abspaltung drohte, lud der Maamad mehrere *velhos* ein, um zu beraten, welche Schritte geeignet sind, damit sich die Abtrünnigen wieder dem Maamad unterordnen.[120]

3. *Velhos* wurden zu Sitzungen des Maamad eingeladen, um über die Fragen zu beraten, die im Zusammenhang mit dem Kauf von Grund und Boden für den Bau einer neuen Synagoge standen, sowie über den Verkauf von Häusern, die in der Vergangenheit mit Geld aus der Gemeindekasse gekauft worden waren, um als Synagogen hergerichtet zu werden.[121]

4. Im Monat Av 5433 lud der Maamad mehrere «*velhos*» ein, um zu einer ausgeglicheneren Meinung (*mais maduro conselho*) zu kommen. Es ging um die Wahlzettel für den Maamad. Bis dahin hatten zwei Weise die Zettel eingesammelt. Das Problem trat ein, als der Haham verstarb. Die Beratung hatte keine Ergebnisse, da es keine zwei Personen gab, denen die ganze Gemeinde vertrauen konnte.[122]

Es stellt sich also heraus, daß die *velhos* immer nur dann zu den Sitzungen geladen wurden, wenn der Maamad sich mit erfahrenen Personen in besonders wichtigen Fragen beraten wollte. Die *velhos* hatten keinerlei Befugnis bzw., legale Funktionen. Ihr Einfluß auf die Führung der Gemeindse lag allein in ihrer Erfahrung.

9 Die vom Maamad gewählten

1. Die Vorsteher der Synagogen und der Schulen

In den Vereinbarungen bei der Gründung der Gemeinde wird bestimmt, welche Vorsteher durch den Maamad gewählt werden sollten:

---

[119] Damals kam die Große Versammlung zusammen; 5. Elul 5420
[120] 26. Tishri 5423
[121] 14. Av und 28. Elul 5428
[122] 24. Av 5433

a) Der Vorsteher der zentralen Synagoge, der den Titel eines Gesamtvorstehers (*Gabai Geral*) trägt
b) Vorsteher der Schule an der Herrlichkeit Synagoge[123]
c) Vorsteher der Schule Keter Tora[124]
d) Vorsteher der Schule Magen David[125]
e) Vorsteher der Wohltätigkeit

Die Vorsteher hatten jeden Monat dem Schatzmeister einen Bericht über ihre Einnahmen vorzulegen. Alle Einnahmen wurden in den Büchern vermerkt.[126]

Zu Beginn des Jahres hatten die Vorsteher diejenigen Personen, die *offertas* (Spendenzusagen) gemacht hatten, über ihre Verpflichtungen zu informieren. Wer mit den Zahlungen im Rückstand lag, durfte weder die Hauptsynagoge noch die Synagogen der Schulen besuchen. Die Verantwortung für die Durchführung dieser Maßnahme lag bei den Vorstehern.[127]

Ende 5420 wurden zum letzten Mal die Vorsteher der verschiedenen Schulen gewählt. Danach wurde nur noch ein Vorsteher gewählt. Am 14. Ab 5420 berichtet das Protokollbuch, daß die Schule an der Herrlichkeit verlegt und mit der Hauptsynagoge vereint wurde. Am gleichen Datum wird auch berichtet, daß die Hauptsynagoge auch den Besuchern der anderen Synagogen und Schulen offenstand. In den Eintragen seit 5420 werden die Schulen nicht mehr erwähnt. Es mag sein, daß sie nicht mehr als Versammlungs- und Betort genutzt wurden.

2. Vorsteher für Wohltätigkeit, Vorsteher der Kasse für das Heilige Land und Jerusalem, Vorsteher für die Kasse für die Befreiung Gefangener

Diese Ämter wurden offensichtlich nicht in jedem Jahr neu besetzt. Denn es kommt häufig vor, daß die jährlichen Wahllisten keine einzige Eintragung für eines dieser Ämter aufweisen. Vielleicht bekleidete der Gewählte das Amt mehrere Jahre hintereinander.

Durch eine Vereinbarung, die der Maamad am 6. Tishri 5415 verabschiedete, wurden die Ämter der Vorsteher für Wohltätigkeit, für das Heilige Land und Jerusalem sowie für die Befreiung Gefangener vereinigt. Diese Vereinbarung wurde aber nicht streng eingehalten. Denn gelegentlich finden wir in den Wahllisten einen Vorsteher sowohl für die Wohltätigkeit als auch für die Kasse für das Heilige Land und Jerusalem sowie einen Vorsteher für die Kasse zur Befreiung Gefange-

---

123 Der Name einer der Synagogen wurde dem Namen der Hauptsynagoge hinzugefügt.
124 Die dritte Synagoge
125 Diente offenbar nur als Schule. Siehe Grunwald 1902: 20; vgl. auch den Beitrag von Saskia Rohde
126 Vereinbarung 5
127 28. Tishri 5414 und 28. Tishri 5418

ner.[128] Es mag sein, daß die Notwendigkeit, mit diesen Ämtern bestimmte Personen zu ehren, dazu geführt hat, daß die Vereinigungsvereinbarung nicht immer eingehalten wurde.

3. Vorsteher der Kasse für die Ashkenazim

Die Ashkenazim kamen oft nach Hamburg, um bei den reichen Portugiesen zu betteln. Diese Situation führte in der Gemeinde zu Unruhe und drohte, den innere Frieden der Gemeinde zu stören. Daher beschloß der Maamad am 6. Kislev 5416, zwei Vorsteher (*administradores*) für eine Bettelkasse zu Gunsten der Ashkenazim zu wählen. Jeder wurde für zwei Jahre gewählt, aber es gab eine Überschneidung von einem Jahr zwischen den beiden Amtsträgern. Dreimal wurden Personen in diese Ämter gewählt, in den Jahren 5415, 5416 und 5417. Später werden solche Wahlen nicht mehr erwähnt. Es mag sein, daß die Spenden für die ashkenasischen Juden danach der allgemeinen Wohltätigkeitskasse entnommen wurden.

4. Vorsteher der Santa Hebra

Bei den jährlichen Wahlen bestimmte der Maamad zwei Personen, die als Vorsteher der Brüderschaft für Krankenpflege (*Hebra, Hebra Geral, Santa Hebra*) gewählt wurden. Sie waren für die Behandlung der kranken Armen verantwortlich und hatten dem Maamad oder dem Vorsteher-Präsidenten über die Bedürfnisse der Kranken und über die Ausgaben der Gesellschaft zu berichten.[129]

Die Vorsteher der Gesellschaft hatten auch darüber zu bestimmen, wer von den Gemeindemitgliedern die Kranken versorgen und behandeln sollte und wann. Außerdem hatten sie sich um die Sterbenden zu kümmern.[130] Die Vorsteher waren dem Maamad gegenüber für die Eintreibung der Zahlungen für die Beisetzung der Toten verantwortlich.[131] Offensichtlich waren die Vorsteher der Gesellschaft auch für die Arbeit der Ärzte verantwortlich, die für die Gesellschaft arbeiteten. Sie waren es auch, die die Rezepte der Ärzte bestätigten, damit die Medikamente in der Apotheke der Gesellschaft ausgegeben werden durften.[132]

5. Vorsteher der Talmud Tora

Kurze Zeit nach der Gründung der Einheitsgemeinde wurden die Vereinbarungen festgelegt, die sich auf eine einheitliche Talmud Tora in der Gemeinde be-

---

128 Die Liste der Gewählten für die Jahre 5426, 5427, 5428 und 5430
129 5. Kislev 5416
130 24. Nisan 5419 und 29. Iyyar 5426
131 28. Adar 5423
132 Über die Notwendigkeit, ein Rezept von einem Vorsteher unterschreiben zu lassen, siehe den Eintrag am 5. Kislev 5416; darüber, daß die Gesellschaft eine eigene Apotheke hatte, siehe den Eintrag für den 29. Iyyar 5426

ziehen.[133] Darin sind auch die Aufgaben der drei Vorsteher der Talmud Tora aufgezeichnet. Im allgemeinen wird in den Vereinbarungen festgehalten, daß die Vorsteher die volle Befugnis besitzen, alle Angelegenheiten zu regeln, die mit der Talmud Tora zu tun haben, und zwar nach ihrem Verständnis der Sache. Zu ihren Aufgaben gehörten:

> a) Überprüfen der Anwesenheit der Unterrichtenden und Bericht an den Kassenwart der Gemeinde, damit ihr Lohn gezahlt werden kann.[134]
>
> b) Entgegennahme von Beschwerden der Eltern über die Unterrichtenden und Klärung des Sachverhalts mit den Betroffenen.
>
> c) Besuch in den Klassen nach einem vorgegebenen Plan. Aufsicht über die Unterrichtenden, damit sie ihre Arbeit ordentlich durchführen, die Schüler sich in den Klassen befinden und entsprechende Fortschritte machen.
>
> d) Anwesenheit bei der monatlichen Prüfung. In diesen Prüfungen wurde festgestellt, welche Schüler in die höheren Klassen wechseln dürfen.
>
> e) Die Vorsteher und die Unterrichtenden hatten darauf zu achten, daß die Schüler der Talmud Tora nicht auf den Straßen der Stadt herumliefen, um der Gemeinde keine Unannehmlichkeiten zu bereiten.[135]

Am 26. Elul beschloß der Maamad, zwei weitere Attachés (*adjuntos*) zu benennen, die sich mit den Angelegenheiten der Talmud Tora zu befassen hatten. Außerdem ernannte der Maamad den Haham Isaak Jessurun zum Oberinspektor der Talmud Tora. Diese Änderung zeigt, daß der Fortschritt der Schüler nicht ausreichend gewesen ist. Am 22. Elul 5434 beschloß der Maamad, daß einer der Vorsteher ein weiteres Jahr Dienst tun muß, um sein Wissen über die Schüler an die neuen Vorsteher weitergeben zu können.

---

133   17. Kislev 5413; statt der Talmud Tora einer jeden der drei Gemeinden vor der Vereinigung
134   17. Av und 22. Elul 5434. Zu einem späteren Zeitpunkt wurde die Zahlungsart durch Entscheidung des Maamad verändert. Nach dieser Korrektur hatten die Unterrichtenden dem Kassenwart ein von drei Vorstehern der Talmud Tora unterschriebenes Papier zu bringen, daß auch vom Vorsteher-Präsidenten beglaubigt werden mußte. Darin mußte bescheinigt werden, daß sie «in guter Weise» [*asistido bem*] in der Talmud Tora anwesend waren.
135   11. Tevet 5425

Die Vorsteher der Talmud Tora hatten die Weisungen auszuführen, die sie vom Maamad erhielten. An der inneren Ordnung der Talmud Tora waren sie in keiner Weise beteiligt. Als der Maamad im Jahr 5435 eine Reform der Talmud Tora beschloß, beteiligten sich an den Debatten auch frühere Maamad-Mitglieder. Die Vorsteher der Talmud Tora wurden nicht eingeladen. Sie erhielten die neuen Regelungen vielmehr als Anweisungen zur Durchführung.

6. Vorsteher der Kasse Etz Hayyim

In der Gemeinde bestand eine Hilfskasse für arme Schüler, die Etz Hayyim [*Baum des Lebens*] genannt wurde. Für diese Hilfskasse ernannte der Maamad einen Vorsteher.[136] Im Jahr 5432 wurde dieser Posten abgeschafft. Die Kasse wurde den Vorstehern der Talmud Tora unterstellt und einer von ihnen zum Schatzmeister ernannt.[137] Es kann angenommen werden, daß der Maamad die Handhabung der Hilfsleistungen aus der Kasse vereinfachen wollte. Anstatt die Vorsteher dem Kassenwart über die Bedürftigkeit von Schülern berichten zu lassen, konnten sie nunmehr selbst entscheiden, wer der Hilfe bedurfte, und diese auch unmittelbar geben.

7. Vorsteher der Wohltätigkeitsgesellschaft Guemilut Hassadim

Die Gesellschaft Guemilut Hassadim geht auf eine Privatinitiative einiger Gemeindemitglieder zurück, die es sich zur Aufgabe gemacht hatten, Kranke zu unterstützen und Sterbende zu betreuen (z. B. Totenwäsche, Leichentuch, Beisetzung).[138] Am Pessahabend wählte der Maamad den Vorsteher (*administrador*) aus den Mitgliedern der Gesellschaft.[139] Der Vorsteher fungierte auch als Schatzmeister der Gesellschaft, die in der Synagoge eine Kasse stehen hatte.[140] Bei der Gründung der Gesellschaft hatten die Mitglieder dem Maamad eine von ihnen unterschriebene Verpflichtungserklärung ausgehändigt, in der die Satzung der Gesellschaft und die Pflichten der Mitglieder festgehalten wurden. Die Satzung sah vor, daß Guemilut Hassadim durch den Maamad geprüft werden mußte und die Satzung alle Mitglieder (*irmãos*)[141] der Gesellschaft verpflichtete.

---

136   27. Tamuz 5413
137   27. Elul 5432
138   8. Adar 5435, 22. Adar 5435 und 11. Nisan 5435; siehe auch das Dokument 8 in der Dokumentation «Kahal Kadosh Bet Israel»
139   Der Name der Gesellschaft ist *irmandade* [Bruderschaft], und die Mitglieder werden *irmãos* [Brüder] oder *irmãs* [Schwestern] genannt.
140   10. Nisan 5437
141   11. Nisan 5435. Am 17. Tishri 5436 beschloß der Maamad während einer Sitzung, an der auch frühere Maamad-Gremien teilnahmen, daß der Vorsteher der Guemilut Hasadim und deren Mitglieder in allem (*tudo por tudo*) dem Maamad zu gehorchen haben.

8. Die Steuerschätzer[142]

Die Steuerschätzer, es waren insgesamt drei, wurden für die Dauer von einem Jahr vom Maamad zusammen mit dem vorhergehenden Maamad oder auch zusammen mit den beiden früheren Gremien des Maamad gewählt.[143] Die Wahl war geheim und wurde mit Wahlzetteln durchgeführt.[144]

Die Schätzer (*taxadores*) hatten die jährliche Steuer pro Familie zu berechnen (*finta*). Berechnet wurde nach dem Jahressoll der Gemeinde, nachdem alle Einnahmen abgezogen waren und ein Betrag von eintausend Mark dem Soll hinzugerechnet wurde. Jeder Schätzer bekam eine Liste der Gemeindemitglieder, auf der er die Summe zu notieren hatte, die nach seiner Meinung die Familie für die Gemeinde aufzubringen in der Lage war. Die Schätzer wurden daraufhin vereidigt, daß sie sich nicht über ihre Schätzbeträge abstimmen sollten. Der Maamad legte dann nach dem Mittelwert der Schätzungen die Steuersumme fest, die jede Familie zu zahlen hatte.[145]

Wie wichtig die Aufgaben der Steuerschätzer waren, macht das Protokollbuch deutlich, in dem häufig und detailliert die Prozedur beschrieben wurde, wie die Steuerschätzer zu wählen waren, sowie die Art und Weise, wie diese ihre Schätzlisten zu übergeben hatten.

---

[142] Siehe Dokument G in Ornan Pinkus 1986
[143] 27. Elul 5424, 4. Elul 5432, 8. Elul 5433, 1. Elul 5434 und 3. Elul 5435
[144] 1. Elul 5431
[145] 27. Elul 5427

BIBLIOGRAPHIE

Azevedo, Lúcio d'
Judeus Portugueses na dispersão
In: Revista de História 4, 1919: 201

Baer, Fritz:
Die Geschichte der Juden im christlichen Spanien. (2 Bde)
Berlin 1929-1936

Baron, Salo W.
The Jewish Community
Philadelphia 1942

Barnett, Lionel D.
El Libro de los Acuerdos
Oxford 1931

Bodeian, Miriam
The *Escamot* of the Spanish-Portuguese Jewish Community of London, 1664
in: Michael 9, 1985: 9-26

Cassuto, Alfonso
Gedenkschrift anläßlich des 275-jährigen Bestehens der Portugiesisch-Jüdischen Gemeinde in Hamburg
Amsterdam 1927

Cassuto, Alfonso
Neue Funde zu ältesten Geschichte der portugiesischen Juden in Hamburg
In: Zeitschrift für die Geschichte der Juden in Deutschland 3-4, 1931: 58-72

Cassuto, Isaac
Aus dem ältesten Protokollbuch der Portugiesisch-Jüdischen Gemeinde «Bet Israel» in Hamburg
in: Jahrbuch der Jüdisch-Literarischen Gesellschaft 6, 1908: 1-54; 1909: 159-210; 8, 1910: 227-290; 9, 1911: 318-366; 10, 1912: 225-295; 11, 1916: 1-76; 13, 1920: 55-118

Feilchenfeld, Alfred
Anfang und Blütezeit der Portugiesengemeinde in Hamburg
In: Zeitschrift des Vereins für Hamburgische Geschichte 10, 1898: 199-235

Feilchenfeld, Alfred
Aus der älteren Geschichte der portugiesisch-israelitischen Gemeinde in Hamburg
Hamburg 1898

Glückel von Hameln
Memoiren der Glückel von Hameln
Frankfurt am Main 1989

Grunwald, Max
Portugiesengräber auf deutscher Erde
Hamburg 1902

Hacohen, Devora
Die Gemeinde von Livorno und ihre Institutionen im 17. Jahrhundert (Hebr.)
in: Scritti in memoria di Umberto Nahon: 107-128
Jerusalem 1978

Kaplan, Yosef
Vom Christentum zum Judentum. Leben und Werk von Isaac Orobio de Castro (hebr.)
Jerusalem 1983
[engl. Ausgabe Oxford 1989]

Kayserling, Meyer
Sephardim. Romanische Poesie der Juden in Spanien
Leipzig 1895

Kellenbenz, Hermann
Sephardim an der unteren Elbe
Wiesbaden 1958

Ornan Pinkus, Ben-Zvi
Die Portugiesische Gemeinde in Hamburg und ihre Führung im 17. Jahrhundert [hebr.]
Magisterarbeit Universität Tel Aviv
Ramat Gan 1983

Ornan Pinkus, Ben-Zvi
Die portugiesische Gemeinde in Hamburg im 17. Jahrhundert [hebr.]
in: Ost und West 5 [Tel Aviv] 5, 1986:7-51

Pieterse, Wilhelmina
Daniel Levi de Barrios als geschiedschrijver van de Portuguees-Israelitische Gemeente te Amsterdam in zijn ‚Triumpho del govierno popular'
Amsterdam 1968

Reils, P. D. G.
Beiträge zur ältesten Geschichte der Juden in Hamburg
In: Zeitschrift des Vereins für Hamburgische Geschichte 2, 1842: 357-361

Roth, Cecil
A History of the Marranos
New York 1966

Roth, Cecil
Neue Kunde von der Marranen-Gemeinde in Hamburg
In: Zeitschrift für die Geschichte der Juden in Deutschland 2, 1930: 228-236
Scholem, Gershom
Shabtai Zvi
Frankfurt am Main 1992
Schudt, J.J.
Jüdische Merkwürdigkeiten
Frankfurt/Leipzig 1714-1717
Schwabacher, I. S.
Geschichte und rechtliche Gleichstellung der Portugiesisch-Jüdischen Gemeinde zu Hamburg
Berlin 1914
Schwarzfuchs, Simon
Le registre des délibérations de la nation Juive portugaise de Bor-deaux (1711-1787)
Paris 1981
Sutor, August
Darstellung der Aufnahme der ersten Juden in Hamburg
Hamburg 1838
Toaff, Renzo
Statuti e leggi della ‚Nazione Ebrea' di Livorno. I: Gli statuti del 1655. In: Rivista Mensile di Israele 34, 1968. II: La Legislazione del 1655 al 1677. In: Rivista Mensile di Israele 38, 1972
Wiznitzer, Arnold
The Merger agreement and regulations of Congregation Talmud Torah of Amsterdam (1638-1639)
In: Historia Judaica 20, 1958: 109-132

DOKUMENTATION
KAHAL KADOSH BET ISRAEL[1]

Dokument 1
Vereinigung der drei Gemeinden Talmud Tora, Keter Tora und Neve Salom im Jahre 5412[2]

Considrando a nosa Nação Rezidente nesta Cidad[e] de Hamburgo os ynconvenientes que se segueim do estado em que estam as couzas tocante a nosso Governo pareceo a todos se elejão sette ss.res. [senhores] do Corpo della para que com sua asertada disposisão se ponha tudo em o mais conveniente modo que lhes parecer conveim para aumento do servisso del Dio Bendito a qual eleisão se fara na forma abaixo referida.

Os ss. res, que foreim eleitos terão absoluto poder E autoridade plena para em tudo fazerem, disporem e hordenareim o q[ue] entenderem he mais conve-niente ão servisso de Nossos beim Jeral e conservansa nossa.

Dittos ss.res tomarão Juram[en]to solenme, de que se aplicarão ão referido Livre de todos os Respeitos seim poreim diante outro que o servisso del Dio e beim de sua Nação.

Toda a Nação fiarão obrigados de obedeser e guardar inviolavelm[en]te tudo o que tais ss.res fizerem e hordenarem, seim que a ysso possão ningueim por duvida algua e poderão obrigar dos que azi não fizerem com todas as penas q[ue] lhes parecer e forsas de nosso Judismo, e no Juram[ento] q[ue] os ss.res Eleittos tomareim, se obrigarão ao Castigo dos Rezistentes em quando emsy for e possão para o que lhes concede, todo absoluto poder e autoridade como ditto he e tudo [se ?] rezolvera por mais vottos.

Primeiro que se fassa a eleisão se fixara este nas Congregaçons e meujas [?] tevot se fara a [-] aos Cabessas de cazal a que votteim seim Respeito algum em pessoas q[he] tenha p[or] ben e meritt[o?] ydo[ne?] a para o cargo e de mais sam [sa?] e limpa consiencia para que com ella sirvão o ditto olhando somente o servisso del Dio e beim de sua Nação, e em ditta amoestação q[ue] se fazer Tevot, se pora pena de beracha, aos que assy não votasem e aos que persuadirem ou direm

---

[1] Zusammengestellt von Michael Studemund-Halévy. Die Dokumente 1, 2, 3, 4, 5 und 6 bildeten ursprünglich die Anlage zum Aufsatz von Ben-Zvi Ornan Pinkus (1986). Die Transkription der Passagen aus dem Protokollbuch stammen von Ornan Pinkus. Die Dokumente 1, 2, 3, 6 und 7 übersetzte Isaac Cassuto (1908-1920). Siehe auch die bibliographischen Angaben bei Ornan Pinkus

[2] Abdruck in Ornan Pinkus 1986: 32-33

persuadir para que Vottem ou deixem de Vottar em alguma pessoa e não comoniquarão sos Vottos com ninguem com a misma pena.

Os Vottos se levarão asinados ao ss.res HH (Hahamim) que a ysso asistirem os quais preguntarão a todos sob [-] da pena Referida de beracha se aquellas são as pessoas que teim por mais ydoneas e [-] milhor consiencia para p cargo E estando algums dos q[ue] ao de Vottar yncapaz de sahir yrao os ss.res HH tomar seo votto como os requezittos referidos.

Dittos ss.res deputtados servirão dois annos q[ue] he athe o fim de 5414 ficando a eleisão da nação de continuar mais tempo ou se ande elejer de novo e faltanto algum p[or] auz[en]cia ou morte os seis q[ue] ficão elejerão outro em seo Lugar pere que assy seja sempre o ditto numero de 7 e el Dio ponha em nossos Coraçons o mais asertado e conveniente a seo s[an]to servisso Amen 23 Jiar 54.

Jaacob Pereira *Jaacob Habilho*
David de Lima *D^{or} Baruch Namias*
Selomoh de Lima *Izaque Moreno*
Moseh de Lima *Mosseh haim yesurun*
Netanel abudiente *Françisco Pardo*
Isaque Penso *Jaacob Rozales*
Jaacob Curiell *David Milano*
Jaacob Baruch *D^{or} Ishac Pimentel*
Izaque Cohem *Mosseh Abudiente*
Jaacb Baruch yzidro *Mosseh de Caceres*
Izaque Cenior *Joseph Cohem*

Übersetzung[3]

Im Namen des Gebenedeiten Gottes!

Buch der allgemeinen Vereinigung der Nation, angefangen in dieser Stadt Hamburg, am 1. Tisri 5413.

Gegründet in dieser heiligen Gemeinde Bet Israel, welcher Gott Gedeihen schenke, zu Seinem Heiligen Ruhme und Dienste.
[...]
Indem unsere in hiesiger Stadt ansässige Nation die Uebelstände in Erwägung zieht, welche aus der Lage erwachsen, in welcher die Dinge bezüglich unserer Verwaltung (*governo*) sich befinden, haben alle es für richtig befunden, aus der Mitte derselben sieben Herren zu wählen, damit mit Hülfe der von ihnen zu treffenden Anordnung alles in der zweckmässigsten Weise eingerichtet werde, wel-

---

3 Übersetzung von Isaac Cassuto, abgedruckt in I. Cassuto 1908: 5-7

che nach ihrem Dafürhalten zum Gedeihen des Dienstes des Gebenedeiten Gottes angemessen ist. Diese Wahl soll in der weiter unten bezeichneten Weise erfolgen.

Die zu erwählenden Herren sollen unumschränkte Macht und volle Befugnis haben, um in allem das zu tun, zu bestimmen und anzuordnen, was nach ihrem Ermessen zur Förderung unseres heiligen Gemeinwesens (*Beim Jeral*) und zu unserer Erhaltung das Zweckmässigste ist.

Die genannten Herren sollen einen feierlichen Eid dahin leisten, dass sie sich das Vorbesagte angelegen sein lassen werden, frei von allen Rücksichten und ohne einen anderen Zweck im Auge zu haben als den Dienst Gottes und das Wohl ihrer Nation.

Die ganze Nation soll verpflichtet sein, alles das zu befolgen und unverbrüchlich zu beobachten, was jene Herren tun und anordnen werden, ohne dass irgend jemand hiergegen irgendwelche Bedenken vorbringen darf, und sollen sie diejenigen, welche solches etwa nicht tun, mit allen ihnen gut dünkenden Strafen und allen Zwangsmitteln unseres Judentums zwingen dürfen. Auch sollen die erwählten Herren mittels des von ihnen zu leistenden Eides sich verpflichten, die Widerspenstigen, soweit es in ihrer Macht und Kraft liegt, zu bestrafen, wozu ihnen, wie bereits gesagt, alle unumschränkte Gewalt und Befugnis verliehen wird, auch soll alles durch Stimmenmehrheit beschlossen werden.

Bevor die Wahl stattfindet, soll dieses in den Synagogen (*Congregaçons*) angeschlagen werden und sollen von deren Kanzeln (*tevot*) aus die Familienhäupter ermahnt werden, ihre Stimme ohne irgendwelche Rücksicht für diejenigen Personen abzugeben, welche nach ihrer Meinung verdienstvoll, zu dem Amte befähigt und am gewissenhaftesten (*de mais sã e limpa consciencia*) sind, so dass dieselben in gleich gewissenhafter Weise das betreffende Amt wahrnehmen und hierbei nur den Dienst Gottes und das Wohl ihrer Nation im Auge haben. In der besagten, von den Kanzeln aus zu erlassenden Ermahnungen soll die Strafe der Beracha denjenigen angedroht werden, welche nicht in dieser Weise ihre Stimme abgeben, gleichwie denjenigen, welche [andere] überreden oder sich überreden lassen, für eine bestimmte Person zu stimmen, resp. die Abstimmung zu unterlassen; auch dürfen sie, bei derselben Strafe, niemanden Mitteilung von ihrer Stimmenabgabe machen.

Die Stimmen sollen den hierbei anwesenden Herren H. H. (*Chachamim*) unterzeichnet vorgelegt werden und diese sollen alle unter Hinweis auf die vorerwähnte Strafe der Beracha fragen, ob jene Personen seien, welche sie für die befähigsten und gewissenhaftesten zur Wahrnehmung des Amtes halten. Falls einige der stimmpflichtigen Personen nicht im Stande sind auszugehen, sollen die Herren H. H. sich zu ihnen begeben und unter Beobachtung der vorbesagten Förmlichkeiten die Stimme derselben entgegennehmen.

Die besagten Herren Deputierten sollen 2 Jahre lang, nämlich bis Ende 5414, fungieren, und bleibt es der Wahl der Nation überlassen, ob sie noch länger verbleiben sollen oder ob eine Neuwahl anderer stattfinden soll. Fehlt irgend einer infolge Abwesenheit oder Todes, sollen die verbleibenden sechs an seiner Stelle einen anderen erwählen, damit auf diese Weise stets die genannte Zahl sieben vorhanden ist. Und Gott gebe unseren Herzen ein [das zu treffen], was für seinen heiligen Dienst das Richtigste und Geeignetste ist. Amen!

23. Ijar 54

Jaacob Pereira	*Jaacob Habilho*
David de Lima	*D^or Baruch Namias*
Selomoh de Lima	*Izaque Moreno*
Moseh de Lima	*Mosseh haim yesurun*
Netanel abudiente	*Françisco Pardo*
Isaque Penso	*Jaacob Rozales*
Jaacob Curiell	*David Milano*
Jaacob Baruch	*D^or Ishac Pimentel*
Izaque Cohem	*Mosseh Abudiente*
Jaacob Baruch yzidro	*Mosseh de Caceres*
Izaque Cenior	*Joseph Cohem*

***

Dokument 2
Statuten (Ascamot) der Gemeinde Bet Israel[4]

Em nome de el Dio Bendito. Debaixo da autoridade e poder que os ss.res (senhores) da Nação nos derão dizemos que como prim[e]ra pedra e fundamento de nossa união consiste em que se a de estabelecer nossos asentamentos, dois coais se derivão todas as mais dependencias de nosso governo he nesse[a]r[i]o e devido se asente em que calidade seão de instituhir despondo e deregindo tudo a mayor gloria e servisso del Dio, e depois deste prim[e]ro ponto q[ue] com asen[ao?] os demais se encominhao, se deve de considerar p[or] segundo o estado de terra e nossos previleguios e por terceiro que com muita prudencia se extreminem todos os ynconvenientes que a experencia con tanto dano nosso e de serviso de el Dio [–] ha mostrado aver causado o pouco que nossas Unions durarão para que desepados est[os] obstaculos venhamos a conseguir com perpetuhidade esta conformidade de animo gene[...(?)] e vontade tao gratta e aserta a el Dio e por ultimo e coarto levanto tambem [–] ao mayor beneficio da probreza sendo tão grande o numero dos que entre nos necessitão da ajuda e subsidio o que sera tanto mais de estimar coando cumprindose con os requezitos referidos seya beim resebida e louvada(?) a todos que p[ara] algua via tomem e

---

[4] Abdruck in Ornan Pinkus 1986: 34-39

recibão Lezão pois com os demais se ficão obrigando a comprir e guardar o que por esta Junta se hordena.

1. p[or] Lo que considerandose estas couzas e saus dificultades implorando em prim[e]ro Lugar p[or] nosso norte e guia o auxilio da graça divina da qual prosede o aserto (?) de nossas acsons hordenamos e Rezolvemos q[ue] todas as congregaçons q[ue] oje ha nesta cidade se tirem e sesem desde Roshassana prox[im]o p. as reputarmos p[or] particulares e se fasa huma Livre comun e geral e que seja no Drecual assy p[or] ser Lugar mais ydoneo e capaz como por nelle concorer mayor parte da nação dandolhe o nome q[ue] abaixo se declarara para em nada se seder na q[ue] oje ha em que não asistria outreim para guardar della que menistro que os do Mahamad ordenarem da qual todas as pesoas de nossa Nação serão Iechedim è subgeittos seim aver exepsão em ninguim representando hum corpo mixto e unido com hum Mahamad e bolsa com que se satyfaz o prim[e]ro ponto que assima dizemos, da major gloria e servisso del Dio.

2. E para o segundo em regularmonos por nossos privilegios e estado de terra hordenamos que no Erlequeito aja hum Lugar que com nome de Midras seja sufraganio a este Congregação a qual ande vir todas as esmolas que nelle se ofresere e so se abatter o gasto de caza, sera e azeitte, semas e Hazan que serao postos p[or] este g. Mahamad, e a elle freara a cargo instituhir gabay em ditto Midras q[u]e lhes dara conta do gasto e rendimento e chamara a sefer coando nelle nao aja Memune do Jeral Mahamad que o fassa, com que se fica daquy conseguindo comodo a os que vinem no Herlecheite que nao quizerem hir fora da rua terem sua reza nella seim ficarem lezos em nada por rezão de ser medras p[or] q[ue] tamb[en] delles como de jechidim da congregacão geral se ao de leger Parnacim e Memun(im) na ygualdade dos que forem a ditta geral, seim huns terem mais preaogattas ou previ [–] tias que outros p[or] esta Nação se considrar hum so corpo e ficase tambem com ysto [–] minuhindo a concorencia de hirmos todos a hum lugar.

3. E [se]ra milhor se conseguir a seguridade de nossos previlegios, de que muitas vezes somos advertidos nao exedamos, assy pello Illustre senado como dos que nos sao beim affeittos de que [na] forsa a Vigilante opossião com que nossos adversarios nos pertendem perturbar sendo ponto de Consequencia nos parese asertado conseder a os particulares q[ue] teim congregação em casa q[ue] [si?] [por?] devosão quizerem ter midras em que rezem o poderão fazer por nao tao somente ser couza [——] e premutida athe nos lugares de major liberdade mais ainda aquy pre-zisa e nessesario conservasão de nossa Rezidencia e tambeim atento ao zelo dos muytos annos que com os [–] majores servirão a Nação em tempos tao calamitaros e ariscados dando com tanta [——] com notavel incomodo propio suas cazas para este santo exercisio com tanto que [–] minhumas promessas que se fizerem nestes midrasim de sera, azeitte, Nedava, apossão a elles e sera tudo para

a congregação Geral, aqual acudirão com todas suas esmollas s[em?] poder fazer minhuma a sefer, ou em alguma ocazião ao Gazan ou outrem sem primei[ro] a lembrareim da edaca, com que so sahira o gasto de dittos Midracim da bolsa tais pessoas sem q[ue] padessa a do Geral lezao nenhuma, com que aleim desepouparem (?) estes g. (gastos) atal base tambeim o dano q[ue] resulta de se mudarem para outros lugares na alteração vizinhansa, estendendose logo dos mal entensionados como a esperiencia em outras [-] de mudansas ha mostrado e por segundo q[ue] subsedendo que os q[ue] forem dos Midrasim a congregação Geral em suas promesas não regularem comforme lhes parecer, para em nada faltarem a suas obrig[acoes] e não padessa ninhum prejuhizo o beneficio Jeral a por terseiro serão obrigados selebrar suas Surot de Bodas e Berittot a congregação Geral como tambeim Medras do Herlegeit para milhor e mais unidamente reprezentarem todos [os?] sufragançoes e Iechidim della e sogeitos em tudo ao Governo e administração dos ss.res [-] rezulta desta premisão milhor conservação para com os da terra p[ara] que eim mudarem com elles forma em nossos ajuntamentos [nolo?] não poderão ympidir p[or] nossos privilegios receber de novidade exterior ninhum escandalo e para com[hoses?] vimos a conseguir a entensão que temos de que não aja entre nos mais que huma Congregação o que todos Irmãons e Jechidim com huma so bolsa e Mahamad eleito de toda a Nação ficase daquy satisfazendo juntam[en]te, o terseiro ponto com evittar e sesarem os Inco[nvenientes] de não aver entre nos ocazião de desonsons, por que como ellas prosedião de ordinario por do que cada congregração tocava ou da autoridade com que se encontravão nas rezulu[soes] ymportantes, o que não pode [aver?] agora com a manifestação destas couzas ficando so governo e absoluto poder nestre General Mahamad com que sera solida e perdura esta conformidade prosedendo della o ultimo e coarto ponto que disemos de que os Pob[res] Com mayor asistencia serão socorridos aumentandose a bolsa com a união Geral e dominuhindose os gastos superfluo, pasando tudo p[or] hum Mahamad que como Pay deles acudiria a qual com major cuidado, com que se fica satisfazendo a todos os 4 pontos e consideracons que no principio advertimos, e tudo levado, e dereguido a o serviso devino e para mayor benefisio e conservassão nossa.

4. Que o prezente Mahamad dos 7 eleitos p[or] a nação por dois annos afição Governanos ditto tempo fazendo de entresy em Roshasana proximo dois Parnasim de que prezidirão cada hum 6 mezes e Jumtam[dos]e se eleguera hum tezoureiro que tenha conta com todos os Gabaim dos Midracim e no segundo anno se fara a mesma eleisão e oitto dias antes de espirar o cargo destes ultimos tempo deste Mahamad elegerão a Nacão de todo o corpo della a sinco s[enho]res para que juntos com os dous s[enho]res ultimos que ficarão desta prim[e]ra eleisão formeim o N. dos 7 deste Governo que sempre terão o absoluto poder para elle, tomandose primeiro juramento em hum tefilim, a os s[enho]res novam[en]te eleitos que administrarão esta nacão levando so a via a o que fois mais servisso del Dio e conservacão da nação livres de todos os mais respeittos e sosesivam[en]te se hira

continuando nesta forma, nas futuras eleisons, com advertimento que nao possa ser ninhua pessõa Parnas hum anno ao outro seguido, seim pelo menos aver o entrevalo de hum de por meo.

5. Que a este Mahamad tocara a elegar Gabaim nos midrasim, aos coasis o tizoureiro tomara conta e para asentar as promessas que se fizerem na escola geral avera hum Gabai geral que tera cuidado de as asentar e cobrar cada mez entregando, o d[inei]ro a ditto Tizoureiro Geral, como tambeim farão os Gabaim dos Midrasim e tudo se asentara em hum Livro a donde Com muyta clareza se veja o rendim[en]to e deshebuhisão do Geral, con distinta conta do Dr. to(direito) da Nacão q[ue] se confirma.

6. Para esta bolsa no modo que oje [?]. Deste Mahamad dos sete eleitos, e os que lhes susederem terão plena autoridade e poder absoluto p[ar]a as destribuhisons da bolsa geral, pondo e tirando Ministros, com todas as mais couzas conser[tais?] a ela, sem exeptuar ninhuma mais que a declarada na escama que ficara rezervada a nacão e o de fintas que coando p[po] grande urgencia for nessesar[ia] se fara com o Mahamad passado, e anbos acon ...

7. E subsedendo que algua pesoa o pesoas assy dos que forem a congregacão Geral como a dos Midracim, forem enobedientes as hordens e deretos do Mahamad de q[ua]lquer calidade que seja ou faltando ao Respeito que se deve ao Lugar em que ofresemos p[ara] sacreficio nossas oracons a el Dio e aponandos pella tal Reni[tan?]cia ou culpa sera obrigada a Nacão em seo corpo ajudar a que sejão executados pontualmente de tudo o que pellos ss.res do Mahamad for mandado; e fazendo algum dos Midracim Rezistencia a isso o que nao esperamos frizrão perdendo A pose delle e se prosedera com o Rigor nessesa[ri]o athe se reduzirem.

8. Que nao aja nesta cidade mais Midracim que os consedidos, salvo coando a pesoa que p[or] tempo adiante o prettender Reprezentar tais couzas e rezoins ao Mahamad que abi...mente(?) então servir que lhes pareser devido avintarse como antesedente e achandoas sup...(?) e que por ninhuma via encontrão o que he vemos servisso del Dio e aumento do beim Ge[ral] se permitira avendo pello menos dous tersos dos dous Mohamadott que o aprovem.

9. O Parnas e tizoureiro que for eleito e' subseder, hir a algum dos Midracim, tera obrigação vir rezidir a congregacão asistindo a seo cargo advirtindo que não sendo mais que memu[ne] tera Liberdade de hir ao seo Medras, com tanto que todas as vezes que for chamado seim dilacão acuda a Junta em modo que por sua auzencia nao aja o minimo de trimer...(?) no conselho e exceusão do que for necessario.

Dokumentation: Kahal Kadosh Bet Israel

10. e para em tudo se mostrar coão (=) que ouver nas Congregasons prezentes depois de se pagarem os debittos como couza Kod(ez?) santificada se aplique a esta bolsa comun e Geral ficando tambeim a sua despuzisão as demais pesas que em algum tempo se ajão feito com o d[inei]ro das congregacons ou dados... lares [particulares?] para ellas, exetuando so as que com tituto de depozito ainda que feitas Kod[ez?] estejão em nome de alguma Pesoa porque as tais poderão ficar com seus donos [–] Lugar adonde asistirem ou lhes parecer.

11. Em coanto a Nação não comprar Caza assy por ser nessesar[i]o buscar meos para se tirar a como pollo que comveim ser muy cauteladam[en]te, ditta compra, para que se evitão os danos e...que para com Ilustre senado Burguezes e creligos pode aver se não for con muy [–] yndustria, se ordena que no ynore visto ficar sendo comun e propia de Nacã[o] de neve salom se exercite ESTA Geral nella com nome de Bett Ysrael p[or] mais Insigne e perfeito Genitor que tuvimos e por Ilustre se estendeo e como a seus Filhos fabricandose nella tudo o que for nessesario the(?) Com melhoramento pretendemos, separar a utra parte para o que espe-ra[mos?] nos acuda el Dio [com?] sua devina Graca.

12. E por coanto atensão da Nacão he que esta União fique firme e premanente (–) que por ninhum acontesimento, pello tempo adiante se fassa outra Congregacão, mais se precure por todas as vias e meos conservar esta união Geral, sob pena de encoraza Herem, aquella pesoa ou pesoas que o contrario e ao Mohamad ficara ri-dade (?) acresentar estas Penas a todo o Rigor e a nação obrigarão de asistir com pesoas e fazenda par a que se nao atreva ningum por mais poderozo que seya a per-tu[rbar] esta União e so seguo Publico.

13. E se con tudo foseim os ascidentes, e cauzas tais pois se nao podem prevendo todas as q[ue] do tempo tras (?) consigo se considerara pello Mahamad q'[ue] ac-tualm[en]te servir e o pasado examinar as cauzas de que se conhesem aver novidade e achandoas bastantes, Juntando a nacão [em?] cada cabeza de caza seo Votto na calidade q[ue] nesta ocazião fizerão e não se achando coartos de pa-reseres de mudansa se não fora nimhuma e mesma hordem se tera [...] Butirse (?) nos midracim, salvo em cazo de enobediencia como se declara na escama.

14. Que avendo agora ou em algum tempo equivoes (?) na Intrepetacão de qual-quer escama e dao aqui Ao diante se fizerem ficara em nos a deciaracão e nos que nos susederem [–] hora ordenamos q[ue] se publiquem estas e de breve se fara mismo mais são p[ara] as Governo da Nacão, e administracão de talmud thora e Hebra de biqur holim encaminhando tudo a major gloria e servissio de Dio Ben-dito e conservazão do Geral.

Übesetzung[5]

Auf Grund der von den Herren der Nation uns erteilen Befugnis und Macht erklären wir:

Da der Grundstein und das Fundament unserer Vereinigung in der Festsetzung unserer Statuten besteht, welche als Ausgangspunkt für alle übrigen Angelegenheiten unserer Verwaltung (*Governo*) dienen, ist es erforderlich und angemessen, dass man bestimme, in welcher Weise dieselben festzusetzen sind, indem man alles so anordnet und leitet, wie es zur grössten Ehre Gottes und für seinen Dienst sich geziemt. Nach diesem ersten Punkte, welcher als Basis für den Aufbau der übrigen dient, ist in zweiter Linie auf die Landesverhältnisse und auf unsere Privilegien Rücksicht zu nehmen. Drittens ist erforderlich, dass man mit grosser Vorsicht alle Uebelstände aus dem Wege räumt, welche, wie uns die Erfahrung so sehr zu unserem Schaden und zum Nachteile des Dienstes Gottes gelehrt hat, aus der kurzen Dauer unserer Vereinigungen erwachsen sind, auf dass wir, nach Ueberwindung dieser Hindernisse, dahin gelangen, eine so gottgefällige Uebereinstimmung edler Gesinnung und des Willens dauernd zu erreichen. Und schliesslich viertens: Indem wir gleichfalls unser Augenmerk auf die grössere Armenpflege richten, (da die Zahl derjenigen unter uns, welche der Hilfe und Unterstützung bedürfen, gross ist) was um so mehr zu schätzen sein wird, wenn unter Erfüllung der besagten Anforderungen dieselbe von allen denjenigen wohl gelitten und gelobt sein wird, welche in irgendwelcher Weise Schaden nehmen oder erleiden, denn diese verpflichten sich mit den Uebrigen dasjenige zu erfüllen und zu beobachten, was seitens der diesseitigen Gemeindebehörde (*Junta*) angeordnet wird.

1. Diese Dinge und die damit verknüpften Schwierigkeiten also in Erwägung ziehend und indem wir in erster Linie die göttliche Hilfe und Gnade, von welcher das Gelingen unserer Handlungen abhängt, anrufen, um uns als Leitstern und Führerin zu dienen, verordnen und beschliessen wir:

Dass alle heute in hiesiger Stadt bestehenden Gemeinden mit nächstkommenden Roshassaná aufgehoben werden und eingehen sollen, indem wir dieselben als Private betrachten, sowie dass eine freie Generalgemeinde (*huma Liure comun e geral*) gebildet werde und dass dieseble am Dreckwall (Drecual) sei, - sowohl weil dies ein mehr geeigneter und geräumiger Ort ist, wie auch weil daselbst der grösste Teil der Nation verkehrt, indem man derselben den weiter unten bezeichneten Namen gibt, damit man in nichts denjenigen nachsteht (*seseder*), welche heute vorhanden sind, in welchen zu der Bewachung niemand anders fungieren (*asistirá*) soll, als der von dem Vorstande bezeichnete Beamte. Ihr sollen alle Personen ohne jegliche Ausnahme als Mitglieder (*Jehedim*) angehören und unterworfen sein, indem sie eine gemischte und vereinte Körperschaft, mit einem

---

[5] Übersetzung von Isaac Cassuto, abgedruckt in I. Cassuto 1908: 7-15

Vorstande und einer Kasse, bildet. Und hiermit ist der von uns erwähnte erste Punkt erledigt zur grösseren Ehre Gottes und seines Dienstes.

2. Und was zweitens die Inachtnahme unserer Privilegien und der Landesverhältnisse betrifft, so verordnen wir:

Dass an der Herrlichkeit (*erlegueito*) ein Lokal vorhanden sei, welches unter der Bezeichnung *Midrás* (Lehrhaus) dieser Gemeinde unterstellt ist. Der letzteren sollen alle in jenem (Midras) gespendeten Almosen zufliessen, ohne weiteren Abzug als der Ausgabe für das Gebäude, Wachs und Oel, Küster und Vorbeter, welche durch den diesseitigen Generalvorstand anzustellen sind.

Diesem soll es gleichfalls obliegen, für genanntes Lehrhaus einen Verwalter (*Gabáy*) einzusetzen, welcher dem Vorstande über Ausgabe und Ertrag Abrechnung zu erstatten hat, auch zum Sefer rufen [lassen] soll, falls daselbst kein Deputierter (*Memuné*) des Generalvorstandes hierzu anwesend ist. Hiermit wird also eine Bequemlichkeit für diejenigen auf der Herrlichkeit Wohnenden erreicht, welche etwa die Strasse nicht verlassen wollen und so Gelegenheit haben, innerhalb der Strasse ihre Andacht zu verrichten, ohne indes irgendwie dadurch im Nachteil zu sein, dass es (nur) ein Lehrhaus ist, denn auch aus ihrer Mitte, genau wie aus der der Mitglieder der Hauptsynagoge, sollen Vorsteher und Deputierte (*Memunim*) erwählt werden, in gleicher Weise wie bei den die Hauptsynagoge Besuchenden, ohne dass die einen mehr Vorrechte oder Vergünstigungen haben als die anderen, weil diese ganze Nation als eine einzige Körperschaft betrachtet wird. Ausserdem wird hierdurch das Zusammenströmen von Menschen vermindert, (welches entstehen würde) wenn wir alle ein Lokal besuchten.

3. Um nun besser die Sicherheit unserer Privilegien zu erreichen, welche nicht zu überschreiten wir oftmals sowohl seitens des Hohen Senats wie auch seitens der uns Wohlwollenden gewarnt werden, damit die wachsame Opposition, mit welcher unsere Widersacher uns zu beunruhigen suchen, nicht zur Geltung komme (*força*), was ein Punkt von so grosser Wichtigkeit ist, scheint es uns richtig, den Privaten, welche eine Synagoge (Betversammlung) im Hause haben, zu bewilligen, dass, wenn dieselben aus Frömmigkeit ein Midrás zur Verrichtung ihrer Andacht zu haben wünschen, ihnen solches freistehen soll, weil dies nicht nur etwas Uebliches und selbst an denjenigen Orten gestattet ist, wo grössere Freiheit herrscht, sondern weil es hier zur Erhaltung unseres Wohnrechts (*Residencia*) nötig und erforderlich ist; ausserdem aber mit Rücksicht auf den Eifer, mit welchem ihre Vorfahren viele Jahre hindurch in so unglücklichen und gefahrvollen Zeiten der Nation gedient haben, indem sie mit ebenso grosser Bereitwilligkeit wie beträchtlichen Opfern an eigener Bequemlichkeit ihre Häuser zu diesen heiligen Andachtsübungen hergegeben haben; unter der Bedingung jedoch, dass sie, erstens, keine in diesen Midracim gemachten Spenden an Wachs, Oel, Nedabá (*Nedaua*) für dieselben verwenden dürfen, vielmehr soll alles für die Generalgemeinde bestimmt sein, welcher sie alle ihre Spenden zuwenden müssen;

auch soll keine Spende an Sefer oder bei irgendwelcher Gelegenheit zu Gunsten des Hasan oder sonst jemandes gemacht werden dürfen, ohne zunächst der Armenkasse (*Sedacá*) zu gedenken. Demnach soll die Ausgabe für besagte Midracim nur aus der Tasche der betreffenden Personen bestritten werden, ohne dass die Kasse der Generalgemeinde irgendwelche Schädigung erleidet. Hiermit werden nicht nur diese Ausgaben erspart, sondern auch der Schaden vermieden, welcher aus dem Verlegen derselben (der Medrasim) nach anderen Orten entsteht, was mit einer Aufregung der Nachbarschaft verknüpft ist, die sich sodann auf übelwollende Personen erstreckt, wie die Erfahrung bei anderen Gelegenheiten gelehrt hat. Zweitens, wenn der Fall eintritt, dass diejenigen, welche die Midracim besuchen, in ihren Spenden für die Generalgemeinde nicht ihren Vermögensverhältnissen Rechnung tragen, können die Herren des Vorstandes sie nach Gutdünken besteuern, damit sie in nichts ihre Pflichten vernachlässigen und das Interesse des Gemeinwohls keinen Nachteil erleide. Und drittens sollen sie gezwungen sein, ihre synagogalen Festlichkeiten (*surot*) bei Gelegenheit von Hochzeiten und Beritiot in der Hauptsynagoge abzuhalten, wozu auch das Medras auf der Herrlichkeit (verpflichtet) sein soll, damit sie besser und übereinstimmender dartun, dass sie alle Angehörige und Mitglieder derselben [der Generalgemeinde] sind und in allem die Leitung und Verwaltung der Herren des Vorstandes unterstehen. Aus dieser Erlaubnis ergibt sich ein besserer Bestand gegenüber der Landesbevölkerung, damit diese, - da wir in der Art unserer Zusammenkünfte keine Veränderung jener gegenüber eintreten lassen, - uns daran, auch an einer äussern Veränderung keinen Anstoss nimmt. Und für uns selbst erreichen wir die von uns gehegte Absicht, dass unter uns nur eine Gemeinde bestehe und dass alle Brüder und Mitglieder seien, mit nur einer einzigen Kasse und einem [einzigen] von der ganzen Nation gewählten Vorstande. Hiermit wird gleichzeitig der dritte Punkt erledigt, indem die Uebelstände vermieden werden und aufhören, dass sich unter uns Gelegenheit zu Meinungsverschiedenheiten findet, denn, da diese gewöhnlich bisher aus dem entstanden (sich auf das bezogen), was den einzelnen Gemeinden gebührte oder welche Machtbefugnis denselben bei den wichtigsten Beschlüssen zustand, kann dies jetzt, nach Sachlage der Dinge, nicht mehr vorkommen, da die alleinige Leitung und unumschränkte Gewalt in Händen dieses Generalvorstandes verbleibt, wodurch eine feste und dauernde Einigkeit (*conformidade*) erzielt wird, aus welcher wiederum der vierte von uns erwähnte unkt sich ergibt, der nämlich, dass den Armen in wirksamerer Weise geholfen wird, da die Kasse infolge der allgemeinen Vereinigung grössere Einnahmen hat, überflüssige Ausgaben dahingegen vermindert werden, indem alles durch die Hände eines Vorstandes geht, welcher wie ein Vater derselben sich eines jeden von ihnen mit grösserer Sorge annimmt. Hiermit wird allen vier Punkten und Erwägungen, auf die wir zu Anfang hingewiesen haben, Genüge geleistet und alles so geführt und gelenkt, wie es dem göttlichen Dienst, sowie unserem vermehrten Gedeihen und unserer besseren Erhaltung entspricht.

4. Der jetzige Vorstand der Sieben, welcher von der Nation auf zwei Jahre erwählt worden, soll während dieses Zeitraums die Leitung behalten und aus seiner Mitte am nächsten Roshasaná zwei Vorsteher (*Parnacim*) wählen, von welchen jeder sechs Monate hindurch das Präsidium führen soll. Gleichzeitig ist ein Schatzmeister zu erwählen, welcher mit allen Verwaltern der Lehrhäuser (*Midracim*) Rechnung führt. Im zweiten Jahr soll eine gleiche Wahl stattfinden und acht Tage vor Ablauf der Amtsdauer dieses Vorstandes soll die Nation aus ihrer Gesamtheit fünf Herren erwählen, damit diese mit den beiden letzten Instanzen, von dieser ersten Wahl übrigbleibenden Herren das Septemvirat (*o numero dos 7*) dieser Verwaltung bilden, welches diese stets mit unbeschränkter Gewalt warzunehmen hat. Den neuerwählten Herren ist zunächst ein Eid auf ein Paar Tefillin abzunehmen, dahin lautend, dass sie bei der Leitung dieser Nation, unbekümmert um alle anderen Rücksichten, nur das im Auge haben werden, was dem Dienste Gottes und der Erhaltung der Nation am meisten entspricht.

Und von da an soll bei künftigen Wahlen in eben dieser Weise verfahren werden, wobei bemerkt wird, dass niemand zwei Jahre hintereinander Parnas sein darf, es muss vielmehr mindestens ein Jahr dazwischen liegen.

5. Diesem Vorstande soll es obliegen, Verwalter für die Lehrhäuser zu ernennen, von denen der Schatzmeister sich Rechenschaft erstatten lassen soll. Zur Buchführung über die in der Hauptsynagoge (*Escola Geral*) gelobten Spenden soll ein Generalverwalter (*Gabay Geral*) angestellt werden, welchem die Sorge obliegt, über dieselben Buch zu führen, sie allmonatlich einzukassieren und das Geld an den besagten Generalschatzmeister abzuliefern, was ebenfalls von seiten der Verwalter der Lehrhäuser zu geschehen hat. Es soll dann alles in ein Buch eingetragen werden, aus welchem mit grosser Deutlichkeit der Ertrag (die Einnahme) und die Verteilung [die Ausgaben] der Allgemeinheit ersichtlich sein müssen, unter Führung eines besonderen Contos über die Abgabe der Nation, welche bestätigt wird.

6. Dieser Vorstand der sieben Erwählten und die, welche ihnen in dem Amte folgen, sollen volle Befugnis und absolute Gewalt haben, sowohl für Angelegenheiten mit dem Senat wie auch bezüglich der Ausgaben aus der allgemeinen Kasse, zur Anstellung und Absetzung von Beamten, nebst allen übrigen dieselbe angehenden Dinge, ohne jede weitere Ausnahme als die im Statut 13 angeführte, welche der Nation vorbehalten bleibt, und die [Festsetzung] der Gemeindeabgaben, welche, wenn sie wegen grosser Dringlichkeit erforderlich ist, gemeinsam mit dem vorhergehenden Vorstande und unter Beschlussfassung beider erfolgen soll.

7. Und sollte es geschehen, dass irgendeine Person oder mehrere Personen, sei es von denen, welche die Hauptsynagoge oder von denen, welche die Lehrhäuser besuchen, den Befehlen und Decreten des Vorstandes, welcher Art diese auch

sein mögen, nicht gehorchen oder die Ehrfurcht verletzen, welche man dem Orte schuldet, an welchem wir unsere Gebete Gott zum Opfer darbringen, und die Betreffenden wegen solcher Widerspenstigkeit oder Schuld mit Strafe belegt werden, soll die Nation in ihrer Gesamtheit die Pflicht haben, dabei behilflich zu sein, dass alles von den Herren des Vorstandes Befohlene pünktlich zur Ausführung gelangt. Wenn eins der Lehrhäuser sich diesem widersetzt, was hoffentlich nicht eintreten wird, sollen sie [die Betreffenden] den Besitz desselben einbüssen, und soll mit der nötigen Strenge vorgegangen werden, bis sie ihren Widerstand aufgeben.

8. Es sollen in hiesiger Stadt weiter keine Lehrhäuser (Bethäuser) vorhanden sein als die, für welche Concession erteilt worden; es sei denn, dass derjenige, welcher sich in Zukunft um eine derartige Concession bewirbt, dem zur betreffenden Zeit fungierenden Vorstand solche Umstände und Gründe darlegt, dass dieser es für angebracht hält, mit dem vorhergehenden (Vorstande) zusammenzutreten. Wird nun befunden, dass [jene Gründe] genügend sind und in keiner Weise der Förderung des Gottesdienstes und dem Gedeihen des Gemeinwesens entgegenstehen, soll die Erlaubnis erteilt werden, wofern mindestens zwei Drittel der beiden Vorstandscollegien sich hiermit einverstanden erklären.

9. Tritt der Fall ein, dass der zum Parnas resp. zum Schatzmeister Erwählte Besucher eines der Lehrhäuser ist, soll er verpflichtet sein, die Haupt-Synagoge zu besuchen, um sein Amt wahrzunehmen. Indes wird bemerkt, dass der Betreffende, wenn er nur Memuné [Deputierter] ist, die Freiheit haben soll, sein Lehrhaus zu besuchen, wofern er, sooft er aufgefordert wird, unverzüglich zur Versammlung kommt, so dass durch seine Abwesenheit die Beratung und die Ausführung des Erforderlichen auch nicht die geringste Beeinträchtigung erleiden.

10. Und um nun in allem zu zeigen, welche Einigkeit und Harmonie bei dieser Nation besteht, wird angeordnet, dass jeder bei den jetzigen Gemeinden, nach Zahlung der Schulden, als eine geheiligte, geweihte Sache (*cousa kodes santificada*) betreffend, - vorhandene Saldo dieser allgemeinen Hauptkasse zufliessen soll, zu deren Verfügung auch die übrigen Gegenstände stehen sollen, welche zu irgend einer Zeit mit dem Gelde der Gemeinden angeschafft oder denselben von Privatseite geschenkt worden, mit alleiniger Ausnahm derjenigen, welche obgleich geweiht (*feitas kodes*), namens irgend einer Person zur Aufbewahrung gegeben worden, denn solche Gegenstände können bei ihren Eigentümern, da wo diese den Gottesdienst zu besuchen pflegen (*asistirem*), oder wo ihnen sonst gedünkt, verbleiben.

11. So lange die Nation kein (eigenes) Haus erwirbt und zwar weil es nötig ist nach Mitteln zu suchen, um das Geld aufzubringen, wie auch weil ein

solcher Ankauf mit grosser Vorsicht geschehen muss, um Nachteile und den Anstoss zu vermeiden, welcher bei dem Hohen Senate, der Bürgerschaft und Geistlichkeit (*creligos=clerigos*) entstehen könnten, wenn solches nicht mit grosser Umsicht und Geschicklichkeit geschieht, wird bestimmt, dass einstweilen, da doch die [Synagoge] Nevé Salom gemeinsames Eigentum der Nation bleibt, dieses Generalgemeinde in derselben ihre Andachtsübungen halten soll und zwar unter dem Namen «Bet Israel», weil es der hervorragendste und vollkommenste Stammvater war, den wir gehabt haben, dessen erlauchter Name sich auf seine Nachkommen ausgedehnt und übertragen hat. Es soll in derselben alles Erforderliche gebaut [eingerichtet] werden, bis man unter den von uns angestrebten besseren Verhältnissen ein anderes Lokal findet, wozu uns hoffentlich der Allmächtige in seiner göttlichen Gnade verhelfen wird.

12. Da nun die Absicht der Nation dahin geht, dass diese Vereinigung fest und dauernd bestehen bleibe, so wird verordnet, dass hinfort aus keiner Veranlassung eine andere Gemeinde gebildet werde, vielmehr soll auf allen Wegen und mit allen Mitteln danach gestrebt werden, diese allgemeine Vereinigung aufrecht zu erhalten, bei der Strafe des Bannes (*herem*) für diejenige Person resp. diejenigen Personen, welche dem entgegen trachten. Der Vorstand soll ermächtigt sein, diese Strafen bis zur äussersten Strenge zu verschärfen und die Nation die Verpflichtung haben, ihn mit Gut und Blut darin zu unterstützen, auf dass niemand, und sei er noch so mächtig, es wage, diese Vereinigung und die öffentliche Ruhe zu stören.

13. Sollten trotzdem solche Ereignisse eintreten, - denn es lassen sich nicht alle diejenigen voraussehen, welche der veränderliche Verlauf der Zeiten mit sich bringt -, sollen der derzeitig fungierende Vorstand und der vorhergehende die Ursachen prüfen, welche vermeintlich zu einer Neuerung Veranlassung geben, und, falls sie solche Gründe für genügend erachten, eine Gemeindeversammlung berufen und hat jedes Familienhaupt in der Weise, wie es bei dieser Gelegenheit geschehen, seine Stimme abzugeben. Finden sich nun nicht drei Viertel der Meinungen für die Veränderung, so soll keine solche vorgenommen werden. Ein gleiches Verfahren soll stattfinden, wenn an die Midracim gerührt wird [wenn die Midracim zur Erörterung stehen], ausgenommen im Falle des Ungehorsams, wie in dem Statut (*escamá*) vorgesehen ist.

14. Falls jetzt oder zu irgendeiner Zeit in der Auslegung irgendwelcher Satzung, der [jetzigen] oder der in Zukunft zu errichtenden, Zweifel entstehen, soll es uns resp. unseren Nachfolgern zustehen, derartige Zweifel aufzuklären.

Wir verfügen nunmehr, dass diese [Statuen] veröffentlicht werden und soll demnächst mit denjenigen ein Gleiches geschehen, welche noch ferner zur Leitung der Nation sowie zur Verwaltung der *Talmud Tora* (Religionsschule) und der *Hebrá de Biqur Cholim* (Verein für Krankenpflege) erforderlich sind, alles zur grösseren Ehre des Gebenedeiten Gottes und Seines Dienstes und zum Bestande des Gemeinwohls.

***

Dokument 3
Wahl zum Maamad am 24. Elul 5414[6]

Em 24 ditto (Illul)
Juntazaosse os ss.res sette
para fazerem Eleyssao dos
ss.res sinquo que an de servir
o anno seguinte de 5415 de
memunim e diputados e
porque os s. Joseph-cohen
pediou o tivessen por escuzo
de entrar na junta como lhe
tocava pelas Escamott por
Estar vello e endisposto e
admitindo as disculpas.
Elegerão
Em suo Lugar a os
Selomoh Cohen E fazendo a
Eleysao dos s.res sinquo sahirao
os ss.res Jahacob Baruch
Joseph abrabanel
d.or Baruch Namias
Izaque pensso
Izaque seneor
deste sinco ss.res forao
Eleytos por deputados p.a.
as couzas de (publico ?)
os er: Jahacob baruch
Joseph abrabanel
Por Thuzoureiro: os.or
Izaquel seneor.
por gabay de sedaca na
Esnoga geral, david benveniste
do midras do Erleeheyte
mosse yezurun

---

[6] Abdruck in Ornan Pinkus 1986: 39-40

do midras de queter thora
Ioseph yezurun o mosso
do medras de magen david
jacob de lima
noivos de ley na Esnoga geral
os ss.res Izaque machoro Gatan thora
Izaque dias Gatan beressitt
noivos do Erleeheyte
os ss.res Aaron salom Gatan thora
mosse yezurun Gatan beressitt

Übersetzung[7]

25. Elul

Es findet eine Versammlung des Maamad statt, um die 5 Herren zu wählen, welche während des folgenden Jahres 5415 als Memunim resp. Deputierte fungieren sollen.

Joseph Cohen wird auf Gesuch wegen Alters und Unpässlichkeit davon dispensiert, in diese Junta [Versammlung] einzutreten, wie ihm nach den Satzungen obliegt; an seiner Stelle erwählte man Selomoh Cohen. Die Wahl der 5 Herren ergab folgendes Resultat:

Jahacob Baruch, Joseph Abrabanel, Dr. Baruch Namias, Izaque Pensso, Izaque Senior.

Von diesen 5 Herren wurden als Deputierte für äussere Angelegenheiten erwählt:

Jahacob Baruch, Joseph Abrabanel;
Zum Schatzmeister: Herr Izaque Seneor;
Zum Gabay da Sedacá in der Hauptsynagoge: David Benveniste;
Des Medras an der Herrlichkeit: Mosse Jezurun;
Des Medras Queter Torá: Joseph Jezurun der Jüngere;
Des Medras Magén David: Jacob Delima;
Hatanim in der Hauptsynagoge: Izque Machoro H. Torá und Izque dias H. Beressitt.
Hatanim an der Herrlichkeit: Aron Salom H. Torá und Mossé Jezurun H. Beressitt.
Vorsteher der Hebrá: Mossé Israel Pachequo, Izaque Namias de Crasto.
Vorsteher der Talmud Torá: Selomoh Delima, Abraham de Crasto und Selomoh Curiel.

---

7   Übersetzt von Isaac Cassuto, abgedruckt in I. Cassuto 1908: 42-43

Dokument 4
Wahlmodus vom 1. Elul 5414[8]

Em pr⁰ (primeiro) de Elul se publicou em todas as tebott A escama seguinte:
Considerando este maamad a pleina authoridade que le derão os ss.res da nação p[ar]a etabelesser e ordenar o que lhes parfesser mais conveniente e devido ao aumento do servisso de el dyo bendito e beneficio do geral e para mayor satisfação de todos tomandfose lhe solene Juram[en]to p[ar]a quesso a este fim sem outro nenhum Respeito propio, ou particular dirigissem este governo e conhesendo de novo os grandes Encinvenientes e desconsertos que poderão Regresser de se fazer a eleyssão na forma que esta nas escamott que se publicarão o anno passado, Lhes paresseo debayxo da obrigassão de dito Juramento que a tal se Reforme e Reduza a que no fim deste prez[en]te anno elegera este Maamad de toda a nação sinquo ss.res. a saber dous deputados E tres memunim de que hum sera thizoureyro p[ar]a, com os dous que deste Ultiman[en]te sahirem formarem o numero dos sete ss.res do maamad dos coorys prezidira chamando a sepher hum cada dous mezes Excepto o que for Eleito por thizoureyro que por Rezão de seo ofissio sera eseuzo de entrar nesta ocupassão e aos dous deputados os tocara acudir as ocurenssias do senado aconpanhandosse sendo neses[a]r[i]o da pecoão que lhes paressca. a nesta conformidade se hira continuando susedendo sempre os dous q[ue] Ultimam[en]te prezidirem com os 5 da fotura eleyss ão advertindosse que se ão podera anular esta escama em ninhum tempo salvose for pelos dous terssos de votos do maamad que então Ultimam[en]te servir Juntos com o do proxcimo pass[a]do p[ar]a em tudos se proseder com mayor firmeza na União geral de que depende o servisso de el dyo e bem desta nação.

Übersetzung[9]

Am 1. Elul 5414 wurde von allen Kanzeln (*tebott*) eine folgende Escama verkündet:
Weil der Maamad die volle Befugnis (*pleina authoridade*) hat, die ihm von den Herren der Nation gegeben ist, macht er davon Gebrauch und ordnet an, was ihm als das Zweckmässigste für das Wohl der Nation und dem Dienst an dem Gebenedeiten und Herrn und der Allgemeinheit erscheint, damit dies zur größten Zufriedenheit aller geschieht, ohne Ansehen der Person und unter Verzicht auf persönliches Interesse. Er sei nun zu der Einsicht gelangt, daß der Wahlmodus, wie in den im vorigen Jahr verkündeten Ascamot vorgeschrieben, mit Unzuträglichkeiten verknüpft ist. Unter Berufung auf den geleisteten Eid halte er es für richtig, den Wahlmodus in der Weise zu reformieren, daß dieser Maamad am Ende des

---

[8] Abdruck in Ornan Pinkus 1986: 40-41
[9] Übersetzung von Michael Studemund-Halévy; eine referierende Übersetzung in I. Cassuto 1908: 41

laufenden Jahres aus der ganzen Gemeinde fünf Herren erwählt, und zwar zwei Deputierte und drei *Memunim*, von denen einer Schatzmeister sein soll, um mit den zweien, welche zuletzt präsidiert haben, die Zahl der Sieben zu bilden. Von den *Memunim* soll abwechselnd einer zwei Monate hindurch das Präsidium führen und zum Sefer rufen lassen, mit Ausnahme des zum Schatzmeister ernannten, welcher mit Rücksicht auf sein Amt von dieser Funktion dispensiert sein soll. Den beiden Deputierten soll es obliegen, die Angelegenheit mit dem Senat wahrzunehmen, wozu sie nötigenfalls noch eine ihnen geeignet erscheinende Person hinzuziehen dürfen. In dieser Weise soll fortgefahren werden, indem immer die zwei, welche zuletzt das Präsidium geführt haben, mit den fünf Neuerwählten den neuen Maamad bilden. Diese Escama soll niemals aufgehoben werden, es sei denn, mit einer Mehrheit von zwei Dritteln der Stimmen des zur Zeit fungierenden und des vorangegangenen Maamad, damit alles mit größter Entschiedenheit beschlossen werden möge, wovon der Dienst an Gott und das Wohl dieser Gemeinde (*nação*) abhängen.

***

Dokument 5
Wahlmodus vom 23. Elul 5437[10]

Em 23 de Hillul

Achandose o maamad con o poder nessesario como consta da propozicio que se leu e aceitou firmada p[or] coazi todas as cabecas de cazaes desta congrega[cao] e pois os que se eximirao de firmala nao fazem mais q[ue] num piq[ue]no n[umero]o p[ar]a anular o modo de elição ps da (pasada) e p[ar]a dispor demais aceitados mejos p[ar]a futura, na prudente forma q[ue] nos apontarão resolvemos todos de cumun acordo, se fizesse esta escama, cujos pricipais fundam[en]tos serao fazela inviolavel, e anular a q[ue] avia; este intento se consigne; pois ella de p[or]si se deroga avendo a ma[j]or p[art]e do K. K. que a reprove q[uan]do aqui se acha coazi todo e aquelle esperamos se logre tanto pelo acerto que exprimentara nelle o geral; como p[ar]a Que nao se podera jamais anular sem que os tres quartos da nacão venha nisto de acordo. Este modo de eleicão, que se observara em todas as vindouras dos ss(senhores) deputados na forma que segue: o maamad fara a eleição dos ss que lhe averão de succedar no posto em compa[nia] de dois maamadot antesedentes con que avera 11 pessoa cujo numero sempre se fara completo para que con a devida ponderação se elegão as pessoas mais capazes para o bom governo: Não se acharão nesta junta pessoas entre que a afinidade ou sangue, possão deissar sospeitas de respeito ou afeição en grão mais chegado que

---

10 Abdruck in Ornan Pinkus 1986: 41-42

nosso dim nos perm[i]te e como se observa entre os do maamad; E assi que se proponha alghua pessoa P[ar]a cargo p[ara] o q[ue] tiver a nomeacão ses acharem dita junta de Eleicão q[ualquien?] lhe toque no grao q[u]e fua prohibido não votara e sahira de junta, p[ar]a que se faça tudo com a m[ay]or inteireza, e sem otro fim q[ue] o do benef[ici]o do geral que he o q[u]e mais ocupa nosso dez... e como nos p[arec]e que neste modo de Eleicão nao fues o menor escruplo esperamos seja estavel ficando inviolavel como he dito; a menos que de comun acordo os 3/4 deste Kahal qu Eirão mudala que não he factivel, pois se não derige a otro fim q[u]e ao de seus bom governo e aum[ento?] no qual conceda D[eu]s o acerto a os q[u]e tiverem a seu cargo e anos todos sua graca p[ar]a que o sirvamos.

***

Dokument 6
Protokollbuch vom 27. Elul 5437[11]

EM 27 ditto

Dezejando o presente Mahamad que a finta Geral, que se a de fazer ao diante seya com toda a Igoaldade de modo que nao rezultem queixas Com Conselho. de Junta jeral que se fez nesta Congregacão em domingo 15 de Ellul Rezolveo que de RosahSana que com bem nos entre Em diante todas as promesas que se fizerem a seffer ou particulares na Esnoga seyão fora de Finta e que no fim do Ano Juntar estas promesas e o direito da Nação, e mais Rendim[en]tos della o que vier a faltar para todos os gastos que se fizerem no ditto Anno Com mais mil marcos para dezempenho da Nação se repartira na finta geral Elegendo para iso tres fintadores que nomeara o Mahamad que entra e os dous antepasados para que estes que serão Homeins de [sons?] Consiencia e que Conhesão bem todas as pecoas de nossa nação e tenhao noticias de seus Cahedais (?) E avancos repartão a finta tomando primeiro solene Juram[en]to e se dara a Cada hum seu Rol dos Iegidim e os fintarão Como entenderem em suas Consiencias sem falarem huns com outros sobre o que Cada hu hao de fintar so pena do mesmo Juramento e que depois de fintados todos trarão os seus Rols ao Mahamad aonde Estara os H. M. Is (Haham Moshe Israel) que os tomara de suas maos E mesclarandoos p[ara] que se nao conhesão Ira sentando o Mahamad em outro Rol o que cada hu Findarão todos tres e do votto mais baixo Ao mais alto se escolhera o do meyo em que todos ficarão fintados e nao bastando a ditta finta para o que for ness[esari]o (que se dira aos fintadores) se lancara por todos ao respe... [respeito?] e sobeyando ficara p[or] o desempenho da nação e querera os que por Este modo nao aya queixozos E se fara a finta Com a Igualdade que se pretende.

---

[11] Abdruck in Ornan Pinkus 1986: 42-43

Übersetzung[12]

Der Vorstand wünscht, dass der Gemeindebeitrag (*finta geral*) in Zukunft in vollkommen gerechter Weise festgesetzt werde, so dass keine Klagen mehr vorkommen. In einer am Sonntag, 15. Elul, stattgehabten Generalversammlung (*junta geral*) wurde daher beschlossen, von kommendem Rosassaná an alle an Sepher oder besonderen, in der Synagoge gelobten Spenden getrennt von dem Gemeindebeitrag zu buchen, am Ende des Jahres diese Spenden, die Gemeindeabgabe (*direito da nação*) und sonstige Einnahmen zusammenzurechnen und das, was zur Bestreitung sämtlicher Ausgaben für das betreffende Jahr dann noch fehlt, als Gemeindebeitrag auszuschreiben. Zu diesem Zwecke soll der neu eintretende Vorstand zusammen mit den zwei vorhergehenden Vorstandskollegien drei Schätzungs-Deputierte (*fintadores*) wählen. Diese, welche gewissenhafte Männer sein, alle Mitglieder unserer Gemeinde gut kennen und über deren Vermögensverhältnisse und geschäftlichen Einnahmen genügend orientiert sein müssen, haben zunächst einen feierlichen Eid zu leisten. Sodann wird man jedem von ihnen ein Verzeichnis der Mitglieder aushändigen, um diese nach bestem Ermessen zu besteuern. Sie dürfen jedoch, bei der im Eide ausgesprochenen Strafe, nicht miteinander über die Höhe der von ihnen angesetzten Beiträge reden. Die in dieser Weise von ihnen aufgestellten Schätzungslisten haben sie dem Vorstand zu übergeben, in dessen Sitzung der Haham Mossé Israel anwesend sein wird, um solche in Empfang zu nehmen.

Auf Grund dieser Listen, welche zunächst durcheinander zu mischen sind, damit man nicht erkennen kann, von wem sie herrühren, wird der Vorstand eine neue Liste anfertigen, in welcher der Beitrag jedes Gemeindemitgliedes nach dem Durchschnitt zwischen der höchsten und der niedrigsten in jenen drei Listen angegebenen Schätzung verzeichnet wird. Genügt der also angesetzte Beitrag nicht zur Deckung des Erforderlichen, so erfolgt eine verhältnismäßige Ergänzungsbesteuerung aller Mitglieder; dagegen wird ein etwaiger Überschuß zur Tilgung der Gemeindeschulden verwendet. Man hofft, daß bei diesem Verfahren Klagen nicht mehr vorkommen werden und die Besteuerung in gerechter Weise erfolgen wird.

***

Dokument 7
Satzungen und Statuten der Talmud Tora[13]

Im Namen des Gebenedeiten Gottes

Satzungen und Statuten der jetzt vereinten und allgemeinen Talmud Tora in dieser unserer Gemeinde zu Hamburg.

---

[12] Übersetzt von Isaac Cassuto, abgedruckt in I. Cassuto 1916: 73-74
[13] Protokollbuch vom 7. Kislev 5412. Übersetzt von Isaac Cassuto, abgedruckt in: I. Cassuto 1908: 21-27

Zu Vorstehern derselben hat das Siebener-Collegium die Herren Jeosuah de Palacios, Joseph Jesurun und Joseph Abendana erwählt und ihnen volle Befugnis erteilt, um alles nach ihrem besten Dafürhalten anzuordnen. Mit Genehmigung genannter Herren und in deren Namen werden solche [Statuten?] zur Ehre und zum Dienste des Gebenedeiten Gottes sowie zur Förderung Seiner Heiligen Lehre veröffentlicht.

1. Alle Herren Robicim (Lehrer) sollen dem Unterricht der Talmidim mit besonderer Sorgfalt und beständiger Aufsicht [leiten] und sich in den betreffenden Schulen pünktlich vor der angesetzten Zeit einfinden; diese ist immer wie folgt:

Des Morgens 1/2 Stunde nach dem Verlassen des Gottesdienstes (*teffilá*) und nachmittags um 1 1/2 Uhr.

Es soll unterrichtet werden: Von Anfang Roshodes Kislev bis Ende Sebath, und in einem Jahr von 18 Monaten bis Ende Adar primeiro, 2 1/2 Stunden morgens und 2 1/2 Stunden nachmittags; während des übrigen Teils des Jahres morgens 3 und nachmittags 3 Stunden.

Freitags sollen sie [die Schüler] morgens beim Verlassen des Gottesdienstes kommen und eine Stunde lernen, indem alle, von Parasá-Schülern aufwärts, den Abschnitt der betreffenden Woche aus dem Pentateuch und den Propheten (*Perasá e Afftorá*) durchnehmen, damit sie solche leicht verstehen und dem Vorbeter folgen können.

Am Sabbath sollen sie 1 Stunde vor Minchá kommen und während jener Stunde bis zu Beginn des Mittaggottesdienstes lernen.

An den Feiertagen (*pascuas festivas*) und den Rüsttagen (*vesporas*) zu denselben sind die Schüler beurlaubt. An den Mittelfeiertagen sollen sie nur vormittags zu der angesetzten Zeit kommen, nachmittags aber beurlaubt sein. An den beiden Tagen Purim und an einem beliebigen Tage vor Hanucá, am 15. Sebath (es ist Rosasaná das Arvores), am 14. Ijar, welches Pesach seny ist, am 33. des Homer und am 15. Ab haben sie Urlaub. Sie sollen täglich, und zwar im Sommer 1/2 Stunde, im Winter 1/2 Stunde vor Harbit in die Synagoge kommen, um Psalmen zu lesen.

An den ersten Tagen der Landesfeste, nämlich Ostern, Pfingsten und Weihnachten, wird ihnen Urlaub gegeben. Es ist aber allen Schülern anzuempfehlen, dass sie sich sehr ruhig verhalten oder zu Hause bleiben.

***

Dokument 8
Gründung der Brüderschaft Guemilut Hassadim am 11. Nissan 5435[14]

Nachdem die Brüderschaft Guemilut Hassadim (*Irmande de Guemilut hasadim*) zugelassen worden war, überreichte sie ein Schriftstück, auf dem alle ihre Ver-

---

14 Protokollbuch vom 11. Nissan 5435, übersetzt von Michael Studemund-Halévy

pflichtungen standen, das von allen Brüdern (*Ir^{os}*) unterzeichnet worden war. Dieses Schriftstück wurde zu den Urkunden der Gemeinde genommen, ferner ein weiteres Schriftstück über die Privilegien, welche dieser Brüderschaft durch den Vorstand (*maamad*) gewährt werden. Dieses [Schriftstück], das [vom] Vorstand unterschrieben wurde, lautet in Abschrift:

Privilegien, welche die Herren des Vorstandes der Hevra de Guemilut Hasadim gewähren:

1. Es sollen diejenigen Brüder (*irmaos*) werden, welche aufgeführt sind, Mitglieder dieser Brüderschaft sein müssen und mindestens 20 Jahre alt. Bis 15 Tage nach Bestätigung und Veröffentlichung dieser *misva* haben diese Brüder das [Privileg], solche aufzunehmen, wobei sie denjenigen zulassen, welcher der Brüderschaft als Mitglied (*jahid*) dieser Gemeinde (*kaal*) bekannt ist.
2. Sobald irgendein Todesfall (*defunto*) vorliegt, soll der (Leichnahm) von den Brüdern dieser Hevra gewaschen, eingekleidet (*amortalhado*) und bestattet werden. Ausser dieser Brüderschaft soll niemand ohne Genehmigung des Verwalters (*administrador*) zugelassen werden. Und derjenige, der sich ihm widersetzt, soll für diese *misva* einen Reichstaler oder mehr Strafe zahlen, welche durch die Herren des Vorstandes (*ss^{res} do maamad*) vollstreckt werden wird.
3. Die Herren vom Vorstand sollen jedes Jahr unter den fähigsten und verdienstvollsten Brüdern einen Verwalter wählen.
4. Die Verfassung und Regeln, welche diese Brüderschaft für sich erläßt, sollen von den Herren des Vorstandes pünktlich eingehalten werden.
5. Die Herren des Vorstandes gestatten die Einrichtung dieser Brüderschaft für die Dauer von zwei Jahren und hoffen, daß dieselbe mit der Anweisung und dem Geschick geleitet werde, daß sie auf immer bestehen kann, wobei alles zum Dienste Gottes (*ao serviço del Dio*) geschehen möge.
6. Den zu erwählenden Parnas soll an dem Tage, an welchem er diese *misva* antritt, misberah gewährt werden, sowie in Zukunft an dem Tage seiner Wahl (*no dia da Eleição*).
7. Beim Ableben eines Bruders soll während des ganzen Jahres *Ascava* für ihn auf dem Friedhof (*Bet Haym*) gesagt werden.
8. Der Wagen (*coche*), in welchem die Totengräber (*cavadores*) befördert werden, soll von dem Verstorbenen oder der Gemeinde bezahlt werden.
9. Mit Rücksicht auf die große Erleichterung, welche diese Hevra für die Allgemeinheit bedeutet, werden ihr aus der Kasse (*bolsa*) der Gemeinde jährlich 25 Reichstaler als Beihilfe zu den von ihr gehabten Auslagen und Kosten gewährt werden.
10. An Purim soll eine Steuer (*tassa*) für diese *misva* im gleichen Rang wie die übrigen gestattet sein.

Pflichten der Brüder:

Sie verpflichten sich zur Hilfe (*assistir*), Bewachung (*velar*), Waschung (*lavar*), Einkleidung (*amortalhar*) und Beerdigung (*enterrar*) eines Kranken oder Verstorbenen dieser Gemeinde, der auf unserem Friedhof zu bestatten ist, welche Krankheit er auch haben möge. Mit Ausnahme der Pest, vor der Gott Sein Volk beschützen möge (*que El Dio Livre seu povo*), denn in diesem Fall soll mit dem Vorstand verhandelt werden, damit dieser die notwendigen Anweisungen für diese Gelegenheit erlässt.

Gemäß dem obigen Schriftstück schritt der Vorstand zur Wahl eines Verwalters und ernannte einstimmig Eliakim Castiel, welcher dieses Amt für ein Jahr hindurch bis zum Pesah des kommenden Jahres ausüben soll. Für ihn soll in der Esnoga *misberah* in der Nacht von Pesah gesagt werden. Möge Gott (*El Dio*) alle für den Eifer belohnen, mit welchem sie sich zu dieser *misva* zur Verfügung stellen.

***

CHANCAS

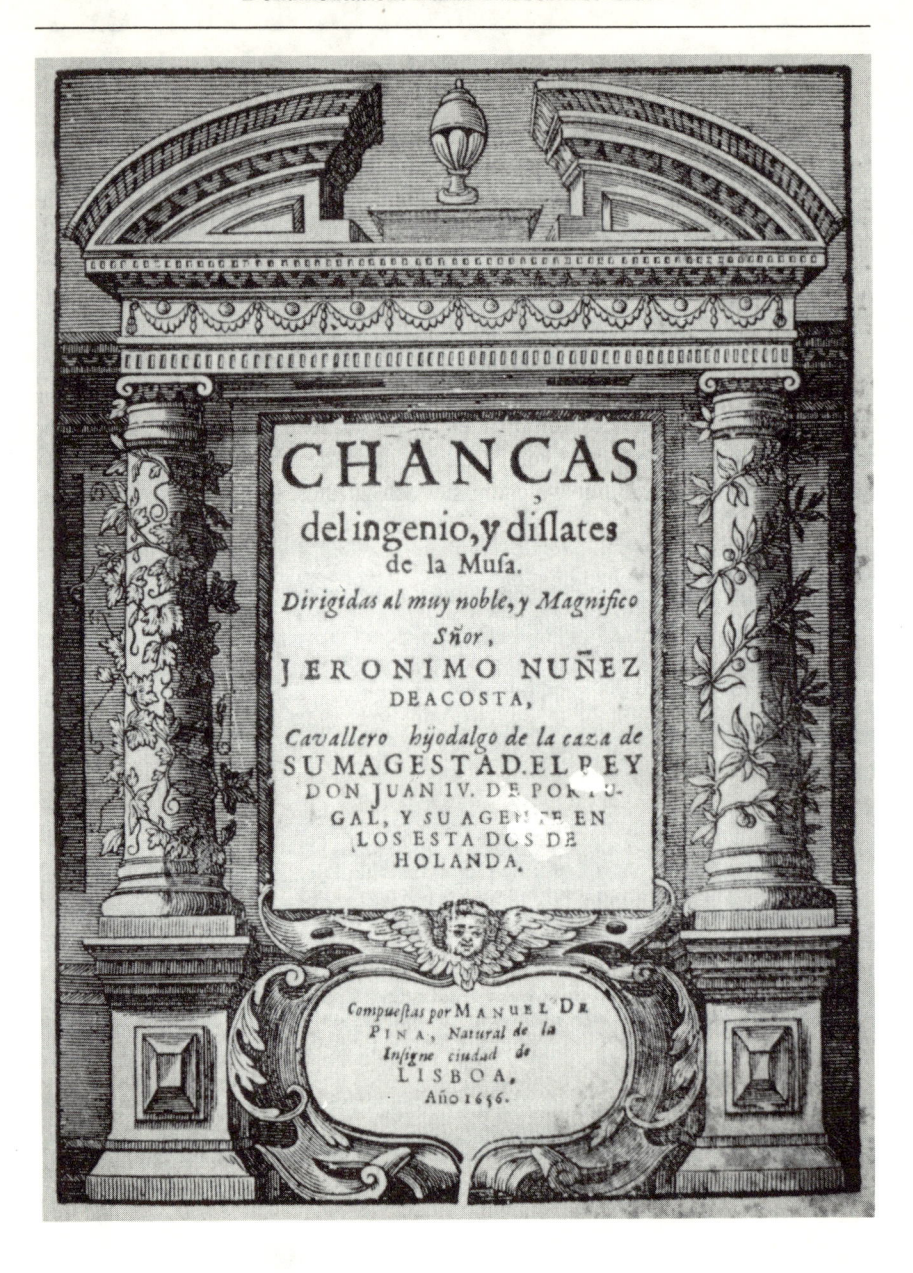

del ingenio, y dislates
de la Musa.

Dirigidas al muy noble, y Magnifico
Sñor,

**JERONIMO NUÑEZ
DEACOSTA,**

Cavallero hijodalgo de la caza de
SU MAGESTAD EL REY
DON JUAN IV. DE PORTU-
GAL, Y SU AGENTE EN
LOS ESTADOS DE
HOLANDA.

Compuestas por MANUEL DE
PINA, Natural de la
Insigne ciudad de
LISBOA,
Año 1656.

TRATADO DEL
TEMOR
DIVINO, EXTRACTO
del doctiffimo libro llamado Reffit
hohmá, traduzido nuevamente del
Hebrayco, a nueftro vul-
gar idioma.

Por David hijo de Ifhac
Coen de Lara.

E la nobiliffima Yefibá de Amburgo
que al prefente fe frequenta en cafa
del feñor Yahacob Baruch, que
el Dio profpere.

*En Amfterdam
en cafa de Menaffeh ben
Yoffeph ben Yfrael.*

Año. 5393.

TRATADO DE LOS ARTICULOS DE LA LEY DIUINA,

Repartido en 10. Capitulos, que contienen 6. preceptos afirmatiuos. Y 4. Negativos a saber, 1. Conocer que ay caufa prima. 2. No ymaginar que ay otro Dios, que el feñor A. 3. Entender firmemente que es folo vno. 4. Amarle. 5. Revererciarle. 6. Santificar fu nombre. Y los negatiuos fon. 1. No abiltarle. 2. No eftragar y dañar las efcrituras y cofas, en que fu nómbre fe aplica. 3. Dar credito al profeta que en fu nombre hablàre. 4. No tentarle.

Compuefto por el muy Excelente, doctiffimo varon, y sufigne medico. El feñor Rabenu Mofeh de Egypto de pia memoria, y de nueuo traduzido a pedimiento del señor Eliau Uziel, de la fanta lengua à la vulgar

ESPAÑOLA.

Por DAVID COHEN de LARA,
En la ciudad de Hamburgo, Roshodes Nifan,
Año 5412.

AMSTERDAM,
En cafa de GILLIS JOOSTEN.

The Place of the Herem in the Sefardic Community of Hamburg during the Seventeenth Century

Yosef Kaplan (Jerusalem)

I. The Jewish Profile of the Sefardim in Hamburg

The Sefardic community of Hamburg was very similar in its social composition and Jewish profile to the other Western Sefardic communities which, like it, were also founded during the seventeenth century by former *conversos* who had returned to Judaism. One may point to a special similarity between it and the Sefardic community of Amsterdam: both of them came into being following the collapse of the Portuguese New Christian center in Antwerp, when the need arose among the merchants belonging to the *Nação* to establish a new center in a western port, from which they could continue to manage their wide-ranging international business.[1] Jews had previously been forbidden to settle in both cities; in both places the founding fathers of the Sefardic community were New Christians who had lived disguised as Catholics until they gained the possibility of openly displaying their Judaism.

In the early seventeenth century it seemed quite likely that Hamburg would inherit the position of Antwerp in the world of the *Nação*. In the early 1620s the Sefardic congregation in Hamburg grew in strength at the expense of its sister in Amsterdam, for with the end of the armistice between Spain and Holland, which had lasted for twelve years, war resumed between the Dutch Republic and the kingdom of Philip IV. Many Sefardic Jewish merchants chose to move from Amsterdam to Hamburg at that time and also to transfer their wealth there.[2] But at the end of the 1630s the Sefardic community of Amsterdam recovered, and its population swelled. During the 1670s it numbered about 2,500 Jews, and the dedication of the great synagogue in 1675 symbolized more than anything else

---

[1] On the Portuguese community in Antwerp, see Pohl 1977; on the changes caused within the Western Sefardic diaspora by the fall of Antwerp into Spanish hands in 1585 (and especially by the siege laid by the Dutch army to its port in 1595), see Israel 1984: 33 ff.; a general review of the history of the Sefardic diaspora in the seventeenth century can be found in Kaplan 1992b: 240-287

[2] See Israel 1984: 37 ff.; idem 1978: 17-20

the feeling of security and stability which were the lot of the Sefardic Jews of Amsterdam. The *Talmud Torah* community, which was founded there in 1639, with the unification of the three Sefardic communities which had previously been active, became a leading factor in the Western Sefardic diaspora.[3]

The Sefardic community of Hamburg had no choice but to be content with second place, after Amsterdam, both with respect to size and also with respect to its social and cultural importance. According to one estimate, in 1663 approximately 120 Sefardic families lived in Hamburg, as well as forty to fifty Ashkenazic families. It would not be exaggerated to estimate the total number of Jews in the city at 800, of whom 600 were Sefardic Jews. In 1652, once the Iberian Jews of Hamburg received the right to hold public prayers in a synagogue, they united the three communities, *Talmud Torah*, *Keter Torah* and *Neve Shalom*, establishing the unified congregation of *Bet Israel*.[4]

These Sefardic Jews were mainly of Portuguese origin, former *conversos* or the descendants of *conversos*, who, for various and complex reasons, decided to return openly to the faith of their fathers. From New Christians they became «New Jews» in a new community, which they established by themselves, in their own figure and image, since most of them had not had the possibility of experiencing Jewish life elsewhere before that time. Although in Hamburg, as in other communities founded by former *conversos*, an effort was made to mold communal life according to the Halakha and the Talmudic and Rabbinic tradition, it was not easy for the former *conversos* to internalize the historical values of Judaism and adapt to the lifestyle of their Jewish brethren. Their return to Judaism entailed many difficulties, for those who returned to the faith of their fathers during the seventeenth century did so after being separated from Jewish sources for generations. Resuming Jewishness demanded that they reconstitute their inner world and establish the components and boundaries of their new identity.[5]

In this respect, their experience was not different from that of the rest of the Western Sefardic Jewish community, although the Hamburg community did not undergo the extensive ideological ferment which characterized the life of their brethren in Amsterdam. Nevertheless, the great events which raised a storm in Amsterdam during the seventeenth century also made an impression on the lives of the Sefardic Jews of Hamburg. While it is not clear how long Uriel da Costa

---

[3] On the number of Sefardic Jews in Amsterdam during the seventeenth century, see Israel 1989: 45-53; a great many publications have recently appeared on the Sefardic Jews in Amsterdam during the seventeenth century. See D. M. Swetschinski 1979; and see the survey by Fuks-Mansfeld 1989

[4] On the history of the Sefardic Jews of Hamburg, see especially Kellenbenz 1958. Although this book mainly emphasizes the economic activity of the Jewish merchants, and it contains relatively little about the comunity life, it is still the most important work written about the Sefardic Jews of Hamburg. Important information can also be found in A. Cassuto 1927; idem 1931: 58-72; Feilchenfeld 1899a: 199-240; 1899b: 271-282; 322-328; 370-371; Böhm 1991: 21-40

[5] I have discussed this subject in several articles, including Kaplan 1991: 303-317

lived in Hamburg before settling in Amsterdam, it does seem likely that before being excommunicated in Amsterdam in 1623, he had already been excommunicated by the communities of Venice and Hamburg, because of his heterodox views.[6] In Hamburg dwelled Dr. Semuel da Silva, the author of a book against da Costa's denial of the immortality of the soul.[7] Dr. Daniel (Juan) de Prado, Spinoza's friend, who, like him was excommunicated by the Sefardic community of Amsterdam, lived in Hamburg for some time, immediately after his departure from Spain. *Bet Israel* was the first Jewish congregation which he knew, and there he openly affiliated with Judaism in 1654.

Semuel da Silva:Tratado da Immortalidade da Alma. Amsterdam 1623

---

[6] See *Livro dos termos da ymposta da nação* in the archives of the Sefardic community of Amsterdam, in the Municipal Archives there, PA 334 no. 13, and see fols. 12r.-v.: «e que trazia muitas opiniões erradas falsas e hereticas contra nossa sanctissima lej, pellas quais ya em Amburgo e Venezia foj declarado por hereje e excomulgado»

[7] See Salomon 1990: 153-168

As we shall see below, in the Sefardic community of Hamburg at that time there was no shortage of people suspected of not keeping the commandments or accused of publicly violating the Torah. Quite naturally the reservations entertained by Prado and Spinoza in Amsterdam regarding the Oral Law, the authority of the rabbis, and the tenets of faith also disturbed the leaders of the *Bet Israel* congregation, who were apprehensive about the spread of the plague of heresy in their own congregationWhen Prado was excommunicated by the Amsterdam community in 1658, he tried to involve the leaders of the Hamburg community in his case, asking them to defend him against the *Maamad* of Amsterdam, «so that they will remove the ban from him» (*para que lhe alevantem o Herem*), but he had not even a hint of success.[8] Most likely Prado's heterodox views were also known in Hamburg, and the decrees of excommunication against him and against Spinoza also raised waves of excitement there. From the two registers of the Jews which have come down to us from the seventeenth century, which inform us about the methods of social control and punishment practiced in Hamburg between 1652 and 1681, it emerges that the leadership here was prepared to punish any deviants or agitators, and in this regard their approach was no more indulgent than that of their colleagues in Amsterdam.

However, before considering the methods of punishment used by the Hamburg community, we ought to take note, if only briefly, of the social profile of that community, and especially of the style of leadership practiced in it.

The *Bet Israel* community was administered according to the institutional patterns prevalent in the *Nação*, which were mainly consolidated in Venice and underwent certain changes in Amsterdam, whence they were transferred to the other communities of the Western Sefardic diaspora.[9] At the head of the *Bet Israel* community stood the *Maamad*, consisting of seven *Parnasim*, or syndics, whose number was reduced to five after 1658 / 59. They mainly belonged to the wealthiest and most influential families in the congregation. With its system of cooptation, according to which the members of each *Maamad* would themselves choose their successors in leadership, the social and economic elite of the Sefardim of Hamburg sought to protect its own economic interest and that of the clans who had the greatest economic power. An attempt was made to replace the practice of cooptation with a democratic system, according to which the *Parnasim* would be elected by a general assembly with the participation of all the heads of households

---

[8] On Juan de Prado, see the studies of Révah 1959; idem 70, 1970: 359-431; idem 1970): 562-568; 71, 1971: 574-587; 72, 1972: 641-653; cf. Kaplan 1989b: 122-178; Prado's request to the community of Hamburg is mentioned in the book of Ascamot I of the Sefardic community of Hamburg (henceforth: Ascamot I-II), fol. 144. I have used a photocopy of this important register, which is found in the Central Archives for the History of the Jewish People in Jerusalem. An abbreviated account of the decisions in the first volume, with many German translations of the original text was published by J. C[assuto] 1909-1920

[9] On the influence of the Venice community on the organizational patterns of the Amsterdam community, see J. M. Cohen 1990; cf. Kaplan 1992a: 147-149; Carpi 1988: 443 ff.

in the congregation. This was nipped in the bud, however, and the spirit of oligarchy continued to be dominant without interference.[10]

The precarious political and juridical status of the Jews of Hamburg had major influence upon its degree of self-assurance. This is clearly expressed in the uncompromising policy of the *Parnasim* of the Sefardic community toward the presence of undesirable Jews, especially the indigent and beggars, vagabonds who wandered from place to place and became a financial and social burden upon the communities where they sought to settle. It must not be forgotten that the Western Sefardic diaspora was composed not only of financiers possessing vast capital and of international merchants with mighty economic power, who had succeeded in fleeing from the Iberian peninsula with all of their wealth, but also of an impoverished multitude, who created severe social problems within the *Nação*. These poor people were not only unable to pay the *Finta*, the annual membership dues levied upon the members of Sefardic communities in the West (in Hamburg they were of course also unable to share in the burden of the tax paid by the community to the municipal authorities, the «*derechos da nação*», the rights of the nation), but, moreover, the communities were also required to bear the burden of their basic sustenance, to keep them from becoming mendicants or delinquents. The Spanish and Portuguese merchants were apprehensive about the presence of this human element, which was liable to harm the honorable social image which they sought to secure in the eyes of their surroundings. The Sefardic community of Hamburg wrestled with this problem the way the other communities of the *Nação* did: it provided monthly support to a certain percentage of the poor and tried as best it could to send (*despachar*) a considerable number of them elsewhere, as far away as possible.[11]

The situation of the Ashkenazic poor was even more delicate. Many of them were *Betteljuden* in every respect: we refer to refugees from the Thirty Years War who fled from the areas of danger, where the Jewish population was severely threatened. From the first Hamburg attracted a large stream of Ashkenazic immigrants, not only because of the hope of finding help among the wealthy Sefardim, but also because of its proximity to Altona, where an Ashkenazic Jewish settlement had developed in the early seventeenth century. Most of the Ashkenazic Jews made their living in the tobacco factories of the Portuguese Jews, and many of the Ashkenazic women worked as servants in the homes of wealthy Sefardic families.[12] Like all the other Sefardic communities in the West, that of

---

[10] See Ornan Pinkus 1986: 9-17
[11] On this phenomenon in Amsterdam, see Bartal & Kaplan 1992: 177-193; R. Cohen 1982: 31-49
[12] On the Ashkenazic Jews in Hamburg see Duckesz 1915; Marwedel 1991: 61-76; on the westward migration of Ashkenazic Jews from Central Europe see also Kaplan 1989c: 22-44

Hamburg, refused entry to German and Polish Jews, for by definition the congregation was intended for Jews of Iberian origin and for them alone.[13]

The *Maamad* of the *Bet Israel* community spared no effort to prevent the entry of undesirable Jews in the city. On 22 Nissan, 5416 (April 16, 1656), the *Maamad* decreed, «in the desire to prevent inconvenience, and so that there should be no reason to harm the stability of our settlement and its proper government (*bom governo*) in this city, [...] that no member of our nation nor of any other nation may come to live here without the prior approval and authorization of the *Maamad*, and in the case of a violation, severe steps such as will be found appropriate will be taken against the person who does so.»[14]

As a result of violations of this kind, and because of the presence of beggars and delinquents or those suspected of delinquency, the *Parnasim* of the *Bet Israel* community addressed the municipal authorities on several occasions, asking them to imprison people suspected of violating the public order in the *Rasphuis*, a prison where the inmates were required to work to support themselves.[15]

The arrival of the great wave of refugees from Lithuania during the time of Swedish invasion aroused the mercy of the *Parnasim* of the Sefardic community, who mobilized to raise considerable sums to help «our Jewish brethren, who are in distress, who were forced to leave Poland because of the war and the persecutions.»[16] But that mercy, despite its sincerity, did not change the official policy of the local Sefardic community, which was intended to prevent, as much as possible, the arrival of penniless immigrants, who were liable to endanger the social stability of the community.

II. The Struggle to Retain Jewish Identity and Religious Discipline

Indeed the Sefardic community of Hamburg saw fit not only to oversee the arrival of Jews to the city, but also their departure from it. As in other Sefardic communities, in Hamburg there were also Jews who, for various reasons, returned to Spain and Portugal. Some of them did it for business reasons, others were driven by material distress, while family reasons also motivated some of them to return to the Iberian peninsula. This travel to «the lands of idolatry» (*terras de idolatria*), as the Jews used to call the Catholic countries where Judaism was forbidden, entailed once again assuming the mantle of Christianity and denying one's Jewish identity. Of course there were those, and their number is not inconsiderable, who returned to Spain and Portugal after losing their faith in Judaism or

---

[13] On the relation of the Sefardic Jews to Ashkenazim in Western Europe, see Kaplan 1992b: 278; cf. idem 1989: 23-45
[14] See Ascamot 1, fol. 56.
[15] Ibid., fol. 58
[16] Ibid., fols. 61 ff

being convinced that only the Catholic church guaranteed the salvation of their souls. The Sefardic communities could do little against people who wished to return to their place of origin out of deep inner conviction of the superiority of Christianity, but they fought uncompromisingly against those who squatted on the fence and sought to travel to the «lands of idolatry» for a certain time with the idea of returning to the Jewish community later on. As in Amsterdam (and later in Leghorn and London), the *Bet Israel* congregation of Hamburg passed an ordinance, on 17 Tevet, 5418 (December 23, 1657), decreeing a punishment against anyone who faltered by traveling to Spain or Portugal: «if any man who, being a Jew, goes to Spain or Portugal, upon his return he shall not be called to the Torah for two years and during that period he shall not be given any ceremonial honor (in the synagogue).»[17] Unlike in Amsterdam, where the delinquents who committed that transgression were required to ask forgiveness in public in the synagogue, and where the period during which the violators of the ordinance were denied being called to the Torah lasted four years, the Hamburg community was satisfied with a milder punishment. Moreover, unlike in Amsterdam, in Hamburg the delinquents were not denied the right to be chosen for communal office during the period of their punishment. At the same time, the very formulation of the ordinance implies that this problem also plagued Jewish leaders in Hamburg, who sought to delineate clearly between Judaism and Christianity. Travel to the «lands of idolatry» appeared to blur that boundary and testified to the ambivalent characteristic of the ways of more than a few former *conversos*, whose return to the bosom of Judaism did not succeed in separating them unequivocally from their Iberian and Catholic past.[18]

It is not surprising that a body with the social and cultural characteristics of the Sefardic community in Hamburg, which invested great effort in constructing a new identity and in defining the boundaries of its members' renewed Jewish identity, made frequent use of the sanction of the *herem* and other similar punishments, to remove delinquents and deter potential deviants. The expulsion of those whose behavior and open actions challenged the community way of life and the highest values of traditional Jewish society played an important role in molding the character of the community. The ejection of deviants, their banning, ostracism from the congregation, or banishment from the city, helped the community leaders mark the moral boundaries of the new community's religious, cultural, and social identity. When the *Parnasim* declared a *herem* or a ban in the synagogue against a delinquent who had violated the community ordinances or

---

[17] Ibid., fol. 104: «que toda pessoa que for de judaismo a Espanha ou Portugal e tornase, o não chamarão a sepher thora en 2 annos nem neles gozara de misva algua»

[18] On the ordinance of Amsterdam and its actual implementation, see Kaplan 1985: 197-224. Similar ordinances were instituted in the Sefardic communities of Leghorn (1659) and London (1677)

denied the authority of its heads and leaders, they in fact were giving public and unequivocal expression to the normative system which they wished to impose.[19]

However, it was incumbent upon the leaders of the Hamburg congregation not only to insist upon the formation of a tightly knit communal structure for the former *conversos*, who had just now encountered organized Judaism, and to make certain that it would be based upon the values of the Halakhic tradition. The precarious political status of the Hamburg Jewish community also forced its leaders to take severe measures against anyone whose behavior was liable to damage the delicate tissue of relations between the community and the Christian burghers in general and the municipal authorities in particular. The harshest punishments, as we shall see below, were imposed upon those whose transgressions threatened to undermine the stability of Jewish existence in the city.

Unlike Amsterdam, where the registers of the *Talmud Torah* congregation are preserved in full from 1639 on (in addition to the impressive quantity of other records and documents which give us a full picture of the life of the community during the seventeenth century), in Hamburg, as mentioned above, only two community registers from that century are extant, and they cover just thirty years of its history: from 1652 to 1681. Granted, this is doubtlessly, in many respects, the peak period in the life of the Hamburg community, and these registers permit us to take note of some of its characteristics. Nevertheless we are denied the possibility of systematically examining various developments in the inner life of the congregation over a long period of time, including the use of the punishment of the *herem*, in the manner that this is indeed possible in Amsterdam (and to a large extent in London as well). Still, these two registers of the *Bet Israel* congregation do indeed preserve extremely rich source material for the social historian.

It strikes one, first of all, that quite a large number of people were banned and excommunicated during this period of time: in the course of these thirty years, at least forty-one members of this community were banned or excommunicated; two of them apparently incurred this punishment twice, and a third seems to have received it three times.[20] This is without doubt a high number, especially if one takes into account the relatively modest proportions of the community. In the «sister» congregation of Amsterdam, which had four or perhaps five times as many members, between 1622 and 1789, a period of 167 years, we have found approximately seventy banned or excommunicated people; as for the thirty years during which, as noted, we know of forty - one cases of excommunication in the Ham-

---

[19] See Kaplan 1984: 111- 156; idem, «Deviance and Excommunication in the Portuguese Community of 18th Century Amsterdam» in: Dutch Jewish History 3, Jerusalem 1993

[20] Moseh Henriques and Abraham Senior were each apparently excommunicated twice, and Jacob Bar Jeosua, three times

burg community, only thirty people were excommunicated in the *Talmud Torah* congregation of Amsterdam.[21]

One wonders whether all the instances of excommunication in Hamburg refer to the identical punishment, or whether, perhaps, there were other punishments with the common denominator of removal from community life and from transaction with its members ? In the registers of the Hamburg community the following terms for banning and excommunication appear:

1. **Herem**, excommunication: «*publicar en Herem*» (to declare excommunication); «*poner en Herem*» (to impose excommunication); «*enhermar*» (to excommunicate); «*levantar o Herem*» (to cancel or remove excommunication).

2. **Apartar**, to ban, remove: *apartado* (banned) or «*apartado de la Nação*» (banned from the nation). There does not appear to be any practical difference between this term and *herem*. Thus, for example, Jacob de Mattos «*o derão por apartado pois encorrio na pena de Herem* (was banned because he violated the punishment of *herem*).[22] A similar term, *niduy* (ostracism), appears only seldom.[23]

3. **Beracha**. Literally «blessing», a euphemism for *herem*, apparently a mild form of excommunication without its ritual components. The main significance of this punishment was that the members of the congregation were forbidden to talk with the delinquent. For example, we find the following sentence: «*pedindo se lhe levantase a pena de Beracha de que ninguem falasse com ele.*» [24]

Although this terminology was varied, it does not seem to me that there were significant differences in the manner of its application. For the most part, regardless of the term used, it referred to a punishment depriving the delinquent of the right to attend the synagogue and of the right to make use of the religious services of the community, and denying the other members the possibility of having dealings with him, either orally or in writing.

It appears that in Hamburg, as in Amsterdam, most of the excommunications were of short duration, a few days or weeks, though here and there one finds cases in which the delinquents remained in excommunication for longer periods, sometimes very long ones.[25] In contrast, we do not encounter the term *shamta* (a more severe form of excommunication) in the Hamburg community registers, nor do we find an instance in which anyone was given that harsh punishment.

---

[21] See above, n. 19, and see also Kaplan 1991: 517-540
[22] See Ascamot I, fol. 175
[23] Ibid., fol. 56
[24] Ibid., fol. 375
[25] Regarding Amsterdam, see Kaplan 1984: 127-129

III. For What Infractions did the Hamburg Community Actually Excommunicate its Members ?

Examination of the Hamburg regulations of those years permits us to discover a wide variety of transgressions which were found severe enough to obligate, at least theoretically, the excommunication of the delinquents.

It seems that informing upon fellow Jews was considered the most dangerous of all infractions to which the community leadership related at that time. Starting in 1650, in the beginning of the month of Nissan, they adopted the custom of reading a special ordinance in the synagogue, directed against anyone whose actions might damage «the community or any individual, by providing information to the
Senate or to any of the municipal ministers of justice, even if they are of low rank», in matters concerning the community and its members.[26] In the context of this ordinance alone, the *Parnasim* of the congregation imposed the *Herem de colbo*, that is, the severe formula of excommunication presented in the כל בו [Kol Bo],[27] (a book dating from the late thirteenth or early fourteenth century), which includes a large number of curses taken from the Torah and is characterized by a rigorous and threatening style.[28] We have not found a similar phenomenon in the other large Western Sefardic communities, and this shows the feeling of insecurity which affected the Sefardim in Hamburg and the grave apprehensions regarding the policy of the municipal authorities to which they were subject.

Similarly the punishment of the *herem* was imposed, though not in such a severe fashion, against those who composed and circulated libelous writings against members of the community, and also everyone who knew of these actions and failed to report them to the *Maamad*. Thus, for example, on 14 Nissan, 5413 (May 11, 1653) the *Parnasim* declared a *herem* :

> « *against the man who composed the scandalous writings which were affixed to the gates of the houses of some of the members of our nation. [...] And since it was not possible to discover the transgressor. [...] the Seven [members of the* Maamad] *have ordered that this final proclamation be issued, so that it will be known to everyone that the man who composed the aforesaid writings, or who knows who wrote them, or who gave the order to have them written and affixed to the aforementioned gates, since they have not fulfilled their duty [by coming forward to report their transgression, Y.K.], and they have violated the herem declared against them, for they are already in excommunication, and this [applies] until they appear before this session [of the Maamad], so that it will be possible to impose the appropriate punishment upon them.*»[29]

---

[26] See Ascamot I, fols. 54 ff.
[27] hebr. «everything within»
[28] On the wording of this *herem*, see Salomon 1984: 181-199
[29] See Ascamot I, fol. 20.

To prevent public scandals, to preserve good order within the community and forestall anything which might damage its stability - all these were among the goals to which the *Parnasim* devoted the major burden of their efforts. Any behavior which might damage the good name of the «members of the Nation,» and any sign of opposition within the community, whether against the *Maamad* or against the members of the social elite of the community, required a strong reaction from the leadership, which imposed very heavy punishments on transgressors.

The *Parnasim* also sought with all their might to prevent any hint of injury to the religious sentiments of the Lutheran authorities, whose ears were always alert to hear anything which might be construed as a defiance of Christianity, its tenets, or its symbols.[30] Thus, for example, the *Parnasim* imposed the punishment of *beracha* and a fine of fifty *reisdalders* against anyone who dared circumcise gentile men or children without the authorization of «the lords of the *Maamad*.» This was because it had happened that men were circumcised «who were not known to belong to the seed of Israel» (*que no são conhesidamente da semente de Israel*).[31] Proselytizing for Judaism was regarded as a severe transgression in every Christian society at that time, and it is reasonable that sensitivity was particularly acute in places where the Jewish settlement was composed basically of *conversos* who had returned to Judaism. For among the immigrants who had settled there it was not always easy to distinguish between those who were Christians of Jewish extraction and those who were fully Christian but who had decided for some reason to affiliate with Judaism.

Another accusation, that Jews were engaged in counterfeiting, was far from new in Christian Europe, and it received new impetus during the age of mercantilism. Clearly such a grave accusation could undermine the solidity of Jewish life in the city, for a significant portion of the burghers of Hamburg had always opposed their presence and the granting of rights to them. Doubtless this accusation was not unfounded, and there was no lack of Jews who committed this transgression or others similar to it. The *Maamad* saw fit to issue a severe proclamation against counterfeiters on 17 Tevet, 5433 (January 1, 1673), stating «that from today on, no member of our nation, under punishment of *herem*, shall deal directly or indirectly in the minting of foreign coin in order to introduce it into the country.».[32]

However, the ordinances mentioning the penalty of *herem* in relation to violations of the Halakha are especially interesting. From them emerges a colorful and fascinating picture regarding the relation of part of the community of «New

---

[30] See the article by Günter Böhm in this volume
[31] See Ascamot I, fol. 21
[32] Ibid., II, fol. 4-5

Jews» in Hamburg to the rabbinical, Talmudic tradition. Below we shall mention a number of them.

In an ordinance dated 7 Tishri, 5415 (September 14, 1654), the members of the *Maamad* declared «that because of the great scandal provoked by games of chance held on days of 'devotion' [above that word is written *'taanit'*, meaning a fast day, Y.K.], our lords of the *governo* have ordered, under pain of *beracha* that no one should play games of chance on any of the community's fast days or on the eve of Yom Kippur or the Ninth of Ab.»[33] The *Maamad* was also forced to intervene when it became aware of the

> lack of scruples [*pouco escrupulo*] shown by a few members of our nation, who wish, against everything that is permitted, to shave their beards in the homes of gentiles, and agree to have a razor passed upon their faces, something which is forbidden by our holy Torah.

On 5 Adar, 5417 (February 18, 1657) the *Parnasim* ordered that in every synagogue in the city it should be announced «that from today on, upon pain of *beracha*, no man shall dare shave his beard except with scissors, and only on the throat is it permitted to use a razor, as the law permits us.» In this instance as well, not only were the transgressors themselves subject to punishment, but also anyone who knew of the violation of the law and failed to inform the heads of the community about it.[34] The documents often allude to the danger posed by «unscrupulous people (*pouco escrupulosos*), who learn from the bad example (*roim exemplo*) of those who «have already been blinded by their desires» (*ja segos na vaidade de seo apetito*).[35]

The messianic fervor which swept the Jewish world during the Sabbatean episode did not, of course, spare the Western Sefardic diaspora.[36] The movement of mass repentance which was supposed to greet the redemption had a deep influence on the life of the Sefardim in Hamburg. The leaders of the community did whatever was in their power to prepare the congregation for the advent of the messiah, investing significant effort to keep their flock distant from any moral error or from

---

[33] Ibid., I, fol. 34: «Por cauza do grande escandalo que se segue dos jogos em dia de devossão o (*taanit*) ordenão os ssres do governo que sob penna de beraha nenhua pessoa jogue nenhum en dias de gegum de congregassão e em bespora de Kipur e tisha beab»

[34] Ibid., fol. 86: «Hauendo chegado a notisia do Mahamad o pouco escrupulo com que ynlisitamente alguas pessoas da nossa Nação se mandão barbear em caza de goim, consentindo que se lhes passe a navalha pello rosto couza tão prohibida por nossa Santa Ley, pareceu conveniente aos ssres do Governo que se publicasse nas Tebot para que chege a noticia de todos que de hoie em diante sob pena de beraca ningen possa fazer a barba se não for a tizoura, e somente na garganta se huzara da Naualha comforme nos permite o din»

[35] Ibid., fols. 89 ff., 213, 237, 376, etc

[36] See the documentation by Uri Kaufmann and Michael Studemund-Halévy in this volume

sinking into sinfulness.[37] This matter also had important consequences for the status of the *herem* in the community. For the implication of the ordinances invoking the punishment of excommunication was that any delinquent who committed the transgressions mentioned in them was, as it were, under a divine curse, even if his transgression was not publicly known, and the punishment of *herem* was not actually imposed upon him. The presence in the community of members whose excommunication was unknown threatened to incriminate everyone, for the members of the congregation continued to have dealings with the excommunicated, unable to know that by so doing they were profaned by the curse lying upon the delinquent. Therefore in 1665, when the messianic fervor had reached its peak, the *Parnasim* decided to annul all of the decrees of excom-munication pending upon the members of the community:

> *because of the many afflictions which, for our many sins, persist among our nation, and because we suspect that the worm of destruction gnaws at us, and in order to prevent any obstacle in the excommunications imposed at various times, we concur with the opinion of the Lord Hakham and rescind all decrees of excommunication.*

Henceforth the threat of the curse of excommunication was, as it were, lifted from the members of the community. But at the same time the members of the *Maamad* saw fit to exclude from this pardon the *herem* imposed for four transgressons, which they regarded with great severity: informing to the gentiles, shaving one's beard in an illicit way, forbidden games of chance, and gambling on the eve of Yom Kippur and the Ninth of Ab.[38] In their view, these were extremely dangerous transgressions which threatened public order and cast a shadow upon the «*bom judesmo*» (good Judaism) of the members of the community.

Because of limitations of space, we have not mentioned all of the ordinances of the Sefardic community of Hamburg which contained the punishment of *herem*. But it is important to emphasize that not in every case (even regarding transgressions which were severe from a religious standpoint) did the *Parnasim* rush to threaten the transgressor with excommunication. Thus, for example, in an ordinance dated 25 Nissan, 5435 (April 8, 1675), the *Parnasim* mentioned the phenomenon of going to the «*tavernas de goim*» (the gentiles' taverns) during the Passover holiday. The *Parnasim* ordered that no one might enter those places and eat and drink there during the holiday, and anyone violating this ordinance would be punished by the *Maamad*, though they did not specify what punishment would be imposed on the transgressor.[39] Was the *herem* not mentioned because the transgression was widespread, and the *Parnasim* feared lest the imposition of the

---

[37] Scholem 1973: 566-591
[38] Ascamot I, fol. 279
[39] Ibid., II, fol. 72

herem in such a case would lead to the excommunication of too many members of the community ? Or, perhaps, did they refrain from mentioning the *herem* because at that time - the beginning of the last quarter of the seventeenth century - in Hamburg, as in other Western Sefardic communities, they had begun to be reluctant to impose the *herem* and preferred to replace it by other punishments without sacral significance? The lack of the registers for the years after 1682 prevents us from offering a satisfactory solution which would take into consideration the longterm developments within the community.

Now it is fitting that we return to the matter of the *herem* at the time of the Sabbatean fervor. Indeed, as noted above, the community leaders sought to remove obstacles from the path of the congregation and cancel as many excommunications as possible. At the same time, they did not refrain from threatening to impose the *herem* against «non-believers», who dared to express open opposition to Shabbetai Zevi. This policy typified the attitude of the Jewish leadership in Hamburg, at least until rumors spread in Western Europe of Shabbetai Zevi's conversion to Islam. Perhaps in this respect the attitude of the *Maamad* here was no different from that of the *Maamad* in Amsterdam.[40] Thus, for example, on 8 Ab, 5426 (August 9, 1666), on the eve of the fast of the Ninth of Ab (the messiah's birthday !), the *Maamad* issued an open proclamation against anyone «speaking insolently against our King and prophet», that is, anyone who dared impugn Shabbetai Zevi or Nathan of Gaza. The *Parnasim* ordered, under threat of the *beracha*, that «no one may speak ill of the aforementioned men, and a similar transgression is committed by anyone who hears such a remark and fails to inform a member of the *Maamad*, so that the transgressor may be punished.»[41] This policy was reinforced two months later when the *Maamad* decreed that in the future, whenever the blessing for the king - that is, for the messianic king, Shabbetai Zevi ! - was recited in the synagogue, «all those who wish to be present must rise to their feet with appropriate respect, for this is our duty, and we should avoid the scandals arising from the enthusiasm of many among the fanatics and excitable people.»[42] At that time, the opponents of Shabbetai Zevi in Hamburg apparently had raised their heads, encouraged by the presence of Rabbi Jacob Sasportas, that obdurate anti-Sabbatean warrior, who occupied the post of rabbi of the community at that time, and some of them gave free expression to their refusal to acknowledge the messiah from Izmir. Interestingly, at that time the *Parnasim* of Hamburg forbade, under penalty of *herem*, the circulation of the radical messianic work, *Fin de los días* (The End of Days) by *Mose Gideon Abudiente*.[43] On 3 Elul of the year in question (September 4, 1666), they ordered the impounding of all the copies of the book, but not because they rejected its Sabbatean content (as was

---

[40] See Kaplan 1974: 198-216
[41] See Ascamot I, fol. 320
[42] Ibid., fol. 345
[43] See the documentation on the Shabbatean movement in this volume

indeed the case later in Amsterdam), but rather because «it might prejudice [relations] with the gentiles» (*podia ser de prejuhiso para com os goim*). The *Maamad* feared lest these radical messianic views and the vision regarding the nations of the world at the End of Days might arouse the wrath of the Christian community. Therefore it was decided that all the copies of the book must be surrendered to the *Maamad*, under penalty of *beracha*. At the same time it was determined that the books would be stored in bundles in a special box in the home of the president of the *Maamad*, «until the time for which we hope, when the Lord permits this, at a propitious hour.»[44]

IV Those who were Actually Excommunicated and Their Transgressions

As noted, during the thirty years discussed in this article, at least forty-one people in forty-five incidents of excommunication are known to us. This number is indeed quite high, but in the self-perception of the Sefardim of Hamburg, there were others who went even farther in imposing this punishment. For example, on 27 Tammuz, 5441 (July 19, 1681), the *Parnasim* of the Sefardic community in Altona asked the *Maamad* in Hamburg to agree that any *herem* imposed against any delinquent in either of these two communities would obligate the other community to issue a similar *herem*. The Hamburg leadership refused to accede to this request, arguing that «it is very much opposed to imposing the *herem* on things [i.e., transgressions, Y.K.] of little importance, while they [the *Parnasim* of Altona, Y.K.] do this very often without an important reason.»[45]

What is known to us about the excommunicated of the *Bet Israel* congregation ? The community registers which have come down to us often mention members of the congregation, or those dependent upon it in some manner, as being considered «careless» or «lacking conscience» with respect to Jewish life; or others are described as «*personas indecentes*» (indecent people), with respect to their way of life. Taking action against these unworthy people, on 4 Tishri, 5422 (September 27, 1661), the rabbis of the congregation proposed that on Yom Kippur eve, the president of the *Maamad* should not determine by lot those who would hold the Torah scrolls: «so that these honors will be accorded to decent people [...] and thus we shall prevent the misadventure which took place last year on the holy Day of Atonement [...] so that on days such as this people who are not decent shall not be called up [to the Torah].»[46] Many rabbinical decisions often mention people who lead «*escandalosa vida*» (a scandalous life) or who are led

---

[44] Ibid., fol. 322
[45] Ibid., II, fol. 366: «este maamad era muy enemigo de andar deitando *Heremot* por coisas de piquinas importansias e que eles o deitavão muitas veses sem grande causa»
[46] Ibid., I, fol. 213.

into «*ruims custumes*»(despicable customs) or who follow «*roims passos*» (vile ways), etc.[47] Very regrettably, we cannot always know what the sources refer to or what was the behavior of those deviants whom the rabbis of the community saw fit to excoriate. But without doubt they point to a social and cultural phenomenon with extensive consequences, comprising a relatively numerous segment of the public. Some of these Jews lived on the margins of the Jewish community, and in certain cases one gains the impression that there was some overlap between their low social and economic status and their tendency to violate the Halakha or to commit transgressions in other areas. Though it cannot be said that they constituted an organized, consolidated, and consistent opposition to the congregational leadership regarding its entire relation to Judaism, doubtless this was a group whose presence challenged - explicitly or latently - the Jewish tradition and the official community leadership.

Take the example of Abraham de Caceres, who found himself in confrontation with the *Maamad* on more than one occasion, and who incurred various punishments, including that of the *herem*. In 1670 the leadership speaks unequivocally about its intention of expelling him from the community. Even though he had asked for forgiveness for his deeds in the synagogue, the *Maamad* ultimately decided to expel him from the city, because, after repeated warnings he refused to accede to the demands of the *Parnasim*. On 21 Heshvan, 5431 (November 8, 1670), he was ordered to leave Hamburg within three days. Otherwise the members of the community would be forbidden to converse with him. Without doubt he was an impulsive man, uninhibited, who burst out on more than one occasion, as we can see from a complaint lodged by the *Parnasim* of the Ashkenazic community, who accused him «of taking a raincoat from an Ashkenazic woman in the middle of the street.»[48] But the members of the Sefardic *Maamad* discovered that behind the immoral way of life of that delinquent was concealed opposition to the Jewish tradition. Hence, after the *Parnasim* heard the complaints against him for «expressing himself freely regarding our holy customs», they decided to «*fazer inquizição*» (to hold an inquiry) against him.[49] Among those who testified against him appeared one Abraham Fidanque, who heard Abraham de Caceres say, while the Hakham was about to begin his sermon, that he was going home because he was not interested in hearing the rabbi's insipid words. Jacob Vargas testified against him that he had heard him say, «so many words of contempt for our Sages and our Holy Torah» that he decided to remove him from his home. Isaac Milano added new details «about the most scandalous events» in which Abraham de Caceres took part.[50] Extremely serious charges were also brought against Isaac, Abraham's brother. He was accused of leaving the synagogue on

---

47 Ibid., fols. 238, 276, etc.
48 Ibid., fol. 479
49 Ibid., fol. 478
50 Ibid.

the night of Yom Kippur in the company of another man (whose name has been erased from the register), and both of them went to «indecent houses, against the honor worthy of that holy day, and similarly it is known for certain that on the sabbath as well the two of them went as far as Pinemberg[51], and thus they raised a great scandal.»[52] Isaac de Caceres refused to appear before the *Maamad*, and therefore the punishment of *beracha* was imposed upon him and the members of the community were forbidden to hold «any discourse with this man, because his conversation is dangerous, and he is liable to harm other young people with his society.»[53] Other examples can be added to these, showing the presence of a rather large group of rebels and agitators, whose lowly social status separated them from the prosperous economic activity of the powerful clans of the community.

In certain cases one can distinguish in their behavior the first harbingers of an alternative popular culture, which was opposed (though not in a consolidated and consistent fashion) to the established culture of the congregation. Naturally all that is known to us about these delinquents and deviants, and about their views and cultural values, is known to us through the testimony of their most implacable enemies - the leadership and social elite of the Sefardic community. Traces of their activity and their worldview which they themselves have left behind, either in Hamburg or elsewhere in the Western Sefardic diaspora, are few and sporadic.

It is impossible not to note that some of the statements made by the leadership of the community against the band of «indecent people» are very similar to those pronounced in Amsterdam against *Uriel Abadat* (that is, Uriel da Costa), *Juan de Prado*, and *Baruch Spinoza*. This would indicate that, along with those who succeeded in formulating coherent arguments on the basis of a consolidated intellectual discourse, there was also a large and amorphous group with marginal social and cultural tendencies, who showed a clear propensity to translate their marginality into expressions of opposition to established, Halakhic Judaism.

As noted, in Hamburg, during the period under discussion, at least forty-one people were excommunicated by the *Maamad* of the Sefardic community. At least six of them were Ashkenazim: two of them were excommunicated upon the request of the Ashkenazic congregation and the others at the initiative of the Sefardic community.[54] Two of the forty-one excommunicated people were women. One, Hena tudesca, the wife of Reb Leib, was certainly Ashkenazic. She was ex-

---

51 Pinneberg, city northwest of Hamburg
52 Ibid., II, fol. 49
53 Ibid.: «considerando ser perjudicial sua conversação que pode depravar a outros moços com sua companhia»
54 The six Ashkenazim who were excommunicated were Joseph tudesco, Binjamin Wulff, Hena tudesca, Hertz Bar Mosse Lulla(b), Moses Gaserman, Sisque tudesco. A woman named Rachel who was excommunicated (see below, n. 56) was apparently also Ashkenazic. Hertz and Sisque had been excommunicated earlier by the Ashkenazic congregation

communicated for buying stolen property, and conversation and traffic with her were forbidden under threat of imposition of the *beracha* upon anyone who violated the prohibition.[55] The other was «a maid named Rachel», apparently also of Ashkenazic origin.[56]

The reasons which led the *Parnasim* of the community actually to impose the punishment of excommunication were not always stated explicitly, but the relatively large number of people excommunicated for violent behavior is conspicuous. Some used weapons against members of the community. These violent incidents sometimes took place in the synagogue itself or nearby. Thus, for example, the *herem* was imposed against Jacob Mazaot on 20 Ab, 5417 (July 30, 1657). He fought with Moseh Penso in the street, and the two of them used knives. The *Maamad* ordered both of them, under pain of the *beracha*, not to leave their homes until further notice. Since Jacob Mazaot did not obey the demands of the *Maamad*, and ignored three warnings that were sent to him, a *herem* was declared against him both in the central synagogue and in the smaller synagogues which functioned in the *midrasim* (houses of study).[57]

On 2 Iyyar, 5421 (May 1, 1661), Daniel and Simson Habilho were excommunicated for a fight which broke out between them and David Aboab Paiz. Arms were also used in this altercation: Simson Habilho drew his sword and tried to attack his adversary, and a few days later, he and his uncle took up a knife and a club and tried to strike David Aboab Paiz as he was leaving the synagogue after the Sabbath evening prayers.[58] The *herem* against Jacob Oeb dated 5 Adar, 5424

---

[55] See Ascamot I, fol. 527. On the second day of the Shavuot holiday the house of the warden, Abraham Lopez was robbed. After the identity of the two thieves was revealed, the aforementioned Hena was also accused of buying some of the stolen goods: «se resolveo, visto haverse comprovado que Hena tudesca mulher de R. Leib, comprou dos furtos asima, se publicou que a menha na esnoga, que ninguem possa falar ne trattar com ella sob pena de Beracha»

[56] What leads us to suppose that she was probably Ashkenazic is the fact that her family name is not mentioned, for this is typical of the way the Sefardim related to Ashkenazic maidservants. See Kaplan 1989a: 27-28. See Ascamot I, fol. 280

[57] See ibid., fol. 96: «Havendose Jacob Mazaot e Mosse Penso descomposto na Rua com facas, hum contra o outro, se mandou dizer a ambos, por evitar maiores desgostos que sob pena de Beraca não saisem de suas cazas seim nova hordem do Mahamad, achouse que Jacob Mazaot não observou o prim[ei]ro e segundo mandato e se lhe jntimou o terseiro com declaração que advertise de novo não sair de sua caza sem expresa hordem que para jsso se lhe consedese e que soubese que fazendo o contrario no mesmo ponto encoreria na pena de Herem, e não bastou jsso pois sego de seu apetito se foy a Rua, com que se rezolveu que tanto na Congregação geral, como nos Medrasims o poblicasem em Herem»

[58] See ibid., fol. 296. The register contains a very colorful description of the fracas which broke out in the street in the presence of a large crowd of Jews and gentiles: «de que resultou grande bulha e escandalo em toda a rua, assi entre os nossos como entre goim, ainda que forão dittos Habilhos em ditto dia persuadidos de alguns judeos que desistissem de seu ruim intento o não quizerão fazer com que o maamad ordenou se publicassem em minha por enhermados com parecer do Sr HH como seguio»

(March 3, 1664) was also connected with a violent attack against a member of the community.[59]

Some people were excommunicated for slandering the *Maamad* or disrespectful behavior to the *Parnasim*. Thus, for example, it was decided on 17 Tishri, 5421 (September 22, 1660) to excommunicate Jacob Soares for «the scandalous and impertinent words [he spoke] on the first day of the Sukkoth holiday, out loud, without any reason, which were directed against the *Maamad*, because they wanted to move him to a seat other than the one he had taken for himself [in the synagogue].»[60] Samuel de Lima was banned because he had not accepted the authority of the *Maamad* and had sent it a letter of protest.[61]

It is known that two men were punished for informing: Joseph da Silva and Moseh Henriques. The first was excommunicated on 8 Heshvan, 5418 (October 15, 1657), and the nature of his transgression is merely hinted at in the community register.[62] Regarding the second man, who was excommunicated on 4 Nissan, 5423 (April 11, 1663), this is stated explicitly.[63] There were also two men who were excommunicated for counterfeiting and illegal activity: both were Ashkenazim.[64]

Especially fascinating are those incidents of *herem* connected with transgressions against the Halakhah and the violation of commandments. Under this rubric falls the affair of Isaac ben Solomon Caceres, mentioned above, who violated Yom Kippur and the Sabbath. Similarly Samuel Gedella was excommunicated on 11 Tammuz 5430 (June 29, 1670), for shaving his beard with a razor.[65] Also the affair of the clandestine marriage in which Manoel Mendez was involved. He sought to marry a girl in secret and even bribed two witnesses to do so. On 11 Kislev, 5435 (December 10, 1674), it was decided to forbid the members of the

---

[59] Ibid., fols. 249 ff. See especially fol. 251. On 23 Iyyar, 5429 (May 24, 1669), the Maamad decreed that Jacob and Moses de Caceres must not leave their houses nor attend the synagogue -which was a more lenient punishment than herem -- and this was because, on their way out of the synagogue after evening prayers, they had lain in wait for Jesua Abenzur and «the aforementioned Jacob de Caceres attacked him with a knife and tore his cloak and pantaloon and only by a miracle did he not wound him»; see ibid., fol. 410

[60] Ibid., fol. 198. On the same day it was decided that the excommunicated man could not enter the central synagogue for a full year. Four days later the herem was rescinded, after the man expressed remorse. At the same time it was decided that he would be denied entry to the central synagogue, «until further notice»

[61] Ibid., fols. 516 ff. It should be noted that Samuel de Lima remained excommunicated for two years and about four months. See Ascamot II, fol. 35

[62] See Ascamot I, fol. 103. The decision stated that the *herem* had been imposed upon him «because he transgressed what had been decreed against him in the general synagogue on 1 Nissan, 5416»

[63] See ibid., fol. 235. The man only remained excommunicated for a single day

[64] See ibid., fols. 272, 378, on the affairs of Joseph tudesco and Jacob Bar Jeosua

[65] Ibid., fol. 470. It was first decided to impose the *herem* in the evening and remove it at night (con que rezolve o maamad que esta tarde o ponão por apartado y esta noite o tornarão a levantar)

congregation to speak with the transgressor or to traffic with him, under punishment of *beracha*, and if the aforesaid Manoel Mendez dared to enter the boundaries of the city, he would be excommunicated. The two witnesses were banned.[66]

Also on the list of those excommunicated by this community appears the name of Shabbetai Raphael Supino, the well known Sabbatean who became one of the greatest believers in Shabbetai Zevi after the latter's conversion to Islam. The *herem* against Supino was declared after the Hamburg congregation abjured its belief in the disappointing messiah.[67]

V. Alternative and Complementary Punishments

Without doubt the *herem* was the gravest punishment in the traditional Jewish world, both because of its sacral content and meaning and also because of its social and religious consequences. But the *Maamad* in Hamburg possessed a series of alternative and sometimes even complementary punishments. Monetary fines were one of the most common penalties, and when a delinquent was required to pay a fine, he usually had to ask forgiveness for his transgression in the synagogue as well.

Another punishment, doubtless belonging to the family of the *herem*, which was commonly imposed on delinquents in the Sefardic community of Hamburg, was the prohibition against entering the synagogue, with all that this entailed. Thus, for example, David, the son of Joseph da Silva, expressed himself disrespectfully against the *Parnasim* in the synagogue on Rosh Hashana, and for this behavior he was punished by the *Maamad* in 1660 by being forbidden to enter the synagogue for a full year. As a first step the *Maamad* decided to forbid him to leave his home until Yom Kippur, with the intention of excommunicating him the following day, but in the end it was decided to reduce this sentence and to order him to read out loud in the synagogue from «a paper which will be delivered to him, and also it was decreed against him that for a year he would not come to pray in the central synagogue, that he would pay ten *reisdalders* as a fine, and thus he would be permitted to leave his home.»[68]

In the case of da Silva, the punishment was limited to «the central synagogue», that is the *congregação geral*, but he still had the possibility of praying in one of the *midrasim* active in the community. By contrast, we find in the course of the thirty years examined in this research that about ninety members of this congregation were forbidden access to any synagogue and were denied public prayer with the members of the community. Although this punishment was some-

---

[66] Ibid., II, fols. 56-57
[67] Ibid., I, fols. 368 ff. On him cf. Scholem 1973
[68] Ibid., fol. 197

times limited to a few days,[69] occasionally it extended over long periods,[70] sometimes even indefinitely.[71] On 14 Ab, 5439 (July 23, 1679), the *Parnasim* decided that it must be announced in the synagogue «that anyone who has been informed by the warden that he must not come to synagogue and who nevertheless comes, contrary to this decree, on the first offense he must pay [a fine of] two *reisdalders*, and on the second occasion, such as the Maamad sees fit, and he must leave the synagogue.»[72]

In certain cases this punishment merely served to announce the imposition of the *herem*. That is, if the delinquent was unwilling to express remorse, or if he would not ask forgiveness publicly, or if he was unwilling to do what had been imposed upon him as penance, he would be excommunicated from the congregation. In other instances the prohibition against attending the synagogue was imposed after the rescinding of a *herem*, implying, in these cases, that the *Maamad* agreed to be lenient with the delinquent and to commute his punishment to a less severe one.[73] But there were also instances, such as that of Isaac Habilho in 1653, in which the delinquent was «*desterrado da esnoga para sempre*» (exiled from the synagogue forever).[74]

Moreover, the *Maamad* had other punishments at their disposal. Jacob Mazaot[75] was found guilty of having relations with a married woman who had come from Amsterdam, whose husband had apparently left for Spain, and she became pregnant. According to the *Maamad*, they possessed «much testimony from witnesses» that the aforementioned Jacob Mazaot was indeed responsible for that «abominable sin»(*abominavel pecado*), and therefore they ordered him to bear all the expenses of the woman, who had been sent to Glückstadt,[76] and to support her child from the moment it was born. At the same time, after considering

---

[69] See for example the case of Moses Sacutto, who «for raising his voice in the synagogue and saying insulting things against the official functionary» was fined on 22 Iyyar, 5414 (May 9, 1654) the sum of three *reisdalders*, and he was ordered «not to come to the synagogue until Sha-vuot» (see ibid., fol. 300); or the case of Isaac Benveniste, «who was reprimanded very severely for going to Lübeck with certain gentile women, where he stayed for fifteen days, against the will of the lady his mother and his brothers and against the honor of the holy God and the protection of the holy Torah, [and therefore] it is decreed against him that he may not come to the synagogue from this Sabbath day for eight days» (ibid., fol. 319)

[70] On 24 Tammuz, 5428 (July 3, 1668) it was decreed that Moses Henriques and Jeonatan Israel were not to enter the synagogue until Rosh Hashana, that is for more than two months (see ibid., fols. 383 ff. and especially 385)

[71] Cf. the case of Jacobeto Jesurun, who was ordered on 22 Tevet, 5435 (January 20, 1675) not to enter the synagogue until further notice (ibid., II, fol. 60).

[72] Ibid., fol. 234

[73] Thus for example was the case with Jacob Soares on 21 Tishri, 5421 (August 26, 1660), see ibid. I, fol. 198

[74] Ibid., fol. 235

[75] I am not certain whether I have deciphered this family name correctly. Cassuto (see above, n. 9) preferred not to mention him in his account of this incident, see Cassuto, JJLG 9, 1911: 345

[76] City on the Elbe Estuary, northwest of Hamburg

whether to impose the punishment of *herem*, but deciding against it «for reasons of its own», the *Maamad* sentenced him to the following punishment:

> (1) for the entire month of Adar, he must arrive at the synagogue before the beginning of prayers, otherwise he would be fined a *reisdalder*
>
> (2) after that month he must make an effort to arrive in the synagogue early, and if he is tardy and arrives after the prayer «Yishtabah» (at the end of the preliminary series of Psalms), he would be fined the sum of half a *reisdalder*
>
> (3) he must maintain proper conduct in the synagogue
>
> (4) until the coming Rosh Hashana he must receive one lash on the eve of every New Moon, in the presence of the rabbis of the congregation
>
> (5) on these occasions he had to pay a fine of five *reisdalders*
>
> (6) Jacob Mazaot apparently maintained a gambling house (*casa de juego*), hence the Parnasim forbade him, until the coming Rosh Hashana, to have «music to be played in his house» or «that games be held.»[77]

This was not the only time that the *Parnasim* used the punishment of lashes. In 1666, after a fight broke out in the synagogue between Jeosua Habilho and Mordechai Chilão while the «Kedusha» was being recited, both men were forced to pay a fine of a *reisdalder* before they were permitted to enter the place again. But Chilão was also subjected to «one lashing by the lord Rabbi or the Cantor», because he had spoken impudently to the members of the *Maamad*.[78]

At about the same time that the *Maamad* in Amsterdam began to use a milder form of removal from the community than the *herem*, a kind of excommunication without the sacred content, the Parnasim of Hamburg also began to impose such a punishment.[79] The intention was to remove the delinquent or deviant from the community (*despedir de jahid*), that is, to deny the privileges he enjoyed as a member (*jahid*) of the community. In Hamburg this punishment was imposed in 1679 on Joseph Henriques because he did not pay his debt to Jacob Senior. Therefore

> he is deprived of his rights as a *jahid*, and he may no longer benefit from any of the benefits of the nation, and he shall not attend the synagogue. [...] Until he pays his aforementioned debts, he will not be accepted at any time, until he fulfills the demand of the *Maamad* for his disobedience.[80]

---

[77] See Ascamot I, fols. 201 ff.
[78] Ibid., fol. 318
[79] Cf. Kaplan 1984: 45 ff.
[80] See Ascamot II, fol. 234

Moreover, in addition to these punishments, we should also mention that dozens of individuals - both strangers who had arrived in Hamburg from elsewhere and had not received the right of residence in the city (including quite a few Ashkenazic vagabonds or refugees), and also members of the community who had been found guilty of serious crimes or who were known for their immoral way of life - were expelled from the city and its surroundings by order of the *Maamad*, with the full support of the municipal authorities.[81]

The number of people punished by the Sefardic community of Hamburg is astonishing, especially if one takes into account that its numbers did not exceed six hundred, including minors: more than forty people were excommunicated or banned, about ninety were forbidden to enter the synagogue for various periods of time, and dozens were expelled from the city and its area. All this during a period of only thirty years! It is impossible to ignore the quantity of punishments, just as it is impossible to ignore the fact that they all involve distancing or removing malefactors from the congregation. This reinforces the assumption which I presented earlier that in this community, as in most of the other communities of «New Jews», a struggle was waged against deviance, and the suppression of wayward members played a central role in determining the boundaries of the new collective identity. The tendency to excommunicate and ostracize deviants expresses the need for stability of people who had only recently become Jewish and who sought to create the common normative foundation of a community composed of individuals with complex and sometimes even self-contradictory value orientations. In Hamburg, it seems, the *Parnasim* also acted out of a certain nervousness, in view of their evident insecurity with regard to the municipal authorities and the surrounding gentile society. But at the same time one gets the im-pression that even as the foundations of Sefardic-Jewish life were being firmly laid in the city, the first rifts in it had already begun to open. Everything indicates that even as the community was being built, certain signs of anomie and of social disintegration were visible, and these accelerated during the eighteenth century, when the Sefardic community of Hamburg lost its status of seniority within the Western Sefardic diaspora.

---

[81] For example, on 1 Elul, 5415 (October 12, 1655), the Maamad decided to expel one Ylel tudesco from the city because they became informed of his «devious life» (*maa vida*) and because «he is not included in the number of those who have been accepted in the place» (ibid., I, fols. 45 ff.); on 21 Ab, 5428 (July 29, 1668), the Maamad decided to expel Isaac Roiz, known as 'o garavato' within eight days.

Bibliographie

Bartal, I. / Y. Kaplan
Emigration of Indigent Jews from Amsterdam to Eretz Israel (Palestine) at the Beginning of the Seventeenth Century [in Hebrew]
in: Shalem 6, 1992: 177-193

Böhm, Günter
Die Sephardim in Hamburg
in: Herzig, Arno [Hg.]: Die Juden in Hamburg 1590 bis 1900: 21-40
Hamburg 1991

Carpi, Daniel
Ordinances of the Community of Venice, 1591-1607
in: Exile and Diaspora. Studies in the History of the Jewish People Presented to Professor Haim Beinart on the Occasion of his Seventieth Birthday: 443-469 [in Hebrew]
Jerusalem 1988

Cassuto, Alfonso
Gedenkschrift anläßlich des 275-jährigen Bestehens der Portugiesisch-Jüdischen Gemeinde in Hamburg
Amsterdam 1927

Cassuto, Alfonso
Neue Funde zur ältesten Geschichte der Juden in Hamburg
in: Zeitschrift für Geschichte der Juden in Deutschland 3, 1931: 58-72

Cassuto, Isaac
Aus den ältesten Protokollbuch der Portugiesisch-Jüdischen Gemeinde in Hamburg. Übersetzung und Anmerkungen
in: Jahrbuch der Jüdisch-Literarischen Gesellschaft [JJLG] 6, 1908: 1-54; 7, 1909: 159-210; 8, 1910: 227-290; 9, 1911: 318-366; 10, 1912: 225-295; 11, 1916: 1-76; 12, 1920: 55-118

Cohen, J. M.
The Ghetto in Venice. Ponentini, Levantini e Tedeschi 1516-1797
The Hague 1990

Cohen, Robert
Passage to a New World: The Sephardi Poor of Eighteenth Century Amsterdam
in: Dasberg, L. / J. N. Cohen [Ed]: Neveh Ya'akov. Jubilee Volume Presented to Dr. Jaap Meijer on the Occasion of his Seventieth Birthday: 31-49
Assen 1982

Duckesz, Eduard
Zur Geschichte und Genealogie der ersten Familien der hochdeutschen Israeliten-Gemeinde in Hamburg-Altona
Hamburg 1915

Feilchenfeld, Alfred
Anfang und Blütezeit der Portugiesengemeinde in Hamburg
in: Zeitschrift für Hamburgische Geschichte 10, 1899: 199-240

Feilchenfeld, Alfred
Die älteste Geschichte der deutschen Juden in Hamburg
in: Monatsschrift für die Geschichte und Wissenschaft des Judentums 43, 1899: 271-282, 322-328; 370-371

Fuks-Mansfeld, Renée G.
De sefardim in Amsterdam tot 1795
Hilversum 1989

Israel, Jonathan I.
Spain and the Dutch Sephardim, 1609-1660
in: Studia Rosenthaliana 12, 1978: 17-20

Israel, Jonathan I.
The Changing Role of the Dutch Sephardim in International Trade, 1595-1715
in: Dutch Jewish History I: 31-51
Jerusalem 1984

Israel, Jonathan I.
Sephardic Immigration into the Dutch Republic
in: Studia Rosenthaliana 23, 2, 1989: 45-53

Kaplan, Yosef
The Attitude of the Leadership of the Portuguese Community in Amsterdam to the Sabbatian Movement, 1665-1671 [in Hebrew]
in: Zion 39, 1974: 198-216

Kaplan, Yosef
The Social Functions of the 'Herem' in

the Portuguese Community of Amsterdam in the Seventeenth Century
in: Dutch Jewish History, vol. 1: 111-156
Jerusalem 1984

Kaplan, Yosef
The Travels of Portuguese Jews from Amsterdam to the 'Lands of Idolatry'
in: Kaplan, Yosef [Ed.]: Jews and Conversos. Studies in Society and the Inquisition: 197-224
Jerusalem 1985

Kaplan, Yosef
Bans in the Sephardi Community of Amsterdam in the Late Seventeenth Century
in: Exile and Diaspora. Studies in the History of the Jewish People Presented to Professor Haim Beinart on the Occasion of his Seventieth Birthday: 517-540 [in Hebrew]
Jerusalem 1988

Kaplan, Yosef
Amsterdam and Ashkenazic Migration in the Seventeenth Century
in: Studia Rosenthaliana 23, 2, 1989: 22-44

Kaplan, Yosef
The Portuguese Community in 17th Century Amsterdam and the Ashkenazi World
in: Dutch Jewish History 2, 1989: 23-45
Jerusalem 1989

Kaplan, Yosef
From Christianity to Judaism. The Story of Isaac Orobio de Castro
Oxford 1989

Kaplan, Yosef
The Formation of the Western Sephardic Diaspora
in: The Sephardic Journey 1492-1992 [Yeshiva University Museum]: 147-149
New York 1992

Kaplan, Yosef
The Sephardim in North-Western Europe and the New World
in: Beinart, Haim [Ed.]: The Sephardic Legacy, vol. 2: 240-287
Jerusalem 1992

Kaplan, Yosef
Die portugiesischen Juden und die Modernisierung. Zur Veränderung jüdischen Lebens vor der Emanzipation
in: Nachama, Andreas et al. [Hg.]: Jüdische Lebenswelten. Essays: 303-317
Berlin 1991

Kaplan, Yosef
Deviance and Excommunication in the 18th Century: A Chapter in the Social History of the Sephardi Community of Amsterdam
in: Dutch Jewish History 3: 103-115
Jerusalem 1993

Kellenbenz, Hermann
Sephardim an der unteren Elbe
Wiesbaden 1958

Marwedel, Günter
Die aschkenasischen Juden im Hamburger Raum (bis 1780): 61-76
in: Herzig, Arno [Ed.]: Die Juden in Hamburg 1590 bis 1900
Hamburg 1991

Ornan Pinkus, Ben-Zvi
The Portuguese Community of Hamburg in the XVIIth Century [in Hebrew]
in: East and Maghreb, Researches in the History of the Jews in the Orient and North Africa, vol. 5, 1986:

Pohl, Hans
Die Portugiesen in Antwerpen [1567-1648]: Zur Geschichte einer Minderheit
Wiesbaden 1977

Révah, Israel S.
Spinoza et le Dr. Juan de Prado
Paris-The Hague 1959

Révah, Israel S.
Aux origines de la rupture spinozienne: nouveaux documents sur l' incroyance dans la communauté judéo-portugaise d' Amsterdam à l'époque de l'excommunication de Spinoza
in: Revue des Etudes Juives 123, 1964: 359-431

Révah, Israel S.
Au origines de la rupture spinozienne: nouvel examen des origines du déroulement et des conséquences de l'affaire Spinoza-Prado-Ribera

in: Annuaire du Collège de France 70, 1970: 562-568; 71, 191: 574-587; 72, 1972: 641-653

Salomon, Herman Prins
La vraie excommunication de Spinoza
in. Forum Litterarum. Miscelânea de Estudos Literários, Linguisticos e Históricos oferecida a J. J. van den Besselaar [Ed. H. Bots / M. Kerkhof]: 181-199
Amsterdam - Maarssen 1984

Salomon, Herman Prins
A Copy of Uriel da Costa's 'Exame das tradições phariseas', Located in the Royal Library of Copenhagen
in: Studia Rosenthaliana 24, 1990: 153-168

Scholem, Gershom
Sabbatai Sevi. The Mystical Messiah 1626-1676
Princeton 1973

Swetschinski, Daniel M.
The Portuguese Jewish Merchants of Seventeenth Amsterdam: a Social Profile
PhD Thesis, Brandeis University, 1979

Antijüdische Ressentiments gegenüber den Hamburger Sefardim im 17. Jahrhundert

Günter Böhm (Santiago de Chile)

Dokumente aus dem letzten Jahrzehnt des 16. Jahrhunderts geben Hinweise auf den Zuzug der ersten Sefardim[1] in die Hansestadt Hamburg hin. Sie werden als Angehörige der «Portugiesischen Nation» (*natio lusitana* oder *nação*) aufgeführt. Sie sind katholischen Glaubens und vor allem wohlhabende Kaufleute, von denen eine Anzahl im angesehenen Kirchspiel «St. Nicolai Kirchoff» ihren Wohnsitz hatte.[2] Unter ihnen befand sich auch der Arzt Dr. Rodrigo (Ruy) de Castro, der wohl schon um 1591 nach Hamburg übergesiedelt war[3] und sich durch seinen Einsatz bei der Bekämpfung der Pest im Jahr 1596 und durch wissenschaftliche Abhandlungen einen Namen gemacht hatte.[4] Als Hofarzt von Königen, Adligen und hohen Geistlichen durften er und seine Angehörigen Wohnung auf dem exklusiven «Hinter St. Petri Kirchhoff» beziehen.[5] Dr. Rodrigo de Castro gab sich, wie auch die anderen in diesen Jahren in Hamburg lebenden Portugiesen, als Katholik aus und erwarb auf dem St. Maria Magdalena Kirchhof für seine im Jahr 1602 verstorbene Gattin eine christliche Grabstätte.[6] Das erste Protokoll, das auf ihre Beerdigung hinweist, stammt vom 3. Juli 1602 und zeigt auch, daß viele der in Hamburg ansässigen Portugiesen in der Öffentlichkeit als Katholiken auftraten, sich insgeheim jedoch zum Judentum bekannten.

So beschwerte sich der Pastor von St. Maria Magdalena Kirche, ihm sei zu Ohren gekommen, daß die verstorbene Ehefrau des Dr. de Castro «des Jodendohmes beschuldigt wert.» Man wollte sie nicht auf dem Friedhof beerdigen las-

---

[1] In der wissenschaftlichen Literatur werden die iberischen Juden allgemein Sefarden [hebr. Sefardim] genannt. Die nach Nordeuropa ausgewanderten iberischen Marranen oder Neuchristen nannten sich selber immer «Portugiesen».
[2] Kellenbenz 1958: 28, 200; Whaley 1992
[3] Kellenbenz 1958: 326
[4] Seine Abhandlung über die Pest «Tractatus brevis de Natura et Causis Pestis, quae hoc anno 1696 Hamburgensem Civitatem *afflixit*» wurde 1594 bei Jacob Lucius jr. in Hamburg gedruckt.
[5] Reils 1847: 376-379; Cassuto 1931-1932: 67-69, 70, 71
[6] Cassuto 1927-1933: 6

sen und nur auf Begehren des «Erhabenen Rathes» sei sie dort bei Nacht bestattet worden. Auch forderte der Pastor, daß solche «berüchtigte[n] und verdächtigte[n] Leute» in Zukunft nicht mehr auf diesem Friedhof begraben werden sollten, und stellte klar, daß «solche Fälle bereits öftern vorgefallen seien».[7]

Aus den Bemerkungen des Pastors ist ersichtlich, daß diese ersten, offiziell als Katholiken geltenden Portugiesen, versuchten, ihre Angehörigen in der Pfarrei St. Maria Magdalena begraben zu lassen. Ähnlich hatten es auch die in Südfrankreich ansässigen Portugiesen zunächst in Bordeaux und Rouen durchgesetzt[8]

Um solche Aktionen in Zukunft zu verhindern, ersuchte der Pastor im gleichen Schreiben, daß «alle solche berüchtigten Leute» nicht auf seinem Friedhof, sondern auf dem Kirchspiel ihres Wohnsitzes beerdigt werden sollten. Einem Dokument der St. Maria Magdalena Kirche vom 21. Juli 1602 entnehmen wir, daß Dr. Rodrigo de Castro nun auch für sich, seine Frau und seine Kinder einen Begräbnisplatz in dieser Kirche zu kaufen wünschte, worauf der Vorstand beschloß, dem Begehren des Doktors nachzukommen. Zugleich ist diesem Dokument zu entnehmen, daß Dr. de Castro als aufrichtiger Katholik betrachtet wurde, obwohl er in Hamburg, wenn auch im Geheimen, zur jüdischen Religion seiner Vorfahren übergetreten war. Auch seinen Söhnen wurde dieses Recht eingeräumt. Die Brüder Baruch (Benediktus) und Daniel (Andreas) wurden im Juli 1615 in das Hamburgische Akademische Gymnasium aufgenommen, obwohl man über ihren Glauben «Judaeorum natorum» genau informiert war. Allerdings rechnete man mit ihrer baldigen Taufe (spe conversionis receptor))[9] Beide Brüder promovierten und wurden prominente jüdische Ärzte[10]: Daniel de Castro nahm seinen Wohnsitz in Glückstadt und wurde Leibarzt des Königs von Dänemark.[11] Sein Bruder Baruch[12] wurde Leibarzt der Königin Christine von Schweden.

Dr. Rodrigo de Castro ließ 1627 die sterblichen Reste seiner ersten Ehefrau Ribka aus der Maria Magdalena Kirche exhumieren[13] und auf dem portugiesisch-jüdischen Friedhof in Altona bestatten.[14] Diese Umbettung muß wohl nachts und heimlich erfolgt sein, um Proteste der Geistlichkeit zu verhindern. Dr. de Castro selbst wurde 1627 neben seiner Ehefrau Ribka (Catharina Rodrigues) begraben.

---

7 Cassuto 1927-1933: 4-5
8 Roth 1929: 376-379
9 Cassuto 1927-1933: 51
10 Zu den jüdischen Ärzten des 17. und 18. Jahrhunderts siehe Komorowski 1991
11 Siehe Köhn 1974; Kruse 1992
12 Benedictus [Baruch] de Castro promovierte am 3. September an der holländischen Universität Franeker; apud Komorowski 1991: 33
13 Vgl. Cassuto 1927-33: 52
14 Zur Geschichte des Portugiesenfriedhofes an der Königstraße siehe den Beitrag von Gaby Zürn

Die Inschrift, der zufolge sich in ihrem Grabe nur ihre «Knochen» befinden, ist ein weiterer Hinweis auf ihre Umbettung viele Jahre nach ihrem Ableben.[15]

Die kleine Portugiesengemeinde in Hamburg hatte sich ab 1621 durch die geringe, wenn auch auf eine kurze Zeitspanne beschränkte, Einwanderung von Neuchristen (ptg. *cristãos novos*, span. *cristianos nuevos*) aus Portugal und Spanien vergrößert. So erschien bereits am 9. Dezember 1603 zum ersten Mal eine offizielle Erwähnung von Juden in Hamburg, die sich als Katholiken ausgaben, in Wirklichkeit aber ihre jüdische Religion ausübten. Am selben Tage beschwerte sich die Bürgerschaft beim Senat, daß «die Portugiesen, so hier residiren, Handel und Wandel treiben, hier etwas Ansehnliches contribuiren; die aber jüdischen Glaubens seien, sollen hier gar nicht allhier geduldet werden.»[16]

Offenbar war nicht nur dem Pastor der St. Maria Magdalena Kirche bekannt, daß viele Portugiesen des «Jodendohmes» beschuldigt wurden. So trug die Bürgerschaft am 4. März 1604 ihr Gesuch zum zweiten Male vor, denn man «erfährt auch täglich, daß ohne Unterschied sich viele Portugiesen hereinbegeben [...], darunter auch rechte Juden, die aus Portugal und anderen Orten vertrieben sind»[17], und verlangte ihre Ausweisung. Weil sich aber der Senat aus wirtschaftlichen Gründen weigerte, von diesen «richtigen Juden» Kenntnis zu nehmen, blieben die Portugiesen zunächst unbehelligt. Aufgrund einer erneuten Mahnung der Bürgerschaft ließ der Senat jedoch zwei Jahre später Nachforschungen über die bereits ansässigen portugiesischen Juden anstellen, die aber nichts weiteres erbrachten, als daß sieben Familien und zwei unverheiratete Makler in Hamburg ansässig waren.[18] Die Portugiesen versuchten, ihre Anzahl möglichst niedrig zu halten. In einer Eingabe an den Senat, die sich mit den zu zahlenden Abgaben befaßte, hoben sie hervor, daß sie «deren allein Sechse sein»,[19] was keineswegs den Tatsachen entsprach.

Bereits um das Jahr 1610 zählten die in der Hansestadt niedergelassenen «portugiesischen» Kaufleute schon hundert Personen. Ein weiteres, um 1612 entstandenes offizielles Verzeichnis, die «Rolla der portugiesischen Nation, oder Nomina der sämtlichen alhie residierenden und wohnenden Portugiesers»[20] registrierte 125 Personen, unter ihnen 26 Ehepaare, und nannte sowohl ihre Namen wie auch die Gegend, in der sie in Hamburg ansässig waren.

Der Umfang ihrer Geschäfte veranlaßte den Senat recht bald von den «Portugiesen» diskriminierende Zollabgaben für kommerzielle Transaktionen zu er-

---

[15] Cassuto 1927-1933: 52. Cassuto betont weiterhin, daß er keine andere Inschrift mit einer solchen Bemerkung auf dem Friedhof vorgefunden habe.
[16] Feilchenfeld 1898: 3; die Verhandlungen zwischen Senat und Bürgerschaft sind abgedruckt in Ziegra, Sammlung , Bd. 4: 625-626
[17] Feilchenfeld 1898: ibid
[18] Reils 1847: 363; Abgedruckt bei Ziegra, Bd. 4: 626
[19] Cassuto 1931-1932: 61
[20] Reils 1847: 376-379; Cassuto 1931-1932: 67-69; 70, 1

heben, wodurch sie den christlichen Kaufleuten gegenüber benachteiligt waren. Währenddessen versuchte die Bürgerschaft mit allen Mitteln zu verhindern, daß die Steuern der Portugiesen denen der christlichen Fremden (Franzosen, Holländer, Italiener) angepaßt würden.[21] Sie verlangte von den «Portugiesen» jedes Jahr unzumutbare Erhöhungen der Abgaben. Erst die Drohung der portugiesischen Juden, unter diesen Umständen die Hansestadt zu verlassen und den iberischen Handel von der Stadt abzuziehen, veranlaßte den Senat, die Bürgerschaft vor einer solchen Entscheidung zu warnen. Der Auszug der «Portugiesen» könnte der Stadt nur schaden, der Stadt Stade jedoch sehr nützen, die ihnen eine Niederlassung unter günstigeren Bedingungen angeboten hatte.[22]

Dieser Hinweis schien die Bürgerschaft Ende August 1610 zu überzeugen, denn sie gab ihre Zustimmung, «daß die Portugiesen als Juden allhier mögen geduldet werden».[23] Gleichzeitig aber wurde der Senat von der Bürgerschaft befragt, «ob er mit gutem Gewissen verantworten könne»,[24] die Juden in der Hansestadt zu dulden. Diese Frage war umso schwerwiegender, als vor allem die Geistlichkeit das infame Gerücht verbreitete, daß die Juden Proselyten zu machen versuchten, womit sie die Abneigung und Erbitterung gegen die Juden erst recht schürten. Um eine Entscheidung herbeiführen zu können, ob die portugiesischen Juden in Hamburg zu dulden seien oder nicht, wurde der Senat außerdem aufgefordert, beim geistliche Ministerium ein Gutachten einzuholen. Dessen ablehnendes Urteil ließ nicht lange auf sich warten. Der Senat beschloß, sich außerdem an die evangelisch-theologische Fakultät zu Jena und Frankfurt an der Oder zu wenden, um ein Gutachten über die Frage einzuholen, «ob er die Portugiesen unangesehen, daß sie jüdischer Superstition anhängig und zugetan seien, mit gutem christlichen Gewissen unter seinen Schutz als 'incolas' behalten, mit ihnen 'politice' conversiren und neben anderen ihrer Bürger und Einwohnern Handlung mit denselben üben könne?»[25]

Die Antworten der beiden Fakultäten fielen positiv aus keineswegs ablehnend.[26] Das Gutachten aus Frankfurt vom 19. August 1611 hob hervor, «daß es väterlich und christlich gewesen, die portugiesischen Juden bisher zu dulden, und daß es ebenso väterlich und christlich sei, sie ferner zu dulden.»[27] Das Gutachten

---

21 Vgl. Whaley 1992
22 Reils 1847: 365, 369; Abgedruckt bei Ziegra, Bd. 4: 626-628
23 Feilchenfeld 1898: 4
24 Reils 1847: 369
25 Reils 1847: 370
26 Reils 1847: 373. Das Gutachten der Fakultät Jena vom 13. September verlangte unter anderem das Verbot jeglicher Ausübung der jüdischen Religion. Auch «sollte man sie [die Juden] nicht mit Gewalt zwingen, doch sonsten ernstlich anhalten, daß sie in die Kirche gehen und unsere Predigt hören [...] daß zum wenigsten einige sich bekehren.» Dazu ausführlich Feilchenfeld 1899: 204-206; Kellenbenz 1958: 31 f.; Whaley 1992: 89-90
27 Reils 1847: 372; Ziegra, Bd. 4: 628-636; der Vertrag ist abgedruckt in Levy 1933: 9-11; Kellenbenz 1958: 31-32

der Jenaer Theologen sicherte den Portugiesen nur Wohnrecht zu, wenn sie ihre Religion aufgäben und versprächen, keine christlichen Diener zu beschäftigen. Mit dem Frankfurter Gutachten versehen verhandelte der Senat nochmals mit der Bürgerschaft, obwohl sich das Ministerium sehr ungehalten darüber zeigte und den Ratssyndicus beschuldigte, das Gutachten nur eingeholt zu haben, um «des lieben Geldes willen die ewige Seligkeit preiszugeben.»[28]

Diesmal jedoch konnte der Senat die Zustimmung der Bürgerschaft erwirken. Und so wurde den portugiesischen Juden im Jahre 1612 für fünf Jahre, nach Zahlung von 1.000 Mark lübisch jährlich, das Niederlassungs- und Aufenthaltsrecht zugestanden. Religionsausübung in gottesdienstlichen Versammlungen blieben ihnen versagt. Sie sollten sich «friedlich und eingezogen» verhalten wie auch «aufrichtige, redliche Kaufmannshantierung, unseren Bürgern und anderen Einwohnern gleich, üben und treiben.»[29] Im letzten Absatz dieses Kontraktes wurde ihnen als einzige religiöse Konzession erlaubt, «ihre Todten nach Altonahe oder anderswo hinfahren zu lassen». Dort hatten sie bereits ein Jahr zuvor, 1611, vom Grafen Ernst III. von Holstein-Schauenburg, dem Landesherren von Altona, ein Stück Land auf dem damaligen Heuberg (jetzt Königstraße) gekauft.[30] Außerdem genehmigte ihnen der Senat die Benutzung eines Binnenfriedhofes auf den Kohlhöfen, den sie bis 1633 in ihrem Besitz behielten, um dann die sterblichen Reste nach Altona zu überführen.[31]

Die Garantien, die dieser Kontrakt von 1612 für diejenigen enthielt, die sich offen als Juden bekannten, scheinen auch Dr. Rodrigo de Castro veranlaßt zu haben, sein Judentum nicht mehr zu verbergen. Sein Name wird in der im gleichen Jahr erstellten Liste der jüdischen «Portugiesen», der «Rolla der portugiesischen Nation» aufgeführt. Erst ein neuer Vertrag von 1617, in dem den Portugiesen für weitere fünf Jahre das Niederlassungsrecht, allerdings mit einer Verdopplung des Schoßes, der jährlichen Abgabe, zugestanden wurde, bedeutete für sie eine Erleichterung - sowohl für die Ausübung ihrer religiösen Gebräuche wie auch ihrer Berufstätigkeit. Grundeigentum aber konnten sie noch nicht erwerben, mit Ausnahme des «Doctori Roderico de Castro, der aus sonderbaren erheblichen Ursachen wegen dero allhier in der Gemeinde lange viele Jahre hero geleisteten treuen Dienste und Aufwartungen», ein Haus auf der Wallstrasse kaufen durfte.[32]

---

[28] Feilchenfeld 1898: 4
[29] Reils 1847: 373-375
[30] Am 31. Mai wurde der Friedhof durch unwiderruflichen Erbkauf und im Namen und wegen ihrer gesamten Nation von Andreas Falleiro, Ruy Fernandes Cardoso und Albertus Dines, in Vertretung der Portugiesen, zu ewigem Eigentum erworben. Vgl. Piza 1872. Ein Streit um den Besitz dieses Friedhofes zwischen den Hamburger und Altonaer Portugiesen wurde 1674 zugunsten der ersteren geschlichtet.
[31] Einige Grabsteine vom ehemaligen Binnenfriedhof (*Bet Hayim de dentro*) tragen daher die Inschrift: «De Bet Hayim de Hamburgo» (vom Friedhof Hamburg). Vgl. Grunwald 1902: 73
[32] «Articuli, worauf die Handlung mit dero allhier residirenden Nation beschlossen wurde», vom 8. Dezember 1617; apud Reils 1847: 381-387

Noch im gleichen Jahr 1617 wurde vom geistlichen Ministerium durch seinen Senior Schellhammer gegen den Kontrakt eine Beschwerde eingelegt, die sich auch auf den Kauf dieses Grundstückes bezog: «Dominum De Castro belangend, habe er sich bisher allezeit still verhalten und geschwiegen, wenn er der Religion wegen gefragt, und Alles stillschweigend verantwortet.»[33] Dieser Zusatz zeigt, mit welcher Vorsicht die seit Ende des 16. Jahrhunderts in Hamburg ansässigen Portugiesen ihren jüdischen Glauben zu verbergen suchten und daß es ihnen wie im Fall von Dr. de Castro gelang, zumindest für die ersten Jahre ihres Aufenthaltes in der Hansestadt, in der Öffentlichkeit als Katholiken aufzutreten.

In einem weiteren Kontrakt aus dem Jahre 1623 wurde den Portugiesen vor allem ihre persönliche Sicherheit garantiert, denn es waren ihnen - so der Senat - «von dem gemeinen Pöbel eine Zeit hero allerhand Schmähungen und Injurien mit Ausschreien und anderen tätlichen Beleidigungen angefüget worden.»[34] Der Senat wies sowohl Lehrer in den Schulen wie auch Geistliche auf ihren Kanzeln an, mit öffentlichen Warnungen den gemeinen Angriffen entgegenzuwirken, eine Vorschrift, die vor allem von der Geistlichkeit keineswegs eingehalten wurde.

Unverändert blieb in diesem neuen Kontrakt allerdings das Verbot, «Synagogen zu halten». Aus dem Text ist im übrigen zu ersehen, daß eine weitere Einwanderung von Sefardim nach Hamburg in diesen Jahren erfolgt war, die dem Hamburger Handel merkbare Vorteile gebracht hatte.[35] Die tolerante Stellungnahme des Senats gegenüber der sich stetig vergrößernden Portugiesen-Gemeinde veranlaßte eines ihrer Mitglieder, einen Betraum in seiner Wohnung an der «Herrlichkeit» einzurichten.[36] Das Bestehen dieser und zweier weiterer Betstuben war nicht nur den Behörden bekannt. Kaiser Ferdinand II. wandte sich mit einem Schreiben vom 28. Juli 1627 an den Hamburger Senat, in dem er seinen Mißmut zum Ausdruck brachte, daß man den Juden «um der Handelschaft willen» das Halten einer Synagoge gestattete, während man den Römisch-Katholischen ihr «Religions-Exercitium» verweigerte.[37]

Diese Bevorzugung der Sefardim hatte ihre Gründe, denn der Senat hatte die Bedeutung der kapitalkräftigen Portugiesen längst erkannt. Ihre gottesdienstlichen Versammlungen konnten aber trotz aller Zurückgezogenheit nicht länger verheimlicht werden, so daß die Bürgerschaft am 22. September 1647 die Abschaffung der Bethäuser forderte. Einer Vorladung des Senats folgend, antworten die Deputierten der Sefardim, daß ihre Zusammenkünfte «keine Synagogen [seien], auch keine Übungen des jüdischen Gottesdienstes, zumal sie darin nicht lehrten, disputierten, predigten [...], sondern nur das Gesetz Mosis, die Psalmen Davids,

---

33 Isler 1875: 272
34 Kontrakt vom 30. Oktober 1623; apud Reils 1847: 389-393
35 Kellenbenz 1958: 126-134
36 Dieses Haus des Eliau Aboab Cardoso war noch Mitte des 18. Jahrhunderts zu sehen; apud Reils 1847: 394
37 Feilchenfeld 1898: 8; Reils 1847: 394; Whaley 1992

die Propheten und andere Bücher des Alten Testaments lesen und beten und auch für die Obrigkeit und die Stadt bitten.»[38]

Trotz gegenteiliger Anordnungen des Senats kam es immer wieder zu Mißhandlungen der Sefardim durch die jungen christlichen Gymnasiasten. So wurden im Juli 1648 «de Lima, sein Bruder und sein Sohn mit Steinen blutig geworfen und geschlagen»[39] und bei einer anderen Gelegenheit der 72jährige Dr. Baruch de Castro, David Fidanque und Aron Senior auf offener Straße angegriffen.[40] Zum Schutz der Sefardim mußte im September 1649 die Wache beordert werden, um «einen Mummenschanz bey Abentzeit» zu verhindern, den die Studenten veranstalten wollten.[41] Schließlich sah sich der Rat gezwungen, den Pastor und den Schulmeister von St. Johannis zu verwarnen, daß sie die Juden «unverkleinert gehen lassen» sollten.[42] Gleichzeitig wies der Rat aber auch die Sefardim an, «das Stolzieren zu unterlassen» und die Fenster ihrer Wohnungen zu verhängen, da sie an ihren Feiertagen Lampen anzuzünden pflegten. Die Hamburger Pastoren erklärten, daß sie die Juden zwar nicht vertreiben lassen wollten, aber ihnen vorwarfen, «sie hielten Synagogen, zündeten Lichter an, bliesen in die Hörner [...], lassen ärgerliche Dinge drucken, hielten die Jüdinnen von unserer Religion ab [...], begingen Ehebruch und Hurerey [...], forderten Priester zur Disputation heraus, begruben ihre Toten prächtig» und vor allem «berühmten sich Senatus Schutz.»[43]

Diese Eingabe, die vom Pastor Gottfried Gesius von St. Nicolai nicht unterschrieben wurde, da er die Ausweisung der Juden aus Hamburg forderte, wurde Mitte Oktober des gleichen Jahres vom Pastor von St. Petri, Senior Johannes Müller, ergänzt. Er überreichte ein vom Senat in Gemeinschaft mit den Oberalten gewünschtes Gutachten, das zu gleicher Zeit von den theologischen und juristischen Fakultäten zu Jena und Altdorf angefordert worden war. Senat und Oberalte wollten die Verantwortung für eine Zustimmung zur Forderung der Hamburger Portugiesen nicht übernehmen, die darauf hinauslief, «daß die hieselbst wohnenden Juden Synagogen und deren jüdischen Gottesdienst einzuführen, zu halten und zu üben sich unternehmen.»[44] Das theologische Gutachten des Senior Johannes Müller übertraf an Gehässigkeit gegen die Juden und das Judentum alles vorherige. Es mangelte nicht an den seit Jahrhunderten bekannten judenfeindlichen Argumenten. Er schrieb unter anderem:

---

38 Reils 1847: 395, 396
39 Grunwald 1902: 15
40 Grunwald 1902: 18
41 Grunwald 1902: 15
42 Grunwald 1902: 16
43 Eingabe vom 29. Juni 1649; apud Grunwald 1902: 16
44 Verordnung entworfen vom Senat, den Oberalten und den 48 Bürgern, Juni 1649; apud Reils 1847: 397

«Es werden ihre Synagogen allhie mit silbernen, köstlichen Lampen geziert, auf etliche 1000 Rthlr. an Werth, darin treiben sie groß Heulen, Plärren, Grunzen, blasen darin Tubas und die Hörner. [...] Sie halten christliche Ammen und Mägde in ihren Diensten und schänden sie und andere Christenweiber [...], ja sie gehen sogar in die Kirchen, bespeien und beschimpfen das Bild des gekreuzigten Christus und treiben auch sonsten in der Kirche Gezänk und dergleichen Geschrei [...], sie beschimpfen das Ministerium, nennen die Prediger Pfaffen, schreien ihnen auf den Gassen nach und nennen sie ins Angesicht Teufel.»[45]

Außerdem beschuldigte Senior Müller die Sefardim, «sie forderten die Ministerialen zum Disputiren heraus und klagten, daß niemand unter denselben sei, der sie verstehen könne. So der Arzt Benjamin in seinem Buch «Axioma». In diesem Fall handelte es sich um eine Veröffentlichung des Dr. Benjamin Dionysius Mussaphia,[46] bedeutendes Mitglied der Portugiesischen Gemeinde, die unter dem Titel «Sententiae Sacro Medicae» in Hamburg gedruckt worden war. Eine Beschwerde der Geistlichkeit beim Senat hatte zur Folge, daß der Autor «eines Buches voll Lästerungen hier gedruckt und verbreitet [...] deshalb er aus der Stadt gejagt wurde».[47] Dr. Mussaphia übersiedelte darauf zunächst nach Glückstadt und dann nach Amsterdam, wo er Mitglied des Rabbinerkollegiums und zeitweilig Vorsteher der Gemeinde und verschiedener Gemeindeinstitutionen war.

Benjamin Mussaphia: Zekher Rav. Hamburg 1638, 2. Aufl.

---

[45] Bedenken des Herrn Johannis Mülleri, Theol. D. et Senioris Minist. Hamb., die Juden betreffend, vom 15. Oktober 1649; apud Feilchenfeld 1898: 9; Reils 1847: 399
[46] Zu Mussaphia vgl. Margolinsky 1926; Kruse 1992: 85-88
[47] Gegen den Autor dieses Werkes, Benjamin Dionysius Mussaphia, veröffentlichte Johann Müller 1644 sein «Judaismus oder Judenthumb», dessen Inhalt sich vor allem gegen den «schwatzhaften Judenarzt allhier welcher sich grosse Kunst einbildet» richtete.

Senior Müller, scheinbar um das Seelenheil der Sefardim bemüht, stellte in seinem Gutachten sodann die sonderbar anmutende Forderung, daß auf deren Kosten ein «christlicher Rabbi» angestellt werden sollte, um die Juden auf ihre Bekehrung vorzubereiten.[48] Auf dieses Ansinnen antwortete der Senat, daß man niemanden auffinden könne, der nicht nur hebräisch und portugiesisch beherrsche, sondern sich außerdem noch in der rabbinischen Theologie auskenne».[49]

Aufgewiegelt durch die judenfeindliche Hetze des Pastors von St. Petri, Senior Müller, kam es sogar in der Börse zu unerwarteten Vorfällen. Daher übergaben die Deputierten der Portugiesen eine Supplik, daß «nicht allein der gemeine Pöbel, sondern auch andere Leute sich finden, die sie beschimpfen keine Scheu haben», wie es sich am vergangenen Freitag auf der Börse zugetragen habe, wo «sieben von unserer Nation in der öffentlichen Börsen Mittagszeit, die Mäntel tückischer und hinterlistiger Weise zerschnitten und schamsiret.»[50]

Nach Erhalt der Universitätsgutachten von Jena und Altdorf entschloß sich der Senat am 8. Juli 1650, ein neues «Reglement» für die Portugiesische Nation bekannt zu machen, und warnte den Senior Müller und seine Geistlichkeit vor dem großen Schaden, den der Hamburger Handel durch den Wegzug der «Portugiesen» erleiden könnte, wenn man mit dieser Hetzkampagne nicht Schluß machen würde. Dem religiösen Leben der Sefardim sollte nun in 21 Punkten größere Freiheit gewährt werden. Dennoch blieben viele Beschränkungen bestehen, darunter «Synagogen [...] halten [...], sollten in der Neustadt wohnen [und] wenn sie betens halben zusammen kommen, sollte das in privat Häusern geschehen und nicht stercker den von 15 Familien sein und nicht über 4 oder 5 auf einmal ausgehen.»[51]

Die Portugiesengemeinde hatte durch weitere Einwanderung in die Hansestadt erheblich zugenommen. Um 1648 zählte man bereits an die 100 Familien in der Stadt, eine Zahl, die sich 15 Jahre später auf 120 vergrößert hatte,[52] so daß um 1663 an die 600 Sefardim in Hamburg lebten.[53] Kein Wunder, daß es ihnen in diesen Jahren bereits lästig und unangenehm war, ihren Gottesdienst mit maximal 15 Familien durchzuführen und nicht in einem zu diesem Zweck bestimmten Gebäude, sondern in Privathäusern. Sie versuchten deshalb, ein kleines, baufälliges, zum Gottesdienst eingerichtetes Haus durch ein größeres, auf dem Dreckwall ge-

---

[48] Gemeint ist vermutlich ein zum Christentum konvertierter Jude. Zum Problem der Judenbekehrung unter den Hamburger Sefardim im 17. Jahrhundert siehe Whaley 1992
[49] Feilchenfeld 1898: 9
[50] Eine Supplik der Deputierten der Portugiesischen Nation an den Senat vom 4. Juni 1649; apud Reils 1847: 401
[51] Die verschiedenen Punkte dieses «Reglement» bei Grunwald 1902: 16,17; Feilchenfeld 1898 gibt als Datum desselben den 8. Juni an, Grunwald den 6. März
[52] «Sonsten weren ihrer 100 Familien», Mitteilung des Senats vom 7. Januar 1646; Kellenbenz 1958: 41
[53] Kellenbenz 1958: 41

legenes Gebäude zu ersetzen und als Synagoge einzurichten.[54] Eine Petition der christlichen Bewohner der Straße sowie der Geistlichkeit vom 19. März 1660 vereitelte dieses Unternehmen.[55] Auf weitere Bittgesuche der Sefardim hin ließ der Senat das geistliche Ministerium wissen, daß er keine Bedenken gegen diesen Neubau habe, denn «die Juden können doch nicht wie das dumme Vieh ohne allen Gottesdienst und Religion in der Welt leben». Auch fügte er hinzu, der «Senatus habe Vollmachten von der Bürgerschaft, das ihnen Synagogen vergönnt werden.» Außerdem warnten die Senatoren davor, daß die dauernden Schwierigkeiten, ein Gotteshaus zu bauen, die Sefardim zwingen könnten, sich eine tolerantere Niederlassung zu suchen, zum Nachteil Hamburgs: «Man will die Juden nur aus der Stadt hinausjagen und Hamburg zu einem Dorf machen»,[56] hieß es mit deutlicher Anspielung auf ihre wirtschaftliche Bedeutung für den Handel der Hansestadt.

Tatsächlich hatte die ständige Angst vor Angriffen und Ausschreitungen des Pöbels, den die Stadtprediger seit Jahren von den Kanzeln aufgehetzt hatten, die Hamburger «Portugiesen» veranlaßt, vorsorglich das um 1622 vom dänischen König Christian IV. angebotene Privileg, sich in Glückstadt niederzulassen, anzunehmen. Diese Stadt an der Niederelbe sollte dem Hamburger Handel Konkurrenz machen. Die Privilegien sicherten den Portugiesen Religionsfreiheit, den Besitz von Häusern, den Bau von Synagogen und Schulen wie auch ein Friedhofsgelände und die Erlaubnis, hebräische Bücher zu drucken. Aufgrund der dänisch-schwedischen Kriege und der Flutkatastrophe von 1625 kam es zunächst nicht zur Ansiedlung in Glückstadt. Die Hamburger Portugiesen allerdings sahen sich genötigt, für alle Kosten der Unterhaltung der dortigen Synagoge aufzukommen, «damit jene Gemeinde stets aufrecht erhalten bleibe, um, falls Umstände eintreten sollten, die Gott verhüten möge, als Zufluchtsstätte dienen zu können.»[57]

Diese Zeilen vom Jahr 1666 aus dem Protokollbuch der portugiesisch-jüdischen Gemeinde in Hamburg deuten auf die Unsicherheit hin, in der die Hamburger Sefardim trotz allem materiellen Wohlstand lebten. Selbst bei der Beerdigung des bedeutendsten Mitgliedes ihrer Gemeinde, Diego (Abraham Senior) Teixeira, des «reichen Juden», wie man im Volk den alten Teixeira nannte, kam es zu schweren Zwischenfällen. Im Protokollbuch heißt es:«Fast alle das Gefolge bildende Mitglieder [der Gemeinde] wurden sowohl auf dem Weg nach dem Begräbnisplatz wie auf dem Heimwege vom Pöbel misshandelt und beschimpft.

---

[54] Zur Geschichte der sefardischen Synagogen und Bethäuser in Hamburg vgl. Saskia Rohde 1991 sowie ihren Beitrag in diesem Band vgl. auch Levy 133: 20; Kellenbenz 1958: 48-49; Böhm 1991: 24-26, 28, 32; Whaley 1992

[55] «Supplicando» an den Rat, 19. März 1660, an das Ministerium und dieses an den Senat, 1. Mai und 29. Juni 1660; vgl. Reils 1847: 411

[56] Reils 1847: 412 gibt kein Datum dieser Senatsakte an, bezieht sich aber auf ein weiteres Dokument aus dem Jahr 1669

[57] I. Cassuto 11,1916: 24, 25, vom 2. Tammuz 5426/1666. Siehe auch Böhm 1991: 37-38, Anm. 67

Man öffnete gewaltsam den Wagen und bewarf die darin befindlichen Personen gegen allen Respekt mit Schneebällen und Schmutz.»

Opfer dieses Überfalls war auch sein Sohn, der angesehene Manuel,[58] langjähriger Berater der Königin Christine von Schweden. Auf Anraten einiger Bürgermeister und Senatoren, welche von dem Vorfall Kenntnis erhalten hatten, wurde beschlossen, sich mit einer Beschwerde an den Senat und die Oberalten zu wenden und darzulegen, wie gekränkt man sich fühle sowie eine Bitte um Abhilfe auszusprechen, «damit wir in Zukunft frei und unbehelligt die Strassen passieren können.»[59] Bei dieser Gelegenheit wurde festgelegt, «im Namen der Gemeinde dem Stadtkommandanten 12 Brote vom besten Kandis-Zucker, der zu haben ist, nebst 40 Pfund vom besten weissen Puderzucker als Geschenk zu überreichen, um ihm hierbei den Dank dafür auszusprechen, daß er dafür Sorge trug, seine Soldaten zu schicken, um den Pöbel zur Ruhe zu bringen.»[60]

Die guten Beziehungen zu den Behörden, Eingaben an den Senat und wertvolle Geschenke sollten die Sicherheit der Sefarden garantieren, doch gab es in den nächsten Jahren keine Möglichkeit, ihren Lieblingswunsch zu realisieren: den Bau einer Synagoge. Der Vorstand der Gemeinde versuchte daher im September 1669, den amtierenden Bürgermeister für den Neubau eines Gotteshauses zu gewinnen. Da bekannt war, daß das geistliche Ministerium dies unter keinen Umständen genehmigen würde, überreichte man ihm eine kunstvoll gearbeitete und mit Konfekt gefüllte Schale. Man ließ ihn außerdem wissen, daß dies «nichts weiter als eine kleine Aufmerksamkeit [sei] und nicht etwa als Entgelt für die gemachte Zusage» zu betrachten.[61] Eine solche konnte trotzdem nicht erreicht werden. Statt dessen erhielt der Vorstand folgenden Bescheid: «Wir sollten unsere Angelegenheit vorläufig ruhen lassen.» Der amtierende Sekretär vermerkte zu diesem Bescheid im Protokollbuch: «Möge Gott uns beistehen!»

Und nochmals, im Jahre 1670, versuchte der einflußreiche Manuel (Isaac Senior) Teixeira in einer Unterredung mit dem amtierenden Bürgermeister Jaar, diesen für die Genehmigung eines Synagogenneubaus zu gewinnen. Ein kleiner, unzureichender Bau, hinter einem Wohnhaus am «Alten Wall» gelegen, durfte bis dahin unter der Bezeichnung «Versammlungsort»[62] zu diesem Zweck benutzt werden. Um dieses Haus zu vergrößern, wurde auf Teixeiras Namen ein an dieses Gotteshaus grenzendes Gelände angekauft. Anfang 1672 versuchte man im Geheimen und so schnell wie möglich eine an der Straße liegende Synagoge zu bauen. Nur wenige Tage nach Beginn des Vorhabens äußerte der Pastor Gesius von St. Nikolai, daß «die christschänderischen Juden noch selbigen Tages ein

---

58 Zu Diogo und Manoel Teixeira siehe Bondi 1817; Kayserling 1860-1861; Kellenbenz 1958
59 I. Cassuto 11: 1
60 I. Cassuto 11: 1
61 I. Cassuto 11: 68
62 I. Cassuto 13: 85, 86, 93

Haus zur Erweiterung und Vergrößerung ihrer Satansschulen auf dem Dreckwall, anderswo gezimmert, nach dem Dreckwall haben führen und es daselbst zu allernächst bei ihrer Satansschule aufzurichten den Anfang haben machen lassen .»[63] Kurz danach ließ der Senat das Haus besichtigen, erfuhr jedoch, man hätte nicht absehen können, daß dies Haus zur Judenschule kommen solle. Schließlich beschloß das Ministerium, «die Sache am morgenden Sonntag sogleich öffentlich auf der Kanzel zur Sprache bringen und von der Kanzel aus die Obrigkeit um Abschaffung desselben Baues zu ermahnen und zu bitten.»[64] Von den Pastoren wurden nun jeden Sonntag aufreizende Predigten gegen die Juden und ihre neue «Satansschule» gehalten und der Pöbel gegen die Obrigkeit aufgehetzt, so daß der Senat, einen Aufruhr befürchtend, den Sefardim Mitte Januar 1673 befahl, den halbfertigen Bau abzubrechen: «Herr Jesu, dir Sei von uns Lob und Dank gesagt, daß du die Herzen unserer lieben Obrigkeit dahin gelenket hast, daß sie diese Abgötterei abgethan»,[65] konnte der Senior Gesius in sein Protokoll eintragen.

Im letzten Jahrzehnt des 17. Jahrhunderts sollte sich die Lage der Hamburger Sefardim drastisch verschlechtern. Der als populärer Redner beim Volk beliebte Pastor Johann Friedrich Mayer, «unduldsam und ranksüchtig», benutzte seine Kanzel zu permanenten Angriffen gegen die Anwesenheit von Juden in der Hansestadt und gegen ihre Synagogen,[66] so daß die von ihm beeinflußte Bürgerschaft bald eine Gelegenheit fand, den Aufenthalt der Sefardim in Hamburg wesentlich zu erschweren. Als Anfang 1697 der Senat in Geldnöte kam und die Bügerschaft ihm eine erhöhte Vermögenssteuer bewilligen sollte, war diese zu einer Zusage nur bereit, wenn man zuvor den Portugiesen eine Sonderabgabe in Höhe von 20.000 Mark auferlegen würde sowie eine jährliche Zahlung von 6.000 Mark für ihre Residenz. Dazu sollten erneute Verordnungen ihr religiöses Leben beschränken und ihre bürgerliche Freiheit einschränken. Selbst eine Erklärung der Sefardim, konnte die Forderung der Bürgerschaft nicht mildern. Im Gegenteil: Sie drohte sogar dem Senat, wenn er der Bürgerschaft nicht beistimme, solle er «1. ein Jahr seiner Honorare verlustig sein; 2. es sollen keine Gelder aus der Cämmerei verabfolgt werden». Diese und weitere Maßregeln zwangen den Senat trotz aller Proteste, den Beschlüssen der Bürgerschaft zuzustimmen.[67]

Als die neuen Bestimmungen, «Revidirte Articuli», 1697 in Kraft traten, entschloß sich ein Teil der reichen und angesehenen Sefardim, die Hansestadt Hamburg zu verlassen und nach Amsterdam überzusiedeln. Denn an der Amstel, so

---

[63] Reils 1847: 414
[64] Reils 1847: 415 f.
[65] Reils 1847: 418, 419; Feilchenfeld 1898: 13
[66] Durch sein Verschulden wurde sein Amtsbruder Horbius aus Amt und Gebiet vertrieben und ins Elend gejagt. Vgl. Feilchenfeld 1898: 13
[67] Die Angriffe richteten sich zunächst gegen die in Hamburg lebenden «hochdeutschen» Juden, von denen sich die in der Hansestadt lebenden Sefarden bei allen Verhandlungen mit dem Senat und der Bürgerschaft resolut distanzierten. Vgl. Reils 1847: 419

hatte ein dort ansässiger Rabbiner bereits im Oktober 1616 geschrieben, «schufen die Einwohner sich Gesetze und Vorschriften, darunter auch solche, in welchen sie jedem Religionsfreiheit gewährten. Jeder darf nach seinem Glauben leben»[68]

Schon wenige Jahre nach dem Auszug aus Hamburg bot die einst so blühende Sefarden-Gemeinde ein Bild des Niedergangs. Es nützte nichts, daß der Senat versuchte, den in Hamburg verbliebenen Sefardim finanzielle Zugeständnisse zu machen, um ihre wirtschaftliche Lage zu verbessern. Ebensowenig konnte die Anerkennung, daß «auch die Portugiesischen Juden, bekannter massen den Hispanischen Handel in dieser Stadt grösten theils introduciret»,[69] die abgewanderten Sefardim überzeugen, nach Hamburg zurückzukehren. Religiöser Fanatismus und Intoleranz waren die Ursache für den Verfall dieser einst so bedeutenden sefardischen Ansiedlung an der Elbe.[70]

---

[68] Zimmels 1932: 155
[69] Reils 1847: 420-423
[70] Vgl. auch Whaley 1992: 94-95

BIBLIOGRAPHIE

Böhm, Günter
Die Sephardim in Hamburg
in: Herzig, Arno [Hg.]: Die Juden in Hamburg, 1590-1990: 21-40
Hamburg 1991

Bondi, Max
Manoel Teixeira, Resident der Königin Christina von Schweden bei der freien Stadt Hamburg
in: Jediddja 2, 5578 / 1817: 114-123

Cassuto, Alfonso
Neue Funde zur ältesten Geschichte der portugiesischen Juden in Hamburg
in: Zeitschrift für die Geschichte der Juden in Deutschland 3-4, 1931-1932: 58-72

Cassuto, Alfonso
Der Friedhof der Portugiesisch-Jüdischen Gemeinde zu Hamburg und Altona
Hamburg 1927-1933 [Manuskript]

Cassuto, Isaac
Aus dem ältesten Protokollbuch der Portugiesisch-Jüdischen Gemeinde in Hamburg
in: Jahrbuch der Jüdisch-Literarischen Gesellschaft 6, 1908: 1-54; 7, 1909: 159-210; 8, 1910: 227-290; 9, 1911: 318-366; 10, 1912: 225-295; 11, 1916: 1-76; 13,1920: 55-118

Feilchenfeld, Alfred
Aus der älteren Geschichte der portugiesisch-israelitischen Gemeinde in Hamburg
Hamburg 1898

Grunwald, Max
Portugiesengräber auf deutscher Erde
Hamburg 1902

Isler, Meyer
Zur ältesten Geschichte der Juden in Hamburg
in: Zeitschrift des Vereins für Hamburgische Geschichte 6, 1875: 461-479, 480-481

Kayserling, Meyer
Don Manuel Teixeira, Minister-Resident der Königin Christine von Schweden
in: Jahrbuch für Israeliten (Wien), N.F. 7, 1860-1861: 1-13

Kellenbenz, Hermann
Sephardim an der unteren Elbe. Ihre wirtschaftliche und politische Bedeutung vom Ende des 16 Jahrhunderts bis zum Beginn des 18. Jahrhunderts
Wiesbaden 1958

Kellenbenz, Hermann
Diego und Manoel Teixeira und ihr Hamburger Unternehmen
in: Zeitschrift für Sozial - und Wirtschaftsgeschichte 42, 1955: 289-352

Komorowski, Manfred
Bio-bibliographisches Verzeichnis jüdischer Doktoren im 17. und 18. Jahrhundert
München 1992

Kruse, Sabine
Benjamin Mussaphia
in: Sabine Kruse/Bernt Engelmann (Hg.): Mein Vater war portugiesischer Jude ...
Göttingen 1992: 85-88

Levy, Hartwig
Die Entwicklung der Rechtsstellung der Hamburger Juden
Hamburg 1933

Margolinsky, Julius
Binjamin Mussaphia og hans Brevvekslingmed Otto Sperling
in: Tidsskrift for jødisk Historie 3, 1926: 285-304

Müller, Johannes
Einfältiges Bedencken von dem im Grund verderbten und erbärmlichen Zustande der Kirche Christi in Hamburg [1648]
in: Ziegra, Christian

Müller, Johannes
Bedencken wegen Duldung der Juden [1649]
in: Ziegra, Christian

Piza, Joseph
Der portugiesische Friedhof zu Altona
in: Hamburger Reform vom 9. 2.-7. 3. 1872

Reils, Peter David Heinrich
Von den ältesten Niederlassungen der Juden in Hamburg
in: Zeitschrift für Hamburgische Geschichte 2, 1847: 376-379

Rohde, Saskia
Synagogen im Hamburger Raum 1680-1943
in: Arno Herzig (Hg.): Die Juden in Hamburg 1590-1990
Hamburg 1991: 143-175

Roth, Cecil
Les Marranes à Rouen
in: Revue des Etudes Juives 88, 1929: 113-155

Studemund-Halévy, Michael
Bibliographie zur Geschichte der Juden in Hamburg
München 1994

Whaley, Joachim
Religiöse Toleranz und sozialer Wandel in Hamburg, 1529-1819
Hamburg 1992

Ziegra, Christian
Sammlung von Urkunden, theologischen und juristischen Bedenken, Verordnungen, Memoralien, Suppliken, Dekreten, Briefen, Lebensbeschreibungen, kleinen Tractaten, u.d.g.m. als eine Grundlage zur Hamburgischen Kirchen Historie neuerer Zeiten, 4 Bde
Hamburg 1764-1770

Zimmels, H.
Die Marranen in der rabbinischen Literatur
Berlin 1932

Der Friedhof der Portugiesisch-Jüdischen Gemeinden in Altona (1611-1902)

Gaby Zürn (Hamburg)

Die Geschichte des ältesten Friedhofs der portugiesischen Juden in Hamburg und Altona ist geprägt von religionsgesetzlichen Vorschriften und Traditionen, von gemeindeinternen Entwicklungen und vom ständigen Ringen der sefardischen Gemeinschaft mit der nichtjüdischen Umgebung um die Bewahrung ihrer mühsam erworbenen Privilegien und Rechte. Gleichzeitig spiegelt das Schicksal dieses Begräbnisplatzes die Stellung der Juden in der Hamburger und Altonaer Stadtgeschichte wider. Die Erforschung des Begräbniswesens als eines der zentralen Elemente jüdischer Wohltätigkeit, Religiosität und jüdischen Alltags ermöglicht einen Einblick in das Gemeindeleben durch mehrere Jahrhunderte.[1]

1. Der Erwerb des Friedhofs im Jahr 1611 und seine Absicherung durch Privilegien

> «Von Gottes Gnaden Wir Ernst Graf zu Holstein, Schaumburg und Sterneberg ..., thun kund ..., daß wir in Unser Grafschaft bei Altona ufen Heuberge belegen ein Stück Landes für hundert Reichsthaler, ... verkauft und übergelassen, ... durch einen unwiderruflichen Erbkauf dergestalt..., daß die portugiesische Nation, ... ihre Verstorbenen, ... dahin ohne einige unser oder der Unsrigen Nachfrage, was für Religion sie die Portugiesischen zugethan, zur Erde bestattigen und mit den bei ihnen üblichen hergebrachten Ceremonien ... doch ohne einig Clingen oder Singen begraben mögen, dabei wir Uns für Uns und Unsr Erben und Nachkommen in Gnaden verpflichten, mehrgedachter Nation den verkauften Ort stets zu gewähren ..., die wir dieserwegen hiermit in Unsern Schutz und Schirm nehmen, so oft sie ihre Toten an berürtem Orth begraben, von Unsern Unterthanen ... daran nicht verhindert noch sonsten in eini-

---

[1] Zur Geschichte des Jüdischen Friedhofs Königstraße/Altona siehe Grunwald 1902; Hertz 1970: 105-107; Freimark: 1981: 117-132; Zürn 1991: 116-129; sowie Staatsarchiv Hamburg, Cassuto, Arb. Sign. 41, Alfonso Cassuto 1927/33; Typoskript

ger Weise oder Wege beschimpfet, bespottet, inquiriret oder molestirt werden sollen ...».[2]

Durch diesen Kaufvertrag erwarben die portugiesischen Juden Andreas Falero, Ferdinandus Cardoso und Albertus Dinis für die Hamburger Gemeinden Talmud Tora, Keter Tora und Neve Salom im Jahre 1611 in Altona den genannten Begräbnisplatz auf dem Heuberg und erhielten die Zusicherung, unter dem Schutz des Landesherren ihre Toten nach ihrem Ritus beisetzen zu dürfen. Spätere Geländeankäufe zur Erweiterung des Friedhofes wurden in die Privilegien eingeschlossen wurde und das Anrecht auf den Friedhof erneut bestätigt.[3] Ganz einfach und selbstverständlich ist es wohl aber nicht gewesen, die nach dem Religionsgesetz unabdingbaren Voraussetzungen für einen jüdischen Friedhof zu erreichen, nämlich erbeigentümlichen Besitz und die Garantie, an diesem Ort uneingeschränkt bestatten zu können. Denn nur so konnte die in der Halakha vorgeschriebene ewige Totenruhe gewährt werden. Die Gemeinde wünschte 1666 von Jeossuah Abensur ein Eintreten für ihre Interessen den *Bett ahaim* [4] betreffend, da in der unlängst erhaltenen Bestätigung der Privilegien der Wortlaut nicht eindeutig genug sei. Vor allem bei einem zukünftigen Landerwerb müsse die Gemeinde immer noch mit einer aufgezwungenen Abgabenregelung rechnen, während man es beim Ankauf eines zusätzlichen Stück Landes zur Erweiterung des Begräbnisplatzes vorzöge, eventuell auch einen höheren Preis zu entrichten, wenn man dadurch jedoch die Garantie habe, daß der Friedhof im Besitz der Gemeinde sei.[5]

So mußte 1670 zunächst der Kauf anstelle der Pacht eines von der Gemeinde zur Friedhofserweiterung vorgesehen Geländes durchgesetzt werden. Im Protokollbuch der Portugiesisch-Jüdischen Gemeinde Hamburg wurde die Bedeutung dieses Aspektes wie folgt formuliert:

«Er [Jeossuah Abensur, der Unterhändler der Hamburger Sefarden in Kopenhagen] soll unter keinen Umständen auf etwas anderes als eine Kaufsumme eingehen, bei der es auf etwas mehr oder weniger nicht ankomme, dagegen eine Pachtabgabe ablehnen, die zu neuen Übelständen führen würde.»[6]

---

2   Kaufkontrakt über den Friedhof der Portugiesengemeinde zu Altona vom 31. Mai 1611. Staatsarchiv Hamburg, Bestand Jüdische Gemeinden (im folgenden: JG) 999, Gesammelte Dokumente. Lit A. Kontrakte, Privilegien u. Konfirmationen betr. den Friedhof in Altona
3   Bestätigungen der Eigentumsrechte der Portugiesisch-Jüdischen Gemeinde am Friedhof erfolgten durch die jeweiligen dänischen Landesherren in den Jahren 1647, 1664, 1670, 1700, 1731, 1747, 1767, 1817, 1846 und 1853. Staatsarchiv Hamburg, Cassuto 1927/1933
4   Hebräisch: Haus des Lebens
5   Jahrbuch der Jüdisch-Literarischen Gesellschaft (im folgenden: JJLG), 11: 31. Aus einem Brief der Gemeinde an Jeossuah Abensur in Kopenhagen. Bei den Eintragungen handelt es sich um von Isaac Cassuto aus dem Portugiesischen übersetzten Auszüge der ältesten Protokollbücher der Portugiesisch-Jüdischen Gemeinde Hamburgs.
6   JJLG 13: 109

verbundenen Ausgaben aufgebracht werden. So beschloß der Gemeindevorstand im Jahr 1656, daß zukünftig jedes neu zuziehende Gemeindemitglied ohne Ausnahme zu «... den für den Bethaim gemachten Ausgaben und Aufwendungen beisteuern ...» solle. Dies sollte in Form einer einmaligen, als geheiligt bezeichneten Abgabe erfolgen, deren Höhe dem Ermessen des Gemeindevorstands überlassen blieb. Sie sollte nach dem Einkommen des jeweiligen Neuzugangs festgesetzt werden und maximal 100 Reichstaler betragen.[16] 1659 mußte David de Vieira nach der Verordnung für den Friedhof sechs Reichstaler bezahlen, die Witwe Rachell d'Andrade aus Amsterdam hatte zehn Reichstaler abzugeben. Wie zahlreiche Zuwanderer nach ihnen, waren beide gemäß der Höhe ihres Einkommens veranschlagt worden.[17]

Das Beerdigungswesen der Gemeinde Bet Israel war in den ersten Jahren durch die *Hebra de Bikur Holim* organisiert. Diese Vereinigung war für die Versorgung der Kranken wie auch die Betreuung eines Sterbenden in seinen letzten Stunden, die Durchführung der *Tahara*, die rituelle Reinigung des Verstorbenen, seine Einkleidung und die vorschriftsmäßige Beisetzung auf dem Begräbnisplatz zuständig. Hierbei handelte es sich sowohl um die technische Durchführung als auch um den zeremoniell-religiösen Vorgang. Die Versorgung der Toten, ihre Bestattung sowie die Überwachung der Einhaltung der Totenruhe auf dem Begräbnisplatz galt und gilt als einer der selbstlosesten Dienste innerhalb der organisierten Wohltätigkeit einer jüdischen Gemeinschaft. Der Verstorbene muß sich auf die religiöse Kompetenz wie auch auf die Seriosität der Vertreter der Brüderschaft verlassen können. Das aktive Mitglied einer Hebra erhält die Vergeltung seiner Taten erst nach seinem eigenen Ableben. Die Angehörigen einer Gemeinde konnten Mitglieder der Vereinigung werden und finanzierten mit ihren Beitragszahlungen die Aufgaben der Brüderschaft. Im Jahr 1675 gründeten Mitglieder der Portugiesisch-Jüdischen Gemeinde in Hamburg die Brüderschaft *Guemilut Hassadim*.[18] In ihren Statuten wurde das Mindestalter der Mitglieder (Brüder) auf 20 Jahre festgesetzt, deren Privilegien, ihre finanzielle Absicherung durch die Gemeindekasse sowie ihre Pflichten aufgelistet. Die Aufgaben der Brüderschaft *Guemilut Hassadim* lauteten:

> «*Sobald ein Todesfall vorliegt, soll die Leiche von den Brüdern dieser Hebra gewaschen, eingekleidet und bestattet werden ...*»[19]

Die umfangreicheren Pflichten der Brüder waren gesondert aufgeführt und umfaßten die Assistenz, Bewachung, Waschung, Einkleidung und Beerdigung ei-

---

16 JJLG 7: 176
17 JJLG 8: 248 und 275: siehe auch JJLG 10 S.273, 275, sowie JJLG 11: 51 und 71
18 Siehe Dokumentenanhang Kahal Kadosh, Dokument 8
19 Vgl. Anm. 18

nes Kranken oder Verstorbenen «der auf unserem Friedhof zu bestatten ist».[20] Die Struktur der Guemilut Hassadim war ebenfalls genau ausgearbeitet.[21] Für die Beisetzung des Verstorbenen waren insgesamt zwölf Mitglieder des Vereins erforderlich. So sollten vier *Lavadores* (Leichenwäscher) die Waschung des Leichnams durchführen, vier *Sacadores* (Träger) ihn hinaustragen und vier *Cavadores* (Totengräber) das eigentliche Begräbnis durchführen. Die Verteilung dieser Aufgaben wurde durch das Los bestimmt. Die Verwaltung der Brüderschaft wurde durch einen *Administrador* (Verwalter) und zwei *Adjuntos* (Gehilfen) geleitet. Für den Transport des Leichnams zum Friedhof verfügte die Hebra bereits im Jahr 1654 über eine «besondere Kutsche». Ihre Vorsteher waren in diesem Jahr Mosse Israel Pachequo und Izaque Namias de Crasto.[22]

Bei Krankheits- und Sterbefällen von Frauen und Kindern wurden die meisten Aufgaben der Hebra von weiblichen Gemeindeangehörigen übernommen. 1666 wurde in einer Bekanntmachung darauf hingewiesen, daß sich bei manchen Trauerfällen zu viele Frauen als Wachen und Begleitung der Trauernden bis zur Beisetzung des Verstorbenen eingefunden hätten, während bei anderen Todesfällen keine erschienen seien. Um für die Zukunft die Dienste der *Hebra de Bikur Holim* zu gewährleisten, sollten sich Frauen bei dem Parnas melden, so daß die für einen Trauerfall Zuständigen, wie es auch bei den Männern geschehe, durch Los bestimmt werden könnten. Neben den ehrenamtlichen Mitgliedern der *Hebra* hatte auch ein Hazzan der Hebra bei der Beisetzung wie auch im Trauerhaus zu fungieren.[23] 1665 wurden die Ämter des *Hazzan de Kaal* wie auch des *Hazzan de Hebra* in der Hamburger Gemeinde von Ishak Namias in Personalunion ausgeübt.[24]

Der Ritus, nach dem die Hamburger Sefarden zu jener Zeit ihre Toten beerdigten, ist nicht in den Quellen überliefert. Jedoch ist davon auszugehen, daß er im Laufe von zweihundert Jahren nur unwesentlich verändert worden ist, so daß die folgende, einem 1838 erschienenen mehrteiligen Artikel der *Allgemeinen Zeitung des Judentums* entnommene Beschreibung auch für das 17. Jahrhundert Gül-

---

[20] Staatsarchiv Hamburg, Cassuto, 1927/1933. Abdruck im Dokumentenanhang Kahal Kadosh, Dokument 8

[21] Dukes 1841: 55-156. Dukes spricht davon, daß eine Guemilut Hassadim erst seit 1680 existiert habe. Die Eintragungen in den älteren Protokollbüchern (Übersetzung Isaac Cassuto) lassen jedoch den Schluß zu, daß eine vergleichbare Vereinigung bereits vorher tätig war. Wahrscheinlich wurden die Aufgaben der Krankenpflege sowie der Versorgung und Bestattung der Toten in einer gemeinsamen Brüderschaft Hebra de Bikur Holim verwaltet, die sich 1675 in zwei voneinander getrennt wirtschaftende Vereinigungen aufteilte. Im Prinzip werden sich Aufbau wie Aufgabenbereich der Beerdigungsvereinigung im Lauf der 200 Jahre nicht wesentlich geändert haben. Erst das 19. Jahrhundert hat Änderungen gebracht, auf die in der Folge noch eingegangen wird

[22] JJLG 6: 36 und 43

[23] JJLG 11. 19. Isaac Cassuto veröffentlichte 1917 eine deutsch-hebräische Friedhofsandacht

[24] JJLG 10: 262-263

tigkeit besessen haben wird.²⁵ Zunächst erfolgten auf dem Friedhof sieben Umzüge um den Sarg, wobei der Hazzan die dazugehörigen *Hakafot*-Gesänge intonierte, anschließend wurde der 91. Psalm verlesen. Wenn der Sarg in das Grab hinuntergelassen wurde, sprach der Hazzan die Worte:

> Hiné makom, hiné malon, hiné menuchá, hiné nachalá, Málaché haschalom, jabou likratécha, wejómru lach Schalom boécha, d. h. hier die Stätte - hier das Bette - hier der Ruhe Heil - hier das Erbantheil - Friedensengel kommen Dir entgegen - grüßen dich mit ihrem besten Segen.

Das Gemara-Lernen - im Gegensatz zum aschkenasischen Ritus - war nicht üblich und bei der an die Beisetzung anschliessenden Mahlzeit (*seugudat habraá*) hatte das Tischgebet einen langen Zusatz, der mit den Worten: «*Baruch menachem scheachalun mischelo* ...» begann.²⁶

Zwar handelte es sich bei der Mitgliedschaft in einer derartigen Hebra um eine ehrenvolle Sache, trotzdem scheint es mit der Zahlungsmoral einzelner Mitglieder nicht zum besten gestellt gewesen zu sein. Die Vorsteher beklagten sich 1662 darüber, daß unter anderen Mitgliedern auch Semuel de Casseres die Grabstellen für seine Mutter, sein Kind sowie zwei Brüder nicht bezahlt habe. Der Gemeindevorstand legte fest, daß Casseres für seine Mutter wie auch für das Kind den regulären Betrag zu entrichten habe, während er bei den Gebühren für seine Brüder nach eigenem Gutdünken verfahren könne. Jeosua Abensur hatte sich offensichtlich geweigert, einer Aufforderung, die Kosten für die Grabstelle seiner Mutter zu übernehmen, nachzukommen; seine Begründungen hierfür wurden jedoch vom Gemeindevorstand verworfen. Angesichts derartiger Vorkommnisse wurden die Vorsteher der Hebra aufgefordert, etwas mehr auf die Einhaltung der Anordnungen zu achten.²⁷ Handelte es sich jedoch um Gemeindemitglieder, die eine Beisetzung nicht finanzieren konnten, wurde ihnen der Betrag von der Gemeinde geliehen - so etwa Moseh Henriques, dem 1664 für die Beisetzung seiner Tochter 31 Mark und 9 Schillinge verauslagt wurden - , oder die Hebra de Bikur Holim übernahm wie im Falle von David, Sohn des Mose Israel, die Kosten für die Beerdigung (1666).²⁸

Die *Hebra* wachte jedoch nicht nur über die ordnungsgemäße Vorbereitung und Durchführung der Bestattung, sie sorgte auch für die Einhaltung der Vorschriften auf dem Begräbnisplatz. Es war genau festgelegt, welche Maximalgröße ein Grabstein haben durfte. Ein Grund für diese Anordnung mag zum einen der Versuch gewesen sein, der übermäßigen Prunksucht wohlhabender Gemeindemitglieder zumindest an dem Ort, an dem eigentlich alle gleich sind, Grenzen zu

---

25 Vgl. auch den Beitrag von [M]
26 Allgemeine Zeitung des Judenthums, Jg. 2, Nr.19, vom 13. 2. 1838: 75: «Der Ritus der portugiesischen Synagoge»
27 JJLG 9: 361. Siehe auch JJLG 13: 110
28 JJLG 10: 242 und 280

setzen. Zum anderen wird auch die Erkenntnis mitgewirkt haben, daß ein mühsam erworbener Begräbnisplatz angesichts der genauen religionsgesetzlichen Vorgaben für den Abstand zwischen den Grabstellen wie auch angesichts des Verbots, ein Grab mehrfach zu belegen, nicht unbedingt mit überdimensionierten Steinen belegt werden sollte. Jacob Curiel hatte 1666 von seinen Söhnen einen Grabstein gesetzt bekommen, der nach Feststellung der Hebra größer war, als die Vorschrift es erlaubte. Der in Hamburg ansässige Sohn Selomo Curiel erklärte sich bereit, die von dem Vorstand für die Übertretung der Vorschrift verhängte Strafe anzunehmen. Daß der Stein in der Breite auf das benachbarte Grab des Curielschen Sohns David reichen würde, sollte hingenommen werden. Da der Stein jedoch auch zu lang war, sollte gemeinsam mit der Hebra festgestellt werden, ob es sich bei dem Übermaß um mehr als «ein oder zwei Finger breit» handele. Die seien dann vom Stein abzunehmen.[29]

> «Selomo Curiel möchte dem Gerede Einhalt tun, zu welchem der Grabstein seines seligen Vaters Anlaß gegeben hat. Jener Stein sei größer als die Vorschrift der Gebra[30] gestatte. Zu seiner Entschuldigung macht er geltend, daß sein Bruder in Amsterdam ein Stein geschickt habe und setzen lassen, während er selber mit seiner Familie in Glückstadt war, also ohne sein Vorwissen. Er sei bereit, sich der durch den Vorstand zu verhängenden Strafe zu unterwerfen. Er zog sich dann zurück und die vier übrigen Vorsteher berieten allein. Beschlossen: Da der Stein nur in der Breite fremden Platz einnimmt und zwar den vor langer Zeit für seinen Sohn David Curiel belegten und bezahlten[31] sollte ihn dies nicht benachteiligen. Da der Stein aber auch eine größere Länge hat als die vorgeschriebene, so müße das, was zuviel ist, entfernt werden. Man will sich zusammen mit den Vorstehern der Gebrá durch den Augenschein überzeugen und, wenn das Übermaß nicht mehr 1 oder 2 Finger beträgt, soll von einem Entfernen abgesehen werden.»[32]

Die Hebra achtete streng darauf, daß ihr Monopol in allen Fragen des Beerdigungswesens nicht angetastet wurde. Sollte z. B. ein Gemeindemitglied ohne Kenntnis der Brüderschaft einen Leichnam begraben haben, mußte es mit Sanktionen rechnen. Dies veranschaulicht der Fall einer nicht vorschriftsmäßig bestatteten Kinderleiche. Der Gemeindevorstand ermittelte zusammen mit den Parnassim der Hebra die beiden Männer (Abrao Lopes und Abrao Ascenazi), die die Leiche auf den Friedhof gelegt hatten. Diese gaben an, das tote Kind im Auf-trag eines dritten Gemeindemitglieds auf den Friedhof gebracht zu haben, dessen vollen Namen das Protokollbuch nicht verrät. Der Vorstand der Gemeinde klärte den im übrigen nicht weiter veröffentlichten Hintergrund des Vorfalls und legte dem

---

29 JJLG 10: 291
30 Die Schreibweise *gebra* statt *hebra* läßt auf einen holländischen Schreiber schließen.
31 Der unleserliche Grabstein neben den Gräbern von Jacob und Selomo Curiel muß also der von David Curiel sein.
32 StAH JG 993 Bd. 1: 298-299. Eintrag vom 14. Kislev 5426 [1666]

Vater eine Strafe von sechs, den beiden Überbringern des toten Kindes von jeweils einem Reichstaler auf.[33]

Wenn auch die Beerdigungsbrüderschaft die administrative und religiös-kultische Entscheidungsgewalt im Beerdigungswesen innehatte und traditionell die oberste Instanz für diese Belange war, so konnte das einzelne Gemeindemitglied doch auf die Gestaltung seines Begräbnisses, den genauen Standort der Grabstelle, auf die Ausgestaltung der Trauerzeit und der späteren Todestage sowie auf die Gestaltung des Grabsteines wie auch den Text der Inschrift Einfluß nehmen. Üblicherweise wurden Wünsche und Anordnungen dieser Art in Testamenten aufgeführt. So legte Violante Correa neben der Verteilung ihres Eigentums und der Verfügung, ihre aus Portugal mitgebrachte Sklavin freizulassen, in ihrem Testament fest:

> «Mein Körper soll auf dem Bett Haim neben dem Grabe meiner seligen Mutter bestattet werden. Man soll mir in mein Grab ein Last guter Erde (*carga de boa terra*) werfen lassen, welche zu diesem Zwecke anzukaufen ist. Man soll mir eine Leichenbekleidung (*mortalha*) nach dem Wunsch meiner Schwestern Ines Correa und Francisca Mendes anfertigen lassen.»[34]

In zahlreichen Testamenten war auch ein Vermächtnis zugunsten der Hebra zu finden.[35]

III. Vom Bedeutungsverlust der Beerdigungsbrüderschaft im 19. Jahrhundert

Bereits im späten 17. Jahrhundert ging die Blütezeit der Hamburger Sefarden ihrem Ende entgegen. Zum finanziellen Niedergang der Gemeinschaft trug eine verstärkte Abwanderung bei, die wiederum den kulturellen Verfall beschleunigte. Einige Abwanderer aus Hamburg gründeten 1703 in Altona eine Filial-Gemeinde unter dem Namen Bet Jahacob ha-katan (ab 1717 Neve Salom), die in Zukunft als Miteigentümerin des Begräbnisplatzes in Altona anzusehen war.[36] Streitigkeiten zwischen den beiden Gemeinden und unter den Gemeindemitgliedern mußten von der Amsterdamer Portugiesen-Gemeinde geschlichtet werden. Genauere Informationen über den Zustand der Gemeinde sind nur in geringem Umfang überliefert, da zahlreiche Quellen beim Hamburger Brand im Jahre 1842 zerstört wurden.[37]

---

[33] JJLG 10: 273-274
[34] JJLG 8: 279. Bei *boa terra* könnte es sich um Erde aus dem «Heiligen Land» handeln, die häufig mit in das Grab gegeben wurde.
[35] JJLG 11: 4
[36] Grunwald, 1902: 66
[37] Vgl. Böhm 1991: 33; sowie Grunwald 1902: 74; und Staatsarchiv Hamburg, Cassuto, 1927-1933

Die Guemilut Hassadim, die trotz allgemeiner finanzieller Schwierigkeiten der Gemeinde Bet Israel auch im 18. Jahrhundert zunächst noch über Kapital verfügte, hatte zur Zeit der französischen Besetzung Hamburgs erhebliche finanzielle Einbußen zu erleiden.[38] 1822 wurden größere Beitragsrückstände des Vereins beklagt, die nach Vorstandsbeschluß gerichtlich eingetrieben werden sollten. Jene Mitglieder, die selbst mit einem derartigen Zwangsmittel nicht zur Nachleistung der ausstehenden Beiträge bewegt werden könnten, sollten ausgeschlossen werden.[39] 1828 führte die Gemeinde Neve Salom (Altona) eine Neuregelung ihres Vereinswesens durch, wodurch auch die dortige *Guemilut Hassadim* einer Reorganisation unterworfen wurde.[40] Von der Gemeindeverwaltung an den Beerdigungsverein überwiesene Kranke und Todesfälle sollten ebenso behandelt werden wie andere. Hierbei handelte es sich um verarmte Gemeindemitglieder, die eine derartige Versorgung nicht selbständig finanzieren konnten, denn für die Übernahme derartiger Fälle sollte die Guemilut Hassadim jeweils 50 Mark Courant aus der Gemeindekasse erhalten.[41] Im Jahr 1842 wurden in Altona die Kosten für eine Beisetzung mit 56 Courant veranschlagt.[42] Die Einkünfte der Guemilut Hassadim in Hamburg setzten sich 1841 wie folgt zusammen: aus den Beiträgen der 65 Mitglieder der Vereinigung, aus den Spenden in der Synagoge sowie aus einem Fonds, der zinsbar belegt war.[43]

1830 bestand die Altonaer Portugiesen-Gemeinde nur noch aus dreißig Familien. Die seit Beginn des 19. Jahrhunderts stetig zunehmende personelle, geistige und finanzielle Auszehrung der Gemeinde hatte es erforderlich gemacht, daß 1842 die Aufgaben einer ursprünglich selbstverständlichen, prestigeträchtigen und eifersüchtig über ihre Rechte wachenden Vereinigung vom Gemeindevorstand reguliert werden mußten. Fünfzehn Jahre nach der 1827 erfolgten Reorganisation des Beerdigungsvereins beschloß eine Versammlung der Gemeindemitglieder in Altona eine Ausdünnung und gleichzeitig eine genaue Festschreibung der Funktionen der Vereinigung. In Zukunft sollten keine vier *Covadores* zum Graben gewählt werden, sondern man wollte, wenn erforderlich, zwei bezahlte Totengräber anstellen. Diese hätten das Grab vorzubereiten, die Geräte zum Begräbnisplatz und von dort zum Sterbehaus zu befördern. Die Kosten dafür sollten jährlich unter den in der Gemeinde Neve Salom (Altona) ansässigen Männer wie Frauen, die das dreizehnte Lebensjahr erreicht hatten, aufgeteilt werden. Im Todesfall würden sechs *Sacadores* gewählt, die sich im Sterbehaus zur Beerdigung einzufinden

---

[38] Dukes 1841: 155. Grunwald berichtet für die Zeit um 1771 von einem Vermögen der Guemilut Hassadim in Höhe von Mk. 5.000.-; Grunwald 1902: 24
[39] Staatsarchiv Hamburg, JG 993, Protokollbücher / Hamburg, Bd. 3: 506; Eintrag vom 5. 5. 1822
[40] Staatsarchiv Hamburg, JG 1009, Protokollbücher / Altona, Bd. 2: 458ff.; Eintrag vom 19. 3. 1828. Für Hamburg siehe Dukes 1841: 155
[41] Staatsarchiv Hamburg, JG 993, Bd. 4: 168; Eintrag vom 10. 6. 1838
[42] Staatsarchiv Hamburg, JG 1009, Bd. 2: 703; Eintrag vom 1842
[43] Dukes 1841: 156

hätten, den Verstorbenen aus dem Haus in die *Misva Kutsche* tragen sollten und, auf dem Friedhof angekommen, die *Misva* aus der Kutsche in die Kapelle und von dort zum Grab bringen sollten. Die *Sacadores* dürften sich erst vom Begräbnisplatz entfernen, wenn die Begräbniszeremonie abgeschlossen sei und der Hazzan den Friedhof verlassen habe. Um diese - offensichtlich sehr unbeliebten - Dienste sicherzustellen, wurde in der Versammlung auch festgelegt, daß jedes männliche Gemeindemitglied über achtzehn Jahre hierzu durch Los verpflichtet werden sollte und diese Wahl nur bei Krankheit - bestätigt durch ein Attest des Gemeindearztes - oder bei Zahlung einer Geldstrafe abgelehnt werden konnte.[44]

Zwei Jahre später, 1844, wurde die Beteiligung der Gemeinde an der Durchführung einer Beisetzung noch weiter eingeschränkt. So schlug der Vorsteher vor, daß in Zukunft in jedem Falle für die «Misva Kutsche, sie möge benutzt werden oder nicht...» das Sterbehaus die Gebühren von sechs Courant zu zahlen habe. Bei Kindern sei dies nicht erforderlich, da bei derartigen Sterbefällen die Kutsche sowieso nicht genutzt werde. Weiterhin sollten nun alle Kosten, auch für das Graben und den Transport der Gerätschaften für die Beisetzung, von den Ange-hörigen des Verstorbenen getragen werden, «so daß bei einem Sterbefalle alle Kosten dem Sterbehause zur Last gehen, so daß die Gemeinde gar keine Kosten hat».[45]

In dieser desolaten Lage erhielt die Altonaer Gemeinde noch einmal einen erheblichen Zuschuß zur Friedhofskasse. Der wohlhabende Abraham Sumbel starb im selben Jahr und hatte in einem umfangreichen Testament seinen Nachlaß geordnet. Er gab darin auch genaue Anweisungen zur Durchführung seiner Beerdigung. Die «... Kasse des Judenkirchhofes der Portugiesischen Gemeinde hieselbst [...] sollte zweihundert Mark erhalten, allerdings nur unter der Bedingung, daß die Gemeindevorsteher für eine Beerdigung sorgen würden, [...] auf anständige Weise alles Uebliche zu besorgen», eine Äußerung, die angesichts der geschilderten Entwicklung nicht mehr erstaunt. Sein Grabstein sollte aus weißem, geschliffenem Marmor sein, «nach Hamburger Maaßen ohngefähr 2 1/2 Ellen lang, 1 Elle breit und 1/2 Elle dick», eine Inschrift in hebräischer Sprache, wie von Sumbel festgelegt, aus eingemeißelten, geschwärzten Buchstaben erhalten und baldmöglichst nach der Beisetzung platt über das Grab gelegt werden. Darüber hinaus bestimmte Sumbel, daß der Stein regelmäßig restauriert werden sollte und, wenn erforderlich, zu erneuern sei.[46] Diese Verpflichtung löste im Jahr 1908 die Hamburger Gemeinde Bet Israel ein, indem sie nach der Feststellung, daß der Sumbelsche Stein stark verwittert sei, einen neuen Stein bei dem Steinmetzbetrieb Max Holländer in Auftrag gab.[47]

---

[44] Staatsarchiv Hamburg, JG 1009, Bd. 2: 707
[45] Staatsarchiv Hamburg, JG 1009, Bd. 2: 713-714
[46] Staatsarchiv Hamburg, JG 1009, Bd. 2: 726. Die Altonaer Gemeinde erhielt am 31.12.1847 200 Taler «für kirchhöfliche Verhältnisse»; JG 1009, Bd. 2: 753
[47] Staatsarchiv Hamburg, JG 993, Bd. 5: 421; Eintrag von 2. 6. 1908. Die Gemeinde Neve Salom / Altona hatte 1887 ihre Selbstauflösung beschlossen und ihre Besitztümer wie auch ihre Pflichten in Form einer Stiftung der Hamburger portugiesisch-jüdischen Gemeinde übertragen.

Doch nicht nur die zusammengeschmolzene Altonaer Gemeinde hatte Schwierigkeiten, die Bestattung ihrer verstorbenen Mitglieder reibungslos durchzuführen. Auch in Hamburg gab es Probleme. 1866 wurde der Verein Guemilut Hassadim angesichts der gerade in der letzten Zeit bemerkten «vielen Unordnungen und Fahrlässigeiten» vom Präses der Gemeinde gerügt. Es sei daher dringend erforderlich, ein neues Statut für den Verein auszuarbeiten.[48]

Eine starke Beteiligung des Gemeindevorstands an den den Friedhof betreffenden Entscheidungen war auch aus gemeinderechtlichen Gründen gegeben. Wer als Nichtgemeindemitglied in Hamburg oder Altona starb und dort beigesetzt werden mußte, dessen Beisetzung bedurfte einer Sondergenehmigung durch den Gemeindevorstand. So starb in Hamburg im September 1839 Aron Arnold Boskowitz aus St. Thomas, zu Gast bei einem Hamburger Kaufmann. Ein anderer Kaufmann, ebenfalls aus St. Thomas, bestätigte Boscowitz' Mitgliedschaft in der Portugiesischen Gemeinde von St. Thomas, worauf der Gemeindevorstand beschloß, seine Beisetzung auf Kosten der Gemeindekasse durchführen zu lassen.[49] In einem anderen Fall, es handelte sich um das Kind einer ashkenazischen Mutter (Betti Gottschalck) und eines sefardischen Vaters (Joseph Ascoli), weigerte sich die deutsche Gemeinde zunächst das Kind zu beerdigen, und zwar mit der Begründung, der Vater sei Mitglied der portugiesischen Gemeinde. Daraufhin schaltete sich der Polizeiherr zur Klärung ein. Nachdem die sefardische Gemeinde nachweisen konnte, daß eine Anzeige der Heirat bei ihnen nicht erfolgt und die Ketubba[50] nicht anerkannt war, entschied der «Polizeiherr», daß das Kind von der Hochdeutschen Israelitengemeinde beigesetzt werden sollte.[51] Auch eine Umbettung von einem auswärtigen Friedhof nach dem Altonaer *Bet Haim* erforderte die Genehmigung des Gemeindevorstands. 1857 äußerte Michael Pardo den Wunsch, seine 1847 in Venezuela verstobene Mutter Angelina, geb. Nehemias, sowie seine 1854 in Maiquetin (Venezuela) gestorbene Tochter von dort auf den Altonaer Friedhof überführen zu lassen. Hierfür erhielt er zwei Grabstellen und die Auflage, sich zusätzlich zur Genehmigung durch den Gemeindevorstand auch eine Erlaubnis der Altonaer Behörden zu verschaffen.[52]

IV. Der Friedhof im Widerstreit religiöser Vorschriften und städtebaulicher Expansion, 1832-1864

Während sich die beiden Gemeinden in Hamburg und Altona bemühten, die Einhaltung der religionsgesetzlichen Vorschriften trotz finanzieller und personel-

---

[48] Staatsarchiv Hamburg, JG 993, Bd. 5: 25
[49] Staatsarchiv Hamburg, JG 993, Bd. 4: 172
[50] Hebräisch: Heiratsvertrag
[51] Staatsarchiv Hamburg, JG 993, Bd. 4: 555; Eintrag vom August 1858
[52] Staatsarchiv Hamburg, JG 993, Bd. 4: 544. Für den Erhalt dieser Genehmigung spricht die Existenz des Grabes der Tochter Angelina Pardo.

ler Probleme zu gewährleisten, wurden in der Altonaer Bevölkerung Stimmen gegen die Existenz des Friedhofs wie auch gegen das Privileg der Juden, nach wie vor auf einem innerstädtischen Friedhof ihre Toten beisetzen zu dürfen, laut. Bereits 1832 hatte sich der Oberpräsident Altonas gegenüber der Altonaer Gemeinde dahingehend geäußert, daß ihr Begräbnisplatz aus dem innerstädtischen Bereich nach außerhalb verlegt werden müßte. Die Altonaer teilten den Hamburgern diese bedrohliche Entwicklung in einem Brief mit und baten um baldige Stellungnahme.[53] Hintergrund für diese obrigkeitliche Initiative war eine bereits vor der Jahrhundertwende geführte Hygienedebatte, in der unter anderem die Existenz der großen innerstädtisch gelegenen Bestattungsplätze für zahlreiche medizinische Mißstände verantwortlich gemacht wurde. Während die Mehrheit der christlichen Bestattungsplätze aufgelöst bzw. verlegt werden konnte, war es für die deutschen wie portugiesischen Juden aus religiösen wie aus gemeindepolitischen Gründen geboten, den Begräbnisplatz an der Königstraße beizubehalten, was ihnen zu-nächst durch neuerliche Bestätigung der Privilegien auch gelang. 1848 jedoch stellten der Weinhändler C. F. Jäger und weitere Altonaer Bürger ein Gesuch an die Landesregierung, mit dem Inhalt, den Juden die Beisetzung ihrer Toten auf ih-ren Begräbnisplätzen aus Paritätsrücksichten zu untersagen. In einem von der Landesregierung angeforderten Bericht des Kirchenconsistoriums der Probstei Altona vom 10.1.1850 wurde die Motivation der Kläger genannt. Es handelte sich nach Jägers Ansicht um:

«... *eine Forderung der Gerechtigkeit ... daß, nachdem der hiesigen lutherischen Gemeinde aufgegeben ist, [ihren Begräbnisplatz] außerhalb der Stadt zu verlegen, dasselbe auch der Judengemeinde zu befehlen ... [sei].*»[54]

Nach einer Rücksprache mit den jüdischen Gemeinden war das Konsistorium jedoch der Ansicht, daß ein solcher Befehl «jedem Begriffe von Recht widerstreiten, wie wohlbegründetes Eigenthumsrecht, ja das Gewissen der Israeliten aufs tiefste verletzen würde». Außerdem sei eine Anordnung, den jüdischen Friedhof nach außerhalb zu verlegen, nicht unbedingt im öffentlichen Interesse. Das zur Entscheidung erforderliche Gutachten des örtlichen «Physikats» habe deutlich gemacht, daß unter Berücksichtigung der örtlichen Verhältnisse (d. h. der Gegebenheiten auf dem Friedhof) wie auch der Art der Bestattung nach jüdischen Gesetzen eine Gefährdung der Gesundheit nicht nachweisbar wäre. Der um das öffentliche Wohl so besorgte Weinhändler hatte in seiner Eingabe außerdem an-

---

53 Staatsarchiv Hamburg, JG 999, Lit B, Bl. 43; und JG 1009, Bd. 2: 579
54 Hier und im folgenden: Staatsarchiv Hamburg, Bestand 424-3, Abt. XXXIII BI Bay 1-2. Hiervon war auch die Hochdeutsche Israelitengemeinde Altona mit ihrem Begräbnisplatz betroffen.

geregt, aus den bei einer Verlegung der jüdischen Friedhöfe frei werdenden Flächen an der Königstraße freie Plätze oder Straßenanlagen zu gestalten. Die Reaktion des Kirchenkonsistoriums hierauf war eindeutig:

«... daß einmal diese Verwendung der Kirchhofsplätze durchaus kein Bedürfnis, sondern auch nicht zulässig ist, weil jedenfalls wenn auch die fernere Beerdigung verboten würde, die Plätze selbst doch unberührt, ... auch das was den Juden ein heilig Gut ist geschont werden soll, liegenbleiben müßte.»

Das Gesuch von «Jäger und Consorten» wurde im Februar 1850 abgelehnt.

Auch wenn die jüdischen Friedhöfe nach wie vor das Wohlwollen zahlreicher öffentlicher Stellen genossen und die Privilegien den erforderlichen Schutz gewährten,[55] so wurde im Jahr 1859 klar, daß die Entwicklung einer expandierenden Stadt und der damit einhergehenden infrastrukturellen Notwendigkeiten vor dem Friedhof an der Königstraße - der inzwischen inmitten der sich ausbreitenden Stadt Altona lag - nicht Halt machen würde. Als der Vorstand der Gemeinde Neve Salom/Altona in jenem Jahr eine Eingabe machte, anstelle der Planke, die bis dahin den Friedhof an der Königstraße begrenzte, eine Mauer errichten zu dürfen, wurde von der Baubehörde mitgeteilt, daß die Mauer nur gestattet werden könne, wenn die Gemeinde sich gleichzeitig bereit erklären würde, ungefähr 880 Quadratfuß ihres Friedhofes an der Königstraße der Stadt zur Verbreiterung der Straße abzutreten. Dies sei wegen des gesteigerten Verkehrsaufkommens unvermeidlich. In einem in Absprache mit der Hamburger portugiesischen Gemeinde verfaßten Antwortschreiben benannte der Altonaer Gemeindevorstand die Gründe, warum es nicht möglich sei, mit der geplanten Mauer auf das Friedhofsgelände zugunsten der Königstraße einzurücken. Extra angestellte Untersuchungen und Nachgrabungen hätten nicht nur gezeigt, daß sich bis an die Planke alte Gräber befänden, sogar auf der Grenze zur Straße selbst hätte man Hinweise auf Gräber gefunden. Es sei daher

«... dem Vorstand aus religiösen Gründen nicht erlaubt und deshalb unmöglich, auch nur eines Theils der durch die stattgefundenen Beerdigungen zum Friedhof gewordenen Eigenthums sich zu entäußern und denselben zu profanieren.»[56]

Die Angelegenheit ruhte, bis im Jahre 1863, aufgrund der Beschwerde der beiden Gemeinden, die städtischen Behörden verschleppten grundlos ihre Bitte

---

[55] Die Gemeinde hatte 1852 die neuerliche Bestätigung der Privilegien den Friedhof betreffend in die Wege geleitet und von Friedrich VII am 10.9.1853 erhalten. Staatsarchiv Hamburg, JG 993, Bd. 4: 444; vgl. auch Cassuto, 1927/1933

[56] Hier und im folgenden: Staatsarchiv Hamburg, Magistrat Altona, Bestand 424-3, Abt. XXXIII, Bl Bay 1-2

zur Genehmigung der Errichtung einer Mauer an ihrem Friedhof, nunmehr das Königliche Oberpräsidium von den städtischen Kollegien einen Bericht über den Gesamtvorgang verlangte. Im selben Jahr erfolgte im übrigen der Erlaß der Verordnung zur Regelung der bürgerlichen Verhältnisse der Juden in Schleswig-Holstein.

Die städtischen Kollegien betonten den Interessenkonflikt zwischen dem Eintreten für die religiösen Gebräuche der Juden und dem öffentlichen Interesse, hinter dem die Religion zurückzutreten hätten. Um endlich die Verbreiterung der Königstraße zum Wohl der Allgemeinheit durchführen zu können, stellten die städtischen Kollegien am 20. 4. 1863 bei dem Königlichen Oberpräsidium den Antrag, ihre Eingabe bei der Königlichen Regierung zu unterstützen, mit der ein gesetzliches Enteignungsverfahren gegen die portugiesischen Gemeinden wegen des vom Friedhof abzutretenden Grundes eingeleitet werden sollte. Sei der Vorgang erfolgreich abgeschlossen, - könnte die jüdische Gemeinde ihre Friedhofsmauer gerne bauen. In ihrer Antwort gestattete die Königlich-Holsteinischen Regierung das Enteignungsverfahren

Unter diesem Druck kamen auch die Verhandlungen zwischen den städtischen Kollegien und den beiden portugiesischen Gemeinden wieder in Gang. Anscheinend wurde den Gemeindevorständen von Seiten der Baukommission in Altona nahegelegt, der Enteignung des Friedhofsstreifens an der Königstraße durch eine gütliche Einigung zuvorzukommen.[57] Zwei Monate später, am 31.12.1863, teilte der Vorstand der Portugiesisch-Jüdischen Gemeinde Altona der Baukommission seine Entscheidung mit. Mit Hilfe eines theologischen Gutachtens[58] hätten die Gemeinden einen Vorschlag zu unterbreiten, «damit nicht ein bisher hier im Lande nicht vorgekommener Religions- und Gewissenszwang geübt werden soll». Da es Juden durch ihre Religionsgesetze verboten sei, einen Begräbnisplatz zu verkaufen oder anderweitig zu veräußern, könne der zur Diskussion stehende Geländestreifen nicht abgetreten und somit auch nicht im Stadtbuch der Stadt zugeschrieben werden. Vielmehr müsse dieser Streifen «nach wie vor als integrierender Theil ihres Kirchhofes in dem Eigenthum der Gemeinde verbleiben». Um nun der Stadt entgegenzukommen, entschloß sich die Gemeinde, eine Überwölbung der Grabstellen zu erlauben, um auf das Gewölbe anschliessend das Trottoir legen zu lassen. Um sicherzugehen, daß keine Gräber verletzt würden, erläuterte der Gemeindevorstand die Durchführung der Über-

---

57 Die Verhandlungen zwischen den städtischen Collegien und dem Gemeindevorstand Emanuel de Castro erfolgten am 21.10.1863.
58 Staatsarchiv Hamburg, JG 993, Bd. 4: 650. Bei einer gemeinsamen Versammlung der Gemeinden Altona und Hamburg wurde das betreffende Gutachten von Rabbiner J. Ettlinger verlesen, gutgeheißen und beschlossen, dem Magistrat Altona die Entscheidung der Gemeinden mitzuteilen. Das Gutachten von Ettlinger ist bisher nicht aufzufinden gewesen. Siehe auch Lerner 1905: 8

wölbung im Detail.⁵⁹ Mehrfach betonte der Gemeindevorstand in diesem Schreiben die absolute Notwendigkeit der Einhaltung der Bauvorschriften, die ausdrücklich nicht gewünschte Entschädigung für den durch die Überwölbung zur Verfügung gestellten Landstreifen sowie die zukünftige Unterhaltspflicht der Stadt für das Gewölbe. Weiterhin bat die Gemeinde um ein Dokument, in dem die Erlaubnis zur Errichtung der seit Jahren gewünschten Mauer erteilt wird. Darüber hinaus war die Gemeinde Neve Salom entschlossen, bei Ablehnung des Vorschlags zur Überwölbung alle Rechtsmittel zur Verteidigung des Gemeindeeigentums gegen eine Enteignung einzusetzen.

Die Baukommission empfahl den städtischen Kollegien im Februar 1864, das Angebot der portugiesischen Gemeinden anzunehmen, wollte sich jedoch die Einleitung eines Enteignungsverfahrens grundsätzlich vorbehalten. Auf diese aus Sicht der Portugiesisch-Jüdischen Gemeinde überflüssige und das Primat des Staates hervorhebende Äußerung reagierten am 1.4.1864 die Vorstände beider portugiesischen Gemeinden in einem gemeinsamen Schreiben. Zum einen sei es nach wie vor zweifelhaft, ob ein Expropriationsverfahren, das für Privatgrundstücke gelte, auch auf einen jüdischen Friedhof angewandt werden könne. Grundsätzlich hätten die Gemeindevorstände angenommen, daß nach der prinzipiellen Einigung auf die Durchführung der Überwölbung die Möglichkeit der Enteignung auch von den städtischen Gremien nicht mehr verfolgt würde, so daß die Angelegenheit hiermit erledigt sei und die unter dem Trottoir befindlichen Gräber «ewig heilig und unversehrt erhalten bleiben». In der Folge wurde das Überwölbungsvorhaben von den städtische Gremien genehmigt und in Kooperation mit den Portugiesischen Gemeinden durchgeführt.⁶⁰

V. Die Schließung des Friedhofes an der Königstraße im Jahre 1869/70

War es der Hochdeutsch-Israelitischen Gemeinde in Altona und den beiden Portugiesisch-Jüdischen Gemeinden Ende der fünfziger Jahre des 19. Jahrhunderts noch einmal gelungen, die Schließung ihres Begräbnisplatzes an der Königstraße abzuwenden, so wurde ihnen im März 1869 vom Oberpräsidium in Altona mitgeteilt, daß nun endgültig sämtliche Beerdigungen innerhalb der Stadt mit dem 15. Mai desselben Jahres eingestellt werden müßten.⁶¹ Zunächst gelang es den Portugiesischen Gemeinden, beim Altonaer Oberpräsidenten einen Aufschub von mehreren Monaten zu erwirken.⁶² Gleichzeitig gaben die Altonaer Behörden be-

---

59 Vermutlich ist diese sehr ausführlich gehaltene Bauanleitung dem Gutachten Ettlingers entnommen. Siehe auch Lerner 1905: 8
60 Staatsarchiv Hamburg, Bestand 424-15c, Bauverwaltung Altona, EX b K 14 Bd. 4. Abschrift der Vereinbarung zwischen der Baukommission Altona, der Hamburger Portugiesisch-Jüdischen Gemeinde und der Portugiesisch-Jüdischen Gemeinde Altona vom 22/27.6.1864
61 Staatsarchiv Hamburg, JG 993, Bd. 5: 48
62 Staatsarchiv Hamburg, JG 993, Bd. 5: 49

kannt, daß die Einrichtung eines für alle Konfessionen zugänglichen Zentralfriedhofs geplant sei. Da die Hamburger Portugiesen mit einer Aufhebung des Aufschubs rechneten, erschien es ihnen geboten, sofort mit der Beschaffung eines Ausweichbegräbnisplatzes dafür zu sorgen, daß die Beisetzung der Todesfälle der Gemeinden auf einem eigenen Begräbnisplatz garantiert werden konnten. Hierfür sollte erstens ein kleines Areal am Durchschnitt/Hamburg als Begräbnisplatz ausgebaut werden und zweitens eine Absprache für das weitere Vorgehen mit der Altonaer Portugiesischen Gemeinde getroffen werden, da man das Haus am Begräbnisplatz Königstraße verkaufen wollte.[63] Schließlich sollte bei der Hochdeutsch-Israelitischen Gemeinde in Altona angefragt werden, ob diese bereit wäre, Verstorbene in ihrer Kapelle auf die Beisetzung vorbereiten und dann über ihr Friedhofsgelände auf das der eigenen Gemeinde tragen zu lassen. Weiterhin sollte, da das eigene Haus auf dem Begräbnisplatz nunmehr unbewohnt sein würde, eine Friedhofsaufsicht eingestellt werden.[64]

Im Jahr 1871 wurde zum 1. März schließlich endgültig die Bestattung auf dem Friedhof an der Königstraße für Ashkenazim wie Sefardim verboten. Für einige wenige Erbbegräbnisse wurden bis zum Jahr 1878 Ausnahmen gemacht.[65] Um nun eintretende Todesfälle beisetzen zu können - der Friedhof «Am Durchschnitt» war noch nicht endgültig fertiggestellt -, hatte sich der Hamburger Gemeindevorstand mit der Hochdeutsch-Israelitischen Gemeinde Altona dahingehend geeinigt, daß sie ihre Toten auf dem Altonaer Teil des Ottenser Friedhofs beisetzen durfte. Insgesamt drei Portugiesen wurden in der Zeit zwischen April und Juni 1871 in Ottensen begraben.[66] Die Hamburger Portugiesen begruben ihre verstorbenen Gemeindemitglieder anschließend auf dem Friedhof «Am Durchschnitt», um dann ab 1883 zusammen mit der Deutsch-Israelitischen Gemeinde Hamburg den neuen Friedhof an der Ilandkoppel in Ohlsdorf zu nutzen. Die Gemeinde Neve Salom/Altona entschied sich dafür, zusammen mit der dortigen Hochdeutsch-Israelitischen Gemeinde einen neuen Begräbnisplatz zu erwerben. Das führte nach langwierigen Verhandlungen mit der Ortsverwaltung Ottensen-Neumühlen schließlich 1873 zur Einrichtung des Jüdischen Friedhofes am «Bornkampsweg».[67]

---

[63] In diesem Haus befand sich, wie aus der weiteren Anfrage deutlich wird, vermutlich das Totenhaus der portugiesischen Gemeinden.
[64] Staatsarchiv Hamburg, JG 993, Bd. 5: 50. Aus diesen Ausführungen geht hervor, daß Ashkenazim und Portugiesen getrennte Totenhäuser hatten, in denen die Verstorbenen von der Beerdigungsbrüderschaft der jeweiligen Gemeinde gereinigt, angekleidet und zur Beerdigung vorbereitet wurden. Während die Portugiesen öfter von ihrem «Haus an dem Bet Haym» sprachen, ist der entsprechende Raum der ashkenasischen Gemeinde vermutlich in dem direkt am Friedhof befindlichen Krankenhaus untergebracht gewesen.
[65] Nach Cassuto handelte es sich um drei Beisetzungen, die in den Jahren 1871, 1872 und 1877 stattfanden. Cassuto, 1927/1933, S. 14
[66] Staatsarchiv Hamburg, JG 993, Bd. 5: 78
[67] Staatsarchiv Hamburg, JG 1009, Bd. 2: 815; und JG 217 Pk, Protokoll der Beerdigungskommission 1870-1873

Nach der Schließung des Friedhofs an der Königstraße bemängelten Gemeindeangehörige mehrfach den verwahrlosten Zustand des alten Begräbnisplatzes, so daß der Bepflanzung des Geländes durch den Altonaer Verschönerungsverein auch vom Gemeindevorstand der Hamburger Gemeinde zugestimmt wurde.[68] Nach der Selbstauflösung der Altonaer Portugiesischen Gemeinde Neve Salom im Jahre 1887 ging die Zuständigkeit für den sefardischen Teil des Friedhofs an der Königstraße auf die Hamburger Portugiesisch-Jüdische Gemeinde über.[69]

1871 stellte der Administrator der Guemilut Hassadim fest, daß dem Verein aus der Gemeindekasse ein höherer Beitrag gezahlt werden müsse, da zum einen die Kosten für die Beisetzungen wegen der Entfernung des Begräbnisplatzes gestiegen seien und zuzm anderen - und dies wird auch der eigentliche Grund für die finanzielle Krise der Guemilut Hassadim gewesen sein - eine große Anzahl von Gemeindemitgliedern und deren Angehörige dem Verein nicht angehörten und ihm damit die Kosten für ihre Beisetzungen zur Gänze aufbürdeten. Auf diesen Antrag hin wurde dem Verein die Erhöhung der Unterstützung aus der Gemeindekasse von 50 auf 100 Mark bewilligt.[70] Die finanziellen Schwierigkeiten der Guemilut Hassadim waren jedoch nur Symptom einer tiefergehenden personellen und ideellen Krise der sefardischen Gemeinschaft in Hamburg. Im November 1890 schließlich löste sich der Beerdigungsverein der Gemeinde auf. Der zweite Vorsteher der Gemeinde war von diesem Zeitpunkt an zuständig für die ordnungsgemäße Beisetzung der Toten und konnte sich zu diesem Zweck Assistenten wählen.[71]

VI. Der Verkauf eines Friedhofsstreifens an die Stadt Altona, 1902

1901 erhielt die Gemeinde Bet Israel in Hamburg eine Nachricht der Baukommission Altona über die Planung einer weiteren Verbreiterung der Königstraße, um die Zentralbahn durch die Königstraße zu führen. Um möglichst rasch zur Tat schreiten zu können, verwies die Baukommission auf die unmittelbar zuvor erfolgte Überwölbung zweier Randstreifen des Ottenser Friedhofs an der Bismarckstraße und an der Großen Rainstraße. Grundsätzlich hatte die Portugiesi-

---

68 Staatsarchiv Hamburg, JG 993, Bd. 5: 163-164; und JG 993, Bd. 5: 98
69 Zeitgleich mit der Trennung der Hamburger und Altonaer Portugiesisch-Jüdischen Gemeinden von ihrem gemeinsamen Begräbnisplatz an der Königstraße versuchte der Gemeindevorstand in Hamburg, eine Art Reform des Ritus bei Beerdigungen in Gang zu bringen. Hazzan Cassuto wurde vom Vorstand mitgeteilt, daß bei der Beisetzung von Frauen der Psalm 91 in der Ursprache gesungen werden sollte, wie es auch bei männlichen Toten der Fall wäre. Cassuto war mit dieser Anregung jedoch nicht einverstanden und erwiderte, Psalm 91 sei nicht angemessen. Er selbst wollte daher einige passende Gebete auswählen und dem Gemeindevorstand zur Genehmigung vorlegen. Staatsarchiv Hamburg, JG 993, Bd. 5: 63-64
70 Staatsarchiv Hamburg, JG 993, Bd. 5: 71
71 Staatsarchiv Hamburg, JG 993, Bd. 5: 199-201

sche Gemeinde gegen eine zweite Überwölbung am Rand ihres alten Begräbnisplatzes keine Einwände. Während einer Begehung des Geländes gemeinsam mit mit der Baukommission stellte sich jedoch heraus, daß bei der Verwendung der für die Überwölbung notwendigen Pfeiler Grabsteine und Gräber beschädigt werden würden.[72] Daraufhin schlug die Baukommission eine Exhumierung der betroffenen Gräber und ene Verlegung der Grabstellen zur Friedhofsmitte hin vor.[73] Mit diesem Schreiben suchte der Gemeindevorstand den Oberrabbiner der Hochdeutsch-Israelitischen Gemeinde Altona, Meir Lerner, auf, der anregte, die Zahl der betroffenen Gräber festzustellen und zu klären, ob das für eine Umbettung benötigte Terrain auf dem Friedhof Königstraße frei sei. Falls eine Wieder-beisetzung der exhumierten Gebeine auf demselben Begräbnisplatz aus Raum-gründen nicht möglich sei, könnte man hierfür auch einen anderen Friedhof in Erwägung ziehen. Nachdem die Gemeinde die Zusicherung erhalten hatte, daß eine Exhumierung von Gräbern unter diesen Gegebenheiten auch vom religions-gesetzlichen Standpunkt aus vertretbar sei, tat der Vorstand etwas Erstaunliches: er ließ durch einen Makler den von der Stadt zu fordernden Entschädigungspreis feststellen - er wollte das Gelände nach erfolgter Exhumierung also verkaufen. Der Makler setzte den Preis für ein Gelände mit der Fläche von 389 Quadratmeter in nicht «besonders guter Gegend» auf 42 Mark pro Quadratmeter fest. Bereits im Januar 1902 schlossen zwei Vertreter des Gemeindevorstands (R. Jessurun, J. Cassuto) mit der Baukommission, allerdings vorbehaltlich der Zustimmung der Gemeinde, einen Vertrag folgenden Inhalts:

- Die Gemeinde verpflichtete sich, das zur Verbreiterung der Königstraße erforderliche Gelände an die Stadt «zu öffentlichen Wegen» abzutreten. Hierfür zahlte die Stadt «einen Kaufpreis» von 20.000 Mark.[74]

- Die Stadt Altona sollte auf ihre Kosten eine neue, in die Straßenfluchtlinie eingepaßte Einfriedung des Friedhofs errichten.

- Die Portugiesisch-Jüdische Gemeinde übernahm es, die Gräber auf dem abgetretenen Areal auf ihre Kosten zu entfernen.

- Schließlich übernahm die Stadt Altona alle die Wiederherstellung und Erhaltung der Königstraße betreffenden Folgekosten.

---

72 JG 993, Bd. 5: 305; und 424-15c, Bauverwaltung Altona, EX b K14 Bd. 4
73 Wie der von Isaac Cassuto erstellten Auflistung der Namen zu entnehmen ist, handelte es sich bei der später durchgeführten Exhumierung und Wiederbeisetzung um ungefähr 200 Grabstellen. Danach muß zum Zeitpunkt der Schließung im Jahre 1871 auf dem sefardischen Teil des Jüdischen Friedhofs an der Königstraße noch reichlich Platz für Grabstellen vorhanden gewesen sein. (StAH, JG 996c, Verzeichnis der neu zu legenden Grabsteine, 1902)
74 Für die ursprünglich geplante Überwölbung hatte die Baukommission in einem Kostenvoranschlag 36.500 Mark eingeplant. Hier und im folgenden: Staatsarchiv Hamburg, 424-15c, Bauverwaltung Altona, EXb K14 Bd. 4, Drucksache No.1013

Die Portugiesisch-Jüdische Gemeinde wie auch die städtischen Kollegien stimmten dem Vertrag am 7.2.1902 zu. Bereits Ende Mai 1902 hatte die Gemeinde das Gelände von Gebeinen und Grabsteinen geräumt.[75] Anschließend wurde die Überwölbung aus dem Jahr 1863 geöffnet, und die dort befindlichen Gräber wurden umgebettet. Am 26.9. 1902 erfolgte im Anschluß an die Auflassung die Übertragung des abgetretenen Geländestreifens an die Stadt Altona.

Der Vertrag zwischen der Portugiesischen Gemeinde und den städtischen Kollegien wurde in den amtlichen Nachrichten der Stadt Altona als Drucksache veröffentlicht. Dort las ihn auch Rabbiner Meir Lerner und wandte sich am 24.3.1902 mit einem Brief folgenden Inhalts an den Vorstand der Portugiesisch-Jüdischen Gemeinde Hamburg.[76] Bei dem Gespräch mit den Vertretern des Gemeindevorstandes sei ihm nur die Wahl zwischen Überwölbung oder Exhumierung der Gräber mitgeteilt worden, von einem Verkauf des Geländes sei aber niemals die Rede gewesen. Wie sich ihm die Situation jedoch nun darstellt, sei die eigentliche Wahl gewesen, eine Überwölbung mit der Verletzung einzelner Gräber oder eine Umbettung sämtlicher Gräber durchzuführen. In diesem Falle wäre eine Überwölbung jedoch religionsgesetzlich vorgeschrieben gewesen, mithin nur eine Exhumierung der durch die Überwölbung verletzten Gräber gestattet. Zudem beanstandete Lerner, daß aus dem Verkauf eines Friedhofs ein Geldgewinn erzielt wurde und der Gemeindevorstand die Beibehaltung des Eigentumsrechts an dem Gelände nicht durchgesetzt habe.

Der der Täuschung verdächtigte Gemeindevorstand reagierte auf diese Kritik, indem er erst am 23 5.1902 - die Umbettung war zu diesem Zeitpunkt bereits so gut wie abgeschlossen - erwiderte, er habe die Alternativen keineswegs falsch präsentiert Zudem hätte dem Rabbiner das Gutachten der Baukommission «in Urschrift» vorgelegen, in dem ausgeführt gewesen sei, daß nicht etwa *einige*, sondern *die Gräber* gefährdet seien.[77] Außerdem habe sich bei der Aufgrabung im Zuge der Umbettung gezeigt, daß sich die Gräber anderthalb bis ein Fuß unter Niveau befunden hätten, und in dieser Tiefe hätte man weder Gerippe noch Schädel, sondern nur winzige Knochenreste gefunden. Der Grund hierfür sei das hohe Alter der Grabstellen. Zum Verkauf des Geländestreifens heißt es in dem Antwortschreiben weiter:

---

[75] Verzögerungen bei der Durchführung der Exhumierung und Wiederbeisetzung waren zum einen wegen schlechter Witterungsverhältnisse eingetreten, die eine sofortige Wiederbeisetzung verhinderten. Zum anderen hatte das Oberrabbinat angeordnet, daß wegen des Osterfestes eine zügige Durchführung der Arbeiten nicht gewährleistet sei und daher erst nach den christlichen Feiertagen erfolgen könnte. Staatsarchiv Hamburg, 424-15c, Bauverwaltung Altona, EXb K14 Bd. 4. Briefe des Gemeindevorstandes an die Baukommission, 9.4.1902 und 30.5.1902
[76] Staatsarchiv Hamburg, JG 993, Bd. 5, S. 314. Eine Abschrift des Briefes an den Gemeindevorstand befindet sich im Protokollbuch.
[77] Hier und im folgenden: Staatsarchiv Hamburg, JG 993, Bd 5: 315-319. Eine Abschrift des Briefes an Lerner befindet sich im Protokollbuch

«Daß in den Konferenzen eine Abtretung des Terrainstreifens nicht zur Sprache gekommen ist, findet seine genügende Erklärung darin, daß wir nachdem sich Euer Ehrwürden in dem angezogenen Bescheid ohne weitere Vorbehalte für die Zuläßigkeit der Exhumierung ausgesprochen hatte, gar nicht auf den Gedanken kommen konnten, daß nach deren Vornahme, bezüglich des alsdann der Friedhofseigenschaft völlig entkleideten Grund und Bodens, religionsgesetzliche Fragen überhaupt noch auftauchen könnten. Wir können uns der Ansicht nicht verschließen, daß Euer Ehrwürden selbst hätten die Folgerung ziehen können, daß auf das, mit Ihrer Genehmigung zuvor geräumte Areal das gesetzliche Enteignungsverfahren zur Anwendung gebracht werden und es also zu dessen Abtrennung kommen würde.»

Darüber hinaus sei die *post festum* erhobene Forderung, das Eigentumsrecht an dem Friedhofsgelände zu sichern, in die Praxis umgesetzt eine reine Formalität. Der Untergrund einer derartigen Hauptverkehrsader sei durch Aufgrabungen für Ausbesserungen und Arbeiten an Siel-, Gas-, Wasser- und Elektroleitungen in dauernde und stetig zunehmende Unruhe versetzt. Somit stelle diese Forderung eine Selbsttäuschung dar. Eine kostenfreie Überlassung des Geländestreifens hätte darüber hinaus nur die Begehrlichkeit auf das restliche Friedhofsterrain geweckt. Es sei bereits häufig in der Presse angeregt worden, nach Ablauf einiger Ruhejahre das gesamte Gebiet zur Errichtung einer Markthalle oder einer Verbindungsstraße zur Großen Bergstraße zu erwerben. Der durch die Abtretung erhaltene Entschädigungsbetrag von 20.000 Mark werde «selbstredend den gleichen culturellen und milden Zwecken dienen». Durch die Umbettung sei den dort Begrabenen mehr Pietät erwiesen als durch aussichtslose Unternehmungen.

Rabbiner Lerner erwiderte auf dieses in der Abwehr der religiösen Argumentation einer zuvor konsultierten Autorität bemerkenswert respektlos gehaltene Schreiben, daß bei der Beschaffenheit der portugiesischen Gräber deren Beschädigung durch den Aufbau der Überwölbung wohl wirklich zu erwarten gewesen wäre. Die Annahme, die Erlaubnis zur Exhumierung hätte einen Verkauf des Geländes eingeschlossen, sei jedoch falsch. Lerner betonte:

«Da weder in meiner ganzen Amtsthätigkeit noch in einem der Oberrabbinatsakten je die Möglichkeit des Verkaufs eines jüdischen Friedhofs in Frage kam, so mußte mir der Gedanke fern liegen, daß der verehrliche Vorstand den geheiligten Boden, in dem Ihre Ahnen ihre letzte Ruhe gefunden, gegen materiellen Vorteil zu veräußern die Absicht hätte. Vielmehr setzte ich voraus, daß wie vor Jahren die Altonaer Gemeinde auch die Ihrige das geforderte Opfer ohne alle materielle Entschädigung zu bringen bereit ist. Sie haben den Verkauf einzig und allein auf Ihre eigene Verantwortung unternommen, und muß ich gegen die Annahme, als ob derselbe mit meiner Zustimmung erfolgt wäre, aufs Entschiedenste Verwahrung erheben.»

Hinsichtlich der Erhaltung des Eigentumsrechts habe der Gemeindevorstand als Laie in einer Sache entschieden, die allein Sachverständigen vorbehalten sei.[78]

Am 18.5.1903 steht im Protokollbuch der Gemeinde ein Eintrag über die Verteilung der 20.000 Mark Entschädigung. Davon wurden 3.000 Mark für die Exhumierung, Neubestattung und Legung der Grabsteine verwandt, weitere 2.000 Mark wurden für einen Hausposten im Namen der Gemeinde ausgegeben, die restlichen 15.000 Mark nutzte die Gemeinde schließlich für die Tilgung von Hypotheken.[79]

Im Jahre 1905 publizierte Rabbiner Lerner eine Sammlung rabbinischer Gutachten über Exhumierungen und Aschenurnenbeisetzungen. In der deutsch verfaßten Einleitung bezog er sich explizit auf seine in Altona gemachten Erfahrungen hinsichtlich der Überwölbung und Exhumierung von Friedhofsstreifen zu Gunsten von Straßenverbreiterungen, insbesondere auf die an der Königstraße im Jahr 1902. Seine Begründung für die Erlaubnis, ja für die religiöse Notwendigkeit einer Exhumierung der Gräber am Rand des portugiesischen Teils des Jüdischen Friedhofs Königstraße übernahm Lerner teilweise aus dem Rechtfertigungsschreiben des portugiesischen Gemeindevorstands, führte diese weiter aus und stellte den Bezug zur rabbinischen halakhischen Literatur her. Im Gegensatz zu seinen dem portugiesischen Gemeindevorstand mitgeteilten Bedenken, daß es durch eine Überwölbung des Areals möglich gewesen wäre, das Gelände als Eigentum der Gemeinde zu erhalten und eine Exhumierung zu vermeiden, argumentierte Lerner nunmehr unter Verweis auf den formalen Charakter des Eigentumsrechts - eine öffentliche Straße könne nicht mehr uneingeschränktes Eigentum der Gemeinde sein. Eine solche Argumentation wolle nur Bedenken zerstreuen, daß «die Verstorbenen nicht im fremden, sondern in dem der Gemeinde dauernd angehörigen Boden ihre letzte Ruhe» gefunden hätten.[80] Selbst die von ihm zunächst zurückgewiesene Erklärung des portugiesischen Gemeindevorstands, der Verkauf stelle lediglich einen pragmatischen Umgang mit einer von den staatlichen Stellen aufgezwungenen Situation dar, spiegelte sich vorsichtig formuliert in Lerners Text wider.

Während der traditionsreiche Friedhof an der Königstraße im 20. Jahrhundert ein noch begehrteres Objekt der Stadtentwicklung werden sollte, bestatteten die Hamburger Portugiesischen Juden seit 1883 ihre Toten auf ihrem Bereich des Jüdischen Friedhofs an der Ilandkloppel. Wie in Hamburg üblich, sollte das Friedhofsgelände nicht Eigentum der dort bestattenden jüdischen Gemeinden «Deutsch-Israelitischer Gemeindeverband» und «Portugiesisch-Jüdische Gemeinde zu Hamburg» sein. Hamburg behielt sich ein Zugriffsrecht auf das Gelände vor. Die Folge hiervon war ein langwieriger gutachterlicher Streit rabbinischer

---

[78] Staatsarchiv Hamburg, JG 993, Bd. 5: 320-322
[79] Staatsarchiv Hamburg, JG 993, Bd. 5: 327
[80] Lerner 1905: 6-11

Autoritäten, mit dem Ergebnis, daß sich einige Hamburger Ashkenazim einen eignen Friedhof in Langenfelde einrichteten.

Die Portugiesisch-Jüdische Gemeinde zu Hamburg jedoch beteiligte sich an dem Ohlsdorfer Gelände. In ihrer Satzung war außer der «Einhaltung der Begräbnisplätze» auch die Verpflichtung niedergelegt, ihren Mitgliedern die Bestattung zu «beschaffen».[81] Für mittellose Mitglieder sollte die Beisetzung kostenfrei sein, für die Bessergestellten legte das «Reglement für den Begräbnisplatz der Portugiesisch-Jüdischen Gemeinde in Ohlsdorf» von 1884 das weitere Vorgehen fest. Hier war auch der Kreis derer, die einen Anspruch auf eine Grabstätte hatten, genau umrissen.

Der Begräbnisplatz an der Ilandkoppel nahm die Exhumierten vom Grindelfriedhof auf[82] und barg über Jahrzehnte die Verstorbenen der Gemeinde, bis die letzten Mitglieder in der Shoa ausgelöscht wurden. Heute erinnert eine Gedenktafel an die in den Vernichtungslagern ermordeten Mitglieder beider Gemeinden.

---

[81] Lorenz 1987: 1175, 1179
[82] Siehe auch den Beitrag von Ina S. Lorenz

BIBLIOGRAPHIE

Böhm, Günter
Die Sephardim in Hamburg
in: Herzig, A. (Hg.): Die Juden in Hamburg 1590 bis 1990: 21-40
Hamburg 1991
Cassuto, Alfonso
Der portugiesische Friedhof in Hamburg-Altona
(Manuskript, 1927-1933)
Staatsarchiv Hamburg, StAH, JG 993
Cassuto, Isaac
Aus dem ältesten Protokollbuch der Portugiesisch-Jüdischen Gemeinde in Hamburg
in: Jahrbuch der Jüdisch-Literarischen Gesellschaft 6, 1980: 1-54; 7, 1909: 159-210; 8, 1910: 227-290; 9, 1911: 318-366; 10, 1912: 225-295; 11, 1916: 1-76; 13, 1920: 55-118
Freimark, Peter
Jüdische Friedhöfe im Hamburger Raum
in: Zeitschrift des Vereins für Hamburgische Geschichte 67, 1981: 117-132
Grunwald, Max
Portugiesengräber auf deutscher Erde
Hamburg 1902
Hertz, Hans W.
Judenfriedhof Altona, Königstraße
in: Die Bau- und Kunstdenkmale der Freien und Hansestadt Hamburg. Bd. 2: Elbvororte. Bearbeitet von Renata Klée Gobert
Hamburg 1970: 105-112
Lerner, Meir
Gutachten Rabbiner aller Länder über Exhumierung und Aschenurnenbeisetzung auf jüdischen Friedhöfen
Berrlin 1905

גם כי אלך ,בגיא צלמות
לא אירא רע
כי אתה עמדי:

Auch wenn ich wandle im Tal des
Todesschattens, fürchte ich kein Leid;
denn Du, Gott, bist bei mir!

סדר קבורה
כמנהג קהל קדוש ספרדים.

Friedhofsandachten
nach sephardischem Ritus.

*übersetzt von Isaac Cassuto
für Benutzung der Portugiesisch-
Jüdischen Gemeinde in Hamburg:
K. K. Beth Israel*

שנת ורב טוב לבית ישראל לפ״ק.

Druck von Siegmund Nissensohn in Hamburg.

Bei einem männlichen Verstorbenen.
(7 Rundgänge.)

1. חום Ewiger Gott und Herr des Weltalls, erbarme Dich des Dahingeschiedenen, denn bei Dir ist der Quell des Lebens! Immerdar wandle er in den Gefilden des Lebens und seine Seele finde Ruhe im Bunde der Lebenden!

2. יהי Allgütiger, in Deiner unendlichen Barmherzigkeit vergib ihm seine Sünden; laß aber seine guten Werte Dir stets gegenwärtig sein. So möge er denn zu allen Glaubenstreuen versammelt werden. Immerdar wandle er u. s. w.

3. יהי Ein gutes Angedenken werde ihm bei Dir, seinem Hort. Laß die Gnade seines Schöpfers sein Erbteil sein und Dein Licht ihm strahlen, auf daß an ihm wahr werde des Propheten Wort: „Ja, mein Bund war mit ihm; so gehe er denn ein zum Leben und zum Frieden". Immerdar wandle er u. s. w.

4. אז Dann wirst Du, o Seele, die himmlischen Pforten offen finden, eine Friedensstätte erschauen und Wohnungen ewiger Ruhe. Die Engel des Friedens werden Dir entgegenjubeln und der Hohepriester segnend Dich empfangen. Immerdar wandle er u. s. w.

5. יסעד Deine Seele ziehe zur heiligen Stätte unserer Ergväter, von da zu den Cherubim und, von Gott selber geleitet, in das himmlische Paradies, wo Du die göttliche Erscheinung schauest und, stets höher Dich erhebend, die ewige Seligkeit erlangen wirst. So schreitest Du denn dem letzten Ziele Deines Daseins entgegen, um Deine ewige Ruhe zu finden.

6. שער Die Pforten des Heiligtums öffne Dir der Erz-

אָנָּא הַמַּלְאָךְ הַגֹּאֵל אֹתִי מִכָּל רָע יְבָרֵךְ [...] (1)
בָּנִים. וְאַתָּה יְיָ עִם אֵשֶׁת חַיִל עוֹבַדְתְּךָ תִּהְיֶה עֵזֶר
לְפָנֶיהָ. וְאַתָּה יְיָ תִּהְיֶה מַחֲסֶה לָהּ וְצוּר עֹז מְקוֹם
מָנוֹס לָהּ: (וְהִנֵּה...)
וְעַתָּה יְיָ עִם הַחֲסִידִים הַלֵּךְ נַפְשָׁהּ תֵּלֵךְ בְּחֶבְרַת
הָעֲדָה הַקְּדוֹשָׁה. עִם בְּנוֹת יִשְׂרָאֵל הַחֲכָמוֹת וְהַצַּדְקָנִיּוֹת.
וְעִם נְשֵׁי הַחֲסִידִים וְהַחֲכָמִים וְהַצַּדִּיקִים. וְתַחַת אִילָנוֹת
גַּן עֵדֶן תִּמְצָא מָנוֹחַ עַד קֵץ הַיָּמִין: (וְהִנֵּה...)

לָאָשֵׁר:

בַּקָּשָׁה אַחַר קִיאַת תְּהִלִּים (קיט יוד).

אֶתְחַנֵּן לְפָנֶיךָ אֱלֹהֵי אֲבוֹתַי [...] (2)
וַעֲבָדֶיךָ: (1)

אֱלֹהִים שְׁמַע קוֹלִי מִן הַמְּצָרִים אֶקְרָא אֵלֶיךָ: (2)

מִי יוּכַל לַעֲמֹד לִפְנֵי מִשְׁפָּטֶיךָ אִם לֹא תִסְלַח לַעֲווֹן עַבְדֶּךָ: (3)

אֲבָל עִמְּךָ הַסְּלִיחָה וּבְךָ אֲבַטֵּחַ: (4)

נַפְשִׁי תְקַוֶּה לַייָ מִשּׁוֹמְרִים לַבֹּקֶר שׁוֹמְרִים לַבֹּקֶר: (5)

יַחֵל יִשְׂרָאֵל אֶל יְיָ כִּי עִם יְיָ הַחֶסֶד וְהַרְבֵּה עִמּוֹ פְדוּת: (6)

וְהוּא יִפְדֶּה אֶת יִשְׂרָאֵל מִכָּל עֲוֹנוֹתָיו: (7)

---

engel Michael und bringe Deine Seele zum Opfer dar vor dem Ewigen. Zu Dir geselle sich der Engel der Erlösung und geleite Dich zur heiligen Gemeinschaft Israels. An jener erhabenen Stätte sei Dir beschieden zu weilen! So schreitest Du denn bei dem letzten Ziele Deines Daseins entgegen, um Deine ewige Ruhe zu finden.

7. וְאַתָּ Du Verklärter wirst nun aufgenommen in den Bund der Seligen, in die Gemeinschaft unserer bahingeschiedenen Weisen, Edlesfürsten, Priester, Leviten und Israeliten, zusammen mit den Seelen aller Frommen und Gerechten, um im Paradiese immerdar zu ruhen. So schreitest Du denn dem letzten Ziele Deines Daseins entgegen, um Deine ewige Ruhe zu finden.

Bei einer weiblichen Verstorbenen.

1. אֱלֹהִים Aus der Tiefe, Ewiger, rufe ich zu Dir.

2. אֲדֹנָי Gott, erhöre meine Stimme; neige Dein Ohr meinem inbrünstigen Flehen!

3. אִם־עֲוֹנוֹת Wer könnte bestehen, so Du, Ewiger, der Sünden gedenken wolltest?

4. כִּי־עִמְּךָ Fürwahr, bei Dir ist Vergebung, auf daß Du geehrfürchtet werdest.

5. קִוִּיתִי Auf Gott hoffe ich, hoffet meine Seele, und Seiner Verheißung vertraue ich.

6. נַפְשִׁי Meine Seele harret des Herrn sehnlicher als die Morgenwache den kommenden Morgen erwartet.

7. יַחֵל Hoffe, Israel, auf Gott, denn bei dem Ewigen ist Gnade und der Erlösung viel bei Ihm.

8. וְהוּא Und Er wird von allen deinen Sünden dich befreien.

אֵל מָלֵא רַחֲמִים שׁוֹכֵן בַּמְּרוֹמִים הַמְצֵא מְנוּחָה נְכוֹנָה עַל כַּנְפֵי הַשְּׁכִינָה בְּמַעֲלוֹת קְדוֹשִׁים וּטְהוֹרִים כְּזֹהַר הָרָקִיעַ מַזְהִירִים אֶת נִשְׁמַת פב"פ שֶׁהָלַךְ לְעוֹלָמוֹ בַּעֲבוּר שֶׁנָּדְרוּ צְדָקָה בְּעַד הַזְכָּרַת נִשְׁמָתוֹ בְּגַן עֵדֶן תְּהֵא מְנוּחָתוֹ לָכֵן בַּעַל הָרַחֲמִים יַסְתִּירֵהוּ בְּסֵתֶר כְּנָפָיו לְעוֹלָמִים וְיִצְרוֹר בִּצְרוֹר הַחַיִּים אֶת נִשְׁמָתוֹ ד' הוּא נַחֲלָתוֹ וְיָנוּחַ בְּשָׁלוֹם עַל מִשְׁכָּבוֹ וְנֹאמַר אָמֵן:

(ש) חֲנוּן הֱיֵה נָא חוֹנֵן לָזֶה הָאֹהֶל אֲשֶׁר נִשְׁבַּר הָדָר כְּבוֹדְךָ יְכַפֵּר בַּעֲדוֹ:
(צ) צִדְקָתְךָ תַּעֲבֹר עַל פֶּשַׁע וּבְמַעֲשִׂים טוֹבִים יֵצֵא לִקְרָאתוֹ אֶל קֶבֶר וּבָזֶה לְקָרְבָּן יֵחָשֵׁב:
(ל) לְפָנֶיךָ יַמְלִיץ מַעֲשָׂיו לִפְנֵי כִּסֵּא כְבוֹדֶךָ וְזִיו הוֹדְךָ:
(א) אֵל שׁוֹמֵעַ תְּפִלָּה הַאֲזִינָה אֶל רִנָּתִי וּבְרַחֲמֶיךָ תֵּן מְנוּחָה נְכוֹנָה לְנַפְשׁוֹ חַיֵּי עוֹלָם:

---

1. **חנון** Allmächtiger, sei gnädig dieser sterblichen Hütte, in dunkler Grabesnacht. Möge durch Deinen Glanz, durch Deine Herrlichkeit ihre Seele verklärt werden!

2. **צאך** Deine irdischen Überreste, du Dahingeschiedene, geben wir nun der Vergänglichkeit preis, in dem Reiche der Vergessenheit, auf daß sie in der Gruft zu einem Sühnopfer werden für Deine Seele.

3. **לפני** Die von dir geübten guten Werke seien Deine Fürsprecher vor dem göttlichen Throne und Deiner Seele erstrahle des Himmels Glanz.

4. **אל** Gott, Du Unerforschlicher, erhöre mein Flehen und in Deiner Barmherzigkeit gewähre dieser Seele das ewige Leben.

(Vorbeter): הנה Hier ist der Ort, hier ist die Ruhestätte;
Hier die Rast, hier das Erde.

(Gemeinde): למך Ruhe sanft in süßem Schlummer; und deine Seele gehe ein in die Gefilde ewiger Seligkeit.

(Vorbeter): מלאכי Die Engel des Friedens eilen dir entgegen und rufen Willkommen dir zu.

(Gemeinde): דמה Bertrau' Deinem Schöpfer, dem, der in's Dasein dich gerufen;
Denn begründet ist die Hoffnung auf deine Unsterblichkeit.

והוא Er, der Barmherzige, möge die Sünden vergeben und nicht dem Untergange uns weihen, sondern das Unheil abwenden und Seinen göttlichen Zorn an uns vorübergehen lassen.

Beim Hinausgeleiten:

יהי Möge die Huld des Ewigen, unseres Gottes, über uns walten. Lasse das Werk unserer Hände gelingen; ja unserer Hände Werk laffe gelingen. —

ישב So spricht der Menfch, der sich unter den Schutz des Höchsten stellt, in Sicherheit weilt unter der Obhut des Allmächtigen: Der Ewige, sage ich, ist meine Zuversicht und meine Zuflucht, mein Gott, auf den ich vertraue. Denn Er wird aus der Schlinge des Verfolgers, von der verheerenden Seuche dich erretten. Mit Seinen Fittigen schützet er dich und unter Seinen Schwingen bist du geborgen; Schild und Schutzwehr ist dir Seine Treue. Du wirst nicht fürchten das Grauen der Nacht, den Pfeil, der am Tage einherschwirret; nicht die im Finsteren schleichende Seuche, noch das Verderben, das am hellen Tage wütet. Ob tausend an deiner Seite, zehntausend zu deiner Rechten hinsinfinken, bir nahet kein Unheil. Du schauest nur mit deinen Augen, siehest die den Frevlern werdende Vergeltung. Ja, Du, o Herr, bist meine Zuversicht! — Zu dem Höchsten hast du deine Zuflucht genommen, so wird dir kein Unglück widerfahren, kein Leid sich deinem Zelte nahen. Denn Seine Engel entbietet Er dir, dich auf allen deinen Wegen zu behüten. Auf Händen werden sie dich tragen, daß deinen Fuß kein Stein verletze. Über reißendes Getier und Nattern schreitest du hinweg, zertrittst Löwen und Ungeheuer. — War doch nach Mir sein Verlangen, daher werde Ich ihn; Ich beschütze ihn, weil er Meinen Namen erkannt. Er ruft Mich an und Ich erhöre ihn, bin bei ihm in der Not, werde ihn befreien und zur Herrlichkeit bringen. Ein langes Leben werde Ich ihm gewähren und ihm Mein Heil erschauen laffen.

Beim Einsenken.

הנה Hier ist der Ort, hier die Ruhestätte; hier die Rast, hier das Erde. Die Engel des Friedens eilen dir entgegen und rufen Willkommen dir zu.

Unterwerfung in den göttlichen Willen.

צדיק Du bist gerecht, o Gott, und was Du beschließest ist wohlgetan. Auf allen Seinen Wegen ist der Herr gerecht und huldvoll ist all Sein Walten. Ewig unwandelbar ist Deine Gerechtigkeit und Deine Lehre lautere Wahrheit. Die Urteile des Ewigen sind wahrhaft und gerecht allesamt. Wenn das Geheiß des Weltenkönigs ergeht, wer darf nach den Gründen Seines Handelns fragen? Er ist einzig, und was Er verhängt hat, wer vermag es abzuwenden? Sein Wille gebeut und so geschieht es. Der Hort, vollkommen ist Sein Walten; ja, Recht sind alle Seine Wege. Ein Gott der Treue und ohne Fehl, gerecht und aufrichtig ist Er. Ein Richter der Wahrheit, dessen Urteile gerecht und wahrhaft sind. Gepriesen sei der gerechte Richter, denn alle Seine Ratschlüsse sind Gerechtigkeit und Wahrheit.

An den Tagen, an denen keine Tachannunim gebetet werden, spricht man an Stelle von צדיק אתה, folgendes:

יי Ewiger, was ist der Mensch, daß Du seiner gedenkest? der Erdensohn, daß Du ihn beachtest? Der Mensch, einem Hauche gleichet er, seine Tage sind gleich dem enteilenden Schatten. —

Das Gebet für einen Chacham oder sonst hervorragenden Mann wird mit folgenden Bibelversen eingeleitet:

והחכמה Wo ist die Weisheit zu finden, wo die Stätte der Einsicht? Heil dem Sterblichen, der Weisheit gefunden, dem Menschen, der Wissen verbreitet. Wie groß, o Gott, ist das Gute, das Du vor den Augen der Frommen vorbehalten, das Gute, das Du vor den Augen der Menschen denen erweisest, die auf Dich vertrauen! Wie kostbar, o Gott, ist Deine Gnade, Du schützest Menschenkinder unter Deinen Fittigen; sättigst mit himmlischen Freuden sie, labest sie aus Deiner Wonne Strom.

תפלה לאיש:

(Dieses Gebet wird auch gesagt am Sterbetage eines Mannes oder beim Besuch seines Grabes)

טוב "Besser ist ein unbescholtener Name, als das köstlichste Öl, besser die Todesstunde, als der Tag der Geburt." „Die Frommen frohlocken in Ehren, lobsingen auf ihren Ruhestätten." Möge ungetrübte Ruhe in jenen erhabenen Gefilden, unter den Fittigen Deiner Majestät, o Gott, ihm werden, jener Aufenthalt ihm werden, den Du den Heiligen und Lauteren bestimmst, die dem himmlischen Glanze gleich erstrahlen und Licht verbreiten. Möge, mit der Auflösung der vergänglichen Hülle, seiner Seele Hilfe, Verzeihung, Schonung und Gnade werden von Dir, Gott, der Du im Himmel thronest. Lasse durch Deine Gnade des ewigen Lebens teilhaft werden den lieblichen Jüngling (den wackeren Mann – den ehrwürdigen Greis – meinen Vater und Lehrer, Krone meines Hauptes), ihn, der nach Deinem unerforschlichen Ratschlusse, Gott des Himmels und der Erde, aus dieser Welt geschieden. Du König aller Könige schenke seiner Seele Erbarmen, nimm sie unter Deinen Schutz, laß Deine Herrlichkeit sie erschauen, in Deinem Heiligtum sie weilen, bereite der Auferstehung teilhaft werden und an den Strömen himmlischer Wonne sich laben. Seine Seele werde aufgenommen in den Bund der Lebenden, denn der Ewige walte über seiner Ruhestätte, wie geschrieben steht: „Sie, die in Rechtschaffenheit wandelten, begleite ihn und Friede ist sein Erbteil. Friede gehen ein in Frieden, ruhen aus auf ihren Lagerstätten."

לְמַעַן תִּזְכְּרוּ וַעֲשִׂיתֶם אֶת כָּל מִצְוֹתָי וִהְיִיתֶם קְדֹשִׁים לֵאלֹהֵיכֶם. אֲנִי ה' (וגו׳).

תפלת אשה

אֵשֶׁת חַיִל מִי יִמְצָא. וְרָחֹק מִפְּנִינִים מִכְרָהּ: בָּטַח בָּהּ לֵב בַּעֲלָהּ. וְשָׁלָל לֹא יֶחְסָר: גְּמָלַתְהוּ טוֹב וְלֹא רָע. כֹּל יְמֵי חַיֶּיהָ: [...] רִבּוֹנוֹ שֶׁל עוֹלָם [...]

So erfülle es sich an ihm und an allen Dahingeschiedenen seines Volkes Israel, durch Deine Barmherzigkeit und Deine Gnade; Amen!

(Dieses Gebet wird auch gesagt am Sterbelager einer Frau oder beim Besuch ihres Grabes.)

אשה „Ein biederes Weib, wer findet sie? Weit köstlicher denn Perlen ist ihr Wert!" Rühmet ihrer Hände Fleiß und verkündet laut ihrer Taten Lob! Allbarmherziger Gott, der Du allein Herr der Gnade bist, Du, auf dessen Geheiß das Diesseits und das Jenseits entstanden; Du, welcher unter Deine Obhut nimmst, das Weib, das Deinem Willen treu ergeben, das aufrichtig und wohltätig ist, laß doch Deiner Herrlichkeit, Deiner Allmacht sich nahbringen das Andenken der geehrten, tugendhaften und ehrbaren Jungfrau ..., Frau ..., Gräfin ..., meiner Mutter, der Krone meines Hauptes, ihrer, die auf Deinen Befehl, Gott des Himmels und der Erde, von den irdischen Fesseln befreit, heimgegangen ist; sie ruhe in Eden. — Herr, König der Könige, laß Deiner Barmherzigkeit und Deiner Gnade sie teilhaft werden, laß Friede der Begleiter ihrer Seele, der Hüter ihrer Gruft sein; wie geschrieben steht: „Sie, die in Rechtschaffenheit wandelten, gehen ein in Frieden, ruhen aus auf ihren Lagerstätten." Möge dieses in Erfüllung gehen an ihr und an allen Verklärten, die im Namen des ewigen Gottes Israels heimgegangen, durch Deine Gnade, durch Deine Sühne. Amen!

לְכֵן הָשֵׁב שְׁכִינָתְךָ אֱלֹהִים חַיִּים, וְנִחַמְתָּ, וְנִחַמְתָּ אֱלֹהַי מַחֲרִישֵׁי לָב. הַנֶּעֱשָׂקִים דִּמְעַת יוֹשְׁבֵי עָפָר מָחֵה כִּי לֹא תֶחְפֹּץ מוֹת הַמֵּת: יִחְיוּ מֵתֶיךָ נְבֵלָתִי יְקוּמוּן, הָקִיצוּ וְרַנְּנוּ שֹׁכְנֵי עָפָר כִּי טַל אוֹרֹת טַלֶּךָ, וְאֶרֶץ רְפָאִים תַּפִּיל:

קדיש אבלים

יִתְגַּדַּל וְיִתְקַדַּשׁ שְׁמֵהּ רַבָּא. אָמֵן. בְּעָלְמָא דִּי הוּא עָתִיד לְאִתְחַדָּתָא וּלְאַחֲיָאָה מֵתַיָּא וּלְאַסָּקָא יָתְהוֹן לְחַיֵּי עָלְמָא וּלְמִבְנֵא קַרְתָּא דִירוּשְׁלֵם וּלְשַׁכְלָלָא הֵיכָלֵהּ בְּגַוַּהּ וּלְמֶעֱקַר פָּלְחָנָא נוּכְרָאָה מִן אַרְעָא וְלַאֲתָבָא פָּלְחָנָא דִשְׁמַיָּא לְאַתְרֵהּ וְיַמְלִיךְ קֻדְשָׁא בְּרִיךְ הוּא בְּמַלְכוּתֵהּ וִיקָרֵהּ [...] וְיַצְמַח פֻּרְקָנֵהּ וִיקָרֵב מְשִׁיחֵהּ [...] בְּחַיֵּיכוֹן וּבְיוֹמֵיכוֹן וּבְחַיֵּי דְכָל בֵּית יִשְׂרָאֵל בַּעֲגָלָא וּבִזְמַן קָרִיב וְאִמְרוּ אָמֵן:

לָכֵן Der Ewige wird den Tod auf immer verſchwinden laſſen, die Tränen auf jedem Angeſicht trocknen und überall auf Erden die Schmach Seines Volkes abwenden; denn ſo hat der Herr geſprochen. Deine Toten werden wieder aufſtehen, Meine Dahingeſchiedenen auferſtehen. Erwachet und frohlocket ihr, die ihr im Staube ſchlummert! Denn wie der Tau die Pflanzen neu belebt, ſo der göttliche Tau der Menſchen, und die Erde wird die Dahingeſchiedenen wiedergeben. Er, der Barmherzige möge die Sünden vergeben und nicht dem Untergange uns weihen, ſondern das Unheil abwenden und Seinen göttlichen Zorn an uns vorübergehen laſſen.

Dieſes יִתְגַּדַּל-Gebet wird von den Leidtragenden geſagt:

יִתְגַּדַּל Verherrlicht und geheiligt werde Sein großer Name in der Welt, die ſich einſt verjüngen wird! Er wird einſt die Toten wieder beleben und ſie erſtehen laſſen zum ewigen Leben; wird die Stadt Jeruſalem erbauen und Seinen Tempel in ihrer Mitte gründen, wird den Götzendienſt von der Erde verſchwinden laſſen und die Gottesverehrung nieder einſetzen in ihre Stätte. Möge der Heilige, gelobt ſei Er, Sein Reich und Seine Herrſchaftheit herbeiführen, bei eurem Leben und in euren Tagen und beim Leben des ganzen Hauſes Jsrael, bald und in naher Zeit — darauf ſprecht: Amen! Sein großer Name ſei geprieſen für ewig und in aller Ewigkeit! Gelobt und geprieſen, gerühmt und verehrt werde erhoben, erhöht, verherrlicht, angebetet ſei Er, hoch über alle Lobſprüche und Lieder, Benedeiungen und Troſtesworte, die je auf Erden ausgeſprochen worden. Darauf ſpricht: Amen! Mögen Krieg, Hungersnot, Seuchen und ſchlimme Kraut.

heiten uns allen und ganz Israel fern bleiben! Des
Friedens Hülle und Lebensglück komme vom Himmel
über uns und ganz Israel! — Darauf sprechet: Amen!
Er, der in Seinen Höhen Frieden stiftet, Er sende in Seinem
Erbarmen Frieden über uns und über ganz Israel! —
Darauf sprechet: Amen!

Copia das Ascamot[1]
de
ביקור חולים[2]

Em Nome del Dio Bendito

Sendo dever de cada Particular que amostra ter Ambicão, de fazer tudo o esforço posivel, para procurar a Ser independente de Seu proximo, de evitar tanto que pode, de vir a Carga da Sedaca, mesmamente em Occasioems Urgentes, Resolveo o Sr Daniel de Abraham Benveniste dando Cabimento as rasoems ariba expostos de Fundar & Armar dando Noticia aos S[res] do MM de esta Nação Portuguesa hum Uniao Cuya intento sera de Aliviar em parte a Caixa de Nacão tanto que Posivel for, & de formar, depois de Aver feito seu melhor para engagear Participantes, huma Caixa comun, da qual cada hum dos Interessados, em Caso que lhe sobre vir Duença, podra pretender como de Seu, hum tanto, por Semana,

---

[1] Alfonso Cassuto: «*O cemitério portugues em Hamburgo-Altona*», MS 1927-1933, pp. 3-8

[2] Escolhi , para exemplificar o Portugues do século XIX, a seguinte *Copia das Ascamot de Bicur Holim*, porque se trata de uma cópia corrigida e ajuramentada, pelo que teremos de admitir que os membros da Confraria estavam de acordo com o texto, não se podendo, portanto, responsabilizar dos diversos erros, uma incorrecta transcrição. Procurei, unicamente, corrigir os erros mais grosseiros. A frequente e estranha construção frásica ou o desajeitado modo de expressão mostram a influencia de diferentes línguas, como o alemão, o francês e o espanhol. A decadência do conhecimento da língua portuguesa é evidente. (*Alfonso Cassuto: O cemitério portugues em Hamburgo-Altona, MS 1927-1933*)

por o Tempo que a Duenza durára, Sendo que o Cabedal que vir pode não he, si não que hum Cabedal Geral, ou Deposito de Cada hum dos Interessados Esperando na Clemencia da Divina Majestade queira Prosperar e Bensoar esta União, lhe foy dado o Nomem de

ביקור חולים

baixo as Leyes & Puntos Seguintes.

1mo

Administração   Esta União sera logo que as Participantes serão em bastante Numero Aministrado por tres Pesoas Benemeritoas por hum Tempo de hum Anno, os quas serao Eleitos em Junta Geral dos Interessados nellas.

2º

Observação do Presidente   Se votara sobre a Eleicao de hum Presidente e dous Adjuntos. Sobre o Presifente tera a Faculdade de Chama Junta, tanto particular /: com os seus Adjuntos: / como Geral, com, ou sem Condenação segum Esigão os Casos, Sempre 24 Oras adeantadamente nao Exagerando a Condição que de hum Marco.

   a) Aquelle que sera Eleito por Presidente por a Mayoria de votos & nao o Açeitar o tera de Avisar 24 Oras depois Eleição aos Adjuntos e pagara por a refusa tres Marcos por o Beneficio da Caixa Comum.

   b) Como tambem cada hum dos Adjuntos não Aceitando a Nominação, deverão declararse no tempo de 24 oras ao mais tardar e terão que pagar por Beneficio da Caixa hum Marco & oito placas.

   c) Si em Caso hum dos Directores se Despedirão de seu Empleo no Corrente do Anno, tera Sempre que pagar a Condenação Mencionada.

3ª

Observação dos directores   O Presidente & os Adjuntos terao de estar presentes em cada Junta, e emfaltando, nao Sendo por falta de Sauda, tera que pagar aquelle que faltar hum Marco a Caixinja.

4ª

Maneira dos Recebimentos   Cada hum dos S^{res} Directores tera a receber as Semanadas e oque mais se Offrecer por o tempo de quatro mezes arreos, e depois de Cumprimento de este Tempo tera que dar Conta Exacto de Rendimento e Gastos que teve em seus quatro Mezes a quelle dos Adjuntos que lhe segue na

Cobranza, dos quatro Mezes seguintes, e pór o Dineiro que lhe sobrar na Caixa que por esse Efeito se tera Comprada.

5ª

anda a Caixa y cuanto fechadura deve ter A Caixa na qual ficarão Recibimentos tera tres Fechaduras diferentes com suas Chaves, Cuyas serão distribuidas a Saber.
 huma Chave em poder do Sr Presidente. - outra em poder do primeiro Adjunto. - & outra em poder do Segundo Adjunto - ficara a Caixa em poder de aquelle que tera a receber as Entradas conmo resa Artigo 4.

6ª

os que não podrão fungir juntos Não podrão ser Eleitos na Administracão para em hum Tempo. Pay & Filho, Irmãos, Cunhados ou Primos.

7ª

os que podão ser membro Cada hum de nossa Nacão lhe sera Libre de Participar neste União, homem ou Mulher pagando huma placa por Semana Sendo de bom Comportamento.

8ª

Comunicação Em tendo hum dos Membros que Allegar alguma Cousa, o tera de Comunicar ao Sr Presidente qual si he Caso Urgente, chamara Junta Geral, ou Particular, Segun a elle lhe parecer mais ou menos Importante.

9ª

A Edade que deve ter quem deseya ser Membro Não se admittira nesta União Membro que ja nnao tenha Treze Annos Comprimidos.

10ª

Empleo do dinheiro da União Do Dineiro que emtrar na Caixa não sepodra fazer outra Uzo, que em Cazo que hum dos Membros vir a Adueser de Mandar lhe com o Cobrador cada Semana o que da Caixa Comum como de Seu lhe tocar, durante a Duenza, e sera Obrigado o Duente de o receber, Sendo que nao he Caixa ande Estrangeiros, nao Participantes da União, podem Contribuir, Se porem em Cazo de nao o Careser lhe ficara Libre de restituir a Sua Melhoria o recebido, elhe asera Catado conmo Presidente dadso a Caixa da União, ecomo tal, lhe sera Protocollado.

11ª

Dever do Membro   Todo Membro tem baixo Condenação de 34 M., logo que lhe sobrevir Duenza annão poder Sahir, que dar avizo aoS^r Prezidente, para que emtre a Administração se Otorisa, hum para Tomar Inspecção de Imferno e Emfirmedade para segum isso poder Obrar.

12ª

Para não Equivocarse se Estipula que o Dinheiro que entrar em Caixa de esta União, Sou Servira para os Membros em Caso de Duenza e não podrão outras que Pretender da ditta Caixa Socorro ou Dadiva alguma, mesmamente sendo Mulher o Criatura de Membro não Contribuindo em Pessoa.

13ª

Para nao andarem discucoems se Estipula que em Duezendo Membro de esta União, Sendo Pay de Familja em Consideração, que esta Sua Duenza lhe Empida a fazer Deligenças para procurar a Necessitado para sua Familha tera que Pretender aSomma de Marcos Seis por Semana. -
Viuvo com familja aSeu Cargo Marcos Seis.
Membro sem Familja Marcos Quatro.
Mulher de Membro tambem Contribuendo não tera que pretender que duas Terças do que o Marido Sendo Membro recebería, sendo que aditta tem, alle,m da Duenza, apretender a mesma porcão de duas Terças (2/3) estando de Parto, epor quatro Semanas Arreos.-
Viuva sem filhos por Semana Marcos quatro.
ditta com Crianças asua Carga the Seis.

14ª

Evetar Devitos   Para evitar Dependencias terão os Senhores Administradores & aquelle que funge como Recebedor os quatro Mezes, mais que outros que dar Tino enao permetter que os Membros Seyão Tardivos na Pagamentos, ao muyto podra dever 12 placas, sendo que em Passando esta Limito se lhe Catara como dispidido, e em devendo mais, sera o recebedor responsavel a Caixa por o devito enteiro, mais para Lograr da Caixa, o Interessado desta União não podrar mais que 4 placas em devendo mais, fica participante, mais não tem que pretender em Cazo de Dueza, algo da ditta Caixa, Sendo não aquelle em Chega ao Limito de 12 placas fica despidido, de si mesmo, e em quirendo Participar de Novo nesta União, Sera Catado como Estrangeiro, esetem asubmeter Segum resa o Artigo 17.

15ª

Tocante o Livro das Entradas Extra Ordinario Para que a Caixa tenha allem das Semanadas algum Proveito tera o recebedor, que dar Tino si em seus quatro Mezes hay funcão entre os Membros de Casamentos o Berit, de hir no Dia que tal Funcão tinha Lugar de tal Membro com hum Livro, que se chamara / Livro das Entradas Extra Oridinarias / para que os Noivos o Bahal a Berit firmão, no ditto o que Seus Coraçoems lhe involunta, fica tambem livre a Cada Participante, afirmar em ditto Livro quando lhe der Gosto.

16ª

Logo e quando na Caixa havra a Somma te 150 M. de Cabeltal, serao Obrigados oS^{res} Directores a Comprar huma Obrigacão para que o Dineiro de Lucro, & a Obrigacão devera ser de 100 M.

17ª

Cada qual que deseyxa emtrar nesta União o podra sem que se carese votar sobre a sua Entrada sendo sujeito de o bom Comportamento, e em pagando as Semanadas do Commensamento do Anno que emtre, B: c. estando de Sauda y nao tem que Pretender por o Primeiro Anno nada da Caixa vindo a Dieser, ou deve pagar a sua Entrada por hum Anno adeantado, Sendo que os autros Membros tambem pagarão hum Anno enteiro sem poder Lograr da Caixa.

18ª

Tempo de por o Balan. & Eleicão Novo. Ao fim do Anno os Directores a dar Conte Spiceficado dos Rendimentos & Gastos que occurerão no Anno em Junta Geral & logo depois se votara por hum Presidente & hum Adjunto, sendo que o Presidente que sahir entre por Adjunto, nao podendo Servir huma & mesma Pessoa, dous arreos como Presidente.

19ª

Os que podem ser Eleitos na Aministracao Parnas regente o Administrador ou Gabay de outra Irmandade nao podrão ser Eleitos na Direcção de esta União & em Sucedendo que hum o mais da Direcção Seyão Eleito em hum dos Cargos Nomeados nao podra mais fungir nesta União, e logo se votara sobre outra dos Interessados para ramplacar os Nomeados, Sem que os dittos tenem que pagar Condenacão.

20ª

Em Caso de Estorvos nas Executacoems da União Para evitar em caso que se tem de Abrir a Caixa, que hum do possesores das Chavez para sendolhe bem, ponha Estorvo nas Executaçoems da União, nao querendo vir na Junta nem Mandar sua Chave, terao os autros dous de Nomear algum Interessados em Numero de 7 para que estes com os dous da Direcção Julgão Segum as Leyes. Se he nescessario de Abrir a Caixa o não, e em Caso de Achar por assertado, terão a Faculdade de deixar Abrir a Caixa & em Achando que nao se deve Abrir a ditta Caixa, nao o podrão Executar por ni hum Modo.

21ª

do Cobrador Se tomara hum Cobrador qual tera hum Salario fixo por Anno & tera que hir cada Semana a Cobrtar as Semanadas dos Pasrticipantes, Chamar Junta & efim fazer todas as Deligencias que requer esta União.

Depois de haver Lehido Artigo por Artigo em Junta Geral as Leyes & Puntos de esta União & havendo sidos aprobados da Direcção como de S[res] Interessados forão firmados, de maons proprio prometendo de manteros Inviolablemente, em Hamburgo 10 de Tisri 5587 - Sendo 1º de Outubre 1826
    Signatum]...]
Hamburgo 27 de Março 1828
Pro vera Copia
        Joseph de Eliau Sealtiel· com presidente
                J. L Azulay
    Adjuntos
              Meldola

Die Synagogen der Sefardim in Hamburg und Altona
Eine Spurensuche

Saskia Rohde (Hamburg)

Die Synagogen der einst blühenden, berühmten sefardischen Gemeinden in Hamburg und in der vor ihren Toren gelegenen, 1937 nach Hamburg eingemeindeten Nachbarstadt Altona, sind heute verschwunden. Ein Minimum an überkommenen Schriftquellen und wenige Bildquellen vermitteln bruchstückhaft einige Eindrücke von ihnen. Vor allem von jenen ersten Beträumen, die die Gemeinden im 17. Jahrhundert unterhielten, läßt sich allenfalls die Lage, zumeist nicht einmal diese, exakt rekonstruieren. Das gilt für beide Städte, hat jedoch nicht dieselben Gründe, da die Obrigkeiten unterschiedlich mit der jüdischen Minderheit ihrer Stadt umgingen.

Die Blütezeit der Hamburger Sefardim: Wirtschaftlicher und kultureller Glanz - umstrittene Beträume und verbotener Synagogenbau

In Hamburg waren die Lebensbedingungen der Sefardim wenig stabil. Die aus fiskalischen Interessen betriebene Politik der Duldung des Hamburger Rates war ständig durch den Widerstand der politisch einflußreichen, judenfeindlichen lutherischen Geistlichkeit und der von ihr aufgehetzten Bevölkerung gefährdet - erinnert sei nur an die ersten Eingaben des Geistlichen Ministeriums ab 1617 und vor allem an die Schreiben des Pastors an St. Petri und späteren Seniors Johannes Müller an den Rat und die Oberalten.[1] Religiöse Zusammenkünfte verbot bereits das erste zwischen Rat und Sefardim geschlossene Konkordat von 1612, das in den folgenden Jahrzehnten ohne diesbezügliche Änderungen mehrfach verlängert wurde.[2] Dennoch gab es Gottesdienste, und der Rat tolerierte die schließlich allgemein bekannten «gotteslästerlichen Conventicul» stillschweigend.[3]

So trafen sich die Hamburger Sefardim selbst in ihrer Blütezeit zum Gottesdienst in Beträumen, die in Wohnhäusern von Gemeindemitgliedern eingerichtet

---
[1] Kellenbenz 1958: 37. Siehe dazu auch Reils 1847: 356-424; zu Johannes Müller und seinem Schreiben von 1649 siehe ebenda 396; Whaley 1992: 91
[2] Für die Konkordate siehe Reils 1847; Kellenbenz 1958: 31 f. (1612), 37 (1617), 47 (1650)
[3] Kellenbenz 1958: 32; siehe auch den Beitrag von Günter Böhm

waren. Es liegt daher auf der Hand, daß über diese Beträume kaum etwas aufgezeichnet wurde, daß man nichts darüber weiß, wie sie aussahen oder welchen Teil des Hauses sie einnahmen - der Verlust der Protokollbücher der Gemeinde für die Zeit vom ausgehenden 16. Jahrhundert bis zur Mitte des 17. Jahrhunderts, die zusammen mit großen Teilen des Gemeindearchivs beim Stadtbrand 1842 vernichtet wurden, ist wohl erst in zweiter Linie Ursache des geringen Kenntnisstandes.

Nicht einmal der Zeitpunkt, seit dem es diese Beträume gab, ist eindeutig festzumachen. Aus der Aussage des Renegaten Hector Mendes Bravo vor dem Inquisitionstribunal in Lissabon im Jahr 1619 ergibt sich, daß es um 1612 für die etwa 150 Personen zählenden Hamburger Sefardim[4] drei Beträume in Wohnhäusern gab: bei Rodrigo Pires Brandao, Alvaro Diniz und Ruy Fernandes Cardoso.[5] In der Wohnung Brandaos am Alten Wall versammelte sich die Gemeinde Neve Salom; ihr Domizil wurde nach dem Zusammenschluß der Gemeinden 1652 zur Gesamtgemeinde Bet Israel zur Hauptsynagoge. Die beiden anderen Gemeinden nannten sich Talmud Tora - sie fand sich zumindest 1627 zum Gebet in Eliahu Aboab-Cardosos Haus an der Herrlichkeit zusammen, wo im übrigen eine *miqve* bestand und eine *mazzot*-Bäckerei betrieben wurde - und Keter Tora. Diese betete um dieselbe Zeit oder wenig später in der Wohnung eines Mitglieds der Familie Aboab-Faleiro.[6]

Das Konkordat von 1650 brachte einige Erleichterungen. Es erlaubte unter der Voraussetzung, daß nicht mehr als vier bis fünf Personen zugleich eintrafen bzw. das Haus verließen und nicht mehr als insgesamt 15 Familien zusammenkamen, immerhin Gottesdienste in Privathäusern.[7] Der Bau einer Synagoge blieb der inzwischen mit etwa 600 Personen zu den größten sefardischen Niederlassungen in Europa zählenden Hamburger Gemeinschaft[8] jedoch weiterhin verboten. Die vorhandenen drei Beträume und die nun darin erlaubten Gottesdienste wären «Synagoge genug» schrieb das Geistliche Ministerium den Oberalten in seinem

---

[4] Kellenbenz 1958: 32; vgl. auch Roth 1944

[5] Böhm 1991: 21-40, der damit Cassutos Vermutung, sie hätten alle drei um 1610 bereits bestanden, bestätigt (Cassuto 1927:7)

[6] Nach Feilchenfeld 1898: 217 bestand die Synagoge der Gemeinde Talmud Tora im Hause Aboab-Cardosos an der Herrlichkeit 1627; anschließend fährt er fort: «Bald darauf entstand ein 2. Bethaus, die Keter Tora, für die Abraham Fonseca [...] gewonnen wurde. Auch eine dritte Synagoge, Neve Salom, wird aus jener Zeit genannt.» Für keine der beiden nennt er die Belegenheit. Kellenbenz 1958: 37, spricht unmittelbar nach der Erwähnung des ersten Vorstoßes der Geistlichkeit im Jahre 1617 gegen die «heimlichen» Zusammenkünfte davon: «In diesen Jahren ließ eine der wohlhabendsten Familien, die Aboab-Faleiro, eine Synagoge, Keter Thora, vermutlich als Wohnhaus getarnt einrichten. 1627 errichtete ein Aboab-Cardoso eine weitere, Talmud Thora, in seiner Behausung» (letzteres mit Verweis auf Reils 1847: 394, und Max Grunwald 1902: 96). Stein 1984: 28, spricht - leider ohne Quellenangabe - offenbar von einer vierten Synagoge: Magen David, bedauerlicherweise ohne die Straße bzw. den Haus- (Wohnungs-)eigentümer anzugeben.

[7] Kellenbenz 1958: 47

[8] Whaley 1992: 92, ebenso Kellenbenz 1958: 41. Die Angabe bezieht sich auf die frühen 1660er Jahre.

Bedenken vom 31. Juli 1651 gegen dieses Konkordat.[9] Das Ministerium brachte auch die folgenden Versuche der Sefardim, eine Synagoge zu errichten, in den Jahren 1660, 1668 und 1672 zu Fall - zuletzt auch im wörtlichen Sinne, als es den Abbruch eines bereits begonnenen Neubaus erzwang.[10]

Altona: Eine kleine Gemeinde auf einer «Insel der Toleranz»[11]

Die kleinere, jüngere und zeit ihres Bestehens weitaus weniger bedeutende sefardische Gemeinde in Altona hatte weniger Schwierigkeiten. Die Grafen von Holstein-Schauenburg gewährten in der zu ihrem Territorium gehörenden Siedlung - gewiß nicht zu ihrem Nachteil - den im Zuge der Gegenreformation Verfolgten Aufnahme und Religionsfreiheit: 1594 den Katholiken, 1600 den Mennoniten, 1602 den Reformierten.[12] Zunächst unausgesprochen, galt dies vermutlich auch für die ersten um diese Zeit in Altona erscheinenden Ashkenazim. Während diesen 1612 der Schutzbrief des Grafen Ernst III. von Holstein-Schauenburg zusicherte, sie könnten «zu Altenah wohnen und ihres glaubens, wie sie bißhero getan, leben», wurde die Religionsfreiheit der «Portugiesen», die vereinzelt ab 1619/20 in Altona nachweisbar sind, vorausgesetzt; ausdrücklich festgeschrieben war sie nicht.[13] Diese Situation veränderte sich nicht, als Altona mit der Herrschaft Pinneberg 1640 an die dänische Krone fiel. Noch 1782 schrieb Moses Wessely über Altona: «Daselbst haben die Juden bekanntlich solche Freiheiten, als sie in neuern Zeiten bisher an wenigen Orten, und vielleicht an keinem, gehabt haben.»[14]

Vage sind allerdings auch bei den Altonaer Sefardim die Nachrichten über ihre ersten Versammlungsräume. Gemeindeprotokolle sind erst für die Zeit ab 1722/23 erhalten. Mehrfach wird in der Forschungsliteratur darauf hingewiesen, daß die wenigen in Altona ansässigen Sefardim die 1646/47 von den Ashkenazim in der Mühlenstraße eingerichtete Synagoge mitbenutzt hätten,[15] wobei offenbleibt, wie diese gemeinsame Nutzung angesichts eines differierenden Ritus und traditionell unterschiedlicher synagogaler Raumschemata funktionierte. Durchaus wahrscheinlich ist jedoch die Vermutung, die Sefardim hätten von 1684 an diese

---

9 Reils 1847: 405
10 Siehe dazu Stein 1984: 34-38
11 Kopitzsch 1990: 235
12 Kopitzsch 1990: 217 (Katholiken), 218 (Mennoniten, Reformierte), wobei den Reformierten die öffentliche, den Mennoniten die private Religionsausübung gestattet wurde; neben der toleranten Einstellung spielten auch in Altona bei ihrer und der Juden Aufnahme ökonomische Aspekte eine Rolle: ebenda; für die dänische Zeit siehe Marwedel 1976: 325
13 Marwedel 1976: 117, Nr. 3 Privileg vom 5. Mai 1612; zu den Sefardim ebenda 105
14 Zitiert nach Kopitzsch 1990: 234
15 Goldenberg 1924: 53; in seiner Nachfolge Bau- und Kunstdenkmale 1970: 103; Marwedel 1976: 105 (Anm. 357); Stein 1984: 130

Synagoge in der Mühlenstraße allein genutzt, da die Ashkenazim zu diesem Zeitpunkt ihren Synagogenneubau in der Kleinen Papagoyenstraße bezogen.[16]

Zu Beginn des 18. Jahrhunderts fanden die Altonaer Sefardim in einem anderen Haus Unterkunft. Die Mühlenstraße gehörte zu jenen Straßenzügen, die beim Stadtbrand 1713 im Verlauf des dänisch-schwedischen Kriegs verwüstet wurden. Danach richteten die Altonaer Sefardim einen «gewissen Saal in der breiten Gasse [...] Nr. 390 Südertheils [...] zu ihren gottesdienstlichen Versammlungen» ein.[17] Er wurde Bet Jakob ha-Katan, «Das kleine Haus Jakobs», genannt. Ludolph Hinrich Schmidt schrieb 1747:

> «*Die Juden Synagoge ist in der breiten Strasse, und sehr gros, auch inwendig mit vielen Kronleuchtern nach ihrer Art gezieret, und die Decken, so bey dem so genannten Heiligsten haengen, sind sehr reich und kostbar.*»[18]

Die Gemeinde verließ diesen Raum offenbar erst, als der Neubau in der Bäckerstraße, für den sie mit dem Privileg vom 22. März 1771 die Baugenehmigung erhalten hatte, stand. Am 16. November 1770 hatten die Altonaer Sefardim nach wiederholten Auseinandersetzungen mit den Hamburger Sefardim an den dänischen König Christian VII. ein Gesuch gerichtet, in dem sie baten, eine ordentliche Gemeinde bilden und eine Synagoge bauen zu dürfen. Sie erhielten nicht nur die Erlaubnis beides zu tun; gleichzeitig wurden die Synagoge und das Haus des Synagogendieners von allen Abgaben befreit.[19]

Nur über diese Synagoge der Altonaer Sefardim finden sich einige Nachrichten zur Baugeschichte und zu ihrem Aussehen: Noch im März 1771 wurde der Grundstein für «ein kleines zierliches» Gebäude auf dem Hofgrundstück hinter den Häusern Bäckerstraße 12 und 14 gelegt.[20] Bereits am 6. September 1771 konnte es eingeweiht werden - mit einer öffentlichen Feier, zu der die politische Spitze, der Oberpräsident und der Magistrat erschienen, ein in Hamburg in dieser Zeit undenkbares Ereignis. Der rechteckige Fachwerkbau war sieben Fach lang und fünf Fach breit (12,20 Meter x 7,35 Meter) hatte ein pfannengedecktes Satteldach und einen dreiseitigen Abschluß an der Ostseite. Der mit einer Flachtonne eingewölbte Innenraum erfuhr eine Zweiteilung dadurch, daß die *teba* dem sefardischen Ritus gemäß in der Nähe des Einganges ihren Platz hatte. In diesem Bereich stand das Männergestühl parallel zu den Längswänden mit Blick auf die

---

[16] Dagegen Stein 1984: 130, unter Verweis auf dieselbe Stelle bei Schudt 1714: 370, der von einem besonderen «Hauß» spricht. Auch Bolten 1791, Bd. 2: 194 verweist auf dieselbe Schudt-Stelle, ohne jedoch weitere Angaben machen zu können.
[17] Bolten 1791, Bd. 2: 194
[18] Schmidt 1747: 138
[19] Marwedel 1976: 325 f., Nr. 90; 326 f. das Privileg
[20] Wichmann 1865: 228, ihm zufolge waren es die Hausnummern 11 und 12 (ebenda). Zu dieser Synagoge und ihrer Baugeschichte siehe auch Stein 1984: 130; Rohde 1991a: 146 f.

teba. Der Raum zwischen *teba* und *hekhal* an der Ostwand blieb frei. Das Frauengestühl fand seinen Platz auf einer an drei Seiten umlaufenden Empore hinter «anscheinend dichte[n] Gittern». Der Emporenaufgang lag in einem an der Ostseite angegliederten Treppenhaus mit eigenem Eingang. Das Mobiliar war in spätbarocken, im Vergleich zur simplen Außenhaut üppigen Formen gehalten - so die Aussagen der Zeichnungen und Beschreibungen Kurt Goldenbergs aus den 1920er Jahren.[21] In den *Merckwürdigkeiten von Altona*, einer der wenigen zeitgenössischen Schilderungen, heißt es 1780:

«Die portugiesische Judensynagoge stehet an der neuen Beckerstrasse, ward erst Ao 1771 erbauet und eingeweihet, ist zwar nicht groß, dennoch von ziemlichem Ansehen, und inwendig artig genug, auch mit 9 großen Kronleuchtern und verschiedenen Armleuchtern gezieret. Gleichfalls sind hier die Decken sehr reich und kostbar.»[22]

Worin diese Kostbarkeit bestand, wie das Mobiliar aussah und angeordnet war, beschreibt der Verfasser nicht.

Mitte der 1830er Jahre fanden umfangreiche Baumaßnahmen statt. Im Innern wurde das Gebäude renoviert, und es erhielt eine repräsentative Fassade: Die Westfront wurde verputzt und mit einer Pilastergliederung versehen.[23] Nach einer weiteren Restaurierung und neuen Ausmalung 1859 - weder über diese noch über die erste läßt sich etwas nachweisen - diente sie der sefardischen Gemeinde nur noch gut zwanzig Jahre. 1882 brachte die Gemeinde kein *minyan*, die für den Gottesdienst notwendige Mindestzahl von zehn Männern, mehr zusammen. Die Synagoge mußte geschlossen werden. Die ashkenazische Gemeinde kaufte das Gebäude 1887 nach der formellen Auflösung der sefardischen Gemeinde, paßte seine Einrichtung dem eigenen Ritus an und benutzte es zeitweilig als Wintersynagoge.

Hamburg: Nach der Blüte Ende der Heimlichkeit

Was der kleinen Altonaer Gemeinde möglich war, blieb der Hamburger Gemeinde verwehrt. Die Blütezeit der immer noch angesehenen, aber sehr viel kleiner gewordenen Gemeinde der Hamburger Sefardim - um 1800 zählte sie noch 130 Mitglieder, während die ashkenazische Gemeinde auf 6.300 Mitglieder angewachsen

---

21 Goldenberg 1924: 53
22 Merckwürdigkeiten der Stadt Altona 1780: 130
23 Auf diese Baumaßnahme dürfte die im Protokollbuch vermerkte Bekanntmachung vom 14. Juli 1834 hinweisen, in der die Gemeindemitglieder gebeten werden, ihre Gottesdienstutensilien für die Dauer der Bauzeit zu Hause zu verwahren, «da der Bau der Synagoge es erheischt, daß im Innern auch die nötigen Reparaturen vorgenommen werden.» (Staatsarchiv Hamburg [künftig: StAH], 522-1 Jüdische Gemeinden [künftig: JG] 1009, Bd. 2: Protokollbuch für die Jahre 1787-1879: 607)

war[24] - war vorüber, als sie zum ersten Mal eine Synagoge als singulären Bau errichten konnte. Genau genommen schuf gerade der Verfall der Gemeinde, die Verarmung ihrer Mitglieder und in ihrem Gefolge die Verarmung der Gemeinde, die nicht zuletzt in der Franzosenzeit ihre Mitglieder kräftig unterstützen mußte, die Voraussetzung dafür. Die katastrophale finanzielle Lage zwang die Gemeinde zum Verkauf von Immobilien: schließlich hatte die fällige Ablösung der Hypotheken für die Grundstücke am Alten Wall nicht mehr aufgebracht werden können.[25] Der beim zweiten Verkaufsversuch am 30. Januar 1833 erzielte Erlös ermöglichte nicht nur die Tilgung der Schuld; mit dem Rest und dem Geld, das eine von Jehuda Cassuto,[26] dem *hazzan* der Gemeinde, unter den Sefardim in Amsterdam und London initiierten Sammlung eingebracht hatte, wurde die neue Synagoge finanziert. Am ersten Abend von *shavuot* 1834 fand ihre Einweihung statt.[27]

Doch auch von dieser Synagoge, die im Hof des Hauses Alter Wall 50, nur wenige Häuser entfernt von dem zwangsverkauften Grundstück lag,[28] weiß man kaum etwas. Weder der Name des Architekten oder des Bauübernehmers noch Baurisse sind bislang bekann. Die Synagoge stand allerdings nur wenige Jahre, denn der Alte Wall gehörte zu den Straßen, die der Stadtbrand vom 5. bis 8. Mai 1842 verwüstete.

Auf der Suche nach einem Betraum beschlossen die Vorsteher in ihrer Sitzung vom 17. Mai 1842, das Vorsteherkollegium der Deutsch-Israelitischen Gemeinde um Hilfe und «Vermittlung zu einem Local zu einer Synagoge zu bitten».[29] In der Tat fand sich mit Hilfe der Ashkenazim bald ein Raum. Er lag im zweiten Obergeschoß eines Speichers in einem Hof hinter dem Haus Neuer Steinweg Nr. 31.[30] Einige Wochen später wurde das notwendige Mobiliar in Auftrag gegeben: die *teba*, Bänke, zwölf Messingwandarme und vier Lampen nach einem vorgefertigten Modell. Dies alles sollte so beschaffen sein, daß es «für unsere künftige Synagoge brauchbar ist».[31] Als Einweihungsdatum faßte man *rosh ha-shana* ins Auge.[32] Doch wie dieser Raum dann aussah, wissen wir nicht. Obwohl die Vorsteher ihn für zwei Jahre gemietet hatten, waren sie im Frühjahr 1843 schon wieder auf der Suche nach einem anderen, «gesunden» Betraum.[33] Bis zum

---

[24] Krohn 1967: 9
[25] StAH, 522-1 JG 993, Bd. 4: Archiv der Portugiesisch-Jüdischen Gemeinde zu Hamburg, Protokoll 5.10.1826-16.9.1864: 185 (der Neupaginierung); dazu und zum folgenden siehe auch Cassuto 1927: 16 f.
[26] Zu Cassuto siehe die Beiträge von Margreet Mirande de Boer und Peter Koj
[27] StAH, 522-1 JG 993, Bd. 4: 200, Eintragung vom 12. Juni 1834
[28] StAH, 522-1 JG 993, Bd. 4: 194, Beschluß vom 27. August 1833
[29] StAH, 522-1 JG 993, Bd. 4: 302
[30] StAH, 522-1 JG 993, Bd. 4: 303, Sitzung vom 20. Mai 1842
[31] StAH, 522-1 JG 993, Bd. 4: 306, Sitzung vom 7. Juli 1842
[32] Zu ermitteln aus dem Beginn der Stellenvermietung acht Tage vor rosh ha-shana und dem Abschluß des auf zwei Jahre befristeten Mietvertrages bis rosh ha-shana 1844 (StAH, 522-1 JG 993, Bd. 4: 306, Sitzung vom 7. Juli 1842)
[33] StAH, 522-1 JG 993, Bd. 4 : 326, Sitzung vom 28. Mai 1843

Herbst 1844 zog die Gemeinde noch zweimal um. Zunächst mietete sie einen Raum am Alten Wall 8, dann einen größeren im Hause von H.J.T. Dabelstein am Krayenkamp.[34] Die Vorsteher hatten sich zwar vorgenommen, «binnen zwei Jahren» einen Neubau zu errichten, daß die Realisierung jedoch nicht so schnell vorangehen würde, muß ihnen bald klar gewesen sein. Als Anfang September 1844 durch die Fertigstellung des neuen Tempels an der Poolstraße das alte, bis dahin vom Tempelverein gemietete Haus am Alten Steinweg/Ecke Brunnenstraße leerstand, wandten sie sich mit einem Mietgesuch an die Vorsteher der Deutsch-Israelitischen Gemeinde.[35] Hier blieb die Gemeinde in den folgenden zehn Jahren bis zur Fertigstellung der neuen Synagoge in der nahen Marcusstraße.

Man könnte über die Zeit, die die Gemeinde in dieser Synagoge verbracht hat, ohne weiteres hinweggehen. Doch eine Notiz im Protokollbuch zieht die Aufmerksamkeit auf sich, weil sie ein Schlaglicht auf die Verfassung und das Selbstverständnis der Gemeinde wirft. Zunächst erscheint die Nachricht, daß die Sefardim das gesamte zurückgelassene Synagogeninventar der Reformgemeinde kauften, belanglos.[36] Bemerkenswert ist jedoch, daß die konservativen Sefardim es in der vorgefundenen Anordnung stehen ließen: einer Übergangsform der traditionellen ashkenazischen Ordnung zu der, die später die liberalen Gemeinden kennzeichnete. Das Männergestühl stand im westlichen Bereich des Raumes bis zur zentral stehenden *teba* in zwei großen Blöcken quer zur Raumrichtung, zwischen *teba* und *hekhal* jedoch nach sefardischem Ritus entlang der Seitenwände. Die Frauen behielten ihre Plätze auf den seitlichen, allerdings unvergitterten Emporen. Ergebnis einer Umfrage unmittelbar nach der Auftragsvergabe an den Architekten unter den gemeindesteuerzahlenden Mitgliedern war die Rückkehr zur traditionellen sefardischen Ordnung des Gottesdienstraumes,[37] d.h. eine deutliche Absage an eine Reform des Gottesdienstes, die die ashkenazische Gemeinde seit Jahren -, die zugleich als ein Hinweis auf das Selbstverständnis als eigenständige Gemeinde verstanden werden kann. Sollte die erreichte rechtliche und politische Gleichstellung bei den Sefardim ohne Einfluß auf das Selbstverständnis oder einen in der veränderten Situation der Juden in Hamburg begründeten neuen Anspruch in der öffentlichen Selbstdarstellung bleiben?

Die Neubauplanung schleppte sich offensichtlich hin. Es finden sich kaum Hinweise, daß überhaupt etwas in puncto Neubau geschah. Im Frühjahr 1852 gab es einige Aktivitäten. In der Neustädter Marcusstraße wurde neben dem jüdischen Waisenhaus ein Grundstück gefunden, bei dem «ein sehr schöner, geräumiger Hofplatz vorhanden [war], auf dem eine Synagoge für uns gebaut werden könn-

---

34 StAH, 522-1 JG 993, Bd. 4: 327, Sitzung vom 30. Juli 1843; dort auch das folgende Zitat. Ebenda 335, Sitzung vom 13. Oktober 1843: Anmietung des Raumes im Hause Dabelstein
35 StAH, 522-1 JG 993, Bd. 4: 340, Sitzung vom 8. September 1844
36 StAH, 522-1 JG 993, Bd. 4: 340, Sitzung vom 8. September 1844
37 Ergibt sich aus StAH, 522-1 JG 993, Bd. 4: 546, Sitzung vom 14. Mai 1854, bzw. das Abstimmungsergebnis: 547, 17. Mai 1854

te».³⁸ Als im Frühjahr 1853 die Kündigung drohte, beschloß man, die beiden Architekten Franz Georg Stammann (1799-1871) und Albert Rosengarten (1809-1893) um Entwürfe zu bitten.³⁹ Doch erst im Mai 1854 wurde der jüdische Architekt Albert Rosengarten beauftragt; am 11. Juni 1854 legte dieser einen Entwurf vor, der offenbar nicht mehr diskutiert wurde.⁴⁰ Anfang September 1854 wurde der Grundstein gelegt, Anfang April 1855 begann der Innenausbau. Fast auf den Tag ein Jahr nach der Grundsteinlegung fand am 6. September 1855 die Einweihung der neuen Synagoge statt.

Die Synagoge an der Marcusstraße ist die einzige Synagoge der Hamburger Sefardim, deren Erscheinung sich zumindest in etwa nachvollziehen läßt. Eine wohl romantisch verzeichnete Beschreibung, die 1967 von einem ehemaligen Hamburger Ashkenazim aus der Erinnerung niedergeschrieben wurde, die Zeichnungen und Beschreibungen des schon erwähnten Kurt Goldenberg aus den 1920er Jahren sowie wenige Fotos, die wohl zum Teil aus derselben Zeit stammen, zum Teil etwas früher aufgenommen wurden und Ausschnitte des Synagogenraums zeigen, ermöglichen dies.

Trotz der politischen und rechtlichen Gleichstellung der Juden, die in Hamburg 1848/1849 erreicht wurde, entstand die Synagoge in der für die Hamburger Synagogen der Voremanzipationszeit typischen Hoflage, die allerdings auch für einige der in der zweiten Hälfte des 19. Jahrhunderts erbauten Synagogen beibehalten wurde.⁴¹ Das Gebäude war von der Straße aus kaum zu sehen; ein langer schmaler Gang führte auf den Hof und zur Synagoge, einem schlichten, massiven Backsteinbau mit einem Treppengiebel. Was die Fassade von der eines Wohnhauses unterschied, waren vor allem die drei Rundbogenportale. Durch das Hauptportal gelangte man in den Vorraum für die Männer und in die Synagoge. Das bekannte bipolare sefardische Raumschema erhielt hier erstmals eine architektonische Ausformung durch zwei in der Größe geringfügig unterschiedliche quadratische Raumteile, die zu einer Einheit verschmolzen. Im westlichen, etwas

---

38 StAH 522-1 JG 993, Bd. 4: 511; zu dieser Synagoge siehe auch Stein 1984: 42 f.; Rohde 1991a: 153-155
39 StAH, 522-1 JG 993, Bd. 4: 521, Sitzung vom 22. April 1853
40 StAH, 522-1 JG 993, Bd. 4: 546; zu Albert Rosengarten siehe Rohde 1993: 228-258. Zum Komplex gehörte ein Versammlungsraum im Obergeschoß des Synagogengebäudes; die erwähnte *miqve* ist jedoch weder im Schätzungsschein der Hamburger Feuerkasse (StAH, 333-1/1 Hamburger Feuerkasse III dA 5614: Marcusstraße 36-38) noch in den Unterlagen für das Wiedergutmachungsverfahren (StAH, Landesamt für Vermögenskontrolle 135: Vermögenskontrolle (Blockierung) des Grundstücks Marcusstraße 36-38) ausgewiesen.
41 Im mehr oder weniger abgeschlossenen Hof standen die beiden Synagogen der orthodoxen Klaus-Gemeinde von 1853 (Peterstraße) und 1905 (Rutschbahn), sowie die gemäßigt liberale Neue Dammtor-Synagoge (1895); die Kohlhöfen-Synagoge von 1859 war trotz der Hoflage in voller Fassadenbreite weithin durch die gegenüber einmündende Marienstraße sichtbar; völlig freiliegend entstanden in Hamburg nur die Synagoge am Bornplatz (1905) und - etwas hinter die Häuserflucht zurückgenommen - der Tempel an der Oberstraße (1931) sowie das Gemeindezentrum der neuen Jüdischen Gemeinde Hamburg (1960); siehe dazu auch Rohde 1991a und 1991b

kleineren Geviert befand sich gemäß der alten sefardischen Ordnung das Männergestühl entlang der Seitenwände, ausgerichtet auf die zentral stehende *teba*. In diesem Teil fanden sich auch die mit einem niedrigen, weitmaschigen Gitter versehenen Frauenemporen. Im östlichen, mit einer hellweiß und farbig verglasten Kuppel überdeckten Bereich wurde das seitlich stehende Gestühl durch zwei Reihen Rücken an Rücken auf der Längsachse des Raums stehendes Gestühl ergänzt. Der Innenraum ist wegen der Dekorationsmalerei als fremdartig, orientalisch, maurisch beschrieben worden. Diese Beschreibungen aus ashkenazischer wie aus sefardischer Feder gelten dem Raum in seiner letzten bzw. vorletzten Dekoration. Hinweise auf die Erstausmalung, die wie bei dessen anderen Bauten vom Architekten selbst stammen dürfte, sind möglicherweise in einer Präsentationszeichnung von 1877 zu sehen.[42] Dieses einem Umbau- und Renovierungsprojekt des Zimmermeisters Daniel Bormann vom Mai 1877 beigegebene Blatt zeigt eine Ausmalung der Decken- und Bogenfelder im westlichen Raumteil mit Arabesken - Motive, die sich auch an den Graten im Gewölbe sowie an den seitlichen Rundbogen dieses Raumteils entlangziehen und ansatzweise an die Zeichnungen Rosengartens für die 1836-1839 errichtete Kasseler Synagoge erinnern. Auffallend sind die figurale Ausmalung der Pendentifs und - soweit erkennbar - der Bogenfelder des östlichen Teilraumes, die glatten Bogenkanten und eine klassizistisch-geometrische Aufteilung der Wandfelder sowie die Halbfiguren an den Pfeilern, zwischen denen die Frauenemporen eingehängt wurden. Bei einer späteren Renovierung und Ausmalung dürfte es zu jener Dekoration gekommen sein, die die Gemeindevorsteher 1926 bei der Beantragung eines Kredits für eine Renovierung des Gebäudes beim Hamburger Rat von einem bedeutsamen Bau sprechen ließ[43] und Alfonso Cassuto veranlaßte, die Synagoge in der Gedenkschrift zum 275jährigen Jubiläum der Gemeinde 1927 als ein «Schmuckstück in ihrer maurischen Architektur» zu bezeichnen, das offenbar über eine außergewöhnlich gute Akustik verfügte.[44] Zackenkränze zierten Anfang des 20. Jahrhunderts die Bogen; stilisierte florale Motive auf den Pilastern, Schuppenmuster um die *hekhal*-Nische, eine ornamentale Durchmusterung im unteren Bereich der Wandfelder bestimmten den Raumeindruck, an den sich Ruben Maleachi, der als Jugendlicher die Marcusstraßen-Synagoge besucht hatte, erinnert:

«Ein Besuch in der portugiesischen Synagoge war für uns immer gleichbedeutend wie ein Ausflug ins Exotische. Die Bräuche, die Kleidung, die Ordnung im G'ttesdienst - alles dies war grundverschieden von allem, was wir in den sogen. aschkenasischen G'ttesdiensten gewohnt waren.

---

[42] StAH, 522-1 JG 1002: Angebot des Zimmermeisters Daniel Bormann betr. Erweiterung der Synagoge in der Marcusstraße. 1877: 5
[43] StAH 522-1 JG 993, Band 5: Protokollbuch der Portugiesisch-Jüdischen Gemeinde zu Hamburg, 1864-1937, Gemeindeversammlung vom 17. Januar 1926; Senat Cl VII Lit. Lb No. 18 Vol. 7b Fasc. 2 Invol. 11b: Marcusstraße: Synagoge, zit. nach Heitmann 1988: 49
[44] Cassuto 1927: 21 f.

Die Sitzplätze der Beter waren kreisförmig angeordnet, - nicht dass der Blick nach Osten gerichtet war, sondern die Beter sassen um den Almemor herum, das Gesicht stets auf den in der Mitte des G'tteshauses stehenden Vorbeter gerichtet. Nur am Eingang war eine Bank errichtet, wo die Beter den Blick zur Heiligen Lade richteten. Wenn wir [...] uns auf diese letzte Bank bescheiden setzen wollten, wurden wir vom Schamasch, dem Synagogendiener, verjagt, da diese Bank nur für Leidtragende reserviert war, die von hier aus das Kadischgebet sprachen. Der aus dunklem Ebenholz geschnitzte Aron Hakodesch mit seinen Goldverzierungen stand stets ungedeckt, d. h. ohne den üblichen Aussenvorhang. Stattdessen war das Parocheth innen angebracht und dann erst wurden die Thorarollen sichtbar. Die Thorarollen standen in kunstvoll geschnitzt silbernen und hölzernen Gehäusen, und die Rückseite der Rollen war in wertvolle Atlasseide gekleidet ...»[45]

Sollte diese nachträgliche, verglichen mit den seit den dreißiger Jahren des 19. Jahrhunderts in islamischen oder maurischen Architekturformen entstandenen Synagogen nur sehr mäßige, im wesentlichen auf die Dekorationsmalerei beschränkte Stilisierung («Orientalisierung») und ihre Hervorhebung in öffentlichen Stellungnahmen der Gemeinde einen durch die Mitgliederzahl und die ökonomische Situation der Gemeinde kaum noch zu rechtfertigenden Anspruch auf eine selbständige Sefardengemeinde in Hamburg unterstreichen?[46] Auch ein Vergleich der Marcusstraßen-Synagoge mit Rosengartens anderen - ashkenazischen - Synagogenbauten läßt eine Bezeichnung des Baukörpers und seiner mutmaßlichen Erstdekoration als maurisch oder typisch sefardisch nicht zu;[47] ob sie überhaupt beabsichtigt war, ist fraglich, denn entsprechende Äußerungen oder gar Anweisungen der Gemeinde an den Architekten waren bislang nicht aufzufinden.

Innerjüdisches Selbstbewußtsein bewies die sefardische Restgemeinde bis zur zwangsweisen Auflösung 1939.[48] Mehrfach hatte sie versucht, mit dem Hinweis auf «den hohe[n] Kunstwert» und die «anerkannte historische Bedeutung für Hamburg» vom Senat eine finanzielle Unterstützung für eine Renovierung der Synagoge an der Marcusstraße zu erhalten.[49] Nur dringend erforderliche Reparaturen und Erhaltungsmaßnahmen bewahrten sie aber nicht vor einem raschen Verfall. Die Abgrenzung gegenüber der ashkenazischen Gemeinde, die immer wieder in der Geschichte der jüdischen Gemeinden in Hamburg aufscheint, veranlaßte

---

[45] Maleachi 1967: 41
[46] Die Ansicht Schorschs 1989: 47-66 von der Wahl des maurischen Stils als Rückerinnerung an die spanische Herkunft der Sefardim, kann nicht gehalten werden. Ein eindeutiges Hamburger Gegenbeispiel ist die ashkenazische, gemäßigt liberale Gemeinde der Neuen Dammtor-Synagoge, die ein auch in seiner Architektur islamische Formen aufnehmendes Bethaus errichtete (Hufeisenbogen, gestreifte Fassade).
[47] Dem entspricht auch die Einordnung bei Hammer-Schenk 1981, in dem Kapitel «Rundbogenstil und Neuromanik. 1840-1870»: 183-185, und die Nicht-Erwähnung bei Künzl 1984
[48] Vgl. auch Studemund-Halévy / Koj 1993
[49] Siehe Anm. 43

die Sefardim das Angebot eines Betraums in einem im Besitz der DIG befindlichen Wohnhaus in der Nachbarschaft ihrer Hauptsynagoge im neuen Hauptwohngebiet der Hamburger Juden am Grindel auszuschlagen. Als eine der wenigen Synagogen in Deutschland, die in der Zeit des «Dritten Reiches» erbaut bzw. eingerichtet werden konnten, entstand 1935 in einer gemieteten Villa in der Innocentiastraße ein neues sefardisches Zentrum. Ein Protest der Gauleitung der NSDAP bei der Behörde für Volkstum, Kirche und Kunst gegen einen auf dem Dach angebrachten Davidstern war allerdings kurz nach der Einweihung nicht ausgeblieben.[50] *Hekhal, teba* und Teile des Gestühls nahm die knapp 150 Erwachsene zählende Gemeinde aus der Marcusstraße mit. Die derzeit einzige bekannte Abbildung des Raumes im Hamburger Familienblatt deutet darauf hin, daß man versuchte den Eindruck der letzten Dekoration in der Marcusstraßen-Synagoge hier in verkleinertem Maßstab wieder herzustellen. In diesem Haus verbrachte die Gemeinde die letzten ihr beschiedenen Jahre - erstaunlicherweise blieb es vom Novemberpogrom 1938 verschont. Mit dem Ende des Mietvertrages am 31. Dezember 1939 wurde das «Gemeindezentrum» aufgelöst. Die Villa in der Innocentiastraße mußte in ein Wohnhaus rückverwandelt werden - sie wurde zu einem der sogenannten Judenhäuser, in denen die jüdischen Bewohner der Stadt konzentriert und aus denen sie in die Konzentrationslager gebracht wurden.

Dieses noch erhaltene Wohnhaus ist die einzige verbliebene Spur der Sefardim in Hamburg und Altona nach der Verfolgung und Vernichtung der Juden im «Dritten Reich». Die Synagoge in der Marcusstraße überstand den Novemberpogrom 1938 scheinbar unbeschadet. 1939 mußte sie zwangsverkauft, 1942 sollte sie abgerissen werden. Ob es vor der Bombardierung Hamburgs dazu kam, ist ungewiß. In einem Schreiben der Liegenschaftsverwaltung vom 8. November 1949 heißt es lapidar, daß die Gebäude zerstört seien, die Fläche sei planiert und vermietet.[51] Zerstörung «durch Kriegseinwirkungen» konstatierte der Wiedergutmachungsbescheid 1952.[52] Auch die von den Ashkenazim weiter benutzte Synagoge in der Altonaer Bäckerstraße verschwand im «Dritten Reich». Nicht nachgewiesen werden konnte bisher, ob sie in der Reichspogromnacht verwüstet wurde. 1940 wurde sie, weil angeblich baufällig, abgerissen.[53]

---

50 Vgl. Heitmann 1988: 52
51 StAH, Landesamt für Vermögenskontrolle 135: 7
52 StAH, Landesamt für Vermögenskontrolle 135: 3
53 Bau- und Kunstdenkmale 1970: 103

BIBLIOGRAPHIE

Böhm, Günter
Die Sephardim in Hamburg
in: Herzig, Arno [Hg.]: Die Juden in Hamburg, 1590-1990: 21-40
Hamburg 1991

Bolten, Johann Adrian
Von den Synagogen der Juden
in: Historische Kirchen-Nachrichten von der Stadt Altona und deren verschiedenen Religions-Partheyen
Altona 1790-1791, 2 Bde

Feilchenfeld, Alfred
Aus der älteren Geschichte der portugiesisch-israelitischen Gemeinde in Hamburg
Hamburg 1898

Goldenberg, Kurt
Der Kultus- und Profanbau der Juden. Erläutert an Hand von Hamburg-Altona-Wandsbek
Dissertation Technische Universität Dresden
Dresden 1924

Grunwald, Max
Portugiesengräber auf deutscher Erde
Hamburg 1902

Hammer-Schenk, Harald
Synagogen in Deutschland. Geschichte einer Baugattung im 19. und 20. Jahrhundert
Hamburg 1981

Heitmann, Andreas
Die portugiesisch-jüdische Gemeinde zu Hamburg 1870-1941
Staatsexamensarbeit Universität Hamburg
Hamburg 1988

Kellenbenz, Hermann
Sephardim an der unteren Elbe. Ihre wirtschaftliche und politische Bedeutung vom Ende des 16 Jahrhunderts bis zum Beginn des 18. Jahrhunderts
Wiesbaden 1958

Klée Gobert, Renate (Bearb.)
Die Bau- und Kunstdenkmale der Freien und Hansestadt
Hamburg 1959, 2 Bde

Kopitzsch, Franklin
Grundzüge einer Sozialgeschichte der Aufklärung in Hamburg und Altona
Hamburg ^{2}1990

Krohn, Helga
Die Juden in Hamburg 1800 - 1850. Ihre soziale, kulturelle und politische Entwicklung während der Emanzipationszeit
Frankfurt am Main 1967

Künzl, Hannelore
Islamische Stilelemente im Synagogenbau des 19. und frühen 20. Jahrhunderts
Frankfurt am Main 1984

Maleachi, Ruben
Die Synagogen in Hamburg
in: Mitteilungen des Verbandes ehemaliger Breslauer und Schlesier in Israel e. V. Nr. 46-47, 1979-1980: 26-28, 18-20, 41-44

Marwedel, Günter
Die Privilegien der Juden in Altona
Hamburg 1976

Reils, Peter David Heinrich
Von den ältesten Niederlassungen der Juden in Hamburg
in: Zeitschrift für Hamburgische Geschichte 2, 1847: 376-379

Rohde, Saskia (a)
Synagogen im Hamburger Raum 1680-1943
in: Herzig, A. (Hg.): Die Juden in Hamburg 1590 bis 1991: 143-175
Hamburg 1991

Rohde, Saskia (b)
Die Synagoge an der Elbstraße und die Synagoge an den Kohlhöfe. Eine Rekonstruktion in Zeichnungen
Hamburg 1991

Rohde, Saskia
Albert Rosengarten 1809-1893. Die Anfänge des Synagogenbaus jüdischer Architekten in Deutschland
in: Menora 4, 1993: 252-282

Roth, Cecil
The strange case of Hector Mendes Bravo
in: Hebrew Union College Annual 18, 1944: 221-245

Schmidt, Ludolph Hinrich
Versuch einer historischen Beschreibung der an der Elbe gelegenen Stadt Altona
Altona-Flensburg 1757
1747

Schorsch, Ismar
The Myth of Sephardic Supremacy
in: Year Book of the Leo Baeck Institute 34, 1989: 47-66

Stein, Irmgard
Jüdische Baudenkmäler in Hamburg
Hamburg 1984

Studemund-Halévy, Michael/Peter Koj
Zakhor. Erinnerung und Gedenken an die Hamburger Portugiesen zur Zeit der Shoa
in: Tranvia 28, 1993: 35-40

Whaley, Joachim
Religiöse Toleranz und sozialer Wandel in Hamburg, 1529-1819
Hamburg 1992

Wichmann, Ernst Heinrich
Geschichte Altona's. Unter Mitwirkung eines Kenners der vaterstädtischen Geschichte
Altona 1865

Der Ritus der portugiesischen Synagoge

[M.][1]

Hamburg, Oct. 1837

Ich danke Ihnen, lieber ..., recht herzlich für Ihre Aufforderung, meine Anwesenheit in Hamburg zur nähern Bekanntschaft mit dem portugiesischen Ritus zu benutzen. Meine Bemühung ist reichlich belohnt; ich halte es für Pflicht, Ihnen alles Interessante mitzutheilen, und Sie können es, wenn Sie wollen, weiter veröffentlichen. Denn obgleich ich diesen Bericht durchaus nicht als erschöpfend ansehen kann, so ist es doch eigentlich eine Schande, wie fremd uns in Deutsch-land dieser Gegenstand ist; so fremd, daß außer Hamburg, Altona und Wien[2], wo die portugiesischen Synagogen - oder wie sie sie nennen: Esnogas - haben, fast Niemand zu finden ist, der von einem Ritus, dem die Mehrzahl unserer Nation in allen Welttheilen huldigt, mehr wüßte, als höchstens, daß er Hülsenfrüchte am Pesach gestattet, die Tefilin in den Festwochen verbietet und schöne rhythmische, uns aber wenig bekannte Pijutim gibt. Ja, ohne den hamburger Tempel in Leipzig während der Messe wäre selbst die Aussprache und die Art des Vortrages und Gesanges uns fast gänzlich unbekannt geblieben

Doch ich komme zur Sache, und werde alles hintereinander hinschreiben, wie ich es theils nach eigener Anschaung, theils nach freundlicher Mittheilung notirt habe; bitte Sie daher, sich auf etwas Confusion gefaßt zu machen. Im Ganzen werde ich vorzüglich die Punkte berühren, deren Abweichung von unsern Gebräuchen am meisten auffällt, und weniger bei solchen verweilen, die Sie in ihrem portugiesischen Máchasor selbst nachlesen können. Sie wissen, ich bin kein Theologe von Profession und müssen es also nicht zu streng nehmen.

---

[1] Der anonyme Verfasser veröffentlichte seinen Aufsatz in der Allgemeinen Zeitschrift des Judenthums II, 11, 1938: 42-44; 12: 53-56; 18: 62-63; 17, 65-68 und 18: 75-76. Die im Text erwähnten Noten werden von Edwin Seroussi in seinem Beitrag über die Musik der Hamburger Portugiesen analysiert. Die Schreibweise des Verfassers wurde unverändert übernommen. Die Anmerkungen stammen von Michael Studemund-Halévy. Die Herausgeber danken Jutta Dick (Duisburg) für die Übersendung der Fotokopie.
[2] In Wien bei den istrischen und griechischen Juden, welche auch in Leipzig während der Messe ihren Gottesdienst in einem Betsaal halten.

Míkól melamdái hiskálti ! Als ich zum ersten Male, es war an einem Freitag Abend, in die Esnoga trat, ging vor mir her ein Mann mit einem zehnjährigen Knaben, zu dem er sagte: «Na myn lewe Mordechai, wenn du morgen de haftara so good lees't as gústern Awend, denn sollst du mahl sehn watt ick Dy för'n langen Mischè-berách maken laat.» Hier hatte ich nun schon gelernt, daß die Portugiesen ihre Namen nicht modernisiren, daß sie die provinzielle Landessprache reden[3], und daß ein Kind bei ihnen Mafthir sein kann. Ich bildete mir nun meine Richtschnur für weitere Erkundigungen, und brachte so mein Quantum Notizen zusammen.

Mit bewundernswürdiger Pietät erhält hier in Hamburg eine Gemeinde von ungefähr hundert Seelen, von der noch dazu ein großer Theil nicht orthodox lebt, und die sich im Nothfall ohne Mühe den Deutschen anschließen könnte, eine völlig constituirte Gemeinschaft (congregação) und einen Tempel, der sogar am Alltag-Gebet Morgens und Abends fast ohne batlanim vollzählig besetzt wird. Mancherlei Verhältnisse haben sie oft in Versuchung gebracht, ihren Verband aufzulösen, die reichsten Familien im vorigen Jahrhundert (siehe No 41 vor. Jhrg. dieser Zeit) wegen des bürgerlichen Drucks ausgewandert, sie selbst waren sogar vor einigen Jahren genötigt, ihr altes Gotteshaus zu veräussern und ein kleineres Lokal zu beziehen, aber das Heiligthum ihrer Väter fallen zu lassen, dazu konnten sie sich nicht entschließen. Wo ist noch solch ein Glaube in Israel zu finden? Dazu besitzen sie in der Person des Herrn Jehuda Cassuto[4] einen vielseitig gebildeten Mann. Er unterrichtet außer in Religion u.s.w. in sechs lebenden Sprachen, und, obgleich Familienvater, für einen unbedeutenden Gehalt die weit mehr als bei uns mit Geschäften beladene Stelle des Chasan versieht, und zugleich Rabbinerstelle vertritt, so wie die Kinder der Armen unentgeltlich in der Religion u. s. w. unterrichtet, Sóchra lo Elohim letobá!

In den Familien wird gewöhnlich plattdeutsch gesprochen; das sogenannte Judendeutsch ist ihnen völlig fremd, eben wie unsere hebräische Currentschrift und überhaupt die Sitte, europäische Sprachen mit hebräischen Buchstaben zu schreiben. Bei den wenigen Wörtern (vorzüglich Namen), wo sie dies bisweilen thun müssen, dient ש für S, Sch und X[5], י für e, יי für i und ei und ו für o und u, was

---

[3] Isaac Cassuto schreibt dazu: «Um mit der eingeborenen Bevölkerung verkehren zu können, war man allerdings alsbald gezwungen, sich die damals hier übliche Landessprache, das Plattdeutsche anzueignen. In den Familien dürfte sich das Portgugiesische bis etwa um die Mite des 18. Jahrhunderts behauptet haben, wo alsdann das Plattdeutsche die Oberhand gewann.»; apud I. Cassuto 1920: 56. Eine amüsante Anekdote erzählt Ernst Müller in seinem Buch «Geschichte der Stiftungsschule von 1815.», Hamburg 1915: «In einer Unterklasse besprach der Geographielehrer Portugal. Da hebt einer der Schüler den Finger und fragt: Woher kommt es eigentlich, daß die Portugiesen immer plattdeutsch sprechen? - Man denk sich das erstaunte Gesicht des Lehrers, der als Christ natürlich nicht ahnte, daß ein jüdischer Knabe in Hamburg, wenn von Portugiesen die Rede war, dabei nur an portugiesische Juden denken konnte.» (S. 21, Anm.)
[4] Jehuda Cassuto (Amsterdam, 1808 - Hamburg, 1893), Hazzan, Lehrer und Dolmetscher. (Anm. der Herausgeber)
[5] Weil die spanische Sprache wohl ein tsch aber kein sch hat.

solchen Wörtern mitunter ein wunderliches Ansehen gibt. Vielleicht ist aus Mißverstand das so geschriebene Wort שנייאער (senhor) zu dem bei den Deutschen hin und wieder vorkommenden Vornamen Schneyor geworden. Andererseits drücken sie das hebräische ה ע ח durch H aus und bedienen sich, wenn sie hebräisch schreiben, der Ráschi-Schrift. So wie noch jetzt die deutschen Juden in Polen und Rußland (und vor wenigen Jahren auch die in Schweden, Dänemark, Holland und England) der deutschen Sprache eine besondere, gleich nach der hebräischen folgende, Heiligkeit beilegen, und bei religiösen Studien und Gesprächen keine andere gestatten: so herrscht auch bei dem größten Theile der Portugiesen eine besondere Vorliebe für die pyrenäischen Sprachen und zwar wird bei den italienischen, morgenländischen und afrikanischen (barbariscos) Gemeinden die spanische, bei den nordeuropäischen (flamingos) aber die portugiesische in der Art vorgezogen, daß z. B. hier in Hamburg in letzterer die Mische-berraha (offertas) und die Bekanntmachungen (pregões), die Verkündigungen der Neumonde und Fasttage abgelesen, die Bücher und Rechnungen der Gemeinde geführt werden u.s.w. Die religiöse Literatur aber ist auf die neueste Zeit, wo nicht hebräisch, durchaus in spanischer Sprache geführt worden.

Spanisch sind alle anerkannten Bibel- und Gebetübersetzungen, spanisch werden die Haftara's, Schimmnú, Chason und Asof (am 9ten Ab.) Vers vor Vers mit dem Original abgesungen, und spanisch ruft der Vorsänger an den hohen Festtagen die Anfangsworte jedes Pijuts zur Damen-Gallerie hinauf, damit die Frauenzimmer die Übersetzungen nach [l]esen können. Auch wurde früher blos spanisch gepredigt. Jetzt ändert sich dies freilich alles. Herr Cassuto predigt gelegentlich deutsch, in London, Amsterdam und Bordeaux wird regelmäßig in der Landessprache gepredigt, und in Amsterdam, was alle Flamingos gewissermaßen als Metropoliten-Kirche betrachten (obgleich die hamburger Gemeinde älter ist), wie die Orientalen Constantinopel, ist im vorigen Jahre ein sehr gut ausgestattetes vollständiges Gebetbuch mit Muldars[6] schöner holländischer Übersetzung gedruckt worden.

In frühern Zeiten herrschte, wie Sie wissen, eine tiefe, an Haß grenzende Verachtung gegen die deutschen Juden (Tedescos) und Verschwägerungen waren durch besondere Anathema's verpönt, denen zufolge jede portugiesische Judenfamilie, aus der ein Mitglied eine Tedesca ehelichte, eine förmliche Siebentagstrauer hielt; auch wurden solche Ehemänner in der Synagoge bis an ihren Tod immer nur als Stabbachír (der Unverheiratete) aufgerufen. Bei dergleichen schroffen Anordnungen, eben wie bei noch schlimmern einer anderen Gattung, wie z. B. bei der Behandlung Acosta's und Spinozas dürfen wir nur bedenken, daß diese Juden bei den Dominikanern in die Schule gegangen waren, ja mitunter lange Jahre selbst deren Maske getragen hatten. Inzwischen ist auch nicht zu

---

[6] Samuel Israel Mulder (1792-1862), holländischer Pädagoge und hebräischer Autor. 1827-1838 erschien seine holländische Bibelübersetzung, 1837 die Übersetzung der Haggada.

übersehen, daß dieser unter Anderm von dem malitiösen d'Argens[7] persiflirte Hochmuth neben dem Dünkel alleiniger directer Abstammung von dem Stamm und der Familie David's, auch wol daraus sich erklärt, daß so viele Familien von Rang, Reichthum und Weltbildung, angethan mit aller castilischen Grandezza - die sogar bisweilen, wo der Reichthum sich verliert, zur Carricatur wird - und mit der, die ersten Jahrhunderte nach dem Exil wenigstens, nie ersterbenden Hoffnung einer baldigen Rückkehr in das unvergessene Vaterland, plötzlich unter Glaubensbrüder versetzt wurden, die sie noch weit tiefer unter sich stehend fanden, als wir etwa die Juden in Podolien in ähnlichem Fall finden würden. Inzwischen hat der nur dem Gelde huldigende Geist unserer Zeit auch hier schon vieles ausgeglichen; Montefiore[8] hat sich seiner Schwäger, der Rothschilde, nicht zu schämen, und in Hamburg werden verhältnißmäßig viele Ehen zwischen beiderlei Zungen geschlossen, namentlich von Seiten der unvermögenden Klasse der Portugiesen, die auch ihre Kinder in die Freischulen der deutschen Gemeinden schicken[9].

Ganz verschwunden ist aber jener Kastenstolz noch lange nicht, da sogar der längst christianisirte d'Israeli, in seinem Spirit of Judaism, ihm huldigt, und es besonders geltend macht, daß viele jüdische Familien-Namen - und sie besitzen deren uralte, regelmäßig vererbte, sowol orientalischen als europäischen Ursprungs - sich noch jetzt bei dem höchsten Adel in Portugal - das Haus Braganza soll ja selbst jüdischen Ursprungs sein, - wieder finden. Da sie übrigens dort sowohl Juden als unter christianisirter Maske, bisweilen hohe Staatsämter bekleiden, so ist einiger Anspruch auf ächten, nicht bloß fianziellen Adel, hier und da ohne Zweifel begründet, und so finden wir denn die Namen: Pereira, da Costa, de Castro, da Silva, Pimentel, Sasportas, Ximenes neben den Sealtiel, Edrehi, Luria, Abudiente, Jessurun etc.

Die Kohanim setzen ihre Qualität ihren Familien-Namen vor und heißen z.B. Cohen de Lara, Cohen Lobato, so auch die Frauen z. B. Sara Cohanet de Rocha u.s.w. Der weit verbreitete kohanitische Namen Azulay entsteht bekanntlich aus den Initialen von Ischá soná ugruschá ló jikáchu. Die Namen Abrabanel und Spinoza existieren heute noch in Holland.

---

7   Jean Baptiste de Boyer, Marquis d'Argens (1704-1771), französischer Philosoph und Literaturkritiker. In seinen «Lettres Juives» verteidigt er im Geiste Voltaires die Juden; vgl. Bd. 2, Brief 59

8   Sir Moses Montefiore (1784-1885), berühmter englischer Philantroph. Siehe dazu die Bibliographie von Ruth P. Goldschmidt-Lehmann «Sir Moses Montefiore. A Bibliography», Jerusalem 1984; Israel Bartal (Hg.): «Das Zeitalter Moses Montefiores» (hebr.), Jerusalem 1984

9   Über die portugisischen Schüler in der Freischule schrieb Ernst Müller 1915: «In der Israelitischen Freischule bemerke man übrigens von jenen Gegensätzen [gemeint ist die Distanz zwischen der Deutsch-Israelitischen und der Portugiesisch-Jüdischen Gemeinde, M. St. H.] nichts, deutsche und portugiesische Juden saßen dort friedlich nebeneinander.» («Geschichte der Stiftungsschule von 1815», Hamburg 1915: 21)

Die Vornamen sind fast durchgehend und für beide Geschlechter biblisch, und werden auch im Gebrauche nicht umgeändert, außer im vertrautesten Umgang durch holländische Diminutiven. (Z. B. aus Jacob wird Koetje, aus Josua: Suetje, aus Salomo: Monne, aus Channá: Cannátje etc). Diese Integrität der Namen wird vorzüglich dadurch erhalten, daß die Kinder die Namen ihrer Großältern und zwar oft den Familien-Namen ihres mütterlichen Großvaters mit in den Kauf, bei deren Leben schon erhalten, und dann auch weil das portugiesische Ohr an die sonore Aussprache des Hebräischen gewöhnt, es noch nicht so weit gebracht hat, daß z.B. Julius schöner klingt, als Josef, Moritz als Mose, Siegmund als Salomo, und Eberhard als Elia. Aber da lasse man sie sich nur erst mit uns amalgamiren, wir wollen sie wol lehren, sich dieser Namen, oder gar solcher wie Gideon, Bezalél, Abigail etc zu enthalten! Und dann wollen wir ihnen auch unser Geheimniß der Namen entdecken, wie man sich nur Friedrich oder Isidor oder Eduard oder Peter nennen dürfe, um auch im Entferntesten nicht für einen Juden erkannt zu werden. Aber es scheint, sie haben gar keinen Sinn für diesen Vortheil, thun sich am Ende gar auf ihre jüdische Abkunft etwas zu Gute und sind gleich ihren Großvätern immer bereit, lieber Vermögen, Vaterland und Leben, als ihre Gewissensfreiheit aufzugeben! Nach Würden und Beamtenstellen streben sie nun einmal gar nicht.

Als Ersatz werden jedoch im gewöhnlichen Umgange, selbst von den weniger Gebildeten, von halbhebräischen Worten keine, und von völlig hebräischen nur wenige gebraucht, und neben diesen auch einige spanische, z. B. Cuñado, mozo, tedesco u. dgl. m. Die auf den Cultus bezüglichen Ausdrücke werden größtentheils deutsch und portugiesisch (oder spanisch) gegeben, wie z.B. beten, vorbeten, rozar; doch wird gewöhnlich lesen, Mincha- lesen, Arbith- lesen etc gesagt. Ferner statt Gebetbuch: Reza-Buch, Pentateuch (Chumasch sagen sie nicht), Paraschá-Buch: Machasor: Festa-Buch; Tischgebet sagen (bentschen) Benção sagen; paskenen: Din geben; kaschern: escombrar; condoliren: daros pesames; Kabran: covador. Statt: guten Jomtob sagen sie buenas fiestas; statt Passah: pascua; statt Succot: cabanas. Auch bei den Leichen sind nicht wie bei uns hebräische Ausdrücke gebräuchlich, sondern deutsche und spanische, z. B. Tachrichin: Mortalhas, metaher sein: lavar etc.

Schon beim Eintritt in eine Esnoga fällt hinsichtlich der Bauart viel von unseren Einrichtungen Abweichendes in die Augen. Zuerst die heilige Lade ohne Vorhang - dieser ist inwendig - und der Raum vor derselben völlig frei, ohne Canukah-Candelaber oder Hadlaka und andere Leuchter, namentlich aber ohne Stand für den Vorsänger. Letzterer steht nemlich während aller Gebete nur auf der Tribüne, Tebá genannt, was wir Almanbar nennen. Diese Tebá ist aber nicht wie bei uns, genau in der Mitte, sondern mehr rückwärts placirt und verhältnismäßig sehr groß und tief, nach hinten fast bis an die Westwand reichend. Die Bänke, stehende Betpulte sind nicht vorhanden - sind nicht parallel gegen Osten, sondern mit den Wänden gleichlaufend, rings herum gegen den in der Mitte stehenden Vorsänger gerichtet, ungefähr wie bei uns die Sitze auf dem Damenchor. Es sitzt demnach niemand hinter dem Vorsänger, und er wendet sich beim Ablesen des Segens rechts und links zu dem Publikum, was bei unserer Einrichtung ganz bedeutungslos ist.

Die Taletim (Bet-Schawls) sind viel länger als die unsrigen, ohne Tressen (Keter) auf dem Rücken, sondern mit solchen an den Ecktäschchen, wo gewöhnlich bunt auf dunklem Grunde der lateinische Anfangs-Buchstabe des Namens des Besitzers sehr groß eingestickt ist. Schwarze Mäntel sind durchaus nicht üblich, auch der Vorsänger trägt keinen, sondern bloß einen langen schwarzen Chorrock nebst flachem dreieckigem Hute. Neben der Lade und an mehreren Plätzen in der Synagoge hängen während der Sefira-Zeit Bretchen mit den Worten Homer, Semanha und Dia zum täglichen Bezeichnen der fortlaufenden Zahl in gewöhnlichen arabischen Ziffern.

Ich kann nicht umhin, Ihnen hier eine Bemerkung über das Aeußere der Personen selbst mitzutheilen. Es war mir höchst auffallend, wie scharf sich die spanische, portugiesische und selbst die maurische Eigenthümlichkeit für diese Physiognomien eingegraben hat! Trotz zweihundertjährigen Wohnens in Deutschland ist da fast kein Gesicht, das man nicht auf der Stelle von dem des deutschen Juden unterscheiden könnte.

Hierher möchte ich ein Dutzend derjenigen Schriftsteller schicken - und wäre auch Rotteck[10] dazwischen - die da behaupten, wir Juden wären noch alle durch und durch Palästinenser.

Ich komme nun auf die portugiesische Aussprache des Hebräischen, welche sich hier als ein lebendiges Wesen ganz anders und viel eleganter darstellt, als wir sie in gelehrten Schulen herausquälen. Auch gibt es Manches darin, was uns so gut als unbekannt ist. So z. B. die Verschiedenheit des ג mit oder ohne Dagésch, welches letztere, z. B. in Magén Abraham, wie ein erweichtes ch lautet, so daß das Gimel in beiden Formen völlig dem Chaf in seinen beiden Formen entspricht. So wird ferner das Mápik Hé sehr stark gestoßen mit nachgeschicktem Vokal z.B. יָהּ j-ha! אִישָׁהּ isch-ha! Zwischen zwei Wortspitzen von gleichen Consonanten wird ein leises E gehört, z.B. Eliab-e-ben Chelon, lehamschil-e-le, bakkesch-e-scha-lóm, agamm-e-majim.

Die Orientalen lassen dies leise, bei uns nur in der Theorie existirende נ, nach jedem Schluß-rafé ertönen, und Adonáje, Schalomé. Daß das נ durchgängig sehr markirt als ng, wie in den deutschen Wörtern «länger», «singen» gesprochen wird, und daß diese Aussprache die griechische Rechtschreibung der Namen Reguel, Gomorrha, Gaza (nicht etwa auch das deutsche Wort Geiß von גנב?) erklärt, wissen Sie. Die Orientalen sprachen jedoch das Ajin mehr wie ein weiches Chét aus.

---

10 Carl Rotteck (1775-1840) Politiker und Historiker (Anm. des Herausgebers)

Die größten Mängel dieses Dialekts bestehen in der gleichen Aussprache von ב und בּ und von ת und תּ, außerdem steht sie der unsrigen - es versteht sich, daß ich mich auf sprachgeschichtliche Deductionen nicht einlasse - platterdings voran, und das nicht blos durch den schöneren Klang der vielen hellen Vocale, auf die wir ja fast ganz verzichtet haben, als vielmehr und hauptsächlich durch eine Correctheit, die bei uns, und folgten wir auch alle der Methode des Herrn Rab-biner Hirschin Oldenburg, für die Masse unmöglich zu erreichen ist. Ein Portugiese, und sei er sonst noch so unwissend, wird fast nie gegen die Regeln der Accentuation (Mil-ngeé und Milráng) verstoßen, die wir nur beim Vorlesen der Tora beobachten: er wird keinen gedehnten Vokal mit einem kurzen, kein stummes Scheba mit einem hörbaren oder vocalisirten (chataf) verwechseln. Ennosch, Emmeth, chájim, májim, mimmkomó, Elohim, Britth, Schommrímm, Kadschénu, ráchmimm, Báruch, átta; statt enóosch, emét, chajim, májim, mimmekomó, Elohim, Berit, Schomerim, Kaddeschenu, rachamim, Baruch, atta; solche Pronunciationsfehler können bei ihm so wenig vorkommen, als ein Deutscher je Lebehn und Vatéhrr aussprechen wird. Blos mit dem Kamez chataf wissen sie sich bisweilen nicht zu helfen und sagen z.B. Záhorájim, Pangoló statt Zóhorájim, Pangoló etc. indeß geht auch dieser Mangel nicht so weit, daß man z. B. die Wörter Chochmá (Weisheit) und Cháchemá (sie ist weise) verwechselte, oder Wejakám und Ráni statt wajakómm und Rónnui sagte.

Ich versichere Sie, bei einiger Routine attachirt man sich sehr an diese Aussprache, und ich möchte herzlich wünschen, daß sie in Deutschland allgemein eingeführt würde - bis jetzt haben blos die neuen Tempel in Hamburg und in Leipzig und die von ersterem relevierenden Schulen sie eingeführt; denn ihr ungemeiner dem Spanischen gleichkommender Wohlklang lehrt uns erst, mit welchem Recht die Sprache unserer Väter auf den Ruhm einer sonoren, musikalischen Anspruch machen kann. Sie erleichtert sehr die Kenntniß der ersten Sprachregeln, sie macht es durch ihre genaue Skansion erst möglich, die vielen auf die rhythmische Abwechslung von Jéted und Tennungá gebauten Lieder zu singen und - vielleicht das wichtigste - ihre Einführung wäre für uns das wirksamste Mittel gegen das Jüdeln.

Hier muß ich indeß eine, wie soll ich sagen, Unart bemerklich machen, die sich in sämtlichen portugiesischen Gebetbüchern findet, selbst in den schönen Muldarschen. Es ist nemlich, wo von Gott die Rede ist, das encliticum der zweiten Person fast immer, und zwar wie ich glaube, aus einem bekannten dämonologischen Grunde, chaldäesirt und statt --écha mit -ach gegeben, wie z. B. Nakdischách, wenángarizách; meschichách etc, ja in der Mondweihe heißt es gar Jozerich, Kenich etc. Eben so findet sich bisweilen die Pluralform in statt im z. B. umebárechin, umeschahbechin etc. Aber dergleichen Gewohnheiten sind bei den Sefardim gar nicht auszurotten. Im vorigen Jahrhundert z. B. erhob sich in der hiesigen Gemeinde ein Schisma, ob man Chay oder Che hangolamim lesen sollte, worüber mehre Tausend Thaler bei den christlichen Gerichten verprozessirt wurden!

Als ich das Gebetbuch in die Hand nahm, und nach meiner Gewohnheit hinten zuerst blätterte, machten ein Paar Worte einen erschütternden Eindruck auf mich. Ich fand nemlich neben der Haschkabá (Gebet für die Verstorbenen) einige Phrasen angefügt «zum Einschalten: wenn der Betreffende lebendig verbrannt worden war». Wahrlich ein grauenvoller Lakonismus!

Das Schaukeln beim Beten ist bei den Orientalen gebräuchlich, nicht aber bei den Europäern. Vielmehr erfordert hier der Anstand, daß jeder beim Gottesdienste ruhig sitze und nicht anders stehe als beim Ausheben der Tora, bei jedem Kaddisch, bei Hallél und beim Achtzehn-Gebet (Schemona Esra), welches deshalb hier auch durchweg nur die ngAmida genannt wird. Diese wird blos im Morgengebet vom Vorsänger wiederholt, nie aber im Minchá, und im Mushaf nicht anders als am Neujahr, Versöhnungstage und zum Tall und Géschem (mudação dos versos genannt). Sonst wird in Musaf und Minchá vom Vorsänger nebst der responsenartig mitsingenden Gemeinde laut vorgebetet, bis zum Schluß der Keduschá, darauf liest die Gemeinde die Mittelsätze leise und der Chasan fängt bei Rezéh wieder laut an zu lesen und mit der Gemeinde abwechselnd zu singen.

Wenn Sie nicht ungeduldig werden, will ich Ihnen hier einen längst gelesenen Gegenstand auffrischen, und einen kurzen Abriß der Liturgie geben. Das tägliche Morgengebet fängt an, mit Elohái neschamá, darauf folgen 14 sogen. Morgenbenedeiungen (unser Hannotén lajangéf Koach fehlt). Nach dem biblischen Segen folgt die ngAkedá mit Prolog und Epilog, eben so das Kapitel vom Morgenopfer und die Räucher-Mischná. Darauf die Panacee Aná bekòach und die Opfer-Mischnah Esehu mekomán, dann wird Kaddisch Rabbanán gesagt, hierauf unser gewöhnliches Hodu und die Psalmen 103 und 19.

Nun erst wohlgemerkt, nun erst kommt Baruch Scheamar (am Sabbat und Feiertag mit bezüglichen Einschaltungen z. B. baruch hamánchil menuchá leagammó Isr.) und Mismor letodá, dann Jehi Chebod, Ps. 145 und die Hallejujapsalmen. Darauf alles wie bei uns.

Im Atá Gibbór Sommers morid hattáll. In der Bitte fürs Jahr werden nicht wie bei uns blos zwei Worte eingeschoben, sondern es sind zwei vollständige ziemlich lange Bittformeln vorhanden, mit denen nach den Jahreszeiten abgewechselt wird, und worin außer von der Feldfrucht auch von «allem Werk unserer Hände» die Rede ist. Nach der Keduschá sagt der Vorsänger das Atá Kadósch und nicht ledor wador.

Beim biblischen Segen, gleichviel ob vom Vorsänger oder von Ahachroniden gesprochen, wird jedesmal der Vers: «sie sollen meinen Namen legen auf die K. J. und ich will sie segnen» hinzugefügt; ein Gebrauch, den ich sehr zweckmäßig finde, um die segnende Person in den Hintergrund zu schieben.

Abinu-Malkenu-Sätze sind nur 29, und es fehlt das leidige Nekom Iengenénu. Zu Nefilát appájm (Tachnun) gebrauchen sie nach dem Wajómer Dawíd statt unseres Ps. 6 den Ps. 25. Das sogenannte lange wehu Rachum ist etwas kleiner, aber weit Selichot-mäßiger als unseres.

Nach Ubá lezion folgt Ps. 86. Täglich werden zum Schluß die Verse 1. Kön. VIII, 57 ff gelesen, und ebenfalls jeden Tag das Lied En Kelohenu und Amar R. Elasar etc. Darauf wieder ein Kadd. rabbanán mit Perisút Schemáng und endlich ngAlénu ohne ngAlkén nekawwéh, aber mit dem berühmten Satze Sch. m. lehébel werlarik etc. Sie sehen, diese Leute sind nicht so zahm als wir durch und durch Deutsche! Im Alltags-Mincha wird zuerst Ps. 84 gelesen, im ngArbit, wie sie das Abendgebet durchweg nennen, ist keine namhafte Verschiedenheit.

Übrigens sind nur sehr wenige Stücke von völlig gleicher Lesart mit den unsrigen; irgend ein kleiner Unterschied findet sich immer, ob zwar nach meinem Gefühl größtentheils zum Vortheile unserer Lesarten, welche mir einfacher und naiver, daher auch wol älter scheinen. Dies gilt vorzüglich da, wo die Portugiesen allerlei dogmatische Zusätze haben, z.B. Ki Hakkol habel ihr: lebád hanneschamá hattehorá schehí ngathidá lathet Din wecheschbon lifne kissé chebodécha, oder im Adon ngOlam, einem Liede, das sie nur höchst selten benutzen: belí ngérech, beli dimjon, beli schinnu, wehattemura; beli chibbur; beli pirud etc.

Im Kaddisch wird jedesmal nach wejamlich malchuté eingeschaltet wejazmách purkané, wikareb meschichá. Manche Einschaltungen streifen auch ans Abergläubische, wie im Haschkibénu der Zusatz umippáchad hallelot.

Das Nachtgebet ist entsetzlich lang. Den Anfang macht der 119. Psalm, in 7 Portionen auf jeden Tag der Woche abgetheilt, dann folgt das Gebet selbst mit einem Rib. schel ngOlam, worin man aufs Allerbündigste erklärt, man verzeihe gänzlich und ohne allen Rückhalt allen Feinden und Beleidigern jede Beschädigung und Kränkung am Körper, am Gelde, am Gute und an der Ehre, er sei ein Jude oder nicht, es sei in dieser oder in einer spätern Einfleischung (Gilgal), dann erst bittet man um Vergebung der eigenen Sünden, und nun folgen eine Menge Psalmen, Beichten, auch Asahámnu, auch kabbalistisch versetzte Bibelverse etc. häufig unterbrochen durch das Scharé léh maréh lemaam demiztángaran li (Verzeih, o Herr, jedem, der mich gekränkt).

Freitag Abends kein Lechu nerännena, sondern zuerst Ps. 29, dann sofort bamah madllkin, darauf das Lied Lechah Dodi und Am. R. Elasar, dann erst der Sabbatspsalm 92 und das Abendgebet bis zum Schluß, ganz wie bei uns, bis auf Ps. 24 vor ngAlénu. Kiddusch wird nie in der Esnoga gehalten, wohl aber Habdala.

An Sabbats- und Festmorgen geht alles, die bereits erwähnten Abweichungen ungerechnet, wie bei uns, nur sind die sogenannten Sabbatspsalmen mit 4 von den Stufenliedern vermehrt. Verschiedenartige Sulot gibt's nicht. Auch durchaus keine Extra-Jozerot, selbst an den 4 Paraschot und an Mittelfestsabbaten nicht. Das Ausheben und Zurücktragen der Tora geschieht mit vieler Ceremonie unter

Absingung verschiedener Verse, die zum Theil als Privatminhag der hiesigen Gemeinde, in den zu Amsterdam gedruckten Büchern zu finden sind. Beim Wegsetzen wird Ps. 29 feierlich und regelmäßig laut im Chor gesungen.

Wer zur Tora gerufen wird, tritt auf die Tribüne mit den Worten: Adonai ngImináchemm und erhält von den Umstehenden die Antwort Jebarechechá Adoni; hierauf spricht er die Berachá wie bei uns (die Orientalen sagen aber et torató, torát emet) und entläßt seinen Vormann, der so lange wartete, mit einem kleinen Bückling. Sobald er ganz zu Ende ist, kommen seine Kinder, Enkel, Neffen, zu ihm heran auf die Tribüne und er segnet sie sogleich, gleichsam um ihnen die eben eingesogene Weihe schnell mitzutheilen.

Jeder, der zur Tora war, erhält ex officio einen Misché-Berách (es werden aber auf Bestellung gewöhnlich drei daraus) mit hebräischen Eingangsworten und portugiesischem Text, dessen Variationen je nach den Familienverhältnissen des Betreffenden sehr mannigfaltig sind, und von Seiten des Vorsängers eine sehr spezielle Kenntnis erfordern.

So heißt es z. B. Mischeberach Aboténu A. J. & J. hu jebaréch et hagebir oder habachur Senhor N. N. (Vorname und Familienname, des Vaters Vornamen mit anzugeben, ist nicht unbedingt nothwendig, wie bei uns); schemnadéb (Nennung der Summe) a Sedaká pela Saude (Gesundheit) de S. N. N. (man läßt nemlich immer den segnen, dem man den Aufruf verkauft, hier gewöhnlich dem Sr. Parnas Presidente) e Sra Sua Prima (Gemahlin), e filhos etc. Nun folgt z. B. bei einer hochschwangeren que Dios lhe conceda huma boa hora und dgl. m. Die pela Saude's nehmen gar kein Ende, und diese Benedictionen bilden unstreitig den langweiligsten Theil dieses Ritus; denn beim Wegsetzen der Tora treten noch viele andere vor die offene Lade und lassen sich oder ihren Freunden einen Mische-Berach lesen. Geopfert wird hierbei Geld, Wachs oder Oel.

Jeder, der obligatorisch - als chijub - zur Tora kommt, kann sich außer der Offertas noch eine Haschkabá für verstorbene Verwandte, mit Erwähnung ihrer Namen, lesen lassen. Außerdem liest der Chasan eben wie bei uns, eine Haschkabá für verstorbene Gemeindegenossen, nach einem fortlaufenden Register, woraus jedesmal eine bestimmte Anzahl Namen genannt wird. Unsere ordentliche Seelen-Gedächtnisfeierlichkeit mit Matnat-Jad haben sie aber nicht; sondern es wird die mit letzterer verknüpfte Spende unter der Benennung Mizwat Schalosch-Pengamim bezahlt.

Das Haftara-lesen ist nicht leicht, da die Gemeinde blos zuhört und eben wie bei den Absätzen im Vorlesen aus der Tora, den Schluß-Halbvers (Sijum) mitsingt. Nach jeder Haftara wird von allen Anwesenden der Vers Goalénu Ad. Zeb. Schemo Kedosch Israel gesungen. Wenn aus mehreren Rollen vorgelesen worden, wird der gebräuchliche halbe Kadisch erst über das letzte Sefer gelesen. Der zuletzt zur Tora gerufene heißt nicht Acharon sondern Maschlim, und man nimmt wo möglich einen Mann über 60 Jahre dazu. Die Stücke Berich scheméh, Jekúm purkán und Ab-Harachemim haben sie nicht.

Am Sabbatschluß wird zuerst ohne Pardon der ganze Ps. 119 abgesungen, und dazu noch alle 14 Stufenpsalme nebst mehren andern, endlich auch unser Ps. 144. Der ziemlich kurzen Spruchsammlung Wajiten lechá geht das Lied Eliahu hánabi und das Gebet voran, in welchem von den vielern Pforten (des Segens, der Wonne etc) die Rede ist; hinterdrein folgt das Lied Hámabdil.

Jeder Fest-Vorabend hat seinen besonderen Psalm - so wie die Portugiesen denn fast sämmtliche Psalmen im liturgischen Gebrauch haben - der vor dem Abendgebet von der ganzen Versammlung unisono abgesungen wird; nemlich zu Neujahre Ps. 81, Laubhütten Ps. 42 und 43, Schlußfest Ps. 12 (warum ?), Passah Ps. 107, Wochenfest Ps. 68.

Der Chasan wiederholt dann den Schluß-Vers, indem er sogleich in die Melodie des Fest-Kadisch übergeht. Festabend-Pijutim (Mangarabit) sind nicht vorgesehen.

Am Kipur-Vorabend beginnt der Gottesdienst mit den Pismon Schémang Koli; alsdann werden drei (in Amsterdam 13) Torarollen auf die Tribüne gebracht; der Chasan steht hinter derselben und singt dreimal das Kolnidré, darauf folgt Schéhechejánu, das Gebet für die Regierung und das für die Gemeinde, ein Jimloch und Haschkabá und Ps. 29. Nun werden die Torarollen weggesetzt und es folgt das Abendgebet und Selichot.

Nach dem Schluß bleiben Einzelne und lesen im Ketér malchut das ptolomäische Sonnensystem nach, Schiré hajichud und Angim Semirot sind völlig unbekannt. Die Opferbeschreibung (ngAbodá) im Mussaf ist die bekannte mit Ata Konántá anfangende. Daß sie unser Untanne Tokef von mainzischem Ursprung nicht haben, versteht sich von selbst. Es werden durchaus weder an diesem Tage, noch sonst, Kittel (Totenkleider) getragen.

Übrigens fangen die Portugiesen schon am 2. Elul an, täglich Morgens früh und Abends spät Selichot zu lesen, um bis zum Kipur-Tage, die vierzig Tage Mosis voll zu machen. Das Schofarblasen im Elul ist unbekannt, dafür wird aber an den 10 Bußtagen geblasen. Am Neujahrstage die ersten 30 Tekiot wie bei uns, nur wird Schebarim Terunga jedesmal in Eins gezogen. Im Mussaf aber bläst man einmal t. s. r. t., einmal t. s. t. und eimal t. r. t.; nach dem ganzen Schluß-Kadisch wieder 30 Tekiot, vor ngAlénu wieder 10 Tekiot und nach demselben eine Terungá gedolá. Die Schofare sind durchgängig klein, sichelförmig und geben einen starken spitzen Ton.

Ihre Hoschánganot sind fast alle von den unsrigen abweichend, dem großen Hoschángná-Tag machen sie noch viel wichtiger als wir, und lesen eine große Menge besonderer Gebete. Die Nacht haben sie mit Selichot-Lesen und Schofarblasen zugebracht und tragen Morgens nach Hallel 3 Tora-Rollen auf die Tribüne. Dann werden 7 Umgänge gehalten, und nach jedem Umgange ruft die Gemeinde die 13 Eigenschaften laut ab, während jedesmal aus dem Schofar ein schmetterndes t. s. r. t. ertönt, eine Operation, die auf meine unvorbereiteten Nerven heftig einwirkte. Das Weidenschlagen findet statt.

Am Morgen des 9. Ab wird anstatt des Liedes vom Meer das Lied Háasinu gelesen, und es werden keine Tefilin angelegt, was an andern Festtagen jedoch zweimal, nemlich Morgens und zu Mincha geschieht. Auch zu Mincha werden Klagelieder gesungen. Die Torarollen sind an diesem Tage schwarz bekleidet und eben so die Lade umhangen.

Am Purim stehen zwei Parnasim, jeder mit einer langen weißen Wachskerze in der Hand, dem Vorsänger beim Ablesen des Buches Ester zur Seite. Chanuka-Lichter werden nur von Oel, nie von Wachs gebrannt.

Unsere freundliche Sitte der Blumenkleidung am Wochenfeste haben die Portugiesen nicht, auch nicht die chaldäischen Lieder Akdamut Millín und Jezib Pitgám. Dagegen singen sie Nachmittags Vers um Vers in die Runde die Asharoth des Gabirol (Verse auf die 613 Mizwot).

Am Hüttenfeste ist das Lulab mit vielen buntfarbigem seidenen Bändchen und Schleifen ganz umwickelt. Nach dem Hauptgottesdienste wird jedesmal in der Gemeinde-Laubhütte unter Vorsitz des Chasans, eine kurze Mahlzeit von Brod und Wein gehalten. Diese Mahlzeiten erinnerten mich lebhaft an die Liebesmahle der ersten Christen und an das, vielleicht auch genetisch mit derselben verwandte talmudische Diktum, daß seit Zerstörung des Tempels zu Jerusalem der Tisch des Menschen an die Stelle des Altars als Sühnungsmittel getreten ist. Die Meisten hier und in Altona glauben - freilich nicht din-mäßig - mit dieser Ceremonie schon ihrer Cabanas-Pflicht gänzlich entledigt zu sein.

Am Pessah-Abend, wo man in der Esnoga ein volles Hallél singt, wird auch in den Familien die Hagadá mit dem Hallél völlig geschlossen und nichts weiter hinzugefügt. In der Berachá vor Hallél wird jedesmal, je nachdem man es ganz oder halb liest, likro oder ligmor gesagt.

Simchát-Tora wird mit vieler Auszeichnung gefeiert. Die beiden sogenannten Religions-Bräutigame (Noivos de ley) werden schon am ersten Neujahrs-Abende zugleich mit dem jährlichen drei Parnasim (Senhores da Mángamád [מעמד] genannt, weil sie einen abgesonderten, etwas erhöhten Stand haben, wo sie am Schlusse jedes Gottesdienstes bleiben, bis Alles fort ist, damit jeder sie im Abgehn grüßen könne) gewählt, und haben nicht nur während der Festzeit mancherlei kleine kirchliche Functionen auszuüben, sondern es liegt ihnen eigentlich auch statutenmäßig ob, das Jahr über mit den Regierungs-Behörden die Angelegenheiten der Gemeinde zu verhandeln. Gewöhnlich wählt man in den größeren Gemeinden junge Männer von den vornehmsten Familien, denn diese Aemter sind für die, welche ihnen Ehre machen wollen, durch die gebräulichen Frühstücke, Galla-Anzüge, Spenden etc sehr kostspielig. Am Vorabend des S. T. so wie auch Morgens (und eben so am Sabbat Bereschit) werden die Noivos von den Rabbinen, Parnasim etc. in Prozession aus ihren Häusern in die Esnoga geführt, und sitzen da auf Sesseln mit dreieckigen Hüten vor dem Hechál, Tora-Rollen im Arme haltend. Der Chasan überreicht ihnen ein hebräisches, zu ihrem Ruhme von ihm selbst verfertigtes oder compilirtes Gedicht, das er auch vor ihnen absingt u.s.w. Sie lesen beide ihre Parascha's selbst ab, während die Damen fortwährend Confect vom Chor herunterwerfen. Der Schluß-Kadisch an diesem Tage wird von der ganzen Gemeinde gesungen. Der Cohanim-Segen wird nicht weggelassen. Die Fasten am Montag, Donnerstag und Montag werden von einzelnen Chasidim gehalten, aber nicht in der Esnoga gefeiert, wol aber die sogenannten kleinen Kipur-Tage unter dem Namen Mischmará's.

Die Leidtragenden haben in jedem Morgen- und Abend-Gottesdienst 4 Kadeshim (einschließlich K. rabanán welcher von ihnen allen zugleich gesprochen wird) und Kadd. rabanan mit Barachú vor ngAlenu, den ein Einzelner spricht, der dies Beneficium für die Woche hat.

Die Ministrationen (Mizwot) werden in Altona nie, in Hamburg blos an Festtagen und für den Versöhnungstag schon am vorhergehenden Sabbat, meistbietend verkauft. Sobald dies geschehen ist, oder wenn nicht verkauft ward, sobald der Parnas presidente seine Anordnung getroffen hat, verkündigt der Chasan der Reihe nach den Erfolg mit den Worten: Mi sche-berách hu jebarech a o Sr. N.N.

O Sr. N. N	1. que abrirá as portas do Hechál (Oeffnen)
	2. que lovará o sefer torá (hin und zurücktragen)
Diese doppelt, wenn 2. S. T. gebraucht werden	3. que desenfascara O. S. T. (Abwickeln der Mappa) NB. Bunte Mappen mit Namen der Kinder sind nicht gebräuchlich
	4. que fara o misva de Ez chajim (Abnahme der silbernen Paremente und des Mantels)
	5. que accompanhará o S. T. (Begleiten)
	6. que levantará o S. T. (Hagbahá, Aufzeigen) NB. Geschieht vor dem Vorlesen.

Außerdem werden noch ausgetheilt: Caxinha, d. i. die Büchsensammlung am folgendem Montag und Donnerstag und misva das faltas d. i. Ersatzmann für einen etwa außbleibenden Ministranten. Segán, Maftir und Maschlim werden nicht besonders verkauft, und Hagbahá erhalten nur solche, die von ihrer Fähigkeit, die Torarolle nach Gebrauch sehr hoch und weit ausgespannt langsam nach allen vier Seiten zu wenden, Proben abgelegt haben.

Wer Mizwot kauft, behält sie gewöhnlich für sich selbst, und erhält eben wie jeder, der eine Offerte gemacht hat, einige Tage später eine gedruckte Rechnung in portugisischer Sprache.

Hier noch eine Notiz, die ich Sie aber bitte unserm B. zu verschweigen, und ihm das Herz nicht schwer zu machen. Unser Titel Chabér sowohl als Morénu, um die er es sich so sauer werden ließ, finden in der portugiesischen Synagogen durchaus keine Anerkennung!!! Der erste ist nemlich ganz und gar nicht, der zweite blos für angestellte Rabbinen in ihrem eigenen Sprengel gebräuchlich, die jedoch gewöhnlich nur Chacham genannt werden. Gelehrte werden zwar mit dem Titel Chacham zur Tora gerufen, was aber blos als Compliment zu betrachten ist.

Was nun die Art des Vortrages der Gebetstücke, die Melodien und Modulationen von Seiten der Gemeinde sowol als des Vorsängers betrifft, so sind solche von der unsrigen sehr verschieden, und Sie erwarten wol auch nicht, daß ich sie Ihnen durch eine Beschreibung anschaulich machen kann. Im Ganzen ist zu bemerken, daß die correcte und allgemeine gleichförmige Accentuation erst eine gleichmäßige Singweise möglich macht, was, wenn der hebräische Chorgesang gleich der deutschen Sylbe vor Sylbe sich der Melodie anschliessen soll, bei unsrer regellosen Skansion total unausführbar ist. Möge bei uns der Chasan noch so schön singen, die Gemeinde, welche die Quantität der Sylben nicht kennt und nicht achtet, wird nie einen Satz gehörig herausbringen. So werden denn hier die metrischen Lieder nicht allein, sondern auch die andern poetischen Stücke, die in ungefähr passende Melodien gebracht sind - wenn nicht, wie freilich oft geschieht, Verwirrung im Tempo entsteht - ganz taktmäßig abgesungen. Zu der letztgenannten Klasse zähle ich die wichtigen Psalmen; als die Einleitungs-Psalmen, den 29. beim Torawegsetzen, Hallél und namentlich das Lied vom rothen Meere, wie es am Sabbatmorgen gesungen wird, und wovon ich Ihnen die Melodie beilege. Von der erstern (metrischen) Klasse nenne ich sämmtliche Selichot und Pismonim und dann vor allem Adon ngOlam und Jigdál, nach deren Schematen u---u--- und --u---, u---- die meisten metrischen Stücke verfaßt sind. Auch eine Jigdál-Melodie schicke ich Ihnen hierbei. Vom Halél-Gesang ist zu erwähnen, daß die ersten Psalmen blos vorgelesen werden, und der Vorsänger einen jeden nachziehend beschließt. So geht's fort bis pitáchtá lemosera, dann fängt die Gemeinde im Chor an lechá esbách zu singen bis hallelujáh. Hierauf beginnt der Vorsänger die für diesen Tag vorgeschriebene Hódu-Melodie, indem er den ersten Theil derselben singt, und die Gemeinde schließt mit dem zweiten Theile alle viermal auf die Worte Hódu etc. Nun wird Min Hamezár rasch gelesen, bis die Gemeinde im Chor wieder anfängt Pitchu etc, dann der Vorsänger Ana etc. Odechá wird wiederholt. Barúch haba aber nicht. Figurirte Melodien kommen, wie gesagt, selten vor, und zwar vornemlich am Festabend bei den Kadeschim, wo dann die Melodie beim Schlußverse des Einleitungspsalms schon anhebt. Ich füge zwei solcher Melodien an liegend bei, damit Sie sehen, daß die Lücken durchaus nicht, wie bei uns mit einem endlosen la la la aufgefüllt werden. Der hiesige Chasan trägt gewöhnlich vortrefflich vor, zumal da es ihm gelungen ist, seinen schönen Bariton von dem sonst bei den Portugiesen, nach Semilasso's Bemerkung, auch bei den Mauren beim Singen gebräuchlichem Näseln fast ganz zu befreien.

Andere Stücke werden zwar blos gelesen und leider in der Regel mit der empörenden Eilfertigkeit, die unsere Alten mit dem Ausdruck schlüpfern bezeichnen; allein es ist doch einigermaßen für Einklang gesorgt, da weit mehr Absätze gemacht werden, als bei uns, und der Vorsänger dann jedesmal nachsingt (den

Sijum macht). So z. B. wird Nischmat bis Ilu Pinu im Chor gesungen, von da bis zu Ende gelesen mit 5 Absätzen. In Emét wejazib wird 6 Mal abgesetzt. An Feiertagen singt die Gemeinde auch Schirá chadaschá im Chor,

Ich lege Ihnen hier auch eine Sarká-Tabelle in freilich taktlosen Noten bei, welche Sie bei der bei uns am Neujahr üblichen ähnlich finden werden; die aber wenigstens in Herr Cassuto's Munde einer emphatischen Declamation poetischer Stellen vielen Spielraum läßt. Die Haftara hat noch eine andere Sarka und die Megilot wieder eine andere.

Übrigens ist nicht zu leugnen, daß viele dieser Melodien weit lebhafter und munterer klingen, als bei uns, die wir gleich den protestantischen Christen, mit denen wir leben, die Idee von Andacht und Weinerlichkeit nicht wol zu trennen vermögen. Es gibt indeß auch einige sehr triste und wahrhaft rührende Melodien für die Glaubensbekenntnisse, für das Kolnidré und bei den Beerdigungen u. s. w. Wirkliches Weinen aber findet nie, weder vom Vorsänger noch von der Gemeinde, selbst am Kippur-Tage nicht Statt.

Die Gemeinde ist im Wesentlichen sehr gut eingelernt und zur Noth könnte fast jeder Mann ein mittelmäßiger Vorsänger sein, was mehr sagen will, als das Aehnliche bei uns.

Sie haben durchgehend starke Bruststimmen, deren sie sich zum Unglück der Nachbarschaft so nachträglich bedienen, daß man von außen die schwache Menschenzahl auf das Zehnfache und noch höher schätzt.

Es bedarf keiner Erwähnung, daß diese par excellence viel gewanderten Juden vielerlei fremde Superstitionen angenommen haben und im Privatleben ist Aberglauben von allen Sorten unter ihnen sehr verbreitet. Die öffentlichen Gebete jedoch sind fast ganz frei davon. Die Stoßgebete beim Schofar, die Gebete Machnisé ráchamim und Malaché rachamim finden sich nicht bei ihnen. Von Dingen dieser Art deutschen und polnischen Ursprungs, wie z. B. das Testament R. Jehuda Hachasid's wissen sie gar nichts, auch nichts von Kaparot-Umschlagen; desto mehr aber von astrologischen Ideen. Das Wort besíman tób bringen sie nicht allein häufig im Mische-Berách etc an, sondern der Chatan Torá beginnt nicht einmal die Bibel, ohne jene Formel vorauszuschicken!

Die Verschiedenheit des Talmudstudiums der Portugiesen von dem unsrigen ist augenfällig, da ihnen der polnische Pilpul fast unbekannt blieb und ihre Methode wäre bei unserer jetzigen Reorganisation dieser Disziplin sehr zu beachten. Dem Magén Abraham und anderen polnischen Lehrern geben sie keine entscheidende Autorität.

Wegen des Cohanim-Segens befolgt jede Gemeinde ihre eigene Anwendung. Im Allgemeinen ist der Sabbat kein Hinderniß. An vielen Orten wird an jedem Sabbat und Festtag gesprochen, in manchen an jedem Festtag, er sei zugleich Sabbat oder nicht, in einigen am Sabbat und am Sabbat-Festtag nicht. Am Versöhnungstage aber wird er überall dreimal gesprochen; auch wenn zugleich Sabbat ist, nemlich im Morgen, im Mussaf- und im Schlußgebet - sonst ist die gewöhnliche Zeit das Schacharít-Gebet. Daß die bei uns während des Segens gelesenen Verse und Stoßgebete hier nicht üblich sind, bedarf keiner Erwähnung: die Ahroniden singen ziemlich gedehnt und jeder hört stillschweigend zu.

Ich gestehe Ihnen, daß das gesammte portugiesische Ritual mit seinem Dialekt, seinen Pijutim (deren sie indeß sehr wenige haben), seinen Chorälen, seinem Vortrag und seinen, wenn auch der winzigen Gemeinde etwas getrübten äußeren Würde, auf mich, den, wie wir alle mit Reformations-Ideen schwanger Gehenden, einen sehr wohlthätigen Eindruck gemacht hat. Hier fand ich ein reiches, ausgearbeitetes und den Nimbus des Alterthums in sich tragendes System, das keiner neuen Sanction, sondern blos allenfalls etwas Aufräumens bedarf, um völlig zeitgemäß dazustehen, und mich wundert nur, daß der hiesige neue Tempel, den man doch wenigstens nicht beschuldigen kann, die hebräische Sprache beim Gottesdienst beseitigen zu wollen, sich ihm nicht noch näher angeschlossen hat.

Lassen Sie mich nun noch einige Gebräuche nacherwähnen, die außerhalb der Synagoge stattfinden.

Bei Beerdigungen werden auf dem Friedhofe sieben Umzüge um den Sarg gehalten, die dazu gehörigen Hakafot-Gesänge, die ich Ihnen nächstens einmal mitheile, werden vom Chasan in sehr rührender Melodie gesungen, worauf dann der 91. Psalm folgt. Beim Einsenken in die Gruft singt der Chasan die Worte: Hiné makom, hiné malon, hiné menuchá, hiné nachalá; Málache haschalom jaboú likra-técha, wejómru lach Schalom boécha d.h. hier die Stätte, - hier das Bette, - hier der Ruhe Heil, hier das Erbantheil - Friedensengel kommen Dir entgegen - grüßen Dich mit ihrem besten Segen.[11]

Das Gemará-Lernen auf dem Begräbnißplatze ist nicht üblich. Bei der Erquickungsmahlzeit (sengudat habraá) hat das Tischgebet einen besonderen ziemlich langen Zusatz (Nachem etc) und fängt an mit den Worten: Barúch menachém scheachálnu mischelo u. s. w. Die Grabsteine (epitaphias) liegen ein wenig erhöht flach auf den Gräbern, die Inschriften sind kurz und in zwei Sprachen, hebräisch und spanisch,[12] abgefaßt.

Auf Hochzeiten wird die Ketubá nicht allein vorgelesen, sondern zugleich ins Gemeinde-Protokoll eingetragen und von den Partheien nebst Parnasim unterzeichnet. Die Hochzeiten dauern gesetzlich sieben Tage, und so lange bleibt die Chupá im Hause der jungen Eheleute vor ihrem Tische stehe, damit sie beim Es-

---

[11] Vgl. auch den Beitrag von Gaby Zürn und die Friedhofsandachten von Isaac Cassuto in diesem Band.
[12] Die Sprache der Grabsteine ist in Hamburg überwiegend portugiesisch. Wie zahlreiche Beobachter vor und nach ihm, verwechselt auch M. das Spanische mit dem Portugiesischen. Isaac Cassuto, der sonst immer von Portugiesisch schreibt, und David Benezra, der aus Istanbul stammte und daher *Judezmo*, Judenspanisch, sprach, verwenden in ihrem Bericht über die Sprachverhältnisse der Hamburger Portugiesen an den spanischen Senator Angel Fernandes Pulido den Ausdruck Spanisch (Anm. des Herausgebers).; vgl. auch Studemund-Halévy 1991

sen darunter sitzen. Förmliche Siblonót-Geschenke sind nicht Sitte, auch nicht der Mantelgriff (Kinjan sudár).

Neugebornen Mädchen wird ihr Name durch eine eigenthümliche Ceremonie im elterlichen Hause ertheilt. Am dreißigsten Tage nach der Geburt verfügt sich nemlich der Chasan dahin, das Kind wird von ihm auf ein Kissen gelegt, und er singt aus dem Liede der Lieder den Vers Jonáti bechagwe hassélang, und dazu, wenn es eine Erstgeborne ist, den Halbvers Achat hi leimmá (VI, 9), darauf den Segen der Rebeka (Gn. XXIV, 60) und endlich einen Mische-Berách, in welchem der Name ertheilt wird. Den Beschluß macht der biblische Segen.

Die bei uns unter der Benennung Sachor übliche Versammlung bei einem Knaben am ersten Freitag Abend ist den Portugiesen unbekannt; in der Nacht vor der Beschneidung - sie nennen diese nie anders als mit dem bloßen Worte berit - werden jedoch mehre bezügliche Bibelstellen, Mischnajot etc gelesen. Während der Operation liegt auf dem leeren Elia-Stuhle die Parascha Pinechiás aufgeschlagen.

Die Verfassung der Gemeinde ist sehr einfach. An jedem Neujahrsabend wählen sämmtliche Jechidim drei Parnasim (Senhores de Mangamad) auf ein Jahr, und die Gewählten müssen das Amt bei Strafe anehmen. Die Einnahmen bestehen in direkten Steuern, Fleischauflagen und Opferspenden. Die Stätten in der Esnoga werden nicht vermiethet, sondern jeder Gemeindegenosse erhält einen Sitzplatz angewiesen, der übrige Raum ist für jedermann wie in den katholischen Kirchen. Aus den alten guten Zeiten her existieren sehr namhafte Fideicommisse, unter andern eins, woraus jedes Mädchen, das zur Gemeinde gehört, 1000 Mark bei ihrer Heirath erhält. Sie muß aber einen Portugiesen heirathen, sonst geht der Anspruch verloren, da die Stiftungsurkunde nur von reinem Sefardim-Blut spricht. Inzwischen sind seit einigen Jahren in Holland zwei deutsche Gemeinden - eine heißt Naarden, der Name der andern ist mir entfallen - zum portugiesischen Min-hag übergegangen und es wurde festgesetzt, daß die nach 10 Jahren und weiter zu gebärenden Kinder für Portugiesen bei allen Stiftungen gelten sollten. - Jede portugiesische Gemeinde hat gleich einer Freimaurerloge ihren eigenthümlichen Namen: so heißt die hiesige K. K. Bet Israel, die in Altona K. K. Nevé Schalom, die in Bordeaux: Nefuzot Jehudá u. s. w.

Haben Sie nun genug? Ich denke ja! Das Sammeln dieser Notizen hat mir einige Mühe und viel Vergnügen gemacht, die eher zwiefach belohnt ist, wenn Sie zufrieden sind. Darum Chasáck ubaruch! Daß ist der Schlußgruß der Sefardim.

M.

Die Musik-Beilagen erfolgen nächstens.

D. Redact.

EPITOME

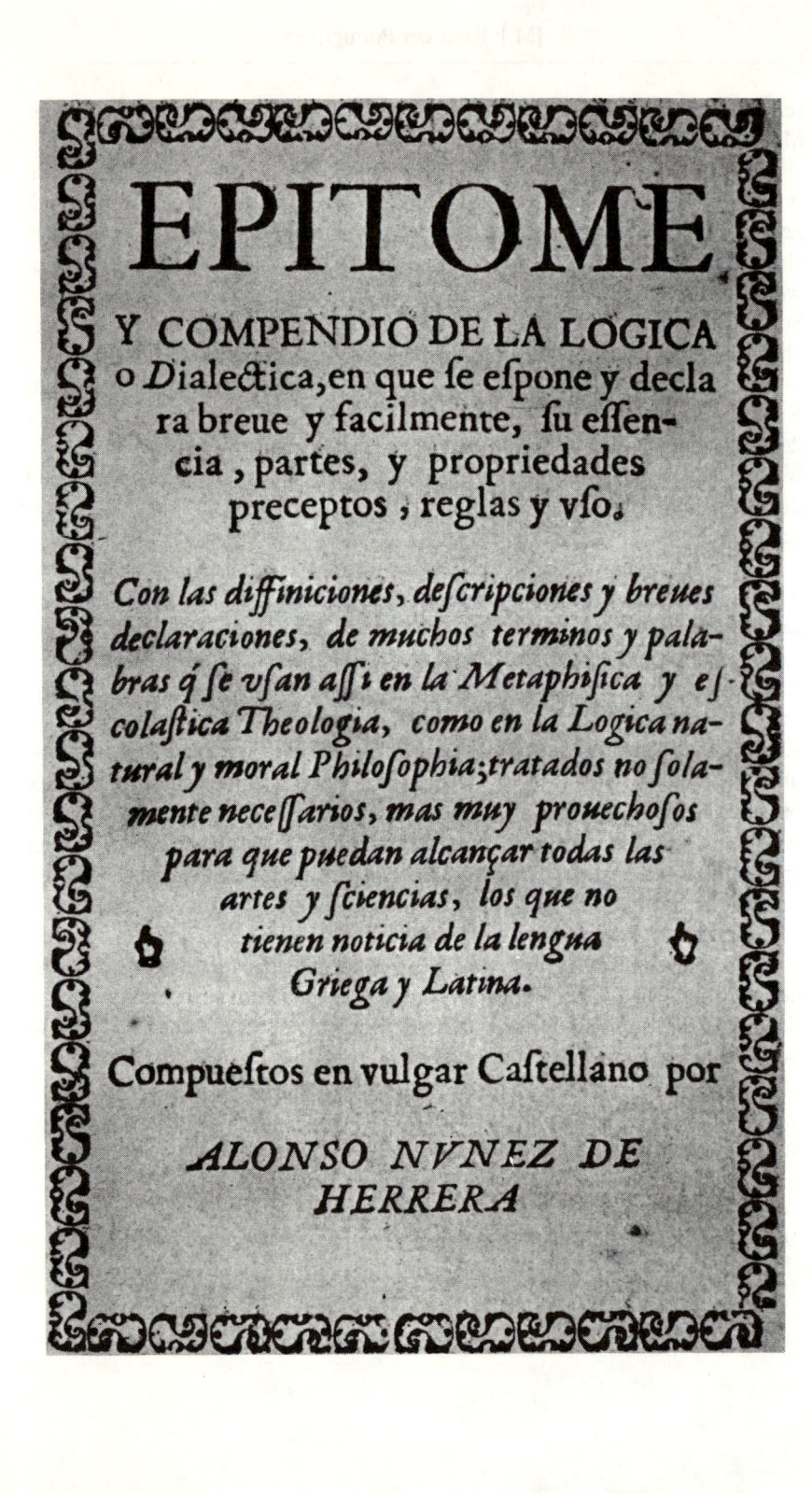

Y COMPENDIO DE LA LOGICA
o Dialectica, en que se espone y decla
ra breue y facilmente, su essen-
cia, partes, y propriedades
preceptos, reglas y vso.

*Con las diffiniciones, descripciones y breues
declaraciones, de muchos terminos y palabras q̃ se vsan assi en la Metaphisica y es-
colastica Theologia, como en la Logica natural y moral Philosophia; tratados no sola-
mente necessarios, mas muy prouechosos
para que puedan alcançar todas las
artes y sciencias, los que no
tienen noticia de la lengua
Griega y Latina.*

Compuestos en vulgar Castellano por

*ALONSO NVNEZ DE
HERRERA*

Two Spanish-Portuguese «Cantorial Fantasias» from Hamburg (1838)

Edwin Seroussi (Ramat-Gan)

Although the music of the Spanish-Portuguese synagogues in Western-Europe has aroused considerable attention, it still has not been subject to sufficent research. Moreover, most studies in this area focus on the major centers of Amsterdam and London, for which oral and notated sources are more ready available.[1] Other Spanish-Portuguese communities whose synagogal music repertory has been published, e.g. Bayonne, Bordeaux, Paris and New York, have not received a thorough treatment.[2] The music of the Portuguese synagogue in Hamburg has been even less thoroughly studied because its activities ceased well before any recording of its oral tradition could be made. The lack of alternative materials attesting its musical legacy during the zenith of its development in the seventeenth and eighteenth centuries is another reason for our scant knowledge about the Hamburg tradition.

Yet, a unique manuscript, briefly mentioned for the first time by Abraham Z. Idelsohn and described recently in its entirety by Israel Adler, opens a new window on the music of the Portuguese Jews in Hamburg.[3] This source is a collection

---

[1] For the written sources from Amsterdam see I. Adler 1974. M. R. Kanter 1978 studied some aspects of the Amsterdam and London traditions. See also Kanter 1980 and 1981. For an early printed source see H. Avenary 1960. Melodies from the Amsterdam and London traditions are included in I. Levy 1964-1980. For other publications from the Amsterdam repertory, see H. M. Krieg 1954 and D. Ricardo 1975. For London see the old and yet remarkable collection by E. Aguilar and D.A. de Sola 1857. Melodies from this tradition appear also in M. Gaster 1901-1905. For a study of the Aguilar-De Sola collection see E. Seroussi 1992. A. Lópes Cardozo, cantor emeritus of the Shearith Israel congregation in New York published in 1960 a study of his own traditions from Amsterdam and New York. See also A. Lópes Cardozo 1987 and 1991

[2] For Bayonne see M. Léon 1893 and M. J. Benharroche-Baralia 1961. For Bordeaux see S. Foy 1928. F. Alvarez-Pereyre recently studied these two traditions also on the basis of new written evidence, see Alvarez-Pereyre «*The Judeo-Portuguese Liturgical Heritage in Bayonne and Bordeaux: Sources and Interpretation*» (I am indebted to the author for making a copy of this unpublished manuscript available to me). For Paris see A. de Villers 1872. The Sefarrdic tradition from Livorno incorporates elements of the Spanish-Portuguese repertory; see F. Consolo 1892. For New York see L. Kramer 1942, David and Tamar de Sola Pool 1955 and the collections by A. Lópes Cardozo mentioned in fn. 1

[3] The source is Ms. Mus. Add. 14a from the Birnbaum Collection of Jewish Music at the Hebrew Union College Library in Cincinnati. For a full description of this manuscript see I. Adler 1989. A. Z. Idelsohn published from this source the melody *Etz Hayyim*; see Idelsohn 1927: 239

of twelve melodies transcribed from cantor *David Meldola* in ca. 1827 which is appended to a compendium of chorals with organ accompaniment originating at the Reform Temple in Hamburg. The use of traditional Sefardic melodies by a reform synagogue inspired me to engage in a more thorough survey of this unique phenomenon. Indeed, more evidence about the spread of Portuguese synagogal melodies in Germany (particularly in Upper Saxonia) has been found in other manuscript and printed sources dating from ca. 1838 to 1887.[4]

The corpus available now encompasses twenty-eight pieces (some found in up to four different sources from Germany) for the High Holidays, the Three Festivals, and the Sabbath. This substantial collection of Portuguese synagogal songs, in addition to the important manuscript *Sefer Mesilat Beit Israel* by the 18th century cantor Yaacov ben Yosef Hacohen Belinfante from Hamburg (Jerusalem, Ben-Zvi Institute, Ms. 2061), constitutes the basis for a forthcoming monograph on this tradition and its reflection on reform synagogues in Germany throughout the nineteenth century.[5] One of the aforementioned German sources is a musical appendix to an unsigned article entitled «*Der Ritus der portugiesischen Synagogue*» published in the *Allgemeine Zeitung des Judenthums* in 1838.[6] This appendix contains seven items (including a *luah zarqa*, the musical motives for the cantillation of the Pentateuch) notated by an anonymous hand from cantor *Jehuda Cassuto* of Hamburg.[7] Two of these pieces, both on the text of the kaddish, for Passover and Sukkot respectively are the object of inquiry in the present essay.

To describe these two pieces I employ here the term «cantorial fantasia» coined by Hanoch Avenary to describe a composition in open form with a strong touch of improvisation within the Western Ashkenazic cantorial tradition of the eighteenth and nineteenth centuries. In Avenary's words, this is «*a genre of composition [which] extends a complete tune of liturgical importance by the insertion of new phrases and whole new sections between the traditional motives [...] these creations consist of several parts and deserve to be considered accomplished and artful composition.*»[8]

The concept «cantorial fantasia» as described by Avenary in relation to the Western Ashkenazic tradition may also be applied to a unique genre of the Spanish-Portuguese tradition of Amsterdam, subsequently developed also by cantors

---

[4] Basic information concerning this topic was already provided by cantor Moritz Henle of Hamburg in his study, «*Die gottesdienstliche Gesänge im Israelitischen Tempel zu Hamburg*», in: Festschrift zum hundertjährigen Bestehen des israelitischen Tempels in Hamburg, ed. D. Leimdörfer, Hamburg 1918

[5] E. Seroussi: The Spanish-Portuguese Synagogal Music in Sources from Hamburg (Jerusalem, Jewish Music Research Centre, forthcoming). I am indebted to Prof. Meir Benayahu of Jerusalem for drawing my attention to the Belinfante manuscript

[6] For a description of this appendix see Adler 1989: 888-889

[7] Jehuda Cassuto (Amsterdam, 1808 - Hamburg, 1893)

[8] Avenary 1968

of this tradition in other cities. Although Avenary's strict definition of the «fantaia» does not suit exactly the Spanish-Portuguese genre under discussion, it still retains three of its major features: it is based on a traditional tune, it is in flowing rhythm, and improvisation plays a crucial role in it. Absent only is the addition of new motives intercalated between the traditional ones. The Portuguese «fantasia» developed from original compositions in the Baroque style which were later traditionalized in unaccompanied vocal performances by cantors in the synagogue. This phenomenon, already analyzed by Israel Adler in a detailed study, is a unique feature of music in the Portuguese synagogues attesting a synthesis between «art» and «traditional» music.[9] To understand the place of the «cantorial fantasia" within the Spanish-Portuguese synagogue one has to review first the overall development of this music tradition. Deprived of any substantial knowledge about the Jewish liturgy and its musical performance, the founding fathers of the Amsterdam community, all of them *conversos*, naturally sought the assistance of established cantors from major Sefardic centers in the Eastern Mediterranean (e.g. Saloniki) and Morocco.[10] The basic liturgical repertory transmitted by these foreign teachers was faithfully passed on by sucessive generations of local cantors. However, the inclination of the Spanish-Portuguese Jews in Amsterdam towards the culture of the non-Jewish upper classes, a tendency rooted in their aristocratic Christian past in the Iberian Peninsula, led in the seventeenth and early eighteenth centuries to an unprecedented outburst of local musical creativity within the synagogue, a process vividly described by I. Adler.[11] These new compositions, commissioned for the Jewish festivals or celebrations such as the dedication of the new synagogue building in 1675, became so popular that their melodies, devoid of instrumental accompaniment, were subsequently incorporated by the cantors to the normative liturgy. By using the traditional Sefardic technique of adopting extant melodies from varied sources to sing liturgical texts, these new melodies became a source for the expansion of the traditional repertory acquired from the foreign teachers during the formative years of the community.

Adler called these new liturgical melodies «descendants», for they are indeed the offspring of original compositions. He further distinguished two stages in this process: first, the adaptation of the original melody with the changes needed by the new text, and second, the contrafacts of this adaptation, i.e., the subsequent use of the now traditionalized melody for the singing of other texts.[12] When musical creativy in the Portuguese synagogue in Amsterdam dwindled during the nineteenth century, the origin of the «art» melodies which remained in the liturgical repertory fell into oblivion; their traditionalization was thus complete.

---

[9] See Adler 1984
[10] See Seroussi 1992 and similar remarks by Adler 1984: 24
[11] See Adler 1974
[12] See Adler 1984: 18ff

The performance of some of the liturgical pieces based on the seventeenth and eighteenth century compositions retained however one feature of their original setting: they called for a certain degree of improvisation by the cantor. Two liturgical texts in particular became the focus for these «cantorial fantasias»: the *kaddish* before *barekhu* in Saturdays and Holidays (starting with the last versicle of the preceding Psalm and ending on *«be-'agala u-vi-zman kariv ve-imru amen»*) and the *keddusha* for the same occasions. In this selection the Portuguese Jews remained faithful to their Sefardic tradition, where the music for both texts varies according to the holidays and, moreover, is open for innovations by the cantor. The two kadishim from Hamburg published here rank among the earliest notated examples of their genre ever printed. The reliability of the notations in this early source is further attested by the persistence of these two «fantasias» in oral tradition and in later manuscript and printed versions of the nineteenth and twen-tieth centuries.[13]

The use of a distinctive concept to define this genre of music within the Spanish-Portuguese liturgy is not based exclusively on the analysis of the data but also on the appreciation of the «field worker» who collected these materials firsthand in Hamburg. The anonymous ethnographer of the *Allgemeine Zeitung des Judenthums* divides the musical repertory of the Portuguese synagogue into two major categories: «metrische» and «figurirte». The latter seems a clear reference to «cantorial fantasias»:

> *Figurierte Melodien kommen [...] selten vor, und zwar vornehmlich am Festabend bei den* Kadeschim, *wo den die Melodie beim Schulssverse des Einleitungspsalms schon anhebt. Ich füge zwei solcher Melodieen angeliegend bei, damit Sie sehen, das die Lücken durchaus nicht, wie bei uns mit einem endlosen ausgefüllt werden. Der hiesige* Chasan *trägt gewöhnlich vortrefflich vor, zumal da es ihm gelungen ist, seinen schönen Bariton von dem sonst bei den Portugiesen, nach Semilasso's Bemerkung, auch bei den Mauren beim Singen gebräuchlichen Näseln fast ganz zu befreien.*[14]

The source from which one of the pieces from Hamburg «descend"» to use Adler's term, can be detected without difficulty. The *Kadis de la primera noche de Cabanas* (Kaddish for the first night of Sukkot, see example 1) is a fantasia based on the duo *Hamesiah Ilemim* for *Shabbat nahamu, Simhat torah* and *Shabbat*

---

[13] See for example the collections published by Krieg (based on the nineteenth century Ms. Etz Haim 48 E 59; see Adler 1989: 51-52) and Ricardo 1975. The 1931 enlarged reedition of Aguilar and de Sola's The Ancient Melodies (see fn. 1) titled *Tlalei Zimra* Being the Traditional Music of the Liturgy of the Spanish and Portuguese Jews, includes several «fantasias» notated by Elias Jessurun. Recordings of late cantors from Amsterdam, such as Rodrigues Pereira and Nuñez Nabarro, at the National Sound Archives of the Jewish National and University Library in Jerusalem also include examples of this genre.

[14] Allgemeine Zeitung des Judenthums II, no. 17 (8. Februar 1838), p. 67

bereshit by composer Abraham Caceres, one of the most beloved pieces in the Portuguese repertory of art music from Amsterdam.[15]

Example 1: Facsimile of «*Kadis de la primera noche de Cabanas*"» *Allgemeine Zeitung des Judenthums, Literarisches und homiletisches Beiblatt*, no. 5 (24. Februar 1838), p.19, no. 4

A comparison of the version from Hamburg (example 2, staff 1) with the original composition by Caceres (example 2, staff 2) reveals some of the improvisational techniques employed by the Portuguese cantors. In general these techniques do not differ from those used in the extemporization of vocal pieces expected from

---

[15] For Caceres, perhaps the most noticeable and prolific composer associated with the Portuguese community in Amsterdam in the eighteenth century see Adler 1974: 79-84. Adler (ibid., p. 100, n. 36) identified several other descendants from the same duo by Casseres, a majority of which appear in the important Ms. Jewish National and University Library, 8° Mus.2, between 1743-1772

singers during the late Baroque era.[16] Such are the embellishments of the cadences at the end of phrases, e.g. those on the words «*panaw welohai*» and «*sheme raba*».

Example 2: 1) Transcription of the Hamburg version; 2) «Hamesiah illemim"» by A. Caceres; 3) Notation of another «descendant» by D. Ricardo for Passover

---

[16] The literature on this topic is vast but the reader is refered to two standard works by Robert Donington 1974 and 1982

Edwin Seroussi: Cantorial Fantasias from Hamburg

The remarkable fact about the Hamburg notation relies precisely in its detailed ornamentation. A version of the same *kadish* on the melody by Caceres found in the eighteenth century Amsterdam manuscript in Jerusalem[17] shows only slight deviations from the score of the original composition from which it «descends». This fact does not imply that cantors in eighteenth-century Amsterdam refrained from improvising in this manner too, as it was expected from the singers of that period.

Kadis de la primera noche de Pascua. (K. f. d. ersten Passah-Abend.)

The Hamburg version, therefore, documents this practice when it was still alive among the Portuguese Jewish cantors. It is worth noticing however that this type of vocal performance was rather anachronistic in terms of Western music history: in the time of Mendelssohn and Schumann, cantor Cassuto in Hamburg was improvising his *kadish* with vocal techniques from the time of Bach! Final echoes of this originally improvised piece have reached our own day via oral transmission; a version of it published by David Ricardo of Amsterdam in the 1970s (example2, staff 3) recalls some of the improvisational motives employed in the past.[18]

The source of the second fantasia from Hamburg, the *Kadis de la primera noche de Pascua* (Kadish for the first night of Passover, example 3) was not yet identified. However, this piece too may be attributed to an art music source, as Adler pointed out in relation to other pieces in the Amsterdam manuscripts he studied.[19]

Esnoga Marcusstraße

---

[18] D. Ricardo 1975, no. 11. Adler also treats other pieces derived from the composition by Caseres; see Adler 1984: 19-21

[19] «I will not be surprised if...the source of a considerable portion of the repertory of melodies used in the Portuguese synagogue in Amsterdam in our days is found in musical compositions of the eighteenth century». Adler, 1984: 26

Example 4: 1) Transcription of the Hamburg version; 2) Version sung by S. Rodrigues Pereira, National Sound Archives, Jerusalem; 3) Version in Ms. Etz Hayyim 48 E 59, pp. 37-39.

báng – á-ga - lá
ba'a- ga-la
ba- nga- ga- la
u – – bis-má-an Ka – rib
u – – biz - man ka – riv
oe - bies - man ka – rieb
we – im – rô a
ve – im-me- ru a
we – iem- roe a
men.
men
men

The vital tradition of improvising among the Portuguese cantors is revealed in two later versions of the same *kadish*: one notated in the second half of the nineteenth century (example 4, staff 3) and one recorded by the late Haham Selomoh Rodrigues Pereira[20] from Amsterdam in the 1960s by his son Dr. Martin Rodrigues Pereira of New York (example 4, staff 2). Notice that the Rodrigues Pereira version is even more elaborate than its counterpart from Hamburg recorded almost a century and a half earlier (example 4, staff 1).

The concept of «cantorial fantasia» within the Portuguese synagogal tradition, understood as a vocal improvisation in free rhythm based on either a traditional tune or a traditionalized «descendant» of an original art music piece, certainly needs further elaboration. The manuscripts from Amsterdam and later publications contain other examples worthy of a more detailed examination. Undoubtely this is one of the most curious and indeed unique aspects in the liturgical music of this branch of the Iberian Jewry; it is a truly musical symbol of the coexistence of Jewish traditions and gentile cultural traits within this community.

Our overall study of the Portuguese synagogal melodies from Hamburg, of which only two «fantasias» have been presented here, is further testimony to the extremely close bonds linking the musical repertory of the Portuguese synagogue in Amsterdam with that of her sister congregations in Western Europe and the Americas. The central and crucial role of the *hazzan* in the faithful transmission of this liturgical music was a decisive factor in its perpetuation over many generations. Smaller communities, such as the one in Hamburg, usually relied on Amsterdam for the supply of cantors; the latter carried the tradition of their forefathers to new lands.

In this way, sounds from the legendary Portuguese synagogue from the Neetherlands also reverberated on the banks of the lower Elbe. The reliability of the chain of transmission revealed by the sources from Hamburg further reinforces the hypothesis that the Spanish-Portuguese synagogal tradition in Western-Europe ranks among the most venerable in the entire Jewish musical heritage.

---

[20] Selomoh A. Rodrigues Pereira (11.12.1887 - 10. 10. 1969)

BIBLIOGRAPHY

Adler, Israel
Musical Life and Traditions of the Portuguese Jewish Community of Amsterdam in the XVIIIth Century
Jerusalem 1974

Adler, Israel
Creation and Tradition in the Chant of the Portuguese Synagogue of Amsterdam
in: Pe'amim 19, 1984: 14-28 (Hebrew)

Adler, Israel
Hebrew Notated Manuscript Sources up to Circa 1840, 2 vols
Munich 1989

Aguilar, E. / D. A. de Sola
The Ancient Melodies of the Liturgy of the Spanish and Portuguese Jews
London 1857

Avenary, Hanoch
The Sephardic Intonation of the Bible: Amsterdam 1699
in: Le Judaisme Séphardi 21, 1960: 911-913

Avenary, Hanoch
The Cantorial Fantasia of the Eighteenth and Nineteenth Centuries
In: Yuval: Studies of the Jewish Music Research Centre 1, 1968: 65-85

Benharroche-Baralia, M. J.
Chants traditionnels en usage dans la communauté sephardi de Bayonne
Biarritz 1961

Consolo, F.
Libro di canti d'Israele. Antichi canti del rito degli Ebrei Spagnoli
Firenze 1892

Donington, Robert
The Interpretation of Early Music (New Version)
New York 1974

Donington, Robert
Baroque Music: Style and Performance
London 1982

Foy, S.
Recueil des chants hébraiques anciens et modernes du rite Sefardi dit Portugais en usage dans le communauté de Bordeaux
Bordeaux 1928

Gaster, Moses (Ed.)
The Book of Prayer and Order of the Service according to the Custom of the Spanish and Portuguese Jews, 5 vols
Oxford 1901-5

Henle, Moritz
Die gottesdienstlichen Gesänge im Israelitischen Tempel zu Hamburg
in: Leimdörfer, David [(ED.): Festschrift zum hundertjährigen Bestehens des israelitischen Tempels in Hamburg, 67-85
Hamburg 1918

Idelsohn, Abraham Z.
Jewish Music in its Historical Development
New York 1929

Kanter, M. R.
Traditional Melodies of the Rhymed Metrical Hymns in the Sefardic High Holiday Liturgy: Comparative Study
Ph.D. Northwestern University, 1978

Kanter, M. R.
High Holiday Hymn Melodies of the Portuguese Synagogue of London
in: Journal of Synagogal Music 10, 1, 1980: 66-79

Kanter, M. R.
Traditional High Holiday Melodies of the Portuguese Synagogue of Amsterdam
In: Journal of Musicological Research 3, 3-4, 1981: 223-257

Kramer, L.
Kol Sheherit Israel - Synagogue Melodies
New York 1942

Krieg, H. M. (Ed.)
Spanish Liturgical Melodies of the Portuguese Israelitish Community [of] Amsterdam
Amsterdam 1954

Léon, M.
Airs traditionnels et prières du Temple Israelite de Bayonne (appendix to Histoire des juifs de Bayonne)
Paris 1893

Levy, Isaac
Antologia de la liturgia judeo-española
Jerusalem 1964-1980, 10 vols.

López Cardozo, Abraham
The Music of the Sephardim
In: The World of the Sephardim (Herzl Pamphlet XV): 37-71
New York 1960

López Cardozo, Abraham
Sephardic Songs of Praise according to the Spanish-Portuguese Tradition as Sung in the Synagogue and at Home
New York 1987 (with cassettes)

López Cardozo, Abraham
Selected Sephardic Chants
New York 1991 (with cassettes)

Ricardo, David
Ne'im Zemirot, The Melodies of the Portuguese Community in Amsterdam
Rishon Letsion 1975

Seroussi, Edwin
R. Joseph Shalom Gallego: A Cantor from Saloniki in 17th Century Amsterdam
in: Assufot 6, 1992: 87-150 (Hebrew)

Seroussi, Edwin
The 'Ancient Melodies': On the Antiquity of
Music in the Sefarrdic Liturgy
in: Pe'amim 50,1992: 99-131 (Hebrew)
Sola Pool, David and Tamar de
An Old Faith in the New World
New York 1955
Villers, A. de
Offices hebraiques - Rit oriental appelé communement Rit Portugais
Paris 1872

O livro das «Pregoems» dos Judeus Portugueses de Hamburgo[1]

Alfonso Cassuto

A comunidade portuguesa israelita de Hamburgo possue um livro manuscrito inédito, do ano 1773, parte em hebraico, parte em português, que contém o ritual observado na sua sinagoga. O livro foi composto e escrito pelo leitor (cantor) da sinagoga Jacob Coem Belinfante, escritor bem conhecido pelos seus manuscritos e iluminuras.

Creio que o texto português foi escrito para evitar que os leitores duma época posterior não esquecessem as «pregões» portuguesas; ainda hoje, êste manuscrito serve para o mesmo fim.

Transcreve-se abaixo uma cópia literal do texto, acrescentada de notas para facilitar o seu entendimento; porém, para melhor se compreenderem os nomes das festas e os ritos israelitas, podem servir os opúsculos editados pelo Snr. Adolfo Benarús para a Sociedade judaica *Hehaber* de Lisboa em 1929[2]. Para verificar o texto hebraico conferi-o com as orações editadas em 1771 em Amsterdam pelo leitor Jacob da Silva Mendes.

Hamburgo   Alfonso Cassuto

---

[1] À impressão dos *Pregoems* seguiu-se a publicação do artigo de Alfonso Cassuto, em 1933, na Revista Lusitana (Vol. 31, pp. 80-98). Como não tive acesso ao manuscrito original de Jacob Coem Belinfante, mas só ao manuscrito original do artigo, que o Dr. Álvaro Cassuto (Cascais), filho de Alfonso Cassuto, amavelmente colocou à minha disposição, renunciei à publicação comentada.

[2] Vol. 1, *Purim*; vol. II, *Pessah*; vol. III, *Lag-Laomer*; vol. IV, *Shabuot*; vol. V, *Tich'a Be-Ab*; vol. VI, *Roch Ha-Chanáh* & *Kipur*; vol. VII, *Sucot* ou *A Festa das Cabanas*; vol. VIII, *Hanucáh*.

METHODO COMO SE UZA APREGOAR

Sabat[3] antes de Kipur[4]

Se fas saber a V. M. que para entrar no Jejum ..... Feira tarde se deverá ter comido as ..... Oras a o mais tardar; Como tambem seja cada qual advertido de não fazer alguma sorte de obra, nem tocar fogo de ditta ora p^r diante.

Ditto Sabath

Si ouver alguma orpha que queira entrar na sorte da Bemaventura.^{a} Jael Cahanet da Rocha[5]: tem tempo de se dar en notta a o S^r: Parnas Prezidente[6] the ..... Feira proximo a o mais tardar.

Ditto Sabath de dois a dois Annos

Si ouver alguma orpha que quira entrar na sorte da Hirmandade de *Abj Jetomjm*[7], tem tempo de se dar em notta a o S^r: the..... Feira proximo a o mais tar.^{r}.

Noite de Kipur

Se pede a V. M. não levantem a voz dezordenamente na Oração p.^{a} evitar o escandalo, e prevenir no pussivel não molestado de algum malevolo atrevido.

Sahinte Kipur - Antes de Harbith[8]

Daqui por diante se começará a Tephila[9] da pelamanha na sommana as 6 oras y meya, y em Sabath as 7 oras ..... Feyra tarde a .....horas se vendem os Cidroems na cammara dos SS.^{res} do Mahamad

---

[3] Vem do hebraico: é o sábado, pl. sabatot
[4] Do hebraico: é o dia de perdão em que os Israelitas não fazem nenhum trabalho e se abstéem do comer e de beber.
[5] Jael Cahanet (fem. de Cohen = sacerdote) aliás Izabel da Rocha, mulher de João da Rocha Pinto, originário do Pôrto; morreu em 1654 em Hamburgo.
[6] Do hebraico: é um director da comunidade.
[7] Do hebraico: uma sociedade benemérita para orfãos.
[8] A oração da noite
[9] E a designação hebraica de oração.

Antes da Hamida[10]

Dirão v.m. a Hamida de Sahinte Sa[th].

Vispera da Festa

Cahindo Festa em 6.ª Feira Se fas saber a V. m. que não esqueção antes de entrar a Festa fazer yrub[11] de Cozinhado.

A Tarde depois de Minha[12]

Os SS.[res] que não fizerão yrub ainda tem tempo de o fazer.

Antes de começar o salmo

Manha pelamenha se começara Tephila a 7 oras e assi seguira o resto dos dias da Festa.

Odia, antes de dar Misvoth[13]

A tephila de Harbith, se começara esta noite a ..... Horas.

A 2.ª Noite sendo Sabath - Antes da Hamida

Dirão V. M. na Hamida o verço de vatodienu[14].

Sahinte Festa p.ª os medianos - Antes da Hamida

Dirão V.M. a Hamida de Saliente Sabath Com o verço da Pascua.

---

[10] Uma parte da oração que se diz estando de pé.
[11] Ceremonia em virtude da qual é licito cozer em dia santo
[12] Oração da tarde
[13] Do hebraico: as funções na sinagoga
[14] A primeira palavra duma oração, cf. Mendes, vol. Festas, p. 4 e 5.

Depois de toda reza

Dirão V.M. Abdala[15] sobre o Copo.

Osahana Raba[16] - Antes de Hamida. N.B. harbit.

Manha pelamenha se começara a odem de selichot[17] as 6 oras.

Noite d, Sim.ª Tor.ª[18]

Depois das Misvot antes do Salmo.
Manha pelamenha se começara a Tephila esta tarde as 3 horas.

Odia antes da Musaph[19]

A Tephila de Minha se comecará esta tarde as 3 horas

Sahinte festa - Antes de harbit

Daqui por diante se começara a Tephila da pelamenha na Sommana as 7 horas e em Sabath as 7 oras i meya.

Ros Hodes[20]

O Sabath antes de Ros Hodes, depois de haver pregoado o Mes pela ordem em Hebraico, dira o Hazam[21]; R. Hodes he tal dia, nomeando o mes e o dia e o mesmo fará sendo dois dias e dirá R. H. Tal, he 2 dias, e os nomeará.

Benção das Chvvas

O Sabath antes do tempo que se deve pedir por chuvas, pregoara o Hazan antes de dar Misvoth. Se fas saber a V. M. q: para tal Noite na Tephila de Harbith

---

[15] Do hebraico: uma benção, cf. ib. vol. *Cotidiano*, p. 118 verso e 119
[16] Do hebraico: uma festa, cf. ib. vol *Festa*, p. 96 ff - Benarús, *ubi supra*, vol VII, p. 13.
[17] Uma oração qu se diz de manhã, cf. Silva Mendes, vol. *Festas*, p. 96 ff.
[18] Uma festa, cf. ib. 122 ff.
[19] Uma oração do meio-dia.
[20] Principio do novo mês, também abreviado R. H.
[21] O leitor da sinagoga

e por diante, se começara a dizer Barech Alenu[22] na Hamida. E na mesma Noite q: se começar, pergoara antes da Hamida de Harbith. Dirão V. M. na hamida o verço de Barech Alenu.

Jejum de Tebeth[23]

O Sabath anes do Jejum, depois de haver pregoado o Jejum pela ordem em Hebraico, dirá o Hazan, o Jejum do Mes decimo, he Tal dia, D.ª nolo volte em gozo e Alegria. E para o Jejum de Tamuz[24] dira o Jejum de Mes quarto.

Para os Devitos

Se (fas saber) se pede a V. M. aos q: estao devendo conta de sedaca[25], direitos da Nação, ou atrazados, se servão pagalo por toda esta sommana ao Sr. Thezoureiro pelo muito q: carece a caxa de dineiro.

Por outro Estilo

Se pede a todos SS.res q: estao devendo atrazados contas de sedaca, Taxação ou cual quer outro contigente, se sirva pagalo por toda esta sommana ao Sr. Thezou.º q: em falta serao constringidos os SS.res do Mahamad[26] a seguir com os ritos q: rezão as Hascamoth[27].

Outro Estilo

Se pede a todos SS.res q: estão devendo Taxaçam ou conta da Sedaca, se sirvao pagalo ao Sr. Thezo.º do A.º Passado por toda esta sommana, por cuanto carece de ajustar sua conta.

Extra

Se faz saber a V. M. como rezolverao os SS.res de Mahamad em comª dos SS.res Adjuntos hum cuarto da taxaçam extraordinario cujo Pagamento deverá ser feito no termo de ..... sommanas.

---

[22] Outra oração para pedir chuva.
[23] Nome dum mês
[24] Nome dum mês
[25] E a caixa dos pobres; vem do hebraico
[26] Do hebraico: os direitos da comunidade
[27] Do hebraico: os regularmentos

Sendo meia Taxaçam

Havendose juntado os SS.^res de Maha^d em com^a dos SS.^res Adjuntos acharão ser percizo por a emposta de meia Taxaçam Extra, de que hum cuarto devera ser pago no Espaço de ..... sommanas; e o segundo Cuarto no termo de ..... Mezes e se espera os SS.^res Jechidim[28] acudão com toda pontualidade.

Outro Estilo

Se faz saber a V. M. como os SS.^res do Mahamad em com^a dos SS.^res Adjuntos rezolverao a emposta de meja Taxação extra, de q: hum cuarto ha de servir para pagamento das sortes dos Bemavem.º Zechareia e Jael Cohen da Rocha; e o 2.º cuarto para gastos innexcuzaveis que precizamente se carece.

Sortes

Sabath antes de Jejum de Tebeth,[29] regoara; Sí ouver alguma orpha que queira entrar nas sortes do Bem.º Zecharia acohen da Rocha, tem tempo de se dar em nota ao s.^r Parnas Prez.^te the ..... Feira a o mais tardar.

Em hum dos sabatoth[30] do Mes de Tebeth pregoara; Si ouver alguma orpha que queira entrar nas sortes de Bem.º Ab: Senior Texeira[31], tem tempo de se dar em nota ao s.^r Parnas Prezi.^te the ..... Feira a o Mais tardar.

Em hum dos Sabathot do mes de Sebath pregoara Si ouver alguma orpha que queira entrar nas sortes da Bemavem.^a Jeudith del prado[32], tem tempo de se dar em nota ao s.^r Parnas Prezi.^te: the ..... Feira ao mais tardar. Nota, que dita sorte nao se pregoara que (vay ver Fol. 93) de 3 a 3 Annos. Aplicando a mesma Somma no Anno seguinte para resgate de Captivos. E o segundo Anno se repartirá entre os oficiais e participando tambem aos Nessecitados de Nossa Naçam Portugueza, plubicando o com pregao da Tebah[33] o Sabath de antes, por o seguinte Estilo. Si ouver alguma Pessoa que queira gozar da repartição da Bemavem.^a Jeudith del Prado[34] tem tempo de se dar em nota a hum dos SS.^res do Mahamad the ..... Feira a o mais tardar.

---

28 Do hebraico: os membros, sing. Jachid
29 Nome dum mês.
30 Cf. nota (1) da pág. 80.
31 Aliás Diego Teixeira de Sampayo, agente hamburguês da rainha Cristina da Suécia, morreu em 1966, em Hamurgo; era descendente duma família nobre portuguesa judaica; cf. os meus *Elementos para a história dos judeus portugueses de Hamburg*, vol. IX, p. 20 da sociedade Hehaber acima indicada.
32 Morreu em 1658 em Hambrgo; irmã de Jael Cahanet da Rocha
33 Do hebraico: estante no meio da sinagoga
34 Morreu em 1658 em Hamburgo; irmã deJael Cahanet da Rocha.

Em Sabath Secalim[35]

Si ouver alguma orpha ou Donzella q: quira entrar nas sortes de Purim[36] na Cidade de Amsterdam tem tempo de se dar em nota ao Sr. .....the ..... Feira proximo ao mais tardar: vay ver o estilo de Hoje, a Fol. 122.

Sabath Zachor[37]

Si ouver alguem q: queira gozar da repartiçam das taças tem tempo de se dar em nota a hum dos SS.res do Mahamad the ..... Feira ao mais tardar.
No mesmo Dia pregoará. Havendo alguma Pessoa q: se queira empregarar para fazer o Masoth[38] da Naçao, se dara em nota ..... Feira noite na camara dos SS.res do Mahamad a dittos SS.res q: nella se Acharão.

Sabath Agadol[39]

Se faz saber a V. M. q: ..... Feira pelamenha sendo vispera de Pessach[40], não se pode comer Hames[41] que the as ..... Horas ao mais tardar, sendo cada cual advertido em dito tempo de queimar a Hames q: lhe sobrar e tornalo a baldar.
Succedendo vispera de Pesách em sabath pregoará no sabath antecedente. Se fas saber a V. M. q: 5.ª Feira noite he cada cual obrigado a escombrar o Hames; igualmente a 6.ª Feira pelamenha as ..... Horas queimalo; e apelamenha de Sabath depois de haver comido q: pode fazer the as ..... horas a o mais tardar tornalo a baldar.

Noite de Purim

Antes de começar a Meguila[42], pregoará, Se pede a V. M. escuzem o bater Aman[43], para evitar o escandalo, e prevenir não sermos molestados de algum malevolo atrevido.

---

35 E o sabado em que se lê a porção da lei de Moisés que trata dos siclos (moeda judaica).
36 Do hebraico: a festa «das sortes», cf. Benarús, vol. 1
37 Cf. Exodo, cap. XVIII, v. XIV
38 Do hebraico: são os pães ázimos que os judeus comem na festa em Páscoa em lugar do pão ordinário
39 O sábado antes da Páscoa é chamado assim.
40 Do hebraico: é a Páscoa.
41 Do hebraico: pão com fermento.
42 Do hebraico: é a designação do livro de Ester.
43 Aman foi o grão-vizir da Pérsia que perseguiu os judeus, como relata o livro de Ester; a juventude israelita bateu com os pés quando na leitura dêsse livro ocorreu o nome de Aman.

Pesach

Pelamenha de vispera de Pesach, pergoara A tephila de Minha para os Bechoroth[44] se começará esta Tarde as 2 horas.

Hirub, sendo festa 6.ª Feira & saboth, vee em Fol. 140.

Horas q: se começará a Tephila pelamenha & Noite, vee em Fol. 57.

Vatodienu a 2.ª Noite da Festa sendo Sahinte Sabath vaya veer a Fol. 139.

Sabindo os primeiros dias da festa, pregoará antes do Kadis[45]. Daqui em diante se começará a Tephila de Minha a 2 horas & Meya e a de Harbith as ..... Horas.

A Mesma Noite antes de começar Hamida pregoara, Dirão Hamida de Saliente Sabath com o Verço da Pascua, cômo tambem daqui em diante se começa a dizer na Hamida o verço de Barehenu Abinu[46]. Sahindo os ultimos Dias da Festa pregoará. Daqui em diante se começara a Tephila da pelamenha en sommana as 6 horas & meya e em sabath as 7 horas.

Ou sabatoth entre Pesach a Sebuoth[47], preogará antes de dar Misvot.

SS.^{res} que não contarão o homer[48] o farão sem Benção.

Sebuoth

Os pregoems que nelle se ofrecen segue o methodo de Pesach.

Sabath Hecha[49]

Se fas saber a V. M. q: para entrar no Jejum ..... Feira Tarde tem tempo de comer the ..... horas ao mais tardar.

Nomeaçam

Hum, ou dois sabatoth antes de Ros assana[50] pregoará, Os SS.^{res} do Mahamad fazem saber a V. M. q: para nomeação de onze pessoas dezaparentadas q: haverão de fazer a Eleição nova, se sirvão dar seus votos, ao s.^{r} HH.^{m51} the ..... Feira proximo ao mais tardar. E o sabath em q: forem nomeadas dirá, Os onze SS.^{res}

---

44 Do hebraico: os filhos primogénitos que jejuam no dia antes da Páscoa
45 Uma oração, cf. Silva Mendes, vol. *Cotidiano*, p. 21-22, etc
46 Uma oração, cf. ib., p. 25 verso
47 Do hebraico: Pentecostes
48 Do hebraico: é um conta dos dias desde Páscoa até Pentecostes
49 E o sábado antes do jejum de 9 do mês de Ab.
50 Do hebraico: é o novo ano, abreviado R. A.
51 Haham do hebraico: é o titulo dos rabinos entre os israelitas portugueses.

nomeados para a Eleiçam nova são os seguintes; e nomeará seus nomes pela ordem q: lhe foy entregado dos SS.^res parnasim da Banca[52].

Mudança de horas em q: se deve tomar sabath: Como, em q: se devera começar as oraçoems; igualmente advertencia dos verços q: na mesma se acresentão em tempos asinalados, não ignoraras o Methodo havendo Lido os Capitulos antecedentes.

Eliçoems

Noite de Ros assana, o primeiro q: for nomeado, dirá o Mi seberah[53]; e depois de haver nomeado seu nome, dirá Que entra por Parnas prezidente este Anno e seguira a Estilo dizen do, Malca dealma & Para os SS.^res do Mahamad dirá Que entra por Parnas da Banca este anno, Malca dealma[54], & Para os SS.^res Adjuntos, Que entra por Adjunto este Anno Malca &, Para os SS.^res Parnasim da Hebra, Que entra por Parnas da Hebra[55] este Anno, Malca &, Para os SS.^res Parnasim da Hebra deste Anno, Malca &, Para os SS.^res Parnasim da T.T.[56] & Es Haim[57], Que entra por Thezou.º de Es Haim este Anno Malca, & Que entra por Parnas de T. T. este Anno, &, Para os SS.^res Gabaim[58] Que entra por Gabay da Sedaca este Anno Malca, &, Que entra por Gabay, de Jerusalaim[59] este Anno, Malca, &, Para os SS.^res Noivos[60] Que entra por Hatan Torah este Anno Malca, &, Que Entra por Hatan Beresith este Anno Malca, & Para os SS.^res e diputados, Que entra por diputado da Nacao este Anno Malca dealma hu iebareh[61] & Advirte q: p.ª o ultimo nomeado dos parnasim da Banca diga. Que entra por Thezou.º da Nação este Anno, Malca &. No Primeiro dia de Pesach. Que entra por Admenistrador de Hirmandade de Guemiluth Hassadim[62] este Anno, Malca dealma &, Para os q: em dita Hirmandade entrarem por Hirmão, Que entra por Hirmão na Hirmandade de Guemiluth Hassadim, Malca &.

---

[52] Os direitores excepto o presidente, são chamados parnasim da Banca.
[53] Uma oração, cf. Silva Mendes, vol. *Cotidiano*, p.95 verso
[54] Uma oração, cf. Silva Mendes, vol. *Cotidiano*, p.95 verso
[55] Do hebraico: direitores da hirmandade
[56] Talmud Tora: E a escola, vem do hebraico
[57] E o nome duma irmandade para estudar (meldar)
[58] E outra designação dum delegado
[59] Uma sociedade para obter dinheiro em favor dos israelitas pobres na Palestina.
[60] Ou melhor dito: noivos da lei (i.e. Hatan Tora e Hatan Beresit, abreviado: H. T. e H. B.) os dos homens que léem a última e a primeira parte da lei de Moisés.
[61] Uma oração
[62] E o nome duma irmandade para enterrar os mortos

Promeças

Em dias de Ros Asana & Kipur.

..... a ..... pela saude de ..... q. el Dio o escreva en Livro de vidas. E tendo cargo, dirá, pela saude de ..... que combem sirva seu cargo, e o escreva el Dio em Livro de vidas. E tendo Mulher e fami.ª dira, pela saude de ..... que combem sirva seu cargo; e pela saude da S.ʳᵃ sua Prima[63] e os SS.ʳᵉˢ seus Filhos que el Dio os escriva em Livro de vidas. Por os Noivos, dira, Pela Saude do Sr. ..... Hatan Torah, ou Hatan Beresith; ou dos SS.ʳᵉˢ Hatanim q: sempre se empregem em Misvoth; e os escreva el Dio em Livro de vidas.

Outro Estilo mais proprio, para os dias antes de chegar sua Funçam, Pela saude de ..... H. T. ou H. B. que com bem festejam sua Festa, e os escreva el Dio em Livro de vida. Na Festa:

..... a ..... pela saude de ..... que el Dio lhe conceda Festas alegres. Para crianças que vem a dizer Agomel[64], dirá:

..... a   . por sua saude, que el Dio o engrandeça e o fassa seu servo; ou q: o engrandeça para seu santo serviço prometendo o pay pelo filho que aja feito Agomel, dira ..... a ..... pe-la saude de seu filho que veja delle muytos gostos.

E si tiver mais filhos, dira, que veja delle e dos demais muytos gostos. Por Noivos de Ley em Simha Torah: ..... a ..... pela saude do Sr. H. T. ou H. B. que sempre se empreguem em Misvoth, e lhe conceda el Dio festas alegres, e ocazioems de gostos; Advertindo que para todos q: prometerem em d.º Dia, se dirá por este estilo que el Dio lhe conceda festas alegres e ocazioems de gostos; soo os Brindes dos q: só prometem huma promeça dira, pe-la saude dos SS.ʳᵉˢ Hatanim e mais tençoems ditas.

Por Noivo de cazamento dirá: pela saude do Sr. Hatan e a Sr.ª sua spoza que el Dio os dexe lograr muytos annos e lhes conceda ocazioems de gostos.

Prometendo por seus Pais dira, pe-la saude dos SS.ʳᵉˢ seus Pais, que veya o seu cazal bem logrado, e que sempre tenhão ocazioems de gostos; Por os Padrinhos Dira. Pela saude dos SS.ʳᵉˢ ..... q: sempre se empreguem em ocazioems de Misvoth e tenháo ocazioems de gostos. Por os demais parentes Dira Pela saude de ..... que sempre tenháo ocazioems de gostos.

Por Bahal Berith[65], Dira: Pela saude de ..... e a Sr.ª sua Prima , que vejáo de seu Filho rezemnacido Muytos gostos. E tendo mais gostos filhos dira. Que vejáo de seu Netto rezemnacido, e dos demais muytos gostos. Por avos dirá. Que vejáo de seu Netto rezemnacido Muytos gostos. Por Padrinhos; Moel[66]; e mais parentes, como em Função de cazamento. Em Função de Filha, Dira; Pela saude do Sr. .....

---

[63] Entre os israelitas portugueses de Hamburgo *prima* significa espôsa e não filha do tio e tia; em Amsterdam se diz *caza* para espôsa.
[64] Uma oração pela salvação (para afastar) dum perigo.
[65] Do hebraico: E o pai cujo filho vai ser circuncidado.
[66] Do hebraico: o homem que faz a circuncisão

e a Sr.ª sua Prima; que vejão de sua filha rezembacida muytos gostos. Tambem uzão, em vez de nomear filha, dizer Minina. Por Bar Misva, dira Pela saude do Bachur Bar Misva[67] q: sempre tenha ocazioems de gostos. Por Pay e May dirá, Pe-la saude de seu Pay, e a Sr.ª sua May que vejão de seu Filho Bar Misva e dos demais muytos gostos. Por Maftir[68] dirá, pe-la saude do Maftir que sempre tenha ocazioems de gostos.

Por o Paciente Dira, pela saude de ..... q: el Dio la conceda prefeita; Por o Lutozo Dira, pela saude de ..... q; el Dio lhe conceda vida larga. Para acompanhar a Misva[69], dirá. Manha pelamenha (ou Tarde, ou hoje; ou esta Tarde); a ..... hora Levão a Misva. E sendo de Altana[70], dirá, Levão a Misva em Altona. Para quem vem de fora, ou sae da cidade. Dira, pela saude de fulano e sua boa vinda. Pela saude de ..... q: D.º; o leve em Paz. Para as Nedaboth[71] de 3 festas dirá, cuando chegar adizer (se menadeb)[72]. Para misva de salos Pehamim[73], avertindo q: o diga soo no Primeiro home de quem começar a Nedaba. Para Es Haim dira, Para Misva de Es Haim. Prara Hebra, dirá. Para Misva da Hebra. Para Guemiluth Hasadim, Dirá, para Misva de Guemiloth Hassadim.

Em ocazião de sura[74] dando as misvot dirá na primeira. Mi seberah & ..... q: fara ..... Misva por Honra dos Sr. Hatan ou Bahal a Berith; e em Simha Torah, por Honra dos SS.res Hatanim.

Misvoth q: se repartem em sabath. q: fara Misva de Abrir as Portas do Hehal[75], q: fará misva de Levar o sepher torah. q: fará misva de Dezemfaxar o Sepher Torah, q: fará misva de Hes Haim[76].

q: fará Misva de Levantar o S. T.

q: fará Misva da Caxinha,

q: fará Misva das faltas.

e Havendo quem esteja no anno do falecimiento de Pay e May, dirá ..... q: dirá esta somman Kadis de Barhu[77] em em funçam de Surah em ves de Kadis de Barehu, dirá, Kadis de Rabanan[78], e para o Sepher do que tem a Função dirá, q: fará

---

[67] Do hebraico: o menino de 13 anos complidos, que vai ser confirmado
[68] E a pessoa que lê a parte das profetas
[69] A designação dum morto
[70] Em Altona (perto de Hamburgo) existia uma comunidade agora extinta e o cemitério dos israelitas portugueses de Hamburgo.
[71] Do hebraico: promessas
[72] Do hebraico: que faz a promessa
[73] As três festas nos quaes os israelitas deviam partir para Jerusalém, i. e. as festas da Páscoa, de Pentecostes e a de Cabanas.
[74] Do hebraico: uma festa celebrada na sinagoga em ocasiões como casamentos, nascimento, etc
[75] Do hebraico: é o armário da sinagoga onde se acham os rolos que contéem a lei de Moisés. O rolo é chamada Sefer Tora.
[76] E a designação de segurar o rolo de lei
[77] Uma oração, cf. Silva Mendes, vol. *Festas*, p. 37
[78] Uma oração, cf. ib., vol. *Cotidiano*, p. 14

Misva de ..... o Sepher do Sr. ..... Dia de Purim para as Taças dirá, na Primeira ves, os SS.^res q: andaráo com as Taças são os seguintes. Porem da segunda vez nomeara soo os Nomes e as Misvoth ..... para ..... Misva. Sabath Tessubah[79] para as Misvoth de Kipur dirá, Cuanto dáo para fazer a Misva de ..... tanto dáo náo ha quem dee mais ? tanto dáo e húa; tanto dáo e 2, tanto dáo e 3 Miseberah seberah ..... q: da ..... para fazer ..... Misva, ve chen yehi rason ve nomar Amen[80].

Em funçam de Berith, dirá cuanto dáo para fazer a Misva de ter o pri.º copo ..... dáo; e logo dirá Mi seberah ..... q: da ..... para fazer a Misva de ..... por Honra do Sr. Bahal a Berith &.

Para o Dia q: darça o Sr. HH.^m pregoará a Noite antecedente entre Minha e Arbith.

Manha pe-la menha darça[81] o Sr HH^m

Para sermão de eztequias; pregoará o sabath antecedente antes de dar as Misvoth; ..... Feira pe-la menha sáo as ezequias do Bemavem.º Sr. HH^m ..... de Glorioza Memoria, e hade darçar p Sr. .....

Pregoems para particulares; Para Noivos o Sr. Hatam ..... pede a todos SS.^res do K. K.[82] lhe façáo a Honra de se achar manha as duas horas na Beracha[83] de seu cazamento em sua caza; ou em caza de .....

Para Behale Berith, O Sr. ..... Bahal aberith, Pede a V. M. lhe fassáo a honra de se achar manha pelamanha as ..... horas na Circunciçam de seu filho, em sua caza; ou &.

Para o paciente incapaz de admitir vizitas; O Sr. ..... pede a V. M. se sirvão não vizitalo; ou escuzem o vizitar, the acharse algo milhor.

Para Couzas perdidas. Se faz saber a V. M. como o Sr. perdeu hum .... e se pede a quem o achar se sirva resitizuilo a seu dono.

Sugeito de Nação, forasteira, que haja perdido algua Couza, e suplica seja pergoado na nossa Esnoga, não se lhe refuzará pagando a o Hazam marcos 1,8 e dahi para sima; e o fará p.^r o Estilo seguinte: Se fas saber a V. M. q: ..... Feira as ..... horas, se perdeu ..... se pede a quem o áchar se sirva restituhilo a seu dono ou a ..... e levará ..... em recompença.

Para quem consagra alguma peça dirá; Besiman tob[84] & ..... q: fas kodes[85] ..... a este K. K. Beth Israel[86], Malca &.

Para os q: Poem sepher no Hechal; Mi seberach, com Besimantob & ..... q: dipuzita seu sepher Torah neste K. K. Beth Israel. Malca Dealma & .

---

79 O sábado antes de Kipur
80 Fim duma oração, cf. Silva Mendes, vol. Cotidiano, p. 95 verso
81 Do hebraico: uma palavra hebraicca com a terminação portuguesa; infinitivo: darçar = predicar
82 Kahal Kadosh = santa comunidade
83 Do hebraico: benção
84 Em bom augúrio
85 Fazer a votação
86 Casa de Israel é o nome da comunidade portuguesa de Hamburgo

Para as promeças de ambos, dira, pela saude de ..... Fulano q: sempre se empregue em Misvoth; e pela saude da Sr.ª sua Prima e filhos q: sempre tenháo ocazioems de gostos.

Em ocazião q: cual quer particular for forçado sahir de sua caza contra sua vontade, e pretender seja empedido a outrem viver em dita caza, preogará com ordem de prezidente: Se pede a todos SS.res Jehidim deste K. K. se sirvão não alugar a caza, ou os apozento em q: aoprezente vive nella o Sr. .....

Na Hascaba[87] da Bemavem.ª Jeudith del Prado, ofrecendo os 10 R: a sedaca em nome do Presidente, dirá, Mi seberah & ..... semenadeb, pe-la manda q: dexou a Bemavem.ª : Menuhata began Heden, ve-hen Je-hi rason venomar Amen. Nota, q: os 10 R: para sedaca e 5 para Es Haim.

Em 13 de Adar Pri.º na Hascaba de Mos: Lumbrozo, dirá. Mi se-berah & hu Jebareh aos Erdeiros do Bem.º ; Menuhato began Heden, ve-hen Je-hi rason venomar Amen.

Em ocazião de ezequias, preogara o sabath antecedente. Para ..... Feira pelamenha, são as ezequias do Bem.º Sr. HHm ..... de glorioza Memoria, e hade darçar o Sr.

PREGOEMS, para os piyutim[88] das rezas solemnes nos dias de Ros asana & Kipur. Primeiro dia de R. A. antes de começar (Eloy al tedineni)[89] dirá, adereçando avoz para a Esnoga das SSras Mulheres: Mi Dio no me jusgues como mi falcedad. Antes de começar (Sophet col a Ares)[90] dirá Iues de toda la Tierra. Antes de começar (yede Rasim)[91] dirá. Manos de Pobres enflaquecidas. Antes de (Et sahare Rason)[92] dirá, ora de puertas de voluntad. Segundo dia de R. A. Antes de (A. yom)[93] dirá. A. dia que ati ordenare rogativa. Antes de (ya simha)[94] ya tu Nombre enaltecertehe. Antes de (Et sahare Rason)[95] como o dia primeiro. Noite de Kipur. Antes de começar os verços (A. ori veishi)[96] dirá. A mi Luz y mi salvación. Dia de Kipur. Antes de (Eloim Eli ata)[97] dirá Dio mi Dio tu. Antes de (sinanim sahananin)[98] dirá Angeles repozados.

---

87 Oração por um morto, cf. Silva Mendes, vol. *Cotidiano*, p. 156 verso
88 Certas orações em versos
89 Tôdas as palavras entre parêntesis são o principio duma oração. Cr. Silva Mendes, vol. *Ros-Asanah*, p. 43 verso. As traduções acima indicadas são sempre feitas em espanhol, porque o maior número indicadas dos antecessores dos judeus portugueses eram originários de Espanha; mas expulsas de Castela, em 1492, por Fernando de Aragão e Izabel, a Católica, refugiaram-se em Portugal; porém, o idioma das orações ficou sempre hebraico o espanhol, e nunca o português.
90 Cf. Silva Mendes, vol. *Ros-Asanah*, p. 44 verso
91 Ib., p. 46 verso
92 Ib., p. 64 verso
93 Cf. Silva Mendes, *Ros-Asanah*, p. 45
94 Ib., p. 47 verso
95 Ib., p. 64, verso
96 Orações de Salomão Jeuda Leão Templo, Amsterdam, 1728, p. 115
97 Silva Mendes, vol. Kipur, p. 63 verso.
98 Ib., p. 5 verso

Dedicaçoems

a Sedaca: Para Misva de Es H.ᵐ em Poder do Hazan: em Poder do Hazan da Hebra: em Poder do Samas[99]: e acegundando com o mesmo Dirá Em poder do ditto. Para Misva de Jerusa.ᵐ por a Hascaba d Anno: para a Hascaba dos dias de Jejum: para a Hascaba da noite de Kipur.

Adornos

Em Ros Asana, diante dos sepharim, hua cortina de seda vermelha com franjas de prata.

Sobre a Tebah, hua cuberta de damasco Branca com franjas de ouro.

Sobre ditta cuberta, hum fruteiro, p.ª cubrir o Sepher Torah de Boocado de prata.

Em Sabath Tesubah, se servirá dos Adorns referidos.

Em Kipur, mesmo; e adornará 3 sepharim da Naçam, p.ª o cal Nidre com capas Brancas e coroas de prata.

Em Cabanas, no Hechal a de R. asana sobe a tebah, hua cuberta de veludo verde, com franjas de ouro; e sobre a mesma hum fruteiro de seda com galoems de ouro.

Nos dias de Medianos, como no sabath de Medianos. Se servirá no hechal com a cortina da Festa, e sobre a Tebah com os adornos de sabath ordinario.

Em Dia de Hosaana Raba, no hehal; na Tebah; os 3 sepharim para as acafoth[100] como em dia de Kipur.

Em Seimini Hag asereth[101], como em cabanas.

Em Simha Torah, iante dos Sepharim hua cortina de seda transparente com franjas de ouro; sobre a Tenbah, por á primeiro a cuberta de dias festivos, e sobe ditta cuberta porá hua de seda vermelha con franjas de ouro; e sobre ella hum fruteiro para cubrir o Sepher Toah trabahado com perlas.

No Hehal piqueno ordenara 6 sepharim q: pertenecem ao Kaal, 5 delles adornados com 5 coroas e um com rimonim[102]; 3 delles servirão as capas dos 3 sepharim de cal nidre[103], e s outros 3 adornará com as milhores capas q: tiver em seu poder.

Sabath Beresith os mesmos adornos q: simha Torah, tanto na Tebah como no Hehal.

---

[99] E o sacristão
[100] Do hebraico: cortejos
[101] Uma festa; cf. Silva Mendes, vol. Festas, p. 116
[102] Coroas especiais
[103] Oração, cf. ib., vol. *Kipur*, p. 8

Sabath Hanuca[104], sobre a tebah os adornos de festa; diante dos sepharim os do discurço do Anno.

Pesah: Como cabanas, sobre a tebah e diante dos sepharim.

Sebuoth o mesmo.

Sabath Nahamu, como sabath Hanucá.

Sabatoth, no discurço do Anno. Sobre a teba, hua cubrta de Damasco vermelho com saia amarela; hum fruteiro do mesmo para cubrir o Sepher Torah; no Hechal hua cortina q: são duas de seda azul.

Hanucá: todos 8 Dias, os adornos de sabath ordinario.

Purim, o mesmo q: Hanucá

Cotidiano, os mais infriores, q: ao prezente he de seda, de cor vermelha desmaiada ou palida, com flores douradas e prateadas, e hum fruteiro do mesmo.

Noite, & pelamenha do Jejum 9 de Ab. tirará a cuberta da Tebah e he porá hua cuberta de pano negro, e ordenará outra tebah no Meio da Sinagoga cuberto tamebm com pano negro, e hum fruteiro do mesmo; o sepher no cual Leer aquelle dia de pelamenha lhe porá hua faxa capa, Sandal, e rimonim, tudo de negro, diante das portas do Hechal hua Cortina de negro.

Minha de dito Dia, os adornos Cotidianos.

ESTILO para nomear as Misvoth das Taças em dia de Purim.

Na primeira ves dirá, nomeando o nome da Pessoa p Sr. ..... p.ª Maoth Purim[105]; o Sr. ..... p.ª Pobres gerais; o Sr. p.ª Misva de Matanoth aniyim[106]; Sr. ..... p.ª Pobres nessecitados; o Sr. p.ª seccoro de pobres; o Sr. p.ª sedaca. Na 2.ª ves dirá, o Sr. ..... p.ª Misva da Hebra; o Sr.   p.ª Misva de Es Haim; o Sr. ..... p.ª Misva de Talmud Torah, o Sr. ..... p.ª Misva de guemiluth Hasadim; o Sr. ..... p.ª Misva de Jerusalem; o Sr. ..... como gabay da sedaca.

SURA de Estreamento de Sepher Torah porá sobre a Tebah a cuberta de Festa.

HIRUB

En Bespera de Pesach entre Minha e Arbith: e sendo Sabath o dia da bespera, no dia de 6.ª Feira em dito tempo Costumão Fazer na Cinagoga a Funçam do hirub para poder moverse ou caminhar com carga por toda Cidade; antes q: o Sr. HH.m diga a Benção preogará o Hazan o Seguinte. Se notifica a todo este K. K. q: o Hirub que se vay afazer serve para poder mover em sabath em toda esta Cidade, e somente se esclue desta primição a Bolça; e esta licença he tanto para este K. K. como p.ª as demais quehiloth[107] desta Cidade, como tambem para todo forasteiro

---

104 Festas do inverno, Cf. Benarús, to, viii
105 Promessas de Purim
106 ib.
107 O plural de Kehila = comunidade

ou caminhante; e o Sr. Prezidene tomará poceção a favor de todos, E Ds. Bendiga seu povo com paz Amen.

Se ouver alguma orpha ou Donzella de 14 annos & para riba parente de companheiro da hirmandade de dotar orphas & Donzellas de Amsterdam[108] que quizer entrar em dita sorte tem tempo de se dar em nota the ..... Feira ao Sr. .....

LOS CL. PSALMOS
DE DAVID : IN LENGUA ESPAN-
nola, en uarias rimas, conpu-
eſtos por Dauid ABenatar melo, conforme a la
uerdadera Tracduccion ferraresqua : con algunas
aleguorias Del Autor.

DE DICADOS AL. D. B. Y â SU SANTA
conpanha De Jſtrael y Jeudad : es parzida por el
mundo en eſte larguo cautiuerio, y alcabo lâ Barakâ
Del mismo Dauid y Cantico
De Moyzes.

EN FRanquaForte ANHO De
5 3 8 6.
Em Sde elul.

---

108 Cf. Sivla Rosa: *Geschiedenis der Portugeesche Joden te Amsterdam*, 1925: 24 ff

Shabtai Zvi und Hamburg

Gershom Scholem (Jerusalem)[1]

War das bisher untersuchte Material unvollständig und oft zufällig, sind die Dokumente für die Bewegung in Hamburg so ausführlich und detailliert, wie man es sich nur wünschen kann. Zu der Zeit wohnte in Hamburg R. Jacob Sasportas, der völlig kompromißlose und unbarmherzige Feind der Bewegung. Gleich einem unbeweglichen Felsen stand er in einem Meer von messianischem Wahnsinn und erwarb in der jüdischen Geschichte nicht nur durch seinen heftigen und unbeugsamen Kampf unsterblichen Ruf, sondern auch dadurch, daß er geschickt das Bild schuf, in dem er vor der Nachwelt erscheinen wollte. Er stellte seine Korrespondenz und andere Dokumente über die Bewegung zu einem Band zusammen. Diese «Akte» mit dem Titel *Zizath Nobel Zwi* («Die welke Blume Zwi», ein auf Jes 28,1 gegründetes Wortspiel) ist nicht nur ein Dokument seines mutigen Kampfes, sondern auch eine unserer wichtigsten Quellen für die Geschichte der sabbatianischen Bewegung.

Sasportas rabbinische Laufbahn war vom Pech verfolgt, vielleicht eine direkte Folge seines schwierigen Charakters. Er war ohne Zweifel ein großer, in der besten Tradition der sefardischen Juden wie seiner eigenen Familie ausgebildeter Talmudgelehrter. Nach seinem Familienstammbaum war er Nachkomme in der elften Generation des großen Nachmanides (1194–1270),[2] und war stolz auf seine gründliche Ausbildung in «Bibel und Talmud, rabbinischen Codices und Kabbala, Logik und [Komposition in] elegantem Stil nach den Regeln der Grammatik.» Sasportas war wirklich ein Meister des «eleganten Stils», bekannt als *Meliza*,[3] den ein blumiger, ganz künstlicher, gewundener und anspielungsreicher Gebrauch von biblischen und talmudischen Wendungen kennzeichnet. Tishby hat in der Einführung zu seiner Ausgabe von *Zizath Nobel Zwi* eine sorgfältige Analyse von Charakter und Persönlichkeit Sasportas' gegeben, und ein in Amsterdam um 1680 ausgeführtes Ölbild bestätigt seine Analyse. Das Porträt zeigt ein ernstes, herbes

---

[1] Die Herausgeber danken dem Suhrkamp Verlag / Jüdischer Verlag (Frankfurt) für die Abdruckrechte.
[2] Sasportas1954: 169. Nachmanides' spanischer Familienname erscheint in christlichen Zeugnissen als da Porta oder (in seiner katalanischen Form) Ssportas
[3] Vgl. auch Isaak Aboabs Lob von dessen elegantem Stil; Sasportas,1954: 34, 106

Gesicht mit scharfsinnigen, unfreundlichen Augen: das Gesicht eines jüdischen «Großinquisitors».[4] Dieselben Grundeigenschaften von Strenge, Erregbarkeit, Arroganz und Fanatismus werden auch in seinen Briefen über die sabbatianische Bewegung sichtbar. Wahrscheinlich machten sie sich auch schon vor 1666 bemerkbar und könnten für den mangelnden Erfolg seiner rabbinischen Karriere verantwortlich gewesen sein.[5]

Sasportas wurde in Marokko zum Rabbiner berufen und hatte die wichtigen und einflußreichen Rabbinatsämter in Salé und Tlemcen inne. Als Folge eines Konflikts mit den marokkanischen Behörden mußte er außer Landes fliehen, als er etwa 37 Jahre alt war(1647?), danach gewann er nie wieder die offizielle Stellung und die öffentlich anerkannte Autorität, die er vorher genossen hatte. Er lebte etwa siebzehn Jahre in Amsterdam, ohne in ein Rabbinatsamt berufen zu werden. Als er 1693 im Alter von dreiundachtzig Jahren schließlich zum Chacham gewählt wurde, gelang es ihm nicht, seine Führerschaft über die Gemeinde lange zu

---

4 Das Gemälde ist im Besitz des Israel Museums, Jerusalem.
5 In seiner Rezension der hebräischen Ausgabe dieses Buches nimmt Tishby in dem Bestreben, Sasportas zu verteidigen, bei einigen der hier vertretenen Ansichten einen anderen Standpunkt ein; vgl. Tarbiz 28, 1958–59: 119–123. Da ich von der Stichhaltigkeit seiner Einwände nicht überzeugt bin, habe ich meine Darstellung unverändert beibehalten.

behaupten.⁶ 1664 nahm er eine Einladung der kleinen sefardischen Gemeinde in London an, die eben erst im Aufbau begriffen war, doch ein Jahr später, während der großen Pest im Herbst 1665, floh er aus der Stadt. Er kam am 7. November in Hamburg an und ließ sich nach sechs Wochen Quarantäne mit seiner Familie in der Stadt nieder, gerade als die ersten messianischen Berichte eintrafen. Mehrere Jahre lang lebte er als Privatmann in Hamburg, und obwohl ihn die recht bedeutende sefardische Gemeinde mit Respekt behandelte und für ihn und seine Familie sorge, hatte er kein Amt. In der sabbatianische Krise hatte er die Rolle eines Zuschauers und Parteilosen. Da ihm die Autorität eines wirklichen rabbinischen Amtes fehlte, hatte er keinen förmlichen Part in dem Drama. Er sehnte sich nach der Macht und dem Status eines rabbinischen Amtes, und sein vereitelter Ehrgeiz trug nur zu seiner Verbitterung und Enttäuschung bei. In seinem ständig wieder geäußerten Mißfallen am Rabbinat klingt ein falscher und nicht überzeugender Ton mit. Sasportas war gelehrt und scharfsinnig, aber seine Arroganz und Unstetigkeit in menschlichen Beziehungen, die seine Schriften nur zu sichtbar machen, werfen einen Schatten auf ihn. Sein Egoismus und die übermäßige Selbstsicherheit hatten sich lange vor der sabbatianischen Kontroverse gezeigt, und die in Amsterdam erfahrene Enttäuschung vermehrte sie wahrscheinlich. Er war schroff, reizbar und ehrgeizig. Seine Kollegen übten, wenn sie ihm schrieben, die allergrößte Vorsicht, da ihn der leichteste Anflug von Kritik in rasenden Zorn versetzte. Seine Erregbarkeit und Streitsucht zeigen sich in allen seinen Briefen, nicht nur in seinen Beiträgen zur sabbatianischen Kontroverse.⁷

Persönliche Motive beeinflußten daher erheblich Sasportas' Haltung während der messianischen Krise. Außerdem erklärte seine persönliche Situation als ein «Privater» Bürger manche Unterschiede in der Reaktion zwischen ihm und den Rabbinern, die die Last der Autorität und der Verantwortung für ihre Gemeinde trugen. Alles dies jedoch mindert nicht den vergleichsweise großen Mut und die große Voraussicht, die dieser verbitterte und enttäuschte Eiferer bewies. Historisch stehen seine Verdienste außer Zweifel, auch wenn der moderne Historiker seinen Respekt vor Sasportas' Ehrlichkeit und Zuverlässigkeit als Zeuge vielleicht einschränken muß. Beweise für Sasportas' Fälschungen am Originaltext seiner eigenen Briefe – und dabei noch bei einigen der wichtigsten – sind aufs unerwarteste ans Licht gekommen. Als Tishby die Publikation des einzigen Manuskriptes von *Zizath Nobel Zwi* vorbereitete, konnte er auch die Photokopie eines Textes benutzen, in dem er zurecht Sasportas' handschriftlichen Entwurf erkannte, das

---

6 Tishby in seiner Einleitung (S. 23) zu Sasportas
7 Sasportas war gleichermaßen unnachgiebig in seinem späteren Streit (1681) mit den weltlichen Vorstehern der Gemeinde von Livorno; J. Tishby hat die diesbezüglichen Akten veröffentlicht. Siehe zum Beispiel seinen Briefwechsel mit den Vorstehern der Gemeinde von Livorno im Jahr 1681; vgl. Tishby in Kobez al Jad 4 (N.F.), 1946: 145–159. Vgl. auch Alfredo S. Toaff in Sefunot 9, 1964: 167 - 191.

heißt das ursprüngliche Notizbuch, in das Sasportas sowohl seine eigenen wie auch die eintreffenden Briefe eintrug.[8] Die Diskrepanzen zwischen den beiden Texten erlauben überraschende Einblicke in Sasportas' editorische Methoden und liefern viele Beispiele dafür, wie er seine eigenen Briefe «behandelt» hat und ihre ursprüngliche Form so verändert, daß es oft Fälschungen gleichkommt. Nicht zufrieden mit den Fakten, die ihn in seiner wirklichen Rolle eines warnenden, scharfsichtigen und mutigen Rufers in der Wüste zeigen, wollte er als der einsame und furchtlose Streiter in einer heroischen Schlacht erscheinen. Wo er sich im Originalbrief oft vorsichtig und moderat ausdrückte, zeigt die «revidierte Fassung» eine scharfe, aggressive und beleidigende Sprache, die, hätte er sie wirklich in der gefährlichen Situation, in der er sich befand, verwendet, gewiß zu seiner Exkommunikation und Vertreibung aus Hamburg geführt hätte. Es gab eine kurze Zeitspanne, da Sasportas schwankte und sogar dazu neigte, Nathans Weissagung zu glauben. Dieses kurze Zwischenspiel, das viel Licht auf den überzeugenden Einfluß wirft, den die aus dem Orient kommenden Briefe sogar auf so nüchterne und kritische Geister ausübten, ging über Sasportas' Eitelkeit hinaus. Er tilgte sorgfältig alle Hinweise darauf, und machte so seine eigene Bemerkung wahr, daß beide Parteien, Anhänger und Gegner gleichermaßen, Dokumente gefälscht hätten. Doch wieviel auch der Vergleich zwischen dem ursprünglichen Konzept der Briefe und ihrer edierten «heroischen» Version von Sasportas' Integrität als Historiker und als Mensch abziehen mag, für unser Verständnis seiner Persönlichkeit und seiner tatsächlichen Rolle in der Kontroverse trägt er sicher bei.
Sasportas' Briefe enthalten eine Fülle von Informationen über die Lage der Dinge in der sefardischen Gemeinde in Hamburg, und unschätzbare Bestätigungen erfahren sie noch von einem sehr seltenen, glücklicherweise erhaltenen Dokument. Denn eigentlich sind uns keine «offiziellen» Dokumente (Protokolle, Resolutionen, Proklamationen usw.) der jüdischen Gemeinden über die sabbatianische Bewegung überliefert. Nach dem schrecklichen Ende der Bewegung verschwanden entweder die Dokumente, die sich auf die Ergebnisse von 1665–66 bezogen, oder die entsprechenden Seiten wurden herausgerissen. Deshalb wissen wir wenig von den Überlegungen und förmlichen Beschlüssen der verantwortlichen Ältesten der Gemeinden. Das Gemeindebuch der sefardischen Gemeinde in Hamburg – auf portugiesisch geschrieben – ist auf irgendeine Art in seiner ursprünglichen Form überkommen, das heißt ohne Ausschnitte, Zerstörungen und ähnliche Zeichen der Selbstzensur.[9]

Der erste Brief über die messianischen Ereignisse kam aus Ägypten und traf in Hamburg am 30. November 1665 ein. Jede Post brachte weitere Nachrichten

---

8 Dieses Autograph befand sich in der Bibliothek der Hochschule für die Wissenschaft des Judentums in Berlin und ging während des Zweiten Weltkrieges verloren.
9 Die Einträge für die Jahre 1665–66 und 1666–67 hat I. Cassuto in JJLG 10, 1915 und 11, 1916 ins Deutsche übersetzt.

und Bestätigung, und am 9. Dezember protokollierten die Ältesten die folgende feierliche Resolution:

> «*ob sei dem Herrn der Welt für die Nachricht, die aus dem Osten und aus Italien und aus anderen Ländern kam, wonach Er in Seiner Gnade uns einen Propheten im Heiligen Land, den Rabbi Nathan Aschkenasi, und einen messianischen König, den Rabbi Sabbatai Zwi, den der Herr dazu erwählt hat, daß er sein Volk aus den Völkern zusammensammele und seinen Namen erhöhe, der unter den Völkern entweiht ist. Und wir glauben diesen Berichten auf Grund der vielen Zeichen und Wunder, die nach den Briefen von dem Propheten und dem König vollbracht worden sind. Weswegen wir heute den Festpsalm gesungen haben, wie am Fest der Gesetzesfreude (Simchat Tora).Möge es der Wille des Gottes Israels sein, daß diese Nachricht bestätigt wird, und daß uns das Erbteil unseres Landes gewährt wird. Möge es der göttliche Wille sein, daß unsere Augen diese große Erlösung sehen.*»[10]

Dieser Eintrag – und es muß ähnliche in vielen Gemeindebüchern anderer Gemeinden gegeben haben – ist außerordentlich interessant. Die meisten portugiesischen Juden in Hamburg waren entweder selbst frühere Marranen oder Nachkommen in der ersten oder zweiten Generation von Marranen. Sie waren nicht Gelehrte, sondern reiche, kluge Kaufleute. In religiösen Fragen verließen sie sich auf ihren Rabbiner, R. Moses Israel, und auf die wenigen Gelehrten, die sich unter ihnen niedergelassen hatten. Sie lasen die vielen Briefe, die sie erhielten, erwogen ihre Glaubwürdigkeit und bereiten sich wahrscheinlich mit ihrem Rabbi. Schließlich ließen sie sich vom Wahrheitsgehalt der Dokumente überzeugen. (Auch für sie, das sollte festgehalten werden, kam der Glaube an den Propheten vor dem an den Messias) Sie waren weit von kabbalistischen Spekulationen entfernt und interpretierten die messianische Botschaft in ihren gewöhnlichen, traditionellen, politisch-nationalen Begriffen.

Sasportas andererseits war Kabbalist. Die Kabbala war ein gewichtiger Faktor im religiösen Leben seines Herkunftslandes Marokko, und Sasportas verfolgte wie die meisten seiner Kollegen kabbalistische Studien. In Amsterdam, wohin er vor dem Zorn der marokkanischen Obrigkeiten geflüchtet war, lehrte er in der Jeschiwa 'Or ha-Chajim, und 1653 veröffentlichte er zum Nutzen ihrer Mitglieder einen kabbalistischen Kommentar zum Gebetbuch, das ein marokkanischer Gelehrter, R. Moses Albaz, 1575 verfaßt hatte. Dem Kommentar Hejchal ha-Kodesch geht ein langes Vorwort in Form einer kabbalistischen Dissertation von Sasportas voraus, die ihn übrigens in sehr viel größerer Nähe zu Cordoveros spekulativer Kabbala als zum herrschenden lurianischen System zeigt. Betrachtet

---

[10] Das Gemeindebuch verschwand während des Zweiten Weltkrieges. Einige Teile daraus befinden sich heute im Jüdischen Historischen Archiv, Jerusalem. JJLG 10, 1915: 292.

man Sasportas und Abraham Jakhini, findet man zwei typisch rabbinische Zeitgenossen, die ähnliche Haltungen gegenüber der Kabbala einnehmen, aber doch jeweils einen entgegengesetzten Aspekt von ihr repräsentieren. Wie ein vorangegangenes Kapitel zeigte, erfüllte die Kabbala in der Geschichte der jüdischen Religion eine doppelte Funktion: eine konservative durch die Interpretation der traditionellen Formen, und eine revolutionäre durch die Freisetzung der Kräfte von absolut neuen Ideen. Sasportas repräsentierte den konservativen Aspekt. Er wußte nichts mit Neuerungen und Abweichungen von der Tradition anzufangen, und noch weniger mit deren Rechtfertigungen im Sinn esoterischen Mysterien. Wenn die Kabbala irgendetwas rechtfertigte, dann die bestehende Tradition, wie sie gelehrt und praktiziert wurde. Die Seele dieses leidenschaftlich orthodoxen Rabbiners suchte kein Gefühl der Krise heim.

Nathans Brief über die Stufen der Erlösung erfüllte ihn mit schwerwiegenden Bedenken. Der phantastische Charakter seines Inhalts rief unmittelbar Widerstand und Kritik hervor, die er unverzüglich (Dezember 1665) an seine Freunde in Amsterdam weitergab.[11] Der Kabbalist bestand auf der direkten und wörtlichen Erfüllung der traditionellen messianischen Zeichen und wollte allegorische oder esoterische Interpretationen nicht zulassen. Kabbalistische Mysterien waren kein Ersatz für den direkten Sinn. Nachdem er erfahren hatte, daß ein Prophet erstanden wäre, versuchte er sofort, Nathans Authentizität bestätigt zu bekommen, und als seine Amsterdamer Freunde ihn der Inkonsequenz beschuldigten, schrieb er zurück: «Ich habe nie behauptet, daß sie [die Weissagung über Sabbatai Zwi] an sich unmöglich ist, denn es ist wirklich möglich, daß der Rabbi Sabbatai Zwi unser König und Retter sein wird. Wenn die Weissagung wirklich beglaubigt ist, werde ich für wahr annehmen, was ein gesetzmäßig bestätigter Prophet sagt.»[12] Für Sasportas drehte sich alles um die einwandfreie Beglaubigung von Nathans prophetischer Sendung, das heißt, um das Zeugnis eines anerkannten rabbinischen Gerichts, daß Nathan seine Sendung durch die erforderlichen Zeichen und Wunder bewiesen habe. Daher auch Sasportas' anfängliches Zögern und seine letztlich radikale Ablehnung.

Im Hinblick auf Sabbatai Zwi[13] erkannte Sasportas rasch, daß sein Charakter dem traditionellen Bild des Messias nicht entsprach und äußerte dies auch schon früh, im Juli 1666, in einem Ermunterungsbrief an die gegnerischen Rabbiner von

---

[11] Sasportas 1954: 18–23, 40–44. Sasportas teilt auch mit (S. 34), die Rabbiner von Venedig und Prag hätten auf seine ersten Äußerungen von Zweifel und Protest – anscheinend schon im Dezember 1665 – geantwortet, er gibt ihre Briefe aber nicht wieder.
[12] Sasportas, S. 39, nach der ursprünglichen Version, die später für sein Buch [zur Herausgabe bearbeitet] wurde.
[13] Alle ehrenden und respektvollen Verweise auf ihn in Sasportas' Originalbriefen wurden in der [bearbeiteten] Fassung ausgelassen.

Smyrna als sein endgültiges Urteil.[14] Eine seiner ersten Handlungen warf, allen seinen Bekannten in Jerusalem zu schreiben (zum Beispiel R. Moses Tardiola) und um zuverlässige Informationen zu bitten, sie auch zu ersuchen, den Propheten um seine Interpretation einer dunklen Stelle im Sohar zu bitten, wo der paradiesische Ort des Messias «das Vogelnest» genannt wird. Aber keiner seiner Freunde in Jerusalem antwortete auf seine Erkundigungen.

Daß ihm ein offizieller Status fehlte, verstärkte seine Verbitterung und das Gefühl der Frustration. R. Moses Israel, der Rabbiner der Gemeinde und vormals Rabbiner in Marokko, wechselte auf die Seite der Anhänger, aber Sasportas hatte die Genugtuung, von R. David Cohen de Lara unterstützt zu werden, dem früheren Rabbiner der Gemeinde, der im März 1665 seines hohen Alters wegen aus dem Amt geschieden war, sowie von Abraham Nahar, einem der Vorsteher. Abraham Nahar scheint am Anfang geschwankt und selbst an Nathan mit der Bitte um spirituelle Weisung geschrieben zu haben, denn er hatte eine Notiz – von nicht mehr als einer Zeile – von Nathan: «Abraham Nahar [seine Seele] ist aus den Fersen des Messias. 1800 Fasten. Er ist aus dem Stamm Juda.» Nach Sasportas, der diese Geschichte erzählt, machte sich Nahar darüber lustig: «Da ich durch meine Zweifel an dem Messias eine verlorene Seele bin [...] wie kann er dann sagen, daß ich durch [bloßes] Fasten mich selbst retten kann?»[15] Dennoch schloß sich Nahar später dem Kreis Scha'arej Zedek an, der von dem Hamburger Gläubigen gegründet wurde, in dem auch Moses Abudiente seine sabbatianischen Predigten hielt.

Schon im Januar 1666 kamen weitere Botschaften über den König und den Propheten wie auch die Söhne Rubens und Gads, die den anderen Stämmen vorauszogen. Sasportas zufolge brach großer Jubel in Hamburg, aus, selbst die Christen kamen, um zu sehen, wie die Juden in ihren Synagogen musizierten und mit den Gesetzesrollen tanzten. Wer nicht glaubte, wurde beleidigt und «ungläubig genannt, so daß meine Hand schwach wurde und ich nicht laut sprechen konnte, denn so wenige folgten mir, daß ein Kind sie hätte aufschreiben können. Und selbst sie wagten es nicht, es laut zu sagen, sondern nur im geheimen [...] und viele Male wollten sie die Ungläubigen exkommunizieren.» Nur aus Respekt vor Sasportas wurden die Gegner nicht weiter belästigt.[16] Sasportas wurde genötigt, eine Predigt über das Thema der Erlösung zu halten, und war so über die Maßen vorsichtig und mehrdeutig, daß manche seiner Zuhörer sich beschwerten, er bezweifele wohl die messianischen Berichte, während andere nach Amsterdam schrieben, er habe zum Lob des Messias und des Propheten gesprochen.[17]

---

[14] Sasportas 1954: 161
[15] Sasportas 1954: 137. Nathans Notiz ist von dem früheren Amsterdamer Lehrer Schalom b. Joseph weitergeleitet worden.
[16] Sasportas 1954: 47
[17] Sasportas 1954: 48 f.

Der reichste Jude in Hamburg war Isaak Señor de Texeira. Sein Vater war Handelsagent der Königin von Schweden in Hamburg gewesen, und Isaak unterhielt in seinem Hause eine Jeschiva für die Gelehrten in der Gemeinde. Auch war er ein Anhänger, und in seiner Jeschiva hielt R. Moses Israel eine Predigt über das Hohelied 4,4: «Wie der Turm Davids ist dein Haus,/ in Schichten von Steinen erbaut» [hebräisch: talpijjoth] – «Dieses ist Sabbatai Zvi, der den Tempel im Jahr 430 [hebräisch tal, Zahlenwert 430 = A.D. 1670] wiederaufbauen wird nach den Weissagungen [hebräisch: pijjoth; wörtl.: «Münder»] Nathans.»[18] Die Gegner andererseits zitierten gern eine Warnung aus dem Sefer Chassidim von R. Juda dem Frommen (um 1200), wonach jene, die «heiligen Namen» gebrauchten, ihr Leben riskierten und sich dämonischen Vorspiegelungen und trügerischen Visionen über die Zeit der Erlösung aussetzten.[19] Das Zitat sollte offensichtlich auf die kabbalistischen Studien Sabbatais und Nathans zielen.

Während dieser Wochen wurden etliche Einträge in das Gemeindebuch gemacht.[20] Im Dezember 1665 berieten die Ältesten über Berichte, die in christlichen Nachrichtenblättern erschienen. Da man mit der Möglichkeit von Ausschreitungen des christlichen Mobs rechnete, beschloß man, daß kein Mitglied der Gemeinde mit Nichtjuden über die wöchentlich eintreffenden Neuigkeiten sprechen durfte. Der Rabbiner, R. Moses Israel, wurde beauftragt, «die Mitglieder der Gemeinde zu ermahnen, mit niemandem über diese Botschaften zu sprechen, der kein Jude ist.» Zuwiderhandlungen gegen diese Vorschrift wurden mit einer Strafe von fünf Talern belegt.[21]

Die Erregung steigerte sich vor allem Im Februar 1666, nachdem man die Nachricht von Sabbatais großen Tagen in Smyrna erhalten hatte. Die Briefe aus Smyrna wurden von der Kanzel in der Synagoge verlesen, und da sie allgemein an die Mitglieder der sefardischen Gemeinde gerichtet waren, kamen die Aschkenasim auch in die portugiesische Synagoge, um die guten Nachrichten zu hören. Die jungen Leute legten ihre besten Kleider an und banden sich zudem noch «grüne, breite Seidenbänder um – das war die Livree von Sabbatai Zvi.»[22] Sasportas beschreibt die Szenen in der Synagoge mit bitterem Sarkasmus: Die Gläubigen tanzten mit einer solchen Begeisterung, daß alles durcheinanderging und der Rabbiner R. Moses Israel auf die Kanzel steigen und zur Mäßigung ermahnen mußte. Nicht mehr als zwölf, durch Los ausgewählte Tänzer sollten tan-

---

[18] Sasportas 1954: 48 und insbesondere S. 95.
[19] Sasportas 1954: 81, 94, 113. Das Diktum, auf das angespielt wird, findet sich in Sefer Chassidim. Ed. Wistinetzky, * 212; andere Ausgaben * 206.
[20] Siehe Dokumentation Kahal Kadosh Bet Israel
[21] JJLG 10, 1915: 295.
[22] Die Memoiren der Glückel von Hameln. Hg. v. D. Kaufmann. Frankfurt a. M. 1896: 80–82. Glückel war ein kleines Mädchen, als [die Leute über Sabbatai Zvi zu reden begannen], und ihre Erinnerungen ergänzen die Darstellung von Sasportas.

zen, doch in der allgemeinen Begeisterung und dem Jubel verhallte dieser Ruf nach Ordnung ungehört.[23] Die Gemeindechronik erwähnt auch, daß acht Älteste einen besonderen Tanz übten, «um unsere Freude über die Nachricht [...] von unserer Erlösung auszudrücken,» doch kam der Tanz nicht zur Aufführung, weil die wenigen Gegner einen Tumult in der Synagoge verursachten.[24] Mit den Freudenbekundungen gingen Buße und Kasteiungen einher. Wir hören von Gläubigen, die während des ganzen messianischen Jahres jeden Tag von Tagesanbruch bis Sonnenuntergang fasteten und sich schweren Kasteiungen unterzogen. Einer von ihnen, ein Schulmeister der aschkenasischen Gemeinde, wurde nach der endgültigen Desillusionierung aus Verzweiflung abtrünnig.[25] Sasportas geißelte streng die Bußübungen und ihre zerstörerischen Folgen, und in einem Brief vom Mai 1666 schrieb er an seinen Freund Raphael Supino in Livorno[26] (einen Anhänger!): «Welchen Sinn hat es, den ganzen Tag zu fasten, wenn wir uns des Nachts mit der Beute an den Armen sättigen?»[27]

Nach den Briefen aus Smyrna, die die Nachricht von Sabbatais Proklamation zum König und über die ihm von der dortigen Gemeinde erwiesene Huldigung brachten, wuchs die Begeisterung derart, daß der Vorsitzende des Ältestenrates am 25. Februar eine Zusammenkunft aller früheren und gegenwärtigen Mitglieder des Rates, dazu einige wenige gewöhnliche Mitglieder der Gemeinde einberief, auf der beschlossen wurde, eine Abordnung von Hamburg auszusenden, «die sich, wie es sich geziemt, vor unserem König Sabbatai Zwi niederwerfen soll.» Unter den Anwesenden war auch Dr. Baruch Nachmias de Castro (1597–1684), ein bekannter Humanist und früherer Arzt Christina von Schwedens.[28] R. Moses Israel wurde als offizieller Gesandter und Samuel Abas als sein Begleiter bestimmt. Sie sollten innerhalb weniger Tage abreisen. Da aber viele Mitglieder der Gemeinde daran Anstoß nahmen, daß sie zu einer so wichtigen Zusammenkunft nicht eingeladen waren, wurde eine weitere Sitzung einberufen und alle Familienoberhäupter eingeladen. Bevor die Sitzung noch stattfinden konnte, hatten die Ältesten noch einmal beraten und einige schwerwiegende Bedenken geäußert «wegen des Leids, das unseren Gesandten auf ihrem Weg zustoßen könnte, wegen der Briefe, die sie bei sich führen [der an den 'König Israels' gerichtete Brief könnte den Nichtjuden in die Hände fallen] und [des Schadens], der daraus für an-

---

23 Sasportas 1954: 61; auch S. 47.
24 JJLG 11, 1916: 9 f.
25 J.J. Schudt: Compendium Historiae Judaicae (1700), S. 518.
26 Siehe Dokumentation zu Shabtai Zvi in diesem Band
27 Sasportas, S. 91; vgl. auch S. 137 zu einer ähnlichen, mündlichen Bemerkung gegenüber Abraham Nahar: [Entsühnt Fasten für unredlich erworbenen Gewinn oder anderes am Mitmenschen begangenes Unrecht?].
28 H. J. Schoeps in Festschrift für Werner Leibbrand. Mannheim 1967, S. 127 f. Siehe auch den bei Scholem geschilderten Vorfall (Scholem 1992: 638) in dem sich sein fester Glaube bezeugt.

dere Gemeinden unserer Brüder in Deutschland rühren könnte. Und weil man rechnet, daß die Reise von hier nach Konstantinopel etwa drei Monate dauern wird. Nun hoffen wir und sind gewiß, daß Unser König vor dem Ende dieser Zeitspanne in Palästina sein wird, und [wenn die Gesandten] ihm folgen müßten und uns dann seine Antwort brächten, würde dies länger als ein Jahr dauern. Deshalb betrachten wir diese Reise und die damit verbundenen Kosten als überflüssig.»[29] Diese nüchterne Argumentation sollte nicht als höfliche Ironie oder ausweichender Vorwand einiger Skeptiker mißverstanden werden, denn es wurde zur selben Zeit beschlossen, alles Grundeigentum, das die reiche Gemeinde besaß, zum privaten Verkauf, oder wenn nötig, zur öffentlichen Versteigerung anzubieten, um damit alle Schulden der Gemeinde zu tilgen, «und uns selbst für die Reise, die wir mit Gottes Hilfe bald zu machen hoffen, vorzubereiten.» Demnach dachten auch die Juden in Hamburg über die Liquidierung ihres Eigentums nach, auch wenn spätere Einträge in der Gemeindechronik vermuten lassen, daß der Plan nie ausgeführt wurde.

Eine interessante Episode, die viel Licht auf die bei der Ausbreitung der Bewegung beteiligten Faktoren wirft, ereignete sich in den Wochen zwischen dem 9. Februar und dem 10. März. Die Zweifel und Verwirrungen von Sasportas während dieser Wochen gehen deutlich aus seinen Briefen hervor, wie er sie in sein ursprüngliches Notizbuch schrieb. Wie schon früher gezeigt, machte sich Sasportas später daran, einige seiner Briefe «umzuschreiben», als er die Idee hatte, seine «Akte» über die sabbatianische Bewegung zu veröffentlichen. Nicht zufrieden mit seinem tatsächlichen Bericht eines verwunderten Skeptikers, der zu einem scharfen Gegner wird, wollte er sich selbst in der Rolle eines Helden-Märtyrers darstellen, der von Anfang an gegen die Bewegung focht. Briefe, die in ihrer ursprünglichen Form fragende Zweifel und diplomatische Klugheit offenbaren, formulierte er in entschieden kämpferische anti-sabbatianische Aufrufe um.[30] Die zwei Hauptprobleme, die Sasportas in den ersten Monaten beunruhigten, waren die Haltung des Rabbinats von Jerusalem und die Authentizität von Nathans prophetischer Sendung. Ihn verwirrte das erstaunliche Schweigen der Rabbiner von Jerusalem, von denen – Anhänger oder nicht – vernünftigerweise erwartet werden

---

[29] JJLG 11, 1916: 5 f.
[30] Z. B. wird in einem Brief nach Marokko (1669), ausreichend von einem Schüler Sasportas' verfaßt, behauptet, daß der Meister selbst in der Zeit des höchsten Aufschwunges der Bewegung niemals den Namen Sabbatais ausgesprochen hätte, ohne einen Fluch dazuzusetzen (Sasportas 1954: 352). Dies ist ganz eindeutig unwahr, denn Sasportas wäre zweifellos exkommuniziert worden, hätte er einen derartig selbstmörderischen Mut bekundet. Das Gemeindebuch (9. August 1666) sah schwere Strafen für diejenigen vor, [die sich in kränkender Weise über unseren König und unseren Propheten äußern]. Sasportas war mutig genug, und es ist so um so bedauerlicher, daß das Maß an Entschlossenheit und Scharfsinn, über das er verfügte, seiner Eitelkeit nicht genügte, Beispiele, wie Sasportas seine Originalbriefe [verbesserte], gibt Riwka Schatz in ihrer Rezension von Tishbys Ausgabe des *Zizath Nobel Zwi* (in *Bechinoth* 10, 1956, S. 51–56).

konnte, daß sie allen Gemeinden Israels eine Stellungnahme zukommen ließen.[31] Er versuchte erfolglos ihr Schweigen zu brechen, zumal er (aus den Briefen der Anhänger selbst) wußte, daß die Rabbiner von Jerusalem Nathans Mission abstritten. Als Briefe eintrafen, denen zufolge die Rabbiner «bereut» und den Propheten anerkannt hätten, erkannte Sasportas sofort, daß dieser Bericht den Beweis für ihren ursprünglichen Nichtglauben einschloß, keineswegs aber einen Beweis für ihre spätere Sinnesänderung.[32] Er erkundigte sich überall bei Bekannten sorgfältig, ob eine zuverlässige, unparteiliche Bestätigung durch eine anerkannte rabbinische Autorität oder ein Gericht in Palästina eingetroffen wäre, und bestand darauf, daß man, solange eine derartige Bestätigung über die Legitimation des Propheten durch Zeichen und Wunder nicht vorliege, nicht verpflichtet wäre, an seine Sendung zu glauben. Unterdessen war er bereit zuzugeben, daß die mitgeteilten Fakten nicht schon an sich unmöglich wären.

Daher also die entscheidende Bedeutung, die Sasportas den von auswärts eintreffenden Nachrichten beimaß, und die überaus vorsichtige Sprache, in der er seine Zweifel ausdrückte. Er war im wesentlichen der messianischen Nachricht gegenüber skeptisch, sicherte er sich aber doch sorgsam gegen den möglichen Fall ab, eines Tages seine eigenen Worte vorgesetzt zu bekommen. Sollte die frohe Botschaft bestätigt werden, würde er immer beweisen können, daß er den Messias nie geleugnet, geschweige denn herabgesetzt hätte; er hatte nur schlüssige Beweise gefordert, die ja nun glücklicherweise beigebracht waren. Vergleicht man die ursprüngliche Version der Briefe mit ihrer revidierten Fassung, in der Sasportas als kühner, löwenmutiger Abweichler erscheint, kann man nur das editorische Geschick bewundern, mit dem er durch wenige rasche Pinselstriche Ausdrücke des vorsichtigen Zögerns zu scharfen Denunziationen werden ließ. Sasportas unterschied außerdem sorgfältig zwischen dem Propheten und der messianischen Sendung. Anders als bei dieser war für den Propheten die Legitimation durch rechtmäßig festgestellte Zeichen und Wunder erforderlich. Es war deshalb theoretisch möglich, daß Nathan ein falscher Prophet, Sabbatai aber doch der Gesalbte des Herrn war.[33] Da alles von der richtigen Legitimation des Propheten abhing, konnte jede eintreffende Post sein Verdikt berühren. Die meisten Juden hielten das Zeugnis der neuen Briefe für ausreichend. Sasportas wartete weiter, aber auch er hatte seine Stunde der spirituellen Versuchung.

Anfang Februar 1666 erhielt der aschkenasische Rabbiner von Altona bei Hamburg einen Brief von einem noch nicht identifizierten Rabbiner in Je-

---

31 Sasportas 1954: 23 (Brief vom Dezember 1665) und S. 84.
32 Sasportas 1954: 42, 46 (Januar 1666)
33 Vgl. insbesondere Sasportas' Brief an Isaak Nahar (S. 41). Die Lesart des Originals gibt Tishby in seinen Anmerkungen zu Sasportas stark überarbeitetem Text. Als Historiker ist man Tishby zu Dank verpflichtet, der diese Lesarten der Originale zugänglich gemacht hat.

rusalem.³⁴ Der Brief, dessen Echtheit über jeden Zweifels erhaben ist, bestätigt das Zeugnis von R. Abraham Gedalia und der anderen Rabbiner von Gaza, das Sasportas bisher abgetan hatte, weil es nicht genügend Beweiskraft besäße. Der Brief bestätigte auch die Abschaffung des Fastens am Zehnten Teweth, zitiert Augenzeugen und verweist auf den öffentlichen Charakter aller berichteten Ereignisse.³⁵ Sasportas war tief beeindruckt, und eine Zeitlang wurde der gnadenlose Gegner (als der er später erscheinen wollte) zu einem wirklichen Anhänger. In einem Brief vom 9. Februar an Isaak Nahar in Amsterdam gesteht er seinen Sinneswandel und verteidigt sein langanhaltendes Zögern. Dieses Geständnis, das in Sasportas' Notizbuch erhalten ist, schrieb er später gründlich um und verwandelte es in eine eindeutige Denunziation des Messias.³⁶ Man kann sich nur über die schamlose Gründlichkeit von Sasportas' Fälschung und ihr Gelingen wundern. Wäre *Zizath Nobel Zwi* noch zu Lebzeiten seines Korrespondenten Isaak Nahar erschienen, hätte ihn dieser unter Vorlage des Originalbriefes leicht der Lüge überführen können. So aber geriet das kleine Zwischenspiel rasch in Vergessenheit, wo es auch ohne den Fund und Vergleich der beiden Manuskripte geblieben wäre.

In seinem Brief an Nahar räumte Sasportas ein, daß die allerneuesten Berichte alle Zweifel beseitigt hätten, wandte aber ein, daß er, bis ihn ein zufriedenstellendes Zeugnis überzeugte, zum Zweifel berechtigt gewesen wäre. Sicher hätten auch die gelehrten und heiligen Rabbiner in Smyrna und andernorts den Glauben erst akzeptiert, nachdem sie sich pflichtgemäß von der Authentizität der messianischen Weissagung überzeugt hätten. Nun jedoch ist «ihr Glaube auch meiner», und nur den Härten der Winterzeit sei es zuzuschreiben, daß er sich nicht unmittelbar aufmache und vor dem Messias und dem Propheten als ihr demütiger Diener erscheine.³⁷ Die letzte Bemerkung erklärt auch einen Eintrag im Archiv der Gemeinde, wonach Sasportas den Rat der Ältesten formell von seiner Absicht unterrichtet, nach dem Purimfest (21. März) über Italien nach Jerusalem zu reisen.³⁸

---

34 Wahrscheinlich R. David Hanau. Die Verweise auf den Verfasser fügte Sasportas der [revidierten] Version seines Briefes an Aaron Sarphati zu; siehe Sasportas 1954: 38.
35 Sasportas 1954: 52 in der Fassung des Originals.
36 Sasportas 1954: 50–57. Die von Emden gedruckte gekürzte Ausgabe gibt nicht einmal die überarbeitete Version des Briefes, es bleiben so überhaupt keine Spuren dieser bedeutsamen Episode.
37 Sasportas 1954: 57. Aus Nahars Antwort (a. a. O.) wird deutlich, daß er tatsächlich die Originalfassung von Sasportas' Brief erhalten hatte (wie sie in der Berliner Hs. überliefert ist) und keinesfalls den revidierten Text. In der Freude über die Konversion seines Freundes schlug Nahar vor, sie sollten sich in Livorno oder an einem anderen Ort treffen und dann gemeinsam zum Messias reisen.
38 JJLG 11, 1916: 9. Das Datum des Eintrags lautet 4. Adar 2 (11. März), vielleicht ein Schreibfehler für Adar 1 (9. Februar), da der Brief an Nahar am letztgenannten Datum geschrieben wurde. Andererseits erwähnt Sasportas in einem Brief vom 10. März an Raphael Supino (Sasportas 1954: 70) auch seine Absicht, [vor Pessach] abzureisen, um [das Antlitz des Königs und des Propheten

Sasportas' Entscheidung, in das Heilige Land zu reisen, war demnach von messianischen Motiven inspiriert, und tatsächlich gab er, sobald er wahrgenommen hatte, daß sein Vertrauen auf den Brief nach Altona voreilig gewesen war, seinen Plan auf.[39] Sein zweiter Sinneswandel ging auf die Ankunft weiterer Briefe aus Smyrna zurück, die darauf deuteten, daß (entgegen seinem früheren Eindruck) nicht alle Rabbiner dort Sabbatai Zwi anerkannt hatten oder seine Aufhebung des Fastens am Zehnten Teweth billigten. Als er bemerkte, daß auch in Smyrna manche Rabbiner weit davon entfernt waren, die Glaubwürdigkeit des Messias vorbehaltlos anzuerkennen, kehrte Sasportas zu seiner anfänglichen Haltung zurück, die sich Mitte März dann zu militanter Gegnerschaft verhärtete.[40] Nach seiner Darstellung des Sachverhalts hörte er die vollständige und dramatische Geschichte erst, als der Bericht aus Smyrna feierlich in der Synagoge verlesen wurde, worauf er zu Tode betrübt nach Hause ging und sofort zwei Briefe nach Italien schrieb, in denen er noch einmal seine alten Fragen stellte: Warum gab es keine offizielle und zuverlässige Bestätigung der Nachrichten durch ein anerkanntes rabbinisches Gericht oder eine entsprechende Autorität?[41] Dieses mal schrieb Sasportas als gebranntes Kind, denn hatte er nicht selbst eine Zeitlang den Berichten, die sich später als unglaubwürdig herausstellten, Vertrauen geschenkt? Auch wenn wir Sasportas' eigener Darstellung der Abfolge und Daten seiner Reaktionen nicht vollständig trauen können, steht doch fest, daß er Anfang März zu seiner Gegnerschaft zurückgekehrt war. Die Geschichte hat eine erkennbare Moral. Wenn ein scharfsinniger, nüchterner und arroganter Beobachter wie Sasportas, wenn auch nur für kurze Zeit, mitgerissen werden konnte und von der Wahrheit der Berichte überzeugt war, dann überrascht nicht, daß die jüdischen Massen keinen Grund sahen, die guten Nachrichten zu bezweifeln, die ungeachtet aller kleineren Diskre-

---

zu schauen]. Nach dem Protokollbuch jedoch wurde die Abreise auf [unmittelbar nach Purim] festgesetzt. Sasportas benachrichtigte die Ältesten von seiner Absicht, um von ihnen eine finanzielle Unterstützung zu erhalten. Die Ältesten beschlossen, ihm einhundert Taler zu seinen Reisekosten beizusteuern, sofern er seine Familie mitnähme.

[39] Sein Sohn, Moses Sasportas, der zur Zeit des messianischen Ausbruchs noch ein Kind war, ging 1694 tatsächlich nach Palästina, reiste aber von dort nach weniger als einem Jahr in einer wichtigen Mission im Auftrag der sefardischen Gemeinde Jerusalems wieder ab. In ihrem Ernennungsbrief baten die Rabbiner von Jerusalem auch R. Benjamin Kohen von Reggio (insgeheim ein sabbatianischer Gläubiger!), ihren Gesandten zu unterstützen; siehe Isaak Riwkind in Festschrift Jesaja Wolfsberg (hebr.) 1956: 226 f.

[40] Über den Brief aus Jerusalem nach Altona, der Sasportas' zeitweise Konversion bewirkt hatte, sprach er später, in der [bearbeiteten] Fassung seines Briefes an Aaron Sarphati, in der verächtlichsten Weise. Die Originalfassung des Briefes enthielt natürlich keine solche Schmähungen; siehe Sasportas 1954: 38.

[41] Sasportas 1954: 64. In seinen Briefen vom 11. März an Samuel Aboab und an Raphael Supino dokumentiert sich die Kontinuität seiner Haltung und seiner Argumentation zu den früheren Briefen von Dezember und Januar. Gäbe es nicht den Brief vom 9. Februar an Isaak Nahar, erschiene es unglaublich, daß dazwischen eine kurze Phase des Glaubens gelegen haben soll.

panzen und Widersprüche im wichtigsten Punkt übereinstimmten: Die Erlösung war nahe. Sasportas gab seine geplante Pilgerfahrt zum Messias und zum Propheten auf, aber andere Mitglieder der Gemeinde, die Verwandte in Smyrna hatten (zum Beispiel R. Isaak Palache),[42] begaben sich erklärtermaßen auf die Reise, um Sabbatai Zwi in Konstantinopel zu besuchen.

Im März 1666 wurde das feierliche Gebet für des Königs Majestät in den Synagogengottesdienst in Hamburg eingeführt, zuerst nur an Sabbat- und Festtagen, später auch an Montagen und Donnerstagen.[43] Die Neuerung sorgte wiederholt für Aufruhr in der Synagoge.

Der betagte R. David Cohen de Lara, der sich als früherer Rabbiner der Gemeinde größere Freiheiten erlauben konnte als der fremde Besucher Sasportas, verhöhnte öffentlich den Messias und ging demonstrativ jedesmal hinaus, wenn das Gebet gesprochen wurde. Einmal, als er die Synagoge verlassen wollte, fand er die Türen verschlossen. Zunächst war das Gebet nach der Lesung des Gesetzes gesprochen worden, aber dann «beschlossen sie, es vor dem Öffnen des Schreins zu sagen, so daß niemand weggehen konnte [denn dies hätte bedeutet, daß man den zentralen Teil des Gottesdienstes, das Lesen des Gesetzes, verpaßt hätte]..... Und als er den Anfang des Gebetes hörte, versuchte er hinauszugehen, aber sie hielten ihn fest und zwangen ihn, gegen seinen Willen zuzuhören, und es gab einen großen Tumult in der Synagoge, weil seine Schüler [...] wiewohl auch mit der Krankheit dieses Glaubens geschlagen, doch seine Ehre verteidigten. Danach verlegten sie das Gebet wieder zurück an seinen ursprünglichen Platz nach dem Lesen des Gesetzes. Und [Rabbi Cohen de Lara] ging nochmal hinaus, und manchmal drehte er sich auch nur einfach um.» Am achten Tischri (7. Oktober 1666) wurde angekündigt, daß alle Mitglieder der Gemeinde bei dem Gebet aufstehen sollten. Am folgenden Tag, beim Gottesdienst am Vorabend des Versöhnungstages, trieben die Dinge auf einen Höhepunkt zu, als der hoch angesehene Arzt Dr. Baruch Nachmias de Castro den alten Rabbi Cohen de Lara beleidigte und ihn fast tätlich angegriffen hätte. Auch am Versöhnungstag wurde das Gebet für «Unseren Herren, den heiligen Rabbi Sabbatai Zwi, möge seine Majestät erhöht und sein Reich groß werden» mehrere Male gesprochen.[44]

Sasportas war vorsichtiger als Kohen de Lara. Gegen Ende Mai schrieb er an Raphael Supino; die vernichtenden Sarkasmen seines Briefes spiegeln die vollständige und endgültige Gewißheit wider, bei der er angelangt war. Soeben war die Nachricht von Sabbatais Gefangennahme eingetroffen zusammen mit den

---

[42] Sasportas bezieht sich in einem Brief an R. Isaak ha-Levi (S. 139) auf ihn als auf [unseren geliebten Freund]. Palache wollte über Livorno reisen, und Sasportas bat ihn darum, dort R. Isaak ha-Levi einen Brief zu übergeben (S. 169).
[43] Sasportas 1954: 62, 132. Auf S. 62 zitiert er die vollständige Version des Gebetes für Sabbatai, wie es in Hamburg gesprochen wurde.
[44] Sasportas 1954: 32 f.

Schilderungen der vielen Wunder und der Versicherung, «daß er die Gefangenschaft frei gewählt hat [...] damit er die messianischen Wehen erleichtere [durch stellvertretendes Leiden]». Die Begeisterung in Hamburg stieg zu einem neuen Höhepunkt, und Sasportas mußte zugeben (in der ursprünglichen «unzensierten» Version des Briefes), daß «sie so fest glauben, daß ich das Absenden des Briefes verschob, damit nicht [sein Inhalt bekannt werde und] der Mob Hand an mich lege.» Er schickte den Brief schließlich im September ab (also etwa einen Monat, bevor die Nachricht von der Apostasie des Messias in Hamburg eintraf), wahrscheinlich nachdem er von Sabbatais Abschaffung des Fastens am Neunten Ab gehört hatte.[45] Zu der Zeit hatten sich die Gegner an verschiedenen Orten wieder gesammelt, obwohl der Strom der bestätigenden Nachrichten, der sich die ganzen Sommermonate über vom Osten her ergossen hatte, auch einige Gegner in reuige Anhänger verwandelt hatte.[46] Sasportas' Brief an Supino schließt mit einer leidenschaftlichen Leugnung Sabbatais und Nathans und dem stolzen Glaubensbekenntnis an den zukünftigen wahren Messias. Es ist unterzeichnet: «So spricht der Mann, der sich erhob gegen den 'Gesalbten des Herrn', Jacob Sasportas».[47] Dieses ätzende Wortspiel, das Sabbatais Lieblingsunterschrift («So spricht der Mann, der hoch erhoben ist, der Gesalbte des Gottes Jakobs»; siehe II Sam 23,1) parodierte, wäre überzeugender, wenn es am Ende der ursprünglichen Version von Sasportas' Brief stünde. So wurde der letzte Abschnitt anscheinend hinzugefügt, als der Brief im September 1666 abgeschickt wurde.

Jedenfalls hatte Sasportas in seinem Brief vom August an die beiden gegnerischen Rabbiner in Smyrna schon eine schärfere Sprache benutzt. Smyrna war weit weg und von dort würde es wohl keine feindseligen Nachwirkungen geben. Inzwischen trafen viele Briefe ein, die von Samuel Primo im Namen des Messias geschrieben und unterzeichnet waren. Sie provozierten Sasportas noch mehr. Die Briefe selbst sind nicht mehr vorhanden, aber sie scheinen Verweise auf Sabbatai als den «Erstgeborenen Gottes» enthalten zu haben. Zur selben Zeit machte der Brief aus Konstantinopel über die geheimnisvolle Ware «R. Israels von Jerusalem» in Amsterdam und Hamburg ungeheuren Eindruck, zumal er von so vielen Namen unterzeichnet war, die sich – noch – keinem Verdacht ausgesetzt hatten. Selbst Sasportas scheint beeindruckt gewesen zu sein, und die Tatsachen strafen seine spätere Behauptung, die Fälschung sofort erkannt zu haben,[48] Lügen. Vielmehr fälschte er seinen eigenen Brief an Isaak Aboab, als er ihn für die Publika-

---

[45] Sasportas 1954: 80. Tishby hat (in seinen Anmerkungen S. 81) nachgewiesen, daß der Brief einige Monate nicht abgeschickt wurde. Zu Sasportas' trügerischen Manövern, die Wahrheit über das Abschicken des Briefes zu vernebeln, siehe Riwka Schatz in Bechinoth 10, 1956: 56
[46] Sasportas 1954: 135
[47] Sasportas 1954: 100
[48] Sasportas 1954: 111

tion in *Zizath Nobel Zwi* «editierte».⁴⁹ Das ursprüngliche Konzept in Sasportas' Handschrift drückt eine Stimmung neutraler, bis dahin unbeteiligter Erwartung aus. Obgleich der Brief aus Konstantinopel nichts «bewies», hob er doch Möglichkeiten auf die Ebene von Wahrscheinlichkeiten.

Im Sommer 1666 diskutierte man viel über die Frage, ob bei Abwesenheit von bestätigenden Wundern der Glaube erforderlich wäre oder nicht. Ein Anhänger behauptete in der Hamburger Synagoge, weitere Beglaubigungen wären nicht nötig, da es ja Nathans Sendung wäre, Buße zu predigen. Wenn er Neuerungen oder auch nur zeitweilige Veränderungen in die Religion einführen wollte, dann müßte er solche Ansprüche durch Zeichen und Wunder legitimieren. Sasportas war wütend über eine derartige «elementare» theologische Inkompetenz,⁵⁰ sein einsamer Protest aber wurde nicht gehört.⁵¹ Die Kühnheit der Anhänger machte ihm Sorge für die Zukunft des rabbinischen Judentums. «Ich fürchte, daß in der Zukunft aus unserer Religion zwei Religionen werden», schrieb er am 21. Juli an die Rabbiner von Venedig, und in einem Brief nach Wien erinnerte er andeutungsweise an die Anfänge des christlichen Schismas.⁵² Im September 1666 hielt er eine Predigt, die die Anhänger für einen direkten Angriff auf Sabbatai Zwi hielten («der eine neue Religion gründen will, wie Jesus»), und die ihn erneut zum Ziel von Beschimpfungen und Schmähungen machte.⁵³

In dieser Diskussion bewies Sasportas beträchtlichen Scharfsinn und Einsicht. Wenn ein Prophet auch ohne Erfüllung der im Talmud festgelegten Vorbedingungen und Kriterien Glaubwürdigkeit fordern und die Macht, traditionelle Bräuche abzuschaffen, beanspruchen konnte, so waren damit Tür und Tor für weitere Abweichungen von Gesetz und Tradition geöffnet. Das Bewußtsein von dieser Gefahr ist in den Briefen aus den ersten sechs Monaten der Bewegung noch nicht erkennbar, aber es nimmt während des Sommers ständig zu. Die Briefe, die kurz vor Bekanntwerden von Sabbatais Apostasie in Hamburg geschrieben wurden (Ende November 1666), sind in diesem Punkt völlig eindeutig. Obgleich Sasportas immer noch einen moderaten Ton anschlug, wenn er an europäische Rabbiner schrieb, ließ er in seinem Brief an die Rabbiner Lapapa und Algasi in Smyrna (Juli 1666), denen er noch ebenso fremd war, wie sie ihm bis vor kurzem unbekannt gewesen waren, seinem Zorn und seiner Bitterkeit mit ungehemmter Heftigkeit freien Lauf. Er beglückwünschte sie zu ihrer standhaften Gegnerschaft, dann entschuldigte er sich, daß er die Anhänger und vor allem ihre Oberhäupter, die die Menschen in die Irre führen, nicht verfolgen könnte. Er wiederholte auch seine Sorge um die Zukunft der jüdischen Religion: Die von der sabbatianischen

---

49 Sasportas 1954: 107 f.
50 Sasportas, S. 144–146.
51 Sasportas 1954: 132
52 Sasportas 1954: 113, 115
53 Sasportas 1954: 132

Bewegung verursachten Kontroversen trügen in sich den Keim zu Häresie und Schisma und spielten dazu den Christen in die Hände.[54]

Natürlich war der Vorwurf der Häresie, nämlich gesetzeswidriger Abweichung von der Tradition abwegig, da jeder Anhänger genügend kabbalistische, homiletische und exegetische Argumente zusammenbringen konnte, mit denen jede messianische Innovation zu rechtfertigen war. Und schließlich war ja Sasportas selbst für einen kurzen Moment bereit gewesen, seine Einwände zu vergessen (das heißt, wegzuerklären). Die Argumente der Gläubigen würden Gegenargumente provozieren und einen weiteren Kreislauf von gegenseitigen Beschuldigungen in Gang setzen. Immer wieder zeigte Sasportas anklagend auf Sabbatais «befremdliche Handlungen», aber seine Amtsbrüder waren nicht beeindruckt, und ihre Antworten zeigten lediglich,[55] daß die Gläubigen in Ost und West sich auf dieselben Argumente stützten. Mit derselben Logik des Paradoxes wurden vor seiner Apostasie seine befremdlichen Handlungen gerechtfertigt wie später die Apostasie selbst. Sasportas sah den Keim zu Schisma und Häresie lange, bevor die An-hänger selbst einen solchen Verdacht hegten.

In Hamburg wie in Amsterdam wurden im Verlauf der großen Erweckung viele Jeschiwoth gegründet. Diese Jeschiwoth waren Bruderschaften, die zum Zweck von Gebet, Buße und barmherzigen Werken gegründet waren. Die Mitglieder der «heiligen Jeschiwa Scha' arej Zedek» («Die Tore der Gerechtigkeit») in Hamburg waren keine rabbinischen Gelehrten, sondern reiche Kaufleute, die gewöhnlich die Laienführer der Gemeinde stellten.[56] Angetrieben vom «Eifer für den Herrn und der Furcht des Himmels» trafen sich die Mitglieder «dreimal am Tag zum Gebet, [...] und um Kasteiungen und Fasten zu praktizieren, sie weinten und vollführten Werke der Barmherzigkeit im Glauben an unsere Erlösung, die durch die Gnade des Himmels auf euch alle scheint.» Sie wählten Moses b. Gideon Abudiente (gest. 1688), einen bekannten Gelehrten und hebräischen Grammatiker zu ihrem Oberhaupt.[57] Abudiente, ein früherer Marrane, war in den zwanziger Jahren aus Portugal nach Amsterdam entkommen und dort zum Glauben seiner Väter zurückgekehrt, dann war er viele Jahre lang als Lehrer bei den Sefarden in und bei Hamburg tätig. Das Protokollbuch der Gemeinde erwähnt ihn als Treuhänder der Talmud Torah für das Jahr 1665–66. Er war ein eifriger Anhänger und hielt den Mitgliedern der Jeschiwa viele Predigten über das Thema der

---

54 Sasportas 1954: 166
55 Sasportas 1954: 131.
56 Von den einunddreißig Mitgliedern, die auf der ersten Seite von Abudientes Fin de los Dios ausgeführt werden, sind acht Namen aus dem Protokollbuch der Gemeinde bekannt. Alle gehören zu der gerade angesprochenen Gruppe der reichen weltlichen Führer: Abraham Chilão, Abr. Benveniste, Abr. Nahar, Abr. Senior de Mattos, David und Isaak Aboab, Jakob Fidanque, Gideon Kohen Lobatto, Daniel und Joschua Bensur (Benzur), Joseph Bravo, Joseph Jessurun, Joschua Chabillo, Samuel Gades, Samson de Lima, Nathaniel und Samson Abudiente
57 Siehe zu ihm Kayserling 1861: 69 ff.

Erlösung. Er schrieb seine Predigten auf Hebräisch und stellte sie zu einem kleinen Bändchen zusammen, das er dann im Sommer 1666, nach Erhalt der Nachrichten von Sabbatais Gefangenschaft in Gallipoli, ins Spanische übersetzte und in Glückstadt (bei Hamburg) drucken ließ, ohne zuerst, wie es üblich war, die Erlaubnis der Ältesten einzuholen. Die Ältesten waren über diese hochmütige Mißachtung ihres feierlichen Gebots, die messianische Bewegung vor den Nichtjuden zu verbergen, einigermaßen bestürzt.

Der Band Das Ende der Tage, in dem das Nahen des Endes der Tage, das von allen Propheten vorhergesagt wurde, angekündigt wird und viele dunkle Stellen in der Bibel erklärt werden war den Mitgliedern der Jeschiwa am Zehnten Ab (11. August 1666) gewidmet.[58] Drei Wochen später, am Dritten Ellul, entschieden die Ältesten, daß das Buch «unsere Stellung unter den Christen gefährden könnte» und ordneten an, alle Exemplare zu konfiszieren und im Tresor der Gemeinde zu verwahren, «bis sich die erhoffte Zeit, die Gott bringen möge, eilends nähert», und wo die gesamte Ausgabe an den Autor zurückgegeben würde.[59] Nur ein Exemplar des Buches ist erhalten geblieben.[60] Es ist die einzige noch vorhandene Sammlung von sabbatianischen Predigten aus dieser Zeitspanne. Zweifellos wurden von anderen Predigern in diesem Jahr ähnliche Bände geschrieben, und gelegentlich nimmt ein Autor auch Bezug auf seine Homilien aus dieser Zeit, aber von dieser Literatur ist nichts mehr erhalten. Abudientes Band wurde auf Spanisch, nicht auf Hebräisch veröffentlicht und könnte demnach als Zeugnis für den kühnen Glauben seines Autors dienen.

In der Einleitung zu seinem Werk spricht Abudiente ausführlich über die Analogie zwischen der ersten Befreiung durch Moses und der endgültigen Befreiung durch Sabbatai Zwi, «um alle Zweifel und den Mangel an Glauben an unsere Befreiung zu zerstreuen», das heißt, die Argumente der Kritiker wie Sasportas zu beantworten. Der Autor erklärt, daß seine Generation jetzt die Anfänge von Israels Erlösung und Freiheit sehen würde, auf die sie 1598 Jahre lang gehofft hätten, «die größte Wonne, die je in der Welt war oder sein wird. Es wird ähnlich sein wie der Auszug aus Ägypten, aber unvergleichlich edler und reiner.»[61] Alle biblischen Gebote sind in der Schrift nur einmal gesagt, ausgenommen das Gebot, des Auszugs aus Ägypten zu gedenken, das sich viele Male findet, «denn es ist ein Zeichen und Vorbild für unsere zukünftige Erlösung». Auch der erste Auszug war von vielen Hindernissen und von verschiedenen «Gründen für den Unglauben

---

58 Fin de los Días. Publica ser llegado el fin de los días pronosticado por todos los Prophetas y explica muchos passos obscuros de la Sacra Biblia. Compuesto en la lengua Sancta y Redusido ala espanola por Mosseh Hijo de Gidhon Abudiente, Dirigido a la muy noble Yeshibha Shahare Zeddek, en 10 de Menachem, anno 5426 en Gluckstadt. 126 Seiten. Oktav.
59 JJLG 11, 1916: 27
60 In der Bibliothek der portugiesischen Gemeinde Amsterdam.
61 Abudiente 1954: 13

wie in unseren Tagen» beschwert, und «es fehlte nicht an Ungläubigen (*incredulos*) in Israel». Es oblag ihnen, dessen zu gedenken, damit in der Zeit der endgültigen Erlösung, «die Gott uns jetzt zu verkündigen begonnen hat, wir nicht wie unsere Väter seien [...] ein halsstarriges Volk, sondern 'Gut ist es, schweigend zu harren auf die Hilfe des Herrn.' [Klgl 3,26], das soll heißen, daß es in allen Angelegenheiten der Erlösung des Herrn besser ist, zu hoffen und ruhig zu sein als zu verzweifeln und zu sprechen». Erkennbare Hindernisse seien die Vorboten unserer verheißenen Wonne und sollten unsere Hoffnung verstärken. «die Gefangenschaft Unseres Herrn Sabbatai Zwi, möge Gott ihm helfen, die unsere Erlösung zu (beschleunigen) [behindern] scheint, stärkt und begründet sie [vielmehr]. Psalm 2 deutet auf die Gefangenschaft des Messias, der am Ende das Königreich Zion, den heiligen Berg, erhalten wird.»[62]

Auch Moses war zehn Jahre lang in Midian gefangen, bis Gott ihn befreite, damit er sein Volk aus Ägypten herausführe.[63] Joseph, ein anderes Urbild und Symbol für den Messias, wurde aus der Grube geholt, um über Ägypten zu herrschen. Der Midrasch[64] beschreibt die Gefangenschaft und die Qual, die der Messias vor seiner Erhöhung zum Königtum erlitten hat, und es ließen sich noch viele weitere Beweise heranziehen, um zu zeigen, daß «beide Erlöser Israels [das heißt Moses und Sabbatai] Gefangene sein mußten [...] Der sicherste Beweis, daß dieser Heilige Herr unser Erlöser und Messias ist, ist seine Gefangenschaft.[65] [...] Deshalb macht die erschlafften Hände wieder stark und die wankenden Knie wieder fest [Jes 35,3] durch die Buße [...] Diese Stärkung ist notwendig, um den Unglauben, zu dem die böse Neigung verführen will, zu überwinden.[66] .[...] Denn wer ist stark? Wer seine üble Neigung überwindet».[67] Abudientes typologische Exegese zeigt deutlich seine christliche Prägung unter den Marranen in Portugal. Obgleich die konkreten Details seiner Typologie der Midrasch-Literatur entnommen sind, muß die Idee, eine alttestamentliche Gestalt wie Moses als Urbild des Messias zu nehmen, eher christlich anmuten. Der paradoxe Beweis der Sendung des Messias gerade durch seine Gefangenschaft nimmt schon ähnliche, radikalere Argumente

---

62 Abudiente 1954: 14, 17–19. Ps 2 als Voraussage auf die Gefangenschaft des Messias wird noch einmal, S. 104 f. erwähnt.
63 Nach dem Sefer ha-Jaschar, einer mittelalterlichen Sammlung biblischer Legenden, verbrachte Moses zehn Jahre in einem Kerker in Midian und wurde von seiner Frau Zippora am Leben erhalten, die ihm Essen brachte. Abudiente zitiert die Geschichte nach Jalkut Schim'oni zu Jes 53,8 wo ich sie jedoch nicht finden konnte.
64 Pesikta Rabbathi zu Jes 60.
65 Abudiente, S. 20: La mas gran seguridad que podemos tener de ser este Santo señor nuestro Redemptor y Misiah, es su prison. An diesr Stelle erscheint das messianische Epitheton [Señor Santo] zum ersten Mal, das später den Nachfolgern von Sabbatai Zwi (Baruchia, Jakob Frank) beigefügt wurde.
66 Abudiente 1666: : para abatir la incredulidad acque el apetito te inclina.
67 Ein Stichwort aus Mischna'Awoth 4,1.

vorweg, die die spätere sabbatianische Theologie vorgetragen hat. Abudientes Vorwort scheint im August 1666 geschrieben zu sein, als der Band in Druck ging, aber der Hauptteil des Buches wurde früher verfaßt. Sein Zweck war es, aus der Schrift zu beweisen, daß das Jahr 1664–1665 das geweissagte Ende der Tage wäre. Und war es auch falsch, in der Zeit des Exils «das Ende zu berechnen», so mochte es doch jetzt, «da die wonnevolle Zeit nahe gekommen ist», sicherlich erlaubt sein, öffentlich ein Thema zu erörtern, «das von den alten Weisen bis auf den heutigen Tag verborgen werde, verheimlicht bis zu dieser Generation und verschlossen in den göttlichen Schatzkammern (*en los divinos archivos*), [...] denn das vorbestimmte Ende der Zeit ist gekommen. [...] Denn am Ende der Tage wird die Erörterung (ponderacion) einer so heiligen Sache, die bisher verboten war, erlaubt sein.» Die Propheten, auch wenn sie diese herrliche Zeit schauten, haben diese Bedeutung nicht verstanden (Dan 8,27: «Doch die Vision
bedrückt mich, und ich verstand sie nicht»); aber jetzt sind die dunklen Parabeln und Rätsel klar geworden, und Gott «läßt uns an der himmlischen Wonne und Herrlichkeit teilhaben. Er hat uns den heiligen messianischen König, Sabbatai Zwi, gesandt, damit er uns erlöse, und den Propheten Nathan, damit wir zu Gott zurückkehren [...] Und da es jetzt erlaubt ist, dieses wichtige Thema zu erörtern, ist es nicht verwunderlich, daß auch eine unbedarfte Person wie ich [...] versuchen sollte, die dunkelsten Weissagungen in der Schrift zu interpretieren».[68]

Sabbatais Gefangenschaft wird im Hauptteil des Buches nur einmal beiläufig gestreift, der Autor deutet an, daß sie noch einige Zeit andauern kann, bis der Messias sein fünfundvierzigstes Lebensjahr erreicht hat.[69] Abudiente erwartete die schließliche Vollendung der Erlösung für das Jahr 1668, das heißt, 1600 Jahre nach der Zerstörung des Tempels. Die Gefangenschaft in Ägypten hatte vierhundert Jahre gedauert, und deshalb wurde die Herrschaft, die den vier Reichen über Israel gegeben wurde, auch auf jeweils vierhundert Jahre festgelegt und ginge 1668 zu Ende, wenn Sabbatai fünfundvierzig und Nathan fünfundzwanzig Jahre alt wären.[70] Merkwürdigerweise spielt das Jahr 1665–1666 in Abudientes Zahlenspekulationen überhaupt keine Rolle; sein Bemühen war darauf gerichtet, mit Hilfe der Gematria Anspielungen auf das Jahr 1664–65 im Buch Daniel, in Sacharjas Vision vom Goldenen Leuchter (Sach 4), im Gesetz über das Jubeljahr in Leviticus, in den Weissagungen des Ezechiel und im letzten Kapitel des Hohenliedes zu entdecken. Interessanterweise ist die Erörterung der siebzig Wochen in Daniel 9[71] identisch mit einer Homilie über dasselbe Thema, die in einer französi-

---

68 Abudiente 1666: 22–24.
69 Abudiente 1666: 73 und auch S. 104. Die Rechnung geht zurück auf Dan 12,11 f.
70 Abudiente 1666: 30, 74. Abudiente hatte keine genauen Informationen zu Sabbatais Alter. Bei Nathan irrte er sich nur um ein Jahr. Nathan wurde wahrscheinlich 1644 und nicht (wie Abudiente dachte) 1643 geboren.
71 Abudiente 1666: 75–80

schen Version in Amsterdam vor März 1666 abgeschrieben wurde.[72] Wahrscheinlich wurde ein «Diskurs über die Siebzig Wochen des Propheten Daniel», der aus Ägypten oder Palästina geschickt worden war und in Amsterdam und Hamburg zirkulierte, von Abudiente in sein Werk eingearbeitet. Andererseits könnte die Homilie auch Abudientes eigenes Werk gewesen sein. Eine erste hebräische Version davon, die er nach Amsterdam sandte, übersetzte man dort ins Französische. Eine eingehende Analyse der beiden Versionen stützt die zweite Alternative.[73] Auch das Gesetz des Sabbatjahres enthält sabbatianische Mysterien. Im Jahr 5425, das um die Mitte des sechsten Tages der kosmischen Woche ist, wird erfüllt, was Leviticus 25,6 geschrieben steht: «Aber was das Land während seines Sabbats trägt, das soll euch Speise sein», das heißt die geistige Speise der Erlösung. Dieser kosmische Sabbat der messianischen Ruhe, der auch in den Gesetzen des Jubeljahres angezeigt ist (Lev 25,10: «und ruft Freiheit für alle Bewohner des Landes aus») ist mystisch offenbart im Namen unseres Heiligen Königs und Erlösers Sabbatai.»[74]

Durch eine merkwürdige Koinzidenz hat die sefardische Gemeinde von Hamburg dem Historiker der sabbatianischen Bewegung zwei so unterschiedliche Dokumente wie *Zizath Nobel Zwi* des erbitterten Gegners Sasportas und *Fin de los Dias* des begeisterten Anhängers Abudiente hinterlassen.

Die aschkenasischen Gemeinden in jenen Teilen Deutschlands waren nicht weniger betroffen als die sefardischen, vielleicht sogar noch mehr, denn verschiedene Belege zeigen, daß die messianische Begeisterung bei ihnen noch recht lange nach der Apostasie angehalten hat, als das Leben der Hamburger Sefarden längst wieder zur Normalität zurückgekehrt war. Glückel von Hameln erzählt in ihren berühmten Memoiren, wie ihr Schwiegervater Vorbereitungen für die Reise traf, sowohl seinen gesamten Hausrat wie auch Proviant nach Hamburg sandte, damit sie, wenn das Zeichen gegeben würde, in kürzester Frist nach Palästina geschickt werden konnten. Drei Fässer mit Lebensmitteln wurden bereit gehalten, und erst nach drei Jahren des Wartens (von denen zwei nach der Apostasie lagen!) gab man die Hoffnung auf die sofortige messianische Erlösung endgültig auf.[75] Unter dem Eindruck der messianischen Nachrichten einigten sich die aschkenasischen Gemeinden von Hamburg und Altona, einen schwerwiegenden Disput bei-

---

72 Eschkoli, S. 223 f.
73 Abudientes Exkurs über die Eigenschaften der Zahl 7 ist identisch mit den entsprechenden Abschnitten im französischen Text (Eschkoli, S. 223 f.). Einige von Abudientes Lieblingswendungen (z. B. S. 23: en los divinos archivos) tauchen im französischen Text sogar an Stellen auf (z. B. S. 224; cachée et scellée dans ses divins trésors), an denen sie im korrespondierenden spanischen Text nicht erscheinen. Dies deutet schon darauf hin, daß wir es mit einer früheren und einer späteren Fassung desselben Autors zu tun haben.
74 Abudiente 1666: 95–99.
75 Glückels Memoiren, S. 82 und unten, S. 842. Auch Sasportas, S. 75 erwähnt Briefe aus Polen, die die Aschkenasim von Hamburg erhalten hätten.

zulegen, der 1664 über die gemeinsame Begräbnisstätte in Ottensen ausgebrochen war. Die Übereinkunft, die am 4. Mai 1666 vor dem christlichen Magistrat unterzeichnet wurde, ist wie jedes Rechtsdokument trocken und formal, aber neun Tage später, am 14. Mai wurde eine zusätzliche private Urkunde unterzeichnet, die eine Klausel enthielt, deren Wortlaut sehr aufschlußreich ist. Die Klausel sah eine Zahlung der Hamburger Gemeinde von einhundertundfünfzig Reichstalern an die Gemeinde von Altona vor, in drei Raten zu leisten. «Und wenn die Erlösung sich ereignet vor diesem Datum [das heißt, der zweiten Rate, die im Dezember 1666 fällig wurde], wird die Hamburger Gemeinde trotzdem den fälligen Betrag von fünfzig Thalern an die Gemeinde von Altona zahlen, die ihn dann für den Bau des Tempels geben wird[...]»[76]

Dieses bemerkenswerte von den Ältesten der beiden Gemeinden unterzeichnete Dokument, zeigt vorzüglich, auf welche Weise die messianische Erwartung im praktischen Leben, ja in finanzielle Abmachungen Eingang fand. Ein anderes, nicht weniger aufschlußreiches Zeugnis über die in der aschkenasischen Gemeinde herrschende Atmosphäre ist unter den Responsa des R. Samuel b. Moses ha-Levi erhalten. Der in dem Responsum erörterte Vorfall scheint sich etwa um dieselbe Zeit ereignet zu haben, als der Kompromiß von den Gemeinden Hamburg und Altona unterzeichnet wurde. Das R. Samuel ha-Levi vorgelegte Problem war folgendes: Im Jahr 1666, als jeder erwartete, daß das Exil «innerhalb von höchstens ein oder zwei Jahren» zu Ende gehen würde, waren verschiedene Gesandte aus dem Heiligen Land nach Hamburg gekommen, um Almosen für die Armen dort zu sammeln. Ein schlagfertiger Gesandter aus Jerusalem brachte einen armen Rabbiner dazu, ihm eine jährliche Schenkung von zwei Reichstalern zu versprechen (im rabbinischen Recht hat ein solches Versprechen die bindende Kraft eines religiösen Gelübdes). Der arme Gelehrte, der sich eine solche Freigiebigkeit sicher nicht erlauben konnte, hatte offenbar angenommen, daß im messianischen Reich das Almosengeben bald aufhören würde, hatte aber «diese Härte ein oder zwei Jahre lang auf sich genommen, denn es ist bekannt, daß zu der Zeit ganz Israel sehr großzügig Almosen gab, [...] besonders für die Armen des heiligen Landes, die ihrer noch eine kleine Weile bedürfen würden (das heißt, bis der Messias sein Königtum antritt).» Doch der Rabbiner bedauert schnell sein impulsives Gelübde, als er einige Tage später von einem anderen Gesandten, diesmal aus Safed, besucht wurde, der ihn in einem Rechtsstreit, den er mit dem Gesandten aus Jerusalem hatte, um sein Urteil bat. Bei dieser Gelegenheit hörte der Rabbiner auch einige unerfreuliche Berichte über den Gesandten aus Jerusalem. Für die absolute Integrität des Gesandten aus Safed garantierten Männer wie R. Jona Fränkel-Te' omim von Metz. Der Gesandte aus Safed brachte auch «Zeugnis und definitive Beweise» gegen den Charakter seines Kollegen aus Jerusalem vor, «da

---

[76] B. Brilling hat das Zeugnis in Yivo-Bleter 5, 1933: 45 veröffentlicht.

seine Umtriebe bis auf den heutigen Tag noch nicht beendet sind.» Der Rabbiner am Ort bedauerte jetzt sein schnelles Versprechen an den Gesandten aus Jerusalem, und bat Sasportas, ihn von seinem Gelübde zu entbinden. Die R. Samuel ha-Levi[77] vorgelegte Frage lautete, ob die von Sasportas gewährte Entbindung gültig war oder nicht. Daß sich Gesandte aus Jerusalem mit sabbatianischer Propaganda befaßten, ist von besonderem Interesse im Blick auf das, was wir über die Haltung des Rabbinats in Jerusalem wissen. Natürlich ist es wahrscheinlich, daß diese Gesandten recht lange Zeit in Europa umherreisten und gar nicht in Palästina waren, als es dort zu den messianischen Ereignissen im Sommer 1665 kam. Das Protokollbuch der sefardischen Gemeinde (Eintrag vom Vierten Ijjar) bestätigt, daß in Hamburg zwei Gesandte von der aschkenasischen Gemeinde in Jerusalem, R. Nathan b. Raphael und R. Mordechai Aschkenasi, anwesend waren.[78] Der Gesandte aus Jerusalem war offensichtlich ein Anhänger, der erklärt hatte, daß «alles dem Ende zugeht», während sein Kollege aus Safed dies mit «Zeugnis und definitiven Beweisen» abstritt. Und zufällig legte der Gesandte aus Safed seinen Rechtsstreit jenem Rabbiner in Altona oder Hamburg vor, dem der Jerusalemer Gesandte ein Gelübde entlockt hatte. In dem Gefühlt, daß er unter falschen Voraussetzungen zu seinem Gelübde gebracht worden war, wandte sich der Rabbiner charakteristischerweise um Absolution an Sasportas, der als der Gegner schlechthin unter den rabbinischen Autoritäten bekannt war. Der Vorfall straft aber Sasportas' Behauptung Lügen, die Juden hätten wegen der Gegnerschaft der dortigen Rabbiner aufgehört, Almosen für das Heilige Land zu geben. Vielmehr waren die Anhänger eher großzügig mit ihren Almosen, da die Armen des Heiligen Landes «ihrer noch eine kleine Weile bedürften».

Im Staatsarchiv Oslo in Norwegen befindet sich ein einzigartiges menschliches Dokument über einen Jakob Segal aus Hamburg, der damals in Oslo im Gefängnis saß. Es gibt vier jiddische Briefe, die im Spätsommer 1666 teils von seiner Frau Shaindl Schönchen, Tochter des R. Salomon, teils von seinem Freund Nathan b. Aaron Neumark, beide in Hamburg, geschrieben wurden.[79] Sie hielten den Gefangenen auch über das Vordringen der messianischen Flut auf dem laufenden. Seine Frau berichtet ihm *Chidduschim fun Melech ha-Moschiach* (Neuigkeiten vom Messias): Nathan der Prophet wird demnächst mit zehn Rabbinern in Konstantinopel ankommen, und danach soll die *ge' ulle mefurssem* weren (die Erlösung verkündet werden). Mit der nächsten Post werde sie mehr schreiben. Sein

---

77 Responsa Nachalath Schib'a. Bd. 2, Nr. 81. M. Kuschnir (Musaf Dawar. Bd. 6, Nr. 37 vom 21. Ijjar 1929) hat als erster auf dieses Responsum aufmerksam gemacht und es in seinen historischen Zusammenhängen analysiert. Zur sabbatianischen Titelseite des ersten Teils dieses Werks, siehe oben, S. 192.
78 Brilling in JJLG 21: 32; Ja'ari (1950), S. 159 f.
79 Auf diese Briefe hat mich Herr Hollander (Stockholm) aufmerksam gemacht, er hat mir dankenswerterweise auch Photokopien zur Verfügung gestellt.

Freund teilt ihm mit, daß viele Briefe über die Sammlung der Exilierten ankommen, tröstet ihn und sagt, er solle ruhig schlafen und weitere Nachrichten abwarten: «Sollt ihr nit leer schlufn». Wir wissen nicht sicher, ob der arme Teufel in Oslo die Briefe jemals erhielt, oder ob der des Jiddischen unkundige Gefängniswärter sie den Behörden übergab. Aber dem Zusammenhang nach könnte es scheinen, daß er tatsächlich solche Briefe empfangen durfte.

Aus dem Hebräischen von Angelika Schweikhart

BIBLIOGRAPHIE

Brilling, Bernhard
Ein unbekanntes Dokument aus der Zeit von Shabtai Zvi (yidd.)
in: YIVO-Bleter 5, 1933: 41-46
Cassuto, Isaac
Aus dem ältesten Protokollbuch der Portugiesisch-Jüdischen Gemeinde in Hamburg
in: Jahrbuch der Jüdisch-Literarischen Gesellschaft 6, 1980: 1-54; 7, 1909: 159-210; 8, 1910: 227-290; 9, 1911: 318-366; 10, 1912: 225-295; 11, 1916: 1-76; 13, 1920: 55-118
Kayserling, Meyer
Moses Gideon Abudiente
in: Monatsschrift für Geschichte und Wissenschaft des Judenhums 9, 1860: 69-71
Tishby I. [Hg.]
Sasportas, Jacob: Zizath Nobel Zvi (hebr.)
Jerusalem 1954
Schatz, Riwkah
[Rezension zu Tishbys Ausgbe von Sasportas «Zizath Nobel Zwi» (hebr)
in: Bechinoth 10, 1956: 50-67
Schoeps, Hans-Joachim
Die Arztfamilie de Castro
in: Festschrift für Werner Leibbrand: 123-128
Mannheim 1967
Scholem, Gershom
Sabbatai Zwi. Der mystische Prophet
Frankfurt 1992

Dokumente zur Affaire Shabtai Zvi in Hamburg

Uri Kaufmann/Michael Studemund-Halévy (Bearb.)

> *Wenn nicht alles genauso eintrifft, wie dies für das Erscheinen des Messias nötig ist, werden wir eine Katastrophe erleben.*
> Yaakov Sasportas in einem Brief an Isaac Aboab[1]

(Thomas Coenen: Ydele verwachtinge der Joden Getonnt in den Persoon van Sabethai Zevi, Haren laetsten vermeynden Messias. Amsterdam 1669)

---

[1] Zitiert nach Eli Moyel 1992: XIX

Dokument 1
Protokollbuch der Portugiesisch-Jüdischen Gemeinde[2]
(Übersetzt von Isaac Cassuto, annotiert von Michael Studemund-Halévy)

Der Vorstand hat erfahren, daß das Eintreffen des H. H. Soportas (Sasportas)[3] aus London mit jeder Stunde hier erwartet wird. Der Genannte will hier vor der Epidemie Schutz suchen, welche dort mehr und mehr um sich greift. Ihm soll bei Ankunft mitgeteilt werden, er müsse mit seiner Familie 6/7 (d.h. 6 Wochen) eventuell so lange, wie der Vorstand es für geeignet hält, außerhalb, auf irgendeinem Landgut (*jardim*) oder in irgendeinem Hause verweilen. Auch nachher dürfe er ohne Erlaubnis des Mahamad nicht zu uns in die Synagoge kommen.
Gott erbarme sich seines Volkes und wende das Böse von uns ab![4]

***

Am vergangenen Freitag kam Haham Soportas[5] welcher aus London wegen der Epidemie geflohen war, in unsere Synagoge. Man ließ ihm sagen, er möge sich zurückziehen und nicht vor Ablauf von vier Wochen in die Esnoga kommen. Jeosua und Daniel Abençur, welche ihn und seine Familie eine Nacht beherbergt hatten, müssen acht Tage außerhalb der Synagoge bleiben. Man läßt bekannt machen, daß Angehörige unserer Nation, welche von England kommen, sich vier Wochen lang von uns abgesondert halten müssen. Wer solche Personen bei sich beherbergt, soll ebenso lange der Synagoge fern bleiben.[6]

***

---

[2] *Livro da uniao geral da nacao comesado nesta cidade de Hamburgo em primeiro de Tisry 5413* (StAH, JG 993). Das Protokollbuch übersetzte (teils wörtlich, teils referierend) in Auszügen der Hamburger Dolmetscher und Lehrer Isaac Cassuto (1908-1920). Um diese Teilübersetzung publizieren zu können, mußte I. Cassuto den Vorstand der Portugiesisch-Jüdischen Gemeinde um Erlaubnis bitten, die ihm nach großen Schwierigkeiten gewährt wurde. In der Handakte Cassuto (StAH, JG) befinden sich neben einem Namens- und Sachindex zahlreiche Exzerpte. Für ein besseres Verständnis der Geschichte der Hamburger Portugiesen ist es unbedingt erforderlich, die Protokollbücher zu edieren. Über ein solches Projekt habe ich auf dem 4. Kongress Misgav Yerushalayim «Hispano-Jewish Civilization after 1492» (Jerusalem, 21. bis 25. Juni 1992) gesprochen. («*The Decline of Spanish, Portuguese and Ladino among Hamburg Sephardi Jews*»)
[3] Zu Person und Wirkungsgeschichte siehe Mark Goldish 1991; Eli Moyal 1992; Gershom Scholem 1992; zum jüdischen Messianismus allgemein siehe Cohen 1967; Scholem 1970
[4] I. Cassuto 1912: 8
[5] Das Gemeindebuch schreibt diesen Namen mal Soportas, mal Sosportas, entsprechend der Ableitung von *sob as portas* (unterhalb der Tore).
[6] I. Cassuto 1912: 289

Dank sei dem Herrn der Welt für die aus der Levante eingetroffenen, aus Italien und anderen Gegenden bestätigten Nachrichten, daß Er in Seiner Göttlichen Gnade und Barmherzigkeit uns einen Propheten in Erez Israel in dem Haham Robi Natan Asquenasy[7] und einen gesalbten König in dem Haham Robi Sabetay Seby gegeben habe, von Gott, dem Gebenedeiten, erwählt, um Sein Volk aus dem Exil zu erlösen, zu Ehren Seines unter den Völkern entweihten Namens, welchen [Nachrichten] wir Glauben schenken, wegen der vielen Zeichen und Wunder, die, wie man schreibt, der Prophet und der König verrichtet haben, aus welcher Veranlassung heute das ganze Gebet mit dem Hallél[8] so musikalisch vorgetragen wurde, wie wenn Simhat Tora wäre. – In der Synagoge fand eine Kollekte zur Verteilung unter die Armen statt und ergab Mk. 405.14, welche der Vorstand sofort durch den Schatzmeister verteilen ließ.

Möge der Gott Israels diese Nachrichten sich als wahr erweisen lassen und uns den Besitz unseres Landes gewähren! Er gebe, daß unsere Augen dieses große Glück erschauen![9]

***

Da der Vorstand in Erfahrung gebracht hat, daß H. H. Sosportas Not leidet, läßt er ihm zwei Klafter zersägtes und gehacktes Brennholz frei auf den Hausboden (*na soldra*) liefern.[10]

***

Am 1. s. M. wurde durch den HH Mosé Israel auf Befehl des Vorstandes von der Tebá verkündet, daß alle Wetten auf das Eintreffen unseres Heils (dessen Gott bald teilhaft werden lasse) fortan verboten seien. Wer von den Unsrigen eine solche Wette eingeht, hat 5 Rt. Strafe zu erlegen, welche von beiden Parteien unfehlbar im Zwangswege beigetrieben werden soll, während der Betrag der Wette in die Armenkasse fällt. Wer mit Nicht-Juden eine derartige Wette schliesst, unterliegt einer Geldbusse von 10 Rt. und überdies den vom Vorstande über ihn zu verhängenden Strafen.[11]

***

---

7   Nathan ben Elisha Hayyim Ashkenazi, dessen Vater aus Polen oder Deutschland stammte, wurde wahrscheinlich um 1643/44 in Jerusalem geboren. Zur Person siehe Scholem 1992; Carlebach 1990
8   Bezeichnung für die liturgische Verwendung der Psalmen 113-118 an allen großen Feiertagen
9   I. Cassuto 1912: 292-293
10 I. Cassuto 1912: 294
11 I. Cassuto 1916: 13

Es findet eine Sitzung unter Hinzuziehung des früheren Vorstandes statt, um darüber zu beraten, welche Maßregeln zu ergreifen sind, um dem Schaden vorzubeugen, der uns durch Ruhestörung von seiten des Pöbels (*pleve*) infolge der in Druck erschienenen Nachrichten über das Eintreffen des von uns erhofften Heils (Gott in seiner Barmherzigkeit lasse es nahen!) entstehen könne. Man beschließt, die zwei Deputierten Isaq Namias[12] und Selomó Curiel[13] sollen im Namen der Gemeinde mit dem Syndicus Borderio Paulo, welcher vom Senat damit beauftragt worden ist, jene Druckschriften zu prüfen, Rücksprache nehmen und ihm anempfehlen, er möge nicht gestatten, daß jene Flugschriften (*gazetas*), welche unsere Beunruhigung verursachen, in Druck gegeben werden. Der Herr H. H. Mosé Israel[14] richtete, in seiner weisen Vorsicht, an sämtliche Mitglieder dieser Gemeinde eine Ermahnung, es solle niemand mit Angehörigen eines anderen Glaubens über jene Nachrichten sprechen. Wer diesem zuwiderhandelt, hat eine Geldstrafe von fünf Rt. zu erlegen, welche mit aller Strenge beigetrieben werden wird. Falls er bei diesem Vergehen beharrt, soll er aus der israelitischen Gemeinschaft ausgestoßen werden. Der Herr des Weltalls befreie uns von allem Uebel und gewähre unser ersehntes Heil; mögen unsere Augen es erschauen![15]

Angesichts der guten Nachrichten, welche uns durch Berichte aus Esmir [Smyrna] und anderen Gegenden geworden waren und unsere Hoffnung auf das ersehnte Heil bestätigten, hatte der Präsident, auf Antrag von Jshack Senior[16] und von Eifer (*zelo*) beseelt, am vergangenen Donnerstag die jetzigen und die früheren Mitglieder des Vorstandes, sowie überdies 20–30 der in nächster Nähe befindlichen Gemeinde-Mitglieder, im Hause des Selomo Curiel[17] versammelt.

In jener Versammlung wurde beantragt, Gesandte abseiten dieser Gemeinde nach Constantina [Konstantinopel] zu schicken, um unseren König Sabetay Seby, dem Gesalbten des Gottes Jaacob (dessen Herrschaft sich entfalten möge und dessen Name verewigt werde), die schuldige Huldigung darzubringen. An Ort und Stelle hatte man sofort eiligst und ohne weitere Überlegung, lediglich aus Enthusiasmus, mit Stimmenmehrheit beschlossen, jene Gesandten (*embaixadores*) zu schicken. Ebendaselbst wählte man sogleich zu dieser Gesandtschaft den Herrn H.

---

[12] Isaac Na(h)mias, Hazzan der Gemeinde Bet Israel (siehe I. Cassuto 1926: 18)
[13] Selomo (Manuel) de Jacob Curiel war wie sein Vater Jacob Curiel alias Duarte Nunes da Costa Ministerresident der portugiesischen Krone in Hamburg. Er starb am 15. Hesvan 5440 / 1680 und wurde auf dem Friedhof Königstraße beerdigt. (Vgl. A. Cassuto 1927-33: Nr. 714)
[14] Haham Moses Israel starb am 23. Iyyar 5433 / 1673 in Hamburg und wurde auf dem Friedhof Königstraße beerdigt. (Vgl. A. Cassuto 1927-33: Nr. 1003)
[15] I. Cassuto 1916: 19
[16] Isaac de Jacob Senior Texeira starb am 17. Iyyar 5426 / 1666 in Hamburg. (Vgl. A. Cassuto 1927-33: Nr. 2072
[17] Siehe Anm. 13

H. Mosé Israel sowie zu dessen Begleiter den Semuel Abaz.[18] Die Genannten nahmen das Amt freiwillig an und wollten sich ohne weiteres bereit machen, um in 4–5 Tagen abzureisen. Sobald wir beim Verlassen der Versammlung die Straße betraten, hörten wir einige sich darüber beklagen, daß man sie nicht mit herangezogen hätte, da sie doch ebenso berechtigt seien wie die, welche in der Versammlung zugegen gewesen waren. Um jene zufriedenzustellen, ließ der Vorstand noch am selben Abend von der Teba verkünden, daß er sämtliche Familienhäupter auf nächsten Sonntag vorlade, um sodann im Beisein aller diese Angelegenheit nochmals von Anfang an zu erörtern, während dem oben gefaßten Beschluß weder Kraft noch Gültigkeit beigemessen werden. Danach hörten die Klagen der in der ersten Versammlung nicht anwesend gewesenen Jechidim (*particulares*) auf.
- Am Sabbat, nachdem der Vorstand die Sache, als eine von so großer Wichtigkeit, erwogen hatte, fand man, dass diese Gesandtschaft mit vielen Uebelständen verknüpft sein würde; zunächst wegen des Schadens, der unseren Gesandten unterwegs, infolge des Titels (*titulo*) und der Briefe, die sie mit sich führten, sowie auch den übrigen Gemeinden unserer Brüder in Deutschland erwachsen könnte; ferner weil man annimmt, dass zur Reise von hier nach Constantina eine Zeit von etwa drei Monaten erforderlich ist. Wir hoffen aber und halten es für unfehlbar (*infalivel*), dass unser König (*o nosso Rey*) vor Ablauf dieser Zeit in Eres Israel sein wird, und, um ihm nachzureisen und Antwort zu bringen, würde mehr als ein Jahr nötig sein. Aus diesen Gründen halten wir diese Reise und die Kosten derselben für zwecklos (*infructuosa*). Nach reiflicher Überlegung beschloss der Vorstand, am Ausgang des Sabbats (*saliente sabad*) von der Tebá verkünden zu lassen, dass diese Generalversammlung, aus besonderen Gründen, vorläufig ausgesetzt wird und dass, wenn dieselbe stattfinden soll, weitere Ankündigung erfolgen würde. Der Gott Israels erfreue uns mit den ersehnten Nachrichten und gebe, dass wir bald dieses große Heil erschauen, zu Ehren seines heiligen Dienstes![19]

***

In derselben Versammlung wurde ferner beschlossen, die Häuser der Gemeinde durch Anschlagzettel zum Verkauf anzubieten, und, falls sich kein Käufer finden, in Auktion (*pregão*) zu verkaufen, um allmählich die Lasten und Schulden der Gemeinde zu tilgen und uns zu dem Wege bereit zu machen, den wir mit der

---

[18] Haham Semuel Abaz starb am 2. Kislev 5452 / 1692 in Hamburg. Er übersetzte die «Tröstungen des Herzens» des Bahya ben Yosef Ibn Paquda (Amsterdam 1670) mit der Druckerlaubnis der Hamburger Rabbiner Jehuda Karmi, Yaakov Sasportas und Mose Israel. Nach seinem Tod erschien 1693 in Amsterdam der Katalog seiner Bibliothek. (Vgl. auch Harm den Boer 1992: 404, Nr. 58; A. Cassuto 1927-33: Nr. 22; Kayserling 1890: 1)
[19] I. Cassuto 1916: 5-6

göttlichen Hülfe bald zu gehen hoffen (*e aprestaremos p^a o caminho q com o favor divino esperamos fazer em breve*).

Livro di los akuntesimyentos di Shabtai Zvi
Saloniki 5631 / 1871

Haham Sosportas teilt mit, daß es seine Absicht sei, sobald Purim vorüber ist, nach Italien zu reisen, um von dort, aus größerer Nähe, seine Reise nach Jerusalem anzutreten. Es fehle ihm nun an pekuniären Mitteln zur Reise nach Italien, weshalb er den Vorstand um Beistand bitte.

Man beschließt, ihm einhundert Risdaldres zu bewilligen unter der Bedingung, daß er seine ganze Familie mitnimmt; falls er dagegen seine Familie hierlassen will, soll er aus der Gemeindekasse nichts erhalten.[20]

***

Am 12. (13?) Adar seny, am Fasttag Ester, nach Beendigung des Minha-Gebetes, wurden, um der Freude in Veranlassung der eingetroffenen guten Nachrichten über unser Heil Ausdruck zu verleihen, auf Befehl des Maamad 3 Sefarim

---

20 I. Cassuto 1916: 9

ausgehoben und hierauf 12 junge Leute durch das Los bestimmt, um in Begleitung des Mahamad und der Hahamim zu tanzen (*com ordem do Maamad se tirão 3 sefarim e por sortes forão tirados 12 mansebos p^a q em Comp^a d maamad a todos & Hahamim fosem dançando*). Nachdem dies beendet und die Sefarim wieder eingehoben waren, erbat sich der Vorstand von allen Mitgliedern die Zustimmung, dass 8 Herren den von ihnen eingeübten Tanz zur Erhöhung der Festesfreude aufführten (*Pedio o maamad a todos os Jehidim consentissem em q sahissem a dançar 8 SS^{es} que avião aprendido sua danca p^a alegrar esta festa*).[21]

***

Der Vorstand hat in Erfahrung gebracht, daß H. H. Sosportas die Absicht hegt, mit Hülfe einiger frommer (*zelosos*) Privatpersonen ein Lehrhaus (*Jesiva de Estudo*) zu gründen, in welchem die Schüler in dem höheren Lehrfach (*lição alta*) sowie in verschiedenen Kommentaren unterrichtet werden sollen, wozu auch einige der die allgemeine Talmud Tora besuchenden Schüler heranzuziehen sein würden.

Man fürchtet nun, daß hieraus eine Beunruhigung der Gemeinde entstehen könnte, und findet es überdies befremdend, daß S. nicht zunächst, wie es sich gehört hätte, dem Vorstande Mitteilung von seinem Vorhaben gemacht hat. Um Übelständen und daraus etwa erwachsenden Ruhestörungen vorzubeugen, hält der Mahamad mit dem früheren Kollegium eine gemeinschaftliche Beratung ab, in welcher beschlossen wird, den H. H. Sosportas durch den Präsidenten Selomo Curiel auf die hier bestehende Verordnung hinzuweisen, der zufolge kein Auswärtiger sich in hiesiger Stadt niederlassen darf, ohne hierzu die Genehmigung des Vorstandes zu haben.

H. H. Sosportas erklärte in seiner Antwort hierauf, er sei vorübergehend (*de tranzito*) hierher gekommen und habe nicht beschlossen, sich im hiesigen Gebiet niederzulassen; er wolle nur eine beschränkte Zeit hier verweilen, bis er Gelegenheit findet, nach Italien oder eine andere Gegend zu reisen. Somit erwies es sich als unnötig, weitere Schritte in dieser Sache zu tun.[22]

***

Es findet, unter Hinzuziehung des früheren Mahamad, eine Sitzung statt, in welcher über ein von Mosé Gideon[23] in Druck gegebenes Buch beraten wird. Da man der Ansicht ist, daß dieses Buch, welches von «dem Ende der Tage» handelt, uns bei Andersgläubigen schaden kann, wird beschlossen, die sämtlichen Exem-

---

21 I. Cassuto 1916: 9-10
22 I. Cassuto 1916: 21
23 Zu Mosseh Gideon Abudiente siehe die Beiträge von Zvi Maleakhi und Anthony J. Klijnsmit

plare dieses Buches, sowohl die gebundenen wie die gehefteten, einzuziehen. Dem Gideon läßt man sagen, er müsse bei Strafe der *Beracha* sämtliche Exemplare bei dem Präsidenten einliefern, dürfe aber das Manuskript behalten. Die Bücher sollen alsdann verpackt, versiegelt und im Kassenschrank der Gemeinde aufbewahrt werden bis zu der Zeit, die wir erhoffen und welche Gott bald herannahen lasse! Dann werde man sie ihm ausliefern.[24]

***

Da einige Leute verächtlich von dem König und dem Propheten gesprochen haben, wird verordnet, dass fortan niemand, bei Strafe der Beracha, von den besagten Propheten Böses reden darf. In die gleiche Strafe soll derjenige verfallen, der dies anhört, ohne einem Mitgliede des Vorstandes hiervon Anzeige zu machen, damit man gegen den Betreffenden einschreiten kann. [...] Auf Grund der von einigen Mitgliedern vorgebrachten Klagen wird angeordnet, dass fortan, wenn das Misseberach für den König gesprochen wird, diejenigen, welch hierbei anwesend sein wollen, dies mit gehörigem Dekorum stehend anhören müssen; denn, nicht nur halten wir solches für eine Pflicht, sondern es wird dadurch ein Aergernis vermieden, welches die Gemüter vieler eifriger und wenig duldsamer Personen erregt. Da unser Bestreben nun dahin geht, Friede, Liebe und Eintracht in dieser unserer Gemeinde aufrecht zu erhalten, wie es unsere Pflicht ist und die Satzungen uns vorschreiben, so wird gegenwärtige Verwarnung erlassen, damit sie beobachtet werde und man nicht genötigt sei, die ganze Strenge der Satzungen in Anwendung zu bringen.[25]

***

In Anbetracht des Nachteils, der unserer Ruhe, unserem Judentum und unserer Verwaltung aus dem hiesigen Aufenthalt des Bösewichts und Betrügers Rephael Sabetay erwachsen kann, welcher von Amsterdam hierher gekommen ist, von wo er, da er sich den Titel eines Propheten angemaßt hatte, mit Hilfe der Gerichtsbehörden fortgeschafft worden war, wurde im Beisein des Haham Robi Mosseh Israel darüber beraten, wie man am besten dem Verkehr des p. Sabetay mit den Unsrigen vorbeugen könnte. Dem Haham schien es nicht angebracht, den Bann über ihn auszusprechen, da der Genannte von den Tudescos in Schutz genommen werde, mit denen man zunächst Rücksprache nehmen müsse, um ihn einstimmig aus dem Gebiet zu verweisen, eventuell, falls man auf Widerstand stößt, den Bann über ihn auszusprechen. Der Haham erhielt nun den Auftrag, sich

---

[24] I. Cassuto 1916: 27; siehe auch den Beitrag von Ornan Pinkus
[25] I. Cassuto 1916: 29-30

mit den Vorstehern in Altona zu besprechen; inzwischen aber wurde, um einen Verkehr mit jenem Bösewicht nicht aufkommen zu lassen, angeordnet, daß niemand von unserer Gemeinde, bei Strafe der Beracha, mit genanntem Rephael Sabetay sprechen dürfe, was von der Teba verkündet wurde. Gott halte das Böse von seinem Volke fern![26]

***

Jeosua Habilho und andere baten um die Erlaubnis, mit Sabetay Rephael [sic] wegen der Heilung der Ehefrau des Erstgenannten sprechen zu dürfen. Der Vorstand verweigerte nicht nur diese Erlaubnis, sondern tadelte ein derartiges Gesuch.[27]

---

[26] I. Cassuto 1916: 47
[27] I. Cassuto 1916: 48-49

Dokument 2
Jacob Sasportas: Zizat Novel Zvi
(Übersetzt und annotiert von Uri R. Kaufmann)

Zum Text allgemein: Da nach dem Abfall des Pseudomessias Shabtai Zvi zum Islam im Jahr 1666 die Verlegenheit der jüdischen Gemeindevertreter groß war, verwundert es kaum, daß die Dokumente, die Sasportas zusammentrug, erst sehr spät publiziert wurden. Siebzig Jahre später (1737) erschien der erste Druck, der trotz seiner Verkürzung den Gemeindevorstehern Amsterdams zu peinlich war. Sie versuchten, die Publikation einzuziehen. 1757 besorgte der Altonaer Rabbiner Jakob Emden eine etwas veränderte (gekürzte) Neuauflage. Eine weitere Neuauflage erschien 1867 in Odessa (> Abb. S. 243). Es war das Verdienst des Scholem-Schülers Isaiah Tishbi, auf Grundlage der Abschrift, die Dr. A. Z. Schwarz erstellt hatte, das Originalmanuskript in einer wissenschaftlich-kritischen Edition 1954 vollständig mit einer Einleitung, Anmerkungen und verschiedenen Lesarten zu veröffentlichen, fast dreihundert Jahre nach den Ereignissen. Besonders hilfreich für diese Edition war die Heranziehung eines Kopierheftes Sasportas, das wohl als Basis für das Manuskript diente. Dieses Kopierheft war 1811 im Besitz von Rabbiner Hirsch Zwi Lehren (1784-1853), der lange Jahre in Amsterdam wirkte. Es wurde später von der 1872 gegründeten Hochschule für die Wissenschaft des Judentums in Berlin angekauft. Vor dem Zugriff der Nationalsozialisten rettete der Dozent der Hochschule, Alexander Guttmann, diese und andere Handschriften nach Amerika. Als er sie zum Verkauf anbieten wollte, wurde eine Judaica Conservance Foundation gebildet, der die namhaften Rabbinerseminare und Judaistik-Departments angehörten, die diese wertvollen Schätze betreut. (Vgl. Goldish 1991: 22) Tishbi konnte in den 1950er Jahren nur eine fotostatische Kopie des Kopierbuches benutzen. Aus dem Vergleich des Manuskripts mit früheren Drucken und dem Kopierheft entstand nun die hier vorliegende Quellenpublikation. Etliche Unterschiede legen offen, daß Sasportas teilweise recht stark «redaktionell» eingriff, um seine Gegnerschaft zu Shabtai Zvi zu verstärken. Es ist hier nicht der Platz, darüber zu diskutieren, ob diese Veränderung dem «Zeitgeist» des 17. Jahrhunderts entsprachen, oder ob man von einer bewußten Textverfälschung sprechen darf. Tishbi wie Scholem neigen eher zum letzteren.

Zur Übersetzung: Nur Stellen aus dem umfangreichen Material, die Vorgänge in Hamburg betreffen, wurden für diesen Beitrag ausgewählt. Teilweise ergeben sich zwei Versionen zu denselben Ereignissen. Die Übersetzung, die hier zum ersten Mal in deutscher Sprache vorgelegt wird, hält sich bewußt eng an das Original. Unterschiede zur englischen Version kürzerer Zitate in Scholems Buch «Sabbatai Zwi» in der Übertragung von Rudi Zwi Werblowski sind auf diese

Weise zu erklären. Die langen Schachtelsätze von Sasportas wurden in der Übersetzung in kürzere aufgeteilt.

[1.][28]

Und alle ihre Schreiben und Zettel[29] wurden hierher in die Stadt Hamburg geschickt und die Gläubigen[30] wurden toller. Sie (die Schreiben) wurden mit lauter Stimme in der Synagoge vorgelesen, und es wurde Doppeltes vom Doppelten gemacht[31] von dem, was in Amsterdam getan wurde. Und die lärmende Stimme weckte einen Ruf aus dem Heiligtum mit Zimbeln und Tschinellen.[32] Und ihr Herz war sicher, daß ihnen nichts Schlechtes angetan werde, indem sie sagten: «Dies ist das Ende der Wunder» und «David, der König Israels, lebt und besteht!». Und die Weisen der Völker fügten Doppeltes zu den Gerüchten hinzu und druckten sie, um Israel zu verwirren[33], bis es diesen [den Gläubigen] ein klarer

---

28 Tishbi 1954: 17, Zeile 14 - 18, Zeile 1
29 Zum Verständnis dieser Passage ist folgendes anzumerken: Die starke Persönlichkeit hinter Shabtai Zvi war Nathan ben Elisha Hayyim Ashkenazi (1644-1688). Sein Vater stammte aus dem deutsch-polnischen Raum und betätigte sich in Jerusalem als Gelehrter und Spendensammler.(Die jüdischen Gemeinden waren sehr klein und von der Unterstützung aus dem Ausland abhängig. Sie akquirierten Spenden durch Sendboten (hebr. *shlikhim*). Der Sohn erhielt in Jerusalem eine Ausbildung im Sinne der jüdischen Mystik und ist als intelligenter Student in der Yeshiva Bet Jacob von Jacob Hagiz bekannt. (Vgl. Carlebach 1990: 33) Jacob Hagiz vermittelte auch die Ehe mit einer Tochter von Samuel Lisabona, der in Gaza lebte. Nathan wirkte nach Abschluß seiner Ausbildung in Gaza, daher sein Name «Nathan aus Gaza» (hebr. *Natan 'asati*). Nathan ist es, der einen etwas wunderlichen Gelehrten, den Sefarden Shabtai Zvi, dazu bringt, sich als Messias zu sehen. Im März 1665 erklärt sich Shabtai Zvi in einem kleineren Kreis dazu bereit. Im Mai tritt er vor einer größeren Öffentlichkeit auf. Bis im Sommer ist er in Mitteleuropa kaum bekannt. Er schafft das traditionelle Fasten am 17. Tamuz ab (nach jüdischer Überlieferung durchbrachen an diesem Tag die römischen Truppen die Mauern Jerusalem). Die Anhänger Shabtai Zvis interpretierten die Abschaffung des Fastentages als Zeichen für den Beginn der Endzeit, was zusammen mit anderen Änderungen den Zorn der Jerusalemer Rabbiner erregte. Auf ihre Veranlassung hin muß er die Stadt verlassen, befindet sich im August in Aleppo und erreicht im September 1665 Izmir, eine der damals bedeutendsten jüdischen Gemeinden des osmanischen Reiches. Drei Monate erfahren wir fast nichts von ihm. Im Dezember erklärt sich Shabtai Zvi dort ebenfalls zum Messias. Briefe, die aus Alexandrien über Livorno nach Amsterdam und von dort wahrscheinlich Ende Dezember 1665/Januar 1666 nach Hamburg kommen, berichten über die messianische Begeisterung und rufen ähnliche Erwartungen in Holland hervor. Es gibt Gerüchte, daß Shabtai Zvi Gesandte der verlorenen zehn Stämme Israels treffen soll - eine typisch traditionell-jüdische messianische Vision. Viel meinen deshalb, die Endzeit sei angebrochen: In Amsterdam nimmt man die Tora-Rollen aus dem Schrank und feiert diese Nachrichten begeistert.
30 Ausdruck für die Anhänger Shabtai Zvis (hebr. *ma'aminim*)
31 D. h, sie übertrieben maßlos.
32 Vgl. Samuel 2, 5 f; Chronik 1, 13, 8
33 Vgl. die bei Scholem wiedergegebenen, wahrscheinlich in Augsburg gestochenen zeitgenössischen Einblattdrucke

Beweis war, folgendes: «Obwohl sie unsere Feinde sind, erklären sie gegen ihren Willen zu unseren Gunsten», und sie sagen: Amen! Und während ich dies sah, fügte sich ein Weinen zum vorgehenden Weinen hinzu, und [eigentlich] wären diese Dinge würdig gewesen, um über sie zu lachen und zu scherzen. Ich aber hörte nicht auf zu weinen über die Leichtfertigkeit dieses neuen Glaubens, der nicht die Wahrheit widerspiegelte und nicht die Propheten der Gerechtigkeit ehrte und nicht nach den Worten unserer Tradition war. Und schnell wurden sie zum Propheten und neuen König hingezogen. Ich sagte: In Zukunft werden sie zu Herren emporgehoben, und sie werden vor ihm stumm sein, und eine neue Lehre wird auf der Erde sein. Und ich klage und rufe: Steh auf, stimme die Totenklage an, Tora, während sie tanzen und eine Tora-Rolle in ihrem Arm liegt. Und ich war nicht in der Lage, vor einem Einfachen des Volkes zu sprechen, um so weniger vor einem Tora-Gelehrten. Im Gegenteil, diese waren zu meiner Verwirrung und klagten mich vor meinem Angesicht an: Bist Du wirklich weiser als alle Weisen Israels, den nahen und den fernen, die dies alles ausführen? Und manchmal lachte ich, und manchmal war ich wütend, und mit einigen wenigen Verständigen waren meine Worte, und nur wenige hörten meinen Äußerungen zu. Wie etwa: Weicht nicht ab von unserer Tradition, denn alle diese Gerüchte sind nichtig und ihr Erwünschtes wird sich nicht erfüllen, denn die Menge wird ihre Begierde und Phantasie vergrößern: Dies ist der Prophet und dieser der Messias.

Yaakov Sasportas (1610-1693)
(Öl auf Leinwand von Isaack Luttichuijs, Amsterdam, um 1680/1690)

[2.][34]

Und hinzu kam ein Schreiben[35], das ein ashkenasischer Gelehrter aus Jerusalem an einen anderen richtete, der in Altona wohnte. Dieser sagte ausdrücklich, daß die Stadt Gaza eine Eroberung sei.

[3.][36]

Und es gab jemand, der hier in der Öffentlichkeit folgende Worte auslegte: Dies ist der große Shofar[37], wie gesagt wird: «Und es wird an diesem Tag sein, an dem in das große Horn gestoßen wird», und du hast kein größeres Horn als dieses. Auf diese Weise gibt es niemand, der an der Sache des Messias und dieses Propheten zweifelt.

Und ich in meiner Armut sehe, daß sie von «Ashrei HaAm»[38] an Irrtümer begehen und sie schicken die Zügel ihrer Zungen gegen die Ungläubigen. Und sie nennen sie dort Ketzer am grundsätzlichsten. Auf diese Weise waren meine Hände unten, und ich konnte nicht sprechen, denn so wenige werden von mir angezogen, daß ein Junge sie schreiben [zählen] könnte. Und auch diese sprachen mit mir nicht öffentlich, sondern im geheimen. Und die Hand der Menge war stärker mit ihren Führern, und es gab keinen Mund, ihnen zu antworten. Und viele Male wollten sie einen als Ungläubigen in den Bann tun, und wenn sie gesehen hätten, daß meine Hand mit den Ungläubigen wäre und ich ihr Herz stärke, hätten sie sich zu ihrem Bann beeilt, wie ein Meeresnetz.[39] Und sie beschwören mich öffentlich, über diese Sache zu predigen und ich wollte - Gott behüte - nicht zu der Verurteilung ihres Messias und ihres Propheten sprechen. Aber ich sagte, falls all dies, was man hört, wahr ist, so kann es sein, daß ihr Messias euch nahe ist: «Es ist nahe daran, es zu empfehlen», «es ähnelt meinem Freund Zvi», «siehe, er steht vor unserer Mauer»[40] etc. Und nachher stand ein Gelehrter auf und verbreitete

---

34 Tishbi 1954: 38, Zeile 14-16
35 Dies bedeutet, daß der Prophet Nathan nicht für sich in Anspruch nehmen darf, vom Kernland Israel aus gewirkt zu haben. Damit ist auch die religionsgesetzliche Korrektheit des Auftretens von Nathan in Frage gestellt.
36 Tishbi 1954: 47, Zeile 24 - 48, Zeile 6
37 Widderhorn, in das zu feierlichen Gelegenheiten geblasen wird. Es stellt eine Erinnerung an den Gottesdienst im Tempel zu Jerusalem dar. In der Diaspora wird der Shofar zu Rosh haShana und Yom Kippur geblasen.
38 Stelle zu Beginn der traditionellen Liturgie, «Wohl sei dem Volk ...». Sasportas impliziert damit wohl, daß der größte Teil der Gebete verfälscht werde.
39 Hebräisches Wortspiel mit dem Ausdruck herem (Bann). Es impliziert m. E., daß sie Sasportas einfangen und mundtot machen wollten.
40 Alles sehr unverbindliche Äußerungen!

eine Unterstellung, indem er sagte: «Seht, was er anfänglich sprach als Zweifler, falls alles, was man hört, wahr sei etc. Und ich sagte, es ist so, denn falls es nicht so wäre, was würden wir das Geschriebene empfehlen und es verfälschen.»

[4.][41]

Und nach zwei Wochen ging ich in die Yeshiva[42] in das Haus des Herrn Isaak Senior Teixeira, und die Vorstände des Lernkreises sprachen über Nathan, ihren Propheten, der das Ende enthüllte, wie es im Zohar[43] steht: Im Jahr des Yovel wird jedermann zu seinem Besitz zurückkehren, der Ewige erbarme sich, und Natan der Prophet sagte, daß nur noch ein Jahr übrigblieb und ein paar Monate, [...] bis daß dreißig Jahre seit der Schöpfung vergangen sind. Und darauf sagte der Prediger und Rabbiner dieser Gemeinde: «Wie der Turm Davids ist dein Hals, gebaut in die Höhen, tausend Schilde hängen daran, lauter Heldenharnische[44], das ist Shabtai Zvi, der Messias, Sohn Davids, der das Heiligtum baut, und es wird gebaut im Jahr 430[45], wie nach den Äußerungen Nathans, des Propheten. Und dieser sagt 5000, das bedeutet das 5. Tausend, das «hej», welches die «Heldenharnische» der Weisen bezeugen, die in den Schriften bestehen. Und diese Dinge predigte er öffentlich und die ganze Menge freute sich zu sagen: Seht, alte Worte aus dem Mund des Alten, der Weisheit besitzt.

Kehren wir zu unseren Dingen zurück. Und als sich diese Worte zum Lobe des Propheten im Lehrkreis mehrten, daß ihm offenbart wurde, was nicht einmal Jesaia und seinen Freunden offenbart worden war, und sogar Daniel und Rabbi Shimon bar Yohai[46], sagte ich: Wer kann mir einen Propheten nach der Bestimmung des Zohar im Abschnitt «Nest des Vogels»[47] und anderen Orten offenbaren. Und wie stimmen seine Prophezeiungen mit den Worten unserer Tora überein? Und schon schrieb ich etwas wenigen mir bekannten Gelehrten in Jerusalem, daß

---

[41] Tishbi 1954: 48, Zeile 6 - 49, Zeile 7
[42] Wahrscheinlich ist ein privater Lehrkreis gemeint, weniger eine institutionalisierte Talmudhochschule. Es gehörte unter den wohlhabenden sefardischen Kaufleuten in Hamburg jener Zeit zum guten Ton, einen oder mehrere Rabbiner privat anzustellen.
[43] Hauptbuch der jüdischen Mystik, allem Anschein von Moses de Leon um 1280 verfaßt.
[44] Übersetzung von Leopold Zunz nach der Bibelausgabe des Viktor Goldschmidt Verlages, Basel
[45] Nach der jüdischen Zeitrechnung ergäbe dies das Jahr 1669 / 1670. Das christliche Jahr 1240 entspricht dem Jahr 5000 jüdischer Zeitrechnung (seit der rabbinischen Berechnung von der Erschaffung der Erde).
[46] Shimon ben Yohai (Mitte des 2. Jh. n. Chr.), Tannait, Schüler des Rabbi Aqiba; galt lange Zeit als Verfasser des Zohar und spielt in der populären Kabbala eine große Rolle. Sein Grab wird in Meron verehrt.
[47] Nach diesem Buch der paradiesische Sitz des Messias

sie zu ihm gehen und ihm einige Fragen stellen, die ich fragte. Und er möge ihnen antworten, wie mit seinem Herzen, und wenn man in Sachen Gottes frage, wird die Antwort bezeugen, ob in ihm der Geist des Ewigen weht, und es gibt kein größeres Zeichen als diese. Und sofort, als sie davon hörten, schrieben sie früh am Morgen Verleumdungen über mich nach Amsterdam, daß ich den Propheten Gottes negieren würde und ich ihm schrieb, um ihm in Worten zu entgegnen. Und in derselben Nacht verurteilten sie mich in ihrem Gerichtshof als Übertreter und [benutzten dabei] Worte des Propheten, um meinen Ruf zu beschämen in den Augen der Menge und der Weisen. Und der Herr Abraham Pereira[48], der an der Spitze der Gläubigen stand, schrieb mir eine offene Zurechtweisung über dies, und bat mich, daß ich nicht solche Sachen und auch nichts Ähnliches sage, um die Prophetie Nathans zu widerlegen, denn wenn ein in der Tora weiser Mann, ein Gottesfürchtiger, dies sagt, was wird dann das einfache Volk sagen, das über keine Tora und Gebote verfügt. Und dies gäbe einen Grund, viele fehlen und sündigen zu lassen. Und so schrieben mir andere Herren. Und die Meister der Tora beehrten mir Übles nach, weil ich ihren Propheten ablehnte, dafür, daß ich bat, ein paar Zweifel abzuklären, die ich hegte. Und darauf schrieb mir Isaac Nahar[49] eine Feuerlohe, die züngelt und Funken schießt [...][50]

---

[48] Abraham Pereyra, «*magnífico señor d'España*» (Mosé Raphael d'Aguilar) wurde wahrscheinlich in Madrid geboren. Er kam 1646 nach Amsterdam, wo er es schnell zu großem Reichtum brachte. In der Affaire um Shabtai Zvi war er ein entschiedener Gegner von Yaakov Sasportas. Zusammen mit Isaac Nahar wollte er in der von ihm gegründeten und finanzierten Yeshiva Hesed le-Avraham in Hebron auf den Messias warten, um ihm als einer der ersten nahe zu sein. 1666 erschien bei Drucker David de Castro Tartaz sein Buch «La certeza del camino» (Die Sicherheit des Weges). Pereira starb wahrscheinlich 1699 in Amsterdam. Zu Person und Werk siehe Henry Mechoulam: «Hispanidad y Judaismo en tiempos de Espinoza», Salamanca 1983; Moses Bensabad Amzalak: «Abraham Israel Pereyra«, Lissabon 1927; vgl. auch Harm den Boer 1992: 403, Nr. 56; Kayserling 1890: 87

[49] Der in Hamburg geborene Isaac Nahar war Haham in Amsterdam und Lehrer an der Academia Arbol de las Vidas. Er promovierte 1655 in Leiden zum Dr. med. und ging später nach Livorno, wo er schließlich Oberrabbiner wurde. Er gehörte zu den sabbatianischen Schwärmern. Vgl. Komorowski 1991: 34. Nr. 009; Wininger 1925, Bd. 4: 479-480; Hes 1980: 115-116

[50] Sasportas verfaßt nun selbst einige Briefe an Bekannte in Amsterdam, um sich ein genaues Bild zu verschaffen. Es geht dabei um die Frage, ob wirklich alle religionsgesetzlichen Kriterien der Wahrhaftigkeit eines Messias erfüllt worden sind, zum Beispiel, daß ein Messias ben Josef erscheint, der die Israeliten einsammeln sollte. Die Anhänger Shabtai Zvis behaupten nun, dieser sei anläßlich der Pogrome in Polen (1648-1649) ermordet worden. Die Begeisterung wirft am damaligen Wohnort Shabtai Zvis, Izmir, hohe Wellen. Es kommt zu Massenbezeugungen für den angeblichen Messias. Darüber und über die Abschaffung des Fastens am zehnten Tevet (Beginn der Belagerung Jerusalems durch den babylonischen König Nebukadnezars, deshalb traditioneller Fastentag, vgl. Jeremias 52, 4) berichten weitere Stellen.

[5.][51]

Und diese Schreiben wurden öffentlich verlesen in der Synagoge [...] und die ganze Gemeinde von hier in Hamburg staunte über sie im Tanz, und jeder [war] mit einem Musikinstrument[52], und die Stimme wurde vernommen bei den Nationen, und die Synagoge füllte sich mit Nichtjuden[53], die kamen, um die Stimmen zu vernehmen. Und sie fragten sie: «Warum seid ihr so aufgeregt von des Rufes Stimme?» Und er las sie den lärmenden Erregten vor, und sie antworteten ihnen: «Wegen des Kommens unseres Königs, unseres Messias», ohne Furcht und Angst. Und es wuchs die Stärke der Ekstase im Tanzen, bis alle springen wollten und sie die Ordnung ihres Tanzes durcheinanderbrachten, und der Rabbiner und Herr des Ortes, seiner Ehren Moses Israel, mußte auf dem Vorlesepult stehen und in der Öffentlichkeit über den Tanz predigen, daß dieser in Besserung zu sein habe und in Ordnung sein müsse. Und daß sie nicht tanzen, nur zwölf Jünglinge, die ausgelost würden, und sie hörten nicht auf seine Warnung, alle wünschten sich mit dem Gebot des Tanzen und der Freude zu beschäftigen, und die Vorsteher der Gemeinde schritten anfänglich über die Köpfe des Volkes hinweg. Und nachdem sie die Schreiben verlesen hatten, und ihre Freude größer wurde, lasen sie einen Brief, der erzählte, was alle zuerst vernommen hatten, aber dieser fuhr fort auszulegen, und sagte, daß das ganze Volk in Izmir zum Messias hingezogen werde, außer 11 oder 12 Leuten. Und hinter ihnen der Weise Aaron Lapapa[54], dem sie sagten, die Hand des Messias zu küssen. Und er und unserer Ehren Lehrer und Meister Aron Lapapa und seine Kollegen nahmen die [schlimme] Bestimmung des Abschaffens des Fastens am zehnten [Tag] nicht an, und diese wollten auf ihn die Hand [Gewalt] der Menge schicken, und er floh aus der Stadt. Und als ich dies hörte, sagte ich zu mir: Dies war die Sache, von der ich zuerst sprach: Es gab keine vollständige Übereinstimmung der Weisen und nicht alle waren einverstanden. Und sofort sprach ich zu den Eingeweihten meines Geheimnisses. Und ich er-

---

[51] Tishbi 1954: 61, Zeile 9 - 61, Zeile 26
[52] Im damaligen Gottesdienst war der Gebrauch von Musikinstrumenten höchst ungewöhnlich. Traditionellerweise sollten aus Trauer über die Zerstörung des Zweiten Tempels keine Instrumente in der Synagoge gespielt werden. Am weitesten ging kurz vor Sasportas Zeit der italienisch-jüdische Komponist Salomon de Rossi (1570-1630) aus Mantua, der nach dem damals üblichen Musikgeschmack mehrstimmige Motetten für den synagogalen (Männer-)Gesang schrieb. Sein Werk fand bis auf Salomon Sulzer (1804-1890) keine Nachahmer.
[53] Dies war wohl höchst ungewöhnlich für die damaligen Verhältnisse. Gerade in Hamburg durften die Juden bis Ende des 18. Jahrhunderts keine nach außen sichtbaren Gotteshäuser bauen, ihre Religion nur im halbgeheimen praktizieren. Ein Besuch von Christen in einer Synagoge war seitens der lutherischen Obrigkeit sicherlich unerwünscht. Zur Rezeption der sabbatianischen Bewegung bei den Hamburger Lutheranern siehe die Magisterarbeit von Christiane Ahrens
[54] Rabbi Aaron ben Isaac Lapapa (1604 ? - 1667) war einer der entschiedenen Gegner Shabtai Zvis und einer der bedeutendsten sefardischen Gelehrten seiner Zeit. 1665 wurde er in Izmir zum Richter für zivilrechtliche Fragen innerhalb der jüdischen Gemeinde angestellt..

klärte ihnen diese Sache für nichtig, und ich wußte, daß diese Gläubigen nicht alles enthüllen, was sich in den beigebrachten Büchern befindet, und trotzdem wuchs die Kraft des Glaubens [...]

[6.]⁵⁵

Und vom selben Tag an führten sie ein, ihn mit lauter Stimme in Ehrfurcht in der Synagoge zu segnen, als ob man vor dem Königreich stünde, und dies ist der Wortlaut des Segens: «Der den Königen und der Regierung, den Fürsten und seinem Königtum Hilfe gibt, seine Herrschaft ist über alle Zeiten, der große Gott, der ehrfurchtgebietende Held, König der Könige, niemand ist wie er, [...] er wird segnen, hüten, befestigen, werfen, erheben, vergrößern, hoch emportragen zu unserem Herrn, unserem König, den heiligen und gerechten und hilfreichen Rabbiner Shabtai Zvi, der Messias des Gottes Jakobs, sein Glanz werde emporgehoben [...]»

[7.]⁵⁶

[...] und ich beende meine Lehren, während ich höre, wie der Brief öffentlich verlesen wird, der den Zuhörern unter den Gläubigen Freude verursacht. Ich weinte ein doppeltes Weinen und sagte mit lauter Stimme: Steh auf, stimme die Totenklage an, Tora, denn deine Pracht ist entweiht worden, deine [...] ist gefallen von dem Tag an, als dich deine Söhne mit einer neuen Tora ausgetauscht haben, die der Gemeinde Jakobs nicht erlaubt ist.

Und darauf versammelten sich gegen mich in der Synagoge viele Gläubige, die meine Worte genau untersuchten, daß ich sagen wollte, daß dieser Messias eine neue Tora machen will, wie Jesus, der Christ. Und sie wollten mir Schlechtes antun, wenn ich nicht geeifert hätte für die Ehre des Ewigen und seine Tora nicht zu mir gestanden hätte, und dazu der Verdienst meiner Väter. Dies machte sie zu stummen Hunden, und sie konnten nicht bellen. Und sie schrieben Verleumdungen nach Amsterdam, und war in ihren Augen ein schmerzender Stachel für ihre Hoffnung und eine Bitternis für ihre Seele, und mein Duft war in den Augen der Menge stinkend, aber nicht in den Augen der Verständigen. Aber durch unsere vielen Sünden wurden viele Weise durch diesen Glauben verdorben. Und sie hielten an ihm fest, beehrten sich, mich anzuprangern, und ich bin in Ehre. Und sofort nach dem Vorlesen des Sendschreibens sagten sie den für ihn üblichen Segens-

---

55 Tishbi 1954, Zeile 1 - Zeile 7
56 Tishbi 1954: 131, Zeile 24 - 133, Zeile 8

spruch, der nach der Abschaffung des 10. Tevet festgelegt worden war, und setzten diesen wie immer fort. Und wir alle standen in Furcht und Schrecken [...], die Gläubigen wegen der Furcht vor ihrem Königreich und der heiligen Ehre ihres Königs, die ihnen auferlegt worden war und wir in unserer Angst und Furcht wegen der Herrschaft und wegen der Wege des Friedens, damit nicht Verwirrung falle in die Synagoge und daß nicht abgeschafft werde von unserem Gebet am dafür vorbereiteten Ort und der gerechte Ewige prüft Herz und Nieren. Und ich sah mich als einzelnen Kieselstein auf der Erde, und alle Meister der Tora und ihre Schüler stehen mir gegenüber und werden von ihren Anhängern angezogen, und es blieben wenige, und ich mußte mich erheben und zu ihrem Stehen aufrecht stehen.[57] Und während sie auf jeden Segen Amen sprachen, antwortete ich zuerst nach ihrem Amen, auf meinen Fluch, der aus meinem Mund kam über die Frevler, die gegen unsere mündliche Tora aufstanden, und jeder sagte «Amen» nach seiner Intention und seinem Wissen. So stark war ihr Haß und Eifer gegenüber den Ungläubigen, daß sie ihn am Montag und Donnerstag segneten, zusätzlich den Shabatot und Feiertagen. Und sie legten ihren Segen fest [auf die Zeit] nach der Vorlesung der Tora.

Und es gab in der Synagoge einen Weisen, der dieser Gemeinde diente und sie viele Jahre anführte und Schüler ausbildete.[58] Und weil er nicht von den Menschen ihres Glaubens war, zürnte er und schlug mit der Faust, als er es hörte. Und er wollte den Segensspruch vom Namen des Messias nicht hören, der gesprochen wurde. Und er verließ zu Beginn des Segens die Synagoge und ein [anderes] Mal wollte er hinausgehen und fand die Türe verschlossen - in böser Absicht. Und es genügte ihnen nicht, bis sie den Segen vorher sagten, vor der Öffnung des Tora-Schrankes, daß niemand aus der Versammlung herausgehe, und ihre Absicht war auf den oben erwähnten Haham HaCohen [gerichtet], und als er den Beginn des Segens hörte, wollte er hinausgehen, da faßten sie ihn und zwangen ihn gegen seinen Willen, das zu hören, was er nicht wollte. Und deshalb gab es einen großen Tumult in der Synagoge wegen seiner Schüler, obwohl sie nicht seines Glaubens waren, schützten sie seine Ehre. Und dies, obwohl sie seine Taten nicht hinnahmen, denn auch sie wurden krank als Anhänger des Glaubens [an Shabtai Zvi].

Und als sie das sahen, kamen sie (auf ihren Beschluß) zurück und setzten sie [die Segenssprüche] nach der Vorlesung aus der Tora fest.[59] Und manchmal ging der erwähnte Haham hinaus und manchmal wandte er sich nach hinten zum Be-

---

[57] Zu besonders feierlichen Passagen der jüdischen Liturgie erhebt man sich. Sasportas kam nun in Konflikt mit sich selbst, wenn die «Gläubigen» bei Segenssprüchen für Shabtai Zvi aufstanden.
[58] Gemeint ist der Rabbiner und Gelehrte David Cohen de Lara (1602-1674). Er war im März 1665 von seinem Amt zurückgetreten.
[59] Nach der Vorlesung aus der Tora darf man den Betraum prinzipiell verlassen.

tenden. In der Nacht des Kippur segneten sie ihn nach «Kol Nidre»[60]. Und der oben erwähnte Haham tat nach seiner Gewohnheit. Und da ging der Vorsteher von seinem Sitz, der berühmte Arzt Baruch Nahmias[61], und packte ihn am Kleid und verachtete seine Ehre und schickte die Hand zu ihm aus. Und es gab ein großes Geschrei, anstelle des Rufens und Betens um Versöhnung und Verzeihung, für alles das, was sie taten. Auf diese Weise verhielten sie sich auch am Tag des Kippur, bei jedem der fünf Gebete segneten sie ihn, und bei den Verzeihungsgebeten, als sie zu «Gib Frieden» kamen, deuteten sie den Namen des «heiligen Rabbiners Shabtai Zvi, unser Herr, seine Majestät möge erhaben sein». Und so machten sie es jeden Tag, frühmorgens, als sie die Verzeihungsgebete vorlasen und auch nachts, wenn man den Tikkun[62] vorliest, der ihnen der Prophet, dessen Gedenken kommen wird, um es zu erheben. Und so machten sie es in allen Yeshivot. Und niemand gab es, der den Mund gegen sie öffnete, und sogar wer auf Anzeichen des Gegenteils stieß, beeilte sich, dies nicht zu erwähnen [...]. Und besonders als Schreiben kamen und als sie das Geschriebene sahen, stimmten sie überein, die zu verfluchen, die den Mund gegen ihren Messias und seinen Propheten öffneten. Und eine Abschrift kam hierhin, aber es wurde nicht bekannt, ob sie gefälscht wurde, wie das Schreiben der sechs Weisen, das oben erwähnt ist.

Yaakov Sasportas: Kizzur Zizat Novel Zvi (Odessa 1867)
(Privatbesitz Michael Studemund-Halévy)

---

60 Hebräisch Alle Gelübde; Erklärung des Widerrufs aller persönlichen Gelübde, Eide etc. Fand als Gebet Eingang in die Liturgie.
61 Dr. Baruch (Benedictus) Nahmias de Crasto (1597-1684) war der Sohn des berühmtes Hamburger Arztes Rodrigo de Castro. Der Anhänger von Shabtai Zvi war nach 1666 mehrfach Vorsteher der Kahal Kadosh Bet Israel in Hamburg. Er starb im Alter von 87 Jahren verarmt in Hamburg.
62 Zusatzgebete meist mystischen Inhalts, die man in der Nacht vor bestimmten Feiertagen vorträgt.

[8.][63]

[...] und er schickte einen Brief hierher, nach Hamburg, zum Herrn Abraham Nahar, eine Zeile Geschriebenes. Und so steht geschrieben: «Abraham Nahar[64] von den Spuren des Messias 1850 Fasten.» Und als der oben erwähnte Abraham Nahar diese Zeile zu mir brachte, war ein Lachen in meinen und seinen Augen, obwohl auch er einer derjenigen war, die vom Glauben angezogen worden waren. Und ich sagte ihm, dies ist eine Zerstörung deiner Seele und nicht ihre Verbesserung, denn der Ewige wollte nicht die Zerstörung seiner Geschöpfe. Und er befahl an *einem* Tag im Jahr zu fasten und auch diesem hat mehr als nötig Essen und Trinken vorauszugehen [...].

[9.][65]

«[...] Empfange die schlechten Worte seiner Äußerungen nicht und rechne sie nicht zu den Worten eines wahren Propheten. Und Herr Abraham [Nahar] erkannte die Wahrheit und sagte: Falls er [mir] die Zerstörung meiner Taten ausführen würde, würde ich wissen, ob er ein Mann des heiligen Gottes sei, und ich würde auf sein Wort hören. Und ich bevorzugte dies und sagte: Wenn ich unter den Überlebenden seines Messias wäre, die teilweise aus dem Land des Lebens geschieden sind, obwohl sich doch in seiner Hand die Tora befindet. Und er sagte im Gegenteil: es ist dies eine große Menge, wie wird er über mich sagen, ich verbessere meine Seele durch Fasten?[66]

[10.][67]

[...] So stark war der Haß der Einfachen und der Neid der Tora-Gelehrten, daß sie die Hinderer am Aussprechen nicht priesen und der Name ihres Messias und Propheten nicht erwähnt werde, und sie standen noch fest aufrecht, sie und die von ihnen angezogen wurden, die sich irrten in ihrem neuen Glauben [den messianischen Glauben], der viele und ihren Rabbiner Ishak Aboab leitete. Und sie

---

[63] Tishbi 1954: 137, Zeile 13 - Zeile 18
[64] Abraham Naar, Schatzmeister der Gemeinde Bet Israel in Hamburg. Er war Mitglied der Yeshiva Shahare Zeddek, der Moses Gideon Abudiente seine Predigtsammlung «Fin de los Días» widmete. Vgl. I. Cassuto 1916: 42; Scholem 1992
[65] Tishbi 1954: 137, Zeile 23 - 27
[66] Inzwischen kam die Nachricht, daß Shabtai Zvi zum Islam übergetreten war. Die Begeisterung verfliegt nun bei den meisten. Es halten sich aber weiter einige Hartnäckige. Darüber die folgenden Abschnitte.
[67] Tishbi 1954: 236, Zeile 20 - 237, Zeile 11

hielten [krampfhaft] fest, wie oben erwähnt, ihn auszuführen und zu leben, besonders die Priester, die ihre Hände hoben[68], alle glaubten an die Messianität und Prophetie und wollten nicht an die Konversion ihres Messias glauben. Im Gegenteil, sie hielten dies für ein Zeichen der Größe, welche der Größe des Königs [entspräche], und welcher seine Würdenträger überragt. Und wenn er den weißen Turban auf seinen Kopf gab[69], sagten sie, dies ist ein Zeichen der Größe und kein Zeichen der Konversion. Und deswegen hielten sie sich selbst im Wort. Und auch die Kantoren waren Anführer der Gläubigen. Und einem war der Glaube so stark, daß er am Shabbatabend nach dem Abendgebet, wenn man sagt, «der lebendige Gott ist groß und sei gepriesen» er anstelle «er wird uns am Ende der Tage unseren Messias schicken» mit lauter Stimme und in Erregung auf dem [vor dem] Toraschrank vortrug: «er hat uns am Ende der Tage geschickt ...». Und sein Kollege [sagte] am Shabbat-Ausgang, indem er den Unterscheidungssegen über den Weinbecher sprach, anstelle «Elias, der Prophet soll zu uns kommen», «es kam zu uns [der Prophet Elias] mit dem König, dem Messias, dem Sohn Davids». Und die Männer des Vorstands schalten sie und straften sie für das, was sie sagten. Und obwohl jeder von ihnen ein Gläubiger gewesen war, so sei es nicht nach ihrer Art, zu ändern und wegzunehmen oder hinzuzufügen, bevor eine Sache geschehen sei. Und sie waren der Auffassung, daß der Rabbiner der Gemeinde dies sagen solle. Und der erwähnte Rabbiner entschuldigte sich, daß er mit ihnen nicht gesprochen habe. Und einer von ihnen war so fromm, daß er sich selbst mit Toten verunreinigte, als er an seiner Priesterschaft zweifelte [...]. Auf diese Weise hielten alle Gelehrten und Kantoren an ihrem neuen Glauben fest und ihre Hand auf die Verhindernden wurde stärker, diese waren auch nur einige wenige. Und sie irrten wie Kleinvieh und waren stark gegen diese. Sie praktizierten ihn [den Glauben an Shabtai Zvi] bis heute.

[11.][70]

[...] und zu dieser Zeit schämen sich die Weisen der Medizin, welche den Bruch meines Volkes heilten, der Arzt Isaak Nahar und auch hier in Hamburg [...] Und in Amsterdam suchten die Seelen [Geistes-]Kranken in ihrer Krankheit nicht Gott, sondern gingen zu den Ärzten [...]

---

[68] Üblicherweise wird der Priestersegen nur selten im Jahr erteilt. Es war ein typischer Brauch der Shabtai-Zvi-Anhänger, diesen jeden Shabbat zu erteilen. Dazu waren nur Familien berechtigt, die ihre Abstammung auf die priesterlichen Familien zurückführten.
[69] Äußeres Zeichen für die Konversion zum Islam.
[70] Tishbi 1954: 251, Zeile 25 - 252, Zeile 1

[12.][71]

«[...] Und [Shabtai Raphael][72] kam nach Altona, und von dort schrieb er mir ein Schreiben in versöhnlichem Ton. Und daß er mich gerne sehen möchte. Ich antwortete ihm strenge Worte. Und dieser kam sogar in mein Haus, ohne daß ich es wußte. Und weil der Vorstand einen Bann verhängt hatte, nicht mit ihm zu sprechen und sich mit ihm zu unterhalten, war ich gezwungen, die Erlaubnis des Vorstands zu erhalten. Und ich sprach zu ihm Widerworte und klagte ihn an. Und das Gerücht verbreitete sich, daß der Prophet in mein Haus kam. Und es füllte sich das Haus, um ihn zu sehen. Und weil ich auf ihn den Tiefschlaf der Vereitelung fallen ließ, wußten alle, daß er ein nutzloser Mann war. Ein Mann der Sünde, ein vom Verstand abirrender Mensch. Und ich sagte ihnen: Hört auf von diesem Mann, der sagt, daß die Seele des Allmächtigen in ihm sei, denn für was wird er gehalten, als für ein lebendiges Wesen, das nicht spricht.

[13.][73]

Und bevor er hierher kam, langte er in Altona an und wurde bei den Ashkenazim beherbergt, die dort waren, bis zu einem Tag oder zwei Tagen, denn er kam nicht hierher nach Hamburg, bis er wußte, ob sie ihn empfangen oder ob sie mit ihm verfahren würden wie die heilige Gemeinde Amsterdams.

Und des ergab sich am zweiten Tag der Woche[74], am Vorabend des Monats Hesvan. Ich befand mich im Haus meiner Studien. Und siehe da, ein ashkenasischer [Jude] kam zu mir und schrieb von seiner Hand, daß er nach Altona angekommen sei, als er Amsterdam am Vorabend des Shabbats verließ, und er bat mich, mich zu sehen und mein Angesicht zu sehen.

[14.][75]

Am zweiten Tag des [Monats] Hesvan, am Donnerstag, kam er zu mir ins Haus mit einigen ashkenasischen Juden. Ich habe mich vor ihm versteckt, bis ich ging und dem Vorstand ankündigte. Sie gaben mir die Erlaubnis, mit ihm zu sprechen. Und so tat ich. Und als die Juden hörten, daß er zu meinem Haus kam, füllte sich das Haus mit Männern, Frauen und Kindern, ihn zu sehen. Und als ich in das Haus meiner Studien kam und ihn fand, und ich sah sein Erscheinungsbild, es war

---

[71] Tishbi 1954: 272, Zeile 10 - Zeile 16
[72] Der Pseudoprophet Shabtai Raphael stammte aus der peloponnesischen Stadt Misithra. Er reiste über Italien und Frankfurt nach Amsterdam. Er hatte besonders bei den ashkenasischen Juden großen Erfolg. Die sefardische Gemeinde Amsterdams läßt ihn ausweisen. Zur Person Shabtai Raphael siehe Jaap Meijer 1953; Scholem 1973: 781-792
[73] Tishbi 1954: 274, Zeile 15 - Zeile 21
[74] Am Montag
[75] Tishbi 1954: 276, Zeile 22 - 277, Zeile 2

dasjenige von Räubern und an seinem Gesicht war zu erkennen, daß er ein frecher Mensch sei, und starrköpfig, und sein Wissen kurz und gering. Ich fragte ihn, ob das, was sie über ihn sagten, Wahrheit sei, und er antwortete, daß er sich nie selbst als Prophet bezeichnet habe, sondern nur als Schüler von Rabbinern, und daß er von Jerusalem komme und daß er sich zur Zeit der Prophezeiung Nathans in der Nacht von Shavuot[76] [dort] befand. Und die Messianität Shabtais, er und sein Freund gingen ins Ausland, den Gefangenen des Exils Prophezeiungen zu verkünden. Und ich sagte zu ihm: Du warst nicht in Italien und Rom, und du sagtest (doch), du seist ein Prophet [...]

[15.][77]

[...] Und am selben Tage erklärten sie in der Synagoge, daß niemand aus unserer Gemeinde über Gutes und Schlechtes, spreche, bis man sehe, was mit ihm zu machen sei. Und wenn er sich hier eine lange Zeit aufhalte, werden sie über ihn den kleinen und den großen Bann verhängen. Und von dort, von Altona aus, schrieb er mir versöhnlich. Und als derjenige, der um Erbarmen bitte und der Buße tun wolle und in der Öffentlichkeit in der Synagoge seine Lügen erklären wolle, um sie zuzugeben. Und ich sagte ihm, daß wir seine Buße nicht hindern, und dies sei gut für die verführten Gläubigen, daß sie von ihrem Irrtum zurückkehrten [...].

[16.][78]

[...] Nachdem er fand, daß die Armen des Volkes aus der Menge der Ashkenazim ihm nachzogen und er ihnen die Anliegen seiner Propheten und des Messias verkündete und daß er zu denjenigen gehöre, die zur Jüngerschaft der Hirtengemeinde berufen seien, und er eine Stimme hörte, die auf der Talmudhochschule in Gaza zu vernehmen war, die verkündete und ausrief im Namen des Messias und des Propheten. Sie strömten ihm nach und wurden angezogen wie Vieh. Und dann hielt er sich stolz für einen Weisen und Autorisierten, und er zeigte ihnen die Unterschriften der Rabbiner Konstantinopels [...].

[17.][79]

[...] Und die Menge, als sie die Stimme und den Namen der Autorisierung vernahm, meinte, daß er autorisiert sei, und er rühmte sich in ihren Augen für sich

---

[76] Das jüdische Wochenfest findet meist im Juni statt. Wie alle jüdischen Feste wird sein Termin nach dem Mondkalender berechnet, der größere zeitliche Schwankungen aufweist.
[77] Tishbi 1954: 277, Zeile 6 - Zeile 11
[78] Tishbi 1954: 278, Zeile 3 - Zeile 4
[79] Tishbi 1954: 278, Zeile 9 - 279, Zeile 21

selbst und für seine Unterschriften, er reinigte sich [von den Vorwürfen?]. Und sie glaubten der Stimme des Gebannten, die ihre Haut auszog. Und der Verbrecher fuhr fort zu erzählen, daß es in seinen Händen liege, alle Krankheiten und jeden Schlag zu heilen. Und er begann, die heiligen Namen zu benutzen, und er unterschied nicht zwischen Michael und Samael.[80] Und in seiner Hand befanden sich Schriften, die Heiliges mit Weltlichem mischten und Namen des Unreinen mit Namen des Heiligen mischten. Und er unterschied nicht zwischen unrein und rein. Und die Menge strömte diesem auch nach, da sie meinten, daß Gott es in seine Hand lege, Tote wiederzubeleben, und diese Dinge brachten sie ihm, um ihn von seinem Grundsatz abzuwenden. Und er beharrte auf allem, was er anfänglich empfangen hatte. Und zur selben Zeit kamen Schreiben aus Izmir und Adrianopel, die das Schandmal seines Messias und Propheten brachten, und ich schickte sie zu ihm durch die Weisen, und alles war in seinen Augen ein großes Lachen. Und die Menge glaubte seinen Worten, und sie schauten nicht auf die Schreiben und nicht auf die Unterzeichner, und er war wagemutig und äußerte frech. Und die Mitglieder der Gemeinde verhängten über ihn den Bann, daß kein Sefarde mit ihm spreche, und daß er nicht in seinen vier Wänden gehe. Und als seine Hand die Hilfe der Armen des Volkes fand, lachte er und wandte diesen nicht sein Herz zu. Und besonders als seine Hand einen großen, erhabenen Ritter[81] und Regierer der Stadt[82], einen Despoten, der an Gicht erkrankt war, fand, sagte er ihm, daß er ihn zu heilen wisse. Er müsse ihm aber gegen die Sefarden helfen und gegen die Mitglieder des Gerichts, daß sie ihn nicht zur Verbannung oder einer anderen Strafe verurteilen würden. Und dies versprach ihm der Mächtige, und er gab ihm ein Schreiben, auf das er stolz war und das alle Mitglieder unserer Gemeinde ärgerte. Einmal ging er auf der Straße in der Kutsche dieses Herrn vorüber, und mit ihm Diener des Herrn und einmal hoch zu Pferd. Und er brachte Heilkräuter und sagte dem Herrn, daß man damit Ambra und Moschus mischen solle, und er gab ihm alles. Und bei der Mischung derselben nahm er das meiste auf dem Weg des Diebstahls und steckte es in seinen Schoß.

Und das andere mischte er mit den Heilkräutern und machte ihm ein Pflaster, und es vergingen einige Tage, und der Herr sagte, daß der Schmerz in seiner Hand abnahm. Und man vernahm die Stimme in der Stadt, und einige der Brennenden strömten zu ihm und riefen ihn, sie zu heilen. Und er verdiente ein Vermögen, aber er heilte keinen Menschen von seiner Krankheit.

Und er ging auf den Markt als Verrückter in sonderbarer Kleidung, und zwei Jungen waren mit ihm. Und er ging vorüber, um Zorn zu erregen. Und als die

---

80 Samael ist ein gefallener und daher im Gegensatz zu Michael ein böser Engel.
81 Hebräisch: abir; bezogen auf die republikanischen Verhältnisse Hamburgs vielleicht eher Stadtrat?
82 Gemeint ist der Bürgermeister Peter Lütkens. Zu dieser umstrittenen Person siehe Whaley 1992: 30

Vorsteher seine Frechheit sahen und sie sich fürchteten, ob die jungen Männer vielleicht die Hand gegen ihn erheben würden und es sein könne, daß sie sich selbst eine Gefahr verursachen würden, insbesondere als jedesmal, als er vorüberging, ihn Jünglinge auslachten, gingen sie zu den Männern der Obrigkeit, und sagten ihnen, daß er nicht ihre Gemeinde beschuldige, wenn sie [die Jünglinge] ihm [Shabtai Raphael] Gewalt antun würden.

Und sie ließen ihm folgendes ausrichten: «Weil du den ehrenwerten Herrn geheilt hast, verzögern wir den Beschluß, dich zur Vertreibung zu verurteilen. Aber hüte dich und pass auf deine Seele auf, daß du nicht auf der Straße der Sefarden gehst oder in einer Kutsche.» Denn wenn er so tut, werden sie ihn bestrafen. Und er kam jeden Shabbat zum Morgengebet in die Synagoge der Ashkenazim, die sich am Ende der Straße befand, aber im geheimen und im versteckten. Und es verging einige Zeit, bis die Schande vor ihnen offenbar wurde und seine Kraft brach, denn anfänglich hielten sie ihn für einen Propheten, dann für einen autorisierten Weisen, dann nur noch für einen Arzt, nachher für einen Irren, und nachher für einen Verbrecher und einen rohen Geist. Und sie wußten, daß er ein gänzlich Ungebildeter war, weil sie ihn viele Male prüften mit Fragen von Verboten und Erlaubnissen, und er erlaubte das Verbotene. Und seine Schlechtigkeit und Dummheit ging so weit, daß er zu Pesah gebranntes Wasser trank[83], das aus Getreide hergestellt wurde. Und es sagte ihm der Besitzer der Herberge: «Dies ist doch Gesäuertes», und er antwortete ihm: «Wenn du ein Weiser wärst, würde ich mich anstrengen und dir durch meine scharfsinnige Auslegungsmethode[84] zeigen, daß dies erlaubt ist». Und er sagte diese Worte vor Publikum und von diesem Tag an betrachteten sie ihn als Ketzer, aber sie fürchteten sich, vielleicht würde er sie bei der Obrigkeit denunzieren, denn sie hatten keine Erlaubnis, eine Synagoge in Hamburg zu bauen[85], und deshalb vertrieben und bannten sie ihn nicht [...].

[18][86]

[...] Und sie entdeckten seine Sünden - Sünden, welche ihn ergreifen und in ein Loch fallen lassen, woraus er nicht aufstehen sollte, denn er benötigte Nichtjüdinnen und [verheiratete] jüdische Frauen.[87] Und er hatte auch zu tun damit, daß er

---

83 Zur Erinnerung an den Auszug aus Ägypten nehmen gläubige Juden eine Woche nichts Gesäuertes zu sich. Darunter fallen auch aus Getreide hergestellte Schnäpse.
84 Im Original steht «*pilpul*» (d. h. scharfsinnig Auslegungsmethode). Dieser Ausdruck bekam durch die aufklärerische Kritik eine negative Bedeutung (Haarspalterei), die er um 1666 noch nicht hatte.
85 Vgl. I. Cassuto 1916: 52, 61, 64, 66, 69, 74-75. Siehe auch den Beitrag von Saskia Rohde
86 Tishbi 1954: 279, Zeile 21 - 280, Zeile 7
87 Das jüdische Gesetz kennt schwere Strafen für Ehebruch. Auch die Kinder einer solchen Verbindung wären religionsgesetzlich benachteiligt.

sich mit einer verlassenen Frau abgab, deren Gemahl weit entfernt war, und es war seit etwa zwanzig Jahren nichts bekannt, und sie sagte, daß er an ihr vorübergegangen sei, möge sein Name verschwinden und so vieles, denn er beging viel, und ich verkürze an diesem Ort, denn es ist nicht würdig, zu verlängern. Und als der Verbrecher vernahm, daß ich ihm nachjagte, ich seinen Duft [Ruf] stinkend machte in aller Augen, (da) ging er zur Obrigkeit und klagte mich an und ließ mich vor ihr Gericht vorladen zwei- oder dreimal. Und ich folgte nicht seinen Worten zur Obrigkeit zu kommen, da die Vorsteher einen Nichtjuden schickten, um für mich zu sprechen, und er erzählte vor der Obrigkeit seine Lügen und Unwahrheiten, weswegen er von mir verfolgt würde, und überhaupt meine Worte, daß er ein lügenhafter Prophet sei und daß sie sich einen falschen Messias machten, daß die hohe Obrigkeit diese Gerüchte vernehme, die herumgingen. Und als sie dies hörten, verachteten sie ihn in ihrem Herzen, und weil er Arzt des Herrn war, versprachen sie, ihm zu helfen, und verurteilten ihn nicht zur Vertreibung oder anderen Strafen, weil diese Dinge ihren Glauben und ihre Religion betrafen, daß er ein Prophet sei und daß es einen Messias außer ihrem Messias gäbe, der schon auf die Welt gekommen sei. Und in derselben Zeit öffnete er seinen Mund gegen mich nicht [...].

[19][88]

[...] Und ich stellte ihn bloß, um den Irrtum von den Ashkenazim zu entfernen, da diese Verpestung nicht aufgehört hatte [...]. Und nachher, als er sah, daß die Armen des Volkes schwach an Verstand waren und daß sie seine Hand unterstützten, kehrte er zurück zu seinem schlechten Abweichen, und er benutzte Namen der Unreinheit und gab sich aus als Arzt [...]

[20][89]

[...] Im Verlauf der Zeit erkannten auch die Ashkenazim ihn als Ketzer an, ohne Gebet, als Ausnutzer, Dieb, Unzüchtiger mit einer Nichtjüdin und einer verheirateten Frau. Und er brachte viele durch seine Heilungen um. Und wenn ich seine Täuschungen erzählen würde, würde die Zeit zu Ende gehen. Aber in energischer Kürze sage ich ihrer Ehren, daß er sich in seinen Taten verhielt, wie Juden mit den Söhnen Keddars und Ismaels in den Sachen der Witze. Und bevor sie von seinen Taten erfuhren, floh er und ging nach Polen, und die Rabbiner der Ge-

---

[88] Tishbi 1954: 322, Zeile 7 - Zeile 10
[89] Tishbi 1954: 322, Zeile 18 - Zeile 22

meinden sandten nach ihm, und er floh und rettete sich. Und sein Ort ist nicht bekannt [...].

[**21.**][90]

[...] Und auch unter den Einwohnern Amsterdams und Hamburgs und Englands gab es keine Übertritte, Gott sei Lob, und es werde in seinem Namen bekannt gegeben werden, daß sie, falls sie dies in ihrer Mehrheit wollen, nicht fasten müssen [...].

[**22.**][91]

«[...] Haben England, Amsterdam, Hamburg und Salé, die Dir behilflich waren, keinen Übertritt unter sich, und die Mehrheit ist einfach nicht so, kann jede Stadt und jedes Dorf die vier Fasten absagen, falls sie keine Konversion aufwiesen [...].

---

[90] Tishbi 1954: 336, Zeile 21 - 23
[91] Tishbi 1954: 353, Zeile 26 - 28

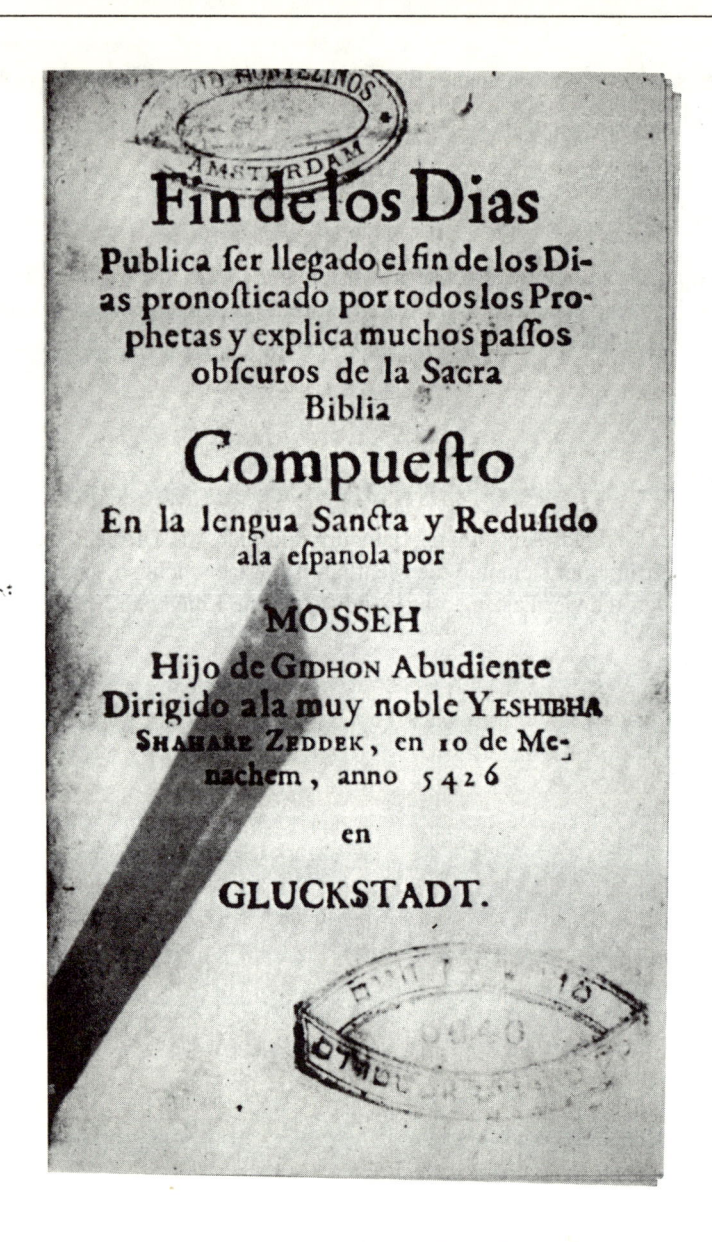

Mosseh Gideon Abudiente: *Fin de los Días* (Hamburg 1666)
(Bibliotheca Rosenthaliana, Amsterdam)

Dokument 3[92]
Mosseh Gideon Abudiente[93]: *Fin de los Días*[94]
Glückstadt (Hamburg) 1666
(Übersetzt und annotiert von Michael Studemund-Halévy)

---

[92] Aus dem Spanischen übersetzt von Michael Studemund-Halévy. Besonderer Dank gilt Dr. Adri K. Offenberg (Bibliotheca Rosenthaliana) für den Mikrofilm.

[93] Siehe Meyer Kayserling «Analekten zur Literatur der spanisch-portugiesischen Juden: Moses Gideon Abudiente», in: Monatsschrift für Geschichte und Wissenschaft der Juden 8, 1860: 69-71; siehe auch die Beiträge von Zvi Maleakhi und Anthony J. Klijnsmit

[94] Moses Gideon Abudiente (Lissabon 1602 ? - Hamburg 1688) widmete sein Buch vom «Ende der Tage, in dem das Nahen der Tage, das von allen Propheten vorhergesagt wurde, angekündigt wird und viele dunklen Stellen in der Bibel erklärt werden. Verfaßt in der Heiligen Sprache und ins Spanische übersetzt von Mosseh Sohn des Gidhon Abudiente und gewidmet der ehrenvollen Yeshiva Shaare Zedek, am 10. Menahem des Jahres 5426 in Glückstadt» den «eifrigen Mitgliedern der Yeshiva Shahare Zeddek» in Hamburg («*A los devotissimos y muy zelosos Señores compañeros de la sancta Yeshibha Shahare Zeddek instituyda en esta ciudad de Hamburgo. Abaxo nombrados / Los Senores / Abraham Levy Flores, Abraham Chílam, Abraham Benveniste, Abraham Naar, Abraham Mendes, Abraham da Fonsequa, Abraham Seneor de Matos, David Benveniste, David Aboab, David Behar Jacob Fidanque, Daniel Athías, Daniel de Fonsequa, Daniel Abensur, David Naar, Gidhon Cohen Lobato, Ishak Aboab, Jacob Pardo, Joseph Bravo, Joseph Jesurun, Jehonathan Israel, Jaacob Behar Joseph Oeb, Jeosuah Abensur, Jacob Seneor, Jacob Belmonte, Jeosuah Habillo, Mosseh Behar Joseph Jesurun, Nethanel Abudiente, Simson de Lima, Semuel Guedes, Simson Abudiente z.L.*»); apud Abudiente S. 3-4. Abudiente verfaßte sein Werk auf Spanisch, um denen, die kein Hebräisch konnten, die «Nachrichten von unserer Erlösung» nicht vorzuenthalten («*Este fin de los dias te pide [Amado Lector] las Albrísias de nuestra Redension*»). Und damit auch jeder die neue Botschaft verstünde, schrieb er in leicht verständlicher Sprache («*Es nueuo en fin, por ser nueua la materia que trata, nueuos los conceptos y nueuo el estilo en explicallos, en linguage comun y fasil de entender*»). Das Buch, das an Umfang nur sehr gering ist («*Este presente, en cantidad pequeño*»), hält er jedoch für ganz besonders wichtig wegen seines Inhalts («*es el mas grande del mundo por su calidad y sujeto*»). Der messianische Taumel erfaßte 1666 alle Schichten der *nação portuguesa* in allen Ländern der Zerstreuung (*galut*), vor allem aber die Gemeindemitglieder in den jungen Marranenzentren von Amsterdam, London und Hamburg. Die neue Bewegung war nicht nur Sehnsucht nach Erlösung oder Sehnsucht nach dem Ende aller Tage. Den Anhängern des Shabtai Zvi wurde die neue messianische Welt zu einer Wirklichkeit, die in keinem Widerspruch zum Lauf der äußeren Ereignisse stand. Im Zentrum der sabbatianischen Predigten, die sich vor allem in den sefardischen Gemeinden Nordeuropas wie ein Lauffeuer verbreiteten, standen der Aufruf zur Umkehr und Bekundungen der Dankbarkeit, daß man schauen durfte, wonach sich vorhergehende Generationen vergeblich gesehnt hatten. Es wurden komplizierte eschatologische Berechnungen angestellt, um in der Heiligen Schrift Anhaltspunkte für die Jahre 1665-1667 sowie die Namen Shabtai Zvi und Nathan zu finden. Nach dem Abfall des Shabtai Zvi wurden viele dieser sabbatianischen Texte aus Vorsicht vernichtet. Einige dieser Predigten oder Teile von ihnen sind entweder indirekt - in Form von Zitaten in den deutlich antisemitischen Schriften der Nichtjuden - oder seltener - in ihrer ursprünglichen Form überliefert. Eine dieser Predigtsammlungen ist das Buch «*Fin de los Días*», das durch die Parnasim der portugiesischen Gemeinde von Hamburg in den Bann getan wurde und von dem heute nur noch ein einziges Exemplar erhalten ist. Abudiente war mit Sara, Tochter des Dichters Paulo de Pina alias Reuel Jesurun verheiratet. Beider Gräber befinden sich auf dem Portugiesenfriedhof der Königstraße in Hamburg-Altona. Zum Sabbatianismus siehe besonders Scholem 1937, Scholem 1992 und Moyal 1992

Al Lector. 7

Al Lector.

ESte fin de los dias te pide (Amado Lector) las Albrisias de nuestra Redension, que es la meyor nueva que puedo darte; y para que te sea mas agradable, Ha sido my rrabajo doblado, por que Hauiendole compuesto, en nuestra santa lengua lo traduxe ala presente, solo a fin de que venga a tus manos, y alcanses lo que no podias ë la Hebrea; Y sy quedan muchos conseptos en silensio, por la dificultad. de sacallos a lengua estraña, de los mas te doy toda via notisia; Puedo con verdad afirmarte, (como lo echaras de uer) con las palabras de Koheleth 1. 10, mira este que es nueuo; Nu-

A 4 euo

euo es este fin de los dias, y no se hallará en el pensamento viejo o ageno, disfrassado en abitos, estilo, o lenguage, que encubra sus primeros genitores; y tal ves se ofresen conceptos a preposito q; por viejos o agenos se quedam defuera ; Este es nueuo por que observa explicar los puntos que toqua no ocupando tiempo, en mover dificultades inutiles, como lo hasen otros; obscuresiendo con muchas palabras, lo que con pocas seria mas inteligible ; Es nueuo en fin, por ser nueua la materia que trata, nueuos los conseptos y nueuo el estilo en explicallos, con linguage commun y fasil de entender. Todo dirigido a que no halles, impidimento en la inteligensia de sujeto tan soblime y importante, como lo es el descubrimento del fin delos dias de nuestra salvasion, estima-

Al Lector

eſtimale pues, y paſſa los ojos por el muy muchas veſes, que ſoy ſierto no quedarás arrepentido, con que me darás motivo de ocupar el tiempo en otras obras de que yo en enſeñartelas y tu en aplaudillas. Reſibiremos todos contento: Dios te guarde.

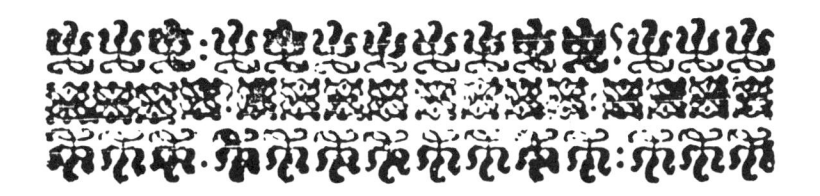

Prologo

Esfuerfa y enforteffe los coraçones de todos los efperantes a A. Reprovando toda inconftanfia y incredulidad en la falvafion que efperamos

REvela el Soberano Dios a Abraham patriarcha fanto (Gen. 5.) ferá fu defendenfia fugeta y afligída en tierra agena 400 años, a cabo de los quales feran Reftituydos a libertad; confirmafe la palabra de Dios, fiendo el pueblo de Ifrael captivo en Egipto; Llega el determinado tiempo de la Libertad, facil feria a la omnipotenfia divina confeguilla en un dia, en una ora, en un folo menuto; Nolo

PROLOG[95]

Ermutigt und stärkt die Herzen aller Gläubigen, die an den Herrn glauben. Und tadelt jeglichen Wankelmut und den Mangel im Glauben an die Erlösung, an die wir glauben

Gott, der Herr, verkündet Abraham, dem heiligen Patriarchen (Gen. 5)[96], daß seine Nachkommen 400 Jahre lang in der Fremde in Knechtschaft leben und Plagen erleiden werden. Erst dann werden sie die Freiheit wieder erlangen. Das Wort des Herrn erfüllt sich, weil das Volk Israel in ägyptischer Gefangenschaft ist. Kommt die vorbestimmte Zeit der Freiheit, würde es der göttlichen Allmacht ein leichtes sein, diese an einem Tag, in einer Stunde, in nur einer Minute zu geben. So macht sie es [aber] nicht, sondern schiebt den Zeitpunkt hinaus auf später. Dazu bedient sie sich des Moses, ihres treuesten Knechtes. Als Moses [der eine schwere Sprache hat] ablehnt, gibt Gott ihm seinen Bruder Aaron als Dolmetscher mit. Und beide gehen mit der ersten Botschaft zum Pharao. [Die Botschaft] verursacht bei dem Pharao Ungehorsam und lästerliche Reden [gegen Gott], beim Volk starken Wankelmut und Unglauben, und bei Moses und Aaron große Zweifel [Exod. 5]. Aber [da ist] der Herr, der in den großen Abgrund Eurer tiefsten Geheimnisse dringen kann; wäre es nicht leichter gewesen, Euer Volk aus der Macht des Pharao zu befreien, dann wären [dem Volk] Unglauben, Wankelmut, Zweifel und Ungehorsam erspart geblieben. Wäre es nicht (Herr), besser gewesen, die Herzen der Ägypter zu rühren, um mit der ersten Botschaft Eure eigentliche Absicht ins Werk zu setzen. Dann hätte er ihre Seelen nicht schwer machen und ihre Herzen nicht verhärten müssen. Sondern sie nur dazu bringen müssen, Euren Dekreten und Befehlen zu gehorchen. Fahren wir fort. Sagt [doch die Schrift, Exod. 13, 13, daß nach dem Auszug aus Ägypten [der Herr] *sie nicht den Weg durch das Land der Philister, der am nächsten war, führte*. Wäre es dann nicht besser, (Herr), sie auf den nächsten und kürzesten Weg zu führen, und sie nicht 40 Jahre lang zu plagen, in unwegsamen Wüsten, wodurch sie gegen Gott so sehr sündigten und das Volk so viele Strafen erlitt. Ihr, Herr, habt ihnen die Möglichkeit gegeben, auf

---

[95] Abudiente 1666: 10-15
[96] Gen. 15, 13

der langen Reise die Sünden zu begehen, Tanz um das Goldene Kalb, Korah[97], die Kundschafter [die Falschzeugnis redeten], [98] die Verleumdungen, und dazu noch die [in] Shitim[99] [am] Pehor[100], [der] Kozbi[101], und ähnliche [mehr]. Wie sie dann bestraft werden, schuldlos, mit soviel Härte; und so vielen schrecklichen Toten; wie die, die um das Goldene Kalb tanzten, unschuldig sterben in den spitzen Lanzen ihrer eigenen Angehörigen und Brüder; Korah und die seinen verschlingt die Erde bei lebendigem Leibe, auf andere fällt vom Himmel Feuer, das sie verbrennt; diese sterben durch die Pest, jene sterben am Biß giftiger Schlangen, die sie verfolgen. Und MOSES, AARON und MIRIAM sterben, ohne das gelobte Land zu schauen.

Wir wollen jetzt nicht die Vergebung so vieler Schwierigkeiten behandeln, was eine eigene Abhandlung erfordern würde. Wir wollen uns dem zuwenden, das vor unseren Augen liegt, dieses glückliche Jahrhundert wird die Anfänge der Wiederherstellung von Israels Erlösung und Freiheit sehen, auf die man 1598 Jahre lang gehofft hatte, die größte Wonne, die je in der Welt war oder sein wird. Diese [Wiederherstellung und Freiheit] haben wir erhalten und die heilige Lehre bestätigt dies (Mich. 3, 15). Es wird ähnlich sein wie der Auszug aus Ägypten, aber unvergleichlich edler und reiner. Und wenn bei jenem [Auszug] Aufschub waren und Hindernisse, was zu Unglauben führte, wundert es dann, daß bei unserem [Unglauben] heute unser schwacher Verstand schwach. Denn es fehlt nicht an Ungläubigen in Israel. Deshalb möge das Volk Gottes, mit mutigem Geist und beständigem Herzen auf die Erlösung durch den Herrn warten. Und wenn sich auf dem Berg jener Moses, Unser Retter, aufhält, macht man nicht sogleich die Kälber des Unglaubens. [Wie] beim Aufstand des Korah gegen die Erwählten des Herrn, den Ratschlägen der verleumderischen halbägyptischen Kundschafter, Ehebrecher in Shitim, die die Wahrheit verdrehen, denn das bedeutet die hebräische Redewendung Shitim, Sünden des Pehor, was soviel heißt wie, den Mund ohne Unterlaß öffnen gegen den heiligen König und den Propheten des Herrn; Ausschweifungen der Kozbi bedeuten Lüge und Falschheit gegen den wahren Glauben an unsere Erlösung, an dem es Moses, Aaron und Miriam mangelte. O heiliges Volk, Söhne des heiligen Gottes Israels, mögen die Sünden der Erde ein Ende haben, mögen sie nicht mehr Goldene Kälber machen, möge die Zwietracht eines Korah aufhören, mögen die ausziehende Kundschafter aufhören, schlechtes

---

97 Führer eines Levitenaufstandes gegen Moses und Aaron (Num. 16,1-35; 26,9-11).
98 Num. 13
99 *Shitim* (hebr. Akazien), letzter Lagerplatz der Israeliten während der Wüstenwanderung vor dem Überschreiten des Jordan. (Jos. 2,1; 3,1; Num. 25). Die Moabiterinnen verführten die hier zum Götzendienst. Der Zug von Shitim nach Gilgal (Mich. 5,6) war der Weg von Shitim über den Jordan, der ersten Lagerstätte im Gelobten Land.
100 Die Gottheit Baal-Pe(g)or wurde am Berg Pe(g)or nahe des Jordan auf dem Gebiet der Moabiter verehrt (Num. 25, 18; 31,16).
101 Midianiterin, Tochter des Zur, wird von Pinhas am Berg Pe(g)or erschlagen (Num. 25,7; 15).

vom gelobten Land zu berichten, mögen ausgemerzt sein üble Reden und Verleumdungen, mögen die Sünder von Shitim und Pehor sterben, mögen Pinhas und die Eiferer der göttlichen Ehre mit Lanzen die treulose Kozbi töten, und mögen MOSES, AARON und MIRIAM leben, weil mit ihren Händen Israel wiederhergestellt ist. Mögen wir mit Aufmerksamkeit bei einem erhabenen Gedanken verweilen und festhalten, wie oft uns die Heilige Schrift die Erinnerung an den Auszug aus Ägypten auferlegt, und es scheint, daß es keine Seite gibt, in der nicht erwähnt wird, daß wir Sklaven in Ägypten waren, und daß unser Heiliger und Gebenedeiter Gott uns die ersehnte Freiheit schenkte. Darum sollen wir uns zu aller Zeit seiner erinnern, wenn wir uns niederlegen und wenn wir aufstehen, wenn wir im Hause sind, wenn wir unterwegs sind, immer lesen wir die Worte des Shemah Israel, die mit diesem Gebot enden: ich A[donai], Euer Gott, habe euch aus Ägypten geführt. Weil der Herr es uns befohlen hat, haben wir es an allen Türen unserer Häuser angebracht, in den göttlichen MEZUZOT; wenn wir zu Gott beten, haben wir es in den heiligen TEFILLIM auf der Stirn, nahe dem Verstand, und am linken Arm, verbunden mit dem Herzen, Zellen des Verstandes und der Erinnerung, als Zeichen, daß wir dieses Gebot nicht vergessen mögen. Wenn wir essen, danken wir Gott beim Essen-Segen, *weil er uns aus dem Lande Ägypten führte und uns aus dem Haus der Knechtschaft loskaufte*, [wir sagen es] am SHABBAT und allen Festtagen, Erinnerung an den Auszug aus Ägypten, und sagen es vollständig, [haben wir] das Gebot des SISITH[102], Zusammenfassung für alle unsere Gesetze. *Damit ihr an alle meine Gebote denken sollt und sie tut, habe ich, A[donai], euer Gott, euch aus dem Lande Ägypten geführt.* So sagt man, wenn ihr alle oder Teile meiner Gebote erfüllt, die ich beim Auszug aus Ägypten gegeben habe. So ist es, alle Gebote trägt uns Gott nur einmal auf, und dieses so viele Male, wir bedürfen aller und noch viele mehr [?]. Sehr wichtig ist es für uns, daß der Auszug aus Ägypten in allen Fasern [?] unserer Herzen eingeritzt ist, denn er ist ein Zeichen und ein Vorbild für unsere zukünftige Erlösung. Und auch wenn beim [Auszug] die Erlösung von vielen Hindernissen und verschiedenen Gründen für den Unglauben beschwert war, so ist es gut, und so wird es gut sein, daß wir uns immer wieder daran erinnern, damit, wenn Gott in der Zukunft und schon in der Gegenwart beginnt, uns die gute Nachricht zu bringen, wir nicht wie unsere Väter sein mögen [wie es David im Psalm 38, 8. sagt], *eine aufrührerische und rebellische Generation*, ein halsstarriges Volk, ungläubig und wankelmütig.

---

[102] *Zizit*, hebr. Franse, Krause, Quaste, Stirnlocke. Vgl. Num. 15,37-41: «Rede mit den Kindern Israel und sprich zu ihnen, daß sie und ihre Nachkommen sich Quasten machen an den Zipfeln ihrer Kleider und blaue Schnüre an die Quasten der Zipfel tun. Und dazu sollen die Quasten euch dienen: sooft ihr sie anseht, sollt ihr an alle Gebote des Herrn denken und sie tun, damit ihr euch nicht von euren Herzen noch von euren Augen verführen laßt und abgöttisch werdet, sondern ihr sollt an alle meine Gebote denken und sie tun, daß ihr heilig seid eurem Gott. Ich bin der Herr, euer Gott, der euch aus Ägyptenland geführt hat, daß ich euer Gott sei, ich, der Herr, euer Gott.»

Gut ist es, schweigend auf die Rettung des Herrn zu bauen, das sind die Worte des Propheten Jeremias [3, 26]. Das heißt, einfacher ausgedrückt, daß es in allen Angelegenheiten der Erlösung des Herrn für uns besser ist, zu hoffen und ruhig zu sein, als zu verzweifeln und zu sprechen. Je größer die Verzögerung sein wird und je länger wir Verspätungen erleben müssen, desto sicherer wird unsere Hoffnung sein, denn das, was uns Schwierigkeiten zu sein scheinen, sind die sicheren Vorboten der verheißenen Herrlichkeit und der Wonne. Die Gefangenschaft Unseres Königs und Herrn SHABTAI ZVI, die unsere Erlösung zu behindern scheint, bestätigt und bestärkt sie [vielmehr]. Psalm 2, 2: *Die Könige der Erde lehnen sich auf und die Herren halten Rat miteinander wider den Herrn und wider seinen Gesalbten. Lasset uns zerreißen ihre Bande und von uns werfen ihre Stricke. Der im Himmel wohnt, lachet ihrer und der Herr spottet ihrer.* Dies deutet auf die Gefangenschaft des Gesalbten, der am Ende das königliche Zepter über Zion, den heiligen Berg, erhalten wird. Jesaia 53, 8: *Er ist aus Angst und Gericht hinweggenommen*; es handelt sich um unseren MESSIAS und Befreier, jener andere Moses, der nach zehn Jahren Gefangenschaft in Midian von unserem Herrn befreit wurde, um sein Volk aus Ägypten zu führen, wie (die Verfasser des) Yalkuth anmerken. Hier und im Pesikatha Rabbsathi zu Jesaia 60 und Jeremias 31, 20. Sie sagen die Gefangenschaft und die Beschwernisse voraus, die unser MESSIAS, unser König erdulden muß, bevor er sein kaiserliches Zepter führen kann. Jesaia 49, 9: *Zu sagen den Gefangenen: Geht heraus!* In aller Offenheit reden sie vom MESSIAS. Wir könnten noch viele Beweise anführen, aber dies verhindert die Kürze. Es sei genug, daß die beiden Erlöser Israels Gefangene sein mußten. Moses in der Befreiung aus der ägyptischen [Knechtschaft] und der MESSIAS in unserer Zeit. Der sicherste Beweis dafür, daß dieser heilige Herr [Santo Señor] unser Erlöser und MESSIAS ist, ist seine Gefangenschaft. Joseph ist das Symbol und das Beispiel für den MESSIAS, den der König Ägyptens in Eisen werfen ließ.

Deshalb macht er, (wie der Prophet sagt), die erschlafften Hände wieder stark, erschlafft nennt er sie, wie geschaffen, um Sünden zu begehen. So waren die des MOSES, der wegen der Sünden Israels geschwächt war und die heiligen Tafeln nicht halten konnte. [Deshalb macht] die durch Götzendienst und Sünden wankenden Knie wieder fest durch die Buße und der Versöhnung mit Gott, unserem Herrn. Der Psalmist sagt Psalm 31, 25: *Seid getrost und unverzagt alle, die ihr des Herrn harret*, und Psalm 23, 14 sagt: *Hofft des Herrn, stärket dein Herz und hoffet auf Gott.* Diese Stärkung ist notwendig, um den Unglauben, zu dem die böse Neigung verführen will, zu überwinden. Denn wer ist stark? Wer seine böse Neigung überwindet. Wiederbelebt sei der Geist Jakobs, unseres Vaters. Möge die Hoffnung Israel größer werden, und machen wir es wie König David, Psalm 130: *Ich harre des Herrn und meine Seele harret.* Und nicht zufrieden mit [diesen] zwei Hoffnungen, fügt er hinzu: *und ich hoffe auf sein Wort*, und noch immer nicht zufrieden mit diesen drei Hoffnungen, fügt er hinzu: *meine Seele wartet auf den Herrn, mehr als die Hoffenden auf den Morgen, mehr als die Hoffenden auf den Morgen.* Und da noch immer nicht gestillt ist der Durst dieser Hoffnung mit so vielen und erweiterten, fügt er schließlich hinzu: *hoffe Israel auf den Herrn.* Diese [zweifache] Hoffnung, die sich auch in anderen Psalmen findet. Was uns sagen will, daß unsere stete Hoffnung doppelt sei und viele Male doppelt.

Und damit diese Hoffnung Israels in Gott Wurzeln in unseren Herzen pflanzen, schlagen Gerten aus seinen Stämmen, Äste, Blätter, Blüten und Frucht aus Geschenken und Vergnügen, wollen wir jetzt das letzte Thema unseres Gegenstandes behandeln. Wir wollen kundtun und beweisen, daß die wonnevolle Zeit nahe gekommen ist, die das Ende aller Tage der Wiederherstellung heißt, und Herrlichkeit für das Volk des Herrn. Was von den alten Weisen bis auf den heutigen Tag verborgen wurde, verheimlicht bis zu dieser Generation und verschlossen in den göttlichen Schatzkammern, ist heute erlaubt und gestattet, weil es gekommen ist, das vorbestimmte Ende der Tage, einer Zeit, von der Jeremia 30, 24 sagt: *Zur letzten Zeit werdet ihr es erkennen,* und im Kapitel 23, 20: *Zur letzten Zeit werdet ihr es klar erkennen.* Daraus folgt, daß am Ende der Tage die Erörterung einer so heiligen Sache, die bisher verboten war, erlaubt sein wird. Die Propheten, die dieses vorbestimmte Ende in ihre Prophezeiungen schrieben, haben nicht erlangt, was sie vorhergesagt haben, sie sahen, aber verstanden nicht, sie träumten, aber konnten den Traum nicht deuten, wie es klar der Prophet Daniel 8, 27 sagt: *Doch die Vision bedrückte mich, und ich verstand sie nicht*, und im Kapitel 12, 8: *Und ich hörte es, aber ich verstand's nicht.* Und weil dies der Wille des Herrn ist, sind die dunklen Parabeln und Rätsel klar geworden, aber heute ist es erlaubt und gestattet, das bis zu unserem Jahrhundert Verbotene zu bedenken und zu erörtern. Und der gebenedeite Gott läßt uns in seiner Barmherzigkeit an der himmlischen Wonne und Herrlichkeit teilhaben. Er hat uns den heiligen GESALBTEN König, SHABTAI ZVI, gesandt, damit er sein Volk erlöse, und den Propheten Nathan, damit wir uns mit Gott versöhnen, wie er es in unserem Exil immer gehalten hat. Und da es jetzt erlaubt ist, dieses wichtige Thema zu erörtern, ist es nicht verwunderlich, daß auch eine unbedarfte Person wie ich die Stirn hat, die dunkelsten Weisungen, die sich in der heiligen Schrift befinden und von unserer Rettung handeln, zu deuten, die selbst von ihren Autoren nicht verstanden wurden. Dieses große Unterfangen unternehme ich mit dem beständigen Glauben, der fest in meiner Brust verankert ist, daß das Ende aller Tage eingetreten ist, so wie es alle Propheten geweissagt haben. Ich bitte Gott, mir, dem Überbringer, die Gnade zu geben, um es der Welt kundzutun.

Dokument 4
Aus den Memoiren der Glückel von Hameln[103]

Zu jener Zeit hat man angefangen, von Sabbatai Zewi zu reden. Aber «wehe uns, daß wir gesündigt» und daß wir es nicht erlebt haben, wie wir es gehört und wie wir es uns fast eingebildet hatten! Wenn ich daran denke, wie damals alte und junge Leute Buße getan haben – das ist ja in der ganzen Welt bekannt.

O, Herr der Welt, wie wir gehofft haben, daß du mit deinem Volk Israel Barmherzigkeit üben und uns erlösen würdest, da waren wir wie eine Frau, die auf dem Gebärstuhl sitzt und große Schmerzen und Wehen erleidet. Sie meint, nach allen ihren Schmerzen und Wehen werde sie mit ihrem Kind erfreut werden; aber sie hat nichts anderes als einen Wind gehört. So, mein lieber Gott und König, ist auch uns geschehen. Alle deine lieben Knechte und Kinder in der ganzen Welt haben sich mit Buße, Gebet und Wohltun sehr abgemüht und dein liebes Volk Israel ist zwei bis drei Jahre lang auf dem Gebärstuhl gesessen, aber es ist danach nichts als Wind herausgekommen. Nicht genug, daß wir nicht gewürdigt wurden, das Kind zu sehen, um das wir uns so sehr gemüht und das wir schon für ganz sicher gehalten haben: wir sind leider steckengeblieben. Mein Gott und Herr, deswegen verzagt dein Volk Israel doch nicht und hofft täglich darauf, daß du es in deiner Barmherzigkeit erlösen wirst. Wenn sich die Erlösung auch verzögert, so hoffe ich doch an jedem Tage, daß sie kommen wird. Wenn es dein heiliger Wille sein wird, so wirst du deines Volkes Israel schon gedenken.

Was für Freude herrschte, wenn man Briefe bekam, die von Sabbatai Zwei berichteten, ist nicht zu beschreiben. Die meisten Briefe haben die Portugiesen bekommen. Sie sind immer damit in ihre Synagoge gegangen und haben sie dort vorgelesen. Auch Deutsche, jung und alt, sind in die Portugiesen-Synagoge gegangen. Die portugiesischen jungen Gesellen haben sich allemal ihre besten Kleider angetan und sich grüne, breite Seidenbänder umgebunden – das war die Livree von Sabbatai Zwei. So sind sie alle «mit Pauken und Reigentänzen» in ihre Synagoge gegangen und haben mit einer Freude, «gleich der Freude beim Wasserschöpfen», die Schreiben vorgelesen. Manche haben Haus und Hof und alles Ihrige verkauft, da sie hofften, jeden Tag erlöst zu werden. Mein sel. Schwiegervater, der in Hameln wohnte, ist von dort weggezogen, hat sein Haus und seinen Hof und alle guten Hausgeräte, die darin waren, stehen lassen und seine Wohnung nach Hildesheim verlegt. Von dort hat er uns hierher nach Hamburg zwei große Fässer mit Leinenzeug geschickt; darin waren allerhand Speisen, wie Erbsen, Bohnen, Dörrfleisch, Pflaumenschnitz und ähnlicher Kram und alles, was sich gut hält. Denn der alte Mann hat gedacht, man würde ohne weiteres von

---

[103] «Denkwürdigkeiten der Glückel von Hameln.» Aus dem Jüdisch-Deutschen übersetzt, mit Erläuterungen versehen und herausgegeben von Alfred Feilchenfeld, Frankfurt am Main 1987: 60-63

Hamburg nach dem Heiligen Lande fahren. Diese Fässer haben wohl länger als ein Jahr in meinem Hause gestanden. Endlich haben sie (meine Schwiegereltern) Furcht gehabt, das Fleisch und die übrigen Sachen würden zugrunde gehen. Da schrieben sie uns, wir sollten die Fässer aufmachen und die Eßwaren herausnehmen, damit das Leinenzeug nicht zuschanden werde. So haben die Fässer wohl drei Jahre gestanden, und mein Schwiegervater hat immer gemeint, er sollte es zu seiner Reise brauchen. Aber dem Höchsten hat es noch nicht gefallen uns zu erlösen. Wir wissen wohl, daß der Höchste es uns zugesagt hat, und wenn wir von Grund unseres Herzens fromm und nicht so böse wären, so weiß ich gewiß, daß sich Gott unser erbarmen würde. Wenn wir doch nur das Gebot hielten: Liebe deinen Nächsten wie dich selbst! Aber Gott soll sich erbarmen, wie wir das halten! Die Eifersucht, der grundlose Haß, der unter uns herrscht – das kann nicht gut tun. Dennoch, lieber Herrgott, was du uns zugesagt hast, das wirst du königlich und gnädiglich halten. Wenn es sich auch durch unsere Sünden so lange verzögert, so werden wir es doch gewiß haben, wenn deine festgesetzte Zeit da ist. Darauf wollen wir hoffen und zu dir beten, großer Gott, daß du uns einmal mit der vollkommenen Erlösung erfreuest. Für diesmal will ich die Materie beschließen und wieder mit meiner Erzählung anfangen.

Dokument 5[104]
Streitfall Friedhof Ottensen[105]

Auch wenn die Erlösung, um unserer Sünden willen, vor dieser Zeit, d. h. vor Chanukka 5427, eintreffen wird, soll die Hamburger Gemeinde der Altonaer Gemeinde die 50 Rtl. doch geben, und die Altonaer Gemeinde soll sie «zur Einrichtung des Tempels» geben. Wenn aber die Erlösung zwischen Chanukka 5427 und Neujahr 5428 eintreffen wird, dann sollen von den 50 Rtl. nur 25 «für die Einrichtung des Tempels» gegeben werden.[106]

---

[104] Bernhard Brilling «Der Streit um den Friedhof zu *Ottensen*,» in: Jahrbuch für die Jüdischen Gemeinden Schleswig-Holsteins und der Hansestädte 3, 1931-1932: 45-68 (hier: 66); Wiederabdruck in YIVO-Bleter 1, 1933: 41-46 [dort: 45]; siehe auch Scholem 1992
[105] Dazu siehe auch Ina S. Lorenz / Jörg Berkemann, «Streitfall Friedhof Ottensen», Hamburg 1994
[106] Unter dem Eindruck der messianischen Nachrichten legten die ashkenasischen Gemeinden von Hamburg und Altona ihren Streit um den Friedhof Ottensen bei. Das zeigt, wie sehr die messianische Erwartung im praktischen Leben Eingang fand.

Bibliographie

Ahrens, Christiane
Sabbatai Zwi (1626-1676). Untersuchungen zu einer messianischen Bewegung und ihrer Rezeption in deutschsprachigen, zeitgenössischen Quellen
Magisterarbeit Universität Hamburg
Hamburg 1979
Boer, Harm den
La literatura hispano-portuguesa de los sefardíes de Amsterdam en su contexto histórico-social (siglos XVII y XVIII)
Amsterdam 1992
Carlebach, Elisheva
The Pursuit of Heresy. Rabbi Moses Hagiz and the Sabbatian Controversies
New York 1990
Cassuto, Alfonso
Der portugiesische Friedhof in Hamburg-Altona
(Manuskript, 1927-1933)
Staatsarchiv Hamburg, StAH, JG 993
Cassuto, Isaac
Aus dem ältesten Protokollbuch der Portugiesisch-Jüdischen Gemeinde in Hamburg
in: Jahrbuch der Jüdisch-Literarischen Gesellschaft 6, 1980: 1-54; 7, 1909: 159-210; 8, 1910: 227-290; 9, 1911: 318-366; 10, 1912: 225-295; 11, 1916: 1-76; 13, 1920: 55-118
Cohen, Gerson D.
Messianic Postures of Ashkenazim and Sephardim (Prior to Sabbethai Zewi)
New York 1967
Goldish, Marc
Rabbi Jacob Sasportas: Defender of Torah Authority in an Age of Change
MA, Hebrew University of Jerusalem
Jerusalem 1991
Hes, Hindle
Jewish physicians in the Netherlands 1600-1940
Assen 1980
Kayserling, Meyer
Biblioteca Española-Portugueza-Judaica
Strasbourg 1890
Komorowski, Manfred
Bio-bibliographisches Verzeichnis jüdischer Doktoren im 17. und 18. Jahrhundert
München 1991
Meijer, Jaap
Sabetai Rephael in Hamburg. Korte bydrage tot de geschiedenis van de Joodse wereld na Sabetai Tswi
in: Liber amicorum Prof. J. Romein: 103-108
Amsterdam 1953
Moyel, Elie
Rabbi Yaakov Sasportas (hebr.)
Jerusalem 1992
Scholem, Gershom
Ursprünge, Widersprüche und Auswirkungen des Sabbatianismus
in: Judaica 5:117-130
Frankfurt am Main 1992
(Erstdruck 1937)
1937
Scholem, Gershom
Die Metamorphose des häretischen Messianismus der Sabbatianer im religiösen Nihilismus im 18. Jahrhundert
in: Zeugnisse. Theodor W. Adorno zum 50. Geburtstag: 20-32
Frankfurt am Main 1963
(Wiederabdruck in: Gershom Scholem: Judaica 3: 198-217, Frankfurt am Main 1970)
Scholem, Gershom
Die Krise der Tradition im jüdischen Messianismus
in: Eranos Jahrbuch 37, 1968-1970:9-42
(Wiederabdruck in: Gershom Scholem: Judaica 3: 152-197, Frankfurt am Main 1970)
Scholem, Gershom
Sabbatai Zwi. Der mystische Prophet
Frankfurt 1992
Tishbi, I. [Hg.]
Sasportas, Jacob: Zizath Nobel Zvi (hebr.)
Jerusalem 1954
Whaley, Joachim
Religiöse Toleranz und sozialer Wandel in Hamburg, 1529-1819
Hamburg 1992
Wininger, Solomon
Große Jüdische National-Biographie
Czernowitz 1927-1936
[Nachdruck Nendeln 1979]
Yovel, Yirmiyahu
Spinoza and Other Heretics. Bd. 1: The Marrano of Reason; Bd. 2: The Adventures of Immanence
Princeton 1989

Curiel Bibel : New York, Hispanic Society of America, MS 241

Duarte Nunes da Costa alias Jacob Curiel aus Hamburg (1585-1664)[1]

Jonathan I. Israel (London)[2]

Unter der Handvoll westlicher sefardischer Patrizier, die im siebzehnten Jahrhundert von europäischen Monarchen geadelt wurde, war der in der Synagoge als Jacob Curiel bekannte einstige Marrane Duarte Nunes da Costa. Er war von 1641 bis zu seinem Tode 1664 Agent der portugiesischen Krone in Hamburg und sowohl in weltlichen als auch in religiösen Angelegenheiten eine der auffälligsten Persönlichkeiten. 1641 ernannte ihn der portugiesische König João IV. zum Ritter des königlichen Hausstandes (*cavaleiro fidalgo*), ein Titel, der 1645 auch Duartes ältestem Sohn Jeronimo Nunes da Costa, von 1645 bis zu seinem Tode 1697 Agent der portugiesischen Krone in den Vereinigten Provinzen, verliehen wurde.[3] Obwohl Duarte nach 1620 nur wenige Jahre in Holland zubrachte, war sein Leben und Wirken vielfältig mit dem Wachsen und Werden der holländischen Sefarden verknüpft. In mancherlei Hinsicht war er der typische Repräsentant einer Elite. Verglichen aber mit anderen reichen sefardischen Patriziern in Westeuropa scheint er sich ungewöhnlich stark für das Judentum und die Förderung des sefardischen Gemeindelebens eingesetzt zu haben.

Isaac de Mattatia Aboabs[4] bekannter genealogischer Darstellung zufolge wurde Duarte Nunes da Costa am 26. September 1587 als ältester Sohn des Lissaboner Arztes Dr. Jeronimo Nunes Ramirez (1545-1609) und seiner Ehefrau Maria Fonseca geboren. Duarte gab seinem ältesten Sohn nach sefardischer Sitte den Namen seines eigenen Vaters, eines gewissen Nunes aus Coimbra. Dieser Duarte,

---

[1] Abdruck mit freundlicher Genehmigung der Studia Rosenthaliana. Der Aufsatz von Jona-than I. Israel erschien zuerst in der Studia Rosenthalianan 12, 1987: 1-61; Nachdruck in Jonathan I. Israel «Empires and Entrepots. The Dutch, the Spanish Monarchy and the Jews, 1584-1713. London 1990: 333-353

[2] Die Forschungsarbeiten für diesen Aufsatz erhielten große Unterstützung von Marcel Curiel aus Caracas, einem direkten Nachkommen Duartes, sowie von Edgar Samuel, dem Direktor des Jüdischen Museums in London, und António de Vasconcelos Simão, der das in portugiesischen Archiven vorhandene Material ausfindig machte.

[3] Duarte wurde am 14. Juni 1641 geadelt. Vgl. British Library MS.Add. 46912, fos.llr-v; Israel 1983: 167-68

[4] Revah 1961: 30; siehe auch die ausführlichen Anmerkungen über die Familie Nunes da Costa in Kellenbenz 1958

so wissen wir, war ein recht wohlhabender Tuchhändler und mit ziemlicher Sicherheit ein Neuchrist. Ein Brief von 1560 unterrichtet uns von seiner Korrespondenz mit einem Bruder, Fernão Nunes, der in das Osmanische Reich geflüchtet war und sich in Konstantinopel[5] offen zum Judentum bekannte, auch weisen zahlreiche Inquisitionsakten die meisten seiner Kinder als Neuchristen aus. Zu ihnen gehörte Diogo Peres da Costa, einer der angesehenen Onkel von Duarte Nunes, der als Kaufmann über zwanzig Jahre lang das spanische Vizekönigreich Peru bereiste, bis die peruanischen Inquisitoren ihn denunzierten und in Potosí, Lima und Cuzco, wo sein Name in den Kirchen aufgerufen wurde, vergebens nach ihm fahndeten. Man weiß, daß er über Sevilla nach Venedig entkam und von dort in das Heilige Land zog, wo er sich in Safed niederließ und den Nachnamen «Curiel»[6], das mittelalterliche spanische Patronymikon der Familie, angenommen haben soll. Während er als Jude in Safed lebte, wurde er im März 1605[7] in effigie bei einem Auto-da-fé in Lima verbrannt. Ein Sohn von Duarte Nunes, der ein aufrichtiger Christ wurde, war Bischof Francisco de Victoria (1540-1592), wahrscheinlich der einzige Neuchrist im sechzehnten Jahrhundert, der es bis zum katholischen Bischof brachte. Nach seiner Berufung 1577[8] durch Philipp II. von Spanien in die erste argentinische Diözese Tucumán war er sicherlich auch der erste Bischof auf dem Boden des heutigen Argentinien. Im Gegensatz zu anderen Bischöfen scheint Francisco de Victoria außergewöhnliches Interesse am Handel gehabt zu haben. So engagierte er sich persönlich im Schmuggelhandel zwischen Südbrasilien und Potosí[9] über Buenos Aires und den Rio de la Plata.

Dr. Jeronimo Nunes Ramirez war weit weniger reiselustig als die meisten seiner Brüder und ist hauptsächlich durch seine lange lateinische Abhandlung über das Aderlassen[10] bekannt. Kurz nach seinem Tode im Jahre 1609 wurde sein Schwager Thomas da Fonseca wegen Judaisierens von der Lissabonner Inquisition verhaftet. Dadurch gerieten andere Familienmitglieder dermaßen in Gefahr, daß eine größere Gruppe, darunter Duartes Mutter und Duarte selbst sowie sein jüngerer Bruder Lopo Ramires (später eine prominente jüdische Persönlichkeit in Amsterdam), nach Madrid ging, wo sie fast zwei Jahre[11] bleiben sollte. Dann aber wurde das Inquisitionstribunal von Toledo auf mindestens ein Mitglied dieser Geheimjuden aufmerksam, und am 26. Juni 1611 erließ es Haftbefehl gegen den

---

5 Siehe den Entwurf des Briefes, den Vater João Dias 1560 an die Inquisitoren in Konstantinopel schickte, in Arquivo Nacional da Torre do Tombo, Lissabon (= ANTT) Santo Officio, Papeis avulsos M 7-2608
6 Revah 1961: 298; García de Proodian «Los Judíos en América»
7 Ibid.; Palma 1863: 6
8 González Davila 1655 ii, fos. 52-v; I. de M. Aboab behauptet fälschlicherweise, daß Francisco auch Erzbischof von Mexiko wurde, eine Aussage, die auf einer Namensverwechslung beruht.
9 Canabrava 1944: 61-3, 87; Boxer 1952: 75
10 Siehe Jeronimo Nunes Ramirez, *De Ratione Curandi per Sanguinis Missionem* (1. Aufl. Lissabon, 1608; 2. Aufl. Antwerpen, 1610); siehe auch Diogo Barboso Machado, *Bibliotheca Lusitana Historica, Critica e Cronologica,* Lissabon, 1747; 509-10
11 ANTT Inquisição de Lisboa tom. 6172, «Proceso de Duarte Nunes Vitório», fos. 23, 38, 40, 44.

Rechtsanwalt Duarte Nunez Vitorio. Er war der Vetter von Duarte Nunes da Costa (der Sohn von Luis Nunes Vitorio, eines weiteren Sohnes von Duarte Nunes) und als Ehemann von Duarte Nunes da Costas älterer Schwester Guiomar da Costa[12] zugleich sein Schwager. Abermals in Gefahr, kehrte Duarte Nunes Vitorio nach Lissabon zurück. Wahrscheinlich, um Guiomar und die Kinder zu holen, die offenbar in Lissabon geblieben waren - doch vergeblich. Die übrigen setzten sich eiligst nach Nordspanien ab, überschritten die französische Grenze und ließen sich in St. Jean de Luz nieder.

Während Duarte, seine Mutter und die anderen unversehrt aus Spanien entkamen, wurden Duarte Nunes Vitorio, Guiomar da Costa sowie zwei weitere Schwestern Duartes von der Inquisition in Lissabon verhaftet, verhört, gefoltert, eingekerkert und in einem öffentlichen Auto-da-fé vorgeführt, ehe es ihnen schließlich gelang, Portugal zu verlassen und nach Holland in ein jüdisches Leben zu fliehen. In ihren Geständnissen vor der Inquisition bekannten sie Einzelheiten über die heimlichen religiösen Zusammenkünfte, die im Hause des inzwischen verstorbenen Dr. Jeronimo Nunes Ramirez stattgefunden hatten. Unter anderem sagten sie aus, daß der geistliche Führer der Familie in Lissabon niemand anders als der später in der ganzen sefardischen Welt als Eliahu Montalto berühmt gewordene Dr. Felipe Rodriguez Montalto gewesen sei, den die Königinmutter, die seine ärztlichen Dienste begehrte, an den französischen Hof rief und ihm das einzigartige Privileg gewährte, seinen jüdischen Glauben in Frankreich offen zu praktizieren. Bis heute haben die Historiker nicht erkannt, daß Montalto bereits vor seinem Weggang aus Portugal als eifriger Bekehrer unter den Marranen wirkte. Eine Schwester Duartes beschreibt ihn während seiner Lissaboner Zeit als *grande letrado nas cossas da ley de Moyses*.[13] Diese Aussage sowie die unübersehbare Tatsache, daß Montalto sich als einer der entschiedensten und christenfeindlichsten jüdischen Polemiker des frühen siebzehnten Jahrhunderts erwies, zeugt nicht nur vom Vorhandensein eines echten Zusammengehörigkeitsgefühls unter den Neuchristen Lissabons, sondern auch davon, daß der Zorn über die Grausamkeit der Inquisition sich bei einigen rasch zu einer allgemeinen Abneigung gegen die Kirche und ihre Lehren entwickelte.[14] Ich behaupte sogar, daß die bei Montalto so offenkundige Christenfeindlichkeit auch bei Duarte Nunes da Costa, Lopo Ramires und anderen aus ihrem Kreis Spuren hinterließ.

Montaltos Vertrautheit mit den Duartes erwuchs vor allem daraus, daß seine Frau, Jeronima da Fonseca, die Schwester von Duartes Mutter[15] war. Er und Jeronimo Nunes Ramires hatten Töchter des berühmten Dr. Lopo da Fonseca geheiratet. Überdies war Montalto nicht nur eine Hauptfigur bei den Familienzusammenkünften in Lissabon. Wir wissen auch, daß er die Korrespondenz mit Maria Fonseca und ihren Kindern fortsetzte, nachdem er sich in Italien niedergelassen hatte,

---

12 Archivo Histórico Nacional, Madrid Inquisición legajo 169, no. 5
13 ANTT Inquisição de Lisboa tom. 7192, «Proceso de Duarte Nunes da Costa«, fos. 9, 12v
14 Über Montaltos erbitterte Christenfeindlichkeit siehe Roth 1929: 137-16 und Roth 1975: 242-44
15 Revah 1961: 302

um zunächst als Neuchrist in der Toskana und dann in Venedig offen als Jude zu leben. Von Venedig aus hielt er Kontakt mit den Duartes, solange sie in Lissabon waren und auch später, als sie in Madrid, St. Jean de Luz und anderswo wohnten. Dadurch wußte er von den gefährlichen «Ereignissen in Lissabon und Madrid», und in einem Brief vom August 1611 berichtet er nach St. Jean von der großen Freude, die man in seinem Haus in Venedig empfand, als man von der geglückten Flucht der Familie nach St. Jean[16] erfuhr. Des weiteren setzt er sich mit Pero Rodrigues, dem Ehemann einer Tante Duartes, auseinander, dem einzigen aus der Gruppe, der sich nicht sonderlich zum Judentum hingezogen fühlte und lieber Christ blieb, anstatt wie die anderen in Frankreich zu einer kryptojüdischen Religionspraxis zurückzukehren. Diese unverzügliche Rückkehr in ein Land, wo der jüdische Glaube offiziell verboten war, ist für mich der überzeugendste Beweis gegen die Argumente jener Gelehrten, die behaupten, daß es Anfang des siebzehnten Jahrhunderts in Portugal keine echte kryptojüdische Tradition gegeben habe.

Während Duarte Nunes da Costas Vater Arzt war und sein Großvater Tuchhändler in Portugal, ergriffen etliche seiner Onkel das anregende Geschäft des Kolonialhandels und unternahmen wie viele aus der Generation portugiesischer Neuchristen nach 1570 weite Reisen. Mit der Entstehung der brasilianischen Zuckerrohrplantagen Ende des sechzehnten Jahrhunderts, der raschen Expansion des hispanoamerikanischen Silberbergbaus sowie dem damit verbundenen größeren Bedarf an afrikanischen Sklaven taten sich nie gekannte Möglichkeiten auf. Es entstand ein leistungsfähiges transatlantisches Handelsnetz, das sich auf Portugal und Spanien stützte. Neben Diogo Peres da Costa und Francisco de Vitorio ist auch Duartes ältester Onkel väterlicherseits, Fernão Lourenço Ramires, zu erwähnen, der um 1570 als «Guinea Kaufmann» in Lissabon tätig war und später ebenfalls ins Osmanische Reich auswanderte, wo er sich offen zu seinem Judentum bekannte und den Namen «Curiel»[17] annahm. Er soll in Tripolis im Libanon gestorben sein. In der Atmosphäre eines lebendigen Kryptojudentums wuchs Duarte in Lissabon auf, wo die exotischen Erfahrungen der ersten marranischen Kolonialunternehmer noch alltäglich waren. Es besteht daher kein Anlaß zu bezweifeln, daß Duarte die während vieler Jahre in Brasilien und Ostindien besonders im Diamantenhandel bewiesene Sachkenntnis in seiner Geburtsstadt Lissabon erworben hat, ehe er vor der Inquisition flüchtete.

Die Aussagen seiner Schwestern vor der Lissaboner Inquisition belegen, daß Duarte bereits vor der Flucht seiner Mutter und anderer Verwandter aus Lissabon etliche Geschäftsreisen nach Madrid unternommen hatte und schließlich dorthin übergesiedelt war.[18] Wahrscheinlich handelte er in der spanischen Hauptstadt mit Diamanten oder anderen portugiesischen Waren. Nach seiner Abreise aus Madrid

---

16 Roth 1929: 8
17 Revah 1961: 298
18 ANTT Inquisição de Lisboa tom. 7192, «Proceso de Duarte Nunes da Costa«, fos. 3, 10v, 15v

verlieren wir ihn einige Jahre aus den Augen, so daß wir nicht wissen, ob er von Spanien aus direkt nach Florenz ging, wo er etliche Jahre später wohnte, oder ob auch er zunächst einige Jahre in St. Jean zubrachte. Jedenfalls blieb er in engem Kontakt mit seiner Familie in St. Jean und, nach dem Tode der Mutter 1614 (als Lopo Ramires die jüngste Schwester und andere Verwandte nach Amsterdam brachte), mit Lopo in Holland.[19] Tatsächlich betrieb Duarte seine Geschäfte in der Toskana offenkundig sowohl unter Mitwirkung von Lopo in Amsterdam als auch von Korrespondenten in Lissabon. 1617 zum Beispiel wurden auf Duartes Anweisung von Lopo aus Amsterdam übersandte Waren in Livorno zusammen mit anderen Gütern auf ein Schiff verladen, das nach Tunesien gehen sollte, unglücklicherweise aber vor Sardinien sank.[20] Duartes Beteiligung am Nordafrikahandel (den er, wie wir noch sehen werden, auch nach seiner Übersiedlung nach Amsterdam weiterbetrieb) stand vermutlich im Zusammenhang mit dem steigenden Bedarf nach roten Mittelmeerkorallen, die man für den Handel mit Indien benötigte.[21] Die meisten der von Lissabon nach Goa verschifften roten Korallen stammten von der tunesischen Küste. Zweifellos importierte Duarte ebenso wie Lopo von Lissabon indische Diamanten zusammen mit anderen portugiesischen Kolonialwaren, und vielleicht hat er, wie Lopo, durch seine Agenten in Lissabon auch Produkte in die portugiesischen Kasernen in Ostindien geliefert.

Neben dem Handel aber hatte Duarte zeitlebens auch großes Interesse an anderen Dingen. Angesichts der hervorragenden Rolle, die er seit seiner Ankunft 1621 in Amsterdam in der dortigen Gemeinde spielte, erscheint es als sicher, daß er während seiner toskanischen Jahre umfangreiche Erfahrungen in Synagogenangelegenheiten gesammelt haben muß. Wie groß sein Interesse an Judaica war, belegt die Tatsache, daß er 1618 in Pisa von einem Mitglied der Familie Rosilho aus Fez eine prachtvoll illustrierte mittelalterliche spanisch-hebräische Bibel erwarb. Wie Duarte selbst auf der Innenseite des Einbands vermerkte, kaufte er die ehrwürdige Bibel wegen ihrer Schönheit und Kostbarkeit und in der Absicht, sie als wertvollen Familienbesitz zu bewahren.[22] Und wir wissen, daß sie bis Anfang des neunzehnten Jahrhunderts tatsächlich im Besitz der Amsterdamer Curiels blieb. Nach Duartes Tod kam sie auf Jeronimo Nunes da Costa, der die als eine der ältesten im Besitz sefardischer Juden geltende Bibel offenbar Joseph Athias für seine historische *Biblia Hebraica* von 1667 zur Verfügung stellte. Laut David Franco Mendes die «berühmteste Publikation, die aus den Reihen der Unseren in dieser Stadt hervorging».

Der in Madrid offensichtlich noch ledige Duarte heiratete zwischen 1611 und 1617 Ynes Lopez Jorge (Leah Abaz). Daß er eine Erbin aus der Antwerpener

---

19 Maria de Fonseca starb im Februar 1614 in St. Jean, und aus Amsterdam kommend, trafen Lopo und seine jüngste Schwester Isobel im März in St. Jean ein.
20 E. M. Koen, «Amsterdam notarial deeds pertaining to the Portuguese Jews in Amsterdam up to 1630», Auszüge in *Studia Rosenthaliana*: nos. 767, 1027, 1449, 1470
21 Über die Rolle der Koralle im Diamantenhandel, siehe Yogev 1978: 102-4
22 Catalogue de vente de la succession de feu M. D. Henriques de Castro (Amsterdam, 1899), pp. 44-5. Heute in der Sammlung der Hispanischen Gesellschaft von Amerika in New York

Elite portugiesischer Neuchristen ehelichte, deutet daraufhin, daß er selbst bereits über beträchtliches Vermögen und Prestige verfügt haben muß. Die Geburtsdaten seiner beiden ältesten Töchter kennen wir nicht, aber wir wissen, daß sein drittes Kind, sein ältester Sohn Jeronimo Nunes da Costa, am 29. Mai 1620 in Florenz zur Welt kam.[23] Duarte und seine Familie verließen Florenz 1621, kurz nachdem im April der zwölfjährige Waffenstillstand zwischen Spanien und den Vereinigten Provinzen auslief, wodurch zahlreiche Handelsverbindungen[24] der westeuropäischen Sefarden zerstört wurden. Das Ende des Waffenstillstands und die damit verbundene Verbannung aller holländischen Schiffe und Produkte aus Portugal und Spanien sowie der Niedergang des holländischen Speditionsgewerbes zwischen der iberischen Halbinsel und Italien hätten die Fortsetzung der bisherigen Zusammenarbeit zwischen Lopo und Duarte ohnehin unmöglich gemacht. Am 30. Juni 1621 setzte Lopo in Amsterdam eine notariell beglaubigte Urkunde auf, welche «Duarte und Luis Nunes da Costa, Kaufleute in Florenz» bevollmächtigte, seinen Anteil an den Schulden des Abraham Cohen de Lucena in Pisa einzutreiben.[25] Duartes Neffe Luis, der älteste Sohn seiner Schwester Guiomar, scheint nach der Verhaftung seiner Eltern in Lissabon in der Familie Duartes aufgewachsen und dort geblieben zu sein. Deshalb ist es überaus wahrscheinlich, daß Duarte sich 1621 zur Zeit des sensationellen Diamantenverkaufs noch in der Toskana aufhielt. Ein beträchtlicher Posten Diamanten, den algerische Piraten von einem portugiesischen Schiff erbeutet hatten, wurde in Livorno und Florenz zu Niedrigstpreisen verkauft. Braudels Quelle zufolge wurde durch diesen Verkauf «ganz Italien reich».[26] Falls Duarte sich damals noch dort aufhielt, befand er sich in einer günstigen Position, um sich diesen Coup zunutze zu machen.

In Amsterdam versuchte Duarte sofort, in seinem neuen Milieu gesellschaftlich und geschäftlich Fuß zu fassen. Selbstverständlich trat er derselben Synagoge bei, der auch sein Bruder angehörte, der Beth Ya'acov nämlich. Daß er damals bereits vermögend war, zeigt sich an seiner relativ hohen *finta* Besteuerung (26 Gulden) und daran, daß er im März 1622 von einem holländischen Buchbinder für 5900 Gulden ein großes Haus in der Jodenbreestrat kaufte. Von Amsterdam aus trieb er weiterhin Handel sowohl mit der Toskana und Nordafrika als auch insgeheim mit Lissabon. Im März 1622 nutzten Duarte und Lopo die hohen italienischen Lebensmittelpreise und schickten gemeinsam ein Schiff mit Getreide und Bohnen nach Livorno[27]. Noch wagemutiger waren sie 1623/24, als sie mit falschen Hansepapieren versehene deutsche Schiffe samt Besatzung charterten und nach Setúbal sandten, um angeblich Salz für einen Hafen der Hanse, in Wahrheit aber für den niederländischen Markt[28] zu übernehmen. 1624 gehörte Duarte zu den elf portugiesischen Juden in Amsterdam, die den Rat ersuchten, die General-

---

23 Revah 1961:305
24 Israel 1978: 17-22
25 Koen in *Studia Rosenthaliana*, no. 2445
26 Braudel 1973: i, 889
27 Gemeentearchief (im folgenden GA) Amsterdam, Notarial Archive (=Na) 628, S. 472-73
28 GA Box Index, Portugeese Joden, Soutvaart 1623-4.

staaten zu veranlassen, an verschiedene nordafrikanische Potentaten Briefe zu schreiben und ihnen zu versichern, daß die Juden holländische und nicht iberische Untertanen seien.[29] Im Gegensatz zu den meisten anderen sefardischen Kaufleuten in Holland interessierte sich Duarte Nunes da Costa auch für die soeben gegründete Holländische Westindien-Gesellschaft und ihre ehrgeizigen Expansionspläne im spanischen Amerika. Er investierte 4000 Gulden in die Gesellschaft, eine Summe, die nur von einem anderen jüdischen Investor, Bento Osorio, übertroffen und auch nur von einem weiteren, Francisco Coutinho, erreicht wurde. Wie Duarte verfügten auch sie über Geschäftsverbindungen nach Italien.[30]

Unterdessen gewann Duarte in kürzester Zeit beträchtlichen Einfluß auf das Gemeindeleben der holländischen Sefarden. Sein Bruder Lopo war eher von schroffem Wesen und gehörte 1618 zu den Urhebern des bitteren Zerwürfnisses in der *Beth Ya'acov*-Synagoge[31], das zur Abspaltung der *Beth Israel*-Gemeinde führte, wodurch sich die Zahl der sefardischen Gemeinden in Amsterdam auf drei erhöhte. Duarte dagegen hielt sich einiges auf seine Geschicklichkeit als Friedensstifter und Vermittler zugute. Welchen Einfluß er während der schwierigen Gemeindeverhandlungen von 1622 im einzelnen hatte, werden wir wohl nie erfahren. Dem Chronisten und Dichter Daniel Levi de Barrios zufolge, der etwa sechzig Jahre später Informationen aus zweiter Hand niederschrieb, spielte Duarte oder, wie er ihn nennt, Jacob Curiel, bei der Beilegung des Streites und der Versöhnung der zerstrittenen Gemeinde die Hauptrolle. Es ist durchaus zutreffend, daß 1622 die Grundlagen für eine völlig neue Zusammenarbeit zwischen den drei Amsterdamer Synagogen gelegt wurden. Nach dem Zusammenbruch des holländischen Handels mit der iberischen Halbinsel im Jahre 1621 verschlechterte sich die wirtschaftliche Lage der sefardischen Juden in Holland zusehends. Die drei Synagogengemeinden standen durch den wachsenden Bedarf an Armenunterstützung sowie auf Grund verminderter Einnahmen plötzlich am Rande einer Krise. In den Gesprächen, die (im Februar 1622) zur Gründung des *Imposta* (Steuer)-ausschusses führten, Kernstück einer neuen Strategie innerhalb der Gemeinden, hatte Duarte anscheinend eine Schlüsselposition inne. Ziel der *Imposta* war es, das jäh akut gewordene Problem der Armenfürsorge zu bewältigen und ganz allgemein über «Angelegenheiten zu beraten, die für die Nation und ihren Erhalt wichtig und notwendig waren.»[32] Der Ausschuß sollte alle kommerziellen und finanziellen Transaktionen, an denen Mitglieder der drei Gemeinden beteiligt waren, mit einer allgemeinen Steuer oder *imposta* belegen, aus der die steigenden Kosten für die Armenfürsorge bestritten werden konnten. Desgleichen betrieb er die Re-Immigration armer Juden zumeist nach Italien und in die islamischen Länder, wo man Ansiedlung und

---

29 Les Sources Inédites de l'histoire du Maroc, ed.Henri de Castries 1. ser. vol. IV (Paris-Den Haag, 1913), S. 29
30 Wätjen, 1913: 32-3
31 Ancona 1940: 22-30
32 GA Amsterdam, Portugees Joodse Gemeente no. 13, «Libro dos termos da ymposta da nacao», Gründungsartikel

Arbeitsmöglichkeiten für günstiger hielt. Gleichwohl sahen die Satzungen des Ausschusses vor, weiterhin arme Neuchristen zu unterstützen, die Frankreich oder die iberische Halbinsel verlassen wollten, um in Holland zum Judentum zurückzukehren. Die wirtschaftliche Notlage sollte den Bekehrungseifer der Gemeinde nicht schwächen dürfen. Im großen und ganzen war die *imposta* erfolgreich. Im Laufe der Zeit übernahm der Ausschuß weitere Aufgaben und fungierte bis 1639 als koordinierendes Leitungsgremium der Amsterdamer Sefarden und in den Verhandlungen mit den städtischen Behörden als Sprachrohr der Gemeinden.

Während der zwanziger Jahre waren Duarte, Lopo und ihr Vetter Duarte Nunes Vitorio (Abraham Curiel) zu unterschiedlichen Zeiten Mitglieder des sechsköpfigen *Imposta*-Ausschusses. 1624 wurde Duarte Nunes da Costa zum *Parnas* der *Beth Ya'acov*-Gemeinde gewählt und im gleichen Jahr auch in den Steuerausschuß. In dieser Eigenschaft unterzeichnete er einen Beschluß über die Zahlung eines Lösegelds nach Palermo, wo die Spanier angeblich Mutter und Kinder eines Rabbiners gefangenhielten. Doch die Meldung erwies sich als falsch, und die Überweisung wurde annulliert.

Levi de Barrios zufolge wurde Duartes zweiter Sohn Manoel in Amsterdam geboren, als gerade die Verhandlungen stattfanden, die zur Versöhnung der drei Gemeinden führten; um die Erinnerung an diese Versöhnung wachzuhalten, gab Duarte ihm den hebräischen Namen *Selomoh*, der sich, wie der Chronist sagt, von dem hebräischen Wort *shalom* herleiten soll.[33] Diese Geschichte hat Levi de Barrios vermutlich viele Jahre später von Duartes ältestem Sohn Jeronimo gehört. Um Duartes Rolle als Friedensstifter in der Gemeinde zu rühmen und vielleicht auch auf Jeronimos Anregung, schrieb Levi de Barrios folgendes Sonett:

> *«Lo discorde aruina la conciencia*[34]
> *y dividiendo el pueblo lo enflaquece,*
> *con la venganca al animo envilece,*
> *y con la ira es landre de la ciencia.*
>
> *Enciende quien lo apaga, à la clemencia,*
> *aclara a la salud quien lo obscurece,*
> *da a la agudeza luz quien lo entorpece,*
> *y quien lo abate, enxalta a la opulencia.*
>
> *Marchitó en Amsterdam Hebrea planta*
> *calor discorde de maestros sabios:*
> *revivela Curiel con la paz santa:*

---

33 Levi de Barrios, «Vida de Ishac Huziel«, S. 4 in *Triumpho del govierno popular en la Casa de Jacob* (Amsterdam, 1683): «Echò la pasion», schreibt unser Autor, «la mançana de la discordia entre las cabeças de las tres congregaciones de Bet Yahacob, neve Shalom, y Bet Israel, en el ano de 1619, y el cuerdo y solicito Iacob Curiel (que despues fue Regente del Rey Don Iuan Quarto de Portugal en Hamburgo) por la dicha que tuvo de deponerlos en paz, llamò en la circuncion a su segundo hijo *Selomoh* que significa *Pacifico*.»

34 Ibid. S. .5.

Un Salomon alcanca en sus victorias:
y borrando el papel de los agravios,
haze escrivir su nombre en las Memorias.»

Mitte der zwanziger Jahre war das spanische Embargo gegen Holland strenger denn je, und der Handel mit Spanien und Portugal wurde zunehmend über Hamburg abgewickelt. Vor diesem Hintergrund ist Duartes Entschluß zu sehen, nach rund fünf Jahren in Amsterdam an die Niederelbe überzusiedeln und damit dem Beispiel zahlreicher Amsterdamer Sefarden zu folgen, die seit 1620 in den Nordwesten Deutschlands gezogen waren.[35] Im Mai 1626 hielt sich Duarte noch in Amsterdam auf, wo er mit Lopo und zwei anderen sefardischen Kaufleuten eine Schiffsfracht zum Stammquartier der Piraten im marokkanischen Saleh zusammenstellte.[36] Doch wenig später verließen er und seine Familie mitsamt ihrer Habe Holland. Sie begaben sich zunächst nicht nach Hamburg, sondern nach Glückstadt. Diesmal jedoch hatte Duarte nicht den richtigen Zeitpunkt abgepaßt, denn seine Ankunft in Glückstadt fiel zusammen mit dem Eintritt Dänemarks in den Dreißigjährigen Krieg und dem Vorrücken der Habsburgischen Armeen nach Norddeutschland. Die Niederlage der Dänen am 27. August 1626 bei Lutter bedeutete das Ende des Glückstädter Wohlstands, und als sich herausstellte, daß der zu Dänemark gehörenden Stadt die Belagerung drohte, machten sich die dort ansässigen sefardischen Kaufleute, darunter Duarte, eiligst auf den Weg nach Hamburg. 1627 engagierte sich Duarte erneut im jüdischen Gemeindeleben und als Kaufmann.[37] Von 1627 bis Anfang der vierziger Jahre gehörte er zu den aktivsten jüdischen Kaufleuten Hamburgs. Er handelte mit einem umfangreichen Sortiment, hauptsächlich aber mit Zucker und Diamanten aus Lissabon und Amsterdam. Beim Umgehen des spanischen Embargos gegen den holländischen Portugal-Handel kooperierte Duarte vor allem mit seinem Bruder und anderen sefardischen Kaufleuten in Amsterdam. Daher trat er häufig im Auftrag seiner Amsterdamer Geschäftsfreunde auf. Im Herbst 1630 zum Beispiel lief, aus Lissabon kommend, ein Hamburger Schiff, die *St. Pieter,* in ihren Heimathafen ein. An Bord hatte sie etliche Pakete mit Diamanten und Perlen aus Portugiesisch-Ostindien, die alle die Aufschrift «DNdC» trugen und für Duarte Nunes da Costa bestimmt waren; der Großteil der Ladung jedoch ging an seinen Bruder und die reichen Vettern Francisco und Manoel Ramires Pina und andere in Amsterdam.[38] Seine Brüder hatten ebenfalls Verbindung zu den portugiesischen Neuchristen in Antwerpen und vermochten trotz des Krieges, zahlreiche Transaktionen in den spanischen Niederlanden zu tätigen. Im November 1631 ermächtigten Duarte und Lopo einen Kaufmann in London, über die Rückgabe einer Fracht aus Hondschoote zu verhan-

---

35 GA Amsterdam NA vol. 370-1
36 GA Amsterdam NA vol. 633, fo. 58
37 Staatsarchiv Hamburg (=SAH), Reichskammergerichtsakten L60, fo. 75. Der früheste Hinweis auf Duarte, den ich im Staatsarchiv fand, betrifft eine an ihn adressierte Ladung Zucker aus Portugal, siehe SAH Admiralitätskollegium F4/3, S. 2
38 GA Amsterdam NA vol. 257, fos. 703-4v.

deln, die sie in Calais auf gemeinsame Rechnung auf ein Schiff nach Porto hatten verladen lassen, das aber von den Engländern beschlagnahmt worden war.[39]

Neben der Zusammenarbeit mit seinen holländischen Verwandten wickelte Duarte auch einen umfangreichen Handel mit Lissabon ab. Er exportierte Roggen, Weizen, Tuche und importierte hauptsächlich brasilianischen Zucker und indische Diamanten.[40] Gelegentlich lieferte er Waren, z. B. Tuche, in andere Teile Portugals, einschließlich Madeira, mitunter auch in spanische Hafenstädte wie Málaga und San Lúcar[41].

Durch seine Kontakte zu jenem Mann, den Lopo später als «unsern guten Freund Yllan» bezeichnete, einen portugiesischen neuchristlichen Kaufmann aus Antwerpen, der enge Beziehungen zu spanischen Ministern in Brüssel[42] unterhielt, begann Ende der dreißiger Jahre eine neue und politischere Phase in Duartes Leben. Don Garcia de Yllan, wie man ihn nannte, genoß hohes Ansehen am Hofe des Kardinalinfanten, eines jüngeren Bruders Philipps IV. von Spanien und zwischen 1635 und 1641 Gouverneur der spanischen Niederlande. Auf Grund seiner Verbindungen zum Hofe, seines vorzüglichen Geschäftssinns und eines beinahe ganz Westeuropa umspannenden Netzes von Kontakten sicherte Yllan sich jahrelang die Aufträge für die Lieferung von Brot, Schießpulver und anderem Heeresbedarf an die spanischen Truppen in Flandern. Durch ihn kamen Duarte und Lopo wahrscheinlich in Kontakt mit den Lieferanten der spanischen Kriegsflotte in Cadiz. Die Jahre zwischen 1636 und 1639, als Olivares seine große Armada aufrüstete, die schließlich 1639 bei Tromp at the Downs vernichtet werden sollte, waren der Höhepunkt ihrer Lieferungen von Schiffsvorräten und Munition aus Hamburg nach Cadiz, Lissabon und La Coruña. Für die Koordinierung des Warenumschlags auf die hanseatischen Konvois, die jedes Jahr «nordwärts» (d.h. um Schottland und Irland herum) zur iberischen Halbinsel segelten, um die holländischen Kriegsschiffen zu meiden, bedurfte es zuverlässiger Kontakte. Offenbar waren Silvio del Monte (Selomoh Cohen) und Duarte Nunes da Costa die prominentesten jüdischen Munitionshändler Hamburgs. Im Staatsarchiv Hamburg und in den Archives Générales du Royaume in Brüssel befinden sich Briefe, die Duartes zentrale Rolle als Lieferant von Schießpulver und anderer Munition sowohl an die spanische Flotte als auch an die Armee in Flandern belegen.[43] Auch in der Regierungskorrespondenz begann Duartes Name aufzutauchen. Im Sommer 1639 wurden 200.000 Pfund Schießpulver, die Duarte an die Armee in Flandern in die Spanischen Niederlande adressiert hatte, von den dänischen Behörden in Glückstadt zurückgehalten. Das veranlaßte den Kardinalinfanten, an den spanienfreundlichen König Christian IV. von Dänemark zu schreiben und ihm zu versichern, daß Duarte Nunes da Costa und del Monte im Auftrag Spaniens tätig sei-

---

39 GA Amsterdam NA vol. 941, fo. 410
40 Zu Duartes Getreidefrachten nach Lissabon, siehe Admiralitätskollegium F3/5, pp. 28, 76, 79, 84.
41 Ibid. Admiralitätskollegium F4/5, p. 8 und F4/9. fo. 25.
42 Siehe die Hinweise auf Yllan in Kellenbenz 1958
43 Kellenbenz 1958: 146, 168, 178, 265, 352

en. Christian gab die Munitionslieferung frei, woraufhin der Kardinalinfant dem dänischen Monarchen abermals schrieb und ihm für die Gefälligkeit «in der Sache Duarte Nunes da Costa» dankte.[44] Tatsächlich scheint Duarte noch einige Monate nach dem Abfall Portugals von Spanien im Dezember 1640 große Mengen Munition nach Spanien und in die Spanischen Niederlande geliefert zu haben. In Brüssel existiert der undatierte, seinem Inhalt nach jedoch offenkundig im Frühjahr 1641 entstandene Entwurf eines Briefs des Kardinalinfanten an König Christian, in dem von einer weiteren Pulverlieferung die Rede ist, die über Glückstadt und Dover (um der holländischen Kriegsflotte auszuweichen) an das spanische Stammquartier in Dünkirchen gehen sollte.[45] Dies aber war Duartes letzte Unternehmung für Spanien. Sein Munitionskontrakt mit dem neuen portugiesischen Regime datiert vom 3. August 1641.[46]

Wie wir wissen, verursachte die Nachricht vom Lissaboner Staatsstreich im Dezember 1640 beträchtliche Aufregung in der portugiesisch-jüdischen und neuchristlichen Diaspora. Die Proklamation des Herzogs von Bragança anstelle des spanischen Monarchen zum König João IV. von Portugal und der Beginn eines langen, bitteren Ringens um die Loslösung von Spanien riefen, zumindest anfangs, große Sympathie bei den Exilanten hervor. Da die Unterdrückung der Neuchristen in Portugal seit 1580 immer unbarmherziger und systematischer geworden war und in etwa mit dem Beginn des spanischen Regimes zusammenfiel; da die Inquisition die einzige portugiesische Institution war, die sich der Loslösung von Spanien widersetzte, hegten die Exilierten offenbar die Erwartung, daß die Unabhängigkeit unter einem einheimischen portugiesischen König zur Schwächung der Inquisition und zur Milderung der Verfolgung führen würde. In der Tat wurden, wie wir aus den Aussagen angeblicher Judaisierer 1642 vor der Inquisition in Mexiko City ersehen können,[47] die Ereignisse des Dezembers 1640 von einigen portugiesischen Neuchristen alsbald mit ausgesprochen messianischen Untertönen versehen. Duarte Nunes da Costa gehörte zu jenen, deren Reaktion auf die Nachricht von der portugiesischen Revolte gegen Spanien man nur als echte Begeisterung bezeichnen kann.

Im Januar 1641, wenige Wochen nach dem Coup d'Etat, erschien in Hamburg ein Abgesandter des neuen portugiesischen Königs, ein Adliger, der die Nachricht von der Unabhängigkeit Portugals überbrachte sowie Akkreditiva für den Kauf von Munition und eine Warnung für Dom Duarte, den jüngeren Bruder des Königs, der im Dienste Österreichs ein Kavallerieregiment in Regensburg befehligte.[48] Zweifellos zählte der Umstand, daß Duarte Nunes da Costa bereits einer der wichtigsten Munitionshändler Hamburgs und obendrein noch Portugiese war, zu den Hauptgründen dafür, daß man ihn auswählte bzw. ersuchte, als Agent der portugiesischen Krone in Norddeutschland tätig zu werden. Freilich gab es auch

---

44 Archives Générales du Royaume, Brüssel, SEA 558, fos. 92-3, 98-v, 102
45 Ibid. fo. 207
46 Mauro 1960: 46
47 Israel 1974: 29-30
48 *Lettres de M. J. de Wicquefort* (2. Aufl., Utrecht, 1712):130-131

noch einen anderen Grund. Es hat nämlich den Anschein, daß Duarte Nunes da Costa schon seit geraumer Zeit Dom Duartes Bankier und Postagent war. Dieser Offizier und Angehörige des portugiesischen Hochadels behauptete jetzt, ein königlicher Prinz aus Lissabon habe 1639 in Duartes Hamburger Haus geweilt.[49] Es wäre interessant zu erfahren, ob Dom Duarte während seines Aufenthalts bei Nunes da Costa davon wußte, daß die heimische Inquisition in der Überzeugung, daß es sich bei Nunes da Costa eindeutig um einen bekennenden Juden handelte, soeben Duartes Akte geschlossen hatte und sein Bild bei einem Auto-da-fé in Lissabon verbrennen ließ. Es waren Duarte Nunes da Costas Verbindung mit Dom Duarte und seine Tätigkeit als Munitionslieferant, die den portugiesischen Abgesandten so begierig machten, seine Dienste zu nutzen.

Ob nun die Warnung Dom Duarte zu spät erreichte oder ob er sie nicht rasch genug befolgte, jedenfalls wurde er einem spanischen Ersuchen zufolge auf kaiserlichen Befehl verhaftet und zunächst in Passau, dann in Graz und, nach seiner Auslieferung an die Spanier, schließlich in Mailand festgesetzt. Seine lange Haft in der dortigen Königsfestung bis zu seinem Tod im September 1649 wurde so etwas wie eine europäische *cause célèbre*, an der zahlreiche Potentaten, darunter auch Königin Christina von Schweden, lebhaftes Interesse bekundeten. Es gab zahlreiche Forderungen von Königen und Fürsten, ihn aus Rücksicht auf seine königliche Herkunft freizulassen, denen indes sämtlich nicht stattgegeben wurde. Durch seinen Korrespondenten in Nürnberg jedoch gelang es Duarte Nunes da Costa, Kontakt mit dem Prinzen aufzunehmen, als dieser in Graz einsaß; und während dessen Haft in Mailand war Duarte seine Hauptverbindung zu Lissabon und zur Außenwelt überhaupt. Sobald der Kontakt hergestellt war, begann Duarte, dem Prinzen Geld, Bücher und anderen Bedarf zu schicken. Der unglückliche Prinz antwortete aus Graz und dankte ihm für die bislang übersandten 3000 Florin. Er übermittelte Nunes da Costas Familie die besten Wünsche und äußerte die Hoffnung, eines Tages wiedergutmachen zu können, was Duarte für ihn getan habe.[50]

Die drei Hauptstränge von Nunes da Costas Engagement für den portugiesischen Unabhängigkeitskampf waren seine Tätigkeit als Munitionslieferant, als Nachrichtenübermittler für Dom Duarte in Mailand und als Helfer bei der diplomatischen Offensive Portugals in Nordeuropa. Letztere bot Duarte Raum für eine eigene politische Rolle. Nachdem es zum Beispiel Francisco de Sousa Coutinho, João IV. erstem Gesandten in Stockholm, gelungen war, die schwedische Anerkennung der neuen portugiesischen Monarchie zu erreichen, befragte er im Sommer 1641 auf Anweisung des Königs Duarte, wie man auf dem Reichstag des Heiligen Römischen Reiches in Regensburg am besten gegen die Inhaftierung des königlichen Bruders protestieren könne. Duarte erklärte, daß es für Sousa Cou-

---

49 ANTT Miscellanea da Graça cela O, caixa 17, tomo 4B, pp. 552-53. Duarte Nunes da Costa an Conde de Vidigueira, Hamburg, 27. Juni 1643; Ramos-Coelho 1889: Bd. 1: 267
50 ANTT Misc. da Graça, loc. cit. pp. 609-11. Dom Duarte an Duarte Nunes da Costa, Graz, 14. Juli 1642

tinho, dessen Sekretär oder irgendeinen anderen portugiesischen Repräsentanten weder sicher noch angemessen sei, sich ohne einen Geleitbrief des Kaisers, der sich mit Spanien gegen Portugal[51] verbündet hatte, nach Deutschland zu wagen. Sousa Coutinho mußte sich damit begnügen, mit Duartes Hilfe ein lateinisches Manifest zu verfassen, das den Reichstag um Dom Duartes Befreiung anrief. Tatsächlich war Duarte Nunes da Costa Anfang der vierziger Jahre inoffizieller portugiesischer *chargé d'affaires* in Deutschland.

Im August 1642 wurde die Koordinierung der portugiesischen Diplomatie (und die Bemühungen um die Freilassung Dom Duartes) dem Botschafter João IV. in Paris, dem Conde de Vidigueira, anvertraut, der später unter dem Namen Marquês de Niza bekannt wurde. Zwar korrespondierte Duarte weiterhin ziemlich regelmäßig mit Lissabonner Ministern und portugiesischen Diplomaten in Holland, Schweden und später in Osnabrück, der Hauptteil seiner amtlichen Korrespondenz konzentrierte sich jedoch fortan auf Vidigueira in Paris. Wie fast die gesamte Post ging auch die des Conde Vidigueiras durch die Hände von Duartes Neffen, Duarte Rodrigues Lamego, einem führenden portugiesischen neuchristlichen Kaufmann in Rouen.[52] Obwohl Duarte noch nicht den formalen Titel «Agent» führte, war seine Position in dem sich entwickelnden diplomatischen Netz Portugals völlig anerkannt und rechtlich geregelt. Im Juni 1641 wurde er vom König geadelt und als Nummer «14» in die diplomatische Geheimchiffre Portugals eingetragen. Zweifellos wurden ihm etliche Geheimnisse anvertraut, vor allem im Zusammenhang mit den Beziehungen Portugals zu Deutschland und Schweden und mit der Angelegenheit Dom Duartes. Als Sousa Coutinho im Juli 1643 in Den Haag eintraf, um sein Amt als Botschafter anzutreten, schrieb ihm Vidigueira aus Paris einen Brief, in dem er ihm unter anderem die Zuverlässigkeit Duarte Nunes da Costas und seines Sohnes Jeronimo versicherte. Sousa Coutinho erwiderte:

> «*Euer Exzellenz sind mir mit der Empfehlung des Duarte Nunes da Costa und seines Sohnes zuvorgekommen, denn auf Grund meiner langen Bekanntschaft mit diesen Männern hätte ich Ihnen dasselbe geschrieben, sowohl wegen der allgemeinen Schuld, die das Reich ihnen gegenüber hat, als auch wegen meiner besonderen persönlichen Verpflichtungen ihnen gegenüber, und daher nehme ich die Empfehlungen Euer Exzellenz außerordentlich gern an.*»[53]

Nachdem er sich Ende 1626 in Hamburg niedergelassen hatte, führte Duarte Nunes da Costa offenbar ein ruhigeres Leben und verließ die Stadt nur noch sel-

---

51 ANTT Misc. da Graça, loc. cit. p. 652; Ramos Coelho, *História do Infante* i, 411; Kellenbenz 1958: 354
52 Duarte Rodrigues Lamego war der älteste Sohn einer jüngeren Schwester Duartes, Beatriz Henriques (Sarah Rodrigues Lamego), der Ehefrau des bekannten neuchristlichen Kaufmanns Antonio Rodrigues Lamego aus Rouen
53 *Correspondência diplomática de Francisco de Sousa Coutinho durante a sua embaixada em Holanda*, ed. E. Prestage, e.a. (3 Bde. Coimbra-Lissabon, 1920-55) i, 21

ten. Im August 1643 allerdings reiste er nach Amsterdam und Den Haag.[54] Außer bei seinem Sohn sowie bei Freunden und Verwandten, die, wie er berichtet, seinetwegen viel Aufhebens machten, verbrachte er auch geraume Zeit in der portugiesischen Botschaft in Den Haag, wo er mit Sousa Coutinho und dem Gesandten Dr. Botelho de Moraes konferierte, der sich gerade auf dem Weg nach Stockholm befand, um bei Königin Christina von Schweden Unterstützung und Schutz für die portugiesische Delegation bei den bevorstehenden Friedensverhandlungen in Münster und Osnabrück zu erwirken. Sicherlich wurde er auch aufgefordert, seine Vorgesetzten über die politischen Verhältnisse in Deutschland zu informieren. Und er wurde in ein neues, abenteuerliches Komplott für die Flucht Dom Duartes aus der Mailänder Königsfestung eingeweiht, wonach dieser als einer der Fuhrknechte verkleidet werden sollte, die täglich die Lebensmittel brachten. Wie alle bisherigen so scheiterte auch dieser Plan.

Den ersten Teil seiner Mission in Stockholm beendete Dr. Botelho erfolgreich und begab sich nach Deutschland, wo er in der Ostseestadt Wismar an Land ging. Zu seinem Empfang schickte Duarte seine jüngeren Söhne Manoel und Jorge Nunes da Costa,[55] deren Hilfe Botelho in der Tat dringend bedurfte, denn er war bei schlechter Gesundheit und sprach zwar fließend Latein, aber kein Deutsch. Infolge des beginnenden Krieges zwischen Schweden und Dänemark wurden er und Duartes Söhne durch die Truppenbewegung der Schweden von Norddeutschland nach Jütland wochenlang von der Außenwelt abgeschnitten. Im Februar 1644 gelangte Dr. Botelho endlich nach Hamburg und erholte sich die folgenden zwei Monate in Nunes da Costas behaglichem Heim. Während seiner Anwesenheit stand das Haus im Mittelpunkt der Aufmerksamkeit. Die Hamburger Bürgermeister erschienen etliche Male, um Dr. Botelho ihre Aufwartung zu machen und die Probleme des Hamburger Seehandels mit Portugal zu erörtern. Am 11. April 1644 machte sich Botelho schließlich auf den Weg nach Osnabrück. Da er noch kein Bargeld aus Lissabon erhalten hatte, gab Duarte rund 5.000 *Cruzados* aus, damit Botelho sich, wie es seinem Rang als portugiesischem Chefgesandtem beim europäischen Friedenskongreß zukam[56], mit Kutsche, Pferden, Dienern und Garderobe ausstatten konnte. Vor den Mauern Hamburgs übernahmen schwedische Soldaten seinen Schutz und geleiteten ihn nach Osnabrück. Dort starb er im Dezember 1644, noch ehe die Verhandlungen recht in Gang gekommen waren, und Duarte mußte sich um die Überführung des Leichnams sowie der Papiere und Habe zunächst nach Hamburg und dann nach Portugal kümmern.

Voraussetzung aller Funktionen, die Duarte im Auftrag Portugals ausübte, waren sein Reichtum und sein Finanzsachverstand. Er war Hamburger Korrespon-

---

54 ANTT Misc. da Graça, loc. cit. S. 497-500, 649-53: Duarte Nunes da Costa an Vidigueira, Den Haag, 17. und 31. August 1643
55 Ibid. S. 441-49; Ramos-Coelho 1889, Bd. 2: 430-31
56 ANTT Misc. da Graça loc. cit. S. 422; Ramos-Coelho 1889, Bd. 2: 186
56 Duarte besorgte auch die portugiesische Diplomatenpost zwischen Stockholm und Osnabrück, siehe «Relações diplomáticas entre Portugal e a Suecia (1644-1650)» in *Revista de História* XIV, 1925: 267, 269, 274, 277, 278

dent für die Auslandszahlungen der für die portugiesischen Krone zuständigen Lissabonner neuchristlichen Bankiers Balthasar Rodrigues de Mattos und Manoel Garcia Franco. Im allgemeinen jedoch agierte er nicht als regulärer Bankier der portugiesischen Krone, abgesehen von den relativ unbedeutenden Überweisungen an Dom Duarte in Mailand. Amsterdam und nicht Hamburg war das Zentrum, dem die Präferenz der Lissabonner Bankiers galt, und selbst die Lissaboner Überweisungen an den portugiesischen Gesandten in Stockholm gingen normalerweise über Duartes Bruder Lopo in Amsterdam und nicht über Duarte selbst, obwohl die portugiesische Diplomatenpost nach Schweden durch seine Hände ging.[57] Aber auch wenn Duarte am portugiesischen Auslandszahlungsverkehr nicht offiziell beteiligt war, spielte er mit Sicherheit eine wichtige Rolle bei der finanziellen Absicherung der portugiesischen Unternehmungen in Nordeuropa. Die planmäßigen Zahlungen aus Lissabon verspäteten sich häufig, und dann war es nicht selten Duarte, in der Hoffnung, daß der geplagte König ihn früher oder später auszahlen könne, der bereitwillig Bargeld lieh und so akute Nöte und Peinlichkeiten abwendete. Die Sache mit Dr. Botelhos Kutsche und Pferden wurde bereits erwähnt. Ein weiteres Beispiel ist die mißliche Lage von Dr. João de Guimarães, der von 1643 bis 1650 portugiesischer Gesandter in Stockholm war und die wichtige Aufgabe hatte, das portugiesisch-schwedische Bündnis gegen die Habsburger aufrechtzuerhalten. Sein Gehalt und seine Aufwandsentschädigungen brauchten derart lange, daß er einmal mehr als zwei Jahre nichts aus Lissabon erhielt[58]. Im März 1646, kurz vor seiner Abreise aus Schweden, war Guimarães verzweifelt, weil er glaubte, man würde ihn wegen seiner Schulden in Schweden festhalten. Er schrieb an Luis Pereira de Castro, Botelhos Nachfolger in Osnabrück, er wage nicht, «Duarte Nunes da Costa zu bitten, mich zu befreien, da ich ihm schon über 3.000 Thaler schulde, die er mir aus Freundschaft und angeborener Güte geliehen hat.»[59] Doch Duarte befreite ihn, und als Guimarães schließlich aus Schweden abreiste und zu einem Besuch in Duarte Nunes da Costas Haus in Hamburg eintraf (wo man ihn, wie er seinen Kollegen berichtete, freigebig bewirtete), beliefen sich seine Schulden bereits auf 6.000 Thaler. Schon vor dieser Episode hatte Guimarães an Pereira de Castro in Osnabrück geschrieben, daß er Duarte für einen «edlen, wahrhaften und liebenswürdigen Mann halte, der überaus begierig sei, seiner Majestät zu dienen, so daß Euer Exzellenz in ihm offensichtlich einen wahren Freund haben».[60]

---

57 ANTT Misc. da Graça, loc. cit. S. 95-96: Duarte Nunes da Costa an Vidigueira, Hamburg, 2. Jan. 1649
58 Siehe Guimaraes' Brief in «Relações diplomáticas» Teil 2, *Revista de História* XV, 1926: 29
59 Ibid. S. .28; in einem früheren Brief (S.6) beschreibt Guimaraes Duarte als «Homem de muita verdade e mais que ordinario primor»
60 GA Amsterdam NA 1555B, S. 1103-4; Virginia Rau, «A embaixada de Tristão de Mendonça Furtado e os arquivos notariais holandeses», in: *Anais da Academia Portuguesa da História* 2. Aufl. ser. VIII, 1958: 115-116; ANTT Misc. da Graça, loc. cit. S. 534-36, 401-4

Als Umschlagplatz für Waffen, Schießpulver und Schiffsvorräte für Länder wie Portugal, die diese Dinge nicht selbst in nennenswerten Mengen herzustellen vermochten, wurde Hamburg Mitte des siebzehnten Jahrhunderts nur noch von Amsterdam übertroffen. Anfang der vierziger Jahre spielte Duarte eine wichtige Rolle, jedoch auf merklich niedrigerer Ebene als sein Bruder Lopo in Amsterdam. In der Anfangsphase des portugiesischen Befreiungskampfes beförderte Duarte Kriegsmaterial und Schiffsvorräte im Werte von rund 30.000 Cruzados nach Portugal, während Lopo, der Musketen, Artillerie und Belagerungsgeschütze sowie Waren und Ausrüstungen lieferte, im selben Zeitraum einen Waffen- und Munitionskontrakt über 100.000 Cruzados erfüllte.[61] Jedenfalls hatten jene jüdisch-holländischen Händler, die den Waffenmarkt beherrschten, aber über keine besonderen Verbindungen zu Portugal verfügten, in der Anfangsperiode der portugiesischen Revolte, als Portugal und die Vereinigten Provinzen auf gutem Fuß standen, keinerlei Schwierigkeiten, von den Generalstaaten die Erlaubnis zum Waffenexport nach Portugal zu bekommen. 1641 zum Beispiel lieferte Jan van der Straeten 4.000 Musketen, 2.000 Piken, 50 Kanonen und 50.000 Musketenkugeln nach Lissabon.[62] Während dieser Zeit stand Hamburg im Schatten von Amsterdam. Erst Ende der vierziger und fünfziger Jahre wurde aus unterschiedlichen Ursachen, unter anderem durch die auf Grund der Auseinandersetzungen in Brasilien sich ständig verschlechternden holländisch-portugiesischen Beziehungen, Hamburgs Handelsanteil wieder wichtiger.

Duartes anfängliche Serie von Munitionskäufen zwischen 1641 und 1643 umfaßte Schießpulver, Masten, Taue, Teer und einmal sogar ein ganzes Schiff, die «*St. Pieter*«» die er charterte, bemannte, als Kriegsschiff ausrüstete und nach Lissabon schickte. Doch während der König sich bemühte, seine Käufe in Holland zu bezahlen, zeigte er keinerlei Eile, seine Hamburger Rechnungen zu begleichen, und so lieferte Duarte von 1643 bis 1646 kein Material mehr, sondern konzentrierte sich darauf, die Zahlung der bereits erfolgten Lieferungen zu sichern. Tatsächlich hatte er sich auf ein erhebliches Risiko eingelassen, denn es muß damals so ausgesehen haben, als könnte das ungefestigte neue Regime unter dem spanischen Druck zusammenbrechen, so daß Duarte nicht einen Pfennig retten würde. 1645 wurde er zum offiziellen «Agenten» der portugiesischen Krone in Hamburg ernannt, aber erhielt trotzdem kein Geld. Darüber beklagte er sich mehrfach bei Sousa Coutinho und Niza (Vidigueira). Erst 1646 schickte man ihm zur Begleichung der königlichen Schulden auf Nizas Veranlassung eine Schiffsladung ostindischen Pfeffers im Werte von 40.000 Cruzados nach Hamburg.

Seinen bedeutendsten Beitrag als Lieferant leistete Duarte 1648, als João IV. und seine Minister eine neue portugiesische Brasilien-Gesellschaft gründeten.[63] Das war jene Organisation, die Anfang der fünfziger Jahre trotz der zunehmenden

---

61 Algemeen Rijksarchief, Den Haag, Verzameling Bisdom, Bd. 68: 44, 55, 68
62 Zur Brasilien Gesellschaft, siehe Boxer 1973: 208-13, und Boxer 1949: 474-97
63 Azevedo 1975: 265

holländischen Piraterie gegen Portugal den portugiesischen Handel mit Südbrasilien wieder auf die Beine brachte. Der Erfolg beruhte auf der Bildung von Konvois mit schlagkräftigem Geleitschutz, was von João IV. Fähigkeit abhing, ausreichende Investitionen anzulocken sowie zusätzliche Kriegsschiffe und Schiffsvorräte zu erwerben. Der Vertraute des Königs, der große jesuitische Staatsmann und Dichter António Vieira, wurde nach Holland entsandt, um mit der Ankündigung der bevorstehenden königlichen Garantie, daß alle in die Gesellschaft investierten Gelder nicht von der Inquisition beschlagnahmt würden, bei den portugiesischen Juden für Investitionen zu werben und die Beschaffung von neuen Schiffen, Waren sowie das Anheuern von Seeleuten zu beaufsichtigen. Die portugiesischen Aussichten für große Munitionskäufe in Holland waren nicht so gut wie sonst. Was die Aktivitäten in Holland weitgehend lähmte, war der Umstand, daß die Lissabonner Inquisition plötzlich den Bankier Duarte da Silva verhaftete[64], der die Akkreditiva für den Kauf ausgestellt hatte. Lopo Ramires (der Portugal weit weniger eifrig als sein Bruder unterstützte) und andere führende jüdisch-portugiesische Kaufleute in Holland, vor allem Bento Osorio, weigerten sich, einzuspringen und die notwendigen Gelder vorzuschießen, und Jeronimo verfügte damals nicht über die entsprechenden Mittel.

Als Vieira, Sousa Coutinho und sein Sohn Jeronimo ihm schrieben und ihn baten, die Sache in die Hand zu nehmen, willigte Duarte sofort ein. Innerhalb weniger Wochen hatte er zwei große Schiffe von 220 und 180 Lasten gekauft und rüstete sie mit Kanonen aus. Außerdem verhandelte er in Hamburg und Lübeck sowie durch seinen Lübecker Agenten Henrik Bremer auch in Stockholm über den Kauf weiterer Schiffe.[65] Seine Söhne Manoel und Jorge reisten mehrmals von Hamburg nach Lübeck und suchten in den Häfen nach Kanonieren, Schiffsärzten und anderem ausgebildeten Personal, das bereit war, dem König von Portugal auf See gegen die Holländer zu dienen. Mitte April hatte Duarte ein drittes Schiff gekauft und rüstete es aus. Natürlich verursachte diese Geschäftigkeit in den Häfen von Hamburg und Lübeck ziemliches Aufsehen.[66] Manoel Francês [Jacob Rosales], der jüdische Agent Spaniens in Hamburg und damit Duartes politischer Gegner, schrieb an den spanischen Gesandten in Brüssel, den Conde de Peñaranda, daß

«die Kaufleute in Lissabon eine Gesellschaft für Brasilien gegründet haben, die sechsunddreißig gut ausgerüstete Kriegsschiffe in zwei Geschwadern nach Brasilien schicken will, um ihre Handelsschiffe zu schützen. Schiffe und Vorräte müssen sie sich hierzulande beschaffen, denn andere Möglichkeiten haben sie nicht, und der portugiesische Agent

---

64 *Cartas do Padre António Vieira* ed. J.Lúcio de Azevedo (3 Bde. Coimbra, 1925-8), Bd. 1: 161-68; Kellenbenz 1958: 151
65 Archiv der Hansestadt Lübeck, Nachlaß Hagedoren 6, Entwurf eines Briefes von Duarte Nunes da Costa an den Lübecker Rat, Hamburg, 24. Mai 1648
66 Archives Générales du Royaume, Brüssel, SEG 604, fos. 179r-v

> *Duarte Nunes da Costa hat bereits drei gute Schiffe gekauft und sucht noch drei und wird nach weiteren Ausschau halten, und er hat große Mengen an Munition erworben».*[67]

In Lissabon hatte der König versprochen, das Geld unverzüglich zu überweisen, aber da seine Finanzen sich in einem chaotischen Zustand befanden, war dies leichter gesagt als getan. Mitte April, als Duartes Schulden und Ausgaben sich auf nahezu 100.000 Cruzados beliefen, war noch kein einziger Cruzado aus Portugal eingetroffen. Vieira, der von Den Haag aus die Sache beobachtete, geriet in beträchtliche Sorge. Er schrieb an den Marquês de Niza in Paris, daß er äußerst beunruhigt sei «wegen Duarte, der das Schicksal herausfordert, und ich mache mir Vorwürfe, weil ich ihn dazu gedrängt habe».[68] Zum Glück für Duarte und seine Familie legten wenige Tage nachdem Vieira diese Zeilen zu Papier gebracht hatte, im Hamburger Hafen zwei Schiffe aus Lissabon an, die für «Duarte Nunes da Costa» Wechsel und Pfeffer im Gesamtwert von 100.000 Cruzados an Bord hatten.[69]

Als Agent des Königs von Portugal in Hamburg spielte Duarte auch eine wichtige Rolle im Propagandakrieg gegen die Habsburger. Während der vierziger Jahre druckten im Ausland lebende Portugiesen im Rahmen einer größeren Kampagne gegen Philipp IV. von Spanien und seine Verbündeten zahlreiche Manifeste und Traktate. Der lateinische Traktat, den Duarte 1641 in Deutschland in Umlauf brachte, wurde schon erwähnt. Ihm folgten noch viele andere. Auf Botelhos Anweisung ließ Duarte im August 1644 in Hamburg einen weiteren lateinischen Traktat veröffentlichen[70], der die Spanier beschuldigte, daß sie versucht hätten, die portugiesische Delegation zu hindern, an den Friedensverhandlungen in Osnabrück teilzunehmen. Im Juni 1645 sandte Pereira de Castro aus Osnabrück Duarte den Text einer weiteren Schmähschrift, mit der Bitte, ihn drucken und anschließend nicht nur in ganz Deutschland, sondern auch in Skandinavien, Polen und Italien verbreiten zu lassen.[71] Für diesen Propagandakrieg ließ Duarte auch einige Holzschnittporträts von portugiesischen Würdenträgern und Diplomaten anfertigen, um sie in Europa und im portugiesischen Kolonialreich zu verbreiten. Anscheinend war die für Nordwesteuropa im siebzehnten Jahrhundert so typische und für die öffentliche Wirkung so zentrale Technik des Holzschnitts in Portugal nicht bekannt.

---

67 *Cartas do Padre António Vieira.* 183; siehe auch Bibliotheca municipal de Evora MS VI/2-11, fo. 229. Marquês de Niza an Duarte Nunes da Costa, Paris, 28. März 1648
68 *Cartas do Padre António Vieira* i, S. 187
69 ANTT Misc. da Graça, loc. cit., S. 419. Duarte Nunes da Costa an Niza, Hamburg, 19. Aug. 1644
70 Ibid. S. 691-92. Duarte Nunes da Costa an Niza, Hamburg, 17. Juni 1645
71 Ibid. S. 457, 498

Besonders stolz war Duarte offenbar auf den Holzschnitt, den er 1643[72] von Dom Duarte machen ließ. Als Botelho Anfang 1644 in seinem Hamburger Hause weilte, ließ Duarte von ihm ein Porträt schneiden, das er zusammen mit einem Holzschnitt Königin Christinas von Schweden veröffentlichte, um auf diese Weise die Unterstützung Schwedens für die portugiesischen Bemühungen in Osnabrück zu propagieren.[73]

Obwohl sich Duarte beharrlich und leidenschaftlich für die Sache Portugals einsetzte und auch beträchtliche Summen riskierte, wo andere Kaufleute nicht mehr dazu bereit waren, wäre es falsch, daraus den Schluß zu ziehen, daß er in seinen Unternehmungen für die portugiesische Krone seine Geschäftsinteressen außer acht ließ. Duarte war insofern Idealist, als er weitgehend auf Treu und Glauben handelte, letztlich auf den Erfolg des Hauses Bragança vertraute und lange Wartezeiten für die Rückerstattung seiner Unkosten in Kauf nahm. Dennoch war seine ganze Haltung durchdrungen von dem klaren Wissen um die längerfristigen Möglichkeiten und Gelegenheiten, die seine Agentenpflichten ihm boten, sowie um den höheren gesellschaftlichen Rang, den sie ihm einbrachten. Im Herbst 1644, nach jahrelangem Zaudern, ehrte der König Duarte endlich, indem er ihn öffentlich und offiziell zu seinem «Agenten» in Hamburg machte. Und dieser Staatstitel eröffnete der Familie Nunes da Costas ein weites Feld von neuen geschäftlichen und gesellschaftlichen Gelegenheiten. Niza für seine Fürsprache beim König dankend, äußerte Duarte, daß er dem König nicht so zu dienen vermöge, wie er es gern täte, solange man ihm nicht erstatte, was er für den König aus eigener Tasche bezahlt habe, und solange man ihm das seinem neuen Titel zukommende Salär nicht bewillige:

«Um der Ehre zu genügen, die seine Majestät mir jetzt erwiesen haben, ist es, wie Euer Exzellenz sehr wohl wissen, vonnöten, daß ich den gleichen Prunk entfalte wie die Agenten und Gesandten von anderen Herrschern in dieser Stadt, und deshalb muß ich Sorge tragen, daß ich wie sie geachtet werde und eine Kutsche mit zwei Pferden halte. Denn wir dürfen keinen Mangel erkennen lassen, welcher bestätigen würde, was unsere Feinde über die Gefährdung unseres Reiches behaupten.»[74]

Tatsächlich veränderte Duarte seinen Lebensstil ab 1644 merklich. Er erwarb eine Kutsche, wahrscheinlich als erster Jude Hamburgs, und vergrößerte seinen Haushalt um zwei männliche Bedienstete. Noch war er als Kaufmann tätig. Im Februar desselben Jahres brachte ein Schiff aus Lissabon auf seine Rechnung

---

72 Ibid. S. 416. Duarte Nunes da Costa an Niza, Hamburg, 17. Juni 1645
73 ANTT Misc. da Graça, loc. cit., S. 673. Duarte Nunes da Costa an Niza, Hamburg, 7. Febr. 1645
74 SAH Admiralitätskollegium F4/13, fo. 2
75 Valentin 1924: 51; Kellenbenz 1966: 190

vierzig Kisten Brasilzucker, eine beträchtliche Menge.[75] Im folgenden Jahr besuchte er die Börse und andere Geschäftslokalitäten nicht mehr so häufig wie sonst, weil er glaubte, dies nicht mehr mit seiner neuen Würde vereinbaren zu können. Nach 1645 finden wir noch an ihn adressierte Frachten aus Lissabon mit Zucker und Pfeffer, doch ausgehende Ladungen sind unter den Namen seiner Söhne registriert, was darauf hindeutet, daß er ihnen inzwischen die Alltagsgeschäfte überlassen hat. Nachdem er 1647 seine gigantische Kostenerstattung von 100.000 Cruzados aus Lissabon erhalten hatte, zog Duarte in ein imposantes neues Haus auf dem Krayenkamp. Da in Hamburg Juden keinen Grund und Boden besitzen durften, mußte er das Anwesen von einem Christen pachten.[76] In diesem fürstlichen Haus verbrachte Duarte seine letzten Jahre, und dort wurde Dr. Guimarães 1650 freigebig bewirtet. Nach Duartes Tod gehörte es kurze Zeit seinem zweiten Sohn Manoel Nunes da Costa; doch scheint der 1666 während des Tumults um Shabtai Zvi ausgezogen zu sein, vielleicht, um von der Stimmung des Augenblicks fasziniert ins Heilige Land auszuwandern. Das Haus wurde Königin Christina zur Verfügung gestellt, die gerade zu einem ihrer längeren Besuche in der Stadt weilte. 1668 verkaufte man es ihr schließlich für 17.000 Thaler.[77]

1648 war Duarte ein beträchtliches Risiko eingegangen, doch es ist klar, daß er die ganze Zeit eine angemessene Belohnung im Auge hatte. Im Mai 1649, während seiner Munitionskäufe für die Brasilien-Gesellschaft, schrieb er Pereira de Castro einen Brief, in dem er ihn an seine Erfahrungen im Zuckerhandel erinnerte und ihn bat, darauf hinzuwirken, daß der König ihn als «Generalvertreter» der Brasilien-Gesellschaft in Nordeuropa benenne. Das war ein weitreichendes Gesuch, und der König entsprach ihm nicht zur Gänze. Doch obwohl Duarte und seine Söhne die Vertriebsrechte für portugiesischen Zucker und brasilianisches Holz in England und Frankreich nicht erhielten, wurde Duarte immerhin Vertreter der Gesellschaft für Deutschland und sein Sohn Jeronimo für die Vereinigten Provinzen. Diese Geschäftsvertretungen waren mit Sicherheit sehr lukrativ, und man kann sie als höchste Belohnung für die Bemühungen Duartes und seiner Söhne ansehen.

Daß João IV. Duarte nur zögernd mit offiziellen Ehren bedachte, hatte natürlich mit dem offenen Bekenntnis der Familie zum Judentum zu tun. Der neue portugiesische König war ein Exponent der *raison d'etat* und ein *homme politique,* doch als König von Portugal meinte er, seinen Ruf als untadeliger katholischer Monarch und Judenverfolger aufrechterhalten zu müssen. Über Duarte und seine Söhne hat Sousa Coutinho gesagt, «wenn sie keine Juden wären, weiß ich nicht, wie Seine Majestät ihnen je zurückzahlen könnte, was er ihnen schuldet».[78]

---

76 Kellenbenz 1966: 190
77 *Correspondência diplomática de Francisco de Sousa Coutinho* 1, 14
78 Siehe das Patent zugunsten von Manoel Nunes da Costa, in ANTT livros das matrículas dos moradores da casa real VI, ohne Seitenzahlen

Schließlich ernannte der König Duarte doch noch zu seinem Agenten in Hamburg, aber wenn er kein Jude gewesen wäre, hätte er gewiß höhere Ehren erlangt. 1646 erklärte der König durch ein Sonderpatent, daß nach dem Tod Duartes dessen zweiter Sohn Manoel Nunes da Costa ihm rechtmäßig als Agent nachfolgen und dasselbe Jahresgehalt von 600 Cruzados beziehen solle.[79]

1650 war die schwierige Anfangsphase des portugiesischen Unabhängigkeitskampfes beendet und die Brasilien-Gesellschaft gegründet. Im September 1649 war Dom Duarte gestorben. Überdies hatte mit dem Ende des Dreißigjährigen Krieges und dem Frieden zwischen Schweden und dem Kaiser das portugiesisch-schwedische Bündnis seine zentrale Bedeutung für die portugiesische Diplomatie verloren. Dies alles war geeignet, die Bedeutung des Agenten der portugiesischen Krone in Hamburg zu mindern. Duarte erfüllte noch ein, zwei wichtige Aufgaben. 1650 organisierte er auf Anweisung des Königs die Rekrutierung und den Transport von 2500 deutschen Soldaten, die durch das Ende des Dreißigjährigen Krieges überflüssig geworden waren und in Portugal Truppen an der spanischen Grenze verstärken sollten.[80] Gelegentlich wurden Duartes Berichte im Königlichen Staatsrat in Lissabon erörtert, so im Februar 1652, als er Einzelheiten des schwedischen Plans übermittelte, an der Küste Guineas, das Portugal traditionell als sein Herrschaftsgebiet betrachtete, Kolonien zu errichten. Dies führte zu einem diplomatischen Protest der Portugiesen in Stockholm. Außerdem tätigte Duarte im Auftrag der Brasilien-Gesellschaft einige denkwürdige Transaktionen. Zum Beispiel, als Herzog Jakob von Kurland, ein erfolgreicher Handelsmann, 1650 mit der Gesellschaft ein Abkommen schließen wollte, wodurch er via Lissabon in den Handel mit Portugiesisch-Brasilien investieren und daran teilhaben konnte. Der Vertrag wurde von Duarte arrangiert, der womöglich Urheber der Idee war.[81] Im allgemeinen aber reduzierten sich während der fünfziger Jahre Duartes Vertreterpflichten auf undramatische Routinearbeit, auf das Weiterleiten von Information. In seinen letzten Lebensjahren fällt Duarte wiederum vor allem durch seine Stellung in der jüdischen Gemeinde auf.

Es gibt wenig direkte Belege für Duartes Rolle in den Hamburger Gemeindeverhandlungen von 1650, die zur Vereinigung der drei ursprünglichen Gemeinden Talmud Tora, Keter Tora und Neve Shalom zu einer einzigen mit dem Namen *Bet Israel* führten, und für seine Rolle in dem noch schwierigeren Prozeß, einen widerstrebenden Hamburger Senat zu bewegen, erstmalig die Erlaubnis für den Bau einer öffentlichen Synagoge zu erteilen.[82] Wir wissen, daß in Hamburg die Opposition der Kirche und der Bevölkerung gegenüber den Juden stärker war als 1639 in Amsterdam. Und wir wissen ferner, daß einige maßgebliche Persönlich-

---

79 «Relações diplomáticas», Teil 2, *Revista de História* 15: 33
80 Mattiesen 1940: 97-100
81 Feilchenfeld 1899: 220-22; Grunwald 1902: 8-19
82 Levi de Barrios, «Vida de Ishac Huziel», S. 12

keiten von den zweiundzwanzig portugiesisch-jüdischen Haushaltsvorständen, welche die Gründungsascamot unterzeichneten (zu denen neben Jacob Curiel, Agent der Krone von Portugal, auch David und Mosseh de Lima gehörten, die Verbindungen zum dänischen Hof hatten, sowie Jacob Rosales, der Agent Spaniens und daher ein offener politischer Rivale Duartes war), in dem Verfahren eine wichtige Rolle spielten. Die drei Gemeinden wurden mit bestimmten Patrizierfamilien und Gruppierungen identifiziert. Neve Salom zum Beispiel war von Mosseh de Lima begründet worden und wurde von der Familie de Lima geleitet.[83] Die Vereinigung der Gemeinden machte das Herstellen eines komplizierten Gleichgewichts zwischen den führenden Familien erforderlich. Das gelang weitgehend, aber nicht ganz. Nach den späteren Reaktionen zu urteilen, hat Jacob Curiel dabei eine zentrale Rolle gespielt, was viele billigten. Doch einige, vor allem die de Limas, verübelten ihm seinen Einfluß. Es dauerte nicht lange, bis die untergründigen Spannungen zwischen den Familien Curiel und de Lima die Gemeinde von neuem zu spalten drohten.

Unterdessen hatte Duarte, wie stets von den Idealen der Versöhnung und Einigkeit beseelt, Ansehen und Prestige seiner Familie weiterhin erhöht. Der holländische sefardische Rabbiner Jacob Judah Leon Templo verweist in der spanischen Ausgabe seiner Beschreibung vom Tempel Salomons, die er «Jacob Curiel aus Hamburg» widmete, auf Duartes glänzenden Ruf als Friedensstifter in der Gemeinde. Dieses Lob bezieht sich wohl kaum nur auf die weit zurückliegenden Amsterdamer Ereignisse von 1622.[84] Die neue Hamburger Synagoge der sieben bis achthundert sefardischen Juden war voller Emblemen und Erinnerungen an die Curiels. Die ewige Lampe, die *Ner Tamid*, stammte von Duarte, ebenso das Öl, das sie am Brennen hielt, sowie die *Teba*, die sich in der Mitte der Synagoge befand. Die Bankpulte zu beiden Seiten waren der Familie Duarte vorbehalten.[85] Anscheinend handelte es sich bei diesem unerläßlichen Zubehör nicht um direkte Geschenke, sondern um Leihgaben an die Gemeinde, die in gewissem Sinne Eigentum der Familie Curiel blieben. Natürlich war Curiel auch eine zentrale Figur in der Gemeindeverwaltung und mehrere Male im *Mahamad* vertreten.

Die schwelende Fehde zwischen den Familien Duarte und de Lima wurde am Abend des Simchat Torah 1622 plötzlich zum offenen Skandal. Er begann in der

---

83 Siehe Jacob Judah Leon Templo, *Retrato del Tabernaculo de Moseh* (Amsterdam, 1654), gewidmet dem «muy noble y magnifico señor Iaacob Curiel»
84 SAH Jüdische Gemeinden 993, Bd. 1: 235
85 Ibid. p. 231; siehe auch «Aus dem ältesten Protokollbuch der Portugiesisch-Jüdischen Gemeinde in Hamburg», *Jahrbuch der Jüdisch-Literarischen Gesellschaft* X, 1912: 226-28
86 SAH Jüdische Gemeinden 993/i, pp. 233-34 und 993/ii, pp. 151-53; Die Hamburger Sefardengemeinde wählte ihren *Parnasim* nach diesem demokratischen Modus von 1662 bis 1678, als die Gemeinde zu dem älteren System zurückkehrte, das den Gepflogenheiten in Amsterdam ent-sprach. Es entbehrt nicht der Ironie, daß der präsidierende *Parnas* 1678 Manoel Nunes da Costa war.

Synagoge, während des Gottesdienstes, als Duarte Mosseh, in jenem Jahr *parnas presidente,* de Lima ermahnte, während der Gebete nicht zu reden, worauf dieser ihm entgegnete, er möge «sich zum Teufel scheren».[86] Daraufhin stürzte sich Duartes Sohn Manoel auf de Lima und versetzte ihm einen Schlag auf den Mund, so daß Blut floß. Etliche Gemeindemitglieder eilten herzu, um Manoel zurückzuziehen. De Lima ging und veranlaßte den sofortigen Boykott der Hauptgemeinde durch den gesamten de Lima-Clan und seine Verbündeten. Am nächsten Tag fand in de Limas Haus ein Gegengottesdienst statt. Aus Angst vor einer endgültigen Spaltung bat der *Mahamad* Duarte, den Vorsitz einstweilen niederzulegen, und verurteilte Manoel zu öffentlichen Bußen; doch das reichte nicht, um den Streit zu schlichten. Es begannen Verhandlungen, bei denen das unterschwellige Bestreben zutage trat, den Einfluß der Curiels in der Gemeinde zu beschneiden. Als Preis für ihren Wiederbeitritt zur Hauptgemeinde stellten die de Limas drei Bedingungen: erstens, Reformen im Modus für die Wahlen zum *Mahamad*; zweitens, die *Ner Tamid* und das Öl, das sie am Brennen hielt, sollten nicht mehr Eigentum der Curiels sein; und, drittens, die Bankpulte um die *teba* sollten nicht mehr den Curiels oder irgendeiner anderen Familie vorbehalten sein.

Zur Beratung dieser Forderungen berief der *Mahamad* eine Sondersitzung der Ältesten ein, wo die Probleme der Gemeinde offen diskutiert wurden. Am Ende beschloß man, das Verfahren für die *Mahamad*-Wahlen zu ändern. Fortan sollte der scheidende *Mahamad* jährlich die Mitglieder des neuen *Mahamad* aus Kandidaten nominieren, die von allen Haushaltsvorständen gewählt waren.[87] Hinsichtlich des *Ner Tamid* bat der Rat Duarte um seine Meinung, worauf er antwortete, er «könnte dafür plädieren, es (in seiner Familie) zu behalten, da es ein sehr altes Besitzstück sei. Er habe sich jedoch entschieden, es der Gemeinde ohne Vorbehalt zu schenken.»[88] Danach folgte eine lange und ergebnislose Debatte über die *teba* und die Bankpulte sowie über die Aufbewahrung der Pultschlüssel. Um die Angelegenheit endlich abzuschließen, wandte sich der Rat abermals an Duarte. Er reagierte, indem er die meisten Pulte der Gemeinde zur Verfügung stellte und nur ein kleines Abteil für den ausschließlichen Gebrauch seiner Familie reservierte. Die *teba* selbst, so verkündete er, würde er der Gemeinde schenken.

Offenbar waren davon alle beeindruckt, und auf dieser Grundlage wurde die Bet Israel-Gemeinde wiedervereint. Es war dies ein angemessenes Postskriptum zur Laufbahn einer der hervorragendsten sefardischen Persönlichkeiten Nordeuropas während des siebzehnten Jahrhunderts. Duarte hatte seinen Ruf als Friedensstifter tatsächlich mit Grandezza und Großzügigkeit besiegelt. Erleichtert und dankbar für Duartes noble Geste beschloß der *Mahamad*, eine Sonderklausel in

---

87 SAH Jüdische Gemeinden 993/, Bd. 1: 234-35
88 SAH Jüdische Gemeinden 993. Bd. 1: 236

die Gemeindeakten aufzunehmen. Man kann sie noch heute im Hamburger Staatsarchiv nachlesen. Das Kodizill endet mit den bemerkenswerten Worten:

> «*E para que a todo o tempo conste do primor com que neste cazo ouvro Jacob Curiel, paresseo justo fazer este termo no livro da nassao, em Hamburgo, 13 de Sebat 5423.*»[89]

Aus dem Englischen von Heide Lipecki (Berlin)

BIBLIOGRAPHIE

Ancona, J. d'
Komst der Marranen in Noord-Nederland.
In: Brugmans, H./A. Frank (Hg.): Geschiedenis der Joden in Nederland.
Amsterdam 1940
Azevedo, J. Lúcio de
História dos Cristãos Novos Portugueses.
Lissabon 1975
Azevedo, J. Lúcio de (Hg.)
Cartas do Padre António Vieira
Coimbra 1925-1928
Barrios, Daniel Levi
Triumpho del govierno popular en la Casa de Jacob
Amsterdam 1683
Boxer, C. R.
António Vieira S. J. and the Institution of the Brazil Company
In: Hispanic American Historical Review 29, 1949: 474-497
Boxer, C. R.
Salvador de Sá and the Struggle for Brazil and Angola, 1602-1685
London 1952
Boxer, C. R.
The Dutch in Brazil, 1624-1654
Hamden, Conn. 1973
Braudel, Fernand
The Mediterranean and the Mediterranean World in the Age of Philipp II.
London 1973
Canabrava, A. P.
O comércio português no Rio da Prata (1580-1640]
São Paulo 1944
Cassuto, Isaac
Aus dem ältesten Protokollbuch der Portugiesisch-Jüdischen Gemeinde in Hamburg.
In: Jahrbuch der Jüdisch-Literarischen Gesellschaft 10, 1912: 226-228
Castries, Henri de [Hg.)
Les Sources inédites de l'histoire du Maroc
Paris-Den Haag 1913
Catalogue de vente
de la succession de feu M. D. Henriques de Castro
Amsterdam 1899
Feilchenfeld, Alfred
Anfang und Blütezeit der Portugiesengemeinde in Hamburg
In: Zeitschrift des Vereins für Hamburgische Geschichte 10, 1898: 199-235
Gonzales, Gil Davila
Teatro Eclesiastico de la primitiva iglesia de las Indias Occidentales
Madrid 1655
Grunwald, Max
Portugiesengräber auf deutscher Erde
Hamburg 1902
Israel, Jonathan I.
Spain and the Dutch Sephardim, 1609-1660
In: Studia Rosenthaliana 12, 1978: 17-22
Israel, Jonathan I.
The Portuguese in Seventeenth-Century Mexico.
In: Jahrbuch für Geschichte von Staat, Wirtschaft und Gesellschaft Lateinamerikas 11, 1979
Israel, Jonathan J.
The Diplomatic Career of Jeronimo Nunes da Costa
In: Bijdragen en Mededelingen betreffende Geschiedenis der Nederlanden 98, 1983 167-190
Kellenbenz, Hermann
Königin Christine und ihre Beziehungen zu Hamburg
In: Analecta Reginensia 1: Queen Christina of Sweden. Documents and Studies
Stockholm 1966
Kellenbenz, Hermann
Sephardim an der unteren Elbe
Wiesbaden 1958
Koen, E. M.
Amsterdam notarial deeds pertaining to the Portuguese Jews in Amsterdam up to 1630
In: Studia Rosenthaliana, nos 767, 1927, 1449, 1470
Machado, Diogo Barboso
Bibliotheca Lusitana Historica, Critica e Cronologica
Lissabon 1747
Mattiesen, O. H.
Die Kolonial-und Überseepolitik der kurländischen Herzöge im 17. und 18. Jahrhundert
Stuttgart 1940
Mauro, Frédéric
Le Portugal et l'Atlantique au XVIIe siècle (1570-1670). Etude économique
Paris 1960
Nunes Ramirez, Jeronimo
De Ratione Curandi per Sanguinis Missionem
Lissabon 1608; Antwerpen 1610
Palma, Ricardo
Anales de la Inquisición de Lima
Lima 1863
Prestage, E. (Hg.)
Correspondência diplomatica de Francisco de Sousa durante a sua embaixada em Holanda
Coimbra-Lissabon 1920-1955
Ramos-Coelho, José
História do Infante Duarte de el-rei D. João IV.

Lissabon 1889
Rau, Virginia
A embaixada de Tristão de Mendonça Furtado e os arquivos notariais holandeses
In: Anais da Academica Portuguesa da História 8, 1958: 115-116
Révah, Israel S.
Pour l'histoire des Nouveaux-Chrétiens Portugais. La rélation généalogique d'I. de Aboab.
In: Boletim Internacional de Bibliografia Luso-Brasileira 2, 1961
Roth, Cecil
History of the Jews in Venice
New York 1975
Roth, Cecil
Quatre lettres d'Elie de Montalto: contribution à l'histoire des Marranes
In. Revue des Etudes Juives 87, 1929: 137-168
Valentin, Hugo
Judarnas historia i Sverige
Stockholm 1924
Wätjen, H.
Das Judentum und die Anfänge der modernen Kolonisation
Berlin 1913
Yogev, G.
Diamonds and Coral. Anglo-Dutch Jews and Eighteenth-Century Trade
Leicester 1978

Sefarden als Händler von Fayencen in Hamburg und Nordeuropa

Ulrich Bauche (Hamburg)

In der Ausstellung «Vierhundert Jahre Juden in Hamburg», die im Museum für Hamburgische Geschichte von November 1991 bis April 1992 zu sehen war, wurde eine spezifische Keramikware als Handelsgut der sefardischen Kaufleute in Hamburg für die Zeit von etwa 1620 bis 1670 vorgestellt.[1] Es sind Tongefäße, und zwar Krüge, Schüsseln, Trinkschalen, Vasen, sehr einheitlich in ihren Typformen, mit charakteristischer Blaumalerei auf weißem Grund und mit blanker Glasur. Materialien und Herstellungsverfahren weisen diese Ware als Fayence aus. Zahlreiche Exemplare zeigen Bemalungen mit dem Hamburger Wappen oder mit Familienwappen und Namen in Hamburg nachgewiesener Personen. Namen von in Hamburg ansässig gewesenen Sefarden wurden aber bisher darunter noch nicht gefunden. Dennoch sprechen Fakten und Indizien für die aktive Beteiligung sefardischer Kaufleute am Import dieser ursprünglich wohl auch ausschließlich in Portugal hergestellten feinen Töpferware.

Es hat bisher einen einzigen aus historischen Quellen belegbaren Versuch gegeben, solche als *Porcellana* bezeichneten Fayencen in Norddeutschland zu dieser Zeit herzustellen, und zwar durch den sefardischen Kaufmann und Unternehmer Moise Benedictus in Glückstadt an der Elbe.

Die im Zusammenhang mit der erwähnten Ausstellung aufgeworfene Frage nach einer Glückstädter Produktionsstätte geht auf eine Mitteilung von Heinrich Sieveking in seinem Aufsatz «Die Glückstädter Guineafahrt im 17. Jahrhundert» von 1937 zurück: «Ein Moise Benedictus, Bürger und Portugiese in Glückstadt, hatte ein Werk mit einem Ofen errichtet, darin er eine Art von Porzellana präparierte. Die große Wasserflut ruinierte seinen Platz.»[2] Hermann Kellenbenz übernahm diese Angaben und führte den Moise Benedictus ausschließlich als Gewerbetreibenden auf.[3] Gerhard Köhn, vormals Stadtarchivar in Glückstadt, heute

---

1 Bauche 1991: 141 f., und Abbildungen Nrn. 67-69
2 Sieveking 1937: 24
3 Kellenbenz 1958: 62 und 205, Anm. 39 Im Verzeichnis des Münzmeisters Alvaro Dionis von Ostern 1623 erscheint Moises Benedictus in der Gruppe der Handwerker. Vgl. Wilcke 1921: 329

in Soest, hat für Moise Benedictus folgendes nachgewiesen: Aus Hamburg zugewandert, war er in Glückstadt seit Ende 1620 ansässig. 1622 bis 1627 besaß er ein Haus in der Kremper Straße. 1625 erhielt er auf Befehl des Amtmannes Detlef Rantzau einen 100 Fuß breiten Bauplatz Up dem Dike. 1628 bereits scheint Benedictus gestorben zu sein. Seine Witwe blieb bis 1633 im Bürgerbuch und in den Steuerlisten aufgeführt.[4] Eine besondere Berufsangabe für Benedictus ist in den ausgewerteten Akten nicht enthalten.

Anfragen beim Detlefsen-Museum in Glückstadt und beim Landesamt für Denkmalpflege in Kiel ergaben keine Nachweise für Gegenstände und Bodenfunde, die mit einer möglichen Fayencewerkstatt in Zusammenhang gebracht werden können. Auch irgendwelche archivalischen Hinweise darauf waren aus dem Schleswig-Holsteinischen Landesarchiv in Schleswig nicht zu bekommen.[5] Das dänische Reichsarchiv in Kopenhagen aber konnte auf unsere Anfrage die Quelle ausfindig machen, aus der Heinrich Sieveking seine ungenau belegte Mitteilung genommen hatte. Es sind zwei Briefe des Moise Benedictus von 1627 an den Stadtherren von Glückstadt, den dänischen König Christian IV. Das Reichsarchiv sandte davon dankenswerterweise gut lesbare Kopien.[6] Die beiden Briefe sind in deutscher Sprache und in deutscher Schreibschrift von derselben Hand ausgefertigt und von Moise Benedictus in abweichender lateinischer Schrift unterschrieben. Sie geben über seine Handels- und Gewerbetätigkeit wichtige Aufschlüsse. Die wesentlichen Teile, in verständliches Deutsch übertragen, folgen auszugsweise. Die vollständigen Briefe sind in originaler Schreibweise im Anhang abgedruckt.

In dem am 3. März 1627 in Glückstadt datierten Brief erklärt Moise Benedictus,

> «daß ungefähr vor zwei Jahren auf mein Ansuchen der Herr Amtmann zu Steinburg mir in Glückstadt auf dem Deiche zwischen dem am Ende stehenden Wohnhaus und dem Blockhaus einen leeren Platz angezeigt und zugeeignet hat, darauf ich willens gewesen und auch noch bin, ein neues Werk mit einem Ofen aufzuführen und darin allerlei Art von porcellana zu präparieren. Daran haben mich die großen Wasserfluten gehindert, welche den selben Ort mehrere Male durchbrochen und ruiniert haben, so daß ich über 600 Mark Lübecker Währung ausgeben mußte, um den -selben zweimal zu reparieren. Da dann die jüngst aufgetretene Wasserflut zum dritten Mal den Platz von neuem verdorben und durchbrochen hat, fehlt mir armem Mann das Vermögen, das Zerstörte wieder zu ersetzen und instand zu bringen. Zumal ich im vergangenen Sommer und

---

[4] Köhn 1970 und schriftliche Mitteilung an den Autor vom 23. 9. 1990
[5] Für Recherchen und Anfragen danke ich meinem Mitarbeiter Dr. Rainer Gerckens
[6] Rigsarkivet Kopenhagen, Tyske Kanclei, Memorialen des Commercium der königl. Untertanen in den Herzogtümern betr. 1627–1704, mit Schreiben vom 10. 8. 1992

Jahr sehr großen Schaden erlitten habe, als ich Eurer königlichen Majestät Armada zu Nienburg und zu Verden allerhand notwendige Lebensmittel und Waren zugeführt hatte, dieselben aber bei drohendem Verlust nicht versenden konnte, da auch der General-Proviantmeister die Sendung um die Gebühr nicht annehmen wollte. Außerdem haben mir auf meiner Reise nach Bremen etliche Reiter 300 Reichstaler mit Gewalt abgenommen, so daß ich durch dieses eins ums andere zugetragene Unglück fast alle meine Wohlfahrt verloren habe. Und in meinem Vermögen ist gar nichts, um den oben erwähnten Platz zum dritten Mal mit Erde aufzufüllen und herzurichten. So gelangt deswegen an Eure Königliche Majestät meine untertänigste, hochflehentliche Bitte, Sie mögen aus angeborener königlicher Milde geruhen, sich meines hochempfindlichen Schadens zu erbarmen und die Reparatur des erwähnten Platzes den Hofleuten in der Kremper- und Wilster-Marsch aufzuerlegen und zu befehlen, damit ich armer unvermögender Bürger und Portugiese zu Glückstadt mich wieder erholen und mit der Zeit zum Lebensstand gedeihen möge ...»

Am 8. März 1627 folgt ein in Stade geschriebener Brief in der gleichen Sache:

«Durchlauchtigster, Großmächtiger König, Gnädigster Herr! Eure Königliche Majestät will ich durch die untertänige Supplikation unterrichten, daß vor zwei Jahren der Herr Amtmann zu Steinburg mir einen Platz zu Glückstadt auf dem Deiche unweit vom Blockhaus hat angezeigt und zugeeignet, darauf ich den Wunsch hatte und auch noch habe, ein neues Werk mit einem Ofen zu setzen und darin eine Art von porcellana zu präparieren. Dann haben die großen Wasserfluten diesen Platz über meine Befürchtungen hinaus dermaßen ruiniert, daß ich ihn zweimal wieder reparieren und mit Erde auffüllen lassen mußte. Dieses hat mich über 600 Mark Lübecker Währung gekostet. Und jüngst [geschah] zum dritten Mal wieder ein Durchbruch und Verderben, so daß es mir armem Portugiesen und Bürger zu Glückstadt sehr beschwerlich fällt, [den Platz] auf meine Unkosten wieder machen zu lassen. Damit ich aber diesen durchbrochenen Ort wieder auf seinen vorigen Stand bringe, so gelangt an E. Königl. Majestät hiermit meine untertänigste, hochflehentliche Bitte, Sie mögen gnädigst geruhen, mir aus angeborener Milde gegen Ihren Untertan gnädigst zu gestatten, daß ich zu der erwähnten Reparatur von E. Königl. Majestät [gehörenden] Balken, die auf der anderen Hafenseite stehen und [...] von den großen Wasserstürmen weggerissen worden waren, so viel nehmen möge, wie zur Verpfählung des Ortes vonnöten sei.»

Die Briefe verdeutlichen die Tätigkeit des Moise Benedictus, der in erster Linie Kaufmann war. Er führte seine Handelsgeschäfte offenbar mit vielen eigenen Reisen durch, die in jener kriegerischen Zeit besonders risikoreich waren. Zudem beteiligte er sich an der Versorgung für das große Heer Christians IV., das seit 1625 im niedersächsisch-dänischen Krieg, einem Teil des 30jährigen Krieges, unter anderen die erwähnten Festungen Nienburg an der Weser, Verden an der Aller und Stade an der Elbe besetzt hielt. Aus den für ihn mit Verlust gebliebenen Heereslieferungen leitete Benedictus die Hoffnung auf eine direkte Unterstützung durch den König ab. Sie sollte dem weiteren Aufbau eines Produktionsbetriebes für Keramik dienen, dessen Bauplatz Auf dem Deich im westlichen Teil der heutigen Straße Am Hafen lag. Die Beschädigungen durch Hochwasser geschahen im Januar und Februar 1625 und im Dezember 1626. Da nur Tiefbaumaßnahmen erwähnt werden, scheint der eigentliche Bau des *neuen Werkes* noch nicht weit fortgeschritten gewesen zu sein. Ob Benedictus als Unternehmer Spezialhandwerker aus Portugal für den Aufbau und den Betrieb heranziehen wollte, ist nicht aktenkundig geworden. Möglicherweise sollte die angekündigte Werksgründung dazu dienen, den Import von Keramik als Eigenproduktion auszugeben, um im dänischen Königreich günstigere Absatzbedingungen zu erreichen. Da Moise Benedictus schon 1628 starb, und unter den Umständen der dramatischen Belagerung Glückstadts im gleichen Jahr, ist kaum mit einer tatsächlich aufgenommenen Produktion zu rechnen.

Wichtig für den Zusammenhang der archivalischen und gegenständlichen Überlieferungen ist der in den Briefen gebrauchte Warenname *Porcellana*. Er entspricht der in Portugal im 16. und 17. Jahrhundert geläufigen Bezeichnung sowohl für das aus China importierte echte Porzellan als auch für dessen Nachahmungen in Fayence. Diese waren speziell in den Töpferwerkstätten um Lissabon seit etwa 1560 entwickelt worden und wurden als *porcelanas de Lisboa* bezeichnet.[7]

In Hamburg folgt die Benennung des chinesischen Porzellans der niederländischen Schreibweise *porselein*. Um die Mitte des 17. Jahrhunderts erscheinen hier in den Nachlaßinventaren vereinzelt *Porseleynerne Fäße, Porseleinen Kümgen, Porzeleien Schusseln*.[8] Diese Gefäße, Kummen, Schüsseln, die in den Haushalten sehr wohlhabender Hamburger vorhanden waren, rangieren in den Inventaren direkt nach den Gold- und Silbersachen und können als echtes Chinaporzellan angesehen werden. Wesentlich häufiger, und im Rang danach folgend, sind Gefäße aufgeführt, die unter dem Sammelnamen *Spanisches Gut* oder auch *Spanisch Steinern Guts* bezeichnet sind.[9] Einzelstücke, die die Herkunftsangabe *spanisch* führen, laufen unter den Gefäßbezeichnungen wie *Kros, Krus, Kröse, Krösichen* für Krug, *Hangelpott* für Henkeltopf, *Fathe, Vatte* für Gefäß, *Vassen* für Vase, *Schötteln, Schälichen* für Schüsseln und Schalen. Die Bezeichnungen entsprechen genau den gegenständlichen Überlieferungen an Gefäßtypen, die bisher als Hamburger Fayencen galten und die nach neueren Forschungen als portugiesische Produkte anzuerkennen sind. Die Herkunftsangabe *spanisch* für Ware aus Portugal und speziell Lissabon ist für diese Zeit zutreffend, da Portugal von 1580 bis 1640 in Personalunion unter der Herrschaft der spanischen Krone stand. Die Herkunftsbezeichnungen des keramischen Hausrates in den hamburgischen Inventaren um die Mitte des 17. Jahrhunderts sind im übrigen offenbar recht genau und erscheinen in einer regelhaften Reihenfolge. In ihr drückt sich die abnehmende Bewertung aus, und sie führt vom hochgeschätzten *Spanischen Steinern Gut*, d. h. von den portugiesischen Fayencen, zu solchen aus Frankreich, bezeichnet als *Franches Gut* oder speziell *Lyornische* Gefäße, Fayencen aus Lyon. Es folgen *Holandische* Ware, ebenfalls Fayencen im Unterschied zur *Cöllnischen* Ware, die das hartgebrannte Steinzeug aus dem weiteren Umkreis Kölns benennt. Am Ende stehen Hafenerwaren ohne Herkunftsangaben.[10]

Im Unterschied zu den Nachlaßinventaren sind die Auskünfte über Keramikimporte in den umfangreichen Handelsarchivalien, die für Hamburg ausgewertet und veröffentlicht sind, wenig ergiebig und differenziert.[11] Für die erste Hälfte

---

7 Vgl. Salinas Calado 1987: 10
8 Vgl. Hüseler 1925, bes. Auszüge aus hamburgischen Nachlaßinventaren, S. 525 f.
9 Hüseler 1925: 480
10 Hüseler 1925: 526, Inventar von 1652
11 Baasch 1894; Pitz 1961

des 17. Jahrhunderts werden in den verschiedenen Zollbüchern nur gelegentlich Siegburger Steinzeug, hauptsächlich Trinkkannen, sowie aus den Niederlanden Teller und Krüge und häufiger blaue und mehrfarbige Fliesen geführt.[12] Die portugiesischen Fayencen verstecken sich wahrscheinlich unter der Sammelbezeichnung *Spanische [Kram-]Waren*, die in Fässern und weniger in Kisten transportiert und deren Zollabgaben nach ihrem angegebenen Wert berechnet wurden.[13]

Weil sich der Keramikimport aus Portugal in der schriftlichen Handelsüberlieferung bisher nicht belegen läßt, wurde in der Keramikforschung die Unsicherheit über die Herkunft der reichlichen gegenständlichen Überlieferung genährt. In ihr finden sich, wie schon erwähnt, zahlreiche Stücke mit Namen, Hauszeichen und Wappen in Hamburg urkundlich nachweisbarer Personen.[14] Für andere Exemplare läßt sich der Gebrauch in Hamburg bis ins 17. Jahrhundert zurückverfolgen.[15]

Justus Brinckmann, der Gründer des Museums für Kunst und Gewerbe in Hamburg, hat mit seiner Vermutung, diese Gruppe von eigenartigen Fayencen müsse in Norddeutschland und vielleicht direkt in Hamburg entstanden sein, zum gesteigerten Interesse bei vielen Sammlern und Museen geführt.[16] Über 120 Exemplare dieser Keramik aus 25 Sammlungen in Deutschland und zwölf Sammlungen im Ausland wurden von Konrad Hüseler 1925 unter dem Titel «Die Hamburger Fayencen im 17. Jahrhundert» stilistisch verglichen und zu angeblichen Werkstattgruppen geordnet.[17]

Hüseler hat als erster für diese Keramik Portugal als Ursprungsland der Gefäß- und Dekorationsformen erkannt und vermutet, daß von dort «eine Einwan-

---

12   Baasch 1894: 375 u. 384
13   Pitz 1961: § 295, 93
14   Hüseler 1925: Abbildungen Nrn. 3, 4, 16, 19, 20, 72, 73, 85
15   Z. B. für den Krug mit gemalter Hausmarke und Jahreszahl 1644, der seit 1670 im Besitz des Gast- und Krankenhauses in Hamburg und zum Gebrauch als Abendmahlkanne mit einem silbernen Deckel versehen war. Vgl. Hüseler 1925: 515 f.
16   Vgl. Justus Brinckmann «Das Hamburgische Museum für Kunst und Gewerbe. Bericht über die Entwicklung der Anstalt seit ihrer Eröffnung am 25. September 1877», Hamburg 1882, S. 38 f.; derselbe «Führer durch das Hamburgische Museum für Kunst und Gewerbe», Hamburg 1894, S. 303 f.; derselbe «Museum für Kunst und Gewerbe, Bericht für das Jahr 1903», in: Jahrbuch der Hamburgischen Wissenschaftlichen Anstalten, XXI. Jahrg. 1903, Hamburg 1904, S. CCIII f.; derselbe «Bericht für das Jahr 1907», Hamburg 1908, S. 24 f.; derselbe «Bericht für das Jahr 1909», Hamburg 1910, S. 55 ff.; derselbe «Bericht für das Jahr 1910», Hamburg 1911, S. 43 ff.
17   Weitere Publikationen unter dem Aspekt der Hamburger Herkunft dieser Fayencen: Otto Lauffer «Jahresbericht des Museums für Hamburgische Geschichte für das Jahr 1910», Hamburg 1911, S. 45; August Stoehr «Deutsche Fayencen und deutsches Steingut» (Bibliothek für Kunst- und Antiquitätensammler, Band 20), Berlin 1920; O. Riesebieter «Die deutschen Fayencen des 17. und 18. Jahrhunderts», Leipzig 1921, S. 173–179; Max Sauerlandt «Das Museum für Kunst und Gewerbe in Hamburg 1877–1927», Hamburg 1929, S. 72 f. u. Taf. 83 u. 84; Ernst Finder «Hamburgisches Bürgertum in der Vergangenheit», Hamburg 1930, S. 257 u. Taf. 12

derung fremder Fayencekünstler» nach Hamburg geschehen sei.[18] Er sah dabei auch einen Zusammenhang mit den portugiesischen Juden in Hamburg und dem äußerst regen Handelsverkehr zwischen ihnen und Spanien-Portugal. Seine These aus Portugal eingewanderter Keramiker stützte Hüseler auf Beispiele von portugiesischen Schreibweisen in Inschriften einiger von ihm dokumentierter Stücke.[19]

Die mehrfach auftretende Form *Annos, Anos* vor einer Jahreszahl findet sich auch bei dem Krug mit der Inschrift LAVRIDTZ ANDERSEN / HOLST LUTNANT / ANOS 1624. Auf die vordere Bauchseite des Kruges ist über der Schrift in einem mit Lorbeerkranz gerahmten Feld ein herzförmiges Schild mit einem Schwertarm gemalt.[20] Dieser im Nationalmuseum in Kopenhagen aufbewahrte Krug war also für einen Leutnant Andersen in der holsteinischen Armee des dänischen Königs hergestellt worden. Hüseler hielt deswegen in diesem Fall eine Herkunft aus Portugal für ausgeschlossen. Doch die Kombination davon, daß Glückstadt eine große Garnison der holsteinischen Armee war, und daß Moise Benedictus sich auch als Heereslieferant betätigte und mit *Porcellana* zu tun hatte, legt den Schluß nahe, in ihm den Auftragsvermittler und Importeur des Kruges zu suchen.

---

18 Hüseler 1925: 489
19 Hüseler 1925, Abb. 8: Deckelschüssel von 1631, Abb. 90: Krug von 1631
20 Hüseler 1925: 490, Abb. 11

Mindestens noch ein weiterer Krug läßt sich mit Benedictus in Verbindung bringen: der für Jacob Semmelhacke 1628 produzierte, heute im Museum für Kunst und Gewerbe Hamburg ausgestellt.[21] Das Stück befand sich bis zum Erwerb durch das Museum in der gleichnamigen Familie des Erstbesitzers, die in Stade-Brunshausen ansässig war, also in dem für Benedictus nachgewiesenen Handels- und Reisebereich. Der Krug steht in enger stilistischer Verwandtschaft zu dem des Leutnant Andersen von 1624, ist aber aufwendiger bemalt, neben Blau noch mit Gelb und Gelbbraun. Im großen Bildfeld erscheinen unter der Namensinschrift und einer Hausmarke links ein Mann mit Federhut, modisch nach spanischer Art gekleidet, mit einem beidhändig quergehaltenen Spieß, rechts davon ein gezäumtes Pferd. Das Bild ist mit ähnlichen Darstellungen in der portugiesischen Fayencemalerei vergleichbar und weist auf einen Herrn von wohlhabendem Stand hin.[22]

Mit den Beispielen Lauritz Andersen, ein Offizier bürgerlicher Herkunft, und Jacob Semmelhacke, ein bäuerlicher Hofbesitzer und Kaufmann, wird die Frage nach den sozialen Schichten aufgeworfen, aus denen die Besteller persönlich gekennzeichneter Schaugefäße kamen. Vier auf ihren Krügen oder Schüsseln mit vollem Namen Genannte sind als Hamburger Bürger in den Berufen Notar, Kaufmann, Weinküfer und Brauer identifiziert.[23] Unter den weiteren vier Hamburger Familien, deren Wappen auf den Gefäßen bestimmt werden konnten, zählt nur eine zu den Großbürgern.[24] Es kann daraus und im Vergleich mit anderem Hausgerät geschlossen werden, daß es in der breiten bürgerlichen Schicht eine Käuferschaft gab, die sich den Luxus eines persönlich gekennzeichneten Prunkgeschirrs leisten konnte und wollte. Die portugiesischen Fayencen befriedigten diese Bedürfnisse auch für die Mittelschichten, weil diese Ware wesentlich billiger als das Gerät aus Silber und Zinn und auch hygienischer war und äußerlich dem teuren chinesischen Porzellan gleichkam. Im Unterschied zum Metallgerät mußten die gewünschten Namen, Familienwappen und die in viel größerer Zahl vorkommenden Hausmarken oder Kaufmannskennzeichen auf den Fayencen beim Herstellungsprozeß angebracht werden. Das setzte voraus, daß die Namen in genauer Schriftform und die Zeichen als Zeichnungen vom Bestellerort nach Portugal übermittelt wurden.

---

21   Brinckmann, Jahresbericht 1907, S. 24 f.; Hüseler 1925: 491, Abb. 12
22   Vgl. Katalog «Faiança Portuguesa Portugese Faience 1600–1660», Amsterdam–Lissabon 1987, S. 64, Abb. 26
23   Notar Tobias Eggebrecht, Krug jetzt im Museum für Hamburgische Geschichte, Hüseler 1925, Abb. 4; Kaufmann Nicolais Boock, Krug im Kestner-Museum Hannover, Hüseler 1925, Abb. 16; Küper Bartel Kunrat, Krug von 1632 im Museum für Kunst und Gewerbe, Hüseler 1925, Abb. 19; Brauer Jacob Lüders, Teller von 1646 im Museum für Kunst und Gewerbe, Hüseler 1925, Abb. 72
24   Familie Amsinck, Teller im Museum für Kunst und Gewerbe, Hüseler 1925, Abb. 85. Zur sozialen Schichtung vgl. Reißmann 1975

Ein weiteres Indiz für den sefardischen Handel mit dieser Keramik sind die darauf erscheinenden Stadtwappen. Unter den von Hüseler katalogisierten etwa 120 Gefäßen tragen 17 das Stadtwappen von Hamburg, vier von Danzig, drei von Glückstadt und je eines das von Stade und Celle. Die neun Doppeladler können sowohl als das Wappen Lübecks interpretiert werden als auch allgemeiner für das deutsche Kaiserreich gelten.[25] Die Häufigkeit dieser Städtesymbole entspricht in signifikanter Weise der Bedeutung der Orte für sefardische Niederlassungen und Aufenthaltsversuche vom zentralen Hamburg aus.[26]

Doch der Hamburger Handel mit portugiesischen Fayencen ging noch über den durch die Stadtwappen markierten Raum hinaus. Aus Skandinavien dokumentierte Hüseler fast 30 Beispiele. Darunter befindet sich ein Krug von 1634 im Nationalmuseum in Stockholm für den schwedischen General-Rentmeister Marten Wewitzer-Rosenstierna. Ein Kaufmann Valentin Wewitzer in Hamburg wird als Auftraggeber angenommen.[27] Von den in den Museen Norwegens aufbewahrten 15 Stücken sind die Hälfte nachweislich als alter Besitz von Gutshöfen und aus Küstenstädten erworben worden.[28] In Norwegen und besonders in Drontheim gab es sefardische Handelsaktivitäten.

Außer Städte- und Familienwappen, Hausmarken und Namen mit direktem Bezug auf die Besteller gibt es unter den von Hüseler dokumentierten Fayencegefäßen eine Reihe von Bildmotiven und Symbolen allgemeiner Art: So sind Adam und Eva beim Sündenfall viermal und Abraham bei der Opferung Isaaks zweimal vertreten, während der Pelikan, seine Jungen mit seinem Blut nährend, dreimal vorkommt. Dieses Symbolbild der christlichen Antike war in Norddeutschland und Nordeuropa sehr beliebt.[29] St. Georg und St. Katharina, die je einmal erscheinen, stehen ebenfalls für die eher seltenen christlichen Themen.

Wesentlich häufiger, nämlich neunmal, tritt das Motiv des pfeildurchbohrten Herzens auf. Es ist in Spanien und Portugal im Zusammenhang mit der nationalen Verehrung der heiligen Theresa von Avila sehr häufig bezeugt.[30] Dagegen war es in Norddeutschland und Skandinavien noch im 17. Jahrhundert ungebräuchlich. Die Sefarden in Amsterdam und Hamburg benutzten dieses Symbol der gebundenen Liebe auf etlichen ihrer Heiratsverträge. Abgebildet sind die Heiratsverträge (hebr. *ketubba*, Mz. *ketubbot*) von Abraham Sarfati und Esther Abenyacar, Amsterdam 1624, und von Isaak Senior, genannt Manuel Teixeira, und Rachel de Mattos, Hamburg 1648, in den Ausstellungskatalogen von Amsterdam

---

25 Über den Doppeladler als Gegenstandsschmuck vgl. Peesch 1981: 189 ff.
26 Vgl. Kellenbenz 1958
27 Hüseler 1925: 497 f., Abb. 29
28 Vgl. Holst 1937: 168–175
29 Vgl. Peesch, 1981: 136
30 Vgl. Aurenhammer 1970: Stichwort «Herz», Sp. 249

1987 und Hamburg 1991.[31] Gefäße, die mit diesem Symbol geschmückt sind, wurden wahrscheinlich als Braut- oder Hochzeitsgeschenk angeboten und sicherlich nur für sefardische Brautleute. Der Fayencekrug mit dem Doppeladler und dem pfeildurchbohrten Herzen im Brustschild, entstanden um 1635, erst 1987 vom Museum für Hamburgische Geschichte erworben, bietet ein weiteres Beispiel für die typischen Motive dieser Gruppe.[32]

Die Zahl der bekanntgewordenen Exemplare portugiesischer Fayence, die nach Norddeutschland und Skandinavien exportiert worden sind, hat sich gegenüber der Zusammenstellung von Hüseler fast verdoppelt. Korrekturen an seiner Darstellung sind nicht nur hinsichtlich des Ursprungslandes, sondern auch für die angeblichen Werkstätten und ihre Zeichen dringend angebracht. Einen Anlaß bietet der zuletzt erwähnte Krug. Er zeigt auf der Gefäßunterseite im Fußring zwischen den Buchstaben *H* und *S* eine Hausmarke. Sie gleicht völlig der von Hüseler auf seiner Markentafel unter Nr. 6 abgebildeten Marke.[33] Doch der dazugehörige Krug von 1645 mit Hamburger Wappen ist stilistisch mit dem vorgenannten Krug nicht in Einklang zu bringen. So erweisen sich diese auf den Unterseiten angebrachten Monogramme und Zeichen kaum als Herstellermarken, sondern eher als Kennzeichnungen für die Besteller. Diese Annahme wird wesentlich gestützt durch die Beobachtungen und Erkenntnisse, die mit der großartigen stadtarchäologischen Untersuchung in Amsterdam 1981/82 gewonnen werden konnten.[34] Hier wurden größere Mengen an Scherben von Gefäßen gefunden, die in Material, Form und Dekor den aus Norddeutschland und Skandinavien überlieferten Fayencen gleichen und die durch gelegentliche Inschriften, hauptsächlich auf den Gefäßunterseiten, ihre Herkunft aus Portugal eindeutig erweisen.

Jan Baart, Leiter der Stadtarchäologie, hat in zwei Katalogbeiträgen anläßlich der Ausstellung «Exodo–Portugezen in Amsterdam 1600–1680», die 1987/88 gezeigt wurde, ausführlich auf die Zusammenhänge Lissabon–Amsterdam–Hamburg aufmerksam gemacht. Zu den Inschriften stellt er fest:

> «Betrachten wir nun die neuen Daten der Amsterdamer Stadtkernuntersuchung. In erster Linie sind Stücke zum Vorschein gekommen mit portugiesischen und portugiesisch-jüdischen Familiennamen. Auf der

---

31 Katalog «Exodo–Portugezen in Amsterdam 1600–1680», Amsterdam 1987, S. 84, Abb. 108; Bauche 1991: 41 und 158 ff., Nr. 73
32 Bauche 1991: Nr. 69, S. 44 und 150
33 Hüseler 1925: 527
34 Vgl. im Katalog «Exodo – Portugezen in Amsterdam» die Beiträge von Jan Baart «Portugese faience 1600–1660. Een studie van bodemvonsten en museumcollecties.» – Gerad Uzereef «De vleesconsumptie op Vlooyenburg in de zeventiende eeuw.» Vgl. auch Rainer Marggraf «Ausstellungs- und Katalogbesprechung: Êxodo, Portugezen in Amsterdam 1600–1680. Ausstellung im Amsterdams Historisch Museum, 8. Dez. 1987 bis 21. Feb. 1988», in: *Keramos*, Zeitschrift der Gesellschaft der Keramikfreunde e. V., Düsseldorf, Heft 121, Juli 1988, S. 203 f.

Rückseite und Vorderseite einiger Teller kommen vor: DONAM^A ILHAÕ, auch als DONA MILH AÕ = Dona Maria Ilhaõ; ONAREFICA BOINA = Dona Refica Boina; PAS (mehrmals); vi[o]lante dos santos = Violante dos Santos; CAR = möglicherweise Cardoso; D.F.MG^{ES} = D. F. Magalhães. Die Tatsachen weisen deutlich in portugiesische Richtung. Ein genauer stilistischer Vergleich mit Töpferware in Museen und Privatsammlungen in Portugal zeigte darüber hinaus eine deutliche Verwandtschaft der Amsterdamer Funde mit portugiesischer Fayence.»[35]

An anderer Stelle wird dazu ergänzt: «Niederländische Namen kommen hingegen überhaupt nicht vor. Die Namen Dos Santos und Magalhães sind ausschließlich portugiesisch und deuten wahrscheinlich nicht auf portugiesisch-jüdische Familien. Vor allem die Familie Pas ist auf Vlooyenburg sehr bekannt. Verschiedene Zweige dieser Familie besaßen dort Häuser.»[36]

Vlooyenburg ist der alte Name dieses Amsterdamer Stadtareals, das um 1590 an der Amstel nach Aufschüttung besiedelt wurde. Zu den ersten Hausbesitzern gehörten zahlreiche portugiesische Juden. Später kamen ashkenasische Juden in größerer Zahl in dieses Viertel, das unter dem Namen Waterlooplein - nach der Deportation der Juden durch die deutsche Besatzungsmacht 1940 bis 194 - endgültig verfiel. Die flächige Abräumung für eine Neubebauung bot die Gelegenheit für eine archäologische Untersuchung.

Dabei stellte sich den Ausgräbern die Frage, ob die Fayencegefäße, die auf den ehemaligen Grundstücken portugiesischer Juden gefunden wurden, lediglich zu dem in die Emigration mitgenommenen Hausrat gehörte. Aber das Vorkommen dieser gleichen Keramik an Fundplätzen ehemaliger offenbar christlicher Bewohner legte nahe, diese Ware als allgemeines Handelsgut einzuschätzen. Dafür sprechen auch die Nachforschungen an anderen Fundstellen, in Amsterdam und weiter in Nord-Holland, mit einer großen Anzahl von Scherben portugiesischer Fayencen. Sie waren bis dahin kaum beachtet worden.

Die archäologischen Untersuchungen zur Verbreitung der portugiesischen Fayencen in Nordwest- und Nordeuropa sind noch sehr jung, versprechen aber weitere Aufschlüsse über die Handelswege und über die Käuferkreise in Stadt und Land.[37] Auch in den Niederlanden sind bisher noch keine archivalischen Quellen für den Import und den verteilenden Handel mit dieser Keramik veröffentlicht worden. Wahrscheinlich wird man auch dort - wie in Glückstadt und Hamburg - mit sefardischen Kaufleuten rechnen können.

---

35 Katalog «Exodo – Portugezen in Amsterdam», S. 23, zitiert nach der deutschen Übersetzung von Saskia Rohde
36 Jan Baart «Portugese Faience uit Amsterdamse bodem.» In: Katalog Faiança Portuguesa 1600–1660], S. 23. zitiert nach der deutschen Übersetzung von Saskia Rohde
37 Vgl. Hurst 1986: 67 f.

Anhang
Durchleuchtigster, Großmechtiger Konnig, Gnedigster
Herr, E. Konnig.Mayst. sol ich hierbey Unterthenigst nicht
Vorendhaltten, daß Ungefehr Vor Zweien Jharen, auff mein ansuchen,
der Herr Ambtman Zur Steinburg, mier in der Glückstadt aufm
Dicke, Zwischen der am Ende stehender Wonung, Und dem Block
hause, einen lehernen Platz hatt assigniret Und Zugeeignet,
darauff ich gemeindt gewesen, Wie ich auch annoch bin, ein
Neueres Werk mitt einem Ofen aufzuhüren, Und
darin allerley art Von porcellana Zupraepariren. Wan nicht die großen
Waßerfluthen mich daran verhindert hetten, welche selben
Orth Zu Unterschiedlichen mhalen gantz ruiniret, Und durchbrochen,
daß ich über 600 Mct.Lübisch spendiren müssen, denselben
Zweimhall wieder Zu repariren, Wie dan die Jüngst aufgetre
dene Wasserfluth Zum drittenmhal den Platz de novo also
Verderbtt, Und durchbrochen, daß mier armen Mhan Vermüg
lich fehlt, den defect wieder zu ersetzen, Und in Esse Zubringen.
Nachdemmhall, Vorschienen Sommer Und Jhar, da ich E. Konnig.
Mayst. Armada Zur Nienburg, Und Fehrden allerhand
Nothwendige Victualia Und Wahren Zugeschänkt, dieselbe aber
Umb den billigen opferung nicht Versandten konnen, auch
der General proviantmeister solch Umb die gebühr nicht annhemen
wollen, ich sehr großen schaden erlitten. In deme mier noch auff meiner Reise
nach (Streichung) Bremen etliche Reuther
300 Reichsthaller mit gewald haben abgenommen, das
ich durch einen Und anderen Zugestandenen Unglück, fast
alle meine Wolfhardt Verlhoren, Undt in meinem Vermögen
gar nicht ist, obgedachten Platz pro tertio mitt Erden Zufül
len, Undt wieder aufzuhüren.
Belanget derowegen ahn E. Konnig. Mayst. mein Unter
thenigste Hochflhenliche Bitt, dieselbe gnedigst geruhen auß an
geborene Konnig. Milde, sich meines hochempfindlichte scha
dens Zuerbarmen, Und die reparation mehrgedachten Platzes
den Krempern Und Wilstern Hofleuthen aufzulegen, Und anzu
befheligen, daß ich armer Unvermügener Bürger Und Por
tugiß Zur glückstadt, mich wiederumb in etwas müge er
holen, Und mit der Zeitt Zum lebensstand gedeigen.
Solchs der Almechttige im Himmel Umb E. konnig. Mayst.

in Vielwege reichlich wird belhonen, Und ich bin es in Untert
henigster Devotion Zuerschulden als ein getreuer Unterthan
bereittwillig, und geflissen, Datum Glückstad den
3. Marty Anno 1627 p.
E. Konnig. Mayst.
Unterthenigster Gehorsambster
Bürger
Moise Benedictus

***

Durchleuchtigster, Großmechtiger Könnig. Gnedigster Herr,
E. Könnig. Mayst. sol ich hierbey Unterthenig Supplicando
nicht unbericht sein lassen, daß Vor Zweien Jharen, der Herr
Ambtman Zur Steinburg mier einen platz Zur glückstadt aufm
Dicke nicht weit Vom Blockhause hatt assigniret Und zugeeige
net, darauf ich gemeind gewesen, Und annoch bin, ein Neues
Werk mitt einem Ofen Zusetzen, Und darin eine artt Von
porcellana Zu praepariren. So haben die großen Wasserfluthe sol
chen platz, Über mein Verhoffen, dermaßen ruiniret, daß ich Ihn
Zweimal wieder repariren, Und mitt erden müßen erfüllen
lassen, welches mier über 600 Mct lübisch gekostet, Und Jüngst
hin Zum drittenmhal wieder alß durchbrochen, Und Verderbt,
daß mier armen Portugisen Undt Bürgern Zur glückstad sehr
beschwerlich feld, selben auff meinen Uncosten wieder machen
Zu lassen.
Damitt ich aber selbigen durchbrochenen Orth, wieder Zu seinen
Vorigen standt Und Esse bringe, So gelangt ahn E. konnig.
Mayst. hirmitt meine Unterthenigste hochfhlendige bitt, dieselbe gnedigst
geruhen, mier, auß angborner milde kegen ihre Unter
thane, gnedigst Zu Concediren, das ich Zu sothaner repariring, Von
E. konnig. Mayst. balcken, So auff der anderen seitten
des Ports Oder Hawens stehen, Und nach Advenant Von
den großen Wasserstürmen weggerissen worden, so Viel nehmen
müge, alß Zu Verpfhälung des Ortts Von Nothen sein.
Welchs mier armen Unvermügengenen Unterthan ein große Zulage ist,
Welche der Gerechtige gott im himmell in anderer Wege
reichlich wird belhonen, Datum Stade den 8. Marty Ao. 1627
E. Konnig. Mayst.
Unterthenigster Bürger
Moise Benedict

BIBLIOGRAPHIE

Aurenhammer, Hans
Lexikon der christlichen Ikonographie
Wien 1970
Baart, Jan
Portugese faience 1600-1660. Een studie van bodemvonsten en museum-collecties
in: Exodo-Portugezen in Amsterdam
Amsterdam 1987
Baart, Jan
Portugese faience uit Amsterdamse bodem
in: Faiança Portuguesa 1600-1660
Amsterdam 1987
Baasch, Ernst
Hamburgs Seeschiffahrt und Warenhandel vom Ende des 16. bis zur Mitte des 17. Jahrhunderts
In: Zeitschrift des Vereins für Hamburgische Geschichte 9, 1894: 295 – 420
Bauche, Ulrich (Hg.)
Katalog Vierhundert Jahre Juden in Hamburg
Hamburg 1991
Brinckmann, Justus
Das Hamburgische Museum für Kunst und Gewerbe. Bericht über die Entwicklung der Anstalt seit ihrer Eröffnung am 25. September 1877
Hamburg 1882
Brinckmann, Justus
Führer durch das Hamburgische Museum für Kunst und Gewerbe
Hamburg 1894
Calado, Rafael Salinas
Aspectos da Faiança Portuguesa do século XVII e alguns antecedentes históricos
in: Faiança Portuguesa 1600 - 1660
Amsterdam-Lissabon 1987
Holst, Elling/Henning Alsvik
Hamburgische und schleswig-holsteinische Fayencen in Norwegen.
In: Nordelbingen–Beiträge zur Heimatforschung in Schleswig-Holstein, Hamburg und Lübeck, Band 13, 1937: 168 – 175
Hurst, John G. / David S. Neal/Hendrik J. E. van Beuningen
Pottery Produced and Traded in North-West Europe 1350 1650
Rotterdam 1986
Hüseler, Konrad
Die Hamburger Fayencen des 17. Jahrhunderts
In: Nordelbingen–Beiträge zur Heimatforschung in Schleswig-Holstein, Hamburg und Lübeck, Band 4, 1925: 479–532

Kellenbenz, Hermann
Sephardim an der unteren Elbe. Ihre wirtschaftliche und politische Bedeutung vom Ende des 16. bis zum Beginn des 18. Jahrhunderts
Wiesbaden 1958
Köhn, Gerhard
Die Bevölkerung der Residenz, Festung und Exulantenstadt Glückstadt von der Gründung 1616 bis zum Endausbau 1652
Glückstadt 1974, dazu Materialband. Typoskript, Glückstadt 1970
Peesch, Reinhard
Ornamentik der Volkskunst in Europa
Leipzig und Königstein 1981
Pitz, Ernst
Die Zolltarife der Stadt Hamburg.
Deutsche Handelsakten des Mittelalters und der Neuzeit, Band 11. Deutsche Zolltarife. Teil II
Wiesbaden 1961
Reißmann, Martin
Die hamburgische Kaufmannschaft des 17. Jahrhunderts in sozialgeschichtlicher Sicht
Hamburg 1975
Sieveking, Heinrich
Die Glückstädter Guineafahrt im 17. Jahrhundert
In: Vierteljahresschrift für Sozial- und Wirtschaftsgeschichte, Beiheft 30, 1937
Wilcke, Julius
Albert Dionis' Brev af 9. October 1619 om Mønten i Glückstadt
in: Tidsskrift for Jødisk Historie og Literatur 2, 1921: 327-330

Moshe Gideon Abudiente et son œuvre littéraire

Zvi Maleakhi (Tel Aviv)

1. Introduction

En 1599, le jeune Paulo de Pina marrane portugais qui souhaitait entrer dans les ordres, quittait Lisbonne pour Rome. Passant par Livourne, il remit une lettre de recommandation au médecin Philippe Rodriguez, alias Elijah Montalto, savant d'origine marrane, polémiste, défenseur du judaisme, qui allait par la suite être nommé médecin à la Cour de France. Dans cette lettre de recommandation émanant de Diego Gomez Lobato, parent de Paulo de Pina, on pouvait lire: «Notre parent Paulo de Pina se rend à Rome pour s'y consacrer à la prêtrise. Je te serais reconnaissant de lui montrer la voie à suivre». Elijah Montalto comprit le sousentendu, et montra au jeune homme la voie du retour au judaisme. Paulo de Pina revint à Lisbonne en juif pieux, et deux ans plus tard, en 1601, il partait pour le Brésil avec Diego Gomez Lobato, son parent. Ne trouvant pas de repos là-bas non plus, ils arrivèrent en 1604 à Amsterdam, où ils furent circoncis et prénommés Abraham Cohen Lobato et Reuel Jesurun.

> Ao autor
> De Daniel Abudiente seu tio
> Soneto.
>
> PEnetrar os fufifticos enguanos
> que offufcaõ a pureza da uerdade
> qual quer pode alcançar, a qué a idade
> descobre em larguo tēpo os defēganos
> Mas fonte fabricar por cujos canos
> se augmente no falar propiedade
> na Lingua, novo ser e utilidade,
> so vos podeys fazer em tenrros anos
> Crecey (Roby Mofeh) que se ao refpeito
> em vos faber e idade vaõ creçendo
> alombro de hūs fereis, e de outros guia
> Nem he alheo em vos taõ alto effeito
> pois fol q̃ quēte vē Loguo é naçendo
> pronftica abrazar a o meio dia.

Abudiente: Gramatica Hebraica (Hamburg 1633)

Reuel Jesurun conquit rapidement une position prépondérante dans la communauté Bet Yaakov d'Amsterdam. En 1624, son talent littéraire s'exprima dans une œuvre en portugais, «Dialogos dos 7 montes» (Dialogue des septs monts)[1], présentée par un groupe de jeunes dans sa synagogue à l'occasion de la Fête des Cabanes. Cette apologie du judaïsme adopte la forme d'un poème dramatique dont les personnages sont les septs montagnes d'Eretz Israel: Sion, Sinai, Or HaHar, Grizim, Nebo etc. Le rôle du mont Nebo était tenu par un adolescent de quatorze ans, né à Amsterdam, sans doute dans une famille de marranes portugais. Il s'appelait Moshe ben Gideon Abudiente et devait par la suite épouser Sarah, la fille de Reuel Jesurun. Peu de temps après, Abudiente se mit à composer des poèmes.

2. Le poète

En 1628, lorsqu'il avait dix-huit ans, une tentative d'assassinat fut perpétrée sur la personne d'un diamantaire juif, David Curiel. Un gentil de Leipzig se fit passer pour un diamantaire, et une fois seul avec David Curiel, il brandit un rasoir, lui trancha la gorge d'une oreille à l'autre et s'empara des diamants. Curiel, ensanglanté, la gorge béante, poursuivit le malfaiteur qui s'enfuit dans la direction d'un pont enjambant le canal. Un homme chargé d'une poutre venait à sa rencontre, aussi se cacha-t-il au milieu d'un tas de planches jouxtant le pont. Mais les scieurs l'avaient aperçu, et les juifs alertés se saisirent de lui. L'agresseur était convaincu qu'on ne lui ferait aucun mal, car un homme ne pouvait être condamné à mort «pour avoir tué l'un de ces juifs, qui, dans son pays natal (l'Allemagne) ne valaient pas davantage que des porcs» et étant donné par ailleurs que David Curiel s'était miraculeusement rétabli. Mais l'agresseur fut condamné à mort: on lui trancha la tête, «et il n'eut point de sépulture, puisque sa dépouille fut vendue cent florins pour être disséquée, dépecée et écorchée». Une relation de cet épisode fut composée en portugais par David Curiel dans «Meguilat Curiel», et Abudiente écrivit la version hébraique de cette Meguila, dont des copies manuscrites[2] furent diffusées. Abudiente lui adjoignit un poème introductif. Curiel et Abudiente se connaissaient déjà, à preuve un poème composé par Abudiente en l'honneur du mariage de Curiel.[3]

---

[1] Manuscrit Etz Haim 48 E 29 (Catalogue Fuks No 304; imprimé à Amsterdam en 1767 par Isaac Cohen Belinfante. Traduction anglaise de Philip Polack 1970. Sur Reuel Jesurun voir *Encyclopædia Judaica*; Cecil Roth 1975: 221; *Studia Rosenthaliana* 9, 1975: 36-37

[2] Catalogue de la Bibliothèque Etz Haim de Fuks, Nos 342 (avec traduction en portugais), 343 et 345 (portugais), 344 (parchemin hébraïque, sans doute manuscrit autographe d'Abudiente), traduction portugaise imprimée à Coimbra en 1965. Le poème d'Abudiente figure également dans le manuscrit No 341 du catalogue: Recueil «Pirkhé Chira» (Fleurs de poésie) de David Franco Mendes, Etz Haim c 3, et No 275: Etz Haim 47 B 26. Franco Mendes dit ailleurs qu'Abudiente a traduit en hébreu et couché sur parchemin le récit de Curiel. Voir *Studia Rosenthaliana* 9, 1975: 38

[3] Manuscrit Adler 2248 et microfilm à l'Institut des microfilms des manuscrits hébraïques, 29387 (cf. également cat. no 71: EH 47 B4).

Abudiente quitta vraisemblablement Amsterdam avant l'année 1633, puisqu'il imprima cette année-là un ouvrage à Glückstadt, en Allemagne. Durant son séjour à Amsterdam, il composa son recueil de poèmes le plus marquant, «אבני שהם ‏‏ [[(Onyx): «*Voici 102 octaves (en hébreu Shminiot), fine fleur passée au crible de treize tamis*» [4].

Ce recueil ne connut pas de grand retentissement du vivant de l'auteur, et ce n'est qu' après la mort de ce dernier que son fils (prénommé Gideon, en l'honneur sans doute de son grand-père) tira le manuscrit des archives familiales. Ce fils, lui-même versé dans l'art poétique, composa une autorisation de publication en vers, en regard de l'autorisation de son père (1673) pour «Les prisonniers de l'espoir», pièce de théâtre de Joseph Pinto. Dans sa préface au manuscrit revu et corrigé de «Avné shoam», rédigée en portugais et non en hébreu, le fils du poète écrivait:

> «*Voici 102 octaves [shminiot] basées sur le jugement, les rimes et les pieds métriques [ou: le poids et les mesures, cf. Lévitique 19: 31] des feuillets de mon vénéré père, qu'il repose en paix. Lorsque j'ai consulté les ouvrages, et que j'ai vu tous les manuscrits sales, à demi-effacés... tout était confus et je les ai écrits de manière intelligible avec une grande application. Pour certaines de ces octaves [shminiot], j' ai trouvé des leçons différentes que j' ai adjointes en les accompagnant d' une notation: [variante]...et lorsque mon père rendit l'Ame, qu' il repose en paradis, et ne fut plus en mesure de corriger les textes, ceux-ci furent confiés à des poètes qui furent autorisés à sortir de la voie qu'il avait indiquée pour obliquer légèrement à droite ou à gauche.*»[5]

Les poèmes d'Abudiente furent fort appréciés au XVIIIe siècle en particulier, lorsque l'intérêt envers l' histoire sociale et culturelle de la communauté d' Amsterdam augmenta. Nous possédons au moins cinq copies de «Avné shoam»: celle de Benjamin Dias Brandon avec une préface de Moses Belmonte, datée de 1714 (?); celle de Salomon da Costa Athias de Londres, qualifiant elle aussi l'auteur de «vénéré rabbi» (1718); celle de Jisdal (Joseph Suasso de Lima ?), exécutée à Amsterdam en 1758 , etc.[6] A la fin du XVIIIe siècle, le poète David Franco Mendes envoya d' autres poèmes d' Abudiente à la revue «*Hameassef*», et le poète et exégète Yitzhak Cohen Belinfante[7] utilisa des vers extraits de «Avné shoam» pour construire ses octaves (*shminiot*). Le public du XVIIIe siècle appréciait sans doute le style, le langage poétique, les thèmes et la forme des poèmes d' Abudiente,

---

[4] Manuscrit Etz Haim 47 D 12, microfilm 3561. Abudiente était peut-être dès 1628 à Hambourg, et y traduisit le récit de Curiel.
[5] ib. dans la traduction du scribe
[6] Deux feuillets dans la Bibliothèque Bodleian d'Oxford, un feuillet à Columbia (New York), un feuillet à Etz Haim (Amsterdam), un feuillet dans la Bibliotheca Rosenthaliana (Amsterdam)
[7] Sur Belinfante cf. Zvi Malakhi: Pi Hamedaber - Yitzhak HaCohen Belinfante, en recueil: Recherches sur l'histoire des Juifs hollandais, vol. 1, 1975: 123-150. Cf. ib. note 1. Belinfante réédita «Le dialogue des monts» de Reul Jesurun en 1767, et composa le recueil «Ateret Paz» (en manuscrit) - 87 octaves (*shiminiot*), l'influencées elles aussi par «Avné shoam».

«inégales depuis qu' il existe sur terre des poètes» au dire de Brendon. Tous soulignent qu'on est en présence d'octaves (*shminiot*) avec rimes fixes et pieds métriques, d' où l' on peut déduire qu'Abudiente fut le premier ou l' un des premiers à composer à Amsterdam un recueil d' octaves hébraiques avec rimes fixes et pieds métriques, selon toutes les règles de la prosodie. (Des octaves isolées furent peut-être composées à l'époque de Rabbi Yitzhak Uziel, originaire de Fez, arrivé à Amsterdam en 1610).

Les poèmes de « Avné shoam », traitant de sagesse et de morale, forment un maillon de la longue chaîne d'ouvrages de ce type. On peut citer dans ce contexte les poèmes de Joseph Sarfati de Rome (mort en 1527), dont les poèmes en forme d' octaves, (*shminiot*) célébrant l'abstinence, sont semblables, quant à la forme et aux thèmes, aux compositions de notre poète. De même, Samuel Archivolti l'italien propose une octave dans son ouvrage «Arougot Habossem» (Parterre d' aromates, 1602). Son influence est sensible chez d'autres poètes italiens du XVIIe siècle, comme Joseph Jedidiah Carmi. «Kanaf renanim» (Les ailes de la poésie, 1626), dont les poèmes évoquent un peu ceux d'Abudiente. Abudiente s'inspira sans doute des Italiens, faisant connaître cette nouveauté à Amsterdam en composant des octaves et en décrivant ce genre poétique dans un ouvrage de grammaire et d'art poétique qu'il composa en 1633 [cf. ci-après], et que connaissaient les *Maskilim* et des poètes comme David Franco Mendes. Zacuto Moses ben Mordecai dans son ouvrage «Yesod olam» (Fondements de l'univers), composée en octaves, imita vraisemblablement un distique d' Abudiente, figurant dans le livre de grammaire et d'art poétique cité plus haut:

Abudiente	*Qui est, quel est l' être privé de sens,*
	qui péchera et commettra le mal le front haut
Zacuto:	*qui est, quel est celui qui en maître*
	lèvera son bras en ennemi, le front haut

Il semble que les innovations inhérentes aux poèmes d'Abudiente aient fasciné les chantres d'Amsterdam, et des plagiaires empruntèrent certains de ses poèmes. Le fils du poète fustige à la fin du recueil «ces obstinés hargneux, qui exploitent le labeur sacré pour s'en glorifier».

Il composa lui-même quelques poèmes sur les plagiaires, sans épargner non plus les scribes:

> «Comme ils se recopient l'un l'autre, et que certains n'ont pas compris tel passage du poème, les erreurs abondent. Il faut une vaste intelligence pour tout corriger, afin que ces «Onyx» soient de purs joyaux»

Le titre du recueil «Avné shoam» (shoam:*chin, hé, mem*) compose un anagramme sur le nom du poète Moshe (Moshe :*mem, chin, hé]*) En outre, les trois premières octaves forment l'acrostiche «Moshe» : les vers de la première commencent par la lettre *mem*, la seconde par la lettre *chin* et la troisième par la lettre *hé*. A l'évidence, c'est volontairement que le nombre des octaves de ce recueil s'élève à 102, à preuve le début du troisième poème:

«*Voici cent poèmes que j'ai conçus / place à ces nouveaux-nés*»

Ces deux vers prouvent que le poète savait déjà qu'il écrirait encore cent poèmes. Il considérait peut-être les deux premiers poèmes comme une introduction, ou bien souhaitait-il écrire 102 poèmes, pour atteindre à la valeur numérique des lettres composant son propre nom (אבודיינטי) ou bien, comme l'indique une autre graphie de son nom, la dernière étant la graphie originale.

Outre «Avné shoam», Abudiente composa des poèmes de circonstance à l'occasion de mariages, pour ses fils Gideon et Reuel (qui portait le nom de son grand-père maternel), Reuel Jesurun[8], pour l'inauguration de la nouvelle synagogue d'Amsterdam; une élégie funèbre en octaves (1672), des épitaphes, «Shir agoula» en l'honneur de l'ouvrage de Haim Buchner «Or Hadash» (1675, non imprimé en recueil), des poésies données en exemple des divers genres poétiques dans son livre de grammaire et d'art poétique, ainsi que quatorze octaves sur une discussion qu'il eut en 1678 sur un point de Halakha.

L'écrivain composa également la phrase palindrome suivante: «Khom harav cheba beav shavar hamoakh.»

3. Le grammairien

En 1633, Abudiente habitait déjà en Allemagne, sans doute à Glückstadt près de Hambourg, où fut imprimé sa «Grammaire» («Grammatica Hebraica», Hambourg 1633). Dans cette oeuvre composée en portugais, figuraient pour la première fois des poèmes en hébreu de l'auteur, qui les citait en exemple des différents genres poétiques évoqués dans la quatrième partie de l'ouvrage. Cette quatrième partie traitait de l'ars poetica de la nouvelle poésie hébraïque. Abudiente y citait ses propres poèmes pour illustrer les diverses formes poétiques fixes: sonnets, octaves (*shminiot*), poème-écho. Parmi les nouveautés et les curiosités, il cite un poème composé à partir de noms propres, et un poème-labyrinthe. S'agissant du premier ouvrage (?) en portugais sur l'art poétique hébraïque, cette composition fit du bruit à Amsterdam, et le poète David Franco Mendes devait publier un sonnet ainsi qu'un passage d'une octave (de «Avné shoam») dans le premier recueil de la Haskala, «Hameassef», en 1785 soit quelque cent cinquante ans après la première publication de ces poèmes! Dans son ouvrage «Yesod olam», Moses Zacuto imita le début du sonnet, Yitzhak Be-

---

[8] Cf. Cecil Roth 1975: 222-223. Ses descendants se convertirent au christianisme et s'assimilèrent à la noblesse anglaise.

linfante ami de David Franco Mendes, emprunta des vers d'octaves d'Abudiente pour composer ses propres octaves :

Abudiente «*Hier en habit de boue [botz],*»
Belinfante «*Aujourd'hui un habit de mépris (bouz), un manteau puant*»

La foi sincère d'Abudiente se révèle dans la préface de l'ouvrage, composée d'une dédicace au Seigneur :

> «*Roi des rois, Saint béni soit-il. La plupart des auteurs dédicacent leurs ouvrages aux rois et aux princes de chair et de sang. Moi, le plus jeune de tes esclaves, j'ai voulu sortir de ce sentier battu, et ces épis, que j'ai humblement glanés derrière les moissonneurs dans le paradis de la langue sacrée, j'ai voulu qu'ils soient placés sur l'autel de Ta gloire par Moshe Ton esclave.!*»[9]

L'auteur vécut sans doute un certain temps à Glückstadt avant d'aller habiter Hambourg.

4. Le disciple de Shabtai Zvi

En 1666, Abudiente dirigea la *yeshiva* «Shaare Tsedek» de Hambourg, une *yeshiva* de notables, propriétaires et négociants, fondée lors de l'éveil du mouvement sabbatien. Durant des décennies, Abudiente fut professeur et grammairien au sein de la communauté séfarade de Hambourg et de la région (Glückstadt). En 1666, il dirigeait le *Talmud Torah* de la communauté et comptait parmi les plus ardents disciples de Shabtai Zvi. Il fit aux membres de sa *yeshiva* de nombreuses prédications sur l'ère messianique, qu'il coucha par écrit (en hébreu). En été 1666, lorsqu'on eut vent à Amsterdam de l'emprisonnement de Shabtai Zvi à Gallipoli, Abudiente traduisit ces prédications en espagnol et les fit imprimer à Glückstadt, sans demander d'imprimatur aux dirigeants de sa communauté. Ces derniers furent très embarrassés par le francparler de l'auteur ayant transgressé l'ordre de ne jamais évoquer cette affaire devant les chrétiens qui avait été jusqu'à imprimer (en espagnol !) tout un ouvrage sur l'ère messianique sabbatienne.[10]

Cet ouvrage, dédié aux membres de la *yeshiva* Shaaré Tsedek le 10 Ab 5426, était intitulé

> «*Fin de los Dias (A la fin des jours]) prédisant l'avènement de l'ère messianique annoncée par les Prophètes, et élucidant plusieurs passages*

---

[9] Kayserling 1860: 70. Sur l'exemplaire de la Bibliothèque nationale de Jérusalem, manquent les premières pages contenant la dédicace. J. Melkman affirme que le livre fut réimprimé à Amsterdam en 1675. J. Melkman 1951: 127, no 23.

[10] Je rappporte ici, en résumée avec quelques modifications, les paroles de Gershom Scholem dans son ouvrage «Shabbatai Zvi»: 486-490. Il en parle longuement, avec en outre la reproduction du frontspice de l'ouvrage. Protocole de la décision de 3 Eloul 5426

> *obscurs des Ecritures. Composé en hébreu et en espagnol par Moshe ben Gideon Abudiente...»*

Les dirigeants de la communauté, craignant que la publication de cet ouvrage ne mette en danger la situation des juifs au sein de la société chrétienne, décidèrent de celer le livre jusqu'à ce que les circonstances soient propices. Et de fait, de toute l'édition, il ne subsista apparemment qu'un seul exemplaire dans la bibliothèque Etz Haim d' Amsterdam. Abudiente prévoyait l' avènement de l'ère messianique pour l'an 1668, expliquant l' emprisonnement de Shabtai Zvi en le comparant à celui de Moise, le premier rédempteur, qui, selon la légende, avait été emprisonné à Madian et libéré par Dieu pour qu' il affranchisse Israel. Il semble que l'une de ses prédictions ait atteint Amsterdam. C' est peut-être là qu'un Français l'entendit et la traduisit en français pour l'envoyer aux nobles de France voulant savoir ce qui se passait dans le monde.[11]

5. Le spécialiste de la Halakha

Il se trouve que la foi d'Abudiente en Shabtai Zvi ne dura pas longtemps et que son enthousiasme se transforma en désappointement. Au cours des années suivantes, le poète composa divers poèmes de circonstance, comme le poème «Hame-chourchar Hamouzar» en introduction au livre «Pardess chochanim» («Assiré Hatikvah», les prisonniers de l'espoir) de Joseph Pinto (Amsterdam, 1668) et «Chir Agoula» pour un autre ouvrage datant de 1675. En 1678, il est plongé dans une correspondance ayant trait à la Halakha. A Tou Bishvat 5438, il écrit au rav Yitzhak Sorok d' Amsterdam[12] pour lui faire part de trois griefs:

> *A. De ce qu'il ait été décidé d'exiger un payement pour tout débat juridique au tribunal rabbinique d'Amsterdam... en prenant de l'argent aux plaignants [...] L'argent est posé devant eux, et leurs arguties et leur com-portement évoquent la doctrine secrète de la Cabbale [Kabbala, en hébreu au sens également de recevoir de l' argent].*

> *B. De ce que le chantre de Hambourg ait modifié la prière traditionnelle, par exemple lorsque le ministre officiant reprend à haute voix la prière de Moussaf de Yom Kippour,l e rav a repris Keter itnou lekha (On t' attribuera une couronne) selon un rite différent,inoui jusqu'ici dans notre communauté, et au lieu de commencer par Keter il a dit « Beshnat mavet hamelekh Ouziahou» [l'année de la mort du roi Ouziahou] jusqu'à la fin du verset, puis « Serafim omdim » etc.,puis « Kadoch kadoch kadoch Adonai Sabbaot mlo kol haaretz kvodo» [Saint saint saint Adonai Sabbaot, la terre est pleine de Sa gloire], « Kvodo malé olam » juqu' à la fin,*

---

[11] Gershom Scholem 1973: 359, 360 (note 2).
[12] Manuscrit Etz Haim 47 C 4 (catalogue Fuks No 352, microfilm 3584); 47 B 26 (catalogue 275, microfilm 3515); Columbia X 893 AB 9 (s. 23299).

> *en sautant tout «Keter itnou lekha», sans en rappeler une seule lettre jusqu'à «Vekara».*
>
> *C'est ce qu'il fit trois ans de suite depuis l'année de sa nomination comme ministre officiant, modifiant chaque année le rite traditionnel... Et je suis resté stupéfait de cette modification de la version laissée par nos sages... Et il modulait très longuement, s'arrêtant et disant « Kdoucha ». Je n'ai jamais entendu telle chose, ni dans la grande Amsterdam où je suis né ni à Hambourg où je vis depuis cinq décennies...*
>
> *C. Il sauta ensuite trois pages consécutives de notre rituel, postérieures au service du Grand prêtre, depuis «Verihamti et asher arakhem» jusqu'à « Lifné adonai tetaharou » supprimant toutes les mélodies de l'assistance et toutes les supplications habituelles.*

Après cette missive, Abudiente, le cœur ulcéré, composa là-dessus quatorze octaves, dont voici la dernière:

> *«Pourquoi dire Hallel en sautant*
> *trois pages du rituel trois ans de suite ?*
> *On a empêché l'assistance de prier*
> *de chanter refrains et supplications.*
> *Pourquoi en ce jour redoutable*
> *violer la Loi des premiers Sages ?*
> *Qui l'eût dit, qui l'eût cru,*
> *l'œil fond en larmes et verse des pleurs.»*

La réponse du rav Sorok n'est pas parvenue jusqu'à nous. Quoi qu'il en soit, Abudiente ne fut pas convaincu, répliquant par une autre lettre datée du 2 Nissan 1678. Il y reprend ses griefs et demande entre autres: Est-ce que les traditions doivent être comme des jeux d'enfants, aujourd'hui en usage, rejetés demain puis à nouveau repris ?

D'après la réponse du rav Sorok, écrite le 29 du mois de Nissan, il appert que derrière cette innocente correspondance, se cache une «affaire» de provocation ourdie contre le rav Sorok et contre les rabbins d'Amsterdam. La lettre du rabbin commence par des compliments à Abudiente mais bien vite son ire transparaît:

> «Mon coeur s'enflamme, le feu de l'indignation embrase mes os.devant les fables et les mensonges que l'ont a pu écrire à Votre grandeur... Qui donc se soucie du querelleur qui provoque conflit et polémique, et de deux autres atteints de la lèpre pernicieuse de la critique et de la polémique, qui dénigrent et compissent les docteurs de la Loi... faussent le sens de la Tora avec des interprétations étrangères et viennent à elle par derrière de façon perverse et contrenature. Et si je ne craignais pas que ma lettre ne tombe entre des mains étrangères, je vous raconterais certaines choses...»

Quelqu'un s'était apparemment rendu à Amsterdam et avait dénigré le rav Sorok, demandant peut-être en outre un second jugement à Abudiente. En ce qui concerne les trois griefs évoqués par Abudiente, le rav Sorok répond qu'au tribunal rabbinique, le payement était exigé des plaignants avant leur comparution. Quant à l'affaire de la lecture de la «Kdoucha», cette tradition avait vraisemblablement été introduite par le rav Yitzhak Uziel, originaire d'Afrique du Nord et rabbin d'Amsterdam (1610).[13] Cette tradition avait été supprimée depuis quelque soixante ans déjà, mais le chantre de Hambourg l'avait fait revivre.

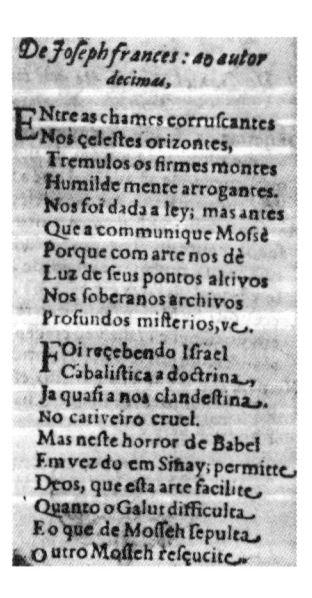

Abudiente: Gramatica Hebraica (Hamburg 1633)

6. Sa mort

Par la suite, Abudiente devait composer son «Vave haamoudim», liste des mots commençant par la lettre *vav* pouvant figurer en tête des pages de la Tora, de sorte que chaque page sauf cinq commencent par la lettre *vav*. Cet ouvrage fut copié en 1718 à Londres par Salomon da Costa Athias. Cette Tora fut composée dans les années 1678-1681[14]

---

[13] David Franco Mendes, Kol tfila vekol zimra. Manuscrit (Etz Haim 20 c 15), 1769. Microfilm de l' Université hébraique, p. 13: «Il était fort versé dans la sagesse divine, dans la maîtrise du violon, des contes et de la poésie.»
[14] Manuscrit ENA 2248, microfilm 29387

Moshe ben Gideon Abudiente mourut le deux Adar cheni de l'année 1688, à l'âge de 78 ans, et fut enterré à Hambourg. Benjamin Dias Brandon recopia son épitaphe, composé en deux octaves (*shminiot*)[15]

> «*Pauvre de moi ! Qui me conduira*
> *A ma mort, pour l'oraison et les funérailles*
> *Ni fils ni père ni frère ne me guideront*
> *Ni sage ni riche ni héros.*
> *Qui viendra me racheter*
> *Ou bien amasserais-je moi-même l'argent de la rançon*
> *Pauvre de moi j'ai su*
> *que j'ai œuvré en vain*
>
> *J'ai soixante dixhuit ans*
> *le moment est proche de mon enterrement*
> *J'oublierai les frivolités*
> *disant: Fils, je suis l'homme*
> *je demanderai de mon vivant en un chant allègre*
> *au jour de la résurrection*
> *à m' envoler comme un oiseau migrateur, comme une hirondelle*
> *chercher pour mon âme la lumière et la myrrhe sauvage.*» [16]

Traduit de l'hebreu par Colette Salem (Jerusalem).

---

[15] Manuscrit de la Bibliothèque Bodleian 1993, microfilm 19155
[16] Mètre mélangé: mètre exact (mitpaalim mitpaalim nifal ou nifalim) et mètre pour voyelles «à l'italienne»: dans le premier poème dix syllabes dans chaque vers - y compris les shvah - et rime en oxyton. Dans le second et le troisième poèmes: rimes alternées paroxyton / oxyton, avec dans les vers à rime en oxyton 10 syllabes, dans les vers à rime en paroxyton 11 syllabes (undescasyllabes). Dans les deux derniers vers le shvah remplace l' avant-dernière syllabe du vers.

GRAMATI-
CA HEBRAICA

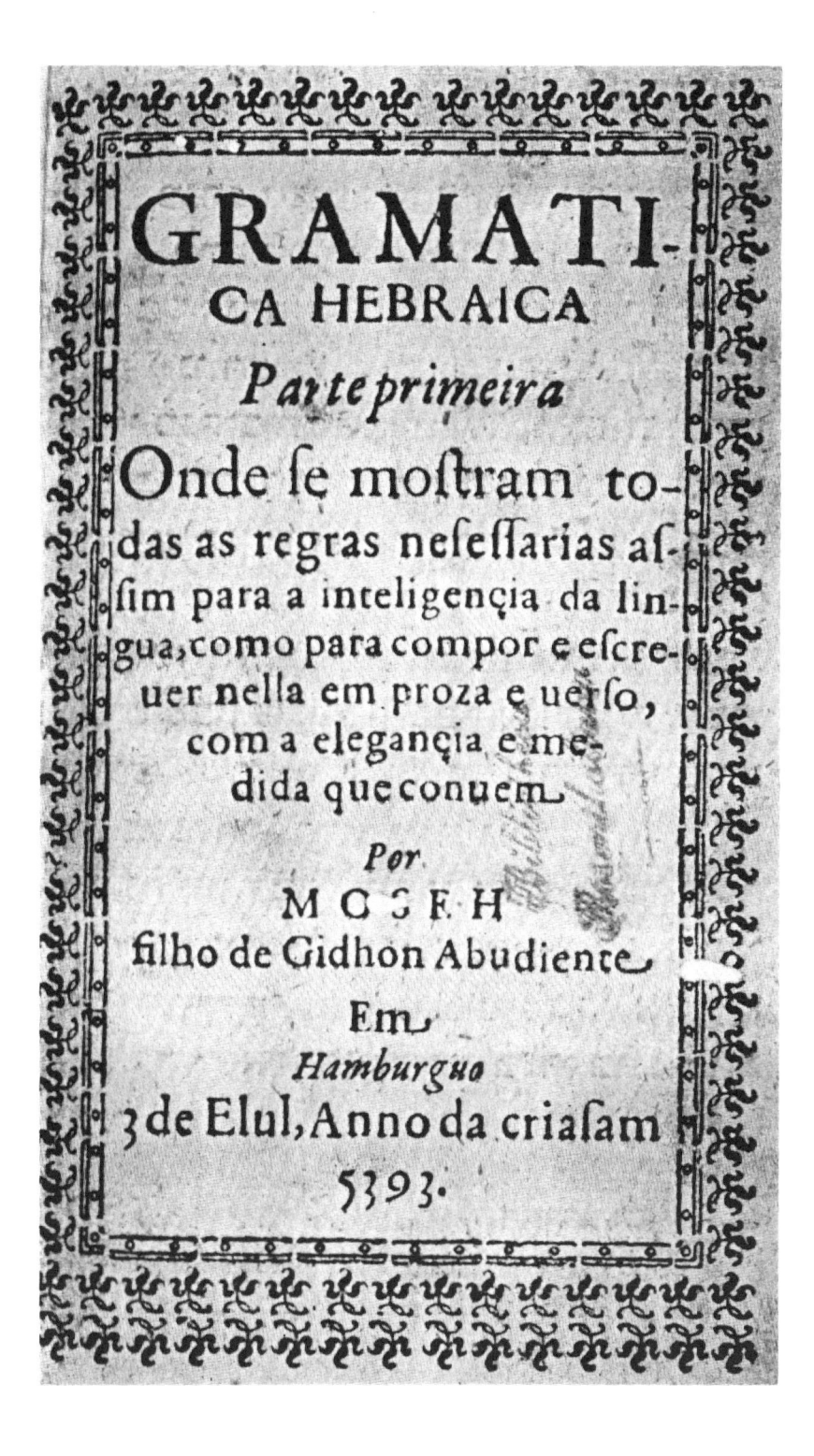

Parte primeira

Onde se mostram todas as regras nesessarias assim para a inteligençia da lingua, como para compor e escreuer nella em proza e uerso, com a elegançia e medida que conuem

Por
MOSEH
filho de Gidhon Abudiente

Em
Hamburguo
3 de Elul, Anno da criasam
5393.

Encomio do Dotor Baruch Nahmias de Castro.

Se qual o ouro entre todos os metais, o fogo entre os elementos, e ò sol entre os planetas, resplandesce a lingua Hebrea entre todas as do mundo, bem he que com muitas ueras se cultiue daqueles que a herdaraõ de seus maiores, pois sò por meio de seu conhecimento podemos uir a especular, e inuestigar profundos misterios de nossa ley sagrada, que he a que nos faz feliçes e bemauenturados, e com que alcançamos aquele grande bem que o diuino autor da natureza tem goardado para seus tementes. Se o homem que he hũ soberano retrato de seu fazedor, unica perfeiçaõ da idea de seu artifice se define חי מדבר (uiuo q̃ fala) mostrase bem que he a lingoa hum espelho do coraçaõ, hua imagem do entendimento, com a qual por meio do discurso como cõ hum delicado pinsel se vaõ ao uiuo retratando os mais altos conçeitos da alma; Ora quantos quilates de uentagem leue a todas as demais, no misterio, na excellẽtia, na breuidade, e na significaçaõ a lingua santa, julgueo quem tiuer hua piquena noticia dela, è para que com todas as perfeiçoĩs se exercise comuem que seja por regras de Grammatica, e como ate oje careçemos

A 4

'Se qual o ouro entre todos os metais...'
Abudiente's Hebrew Grammar (1633)

Anthony J. Klijnsmit (Amsterdam)

0. Introduction

'As gold among all metals [...], the Hebrew language shines among all languages of the world', thus commences Doctor Baruch Nahmias de Castro (1597-1684) his *Encomio* (f° A4 r° - A4 v°) introducing Abudiente's *Gramatica Hebraica. Parte Primeyra*, published in Hamburg on the 3d of Elul 5393 (= Wednesday, 10 August 1633).

The *Encomio* gives a good impression of what was thought about the rank of Hebrew among the other languages. I shall briefly discuss the topic of the 'perfection of Hebrew' after having given a short biography of the grammar's author and having mentioned the contents of the introductory pages. Then, I shall explain the reasons why the grammar had been written in Portuguese and why its subject matter had been described in many respects according to Western grammatical tradition, which follows largely the model of the description of Latin and Greek. Further, the contents of the grammar will be given and, thereafter, I will deal with its subject matter in detail comparing it with other grammatical works, especially of Abudiente's contemporary Amsterdam 'Portuguese' colleagues. I shall, however, from time to time refer to grammars of the Judæo-Arabic tradition too. Finally, I shall discuss the grammar's position in the history of Hebrew linguistics.

Although this paper is not exclusively meant for linguists in general or experts in Hebrew in particular, I have not been able to avoid some linguistic minutiæ of Hebrew in my discussion of this rare little grammar. Full explanation of the linguistic facts dealt with in this paper would have resulted in a complete Hebrew grammar, therefore, I have explained the subject matter only in some details for non-specialists in the trivial Arts. However, linguists and in particular Hebraists sometimes might be bored by my explanations of details with which they are fully acquainted.

0.1 *Short Biography of Moseh filho de Gidhon Abudiente*

The date and place of Abudiente's birth are uncertain. According to *The Jewish Encyclopedia* (1901, I: 140), Moseh filho de Gidhon Abudiente was born in Lisbon in the year 1602. The Abudientes must have been in Amsterdam in 1624 since a literary work of that year is known which is attributed to a fourteen year old Moseh filho de Gidhon Abudiente. From this fact it can be concluded that it could also have been in 1610 that he was born and it has been stated that his native city was Amsterdam (Mal'akhi 1979: 67).[1]

It appears that Moseh had moved a few years later from Amsterdam to Glückstadt and then to Hamburg, where he died in 1688.

The family seems to have been involved in the movement of the Smyrna pseudo-messiah Shabbetai Ṣevi (1626–1664), which had a great many adherents in the seventeenth century all over Europe.

English descendants adopted the family name Gideon-Abudiente which was later shortened to Gideon (*The Jewish Encyclopedia* 1901, I: 140; Mal'akhi 1979: 67).

1. General remarks

1.0 *The introductory pages*

After the title page, Abudiente gives his 'Dedication' in Hebrew and Portuguese: «אל מלך מלכי המלכים הקודש ברוך הוא / *Ael Rey de Reys dos Reys o S.B. elle*» in which he explains that he commits his

---

[1] Regrettably, Mal'akhi does not mention the sources of his biographical details.

grammar to the highest king while many authors dedicate their works to worldly leaders (Abudiente 1633: f° A1 v° - A2 r°).

Then follows *Ao Lector* in which the aim and the arrangement of the grammar are discussed and from which it can be derived that the second part of the work was intended as a kind of dictionary (f° A2 v°). Folio A3 r° - v° contains an ode and an epigram in Latin by Dr Jacob Rosales. The author's uncle, Daniel Abudiente, wrote a sonnet which is printed on f° A5 r°. Then two more poems follow: a decima of Joseph Frances (f° A5 v°) and a sonnet by Ishak Abas (f° A6 r°).

1.1 *The 'Perfection of Hebrew'*

Most interesting from a linguistic point of view, is the *Encomio do Dotor Baruch Nahmias de Castro* (f° A4 r° - A4 v°) of which I have used the first few words as the title of this paper. I quote some parts of this *Encomio*:

> *Se qual o ouro entre todos os metais, o fogo entre os elementos, e o sol entre os planetas, resplandesce a lingua Hebrea entre todas as do mundo, bem he que com muitas ueras se cultiue daqueles que a herdaraõ de seus maiores, pois so por meio de seu conhecimento podemos uir a especular e inuestigar profundos misterios de nossa ley sagrada, que he a que nos faz felices e bemauenturados e com que alcansamos aquele grande bem que o diuino autor da natureza tem goardado para seus tementes.*
>
> *Se o homem que he hũ soberano retrato se seu fazedor, unica perfeiçaõ da idea de seu artifice se define* מדבר חי *(uiuo que fala) mostrase bem que he a lingoa hum espelho do coraçaõ, hua imagem do entendimento, com a qual por meio do discurso como cõ hum delicado pinsel se vaõ ao o uiuo retratando os mais altos conçeitos da alma;*
>
> (Castro in Abudiente 1633: f° A4 r°).[2]
>
> As gold among all metals, fire among the elements and the sun among the planets, the Hebrew language shines among all languages of the world; it is good that it be cultivated most truthfully by those who will inherit it from their ancestors, since only by means of its knowledge we shall be able to speculate and investigate the profound mysteries of our holy law which makes us happy and fortunate and through which we attain that great good which the divine author of nature has guarded for those that fear him.

---

[2] Quotations are diplomatic. Except for the tilde, of which it is not always clear whether it is meant to be serving as an abbreviation or not, abbreviations are solved, e.g., 'q̃' and 'q̃ɜ' are rendered by 'que'. I add a [sic] or [!] after very incorrectly spelled words. When misunderstanding is likely I shall give my reading of the word(s) in question in a footnote, or thus: [l. correct spelling]. Transliterations of Hebrew are given in IPA between < >; they are meant to be an exact rendering of Hebrew script, not of pronunciation (see § 6.).

> *If man who is a supreme image of his maker, a unique perfection of the idea of his craftsman, is defined <ḥay mədabber> ('living [is] who is speaking') it appears clearly that language is a mirror of the heart, an image of the understanding, with which by means of discourse the loftiest concepts of the soul are expressed, just as they are from live model with a fine brush.*

From these lines of the *Encomio*, it appears that the Hebrew language is the best of all and that, according to its writer, language reflects thought and is dependent on it. We may assume that Abudiente was of the same opinion. The question whether language signifies things or concepts is ancient: the Greek philosopher Plato (c.427–c.347 B.C.), for instance, discussed the subject in his *Cratylus*. With respect to the Hebrew language, the first opinion is often adhered to in Jewish tradition, among others, by the anti-philosopher Yehudah ha-Levi (before 1075–1141) and the Italian physician, grammarian and philosopher Abraham de Balmes (c.1440–1523). This opinion is also shared by Christian Hebraists, such as Sixtinus Amama (1593–1627), the Frisian professor of Hebrew at Franeker, and Franciscus Mercurius van Helmont (1614–1699), who was strongly influenced by Kabbalistic sources (cf. Klijnsmit 1992a and 1992b). The second opinion finds its origin in the writings of Aristotle (384–322 B.C.) who stated in his work on interpretation: 'Words spoken are symbols or signs of affections or impressions of the soul' (Cooke 1973: 115).[3] The author of the *Encomio* appears to adhere to this last opinion, which is not surprising for, before and after the Renaissance, Jewish scholars were well acquainted with philosophical works of Antiquity, in many instances no less than their Christian colleagues. This is apparent in the following quotation from the *Encomio*, which reconciles Jewish religious and pagan philosophical views and in which reference is given to:

> *o que dezia Plataõ, que o homem naõ he nacido somente para sy, mas sosiauel para ser de proueito a Republica, e he o que diz o uerso no Genesis* לא טוב היות האדם לברו *naõ he bom que seja o homem so mente* [!] *para sy.*
> (Castro in Abudiente 1633: A4 v').
> what Plato said, namely, that man is not born for himself solely but sociable to be of benefit of the Republic, and this is what the verse of Genesis [2: 18] says: «it is not good that man should be alone».

Further, Castro refers to Seneca in connexion with the consolation of the author's labour which consists in 'the hope for reward'.

---

[3] Cooke does not render the text literally: «Ἔστι μὲν οὖν τὰ ἐν τῇ φωνῇ τῶν ἐν τῇ ψυχῇ παθημάτων σύμβολα» (Περὶ Ἑρμηνείας I, 16a, Cooke 1973: 114.4–5).

I have shown elsewhere that in the seventeenth century religious and philosophical, and in particular logical, elements disappear from the main body of Hebrew grammars but that their authors were nonetheless convinced of the superiority of Hebrew because of religious reasons, which they deemed, however, to be of no grammatical concern and elements of logic were considered to belong to the realm of grammar neither (cf. Klijnsmit 1992a: 157, 181). This discrimination between the domains of the different Arts is noticeable in Abudiente's grammar too (e.g. § 3.2).

1.2 The aim of Abudiente's Gramatica Hebraica

I suppose that the Hamburg Sephardim were more or less in the same situation as their Amsterdam kinsmen. In Hamburg, as in Amsterdam, knowledge of Hebrew among the immigrants must have been largely non-existent. Consequently, they were in need of a grammar as an aid to acquire the language which is considered indispensable for Jewish religious practice. Abudiente provided for it.

The full title of Abudiente's grammar reads: *Gramatica hebraica. Parte primeyra. Onde se mostram todas as regras nesessarias assim para a inteligençia da lingua, como para compor e escreuer nella em proza e uerso com a elegançia e medida que conuem*, i.e., 'Hebrew Grammar. Part I. In which all the rules are given which are necessary for understanding of the language as well as for composition and writing of it in prose and verse with the apropriate elegance and metre'.

From this title, it appears that Abudiente did not aim at a passive knowledge of Hebrew only, but that he also wished his readers to acquire an active command of the Holy Tongue. He had this in common with his Amsterdam colleagues, such as Menasseh ben Israel (1604-1656), Mosseh Rephael d'Aguilar (c.1625-1679), Selomoh de Oliveyra (c.1633-1708), and Baruch de Spinoza (1632-1677) as well (Klijnsmit 1988). The aim of many a Christian Hebraist, too, was not only to read Hebrew:[4] Franciscus Mercurius van Helmont, for instance,

---

[4] Johannes Buxtorf (1564-1629) writes in the *Epistola Dedicatoria* to his *Thesaurus* (1620: f°):(3 v°): «O studium verè dignum! ô industriam omni prædicatione majorem, quâ homo id consequitur, ut in eâdem linguâ cum DEO, cum sanctis Angelis, cum Patriarchis & Prophetis scienter possit colloqui [...]», i.e., 'O study truly dignified! o diligence greater than any predication, by which man strives to be able to converse wisely in the same language with God, with the holy Angels, with the Patriarchs and with the Prophets [...]'.

reports that he taught a deaf and dumb musician to speak Hebrew in a period of three weeks (Van Helmont 1667: 5).

1.2.1 *The method and the language of description*

The ode and the epigram by Doctor Jacob Rosales (in Abudiente 1633: f° A3 r°- A3 v°) shows that well-educated Sephardim were able to write Latin, from which it can be concluded that they must have had — in many cases — a Christian education. This also appears from Castro's *Encomio* (quoted above) in which reference is given to philosophers of Greek and Roman Antiquity. Therefore, we may readily assume that the Hamburg immigrants were more familiar with Western grammar than with grammatical description of the Judæo-Arabic tradition. This gives an explanation why the first Hebrew grammar מענה לשון by the Amsterdam Rabbi Yiṣḥaq Uzziel, which is written according to the Judæo-Arabic method of grammatical description and which was the first Hebrew publication printed in Amsterdam by Menasseh ben Israel in 1627, contains a list of Hebrew grammatical terms with their Spanish equivalents in Hebrew script (Yiṣḥaq Uzziel 1627: f° 15 v°). To this I add that all Amsterdam Sephardic grammarians of Hebrew after Uzziel followed in many respects Western grammatical tradition in their grammatical descriptions (Klijnsmit 1988).

For these reasons, I suppose, Abudiente adapted his description to Western grammar and wrote his grammar in Portuguese, the vernacular of the Hamburg Sephardim.[5] Consequently, the terminology consists mainly of Portuguese grammatical terms. Some terms, however, are literal translations of traditional Hebrew terms, such as *verbo composto* (Heb. פועל מורכב), by this term is not meant a 'compound' verb, such as English *to broadcast*, but a verb which shares the peculiarities of verbs belonging to two different categories which depend on the occurence of a consonant causing phonetic variation. Other Hebrew terms are translated into common Portuguese grammatical terms which often represent the grammatical concept for which the Hebrew term stands, e.g., *adverbio* in a Portuguese Hebrew grammar is

---

[5] Teensma (1983, 1987, 1991) has shown that the Amsterdam 'Portuguese' vernacular began in the course of time to contain more and more elements of other languages with which the immigrants were in contact as well as a fair amount of Hebrew in the lexicon. Linguistic interference in the Hamburg Sephardic vernacular was similar (see Teensma 1993 in this volume).

used for what is indicated by Hebrew מלה, 'particle', which also includes the Hebrew equivalent of personal pronoun in Western grammar. Abudiente's grammar has this in common with contemporary grammatical works of the Amsterdam Sephardim.

1.3 *Contents of the grammar*

Abudiente's grammar is divided into four *Tratados* (treatises), of which the first three deal with grammar proper. The fourth treatise is devoted to prose and poetics. The treatises, of which I give the full titles, contain the following chapters which are subdivided into sections of which I have omitted the titles for brevity's sake:

Tratado I: *No qual se expoem as Regras das letras e pontos, e se mostra que couza seja verbo, e suas divizoeñs.*
('Phonetics' and accidence of the verbs).

Cap. 1: 1 - 9. *Da ordem e numero das letras, suas figuras, Nomes, e pronunciasoens.*

Cap. 2: 9 - 14. *Das divizoens das letras, e das partes em que comum mente as repartem todos os gramaticos.*

Cap. 3: 14 - 27. *Da forma em que costumaõ servir, estas onze letras radicais e servos, adjũtas a as rayzes dos vocabulos.*

Cap. 4: 27 - 39. *Dos pontos, suas pronunsiasoèns, seus nomes, e figuras, e as regras nese sarias a elles.*

Cap. 5: 39 - 49. *De Dagex, e raphè, e dos asentos Muzicos, cõ todas as regras neseçarias a este prepozito.*

Cap. 6: 49 - 57. *Dos verbos, tempos, pesoas, numeros, generos, pezos, e conjugaçoens.*

Cap. 7: 57 - 65. *Dos verbos perfeitos, defectivos, quiescentes, dobrados, quadrados, compostos, transitivos, e yntransitivos.*

Tratado II: *No qual se mostraõ todos os exemplos das conjugasoens, e suas regras, em todas as sortes de verbos.*
(Paradigms and rules of the verbs).

Cap. 1: 66 - 77. *Da primeira conjugasaõ, em todas as sortes de verbos, e as regras nesesarias a ella.*

Cap. 2: 78 - 84. *Da segunda conjugasam, e suas regras, em todas as sortes de verbos.*

Cap. 3: 84 - 89. *Da terceira conjugasam, e suas regras, em todas as sortes de verbos.*

Cap. 4: 89 - 93. *Da quarta conjugasam, e suas regras, em todas as sortes de verbos.*

Cap. 5: 93 - 99. *Da quinta conjugasam, e suas regras, em todas as sortes de verbos.*

Cap. 6: 99 - 103. *Da seista conjugasam, e suas regras, em todas as sortes de verbos.*

Cap. 7:	104 – 107.	*Da setima conjugasam, e suas regras, em todas as sortes de verbos.*
Cap. 8:	108 – 112.	*Da outaua conjugacam, e as regras della, em todos os verbos.*
Tratado III:		*Mostrase nelle todas as regras dos nomes, e aduerbios, e o nenesesario [!] a este prepozito.* (Treatment of the other parts of speech)
Cap. 1:	113 – 121.	*Dos nomes esuas diuizoens, e quais saõ as letras de que se formaõ.*
Cap. 2:	121 – 128.	*Dos generos, numeros, e affixos, uzados em os nomes hebraicos.*
Cap. 3:	128 – 131.	*Da mundaca [!] das letras em os uocabulos, e como se antiçipaõ diçoens, e conceitos huns a os outros.*
Cap. 4:	132 – 137.	*De quais saõ as razoens por que os pontos se trocaõ em os uocabulos hebraicos, espeçialmente em os nomes.*
Cap. 5:	138 – 142.	*Dos adverbios e alguas regras nesesarias a elles.*
Cap. 6:	142 – 155.	*Das significasoens dos adverbios por Aleph bet, em hum estilo breviβimo.*
Tratado IV:		*Em o qual se trazem Alguas regras para escreuer em proza, e uerso, com a elegançia que conuem.* (Stylistics and Poetics)
Cap. 1:	156 – 163.	*Das maneiras de escrituras, ou com poziçoens [!], que oje comumente [!] estaõ em uzo.*
Cap. 2:	163 – 168.	*Da antiguidade da poezia, sua origem e difiniçaõ, segundo os Hebraicos querem.*
Cap. 3:	168 – 177.	*Dos nomes das poezias hebraicas, e jethedoth, e Tenuhgoth, e os modos de medidas, que ate oje estaõ em uzo.*
Cap. 4:	177 – 183.	*De Alguns versos que immitam os Espanhois, e Purtuguezes, e alguas regras para elles.*
Cap. 5:	184 – 190.	*De diversas sortes de versos coriosos e Alguns de novo inventados.*
Cap. 6:	191 – 197.	*Das linsensas poeticas, e alguas regras, e advertensias a quem compuzer versos.*

2. Abudiente's treatment of 'letters' and vowel points[6]

2.1 *The 'letter'*

In contrast to his Amsterdam colleagues, Abudiente indicates how the Hebrew letters — by which grammarians of Hebrew mean consonants only — have to be pronounced. He gives a table of all consonants and indicates their pronunciations by transliterations into Roman script.

---

[6] I have opted for the term *vowel points* which is inspired by my reading of the grammars of Abudiente's Amsterdam colleagues, who used *pontos vogaes*.

In the first column of this table, the numerical values of the consonants are given,[7] in the second: the shapes of the final letters, in the third: the shapes of the letters in other positions in a word, in the fourth: the names of the letters pronounced without *dagêsh*, in the fifth: their pronunciations, in the sixth: their appearances with *dagêsh*, in the seventh: their names pronounced with *dagêsh*, and in the eighth: their pronunciations with *dagêsh* (Abudiente 1633, I cap.1: 2).

In fact, with the exception of numerical value, Abudiente uses the term *letra* (letter) in the sense common in seventeenth-century grammar — first thus conceived by the Stoic grammarians — in which three aspects were distinguished, their Latin names being *nomen* (name), *figura* (shape) and *potestas* (power) which is equivalent to our phonetic value (Robins 1990: 28).

The description of the letter *'alef* is as follows: number: 1, shape: א, name: Aleph, pronunciation: A, in the columns in which appearance and pronunciation with *dagêsh* were to be given: א, *Raras vez.* (= *raras vezes*, 'seldom').

The aspects of the *bêt* are described respectively: 2, ב, Bhet, Bh, ב, Bet, B, and of the *waw*: 6, ו, Vhau, Vh, ו, Vau, V, 20, ך, כ, Chaph, Ch,[8] כ, Caph, C. The other consonants are described similarly: for the *lamed* without a *dagêsh* the pronunciation *Lh* is given. The pronunciation of the *zayin* without *dagêsh* is according to Abudiente *Z* and with *dagêsh*: *Dz*.

From Abudiente's transliteration of the *'ayin* as *Hg*, we may conclude that he — as did his Amsterdam kinsmen — accepted a pronunciation still common at present among Jews from Arabic speaking countries: a voiced pharyngeal spirant (Abudiente 1633, I cap.1: 2; cf. Klijnsmit 1985: 13). It might be, however, that this pronunciation just represents an ideal norm: transcriptions in seventeenth-century Hamburg Sephardic sources, such as *Mahamad* and — especially — *Maamad* (מעמד), indicate that the *'ayin* was not realized as in the pronunciation of Arabic-speaking Jews.

Abudiente (1633, I cap.1: 3-4) explains in the section *Do Numero*, 'Of number', how the letters are used to indicate numbers, and in the section *Das letras dobradas*, 'Of the double letters' (Hebrew: אותיות

---

[7] As the Greeks, Jews used Hebrew letters to represent numbers.
[8] I consider the transliteration *ch* as a consequence that Abudiente lived in a Germanic speaking environment: in Dutch and German *ch* is pronounced as [x] but in Portuguese *ch* is pronounced as [ʃ] (cf. Teensma 1993, § E., in this volume).

כפולות), the usage of the final letters. He also gives exceptions such as לְמַרְבֵּה (instead of לְמַרְבֵּה) in Isaiah 9: 6.

The section *Dos caracteres* מרובעת, 'Of the square characters', deals with different Hebrew scripts. Of the square type he remarks:

> Os caracteres da Letra Hebrea chamada מְרוּבַּעַת, *quadrada*, ençerraõ em sy altissimos misterios, como se nota em GEMARA de XABAT. f: 104.
> (Abudiente 1633, I cap.1: 5–6).
> The characters of Hebrew script, called <mərûbâ'at>, *square*, contain the highest mysteries, as is noted in the *Gemara* on *Shabat*, fol. 104.

He also mentions that in ancient times more types had been customary but that in his days only two are used: «o quadrado, e o Rabinico que vulgarmente dizemos Letra de Rassy», i.e., 'the square and the Rabbinic script which we commonly call Rashi-type' (Abudiente 1633, I cap.1: 6).

Although it is apparent that the author is convinced of the mysterious qualities of the Hebrew letters, he notes that these do not belong to the realm of grammar, for in the section *Dos mones* [sic] *das letras*, 'Of the names of the letters', he remarks:

> Os nomes das Letras saõ tambem mistiriozissimos, e todos tẽ sua significaçaõ, mas naõ he materia esta que toque a gramatica, e assy ficará em cilensio.
> (Abudiente 1633, I cap.1: 6)
> The names of the letters are most mysterious also and they all have their signification but this matter is of no concern to grammar and, therefore, it will remain unmentioned.

In this chapter, Abudiente gives some further particulars on pronunciation among which a short description of the pronunciation with *dagêsh*, and in the section *De sibolet e xibolet*, 'About *śibolet* and *shibolet*', he remarks about the two appearances of the ש:

> [...] e o que tem o ponto da banda dereita chamaõ שִׁבֹּלֶת XIBOLET e pronunçiase como X portugues, naõ como o lationo [!], ou espanhol, os quais tẽ diferente pronunçiasaõ.
> (Abudiente 1633, I cap.1: 7–8).
> [...] and the one which has the point on the right side, they call <šibôlɛt>, XIBOLET, and it is pronounced like a Portuguese X [ʃ], not like the one in Latin or Spanish which have different pronunciations.

For the explanation of this difference in pronunciation, he refers to Judges 12: 6, in which it is reported how the dialectal difference between the Ephraimites and the other tribes of Israel had led to a massacre of the men of Ephraim.

2.1.1 *The classifications of the consonants*

From the earliest times on, Jewish grammarians had two classifications into which the consonants were divided. The first one is from religious origin and it is found in the *Sefer Yeṣirah*, composed between the third and the sixth centuries (Scholem 1977: 27). In this work, we find a classification of the Hebrew consonants according to the organs of speech by which they are pronounced. The *Sefer Yeṣirah* is, however, not of a linguistic character as some scholars wished us to believe but «a compact discourse on cosmology and cosmogony [...], outstanding for its clearly mystical character» (see Scholem 1977: 23). In our age, linguistics and religious studies belong to different domains but unlike their Arab teachers in the field of grammatical study for whom «the minute elaboration of the finesses of their language became an end in itself, Jews brought their endeavours into the service of the study of the Holy Writ» (Hirschfeld 1926: 7). It is, therefore, not surprising that the first grammarians of Hebrew adduced a religious work as an authority for the legitimacy of a linguistic classification, as it was done also in more recent times, for instance, by Abraham de Balmes who explicitly refers to the author of the *Sefer Yeṣirah* (Balmes 1523: f° [b6] v° / [b7] r°.25 – [b7] v° / [b8] r°.1). From Castro's *Encomio*, it appears that in Abudiente's days knowledge of Hebrew was seen in service of the study of the Holy Law too (cf. the quotation in § 1.1).

The second classification of the consonants, we can anachronistically label as 'functional' or 'morphological'. The grammarians discovered that some letters constituted the basic meaning of a word and that others had a function equivalent to the modern concept 'morpheme'. This led to this second classification of the 'letters', which is found for the first time in the works of the Gaon Saadyah (892–924) as a truly grammatical concept and by which the letters are divided into *radical* and *servile* letters.

The *radical* letters occur only in the minimal part a word form can be reduced to, the so-called *root* of a word, which in Hebrew (mostly) consists of three consonants. The *servile* letters serve, when added to the root, to indicate the accidents, viz. plurality, gender, person, tense, voice etc. I demonstrate this by an example in English: the *s* in *he walks* serves as an indicator of the present tense and the third person singular at the same instant, but the *w* never has a similar function, it exclusively occurs in the root of a word. Hence, the early Jewish grammarians, had they known English, would have called the *s* a servile letter and the *w* a radical letter.

As servile letters are also considered: enclitic particles, such as the prefixes וְ, <wə>, and, בְּ, <bə>, in, among, on, etc. (comparable to English a- in afoot, afire) and pronominal suffixes indicating 'possession' when added to a noun, or functioning as 'object' when added to a finite verb. Something similar is found in Arabic grammars; it might well be that the Jewish grammarians were in this case influenced by their forerunners in the field of linguistics.

2.1.1.1 *Abudiente on phonetic classification*

In chapter 2, the divisions of the consonants are given 'into which all grammarians commonly divide them'. Abudiente discusses the phonetic classification treating the utmost organs of speech first and the inmost last. His order differs from the one given in the *Sefer Yeṣirah* which follows the alphabet after the first letters of their mnemonics, which are slightly different from Abudiente's (cf. Bacher 1974: 20-21).

The first class comprehends the *letras dos beisos*, the bilabials, to wit, בומף, <buwmaf>; the second the *letras dos dentes*, the dentals: זשסרץ, <zaššəraṣ>; the third the *letras da lingoa*, linguals, דתלנט, <datlənaṭ>; the fourth contains the *letras do paladar*, palatals, גיכק, <giykaq> and the fifth the *letras da guarganta*, laryngeals, אחעה, <'aḥā‘âh> (Abudiente 1633, I cap.2: 9-12).

He discusses in this chapter the exceptions — without labelling them as such — viz. 'mistakes' in orthography and metathesis.

Abudiente also mentions that the letters אהו'י, the *alef*, the *hê*, the *waw* and the *yod* serve as vowels.

2.1.1.2 *Functional classification*

Having mentioned the radical and servile letters in the form of mnemonics, Abudiente amply deals with them in Chapter 3 in alphabetical order.

From his treatment, it appears that he does not differentiate between functional and phonetic phenomena. As an example, I quote part of his treatment of the *'alef*:

1. O א serue de mostrar nos verbos primeira peçoa (que he o *que* fala) como אֶפְקוֹד אֲדַבֵּר *vezitarey, falarey* &c.
2. A as vezes falta como (*Deut.11.12.*) מֵרֵשִׁית הַשָּׁנָה *de prençipio do anno* por מֵרֵאשִׁית.

3. Muytas vezes vem demaziado como *(Hox. 10.14)* וְקָאם שָׁאוֹן, *e levantarse à estrondo* por וְקָם.

(Abudiente 1633, I cap.3: 14-15).

1. The *'alef* serves in the verbs to indicate the first person (which is the one who speaks) like <'ɛfqôḏ, 'ăḏabber>, *I shall visit, I shall speak* etc.
2. In some instances, it is lacking like in <merešît haššānāh>, *from the beginning of the year* (Deut. 11:12), instead of <mere'šît>.
3. Often it is redundant like <wəqå'm šå'ôn>, *and [there] shall arise a tumult* (Hosea 10:14), instead of <wəqåm>.

2.2 Treatment of the vowel points

Abudiente commences chapter 4, 'On the points, their pronunciations, their names and shapes, and their necessary rules', with a description of the distinction of 'great' and 'little points':

Os pontos, ou sillabas, as quais servem de vogais, no nosso hebraico, saõ dès: sinco grandes, chamadas entre os gramaticos, תְּנוּעוֹת גְּדוֹלוֹת, *sillabas grandes*, e outros sinco, a que chamaõ, תְּנוּעוֹת קְטַנוֹת, *sillabas pequenas*, outros chamaõ a as grandes, מְלָכִים, *reis*, e a as pequenas, מְשָׁרְתִים, *ministros*, ou servos, por serem infiriores a as grandes; estas grandes, tem hua propiadade, e he que trazem, ordinariamente consigno em potençia, quando naõ em acto, algua letra quiesçente, destas אהוי, como ja mostramos cap.2. e isto por serem muy claras, o que naõ tem as pequenas, que saõ algo mais confuzas, e breves em suas pronunciaçoens, se bem oje naõ fazemos diferença, de huas a outras, por ignorantçia nossa:

(Abudiente 1633, I cap.4: 27-28).

The points, or syllables, which serve as vowels in our Hebrew are ten: five great ones, called <tənû'ôṯ gəḏôlôṯ>, *great syllables*, and five more which they call <tənû'ôṯ qəṭånôṯ>, *little syllables*; others call the great ones <məlåḵîm>, *kings*, and the little ones <məšårəṯîm>, *ministers*, or servants, because they are inferior to the great ones. These great ones have a property and that is that they ordinarily have an additional sign in potency, when not in fact, one or the other quiescent letter, namely *'alef, hê, waw, bêt*, as we have already shown in chapter 2, and this because they are very clear. This does not occur with the little ones which are less clear and shorter in pronunciation. If we now do not well indicate the difference between the first and the latter, it is because of our ignorance.

The last sentence of this quote shows that the author, liberally admitting his ignorance, is aware of the fact that his explanation is lacking clarity. Some twenty five years later, his Amsterdam colleague, Mosse Rephael d'Aguilar (after 1615-1679), explains this rule as follows:

Chamaõsse os da primeyra classe pontos grandes, por que sua pronunciaçaõ deve ser mays longa que a dos piquenos: e por razaõ, que nelles se contem expressa ou virtualmente algũa das letras אהוי que os Gramaticos chamaõ נָחוֹת quiescentes: o cames requer traser junto asi (א) ou (ה) exemplo וְנָתְתָה קָאם expresso: וְקָם וְנָתָתָ encuberto. O sere pede (י) como em בֵית expresso אֵשֶׁב enc.

(d'Aguilar 1659/60, cap.1: 6).[9]

Those of the first class are called 'great points' because their pronunciation must be longer than that of the little ones; and the reason is that in these are contained one of the letters 'alef, hê, waw, yod, explicitly or implicitly [expressed in writing], which the grammarians call <nahôt>, 'quiescents': the *qameṣ* requires to be joined by an *'alef* or a *hê*, e.g., explicitly: <wəqåˈm wənåtattåh>, implicitly: <wəqåm wenåtattå>. The *ṣerê* demands a *yod* like in <beyt>, explicit, <'ešeb>, implicit.

Joseph Qimḥi (c.1150) introduced the distinction of long and short vowels in Hebrew, probably under the influence of Latin grammar which was known to him (Bacher 1974: 195). This distinction had been since adopted by nearly all Jewish and Christian grammarians.

In his division of the vowel points, Abudiente does not refer to the *shewa* and the *ḥaṭefim*. Some of his seventeenth-century Amsterdam colleagues had divided the vowels into three subcategories: *pontos grandes*, *pontos piquenos* and *pontos raptos* ('shortened points') or *compostos* ('compound points'). The *shewa* is treated separately by them and can be considered to be a class of its own (cf. Klijnsmit 1988).

After having given a table of the vowel points, in which — also in accordance with the *littera*-concept (cf. § 2.1.) — he mentions their shapes, names and pronunciations, Abudiente explains that they have to be pronounced after the 'letter' with exception of the *pataḥ furtivum* of which he does not give the term (Abudiente 1633, I cap.4: 29-30). Concerning the *qameṣ ḥaṭuf*, he remarks:

קָמֶץ חָטוּף KAMETS HATUPH, he a quelle que se pronunsia como O. breve, como חָכְמָה, *sciensia*, עָצְמָה, *fortaleza*, que pronunsiamos HOHMA, HGOTSMA: este alguas vezes he como os outros simples, e outras se lhe ajunta hum XEVA, assy ְ:

(Abudiente 1633, I cap.4: 31).

The *qameṣ ḥaṭuf* is that one that is pronounced like a short *o*, like in <hok-mâh>, *wisdom*, <'osmâh>, *strength*, which we pronounce like *hohma*, *hgotsma*: this one is sometimes like the other simple ones, and in other instances there may be a *shewa* added to it, thus ְ:

In this chapter also the pronunciations of the *shewa* are discussed, as well as the difference between the *shewa mobile* and the *shewa quiescent*. Abudiente remarks that the most common pronunciation of

---

[9] A similar explanation is also given by Selomoh Judah Leaõ Templo (1702/3: 53; see also Klijnsmit 1988: 151, 158).

the *shewa mobile* is like that of 'a very short *segol*'. He indicates when it has to be pronounced otherwise: like an [ă] when the syllable is accentuated by a *ga'ya'* and that it is subject assimilation, e.g., to a vowel, when the next syllable is vocalized with a *ḥireq*, [i], to a consonant, to wit, when it is followed by a *yod*; in both cases it is pronounced as [i]. As his Amsterdam colleagues (cf. for instance d'Aguilar 1659/60: 8), Abudiente follows in this respect the mediæval grammarians, most probably Moses and David Qimḥi who is referred to (e.g., on p.77).[10] Then he treats of the *shewa quiescens* which is not pronounced (Abudiente 1633, I cap.4: 35-37).

Discussing the *ḥaṭefim*, he remarks — and this explains why he divided the *tenuot* into two classes only — that the *ḥaṭefim* are not to be considered as *sillabas*. His opinion on the *ḥaṭefim* can best be circumscribed as 'vowels that cannot be constituents of syllable'. The reason is that there are no monosyllabic Hebrew words with a *ḥaṭêf*, a fact not mentioned by our author (Abudiente 1633, I cap.4: 37-38). It appears that he does not discriminate between the *qameṣ ḥaṭêf* and *qameṣ ḥaṭuf*, which can be considered as an inconsistency since the *qameṣ ḥaṭuf* can be a constituent of a syllable.

---

[10] In his short description of the *shewa*, Moses Qimḥi notes that it is subject to vowel assimilation, e.g., «קְחִי קְרִיאָתוֹ נוֹטֶה לְחִירֶק מִפְּנֵי הַחֵית שֶׁנְּקוּדָה חִירֶק [...]», i.e., '<qəhî> [Imper. 2.sg.f.: 'receive!'], its pronunciation has an inclination towards the *ḥireq*, [i], because of the *ḥêt* which is punctuated with a *ḥireq*' (Moses Qimḥi 1545/46: 9 v'). His younger brother David Qimḥi (1532: 12.1 r') stated: «דע כי השוא איננה תנוע אך היא משרתת הרנועות על שלשה דרכים הראשון כשתהיה על אות א"ה ה"ע תטה קריאת השוא לקריאת אותה האות אם קמוצה תטה לקריאת קמץ ואם פתוחה תטה לקריאת פתח כמו יְאַבֶּר־הוֹן ואם צרי כמו בְּאֵר שְׁאֵר תְּאֵנָה קריאת השוא נוטה לצרי ואם שורק כמו קְחוּ רֻעַ קְרִיאַת השוא נוטרת לשורק מפני החית או העין שהיא שרוקה ואם היריק כמו קְחִי רֵחַיִם סְחִי וּמָאוֹס יְהִי אוֹר קְרִיאַת השוא נוטה לחירק» [...] i.e., 'Know that the *shewa* is no 'movement' but it is a handmaiden of the 'movements' in three ways: when there is after it a letter *'alef* or *ḥêt*, *hê* or *'ayin*, the pronunciation of the *shewa* shall be inclined toward the pronunciation of [sc. the vowel of] that letter, if the letter is *qameṣ*-ated it shall be inclined toward the *qameṣ*, if it is *pataḥ*-ated it shall be inclined toward the *pataḥ*; like in <yə'aber-hôn>, ['he spendeth *his* substance', Prov.29: 3]. If it is a *ṣerê*, like in <bə'er, šə'er, tə'enâh>, the pronunciation of the *shewa* is inclining toward the *ṣerê*. If it is a *shureq*, like in <qəhû, də'û>, the pronunciation of the *shewa* is inclining toward the *shureq* before the *ḥêt* or the *'ayin* which is *shureq*-ated. And in case of a *ḥireq*, like in <qəhî reḥayim>, ['Take the millstones', Isa.47: 2], <səḥî ûmaôs>, ['*as* the offscouring and refuse', Lam.3: 45], <yəhî 'ôr>, ['Let there be light', Gen.1: 3], the pronunciation of the *shewa* is inclining toward the *ḥireq* [...]'. In these examples, the vowel transliterated by <ə> has the quality of the following vowel but is pronounced very shortly.

2.2.1 *Treatment of the accents*

The chapter on the 'points' is devoted to the treatment of *dagêsh* and *rafê* — shortly discussed in the first chapter — and the discussion of the disjunctive and musical accents too.

Since the accents can cause change in quality of the speech sounds of Hebrew Abudiente must have considered this chapter to be the proper place for their treatment.

With respect to the vowels, for instance, the accent indicating the end of a sentence, the *sôf pasuq*, changes the first *segol*, <ɛ>, of the word אֶרֶץ, <'ɛreṣ>, 'land', into a *qameṣ*, <å>: it must be read as אָרֶץ, <'åreṣ>.

With respect to the consonants, to wit, the *begadkefat*, בגדכפת, the pronunciation 'soft' (*rafê*) or 'hard' — in the last instance indicated by a *dagêsh* — is sometimes depending on accentuation. To indicate when the pronunciation is *rafê*, Abudiente gives a rule in Aramaic which we often find in other Hebrew grammars[11] and of which the terms have been used by Aharon ben Moses ben Asher (10th c.) but which are of an older origin (cf. Bacher 1974: 31):

כָּל בְּגַד כְּפַת דְּסָמִיךְ לְאָהֱוִי רָפֵי בַּר מִמַּפִּיק וּמַפְסִיק וְרָחִיק וְאָתֵי מֵרָחִיק:
(Abudiente 1633, I cap.5: 41).

Every *begad kefat* which follows after *'alef*, *hê*, *waw*, *yod* is soft, except in the case of a *mappiq*, a disjunctive accent, if vocalized — in monosyllabic words — with a *pataḥ*, *qameṣ* or *segol*, or if the *hê* of the preceding word with the tone on the penultima has a *qameṣ* or a *segol*.

(periphrastic translation).

This rule is followed by explanations of its terms. I quote Abudiente's description of the *mappiq*:

Ja sabes como מַפִּיק [!] MAPIK, he hum ponto dentro no ה, com que se fortifica a pronunsiaçaõ delle: e nota mais, que alem do ה, tambem o י, e o ו, qnando [!]

---

[11] In the seventeenth century, for instance, by Yiṣḥaq Uzziel (1627: 3 v') and Menasseh ben Israel (1647: 6 r'). Spinoza (1677: 4), too, has this rule but he formulates it negatively: «Literæ ב'ג'ד'כ'פ'ר initio dictionis aspersæ sunt, hoc est dageschantur; nisi ultima præcedentis dictionis sit una ex quiescentibus. Nam tum plerumque lenes sunt, nisi quiescens sit ה cum mappik, vel præcedens dictio, in quiescentem desinens, magnum habeat accentum», i.e., 'The letters *b, g, d, k, f, t* are hard at the beginning of a word, that is: they are 'dageshed', unless the last letter of the preceding word is one of the quiescents. For then they are mostly soft, unless the quiescent is a *hê* with a *mappiq* or the preceding word with a final quiescent has a great accent'.

em fim de diçaõ naõ saõ quiesçentes, com חַי, *vivo*, HAY: e assy גו, *corpo*, GEU: onde soa o ׳, e ו, e naõ saõ quiesçentes.

(Abudiente 1633, I cap.5: 41-42).

You know already of the *mappiq* that it is a point inside the *hê*, by which its pronunciation is strengthened; and note further that besides the *hê* also the *yod* and the *waw* when at the end of a word are quiescent neither, like <hay>, 'living', HAY, and likewise <gew>, 'body', GEU, of which the *yod* and the *waw* are sounding and they are no quiescents.

On the accents, Abudiente remarks that they can be divided into 18 *reys*, 'kings', and 10 *ministros*, 'servants'. The 'servants' are mainly of a musical nature and indicate how the Biblical text should be cantillated. By the term 'kings', the disjunctive accents are indicated. They have more or less the function of punctuation in Western languages. He treats only of the four most important ones, viz. the *sôf pasuq*, *atnah*, *zaqêf qaṭôn* and *segolta*, in more detail. The discussion of the accents in the grammars of his Amsterdam colleagues — except for Spinoza (1677, cap.4: 8-16) — comprises in most cases no more than listing them.

3. The parts of speech

From the earliest time on, Jewish grammarians commonly divided the parts of speech into three: שֵׁם, <šem>, 'noun', פּוֹעֵל, <pôʿal>, 'verb', and מִלָּה, <millâh>, or מִלַּת הַטַּעַם <millat hattaʿam>, 'word (of reason)' or in more common terminology: 'particle'. As in many other respects, they followed the Arabic grammarians in this division (cf. Hirschfeld 1926: 7).

In chapter 6, the last chapter of the first treatise, *Dos verbos, tempos, pesoas, numeros, generos, pezos, e conjugaçoens*, Abudiente commences with the division of the parts of speech:

Assy como todas as lingoagens, se compoem de tres partes, a saber, nomes, verbos, e adverbios, assy a nossa hebraica se compoem das mesmas tres, chamadas pellos professores della פּוֹעֵל, *verbo*, שֵׁם, *nome*, מִילָה, *adverbio*. do nome, e adverbio, se tratarà a seu tempo. e de prezente mostraremos que couza seja verbo e as regras nesesarias a elle.

(Abudiente 1633, I cap.6: 49-50).

Just as all languages are composed of three parts, to wit, nouns, verbs and adverbs, so is our Hebrew [language] composed of the same three, which are called by its teachers: <pôʿal>, verb, <šem>, noun, <millâh>, adverb. Of the noun and the adverb will be treated at their [proper] time. And at present, we shall show what a verb is, as well as its necessary rules.

Without giving the reason, Abudiente follows the same order in his treatment of the parts of speech as David Qimḥi, who treated the verb first stating 'although, in fact, the noun comes before the verb because the verb comes forth from the noun, and it is said that the noun is as a body which sustains the accidents and that the verb is as an accident. But because of the length in expounding the structure of the verbs I shall write the chapter on the grammar of the verbs to begin with' (David Qimḥi 1532: f° 1.2 r°).

3.1 *The verb*

3.1.1 *General remarks*

In the section *De verbo*, Abudiente gives the following definition of the verb and its accidents:

> Chamamos ao verbo פּוֹעַל POHGAL, que quer dizer obra, mostrado sua difiniçaõ, que he, ser hua operaçaõ de qual quer sorte que seja, a qual naõ pode deixar de algua ou alguas de quatro circunstansias, que saõ, ser feita a obra em algum tempo, por algua pesoa, por hum ou muytos, masculino ou femenino: que mais breve mente se dis, tempos, pesoas, numero, genero;
> (Abudiente 1633, I cap.6: 50).

We call the verb <pô'al>, *pohgal*, that is to say 'work', according to its definition which is that it is an operation of whatever sort it be, which cannot lack one or other of four circumstances, which are: that the work is done at some time, by some person, by one or by many, masculine or feminine, which is said shorter: tenses, persons, number, gender.

Then he discusses the accidents in the same order. From his treatment of tense, it appears that he considers the Hebrew verb to have only three tenses: עבר, <'ăbăr>, *preterito* ('past'), בינוני, <bênônî>, *prezente* ('present'), and עתיד, <'ătîd>, *futuro* ('future').

These tenses give rise to the following: פָעוּל, <pă'ûl>, *partisipio pasivo* ('passive participle'), מקור, <măqôr>, *infinitivo* ('infinitive', lit. 'source'), and צווי, <ṣiwwûy>, *imperativo* ('imperative'). He considers these as a kind of 'secondary tenses'. The passive participle, פָעוּל, is considered to be a secondary past tense. Concerning the infinitive and the imperative, he remarks:

> [...] e o infinitivo, se bem consta de todos os tempos, toda via sempre se inclina mais ao prezente que a os outros [...] e o imperativo, he tambem futuro, por que aquilo que se manda fazer, ẽ quanto se naõ fas, se pode chamar futuro:
> (Abudiente 1633, I cap.6: 51).

[...] and the infinitive, although consisting of all tenses, is always more inclined towards the present than towards the other [tenses ...] and the imperative is a future as well because what is commanded to do — since it has not been done [yet] — can be called 'future'.

A similar opinion on the tense of the infinitive is held by Abraham de Balmes who was of the opinion that the מָקוֹר, <mâqôr>, (infinitive), has an *indeterminate* time reference, which is dependent on the tense of the finite verb with which it stands in syntactic relation, therefore, it is not considered to be a verb which is defined as having *determinate* time reference. Consequently, 'its signification is not a perfect but an imperfect verbal signification' (Balmes 1523: t2 v° / t3 r°.28 – t3 v° / t4 r°.21; cf. Klijnsmit 1992b: 37-38).

Treating the tenses, Abudiente mentions the servile letters by which each tense can be recognized. He also remarks explicitly that the other tenses 'which are in use among the Latins', are represented in Hebrew by the past and the future.

As to the other verbal accidents, he accepts three persons: 1. מְדַבֵּר, <mədabber>, *o que fala*, 'who speaks', 2. נֹכַח, <nokah>, *o prezente*, 'the present [person]' (lit. 'the opposite'), and 3. נִסְתָּר, <nistâr>, *o auzente*, 'the absent [person]'. He also indicates that verbs have singular and plural forms in all three persons, which can be of masculine, feminine and common gender, such as the first person (Abudiente 1633, I cap.6: 52-53).

The section *Dos pesos*, 'Of balances', does actually not exclusively belong to the verbs.[12] The Portuguese term *peso* is a translation of Hebrew מִשְׁקָל, <mišqâl>, lit. 'weight, scale'. By *mishqal*, a procedure of identification of word forms is meant, but the term is also used in poetics:

> Ha dous modos de pesos, hum delles he nos versos, e suas medidas, para o qual rezervo o hultimo tratado: e o outro he nos verbos, e nomes, que os gramaticos medem, ou pezaõ, todos com hua medida, a qual he estas tres letras פ ע ל, por *que* como chamaõ ao verbo פָעַל [!], costumaõ tambem chamar, a as letras radicais de qual quer verbo, ou nome, a primeira פ, e a segunda ע, e a terçeira ל, por ser a primeira de פָעַל, tambem פ, e a segunda ע, e a terceira ל; de sorte que no verbo לָמַד, *aprendou*, chamaremos ao ל, פ, que he a primeira, e ao מ, que he a segunda ע, e a terçeira *que* he ד, chamaremos ל, e isto em todos os nomes e verbos:
>
> (Abudiente 1633, I cap.6: 54-55).

---

[12] E.g., Menasseh ben Israel (1647: 15 r°) discusses it in his chapter on nominal formations and so does Oliveyra (1688: 24), but d'Aguilar (1659/60: 12) treats it in connexion with verbal vocalization.

There are two manners of balances, one of these belongs to verse and its metre, for which I have reserved the last treatise; and the other belongs to the verbs and nouns, which the grammarians measure or balance all with one measurement which consists of these three letters: *pê*, *'ayin*, *lamed*, by which — like they indicate the verb <på'al> — they are accustomed as well to call the radical letters of any verb or noun: the first one *pê*, the second *'ayin*, and the third *lamed* because the first of <på'al> is also a *pê*, the second a *'ayin* and the third a *lamed*. In this way, with respect to the verb <låmad> we shall call the *lamed*, which is the first one: *pê*,[13] and the *mêm*, which is the second: *'ayin*, and the third one which is a *dalet*, we shall call: *lamed*, and so in all nouns and verbs.

For an explanation of *mishqal*, I shall use an example taken from American English, namely, *dove* in *he dove into the swimming-pool*. From its syntax, I am able to identify *dove* as a verbal form. Comparing it with *to drive-drove-driven* and *to write-wrote-written* I am able to conclude that *dove* is a form of the past tense of *to dive*. Using a Hebraism I state: '*dove* is in balance with *drove* and *wrote*.' But a *mishqal* such as *to drive-drove-driven* : *to line-lone-linen* is illegitimate since *lone* is an adjective and *linen* a noun or an adjective.[14]

Mishqal is an ancient procedure in Hebrew grammar: it is already found in the works of Dunash ibn Labraṭ (c.925–c.990).[15] and it was called «eine Grundsäule der hebräischen Grammatik» by Bacher (1974: 152). As many other elements of early Hebrew grammar, *mishqal* may be of Arabic origin too (cf. Bacher 1974: 104).

The section *De conjugacoens*, 'Of conjugations', is devoted to the basic treatment of the 'verb patterns'.[16] Abudiente remarks:

> Conjugacaõ he, o *que* os hebraicos chamaõ com muyta razaõ בִּנְיָן, *fabrica* por quanto he hum edefiçio, ou fabrica de todas as maneiras que se pode falar com hum verbo;
>
> (Abudiente 1633, I cap.6: 55).

Conjugation is what the Hebrews with much reason call *binyan*, 'fabric', because it is a 'building' or 'fabric' of all manners in which one can use a verb in discourse.

---

[13] From the syntax of the rest of the sentence, I have concluded that the printer has misplaced the *pê*. I have translated this sentence according the correct syntax.
[14] The procedure shows a striking similarity with ἀναλογία (*analogia*) in Greek grammar (cf. Schenkeveld 1990: 291-297).
[15] See Filipowski 1855: 14.
[16] As Spinoza (1677: 59) correctly observed, the Latin term *conjugatio* as an equivalent of בנין, <binyån>, lit. 'building', is incorrect. He therefore has chosen for *verbum* (= 'voice') as the equivalent of *binyan*. I have opted for the term 'verb pattern', except in my translations: *conjugação* is always rendered by 'conjugation'.

Abudiente accepts the following eight verb patterns: 1. קַל, *Qal*, which he also calls פָּעַל, *Pa'al*, 2. נִפְעַל, *Nif'al*, 3. פִּעֵל, *Pi'êl*, 4. פּוּעַל, *Pu'al*, 5. הִפְעִיל, *Hif'il*, 6. הוֹפְעַל, *Hof'al*, 7. פּוֹעֵל, *Pô'êl*, 8. הִתְפַּעֵל, *Hitpa'êl* (Abudiente 1633, I cap.6: 56).

He notes, however, that there are grammarians who have accepted less than eight verb patterns:

> E os que querem que sejaõ so sete conjugaçoens, excluem do numero dellas a setima, que he, פּוֹעֵל, por quanto פָּעַל, que he a terceira, significa o mesmo, e fas o propio effeito de obrar com diligencia; e alem disto, por outras razoens, que naõ he aqui seu lugar.
>
> E nota que as conjugacoens, saõ o fundamento de toda a grammatica, e quem for bẽ visto nellas, serà perfeito hebraico.
>
> (Abudiente 1633, I cap.6: 57).

And those who wish that there be only seven conjugations, exclude the seventh from their number, which is the *Pô'êl* because the *Pi'êl* — which is the third — means the same and causes the very effect of working with diligence; and besides this one, for other reasons for which this is not the [proper] place.

And note that the conjugations are the foundation of all grammar and who will have observed them well, will be a perfect Hebrew.

In chapter 7 of the first treatise, the different types of verbs are treated in general. First, he discusses the regular verbs, the so-called *verbos perfeitos*, which have no peculiarities and in which the three radical letters appear in all verb patterns. Then he gives a general overview of the verbs which have peculiarities in phonetic respect. As an example I quote part of the section *Dos defectivos*:

> Os verbos defectivos, ou faltos, que assy se chamaõ tambem, saõ aquelles, que trazem na rays ל, ou נ, as quais tem por propiedade, faltar no discurso das conjugacoens, como לָקַח, *tomou*, נָשָׂא, *resebeu*:
>
> (Abudiente 1633, I cap.7: 59).

The defective verbs, or deficient ones, as they are also called, are those which carry a *lamed* or a *nûn* in the root, such ones have as a property to be deficient in speech when they are conjugated, like <låqaḥ>, *he took*, <nåšå'>, *he received*.

He shows us this phenomenon by some examples, such as יִקַּח, <yiqqaḥ>, *he shall take*, in which the *nûn* is assimilated to the *qôf* (expressed by a *dagêsh* in the *qôf*):

יִנְקַח [yinqaḥ] > יִקְקַח [yiqqaḥ], written as: יִקַּח.

Except for the phonetic and morphological properties of the verbs, syntactic–semantic aspects as transitivity and intransitivity are discusssed in general too. He commences the discussion with the explanation of intransitivity:

> Dividem se todas as sortes de verbos em outras duas partes. asaber in transitivos, e transitivos. chamados no nosso hebraico עוֹמְדִים, e יוֹצְאִים, os intransitivos, saõ aquelles que significaõ algua operaçaõ a qual fica em o propio autor della, sem se transfirir delle para com outra couza; como,
>
> | יָשַׁב | הָלַךְ | אָבַד | עָמַד |
> |---|---|---|---|
> | *Esteue,* | *Perdeuse,* | *andou,* | *asentouse,* |
>
> (Abudiente 1633, I cap.7: 63).

All verbs are divided into two sorts, to wit, into intransitive and transitive, called in our Hebrew <'ômədîm> ['standing'] and <yôsə'îm> ['going out']; the intransitives are those that signify an operation which remains in the very author of it without it being transferred from him to another thing, like:

<'ămad̲>	<'åbad̲>	<hålak̲>	<yåšab̲>
he stood,	*he perished,*	*he went,*	*he sat,*

This means in more usual grammatical terms: intransitive verbs have no object. Abudiente (1633 I, cap.6: 64) also notes that the intransitive verbs have no passive verb patterns. The verbal accident transitivity is defined in a way similar to the description of intransitivity:

> E os transitivos, saõ os que significaõ operaçaõ *que* say do autor della, para outra couza como שָׁמַר, *guardou,* פָּקַד, *vezitou,* אָכַל, *comeu,* e semelhantes; que naõ se guardou assy mesmo,[17] nem se vezitou, ou comeu assy propio; mas a outra couza exterior de sua peçoa, esta sorte de verbos podem vir em todas as conjugaçoens, e em todos os tempos, como veràs nas regras, e exemplos, que oseguinte tratado contem.
>
> (Abudiente 1633, I cap.7: 64–65).

The transitives are those that signify an operation which goes out from its author to an other thing, like <såmar>, *he has guarded,* <påqad̲>, *he has visited,* <'åkal>, *he has eaten,* and the likes, for one has not guarded his very self, neither visited nor eaten his very self, but an other thing exterior of his person; these verbs can occur in all conjugations and in all tenses as you will see in the rules and examples which the following treatise contains.

Other seventeenth-century Sephardic grammarians of Hebrew describe transitivity and intransitivity in similar terms: the transitive verbs 'signify an action which passes or is done to [something] other' and the intransitive verbs 'indicate an action which does not pass from the person who does it' (cf. d'Aguilar 1659/60: 12).

---

[17] I read: *a se mesmo* and *a se proprio,* in which *a* is the indicator of the direct object. The reading *assy* = *assim* results in nonsense.

3.1.2 *Paradigms and discussion of the verb patterns*

In the second treatise, the eight verb patterns are discussed. At each 'conjugation', the peculiarities of all kinds of verbs — such as the *verbos defectivos* and *quiescentes* — are indicated.

Abudiente treats first of the most simple verb pattern, from which all others are derived, the *Qal*:

> A primeira conjugaçaõ, chamaõ קָל [!], *leve*, por quanto naõ tràs ninhua letra acreçentada a as da rays, ou em falta della alhũ DAGEX, como em todas as outras se costuma; ou serà (a meu pareçer) a razaõ, por que significa hùa opreaçaõ simples, e mais leve que ninhùa das mais:
> (Abudiente 1633, II cap.1: 66).

The first conjugation, they call *Qal*, *light*, because it does not carry any letter added to those of the root, or because none of them has a *dagêsh*, as is customary in all others, or the reason is probably (in my opinion) because it signifies a simple operation, lighter than any of the most.

As paradigm of the verb serves פָּקַד <pāqad>, 'to visit', which is customary in Hebrew grammar since Moses Qimḥi. The paradigm of the *Qal* is arranged as follows:

CONJUGACAM. KAL.

עבר	בינוני	מקור	עתיד
פָּקַד *m* vezitou	פּוֹקֵד *m* vezitāte	פָּקוֹד vezitar	אֶפְקוֹד *c* vezitarey
פָּקַרְתָּ *m* vezitaste	פּוֹקְרִים *m* vezitātes	בִּפְקוֹד ē vezitar	יִפְקוֹד *m* vezitarà
פָּקַרְתִּי *c* vezitey	פּוֹקְרָה *f* ou	בִּפְקוֹד como vezitar	תִּפְקוֹד *m* vezitaràs
פָּקְרוּ *c* vezitaraõ	פּוֹקֶרֶת *f* vezitāte	לִפְקוֹד para vezitar	נִפְקוֹד *c* vezitaremos
פְּקַרְתֶּם *m* vezitàstes	פּוֹקְרוֹת *f* vezitātes	מִפְּקוֹד de vezitar	יִפְקְרוּ *m* vezitaraõ
פָּקַרְנוּ *c* vezitamos	פָּעוּל	צִוּוּי ———	תִּפְקְרוּ *c* vezitareis
פָּקְדָה *f* vezitou	פָּקוּד vezitado	פְּקוֹד *m* vezita	תִּפְקוֹד *f* vezitarà
פָּקַרְתְּ *f* vezitaste	פְּקוּרִים *m* vezitados	פִּקְרוּ *f* vezitay	תִּפְקְרִי *f* vezitaràs
פְּקַרְתֶּן *f* vezitastes	פְּקוּדָה *f* vezitada	פִּקְרִי *f* vezita	תִּפְקוֹרְנָה *f* vezitaraõ
	פְּקוּרוֹת *f* vezitadas	פְּקוֹרְנָה *f* vezitay	

(Abudiente 1633, II cap.1: 67).

The abbreviation *m* stands for *masculino*, *f* for *feminino* and *c* for *comum* ('common'). Common verbal forms can refer to a subject of masculine or feminine gender. The paradigm is not arranged according to person as in the grammar of Latin of the age, to wit, singular and plural: first, second and third person. Further, in Hebrew grammars paradigms usually start with listing the forms of the 'past'.

The *'abar* (past = modern *perfect*), first column from the right, follows the order starting with the most simple form, i.e., without addition of servile letters: 3 m.sg., 2 m.sg., 1 c.sg., 3 c.pl., 2 m.sg. 1 c.sg. 3 f.sg., 2 f.sg., 2 f.pl.

The *'atid* (future = modern *imperfect*),[18] fourth column, follows the alphabetical order of the prefixed servile letters: 1 m.sg., 3 m.sg., 2 m.sg., 1 c.pl., 3 m.pl., 2 c.pl., 3 f.sg., 2 f.sg., 3 f.pl.

The active and the passive participles (second column) are treated in the order masculine singular and plural, feminine singular and plural, and so is the imperative (lower part of the third column).

In the third column (upper part), first the absolute infinitive is given and then the construct infinitive with prefixed servile letters.

From the sections *De prezente* and *De partisipio* of this chapter, it appears that the application of the terminology of Western grammar to Hebrew causes some tension in the description:

De prezente.

[...] O prezente em hebraico, carese de tempos, e pessoas, assy que para se formarem se lhe adjectivam verbos, ou adverbios[19] por meio dos quais se mostrem como אֲנִי פּוֹקֵר, *eu vezitante*, אַתָּה פּוֹקֵר, *tu vezitante*, &c. e assy אֶהְיֶה פּוֹקֵר, *serey vezitante*, תִּהְיֶה פּוֹקֵר, *seras vezitante*; e desta maneira, todos os outros tempos, e pessoas.

De partisipio.

O partisipio se uza alguas vezes em lugar de prezente, como *(Psal.130.2.)* אָזְנֶךָ קַשֻׁבוֹת,[20] *tuas orelhas escutantes*, por קוֹשְׁבוֹת, e em lingoagem de HAHAMIM, a qual naõ he taõ polida quanto a da escritura, como se mostrarà no ultimo tratado, se uza tambem o partiçipio por prezente dizendo הָיָה תָפוּס, *era travante*, por תוֹפֵס, e destes ha muytos.

(Abudiente 1633, II cap.1: 69–70).

---

[18] It should be noted that aspect in Hebrew verbs was not known until c.1800.
[19] The term *adverbio* is a translation of the Hebrew term מלת הטעם, <millat hatta'am>, 'particle'. For many grammarians, this part of speech also includes the Hebrew equivalent of 'personal pronoun', since it is invariable (see § 3.3).
[20] The Masoretic text reads קַשֻׁבוֹת <qaššubôt>, which is to be taken for an adjective (f.pl.) and not for a passive participle of the *Qal*. The lack of the *dagêsh* in the *shin* is in this instance not due to negligence of the printer.

On the present
[...] The present in Hebrew lacks tenses and persons, in order to form them verbs or adverbs are added to it by means of which they are indicated, like <'ăní pôqed>, *I visiting*, <'attā pôqed>, *thou visiting* etc., and thus: <'ɛhyɛh pôqed>, *I shall be visiting*, <tihyɛh pôqed>, *thou shalt be visiting*; and in this way all other tenses and persons.

On the participle
The participle is sometimes used instead of the present, like in Psalm 130: 2, <'oznêkā qəšubōt>, *thine ears listening*, instead of <qôšəbôt>, and in rabbinical Hebrew, which is not so polished as that of Scripture, the participle is also used instead of the present, because <hāyāh tāfûs>, *he was engaging [in...]*,[21] instead of <tôfes>, and of these instances there are more.

Prezente in these quotations should be understood as 'active participle' and *partisipio* as 'passive participle'. These sections are more or less contradictory to what Abudiente stated before, namely, that the *bênoni* represents the present and that the *pa'ul* is a secondary past (Abudiente 1633, I cap.6: 50–51; see § 3.1.1). The present, however, can be expressed in Hebrew by an active participle,[22] but it can also have time reference to the past and the future (cf. Gesenius-Kautsch 1985, § 116 *m-r*: 374–375; Cowley 1980: 359–360). All moods and tenses are discussed and it is indicated how they are vocalized. On the 'future' Abudiente remarks:

> Observa sempre em todas as conjugaçoens, que a mesma apontadura do imperativo, tràs o futuro, acrescentando lhe as letras de אית׳ן.
> (Abudiente 1633, II cap.1: 71-72).
> Note that in all conjugations the future has always the same vocalization as the imperative with addition of the letters *'alef, yod, taw* or *nûn* to it.

Of all kinds of verbs shortened paradigms are given. Concerning the *compostos*, 'which consist of two defectives', the author informs us that he does not discuss them:

> por evitar largeza, e quem quizer saber os exemplos dos que aquy faltarem, os acharà em o MIHLOL de R.D.K. e outros autores.
> (Abudiente 1633, II cap.1: 77).
> to avoid prolixity, and who wants to know the examples of these, which are lacking here, shall find them in the *Mikhlol* of R[abbi] D[avid] Q[imhi] and other authors.

---

[21] The phrase means literally: *he was engaged [in...]*.
[22] Thus it is done in modern Hebrew.

The remaining verb patterns are discussed in the same way as the *Qal*, be it in many respects shorter. Of every verb pattern, the meaning is indicated. Of the *Nif'al*, the meaning is described as follows:

> Esta conjugaçam significa hua obra feita por a mesma peçoa de quem se trata, ou por outra, por isto se dis נִפְעַל, *foy obrado*, por outro ou por o mesmo do qual se fala.
>
> (Abudiente 1633, II cap.2: 79).
>
> This conjugation signifies an action done by the same person whom it is about, or by an other, therefore, one says: <nif'al>, *he is done*, by an other or by the same of whom is spoken.

I assume that he tried in this way to describe both the reflexive and the passive meaning of this verb pattern.

He also mentions that verbs without a *Qal* have active meaning in the *Nif'al*: נִשְׁבַּע, *jurou* [..] naõ se ladina foy jurado, i.e., <nišba'>, *he swore* [...] is never translated into 'he was sworn' (Abudiente 1633, II cap.2: 79).

I give Abudiente's circumscriptions of the meanings of the other verb patterns. The *Pi'êl*, its morphological peculiarity included, is described as:

> Chamase a terceira conjugaçaõ פְּעֵל הַדָּגוּשׁ [sic] por quanto em todas as partes della, trâs o ע, (que he a letra do meio) DAGEX, e assy significa hua obra feita com muyta força, e diligençia [...]
>
> (Abudiente 1633 II, cap.3: 84).
>
> The third conjugation is called <pi'el haddāḡuš> since in all its parts, the *'ayin* (which is the letter in the middle) carries a *dagêsh*, and, therefore, it signifies a deed done with much force and diligence.

In this way, the author describes an intensive verb, or in the case of Hebrew 'voice'.

He mentions also that the verbs quiescent *'ayin-waw/yod* «naõ se costumaõ nesta conjugacam», i.e., 'are not usual [to appear] in this conjugation' (Abudiente 1633, II cap.6: 88). Its passive, the *Pu'al*, is described as:

> Esta conjugacam, significa hua obra feita por outra peçoa extirior do que a resebe, [...] e he passiva, por cuja cauza carece de partiçipio, e imperativo, [...].
>
> (Abudiente 1633, II cap.4: 90).
>
> This conjugation signifies a deed done by an other person 'outside' the one who receives it, [...] and it is passive, for which reason it lacks a participle and an imperative, [...].

The author notes that the quiescent verbs *pê-yod* and *'ayin-waw/yod* do not have a *Pu'al* (Abudiente 1633, II cap.4: 92).

The 'fifth conjugation', the *Hif'il*,

> significa hua operaçaõ que outro fes fazer ao autor della, e consta de todos os tempos por ser activa;
>
> (Abudiente 1633, II cap.5: 94-95).
>
> signifies an operation which an other makes the author of it do it, and it consists of all tenses because it is active.

He also mentions that it has a proclitic *hê* with the vowel *ḥireq* and a *yod* between the second and third radical. On the defectives *pê-lamed*, it is noted that «[e]stes total mente naõ se uzaõ nesta quinta conjugacam», i.e., 'these are not used at all in this fifth conjugation' (Abudiente 1633, II cap.5: 97).

The sixth conjugation, the *Hof'al*, is described as the passive of the *Hif'il*. It is mentioned that the *hê* is vocalized with a *qameṣ ḥaṭuf* <ǫ>, or either a *qibbuṣ* <u> or a *shureq* <û>. Abudiente informs us that the verbs quiescent in *pê-'ayin* do not occur in the *Hof'al* and that only the 'past' and the 'future' of the quiescents *'ayin-waw/yod* are customary in this verb pattern.

Chapter 7 of the second treatise, deals with the seventh verb pattern, the so-called *Pohgel quadrado* ('the four-lettered' *Po'êl*). I have shown in § 3.1.1 that Abudiente knew of grammarians who did not consider this verb pattern as a real 'conjugation', because it has the same meaning as the *Pi'êl*, to which he added that these grammarians had other reasons for their point of view but that it was not the proper place to treat them (Abudiente 1633, I cap.6: 57, quoted in § 3.1.1). This, I think, must be Abudiente's 'proper place':

> Ja dissemos como ha opinioens que naõ consentem haja mais de sete conjugacoens, e excluem dellas esta, chamada פּוֹעֵל הַמְרוּבָּע *Pohgel quadrado*, por arazaõ atras ditta. fundandose em que se pode escuzar, ou por falar mais ao serto, he des nesesaria, em quazi todos os uerbos, e he tanto assy, que ate aquelles que querem que se admita, confesam ser eseuzada [!] em todos os uerbos de qual quer sorte que sejaõ, porem *que* he razaõ admitirse pois se acha em dous ou tres paços em os uerbos perfeitos, e junta mente se uza em quiescentes de HGAYN UAU, ou JOD, (como adiante se mostra) e de hua e outra parte ha infinitas razoens, que naõ he aquy seu lugar.
>
> (Abudiente 1633, II cap.7: 105).
>
> We have already said what the opinions are like that do not allow that there are more than seven conjugations, and exclude from them this one, called the <pô'el hɔmmərûḇâ'>, the *quadriliteral Po'êl*, for reasons mentioned previously, the argument being that it can be superfluous, or to state for more certain, that it is unnecessary in nearly all verbs, and it is therefore that even

they who wish that it be allowed confess it to be superfluous in all verbs of whatever sort they be, but that the reason that it certainly is allowed is found in two our three instances of the perfect verbs and that it is used as well in the quiescents *'ayin-waw/yod* (as will be shown later on) and the one and the other party have infinite reasons, for which this is not the [proper] place.

The 'reasons mentioned previously' must be that the meaning of this verb pattern is the same of the *Piʿêl*, which he mentions again on the next page. The meaning of the *Hitpaʿêl*, the eighth conjugation, is described by Abudiente as follows:

> Esta ultima conjugacam, mostra hua obra intransitiua, que o autor della fas em sy mesmo, e assy careçe de partisipio pasiuo, do qual naõ se uza por a cauza ja mostrada.
>
> (Abudiente 1633, I cap.8: 109).

This last conjugation indicates an intransitive action which its author does upon himself, and thus it lacks a passive participle, which is not used for the reason already shown.

It is also mentioned that the *taw* of the prefix <hit-> can be assimilated to the following consonant (expressed by a *dagêsh*), and that metathesis occurs when the first radical is a sibilant, e.g., [hitš-] > [hišt-].

Abudiente's descriptions of the verb patterns rest on a morphological and a semantic basis, but their semantic properties are given in less formal grammatical terms than we are used to. His Amsterdam colleagues are a little bit more formal but their descriptions of the meaning of the verb patterns are in the same vein as Abudiente's. For instance, Mosse Rephael d'Aguilar describes the *Nifʿal* as:

> A Segunda conjugaçaõ, chamaõ נִפְעַל por causa do (נ) que tras acrecentado as letras radicays. He passiva e recebe sua operaçaõ do kal. Os verbos que nella se usaõ, podem ter hũa de 4. significaçoins.
>
> A primeyra he נִפְעַל מִזּוּלָתוֹ *ser obrado por outro* como de פָּקַד *visitou* se dis נִפְקַד *foi visitado*. [...]
>
> A 2ª. he נִפְעַל מֵעַצְמוֹ *ser obrado por si mesmo* como לֹא נִשְׁמַר *naõ se guardou* e entaõ he omesmo sentido da conjugaçaõ הִתְפַּעֵל. [...]
>
> (d'Aguilar 1659/60: 16).

The second conjugation they call <nifʿal> because of the *nûn* which it carries added to the radical letters. It is passive and receives its action from the *Qal*. The verbs which are used in this one can have one of four significations:

> The first one is <nifʿal mizzûlåtô> *to be done by an other*, like from <påqad> is said <nifqad> *he is visited*. [...]
>
> The second is <nifʿal meʿasmô> *to be done by itself* like <loʾ nišmar> *he did not protect himself*, and thus it has the same signification as the conjugation *Hitpaʿêl*. [...]

The phrasing shows similarity with the one given by David Qimḥi in his *Mikhlol*:

וְהוּא מְקַבֵּל כֹּחַ הַטּוּר הָרִאשׁוֹן וּמִקְרֵהוּ בַּאֲשֶׁר תֹּאמַר מִן שָׁמַר וּבְנָבִיא נִשְׁמַר' הַשֵּׁם יִתְבָּרַךְ
שָׁמַר יִשְׂרָאֵל עַל יְדֵי הַנָּבִיא וְיִשְׂרָאֵל הָיָה נִשְׁמַר הִנֵּה נִשְׁמַר מְקַבֵּל מִקְרֵה שָׁמַר אֲבָל
וַעֲמָשָׂא לֹא נִשְׁמַר מְקַבֵּל הַמִּקְרֶה מֵעַצְמוֹ וְאֵין לוֹ פּוֹעֵל אַחֵר זוּלָתוֹ כִּי פֵּירוּשׁ לֹא נִשְׁמַר
שֶׁהוּא לֹא שָׁמַר עַצְמוֹ מִן הַחֶרֶב:
(David Qimḥi 1532: f° 2.3 v°).

And this one [= *Nif'al*] receives the force of the first row [= *Qal*] and its accident, for instance of *he protected*, when you say: *and by a prophet he* [= *Israel*] *was protected* [Hos.12: 14] means 'the Lord, blessed be he, has protected Israel by the hands of the prophet and Israel was protected'. Behold, *was protected* receives the accident of *he has protected* but in: *and Amasa did not protect himself* [2 Sam.20: 10][23] it receives its accident from its substance,[24] and he has no other agent except for himself, for the explanation of *he was not protected* is that *he did not protect himself from the sword*.

Most seventeenth-century Amsterdam Sephardic grammarians gave semantic descriptions in the same vein, though the terminology had been adapted. Furthermore, they often use the examples given by David Qimḥi. In comparison with Abudiente, however, some of them distinguish more semantic categories: d'Aguilar (1659/60: 16) and Leaõ Templo (1702/3: 27), for instance, have four: passive, reflexive, serving as a *Qal* (i.e. active voice) in verbs that do not have one, and intensive

---

[23] The King James version reads: «But Amasa took no heed to the sword that *was* in Joab's hand».

[24] I prefer a literal translation in some instances: כֹּח, 'force, power', can very well be translated into 'meaning' and עַצְמוֹ, 'his/its substance', into a reflexive pronoun: 'himself' or 'itself', as, indeed, Abudiente and his Amsterdam colleagues did. Chomsky (1952: 82) 'translates' this passage by: «The Nif'al is used to represent either the passive or the reflexive of the Ḳal, e.g., נִשְׁמָר Hos 12:14 "he was kept (by a prophet)" לֹא נִשְׁמַר 2S 20:10, "he took no heed (to himself)" [...]». Although this circumscription can hardly be considered to be a translation, its tenor is undoubtedly correct. See also Chomsky 1952: xxix: «It has been the purpose of this translation not merely to render as faithfully as possible the content of the *Mikhlol*, but particularly to recast the entire material and to reorganize it in the order and in the terms of modern grammatical works». I do not consider his translation of the passage quoted here a 'faithful rendering'. A curious coincidence — from which it appears that there is nothing new under the sun in the field of the history of linguistics — is that Chomsky's rearrangement of the *Mikhlol* to suit the disposition of grammatical works from the Western grammatical tradition, had also been applied in 1554 by Rudolph Baynes, a Cambridge Hebraist and Professor of Hebrew in Paris at the time. Chomsky's edition, however, is very useful because of the notes which contain numerous references to other works of the mediæval Judæo-Arabic grammatical tradition.

in verbs that have an intransitive *Qal*. Menasseh ben Israel (1647: f° 26 r°) and Spinoza (1677: 65) mention the passive meaning of the *Nif'al* only.

3.2 *The noun*

The third treatise contains the discussion of the remaining parts of speech, the noun and the 'adverb', or particle. In the first chapter, the class 'noun'[25] is subdivided:

> Diuidem se os nomes entre os gramaticos em diferentes partes. digo diferentes, por quanto cada qual os repartio conforme lhe pareçeo, nam acordando huns com os outros, e he tanto assy, que muytos sam rederguydos de seus suçesores, por hauerem sido as diuizoens que em os nomes fizeram, mais logica que gramatica. porem nos escolhendo a diuizam mais necesaria à agramatica, que he o que se pretende, os poremos em sinco, debaixo dos quais se comprehendem todas as sortes de nomes que ha, asaber.

שֵׁם הָעֶצֶם	*nome substantiuo*
שֵׁם הַתֹּאַר	*nome apelatiuo*
שֵׁם דָּבָר	*nome de couza*
שֵׁם הַיָּחַם [!]	*nome de patria*
שֵׁם הַמִּסְפָּר	*nome da conta*

(Abudiente 1633, III cap.1: 113–114).

The nouns are divided, among the grammmarians, into different parts, I say 'different' because each one has partitioned them after his own opinion, not agreeing with one another, and it is therefore that many are retorted by their successors because the divisions which they made concerning the nouns have been more fitting to logic than to grammar, but choosing concerning them the division most necessary to grammar, which is the intention, we shall fix them at five, under which are comprised all the nouns that be, to wit:

<šem hå'csɛm>	*substantive noun*
<šem hatto'ar>	*appellative noun*
<šem dåbår>	*thing noun*
<šem hayyahɑs>	*gentilic noun*
<šem hammispår>	*numeral noun*

In mediæval Hebrew grammar, the noun had been divided into less subcategories. It was classified in the *Mahalakh* by Moses Qimḥi as follows:

---

[25] In early grammar, the *nomen* consists of at least two species: *noun* and *adjective*. I employ *noun* not as *nomen substantivum*, as in modern English grammatical terminology, but for *noun*, I use *substantive noun* and for adjective, *adjective noun*.

הַשֵׁם נֶחֱלַק לְאַרְבָּעֲ׳ חֲלָקִי׳ שֵׁם הָעֶצֶם/ שֵׁם הַיַחַס/ שֵׁם הַמִּסְפָּר שֵׁם הַתּוֹאַר:
שֵׁם הָעֶצֶם אֶרֶץ/ שָׁמַיִם דֶּשֶׁא/ [...] הֵם וְכָל דּוֹמֵהֶם שֶׁהֵם סִימָן לִקְרִיאַת דָּבָר נִקְרָאִים שֵׁם הָעֶצֶם:
וְשֵׁם הַתּוֹאַר/ צַדִּיק/ רָשָׁע/ גָּדוֹל/ קָטֹן/ עֶבֶד/ מֶלֶךְ [...] וְכָל שֵׁם שֶׁהוּא מְתוֹאָר מְדֻבָּר אַחֵר נִקְרָא שֵׁם תּוֹאַר:
וְשֵׁם הַיַחַס יִשְׂרְאֵלִי׳ עִבְרִי׳ [...] בֵּיתְהַלַחְמִי:
וְשֵׁם הַמִּסְפָּר׳ אֶחָד׳ שְׁנַיִם שְׁלֹשָׁה [...]

(Moses Qimḥi / ed. Böschenstain 1520: A2 v° – A3 r°; 1545/46: 2 v°– 3 r°).

The noun is divided into four parts: name of substance, gentilic name, name of number, name of attribute.

A name of substance is: land, heavens, fresh grass [...]. Those and all the likes which are a mark to name a thing by are called 'name of substance'.

And a name of attribute is: pious, impious, great, little, servant, king [...]. And any name which is attributed to another thing is called 'name of attribute'.

And a gentilic name is: Israelite, Hebrew, [...] Bethlehemite.

And a name of number is : one, two, three [...].

The borders between these subclasses are fluctuating in later times, especially when the number of nominal subcategories is increased. In the sixteenth-century, for instance, the noun had been subdivided into more subcategories: 13 subcategories are given in the *Pirqey Eliahu* by Elia Levita (1545/46: f° 67 r° – 73 r°; cf. Kukenheim 1951: 103–104).

The increasement of subcategories leads to discontinuity in terminology. Amsterdam Sephardic grammarians of the seventeenth century use the term *shem ha'eṣem* for 'proper noun' (*nome proprio*) although it is sometimes translated into *nome sustantivo* (cf. Menasseh ben Israel 1647: f° 13 r°, d'Aguilar 1659/60: 38; Klijnsmit 1988: 147, 153).

Abudiente has restricted the use of the term *shem ha'eṣem* (*nome substantivo*) to proper names only, and to cover the substantive noun he used the term *shem dabar*, 'thing-name'. Similar reductions of the number of nominal subcategories are also common among his Amsterdam colleagues: as Moses Qimḥi, Yiṣḥaq Uzziel (1627: 4 v°) accepted only four subcategories, Menasseh ben Israel (1647: f° 13 r° – 14 v°) seven, d'Aguilar (1659/60: 38) six, Oliveyra (1688: 21) three and so did Leão Templo (1702/3: 8). Whereas Abudiente states that a division of the noun into five subcategories is unnecessary, Oliveyra (1688: 21) is of the opinion that a division into more than three subcategories is 'of no grammatical concern' (cf. Klijnsmit 1988: 154).

3.2.1 *Abudiente's 'nome substantivo'*

In this treatise, the author gives us definitions of all species of nouns. The שֵׁם הָעֶצֶם, *nome substantivo*, is defined as:

O nome substantiuo, he aquele que mostra algua couza asinalada, ou particular, tanto de homens e mulheres como שָׂרָה‎, אַבְרָהָם‎, quanto de qual quer outra couza, como סִינַי‎, מִצְרַיִם‎ &c. e conhesese, em que nunqua reçebe (como os outros) ninhua destas sinco couzas. conjugaçaõ, regimen, plural. affixo, a ה‎ demostratiuo, [...]

(Abudiente 1633, III cap.1: 114-115).

The substantive noun is that one that shows some marked or particular thing, men and women, like *Abraham*, *Sarah*, as well as whatever other thing, like *Egypt*, *Sinai* etc. And one should be aware that it never receives (as the others do indeed) one of these five things: conjugation, regimen, plural, affix, demonstrative *hê*, [...]

He exemplifies the fact that a 'substantive noun' can not be conjugated by stating: אבראהאמת אבראהם‎, *he abrahammed*, *you abrahammed*, is imposssible. The other impossible accidents are illustrated similarly.

3.2.2. *Abudiente's 'appellative noun'*

A subcategory of the noun to which our 'adjective' belongs is Abudiente's שם התאר‎, *nome apelatiuo*, which is described as:

O nome apelatiuo, he hum apelido que se alcansa por algum açidente, como חָכָם‎ *sabio*, pella sciençia que adquirio. רָשָׁע‎ *impio*, por sua iniquidade, e semelhantes.
(Abudiente 1633, III cap.1: 115).

The appellative noun is a surname that one obtains from some accident, like <ḥakām>, *wise*, because of the wisdom that he has acquired, <rāšā'>, *impious*, because of his iniquity, and the like.

I note that among many Hebrew grammarians nouns like מלך‎, *king*, are considered to belong to this subcategory also.

3.2.3 *Abudiente's 'thing-name'*

The 'thing-name', שם דבר‎, covers most of the words we accept as substantive nouns. It is defined thus:

Este nome de couza, quer dizer os nomes de todas as couzas como,

uestido,	*ouro*,	*liuro*,	*egua*,	*pedra*.
לְבוּשׁ‎	זָהָב‎	סֵפֶר‎	סוּס‎	אֶבֶן‎

e assy os semelhantes, os quais como naõ sam alguns dos outros quatro modos de nomes, todos fipuaõ [l. *fiquaõ* = *ficam*] sendo deste genero.
(Abudiente 1633, III cap.1: 115-116).

This 'thing-name' means to name all things, like:

clothing	gold	book	horse	stone
<ləbûš>	<zåhåḇ>	<sefcr>	<sûs>	<'cbcn>

and thus the similar ones which are not like one of the other four manners of nouns, can all be considered to be of this kind.

3.2.4 *Gentilic nouns*

The gentilic noun (שֵׁם הַיַחַס, *nome da patria*) includes nouns like עִבְרִי, *ebreo*, and עִבְרִית, *Hebrea* ('Hebrew' m. and f.). Other Sefardic Hebrew grammarians translated this term into Portuguese as *nome da familia ou da terra* (Menasseh ben Israel 1647: f° 14 r°), or *nome de linage ou patria* (d'Aguilar 1659/60: 38; cf. Klijnsmit 1988: 147, 153).

3.2.5 *The numerals*

The numeral is in Hebrew grammar not taken as a separate part of speech. It belongs to the class of nouns, but since it differs in its inflexion it is a separate subcategory. Its definition is:

Os nomes da conta saõ aquelles que seruẽ para a conta hebraica, e como saõ diferentes em seus generos, comuem mostrar, a forma em que se uze delles, que he esta

	Femenino			Masculino	
Reg.	Absol.		Reg.	Absol.
אַחַת	אַחַת	1.	אֶחָד	אֶחָד
שְׁתֵּי	שְׁתַּיִם	2.	שְׁנֵי	שְׁנַיִם
	[...]			

E daquy por diante seguem as dezenas, sem hauer nelles diferenca de masculino, femenino. nem de regimen, a absoluto. deste modo

sincoenta	*quarenta*	*trinta*	*uinte*
חֲמִשִּׁים	אַרְבָּעִים	שְׁלֹשִׁים	עֶשְׂרִים

(Abudiente 1633, III cap.1: 116–118).

The names of counting are those that serve for Hebrew counting, and since they are different in their genders, it is fitting to show the form in which one uses them, which is

	Feminine			Masculine	
Regimen	Absolute		Regimen	Absolute
<'aḥat>	<'aḥat>	1	<'aḥad>	<'cḥåd>
<šəttey>	<šəttayim>	2	<šəney>	<šənayim>
	[...]			

And hereafter, then, follow the tens, without having a difference of masculine and feminine, neither in regimen nor in absolute state, in this way:

fifty	*fourty*	*thirty*	*twenty*
<ḥămišîm>	<'arbâ'îm>	<šəlošîm>	<'ɛśrîm>

A paradigm of the ordinal numbers is given as well (Abudiente 1633, III cap.1: 119).

3.2.6 *Morphology of the noun*

From the earliest time on, Hebrew grammarians paid much attention to morphology. I have shown in § 2.1.1 that the distinction of radical and servile letters is of a morphological nature and so is the procedure of *mishqal*.

After the treatment of all subcategories of the noun, a section is given *Das letras cõ que os nomes se formaõ*, i.e., 'Of the letters with which nouns are formed':

As maneiras com que os nomes hebraicos se formaõ saõ muytas, por quanto huns se uzaõ so com as letras das suas rayzes, assy דָּבָר, *palaura*, כֶּסֶף, *prata*.
    Outros se formam com algua destes sete והאמנתי׳, acreçentadas a as radicais, em o prençipio, meio, ou fim, em a forma seguinte.

No prencipio

אֶצְבַּע,	dedo	אַבְנֵט,	cinto,
מִפְעָל,	obra	מִזְבֵּחַ,	altar,

[...]

E a este modo ha outras muytas sortes de nomes, os quais deixaremos em silençio, por euitar largueza. pois por os asima se podem infirir os que aquy faltarem, pezando os com as tres letras פ ע ל, com as quais se pezaõ tambem os uerbos, como em seu lugar se mostrou.

(Abudiente 1633, III cap.1: 120-121).

The manners by which Hebrew nouns are formed are many, seeing that some are used only with the letters of their roots, such as <dâḇâr>, *word*, <kɛsɛf>, *silver*. Others are formed with one of these seven [letters] *waw*, *hê*, *'alef*, *mêm*, *nûn*, *taw*, *yod*, added to the radicals at the beginning, in the middle or at the end in the following form:

At the beginning

<'ɛsba'>	finger	<'abnet>	belt
<mif'al>	work	<mizbeaḥ>	altar

[...]

And in this way, there are many other sorts of nouns which we shall leave unmentioned to avoid prolixity, since by the ones given above the ones that lack here, can be inferred by 'balancing' them against the three letters *pê*, *'ayin* and *lamed*, by which also the verbs are 'balanced' as has been shown at their place.

To avoid too much prolixity, I have left out in my quotation many of the examples given in this section but I will mention a few.

With a servile added to the root in the middle there are: שָׁ(וֹ)ם <šâlowm>, 'peace', כּ(וֹ)כָב <kowkâb>, 'star', and with a servile letter at the end: בְּרָכָ(ה) <bərâkâh>, 'blessing', לַיְלָ(ה) <laylâh>, 'night'; with addition of a servile at the beginning and in the middle: (מִ)זְמ(וֹ)ר <mizmowr>, 'psalm'; with a an initial and final servile: (מִ)כְשֵׁלָ(ה) <makšelâh>, 'stumbling block'; with one in the middle and one at the end: אֲכִ(י)לָ(ה) <ʾăkiylâh>, 'food', and, finally, with addition of servile letters at the beginning, in the middle and at the end of the root: (אַ)שְׁמ(וּ)רָ(ה) <ʾašmuwrâh>, 'night-watch'.[26]

Moses Qimḥi (1545/46: f° 11 v° - 13 r°) gives in his *Mahalakh* a short list of nominal formations, in which he indeed 'balances' the nouns against פָּעַל, *pê*, *ʿayin*, *yod*. His younger brother David gave an extensive list in the same vein (David Qimḥi 1532: f° 12.2 v° - 15.4 v°).

In the seventeenth century, such a short list was also given in the *Sapha berura* by Menasseh ben Israel (1647: f° 15 v° - 16 v°). But this author mentions only ten 'perfect' formations in which he also uses the root פָּעַל to indicate them. Further, we can note that Spinoza (1677: 19, 21, 22) intended to give such a list but he was not able to complete his grammar because of his 'untimely death', as it is stated in the *Admonitio ad Lectorem* which precedes his grammar.

3.2.7 *The accidents gender, number, affix and regimen*

According to Abudiente (1633, III cap.2: 121-122), nouns in Hebrew have three genders: masculine, feminine and common gender. He also remarks that there are masculine nouns which also refer to female denotata, such as «אָדָם, *homem*, que em muytas ocazioens quer dizer homem e mulher», i.e., '<ʾâdâm>, *man*, which in many instances also means to say: man and woman', though this noun also indicates a man. Some feminines also include male denotata in their references (Abudiente 1633, III cap.2: 122).

There are also nouns of common gender in Hebrew with the following peculiarity:

---

[26] In these examples, the letter added according to Abudiente is given between parentheses.

Ha tambem outros nomes do genero comum, por se acharem huas uezes em o masc. outras fem., como רוּחַ, *uento*, אֵשׁ, *fogo*, e outros muytos, que naõ saõ de hum genero so, mas partiçipaõ, de hum e de outro, o que se ue por os uerbos ou affixos que se achaõ adjectiuados a elles, como רוּחַ גְּרוֹלָה וְחָזָק, *uento grande, e forte*, onde se ue ser רוּחַ, masculino e femenino: e assy os outros que ha se melhantes [!].

(Abudiente 1633, III cap.2: 122-123).

There are also other nouns of common gender to be found sometimes in masculine and other times in feminine gender, such as <rûaḥ>, *wind*, <'eš>, *fire*, and many others, which are not of one gender only, but partake of one and the other, which appears from the verbs or affixes which are found predicatively adjoined to them, such as <rûaḥ gədôlâh wəhâzâq>, *a great and strong wind* [1 Kings 19: 11], from which it appears that <rûaḥ> is masculine and feminine, and thus others which are similar.

There are three numbers in Hebrew: singular, dual and plural. It is also mentioned that there are nouns which are *singularia tantum*: words like *bronze* and *jasper*, for instance, occur only in singular. But Abudiente remarks that 'in the language of the *Ḥakhamim*' (i.e., Talmudic Hebrew) is said כְּסָפִים, *pratas*, i.e., <kəsâfîm>, *silvers* (from כֶּסֶף, <kɛsɛf>, 'silver'). This must be because 'the language of the Rabbis is not so polished as that of the Scriptures', as he remarked earlier (Abudiente 1633, II cap.1: 70; quoted in § 3.1.2).

The dual, which is ending in ־ִים is used especially of denotata which appear in pairs, like hands, feet etc. A noun like שָׁמַיִם, <šâmayim>, *heavens*, is to be considered as a *duale tantum*.

The general rule with respect to the pluralization of nouns is that the plural of masculines ends in ־ִים and of feminines in ־וֹת. There are 'a few that are excluded from this rule like אָבוֹת, <'âbôt>, *fathers*, and נָשִׁים, <nâšîm>, *women*. There are also *pluralia tantum*.

Abudiente also lists the possessive personal suffixes of the noun (Abudiente 1633, III cap.2: 125-126).

Chapter 3 of this treatise deals with the change of the letters in words and chapter 4 with the change of vowel-points. In this last chapter, changes in vocalization because of accentuation, pluralization, regimen, affigation and gender are discussed. The section on *regimen genitivo* (= 'construct state') deals not only with changes in vocalization but also with semantic aspects:

O regimen que em Hebraico se dis סָמוּךְ, pode ser duas dortes diferentes: e de qual quer, dellas, soe mudar os pontos em os nomes. a primeira he, a que mostra genitivo, como עֵין, *olho de*, e assy se aponta diferente do absoluto, que he עַיִן, *olho*; da mesma maneira saõ os outros como בֵּית, *caza de*, e o absoluto בַּיִת *caza* [...] o segundo modo de regimen he, oque vem sempre junto a algua outra palavra, e nunca sea eha em fim de prepozito, ainda que seja absoluto;

> como os nomes da conta mostrados em o prezente tratado pag.117. onde está em sima Reg. o Absol. naõ por *que* actual mente o sejaõ, mas por quanto huns se uzaõ em fim de oraçaõ, por cuja razaõ se chamaõ absolutos; [...]
> (Abudiente 1633, III cap.4: 135-136).

Regimen — which is called <såmûk> in Hebrew — can be of two different kinds: and any one of those usually change the points in nouns. The first one is which indicates a genitive, like <'eyn>, *eye of*, and thus it is punctuated differently from the absolute, which is <'ayin>, *eye*; in the same manner, there are others like <beyt>, *house of*, and the absolute [is] <bayit>, *house* [...]; the second kind of regimen is which occurs always when it is joined to some other word, and it may ever be that it is at the end of a preceding clause even if it should be absolute, like the numeral nouns shown in the present treatise (p. 117) where 'Regimen' or 'Absolute' stands at the top not because it is actually thus but because some of them are used at the end of a sentence, for which reason they are called absolute [...].

I had some difficulties with the second kind of regimen mentioned by the author. I think he aims at instances like in Exodus 4: 13, «וַיֹּאמֶר בִּי אֲדֹנָי שְׁלַח־נָא בְּיַד־תִּשְׁלָח:», i.e., 'And he said, O my Lord, send, I pray thee, by the hand *of him whom* thou wilt send', in which the construct state of יָד, 'hand', is indicated by italics (*'of him whom'*) in the King James version. Abudiente has in this section — and in my opinion justifiably — intermingled elements of syntax with morphology.

3.3. *The particle*

The particles — though constituting the smallest part of speech — are nonetheless very important: Ibn Ezra (1545/46: 155 rᵒ) called this third part of speech טַעַם <ta'am>, 'the rationale', which is qualified as «והטעם סיבת היות המקרה בעצם כאילו הוא מדבר אחר עליון», i.e., 'And the rationale is the cause of being of the accident in substance, as such it is of a higher rank than another word'.

The particle, indicated by the Portuguese term *adverbio*, is defined by Abudiente as:

> Os adverbios, dittos em Hebraico מִילּוֹת, saõ a terceira parte comq*ue* dissemos se compoem a fala. estes por si so naõ querem dizer nada, nẽ fazem sentido ninhum, como אִם, *se*, אוֹ, *ou*, לְמַעַן *por*, עַל, *sobre*, e os semelhantes. porem anexos a verbos, ou nomes, mostraõ conjuncœns, propoziçœns, interjecçœns, demostraçœns, e interrogaçœns.
> (Abudiente 1633, III cap.5: 138).

The adverbs, called in Hebrew <millot>, are the third part by which, we have said, speech is composed. These mean nothing by themselves, nor do they make any sense, like <'im>, *if*, <'ô>, *or*, <ləma'an>, *because of*, <'al>, *on*, and the likes, but joined to verbs or nouns they indicate conjunctions, prepositions, interjections, demonstratives and interrogatives.

The class of the particles includes the Hebrew equivalents of personal and interrogative pronouns of Western languages as well, because — as the other particles — they are considered to be invariable. However, some of them can be pluralized indeed: אחר - אחרי, *after* – '*afters*' (= *much after*).

This property of Hebrew particles was for Spinoza (1677: 18, 41–43) one of the reasons to consider them as nouns.

There are 'compound adverbs', *adverbios compostos*, too. These consist of a particle — or just a servile letter — and an affix, like לִי <lî>, *to me*, בִּי <bî>, *with* or *by me* (Abudiente 1633, III cap.5: 139–140).

In this chapter, some elements are found which belong to the realm of syntax. The author mentions that, sometimes, 'adverbs' can be superfluous, for instance, in Ezekiel (17: 22):

> וְלָקַחְתִּי אֲנִי וְשָׁלַחְתִּי אֲנִי *e tomarey eu eplantarey eu*, que trazendo estes dous verbos o sinal da primeira peçoa, que fiquaõ escuzados os dous adverbios de, אֲנִי, que seguem, e nesta conformidade, se costuma faltar alguns mais e suposto que seja ordinario, sobejarem e faltarem estes adverbios, nem por isso sera accidentalmente, pois ninhua couza em as santas Letras (por ser costume) careçe de misterio.
>
> (Abudiente 1633, III cap.5: 141–142).

<wəlāqahtî 'ănî wəšālahtî 'ănî>, *and I, I-will*[27] *take and I, I-will plant*, in which these two verbs carry the sign of the first person, by which the two adverbs <ănî> that follow become superfluous, and in these circumstances some more commonly lack; and supposed that it is ordinary that these adverbs shall be abounding and absent, it is nevertheless not by chance, because nothing in the Holy Scripture (as is usual) is void of mystery.

'Mystery' is used in this instance as an argument for what Abudiente considers to be a syntactic anomaly. Such arguments are rare in this Hebrew grammar.
In the fifth and last chapter of this treatise Abudiente gives an alphabetical list of 'adverbs' with descriptions of their meanings.

---

[27] In my translation, I have indicated the enclitic subject-characteristic of the Hebrew verb by hyphenating the personal pronoun and the inflected verb.

4. Stylistics and Poetics

4.1. *General remarks*

Some seventeenth-century Sephardic grammarians of Hebrew included poetics in their grammatical works. As authors who did so we can mention d'Aguilar — in the second edition of his *Epitome da Gramatica Hebrayca* (1660/61) — and Oliveyra (1688).

The language arts had been included in Jewish Renaissance grammar of Hebrew too. Profiat Duran (c.1400) stated in his grammar: «חכמת הלשון היא חכמה כוללת הדקדוק והמליצה והשיר» (Friedländer & Kohn 1865: 42), i.e., 'The science of language is the total knowledge of grammar, rhetoric and poetics'. Besides rhetoric and poetics, logic had been incorporated in Hebrew grammar too, e.g., by Abraham de Balmes and Elia Levita (cf. Klijnsmit 1992b: 19-23; also Kukenheim 1951: 103-104). For Abudiente, logic distinctions, for instance of the subcategories of the noun, are not of grammatical concern (cf. § 3.2).

Of interest, however, is that he included in his grammar a fourth treatise which contains rules concerning 'writing prose and poetry'. Since our author included these elements in his grammar I shall discuss this treatise briefly. That this treatise has in our view nothing to do with grammar, is for the historiography of linguistics of no concern.

4.2 *On composition of prose*

The author promises his students that after the division of the manners of writing, he will give the necessary rules:

> começando por as mais façis, por ser assi neçesario a os prencipiantes, e hir seguindo despois com as dificultozsa. deixando em çilensio, a linguagem de HAHAMIM, uzado em o TALMUD, em a qual naõ se costuma compor oje, por naõ ser taõ polida, quanto a da santa Bibla, e concorrerem nella junta mente, o Hebraico, Arabico, Caldeo,[29] Grego, e outras lingoas, como he notorio.
> (Abudiente 1633, IV cap.1: 156-157).
> starting with the easiest — because they are so necessary for the beginners — and proceed thereafter with the difficult ones, leaving unmentioned the language of the *Ḥakhamim*, used in the *Talmud* which is at present no longer customary for composition, because it is not so polished as that of the Holy Bible and because there occur side by side in it Hebrew, Arabic, Chaldaic, Greek and other languages, as is notorious.

---

[29] This term was commonly used until recently to indicate Aramaic.

After this explanation, Abudiente classifies the manners of composition into four species, to wit, 1. the ordinary, 2. the elegant, 3. the poetic and 4. the scientific ('*composta*') manner of writing.

On composition in ordinary prose, the author remarks what he considers it to be, namely:

> Chamo ordinaria, à mais comũ mente costumada escritura que os Hebraicos uzaõ. em a qual naõ se obserua regra algũa de Rectorica, como ẽ as outras e como haja nella uocabulos que sayaõ dos limites da gramatica, se admitem todas as sortes de palauras que ha, assi Hebraicas, como Rabinicas.
> (Abudiente 1633, IV cap.1: 157).
>
> I call 'ordinary' the most commonly customary writing which the Hebrews use, in which no rule of Rhetoric is observed at all as in the other kinds and because there should be no words in it which go beyond the realm of grammar all kinds of words whatever they be are allowed, Hebrew as well as Rabbinic.

The author assures us that after having learnt to write ordinary prose, the students can easily learn the other more difficult kinds of prose style. To learn ordinary style:

> Escreueraõ os conçeitos q*ue* quizerem fazer em Hebraico, em a linguagem que uurlgar mente [!!] falaõ. e isto feito, o traduziraõ palaura por palaura pouco mais ou menos, a Hebraico, e em cazo que haja alguns vocabulos, dois [!] quais ignorem o Hebraico, podem em seu lugar to mar [!] outros q*ue* lhes ocorrerem, ainda que sejaõ algo diferentes, dos que ignoraõ, pois nem por isto se deixarà de entender a tençaõ.
> (Abudiente 1633, IV cap.1: 158).
>
> You shall write down the concepts which you wish to express in Hebrew in the language you use for a vernacular; and having done this you shall translate it a little more or less word by word into Hebrew, and in case there are some words which you do not know in Hebrew you may take instead others that come to mind, even if they be somewhat different of those you do not know, but not that thereby the intention will cease to be understood.

The phrasing 'more or less word by word' indicates that the author is probably aware that Hebrew syntax is different from that of Jewish vernaculars.

As a good teacher, he advises his students to employ 'avoidance strategies', which they might have done without his saying so. On elegant style, the author remarks:

> Despois de saber compor ẽ a maneira mostrada, fica mais façil esta segunda. à qual chamamos elegante, por que o he uerdadeira mente. e arremeda a da Biblia sempre. immitando as palauras e estilo della, quanto he pusiuel. e quem mais sabe cheguarse à sua Lingoagem, compora mais rectorica, e ellegante mente.
> Nesta sorte de escritura se obseruam as seguintes regras.

1. Naõ uzar de hum uocabulo muy a miùdo, mas sendo com diferente significaçcam, he muy agradauel,
2. Quanto menos aduerbios se uzarem, tanto mais eleguante será, e antes he mais açeito faltarem, que serem superfluos. espeçial mente o שׁ, seruil dizendo שֶׁאָמַר, *que disse*, ou שֶׁרִבֵּר, *que falou*, por he modo de falar tosco, e so em os uersos em que trazem na escritura se primitem, e o mesmo he שֶׁל, *de*, cõ seus affixos.
3. Naõ misturar uocabulos do TALMUD, por quanto ainda que alguns o uzaõ se naõ saõ muyto a prepozito desdouraõ total mente a linguagem, e em particular, אַף עַל פִּי, *ainda que*, כָּל שֶׁכֵן, *quanto mais*, e semelhantes.
4. Quando se podem acomodar alguns uocabulos cuja pronunsiaçam he quazi hua, tambem da muyta graça à lingoagem, como הֶעֱפִיל, הִשְׁפִּיל, הִפִּיל, e outros muytos que ha semelhantes.
5. Uzaze tambem neste modo de escreuer hua sutileza ou coriozidade muy selebrada. e he fazer encaixar os uersos que na escritura se trazem em diferentes prepozitos cõ o conçeito que queremos compor. e isto, ou com mudar algua letra em qual quer palaura, ou tomando alguns uocabulos por sentidos extrauagantes e diferentes do que em os uersos se entendia de antes. tomemos por exemplo aquelle uerso de (*Jes.*24.27 [!]) *que dis* צְוָחָה עַל הַיַּיִן בַּחוּצוֹת, *clamor sobre o uinho nas praças*,[30] e trocando alguas letras por outras, tem muy diferente sentido, assy שְׁבָכָה עַל הַיַּיִן בַּכּוֹסוֹת [!], *louuor*[31] *sobre o-uinho nos copos*, e quanto se apliçaõ semelhantes uersos a o prepozito de que se trata, he muy louuada a oraçaõ.

Outras muytas galanterias se uzaõ nesta maneira de escreuer, porem naõ se podem aprender sem ter algua experiençia em ler obras compostas com elegançia, mas as aquy mostradas saõ as prinçipais e mais neçesarias.

(Abudiente 1633, IV cap.1: 159–162).

After knowing to compose in the manner shown, this second one which we have called 'elegant' (because it truly is) becomes easier, and adapt it always to the Bible, imitating its wording and style, inasfar as it is possible, and who knows best to approach its language, shall compose most rhetorically and elegantly.

In this kind of writing the following rules are observed:

1. Not to use one word very often, but when it has a different signification it is very agreeable.

2. The less adverbs will be used, the more elegant it will be, and rather it is more acceptable that they should lack than that they be superfluous. This holds especially for the servile *shin*, <šɛ'âmar>, [he] *who has spoken*, or <šɛdibber>, [he] *who has said*, for it is a course way of speaking, and it is only permitted in the verses which are found in Scripture, and it is the same with <šɛl>, *of*, with its affixes.

3. Not to mix in words of the *Talmud*, because even if some are usual they are not very appropriate, they corrupt the language totally, and especially: <'af-'al-pî>, *nonetheless*, <kɔl šɛken>, *the more*, and their likes.

---

[30] בַּחוּצוֹת, Abudiente's *praças*, is translated in the King James version by *streets*.
[31] שְׁבָכָה must be a mistake for שְׁבָחָה, as we can conclude from his translation *louvor*. In Abudiente's pronunciation — as in most modern pronunciations of Hebrew — they are acoustically equivalent.

4. When some words of which the pronunciation is almost the same can be arranged, it gives much grace to the language, like <ḥappîl, ḥašfîl, ha'afîl>, [*to let fall, to humiliate, to be audacious*] and many others that are similar.

5. It is also usual to describe in this way very outstandingly subtle or curious facts, and it is seemly to fit in verses which in Scripture are used for purposes different from the concept we wish to express in composition, namely, by changing some letter in whatever word you wish, or taking some words in divergent and different senses of what was meant by the verses originally. Let us take for an example that verse of Isaiah 24: 11, which says: <səwâḥâh 'al hayyayin bâḥûṣôṯ>, *a crying for wine in the market-places*, and by replacing some letters by others it has a very different sense, for instance, <šəbâḥâh 'al hayyayin bakkôsôṯ>, *the praise on the wine in the cups*, and when similar verses are applied to the subject of which one treats, discourse is very appreciated.

Many other refinements are used in this manner of writing, however, they cannot be learnt without some experience in reading works of an elegant composition but [the rules] shown here are the principal and most necessary ones.

To poetic prose, which is the third kind, the same rules are applicable as to elegant prose. The difference is constituted by the use of rhymes of all fourth or sixth words. It is used in particular in introductions of books, but there exist books which in their entirety consist of poetic prose (Abudiente 1633, IV cap.1: 161-162).

Abudiente gives us the following description of *escritura composta*, the fourth kind of prose, by which his exposition of prose writing is concluded:

A escritura composta, chamo a aquella que uzam os que profesaõ çiensias. os quais para explicarem suas tençoens, inuentaõ çertos uocabulos, alguns de lingoagens exteriores, outros do hebraico, uzado nas MISNAYOT, outros da mesma escritura, conjugando alguns nomes, que naõ se achaõ nella conjugados. e a este modo outras sortes de palauras que innouaõ, como tràs o famozo R. SEMUEL filho de R. JEUDA ABEN TABON, em o prohemio da traducçaõ daquelle selebre liuro MORE, NEBUHIM. esta sorte de compoziçaõ, he tambem elegantissima, e dificultoza, assy de entendela, como para compor nella. e pareçeme que a perfeiçaõ sua consiste em ser breue, compendioza, e elegante. sendo todas as palauras Hebraicas que nella ouuer, muy conçertadas e polidas.

E de todas estas sortes de escrituras me pareçe ser a segunda milhor para exerçitar de contino, pois como immita a lingoagem da Biblia, composta por el Dio bĕdi[c]to[32] naõ pode deixar[s]e ser a mais exelente.

(Abudiente 1633, IV cap.1: 162-163).

Composed writing I call which is used by those who are professional scholars. To explain their designs these invent certain words, some based on foreign languages, others based on Hebrew that is used in the *Mishnayot*, others based on Scripture itself by conjugating some nouns which are not found conjugated

---

[32] The page is slightly torn. Letters I was not sure about are given in [*italics*].

in it, and in this way other kinds of words which they innovate, like the famous Samuel ben Yehudah ibn Tibbon introduces in the proemium to the translation of that well-known book *Moreh Nebukhim* [by Moses Maimonides]. This kind of writing is very elegant, too, and difficult as well to understand it as to compose in it. And it seems to me that its perfection consists in its brevity, compendiousness and elegance, because all Hebrew words in it are very harmonious and smooth to the ear.

And all these kinds of writing are after my opinion the second best for continuous exercise, but when it imitates the language of the Bible, composed by God, blessed be he, it cannot be but the most excellent.

4.3 *Poetics*

The author commences his poetics with a chapter on the antiquity of Hebrew poetry, its origin and its definition.

After having stated that it is not certain when Hebrew poetry took its origin, he mentions the opinion expressed in the *Sefer Ḥasidim* by Judah ben Samuel he-Ḥasid (d.1217) in which it is said that Hebrew poetry 'started at the time that Israel went into exile' and that 'it imitated the poetry of the gentiles'. However,

> Outros tem por çerto ser antiquissimo este exersiçio em Israel, e que estando em a terra santa sohiaõ dar louuores a elDio, com os mesmos uersos medidos, que hoje se fazem; isto sertifiqua BEN HA[B]IB, em hum liuro que compos de [g]ramatica, dizendo q*ue* elle uio o sepulc[h]ro do prençipe do exerçito de AM[A]TSYA, rey de JEUDA, em cujo epitaphio, leo com muyto trabalho, por antiguidade delle, e alcançou a ler hum pè de uerso medido q*ue* dizia שְׂאוּ קִינָה בְּקוֹל מָרָה לְשַׂר גָּדוֹל לְקָחוּ יָהּ, e naõ pode ler o resto, porem so se afirm[a] que acabaua o fim do epitaphio dizendo לַאֲמַצְיָה. com o que dis ueo a entender, ser este modo de uersos antigo, e que se uzaua estando ainda opouo em aterra santa.
> (Abudiente 1633, IV cap.2: 163-164).

Others hold for certain that this exercise is most ancient among Israel and that they being in the holy land needed to give praise to God with the same metrical verses as are made at present. This is assured by Ibn Ḥabib in a book that he composed on grammar, saying that he saw the tomb of the commander of the army of Amaziah, King of Judah, on which tomb he read with much difficulty — because of its antiquity — and eventually succeeded to read a foot of metric verse which read: *Rise, dirge, in a bitter sound for the great marshal God has taken away*, and he could not read the rest, but he affirms us solely that the end of the epitaph ended by saying *of Amaziah*, from what he says it becomes clear that this kind of poetry is ancient and that it was already in use while the people was still in the holy land.

The work Abudiente refers to is דרכי נעם, *Darkhey No'am*, a treatise on poetics composed in 1486 by Moses ben Shem Ṭov ibn Ḥabib (c.1450), born in Lisbon, Portugal, and emigrated to Italy. It was published as an appendix to his grammar מרפא לשון, *Marpe Lashon*,[33] edited by Elia Levita in his *Diduqim* and printed by Daniel Bomberg, Venice 1545/46 (cf. Bacher 1974: 222; Hirschfeld 1926: 97; Barr & Tanne 1971: 1389). In this poetics, influenced by Neo-Aristotelian views, Ibn Ḥabib relates:

> וּלְפִי דַעְתִּי כִּי זֶה הַדֶּרֶךְ בְּמִשְׁקַל הַשִּׁירִים הוּא קַדְמוֹן מְאֹד וּמֵעִיד אֲנִי עָלַי שָׁמַיִם וָאָרֶץ
> כִּי בִּהְיוֹתוֹ בְּמַלְכוּת וַאלֵינְ־צִיָּה בִּקְהִלַּת מוֹרוֹ־יטְרִי הִגִּירוּ לִי כָּל הָעָם אֲשֶׁר בַּשַּׁעַר
> וְהַזְּקֵנִים כִּי שָׁם מַצֶּבֶת קְבוּרַת שַׂר צָבָא אֲמַצְיָה מֶלֶךְ יְהוּדָה וּכְשָׁמְעִי חַשְׁתִּי וְלֹא
> הִתְמַהְמַהְתִּי לִרְאוֹת מַצֶּבְתּוֹ מַצֶּבֶת אֶבֶן בְּרֹאשׁ הָהָר   וְאַחַר הֶעָמָל וְהַטּוֹרַח קְרָאתִי
> הַכְּתִיבָה וְהָיָה חָקוּק עָלֶיהָ שִׁיר זֶה לְשׁוֹנוֹ שְׂאוּ קִינָה בְּקוֹל מָרָה לְשַׂר גָּדוֹל לָקַח יָהּ
> וְלֹא יָכֹלְנוּ לִקְרוֹת עוֹד כִּי הָיְתָה נִמְחֶקֶת אֲבָל הָיָה מְסַיֵּים הַשִּׁיר הַשֵּׁנִי לַאֲמַצְיָה׃
> (Moses ibn Ḥabib 1545/46: fol. [2.5] rᵛ).

And as I know, this way of metrical verse is very ancient, and heaven and earth being my witness I testify that indeed in the kingdom of Valencia in the community of Morviedre [north of Valencia] the whole crowd in the gate and the old assured me that there is the tombstone of the chief of the army of Amaziah, King of Judah, and when I heard it I hurried and did not tarry to see his tombstone, a tombstone of rock on the top of the mountain. And after effort and trouble I read the inscription, and on it was engraved a verse which reads *Rise, dirge, in a bitter sound for the great marshal God has taken away* and we were not able to read on because it was erased but the second verse was ending with *of Amaziah*.

Regrettably, a leaf containing the pages 165-166 is lacking in the Rosenthaliana copy of Abdudiente's grammar. It must have contained the largest part of the section *Da origem da poezia* ('On the origin of poetry').

The section commences with mentioning the opinion of 'the famous Lord Don Isaac Abarbanel' who in his commentary on Isaiah 'shows that Hebrew poetry is not natural to the language but learnt from the Moors and the Arabs'. I cannot inform you of Abudiente's opinion on Abarbanel's views.

Chapter 3 contains the discussion of different kinds of Hebrew poetry and the types of metre used up to the present day (1633). Also new kinds of metre are discussed.

---

[33] Ibn Ḥabib's works were often referred to by later grammarians, such as Abraham de Balmes and the Buxtorfs. Oliveyra's grammar יד לשון (1688) is «Recopilada do Livro מרפא לשון», i.e., 'abstracted from the book *Marpe Lashon*', as it is stated on the separate title page; it follows the model of Ḥabib's grammar in its erotematic presentation. According to Amzalak (1928: 18), however, «Salomão de Oliveyra published further מרפא לשון *Marpé la Schon*, i.e. *Medicina da Linguagem*, Amsterdam 5446 (1686), David Tartas 8°», which I have not been able to find.

In chapter 4 the author treats *De Algums versos que immitam os Espanhois, e Purtuguezes, e alguas regras pare elles*, i.e., 'On other verses, which are imitations of Spanish and Portuguese poetry, and some rules concerning them'. He mentions sonnets, octaves and echo verses, accompanied by examples. Chapter 5 is entitled *De diversas sortes de versos curiosos e Alguns de novo inventados* ('On diverse kinds of curious verse and some recently invented'). It deals with verse composed of nouns only, verse into which two senses can be read, verse in two languages, *carmina figuarata* and labyrinths. I quote an example of 'curious verse' in two languages:

> Os versos de duas Lingeagens saõ dificultozìssimos de fazer, porquanto, he nesesario para a compostura delles buscar vocabulos os quais tenhaõ algua significaçaõ em ambas as duas Linguas de que se pretende fazelos: em forma q*ue* quando se Lem, façam hua perfeita oraçaõ, em cada qual daquelles duas Linguagens. como o que segue que he Hebraico, e Espanhol, assy.
>
> אֶל רֵעִי הַבִּיטָה מוֹרְאָה
> הֵן שִׂימָה אֶל קוֹרְאָה צֹאן
> שִׁיר וְלוֹ תּוֹרָה אוֹרָה
> אֲפַזֵּר לוֹ כִּי יֵשׁ רָצוֹן
>
> Oqual lendosse em Hebraico, alẽdo que nelle significa, parece, que estamos falando Espanhol dizendo
>
>   El Rey abita   mora[34]
>   En sima el corason
>   Sirvelo toda ora
>   A fazerloque es rason.
>
> E da propia maneira, se podem fazer em Hebraico, com qual quer outra Lingua.
>
> (Abudiente 1633, IV cap.5: 185-186).

Verses in two languages are most difficult to make, because it is necessary for its composition to search words which have some meaning in both two languages which it intends to be read in, so that in whatever form it is read it consists of perfect speech in every of the two languages in question, such as the one that follows which is Hebrew and Spanish, thus:

<'el reʿî habbîṭåh môrʾåh>	God of my thought, regard the rebellious!
<hen śîmåh 'el qôrʾåh ṣoʾn>	Yes, God preserve her calling her 'flock'.
<šîr wəlô tôdåh ʾôråh>	A hymn and a song of thanksgiving to him, light
<'ăfazzer lô kî yeš råṣôn>	I shall spread because it is his will.

It being read in Hebrew, except for what it means in it, it seems that we are speaking Spanish, namely

    The King is living in a dwelling
    Above the heart
    Serve him every hour
    to do what is right.

---

[34] For *mora*, I have read *morada*; see the translation.

And in the proper way, it can be made in Hebrew together with any other language.

The fourth treatise is concluded by a chapter on poetic licence and some rules and guide-lines for who wishes to compose verse.

5. Concluding remarks

In this paper, I have shown that Abudiente's *Gramatica Hebraica* has traits of the Western and Judæo-Arabic grammatical tradition. His concept of the 'letter', for instance, clearly is an element from the former one. The *littera*-concept is applied to the Hebrew consonants without any difficulty.

The vowel points are described accordingly, but they are not considered as letters. As to the vowels, the term תנועה <tənûʻâh>, lit. 'movement', the Sephardic Portuguese grammarians commonly translated it by *sillaba*, which sometimes appears to cause difficulties for modern researchers. The concept *tenuah* differs from the concept of vowel in Western grammar where it is considered as a phoneme. In Hebrew, however, we can consider it to be an 'accident of the consonant'.[35] We can conclude that the adaptation of Judæo-Arabic grammar to the Western tradition causes terminological friction.

This friction is also noticeable in the treatment of the parts of speech, as can be seen in Abudiente's description of the particles which he considers to be equivalent to the invariable parts of speech in Western grammar, viz. adverbs, conjunctions, prepositions and interjections.

Often the Sephardic grammarians had noted themselves that there is a discrepancy between grammatical concepts of the two traditions. Leaõ Templo, for instance, remarks:

> Ainda que os Latinos, separaõ esta Terceyra parte da Gramathica, em quatro divizoëms differentes; que saõ, *Adverbios, Preposiçoëms, Conjunçoëms*, e *Interjeçoëms*; os Hebraicos comprenderaõ todos debaixo do nome מְלָר *Adverbio*. E assim, toda a Palavra que naõ se puder Conjugar, e naõ for derrivada de verbo; diremos ser מְלָר *Adverbio*, inda que toque a alguas das outras Clases, cuja Signifiçaõ, ja fica asima declarada.
>
> (Leaõ Templo 1702/03, cap.13, § 1: 46).

Though the Latins break up this third part of grammar into four different divisions, which are *adverbs, prepositions, conjunctions* and *interjections*, the

---

[35] This is how van Helmont (1667: 87) phrased it. On the syllable concept in Hebrew grammar, cf. Klijnsmit, forthcoming, § 3.1.2.

Hebrews comprehend them all under the name <millâh>, *adverb*. And, therefore, we shall call every word which cannot be conjugated and which has not been derived from a verb: <millâh>, *adverb*, although it is contiguous to some of the other classes of which the signification is already explained above.

An element of the European grammatical tradition which is lacking in Abudiente's grammar is the adoption of a Latin case system for the Hebrew noun. The only instance where case is mentioned occurs in his treatment of the construct state, which is called *regimen genitivo* by Abudiente (1633, III cap.4: 135; cf. § 3.2.7). Paradigms arranged as customary in grammars of Latin are not found in it. His contemporaries, such as Menasseh ben Israel (1647: f° 12 v°), d'Aguilar (1659/60: 37) and Spinoza (1677: 37-38), gave a full paradigm of דָּבָר, <dâbâr>, 'thing' or 'word', exactly arranged as in Western grammars.[36] However, the Sephardic grammarians were well aware of the fact that Hebrew is different from other inflectional languages. D'Aguilar, for instance, remarks on 'case' in Hebrew:

> Os casos de nomes se fazem com hũa preposicaõ ou articulo precedente ao nome, sem alterar omesmo nome [...]
> (d'Aguilar 1659/60: 34).
> Cases of nouns are formed with a preposition, or article, before the noun without altering the noun itself [...][37]

I note that the Christian grammarians — as their Jewish colleagues — saw the difference between Western languages and Hebrew too. Johannes Buxtorf the Elder remarks on cases in Hebrew:

> CASUS est diversa Nominis terminatio: estq*ue* sextuplex in utroque numero, Nominativus, Genitivus, Dativus, Accusativus & Ablativus. At hîc solus nominativus pluralis è nominativo singulari differt: reliqui casus non diversis terminationibus, sed ex structura sermonis & rectione Syntactica distinguitur.
> (Buxtorf 1609: 76).

---

[36] Spinoza assuming only one part of speech in Hebrew, the noun, also gives full paradigms of all kinds of nouns, such as the infinitive and the preposition.
[37] On Spanish grammar, Padley (1988: 209) remarks: «What differences of opinion there are turn on the question whether it is the *article* or the *preposition* that is to be seen as the case-marker. The anonymous grammar of 1555 is clear that 'the article is a part of speech joined to nouns to make known the variation of cases', and similarly for De Corro (1586) articles are 'señales' or markers of case. But perhaps they are using the term 'article' in a rather loose sense? Villalón (1558) uses 'artículo' to encompass any case-marking preposition, as in *de Pedro* (genitive) and *para Pedro* (dative)».

> Case is the different ending of the Noun, and it is sixfold in both numbers: Nominative, Genitive, Dative, Accusative and Ablative. But here [sc. *in Hebrew*] only the nominative plural differs from the nominative singular: the remaining cases are recognized not from variation in endings but from the structure of speech and syntactic government.

Except for the fact that Buxtorf forgot to mention the vocative, we recognize the difficulty to apply a concept from Latin grammar to Hebrew language phenomena: his remark on case is phrased most clumsily. It should be noted, however, that for most grammarians of the seventeenth century, 'case' did not only refer to morphological change but also to grammatical function.

In many respects, however, the seventeenth-century Sephardic grammarians of Hebrew followed the Judæo-Arabic tradition. In Abudiente's grammar, this appears in his treatment of the 'letters' with its divisions according to articulatory phonetics and to functional aspects. It is apparent, too, in the order of his treatment of the parts of speech: verb, noun and particle. This same order of treatment is also found in David Qimḥi's *Mikhlol*. Paradigms of the verb are arranged by Abudiente to the Judæo-Arabic tradition as well. Sources of Abudiente's *Gramatica Hebraica* are the works of the Qimḥi's, notably of David, Elia Levita, Moses ibn Ḥabib, all mentioned by name, and probably grammatical studies by other grammarians not explicitly referred to by the author.

With respect to grammatical norms, it appears that Biblical Hebrew is considered to constitute the *usus linguæ*: the Masters of the *Talmud* wrote Hebrew which is less 'polished' than the one in the Scriptures and which has so many 'impurities' because of its lexicon containing so many foreign words (cf. the quotations in §§ 3.1.2 and 4.2). However, although scientific prose contains elements from Talmudic Hebrew and even other languages, our author appears to appreciate the *escritura composta*: Ibn Tibbon's scientific prose, for instance, is very elegant in his view.

From Abudiente's chapter on prose, we can gather how competence of Hebrew was acquired, namely, by translation from the vernacular 'more or less word by word'. This is of interest for the history of language didactics. The study of grammar precedes the acquisition of active command of the language. In Amsterdam, the students first learned to read Hebrew and to translate the Bible into Spanish, which was considered as a 'secondary Holy Language'. Grammar formed part of the curriculum of the fifth or the sixth class (Vaz Dias & van der Tak 1982: 152-153).

Amzalak (1928: 18-19) mentioned Abudiente's grammar and gave its contents to which he simply added: «It is a work of great learning». Amzalak is the only one who treated «the works on Hebrew grammars written by Portuguese [...]» that he knew of (Amzalak 1928: 25), and although his study does not give much more than titles, sometimes a short description of their contents and some biographical details of their authors it is yet useful for the researcher in the field of the history of Hebrew linguistics. Other works on the history of Hebrew linguistics deal only with what is considered to be the period of great achievements of Hebrew scholarship, to wit, the Middle Ages.

The history of Hebrew linguistics of the period of the late Renaissance and after has remained largely unwritten, and what is written on it does not comply with modern standards of historical research, to which, regrettably, I have to add that this holds for the description of mediæval Hebrew linguistic study as well. This paper is meant to fill a lacuna in our knowledge.

6. Transliteration of Hebrew characters[38]

The Hebrew 'letters' are transliterated as follows:

'alef	א	'	lamed	ל	l
bêt	ב	b	mêm	מ	m
bêt rafê	ב	b̲	nûn	נ	n
gimel	ג	g	samekh	ס	s
gimel rafê	ג	ḡ	'ayin	ע	'
dalet	ד	d	pê	פ	p
dalet rafê	ד	d̲	pê rafê	פ	f
hê	ה	h	ṣadê	צ	ṣ
waw	ו	w	qôf	ק	q
zayin	ז	z	rêsh	ר	r
ḥêt	ח	ḥ	shin	שׁ	š
ṭêt	ט	ṭ	śin	שׂ	ś
yod	י	y	taw	ת	t
kaf	כ	k	taw rafê	ת	t̲
kaf rafê	כ	k̲[39]			

The vowels are transliterated as follows:

pataḥ	ַ	a	ḥaṭêf pataḥ	ֲ	ă
qameṣ	ָ	å	ḥaṭêf qameṣ	ֳ	ŏ
qameṣ ḥaṭuf	ָ	ǫ			
segol	ֶ	ɛ	ḥaṭêf segol	ֱ	ĕ
ṣerê	ֵ	e	with yod[40]	ֵי	ê
ḥireq	ִ	i	with yod	ִי	î
ḥolem	ֹ	o	with waw	וֹ	ô
qibbuṣ	ֻ	u	shureq	וּ	û
			shewa	ְ	ə

---

[38] Transliterations of Hebrew are given in *IPA*-alphabet, bracketed by < >. The aim of my transliteration is mainly to give an adequate representation of Hebrew script, not of pronunciation, e.g., the fact that *qameṣ* is represented by <å> does not mean that I think that the author under scrutiny pronounced *qameṣ* like [å] — *a* in English *all* — or was of the opinion that it should be pronounced thus. When phonetic transliteration is meant indeed, it is bracketed — as customary — by [ ].

[39] Pronunciation like *ch* in German *ach*.

[40] In some instances, e.g., in the treatment of the *matres lectionis*, the *yod* and the *waw* are represented in transliterations.

7. References

7.1 Primary Sources[41]

Abraham de Balmes (c.1440–1523)
1523   מקנה אברם / *Pecvlivm Abrae. Grammatica hebraea vna cvm Latino nuper edita per Doctiss. Virum Magistrum Abraham de Balmis Artium & Medicinæ doctorem*. Venice: Bomberg. (Ros. 1875 E 44).

Abraham (ben Meir) ibn Ezra (1092–1167)
1545/46   ספר מאזני לשון הקדש שחבר החכם הגדול רבי אברהם ב״ר מאיר הספרדי יצ״ו המכבנה בן עזרא בעיר רומ״י. Elia Levita (ed.) 1545/46: f° 194 r° – 236 r°.

Abudiente, Moseh filho de Gidhon (1602 or 1610–1688)
1633   *Gramatica hebraica. Parte primeyra. Onde se mostram todas as regras nesessarias assim para a inteligençia da lingua, como para compor e escreuer nella em proza e uerso com a elegançia e medida que conuem. Por [...]*. Hamburguo 5393. [no publ.] (Ros. 1860 G 26).

d'Aguilar, Mosseh Rephael (after 1615–1679)
1659/60   *Epitome da Gramatica Hebrayca. Por breve Methodo composta, para uso das escolas; do modo que aensina*. Leiden 5420: Jan Zacharias Baron. (Ros. Broch. L.a 4).

1660/61   *Epitome da Gramatica Hebrayca. Por breve Methodo composta, para uso das escolas; do modo que a ensina. Segunda Ediçaõ. Novamente corrigada, e acressentada de hũn tratado sobre. a poesia Hebraica.* Amsterdam 5421: Joseph Athias (UB Groningen: α C 16).

Aristotle *see* Cooke & Tredennick 1973

Balmes *see* Abraham de Balmes

Baynes, Rudolph (transl.)
1554   קֹצֶר הַחֵלֶק רִאשׁוֹן הַמִּכְלוֹל וְהִוּא סֵפֶר הַדִּקְדּוּק לרבי דוד קמחי׃ / *Compēdium Michlól, hoc est Absolvtiss. Grammatices Dauidis Chimhi, nunc primò editum, Authore Rodolpho Bayno Cantabrigense, & Sanctæ linguæ professore Regio Lutetiæ Parisiorum*. Paris: Carolus Stephanus, Typographus Regius (Ros. 1897 G 7).

Böschenstain, Johan (ed.)
1520   *Rudimenta Hebraica Mosche Kimhi a Johan. Böschenstain diligenti studio reuisa* [= *Mahalakh*]. Augsburg: Sigismundus Grymm & Marcus Vuirsung (Ros. 19 B 37).

Buxtorf, Johannes (1564–1629)
1609   *Thesaurus Grammaticus Linguæ Sanctæ Hebrææ*. Basel (UBA 2456 F 16); 1620 (Ros. 1868 F 17).

---

[41] Pressmarks are given to indicate the editions I refer to. The following abbreviations are used: EH = Ets Haim / Livraria Montezinos, Amsterdam, Ros. = Bibliotheca Rosenthaliana, Amsterdam, residing in: UBA = University Library, Amsterdam; UB Groningen = University Library Groningen.

Chomsky, William (transl.)
1952 *David Ḳimḥi's Hebrew Grammar (Mikhlol)*. New York, 5713: Bloch Publishing Company.

Cooke, Harold P. & Hugh Tredennick, (eds.)
1973 *Aristotle. The Categories. On Interpretation. Prior Analytics.* (= *Aristotle in Twenty-Three Volumes*, 1. *The Loeb Classical Library*, 325.) Cambridge, Mass.: Harvard University Press, & London: William Heinemann Ltd.

David ben Joseph Qimḥi (1160–1235)
1532 ספר מכלול יבאר בראשון חלקי הדקדוק ואחריו חלק הענין לרבי דוד בן יוסף קמחי הספרדי [...] בשנת שבים עשר למלך האדיר אדוננו המלך שולטאן שולימן ירום הודו. Constantinopel: Gershom ben Moshe Soncino (Ros. 15 A 32).

Dunash ibn Labraṭ (c.925–c.990) *see* Filipowski 1855.

Elia Levita (1469–1549)
1545/46 הא לכם פרקי אלעהו נלוי שנית להדפיסו הביא דבריו כנביא המתנבא בארבעה פרק"ים [...]. Elia Levita (ed.) 1545/46: fol. 45 rᵒ – 92 vᵒ [after fol. 236 vᵒ].

Elia Levita (ed.)
1545/46 דקדוקים הרכבה מרפא לשון. Venice: Daniel Bomberg. [New fol.nos after 236 vᵒ] (Ros. 1868 G 2).

Filipowski, Herschell, (ed.)
1855 ספר תשובת דונש בן לברט: [...] והוא חלק שני לספר מחברת מנחם. / *Criticae Vocum Recensiones Donasch ben Librat, Levitae, sæculo decimo compositæ [... quæ] pertinent ad antiquissimum lexicon Hebraicum et Chaldaicum Veteris Testamenti conscriptum a celeberrimo auctore Menahem ben Saruk, Hispano*. London & Edinburgh: Filipowski.

Friedländer, Jonathan & Jakob Kohn (eds.)
1865 *Maase Efod, Einleitung in das Studium und Grammatik der Hebräischen Sprache* [1403] *von Profiat Duran* [...]. Wien: Selbstverlag der Herausgeber.

Gebhardt, Carl, (ed.)
1925 *Spinoza. Opera. Im Auftrag der Heidelberger Akademie der Wissenschaften* [...]. 4 vols. Heidelberg: Carl Winter.

Helmont, Franciscus Mercurius [Baptista] van (1614–1699)
1667 *Alphabeti verè naturalis Hebraici brevissima delineatio: quae simul methodum suppeditat, juxta quam qui surdi nati sunt sic informari possunt, ut non alios saltem loquentes intelligant, sed & ipsi ad sermonis usum perveniant.* Sulzbach: Abraham Lichtenthaler. (UBA: OK 80-55).

Ibn Ezra *see* Abraham (ben Meir) ibn Ezra.

Ibn Ḥabib *see* Moses ben Shem Ṭov ibn Ḥabib.

Leaõ Templo, Selomoh Jehuda († c.1733)
1702/3 ראשית חכמה *Principio de Sciencia ou Gramathica Hebrayca. Por hum Methodo Breue, Claro, Facil, e Distincto.* [...] *Para Uzo das Escolas como a ensina no Medrás* [...]. Amsterdam 5473: Ymanuël Athias. (Ros. 1897 F 21).

Menasseh ben Israel (1604-1656)
1647 *Libro yntitulado sapha berura, hoc est Labia clara, da grammatica hebrea, composto por osenhor hacham Menasse beñ ysrael נ'ר'ו' o Talmid Selomo deoliveira י'צ'ו' feçit* Em Amsterdam 5407 (Ms. EH: 47 D 7).

Moses ben Joseph Qimḥi (c.1200).
1545/46 מהלך. Elia Levita 1545/46: f° 2 r° – 51 v°. [No title page].

Moses ben Shem Ṭov ibn Ḥabib (c.1475).
1545/46 דרכי נעם. Elia Levita (ed.) 1545/46: fol. [1.7] – [3.8], [as an appendix to מרפא לשון, with separate foliation].

Oliveyra, Selomoh de (c.1633–1708)
1688 יד לשון – דל שפתים *Livro da Gramatica Hebrayca & Chaldayca. Estilo breve & facil. Dedicado a os Ss. Parnasim de Talmud Tora & Thezoureyro de Hes–Haym.* Amsterdam: David Tartas, 5449. (Ros. 1866 H 11; 1870 H 14).

Profiat Duran (c.1400) *see* Friedländer & Kohn 1865.

Qimḥi, David, *see* David ben Joseph Qimḥi.

Qimḥi, Moses, *see* Moses ben Joseph Qimḥi; Böschenstein.

Spinoza, Benedictus de (1632–1677)
1677 *Compendium Grammatices Linguæ Hebrææ,* in B.d.S., *Opera Posthuma.* s.l. [Amsterdam: Jan Rieuwertsz.]: new page numbers from quire A, 1–[117], (Ros. 19 C 21); Gebhardt 1925, 1: 283–403.

Yisḥaq ben Abraham Uzziel (d.1622)
1627 ספר מענה לשון והוא קשור נמרץ ונאה ללמד לתלמידים דרך קצרה: כולל חכמת הדקדוק שם פועל מלה: נדפס באמשטירדאם: בבית מנשה בן יוסף בן ישראל שנת עזי וזמרת יה. Amsterdam: Menasseh ben Israel (Ros. 19 E 13).
1710 ספר מענה לשון והוא קשור נמרץ ונאה ללמור לתלמידים דרך קצרה: כולל חכמת הדקדוק שם פועל מלה: נדפס שנית עם תוספת מראה מקום מהפסוקים. באמסטרדם ברפוס ובבית שלמה ... פרופס בשנת ... ערת .... Amsterdam: Salomo Proops (Ros. 1884 G 51).

7.2 Secondary Sources

Amzalak, Moses Bensabat
1928   *Portuguese Hebrew Grammars and Grammarians*. Lisbon: [no publ.]

Bacher, Wilhelm
1974   *Die Anfänge der hebräischen Grammatik* [1895] and *Die hebräische Sprachwissenschaft vom 10. bis zum 16. Jahrhundert* [1892] (= Studies in the History of Linguistics 4.) Amsterdam: John Benjamins.

Barr, James & David Tanne
1971   "Linguistic Literature, Hebrew". *EJ* 16: 1352-1401.

Cowley, A.E. (transl.)
1980   *Gesenius' Hebrew Grammar*, as edited and enlarged by [...] E. Kautsch. 2nd English edition. Revised in accordance with the 28th German edition (1909). Oxford: Oxford University Press.

Everaert J., & E. Stols, (eds.)
1991   *Vlaanderen en Portugal. Op de golfslag van twee culturen*. Antwerpen: Mercatorfonds.

Jewish Encyclopedia, The, vol. 1 (1901), New York & London: Funk & Wagnalls.

Gesenius, Wilhelm (*also see* Cowley 1980).
1985   *Hebräische Grammatik*, völlig umgearbeitet von E[mil] Kautsch, [28. Aufl. Leipzig: 1909]. Hildesheim, Zürich & New York: Georg Olms Verlag.

Hirschfeld, Hartwig
1926   *Literary History of Hebrew Grammarians and Lexicographers*, Oxford: UP & London: Milford.

Kistemaker, Renée, & Tirtsa Levie, (eds.)
1987   *Êxodo. Portugezen in Amsterdam 1600-1680*. Amsterdam: De Bataafsche Leeuw.

Klijnsmit, Anthony J.
1985   "Spinoza over taal". *Studia Rosenthaliana*, 19: 10-38.
1988   "Amsterdam Sephardim and Hebrew Grammar in the Seventeenth Century". *Studia Rosenthaliana*, 22: 144-164.
1990   "Some seventeenth-century grammatical descriptions of Hebrew". *Histoire Épistémologie Langage*, 12-1: 77-101.
1992a   "Spinoza and the Grammarians of the Bible". Noordegraaf, Versteegh & Koerner 1992: 155-200.
1992b   *Balmesian Linguistics. A Chapter in the History of Pre-Rationalist Thought* (= Cahiers voor Taalkunde, 7.) Amsterdam: Stichting Neerlandistiek VU, & Münster: Nodus Publikationen.
forthcoming   *Spinoza on Language and Linguistics. A Contextual Approach*. Münster: Nodus Publikationen.

Kukenheim, Louis
1951   *Contributions à l'histoire de la grammaire grecque, latine et hébraïque à l'époque de la Renaissance*. Leiden: E.J. Brill.

Mal'akhi, Ṣebi
1979 משה גרעון אבורינטי ויצירתו הספרותית, *Pe'amim* I: 67–75.

Noordegraaf, Jan; Kees Versteegh & Konrad Koerner, (eds.)
1992 *The History of Linguistics in the Low Countries.* (= *Studies in the History of the Language Sciences*, 64.) Amsterdam & Philadelphia: John Benjamins.

Padley, George Arthur
1988 *Grammatical Theory in Western Europe 1500–1700. Trends in Vernacular Grammar II.* Cambridge: Cambridge University Press.

Robins, Robert H.
1990 *A Short History of Linguistics* 3d. Edition. (*Longman Linguistics Library.*) London & New York: Longman.

Schenkeveld, Dirk M.
1990 "Studies in the History of Ancient Linguistics 4. Developments in the Study of Ancient Linguistics". *Mnemosyne* Vol. 43, 3–4: 289–306.

Scholem, Gershom
1974 *Kabbalah.* Jerusalem: Keter.

Teensma, Benjamin N.
1983 "Erasmus bewerkt, vertaald, ontkerstend en verjoodst". *Studia Rosenthaliana*, 17: 147–176.
1987 "De taal der Amsterdamse Sefardim in de 17e en 18e eeuw". Kistemaker & Levie 1987: 70–72.
1991 "De Portugese Joden in Amsterdam". Everaert & Stols 1991: 275–287.
1993 "Der zunehmende Sprachverfall des Portugiesischen unter den hamburgischen Sephardim in 17. und 18. Jahrhundert" [This volume:].

Vaz Dias, Abraham M. & Willem G. van der Tak
1982 "Spinoza Merchant and Autodidact. Charters and Other Authentic Documents Relating to the Philosopher's Youth and his Relations". *Studia Rosenthaliana*, 16: 103–171.

NOVA GRAMMATICA PORTUGUEZA

dividida
em *VI Partes*
a saber:

1 *Orthographia.*
2 *Etymologia.*
3 *Syntaxe.*
4 *Prosodia com Supplemento*
5 *Lavores da Lingoa.*
6 *Miscellanea.*

Composta por
Abraham Meldola,
Notario, & Traductor, Caesareo, Publico, Jurado.

Impreso na Officina de M. C. Bock, a custas do Author,
em Hamburgo 1785.

Neue Portugiesische Grammatik

in sechs Theilen
als:

1 Rechtschreibung.
2 Wortforschung.
3 Wortfügung.
4 Tonmessung und Anhang.
5 Sprachübungen.
6 Miscellanie.

von
Abraham Meldola,
öffentlicher und geschworner Kayserl. Notarius und Translator.

Auf Kosten des Verfassers gedruckt bey M. C. Bock.
Hamburg 1785.

Sobre Abraham Meldola e a sua
Nova Grammatica Portugueza de 1785

Karl-Hermann Körner [Braunschweig][1]

Na recente e meticulosa exposição sobre possibilidades de informação sobre Portugal existentes na Alemanha, diz Marion Ehrhardt o seguinte:
« Data de 1788 a primeira gramática alemã da língua portuguesa, acompanhada de informações sobre literatura portuguesa e da autoria de Andreas von Jung, que aliás preferiu não aparecer como autor. Ao ler o livro, compreende-se logo o motivo pelo qual ele quis ficar anónimo. O livro é superficial, e deixa de certo modo transparecer a sua antipatia para com o país onde esteve como oficial do Conde de Schaumburg-Lippe, reorganizador do exército português. Mas uma outra gramática, a de Abraham Meldola, do ano de 1785, terá mais satisfatoriamente ido ao encontro das exigências dos estudiosos de Português da época» (pág. 52).

Tema desta comunicação será precisamente esta gramática de Abraham Meldola, segundo informacão do *Diccionário Bibliographico Portuguez* « livro muito raro em Portugal », de que a Herzog-August-Bibliothek em Wolfenbüttel e a Carl-von-Ossietzky-Bibliothek em Hamburgo possuem um exemplar. O autor do *Diccionário Bibliographico* presta informações sobre a profissão do autor, sobre a estrutura e o bilinguismo da obra, a dedicatória ao Imperador alemão José II, e sobre o facto de que as últimas seis partes desta *Nova Grammatica Portugueza - Miscellanea dos melhores autores portuguezes* - contêm essencialmente textos do seculo XVII. Esta parte de antologia de mais de cem páginas contém também uma carta do Padre António Vieira, o clássico pregador português [1608-1697] já anteriormente apresentado ao leitor da nossa gramática (pág. 599).

---

[1] Karl-Hermann Körner, Professor de Linguística Româanica na Universidade de Braunschweig, suicidou-se em profundo desespero, em 1992. O nosso plano, de rever e actualizar a sua comunicação, sobre Abraham Meldola, apresentada no 3. Congresso da Associação de Lusitanistas em Coimbra, não pode, por isso, realizar-se. Em muitas conversas, anunciou-me Karl-Hermann Körner o seu interesse na contribuição dos Portugueses de Hamburgo e Amesterdão para o desenvolvimento da linguística portuguesa e espanhola. Parece-me, portanto, correcto homenagear o meu colega Karl-Hermann Körner através da publicação do seu artigo. (Michael Studemund-Halévy)

Na página 247, ao explicar a sintaxe do *superlativo como emprego do genitivo*, dá o autor o seguinte excemplo:

O melhor Pregador dos Portuguezes foy o Padre Vieira

A parte de miscelânia contém, ao lado de textos literários (sobretudo Camões), textos históricos e geográficos do seculo XVII, e textos linguísticos em sentido restrito, sendo de salientar (a partir da página 629) o Prolegomeno de João de Morais Madureira Feijó à sua *Orthographia ou arte de escrever e pronunciar com acerto a lingoa portuguesa*, do ano de 1734. Daqui se deduz que a gramática de Meldola é uma obra com ambição linguística em sentido científico, e não somente uma obra didáctica. Hoje em dia, em que o interesse pela Linguística é maior do que foi até aqui, a gramática de Meldola ganha em actualidade e interesse.

A já citada autora Marion Ehrhardt escreve no seu trabalho, que a gramática de Meldola «dürfte weitaus besser den Ansprüchen der Portugiesischstudenten jener Epoche gerecht geworden sein». Marion Ehrhardt utiliza o verbo dürfen no seu sentido modal, que eu traduzo por «terá mais satisfatoriamente ido ao encontro das exigências dos estudiosos de Português da época » no seu sentido modal. Quer isto dizer que até hoje ainda ninguem se ocupou em pesquisas sobre a utilidade e a finalidade da gramática de Meldola. Alguns pontos serão aqui analisados.

«Hoje estou em Hamburgo, a manhã em Altona». Este exemplo aparece na página 278 como exemplo de zeugma ou elipse. ao tratar de «sintaxe figurada». No também já citado *Diccionário Bibliographico Portuguez*, lê-se: «Abraham Meldola, ao que parece judeu portuguez, residente em Hamburgo».

As palavras « ao que parece » não significam que o autor do *Diccionário* tenha lido a gramática de Meldola mais do que o título, a primeira página, e o índice.

A gramática de Meldola terá sido um livro pouco utilizado e pouco utilizável pelo estudiosos de Portugûes da época, mas não é deste aspecto que se tratará aqui.

Há exemplos lexicais que apontam para a proveniência judaica do autor, como as palavras *pão levedo* e *pão asmo*, para significar o pão cozido com fermento e pão cozido sem fermento; a explicação da palavra *frontal*, parte da frente dum altar «*papista* no sentido de *católico*. Ou quando, para explicar o uso do indicativo ou do conjuntivo em certas orações concessivas, dá este exemplo:

Ainda que ame a meu filho, castigo-o
Ainda que amo a meu filho, castigo-o

Este exemplo lembra-nos imediatamento textos do Antigo Testamento (Salomao, Livro da Sabedoria).
No capítulo *Syntaxe Figurada*, para explicar a diferença entre *pleonasmo quan-to ao sentido e pleonasmo quanto a construiçam*, dá os seguintes exemplos:

Os Prophetas antes vaticinarão o sucesso
Os Prophetas antes predisseram os sucesso (pág. 280)

Para explicar o sentido activo-passivo, os exemplos:

Deos abomina os viços
Os viços são abominados por Deos

Uma análise sistemática e nem sempre fácil do vocabulário de aprendizagem e dos exemplos retórico-sintácticos confronta-nos com exemplos como estes aqui apresentados, mas relativamente raros no seu conjunto.

Menos caraterístico do que à primeira vista poderia parecer é a indicação de o *primogenito* e o *filho mais moço* (pág. 543), apresentadas logo a seguir a pay, may, avô, avó, bisavô, bisavó, filho, filha, irmão, irmã, e antes de *tio, tia*. Mas também na gramatica de Jung, de 1778, aparecem aquelas palavras, embora no final das designações do parentesco.

De vez em quando, Abraham Meldola ainda excede Jung em exactidão católica, como por exemplo citando além do *dia de todos os santos* (pág. 249), também o *dias dos finados* (pág. 439) e a *candelaria*. Em Meldola aparecem também as palavras *purgatorio, os diabos*, e até *Jesus Christo*, que não se encontram na gramática de Jung.

Meldola é rigorosamente exacto no domínio da terminologia morfosintáctica, embora certos termos, como por exemplo as denominações alemãs para os nomes dos casos latinos, as tenha tirado do trabalho de Christian Gueintzen, *Deutscher Sprachlehre Entwurf* (1641).

Também quanto à questão de saber quais os ramos onde Meldola mostra maior habilidade linguística, seria necessário um estudo mais exacto do que referências a comércio e dinheiro, que também se encontram na gramática de Jung.

Só esporadicamente transparece uma actividade tradicionalmente judaica nos exemplos da gramática:

«Meu Senhor, suplico ser escuzado, pois devo ir à praça», e esta palavra aparece traduzida em alemão por *Börse*, bolsa (pág. 534).

Ou quando aparecem, ao lado de referências a moedas portuguesas - *reis, tostoes, crusados, milreis* (pág. 496), *corôas* (pág. 531), *estarlinas* (pág. 525) ou *guineos* (pág. 530).

Analisando todavia a gramática no seu conjunto, não há dúvida que as questões morais aparecem em primeiro plano, inclusivamente na parte de *lavores da Lingoa*. Vejamos alguns exemplos:

Despesas com povres nam se chamam dadivas, nomeam se emprestimos a bom pagador
A melhor saude para achaques de alma consiste na medicina de ser esmoler
Inquirir miserias para ser socorro de quem as padece he buscar valias, para dignamente merecer o nome dehumano.

Interessante seria aqui pôr a questão de saber até que ponto palavras como *valia, empréstimo, pagador, dádivas*, se deverão compreender metaforicamente ou à letra.

Jogos de palavras, como este (pág. 584) poderiam lançar luz sobre a questão:
Ha mais que ganhar em letras de estudo, que em letras de cambio

Mesmo a própria gramática em sentido restrito, ou sejam as questões morfo-sintácticas, se explicam com exemplos altamente morais:

O fazer bem a todos aproveita (pág. 267)
Os animos vencerão os timidos. Os timidos ficaram de baixo dos animosos.

Exemplo típico da austeridade de Meldola é a *Visita a um doente*:

Ora não seja tam melindroso nem tam imaginativo
Eu sey como me acho, e estou persuadido que qualquer no meu lugar se não portaria melhor.
Com que a UMcer lhe parece que todos sam tam mimosos como sua pessoa ?
Eu me não dou por medico, mas tanto sey ver por este seu pulso, e por esta sua cabeça, que a UMce lhe sobeja mais dinheiro do que lhe falta saude

E mais adiante:

Tanto porem he certo, que por cem enfermos que haja núa cidade apostarey (não havendo epidemia) que outenta deles sam os bem afazendados.
pois para que UMce nem julgue isso por mim, quero erguerme, e tratar de curarme.

Para esclarecer através de uma análise de textos da nossa *Grammatica* aquela passagem do *Diccionario Bibliographico Portuguez* sobre Meldola, « ao que parece judeu portuguez, residente em Hamburgo », terão que tomar-se em consideração as passagens relativas à cidade de Hamburgo. Antes disso convém ter em conta a estranha «distância» do autor para com o Portugal do seu tempo, pois não esclarece suficientemente a pronúncia portuguesa, não fala sequer dos sons nasais, e a palatal (ch) é descrita por Meldola como africada (*dchamar, dchegar*). Outra prova dessa « distância » é a conversa à mesa (pág. 526), onde o cliente manda vir vinho e uma caneca de *cerveja aquecida*, e onde à pergunta se há boa comida lemos a seguinte resposta:

> *Si Senhor, tam bom quanto em hamburgo, pois temos carne de boy, carneiro, vitella e porco da melhor qualidade, assim cozido como assado.*

No capítulo *Syntaxe figurada* explica a elipse com este exemplo:

> *Nam duvido passar a Portugal, mas ficar la isso nam*
> *Nam duvido passar a Portugal, mas ficar la, isso nam quero*

Outro exempolo de elipse é já citada frase «Hoje estou em Hamburgo, a manhaa em Altona».

No *Lexikon der hamburgischen Schriftsteller bis zur Gegenwart* lê-se o seguinte: « Seu pai era aí (Amesterdão) juiz em assuntos de Direito judaico. Estudou na Universidade de Leiden e na Escola Talmudista de Amesterdão. Foi membro da sinagoga em Altona, e desde 1782 notário e tradutor jurado. Veio para Hamburgo em 1791»

Os judeus emigrados ou expulsos de Portugals, os *cristãos novos* ou marranos, são em Hamburgo denominados desde o princípio do século XVII por *nação por-tuguesa* (natio lusitana).

Em Altona os condes de Schaumberg e os seus sucessores, os reis da Dinamarca, deram aos judeus sefardins cartas de protecção e permitiram-lhes a constituição de uma comunidade própria. Até aos fins do século XVII, os judeus consideraram Altona como um lugar de refúgio.

Não é necessário alargar aqui a intensa pesquisa sobre a proveniência e o destino dos judeus em Hamburgo e Altona, em especial dos judeus sefardins. Serão apresentados somente quatro pontos de indubitável interesse para uma futura pesquisa sobre Meldola.

1. O célebre édito espanhol de 1492 contra os judeus teve como consequência refugiarem-se muitos deles em Portugal. É este facto de interesse para se compreender por que motivo aparece *Toledo* na genealogia de Meldola em *The Jewish Encyclopedia*. E também a «distancia» de Meldola para com Portugal pode igualmente ter a ver com essa circunstância.

2. No Portugal restaurado do século XVII, os jesuitas, e muito especialmente o Padre António Vieira, tomaram veemente partido pelos cristãos-no-

vos. As *Cartas do Padre António Vieira*, que por várias vezes visitou a Holanda, são, desde as pesquisas de Lúcio de Azevedo, a principal fonte de informação sobre o tema «judeus portugueses na dispersão». Vieira procurou defender os judeus portugueses de Hamburgo contra a concorrência holandesa. E o estudioso da *Grammatica* de Meldola aprenderia o uso do comparativo e do superlatiuvo com exemplos do pregador:

> *Eminentissimo Senhor! Com melhor saude que o Anno passado, e com menos vida ...*

3. Com a ajuda dos portugueses vindos de Amsterdão, a cidade de Hamburgo conquistou no séc. XVII a sua importante posição em operações bancárias e construção naval. Mas devido aos elevadíssimos impostos em Hamburgo, os judeus portugueses mais ricos e de maior importância mudaram para Altona. Em 1703 consta a mudança de treze famílias ricas, e a construção da sinagoga portuguesa em 1770. A *Enciclopédia Judaica* de Berlim, no capítulo sobre a vida intelectual em Hamburgo, cita dezoito nomes portugueses, começando por Rodrigo de Castro e terminando com Abraham Meldola, que apartece assim em Hamburgo como o último representante de uma longa tradição. Talvez seja possível compreender Meldola dentro da época das reformas de Moses Mendelssohn (na página 364 da *Grammatica* aparece uma referência muito positiva a Mendelssohn). A *Grammatica* de Meldola parece-nos em vários aspectos extremamente universal e uma obra típica do espírito da «Aufklärung», e não somente no que respeita a categorias linguísticas e pontos de vista considerados evidentes, como por exemplo neste passo: He que a artigo esteja antes do nome, o nomintivo antes do verbo, o caso do verbo depois do verbo, que o adjectivo tenha o seu substantivo, etc»

E interessante salientar este «etc», que pressupõe o conhecimento da ordem das palavras em Português por quem utiliza a gramática. E também não se fala da diferente ordem substantivo-adjectivo e adjectivo-substantivo em Português e Alemão.

Em mais dois pontos a gramática apresenta uma nítida tendência para a universalidade: quer servir para mais de uma finalidade, e não quer ser utilizada somente com fins de aprendizagem de uma língua estrangeira. Vejamos os exemplos, respectivamente das páginas ii e 8:

> *Nam cuidei somente instruir a mercancia, mas tambem pensei a divertir ao estudioso*
>
> *No quanto merece esta arte ser anteposta, ou posposta a outras escritas, mesmo no Reyno de Portugal, deixo a decisam dos intelligentes.*

4. Como quarto ponto de partida para uma frutuosa pesquisa sobre Meldola, há que chamar a atenção para a cidade-porto italiana de Livorno. Não há dúvida que o seu pai, o rabino e erudito David de Raphael Meldola, nasceu em Livorno em 1714. Livorno foi de grande importância para a história do comércio de Hamburgo e de Portugal. Livorno foi também um dois mais im-portantes pontos de encontro dos judeus portugueses emigrantes, em cuja comunidade, segundo o testemunho de Feilchenfeld, «florescia a vida intelectual». O filho de Meldola terá escrito a sua gramática para judeus cultos, para quem o Português era uma língua de cultura (e não de uso) que urgia salvar. Muitos pormenores linguísticos e retóricos da gramática pouco interessariam a um simples estudante de Português. Será preciso ter em conta o público a que a gramática se destinava. Meldola terá com a sua gramática procurado salvar o Português como língua de cultura. E termino com as pa-lavras do prólogo:

De todas as naçõesm he a Germanica a mais inclunavel na cultivação das lingoas estrangeiras, por mais que se desvella a o presente em perfeiçoarse na sua.

Em 1633 o Portugûes fora língua tão usada em Hamburgo, que nela se imprimiu uma gramática de Hebraico. Entretanto (1785) tornara-se uma língua de cultura que urgia salvar com uma gramática. E com esta mudança tem a ver também aquela intenção do romantismo Alemão, à qual chamamos Filologia Românica.

Bibliografia

Ehrhardt, Marion
As primeiras notícias alemãs acerca da cultura portuguesa - Erste deutsche Nachrichten über die portugiesische Kultur. In: Portugal-Alemanha
Coimbra 1980: 7-65

Jung, Johann Andreas von
Portugiesische Grammatik. Nebst einigen Nachrichten von der portugiesischen Litteratur, und von Büchern, die über Portugall geschrieben sind.
Frankfurt an der Oder 1779

Schröder, Hans
Lexikon der hamburgischen Schriftsteller bis zur Gegenwart. Bd. 5.
Hamburg 1870

Sermoens Varios;

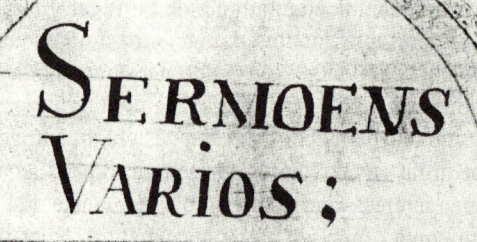

Compostos & recitados neste K.K. de Neve Salom, por o Hⁿ: Abᵐ: Meldola em Altona Aº: 5533

AM

«Wie Sie sicher durch Fräulein Rahel de Castro wissen ...»

Jutta Dick (Duisburg)

«Wie Sie sicher durch Fräulein Rahel de Castro wissen» - diese Wendung findet sich immer wieder in den Briefwechseln von Gabriel Riesser[1], Leopold und Adelheid Zunz[2], Ottilie und Ludmilla Assing[3], Salomon Ludwig und Johanna Steinheim[4] und anderen mehr. Bisher hat sich niemand die Mühe gemacht, herauszufinden, wer denn dieses Fräulein Rahel de Castro war. In Anmerkungen finden sich nur allgemeine Hinweise wie «zum Assing-Varnhagenschen Kreis gehörig» bei Hans-Joachim Schoeps[5] oder «member of the Assing-Varnhagen circle» bei Nachum N. Glatzer.[6] Und dies obwohl allein in der derzeit in Krakau

---

[1] Gabriel Riesser (1806-1863), Jurist, Publizist und Emanzipationspolitiker. Vgl. J. Feiner: «Gabriel Riesser's Leben und Wirken», Hamburg 1906; Fritz Friedländer: «Das Leben Gabriel Riessers», Berlin 1926; Siehe auch den Beitrag von Ina S. Lorenz und die «Bibliographie zur Geschichte der Juden in Hamburg» von Michael Studemund-Halévy. München 1994

[2] Leopold Zunz, (1794-1886), Philologe und Begründer der Wissenschaft vom Judentum. Zu L. Zunz siehe Nahum N. Glatzer (Hg.): «Leopold Zunz, Jude - Deutscher - Europäer», Tübingen 1964

[3] Ottilie Assing (1819-1884), Erzieherin und Journalistin; Ludmilla Assing (1821-1880), Schriftstellerin und Herausgeberin von Texten aus dem Varnhagen-Nachlaß. In Hamburg wuchsen die Schwestern in einem Elternhaus auf, das geprägt war von den Idealen der Romantik, denn David Assing und seine Frau, die Dichterin Rosa Maria, gehörten zum Kreis der schwäbischen Romantiker um Justinus Kerner. Vgl. Jutta Dick: «Ottilie Assings Aufbruch in die neue Welt», in: «Von einer Welt in die andere». Jüdinnen im 19. und 20. Jahrhundert. Hg. v. Jutta Dick und Barbara Hahn, Wien 1993: 126-140; Marion Müller: «Vermittlungsversuche zwischen deutscher und italienischer Kultur. Ludmilla Assing in Florenz (1862-1880)», in: «Deutsch-Jüdische Geschichte im 19. und 20. Jahrhundert» Hg. v. Ludger Heid und Joachim H. Knoll, Stuttgart-Bonn 1992: 451-161. Vgl. auch die Einträge zu David, Ludmilla Rosa und Ottilie Davide Assing im «Lexikon deutsch-jüdischer Autoren», Bd. 1, 1992: 216-221

[4] Salomon Ludwig Steinheim (1789-1866), in Bruchhausen/Westfalen geboren, praktizierte von 1811-1845 in Altona als Arzt. Er kämpfte mit Gabriel Riesser für die Emanzipation der Juden und trat mit seiner 1839 erschienenen Schrift «Meditationen über die Verhandlungen in der holsteinischen Ständekammer» hervor. 1845 ließ er sich in Rom nieder und widmete sich im wesentlichen seinen in den 1820er Jahren begonnenen theologischen und philosophischen Arbeiten. In Altona gehörten er und seine Frau Johanna (1792-1879) zu einem an Musik und Literatur interessierten Kreis, zu dem neben Assings auch die Familie Warburg zählte. Vgl. «Philo des 19. Jahrhunderts».. Studien zu Salomon Ludwig Steinheim. Hg. v. J. H. Schoeps, A. Bagel-Bohlan, M. Heitmann und D. Lohmeier, Hildesheim-Zürich - New York 1993

[5] Salomon Ludwig Steinheim zum Gedenken. Hg. v. Hans-Joachim Schoeps, Hildesheim-Zürich-New York 1987: 275

[6] Leopold Zunz. Hg. v. Glatzer: 386

befindlichen Varnhagen-Sammlung mehr als zweihundert Briefe Rahel de Castros an Rosa Maria und Ludmilla Assing aufbewahrt werden.

Wer war Rahel de Castro? Ihre Lebensdaten überliefert der Grabstein auf dem Altonaer Friedhof an der Königstraße: «Rahel Namias de Crasto (1792-1871) starb im Alter von 79 Jahren in Hamburg».[7] Verheiratet war sie nicht. Über diese spärlichen Angaben hinausgehend, lassen die Briefe Rahel de Castros an Rosa Maria und vor allem an Ludmilla Assing tiefergehende Einblicke zu.

Rahel de Castro lebte bei ihrer Familie. Diese bestand aus ihrer Mutter Rahel[8], der «Ww. Abraham de Castro, Tobacksfabrikant»[9], wie sie im Altonaer Adreßbuch geführt wurde, den Schwestern Clara[10], Sara Esther (Sara)[11] und Rivka[12] sowie den Brüdern Jacob[13], Benjamin[14], David[15], Joseph[16], Imanuel[17] und Besalel.[18] Die Familie hatte zwei Wohnsitze: Während des Winters lebte sie in Altona, und die Monate von Mai bis November verbrachte sie «auf dem Land» in ihrem Haus in Övelgönne.

---

[7] Rahel de Castro wurde am 2. Sebat 5553/1793 in Hamburg geboren, wo sie am 27. Hesvan 5632/1871 starb; apud Max Grunwald, Portugiesengräber auf deutscher Erde. Hamburg 1902: 119 (Nr. 1255) und Alfonso Cassuto: Der portugiesische Friedhof in Hamburg-Altona. (Vorarbeiten zu einer Dissertation, Hamburg 1927-1933: 60 (Nr. 1778). Der vorliegende Beitrag folgt der Schreibweise «de Castro», wie sie Rahel de Castro selbst in ihren Briefen benutzt und die auch in den zeitgenössischen Hamburgischen *Adress-Büchern* verwendet wird. Auf den Grabsteinen der Familie de Castro finden sich hingegen häufig beide Schreibweisen. Für die Mitteilung der Lebensdaten der Mitglieder der Familie de Castro danke ich Michael Studemund-Halévy.

[8] Rahel Namias de Crasto (1774-1848), Tochter von Jacob und Clara Mussaphia Fidalgo, starb im Alter von 75 Jahren in Hamburg. Jacob Mussaphia Fidalgo war der Begründer der Altonaer Gemeinde Neve Salom.

[9] Abraham de Jacob Haim Namias de Crasto (1761-1828) starb am 18. Tammuz 5578/1828. Er war Vorsteher (*velho*) der Altonaer Portugiesengemeinde. Zu seinen Nachkommen siehe Alfonso Cassuto «Abraham Namias de Castro und dessen Abkömmlinge in Altona» (Manuskript aus dem Jahre 1930).

[10] Donzela (Fräulein) Clara Namias de Crasto (1805-1869) starb im Alter von 64 Jahren in Hamburg. Ihr Grab liegt auf dem Friedhof Königstraße in Altona.

[11] Esther (Sara) Namias de Castro (1808-1884) heiratete 1833 den Kaufmann Moses de Abraham Abensur (1802-1873). Sie wurde zusammen mit ihrem Mann und ihrem Sohn Abraham (1834-1894) auf dem Friedhof Bornkampsweg beerdigt. Vgl. auch MaZe 1, 1994

[12] Ribca (Rivka) Namias de Castro wurde 1811 geboren.

[13] Jacob Namias de Castro (1796-1873) starb in Malchim (Mecklenburg). Er wurde auf dem Friedhof Bornkampsweg beerdigt. Auf seinem Grabstein steht: «Hier ruht Jacob de Castro alias Jacob Namias de Crasto geboren 2. Januar 1796 / 21. Tebet 5556. Gestorben 22. Januar 1873 / 23. Tebet 5633. Sohn von Abraham und Rahel de Castro geb. Fidalgo alias Namias de Crasto. Anerkennung seiner Thaten, Liebe seinem Andenken.»

[14] Binjamin Namias de Castro (1797-1860) starb am 11. Tishri 5620/1860 im Alter von 63 Jahren in Baden-Baden. Sein Grab liegt auf dem Friedhof Königstraße in Altona.

[15] David Namias de Castro (1798-1876) wurde auf dem Friedhof Bornkampsweg beerdigt. Auf seinem Grabstein steht: «Hier ruht David de Castro alias David Namias de Crasto. Geboren 28. August 1798 / 17. Elul 5558. Gestorben 30. April 1876 / 6. Ijar 5636. Sohn von Abraham und Rahel de Castro geb. Fidalgo alias Namias de Crasto. Rechtschaffener Sinn und ein opferwilliges Gemüth waren die Grundzüge seines Charakters».

[16] Joseph Namias de Castro wurde 1801 in Altona geboren.

[17] Imanuel Namias de Castro (1803-1884)

[18] Besalel Namias de Castro wurde 1808 in Altona geboren.

Rahel de Castro lebte in einer engen Beziehung zu ihrer Mutter, und als diese 1884 starb, mußte sich die Tochter neu orientieren und einen anderen Lebensmittelpunkt finden. Obwohl, wie sie schreibt, durch den Tod der Mutter Konflikte zwischen den Geschwistern gegenstandslos geworden seien und sie wieder in Harmonie lebten, fiel die Familie ohne dieses Bindeglied immer mehr auseinander. Ihren Alltag teilte sie nun mit der ebenfalls unverheirateten Schwester Clara, mit der sie jedoch kaum Gemeinsamkeiten hatte. Clara war schon zu Lebzeiten der Mutter für den Haushalt zuständig und ging als dessen «Minister» in ihrer Aufgabe völlig auf. Ihre Welt waren die Küche, das «Regieren» des Personals. Von diesen Pflichten völlig in Anspruch genommen, war sie des Abends erschöpft und leistete der Schwester nur schlummernd Gesellschaft. Die Schwester Sara (Esther) war mit dem Kaufmann Moses Abensur aus Altona, Vorsteher der dortigen Portugiesisch-Jüdischen Gemeinde, verheiratet. Zu dieser Schwester und auch zu dem Schwager bestand offenbar eine gute Beziehung, denn es ist von häufigen Besuchen und gemeinsam verlebten Feiertagen die Rede. Der Tod der Mutter bedeutete aber auch die Trennung von der Schwester Rivka, die sich aus der Familie löste und in Heidelberg niederließ, wo sie, ebenfalls unverheiratet, ein eigenständiges Leben führte. Von den Brüdern waren Jacob, Emanuel und Besalel verheiratet. Jacob führte ein Geschäft in Hamburg. Sein Name wird seit 1835 im Hamburgischen Adreßbuch nicht mehr als De Castro geführt, sondern als Decastro. Was ihn zu dieser Änderung bewogen hat, ist nicht bekannt. In den Briefen heißt er der «Reisende par excellence», Rahel de Castro erstattet laufend Bericht über seine Geschäftsreisen, die ihn durch ganz Europa und bis nach Amerika führten. . Emanuel de Castro wird seit 1830 im Altonaischen Adreßbuch unter dem Eintrag «Fabrik von Bettzeug mit privileg. zollfreier Einfuhr in die Herzogtümer» geführt. Der Bruder Benjamin de Castro war in Hamburg als Arzt tätig und hat sich wohl auch mit theologischen und philosophischen Fragen befaßt.[19] Besalel, Zwillingsbruder von Ester (Sara) war mit Rahel de Mendes Monsanto von der dänischen Insel St. Thoma verheiratet. Seine Tochter Zilia wurde am 31. Dezember 1837 in Hamburg geboren. Joseph war das Sorgenkind der Familie. Er war offenbar wegen Schwierigkeiten, die er in Altona hatte, nach Amerika ausgewandert, wo er jedoch ebenfalls einen geschäftlichen Ruin erlebte. Aus Stolz weigerte er sich, Hilfsangebote der Brüder anzunehmen, kehrte 1855, nach neunzehn Jahren, aber doch nach Deutschland zurück und ließ sich, getrennt von der Familie, «in einem kleinen Orte in Schlesien»[20] nieder.

Rahel de Castro lebte also, ihren Berichten von 1840-1875 zufolge, in einem großen Kreis von Geschwistern, von denen die wenigsten verheiratet waren. Das Zusammenleben war geprägt von dem Bewußtsein der Zusammengehörigkeit, hinter dem individuelle Wünsche und Gedanken zurückzustehen hatten. Diese Haltung findet Ausdruck in den vorliegenden Briefen, die vordergründig ein in-

---

[19] Salomon Ludwig Steinheim zum Gedenken. Hg. v. H.-J. Schoeps: 275
[20] Rahel de Castro an Ludmilla Assing. Altona, den 11. Dezember 1855. (Sammlung Varnhagen, Kapsel 44)

taktes und lebendiges Familienleben schildern. Diese Oberfläche bricht jedoch ab und an auf, und Rahel de Castro vertraut ihrer Freundin Ludmilla Assing ihre tatsächliche Befindlichkeit an, wohlwissend, daß sie ein Tabu verletzt. Solche Mitteilungen sind nur kurze Ausbrüche, die umgehend erstickt werden und einem resignativen Ertragen der bestehenden Verhältnisse weichen. Aus ihnen läßt sich erkennen, daß Rahel de Castro, verstärkt nach dem Tod der Mutter, von außen keine Aufgaben gestellt wurden. Für die Haushaltsführung war nach wie vor die Schwester Clara zuständig, und von den Geschäften der Brüder war sie ausgeschlossen. Die Möglichkeit einer Tätigkeit außerhalb des Hauses wurde überhaupt nicht erwogen, es bestand offenbar auch keine ökonomische Notwendigkeit dazu. Der alltägliche Lebensunterhalt wurde durch die Brüder aufgebracht und darüber hinaus stand ihr persönlich, wie aus einigen Bemerkungen hervorgeht, ein eigenes Budget zur Verfügung, das sie nach Belieben verwenden konnte. Rahel de Castro machte davon Reisen, kaufte Geschenke und vor allem - Bücher.

Trotz aller Gefühle der Verbundenheit fühlte sich Rahel de Castro innerhalb der Familie isoliert. Die Geschwister folgten den Konventionen nicht nur, sie akzeptierten den gesellschaftlichen Rahmen, innerhalb dessen sie lebten, sowie die damit verbundenen Rollenzuweisungen. Rahel de Castro stellt 1849 fest: «Reactionär ist alles rings um mich herum, obgleich sies nicht wissen, ich natürlich schweige», und träumte von einer Revolution, die die Beziehungen der Menschen zueinander verändere. Ihre Ideale fand sie in der Literatur. Sie las Bücher über die Französische Revolution, von George Sand, Madame de Stael, Fanny Lewald, aber ihre ganze Verehrung galt Bettina von Arnim. Anläßlich eines Besuchs in Berlin bei Ludmilla Assing, die bei ihrem Onkel Varnhagen von Ense lebte, lernte sie Bettina von Arnim persönlich kennen, und ihre Bewunderung wuchs noch. Offensichtlich wagte Rahel de Castro später aber nicht, brieflich Kontakt zu ihr aufzunehmen, denn sie bat weiterhin Ludmilla Assing, Grüße auszurichten und ihr über Bettinas Ergehen Bericht zu erstatten.

Große Hoffnungen weckte bei ihr die Gründung der «Hamburger Hochschule für das weibliche Geschlecht», die am 1. Januar 1850 im Geiste Karl und Johanna Fröbels eröffnet wurde.[21] Rahel de Castro hatte schon früher Vorlesungen der Dozenten Prof. Wiebel und Prof. Wurm gehört, und der in Italien lebende befreundete Steinheim ermutigte sie, ihre naturwissenschaftlichen Studien fortzusetzen. Über die Erweiterung ihrer Kenntnisse hinausgehend, war ihr der Kontakt zu den in der «Hochschule» aktiven Frauen wichtig, und sie nahm an deren Leben regen Anteil. Jedoch stand sie auch hier am Rande und beobachtete gewissermaßen von außen die Ereignisse. Die negativen Reaktionen der Hamburger Gesellschaft auf die bevorstehende Ehescheidung Emilie Wüstenfelds, einer der Mitbegründerinnen des «Allgemeinen Bildungsvereins deutscher Frauen», erregten sie sehr, und sie ergriff deren Partei. Auch die Querelen um die «Hochschule» und deren Auflösung im Jahre 1852 bewegten sie, ihre Empfindungen aber drangen nicht nach

---

21 Vgl. Maya Fassmann: «Die Frauenrechtlerin Johanna Goldschmidt», in: «Die Juden in Hamburg 1590-1990.» Hg. v. Arno Herzig, Hamburg 1991

außen. Keine Erwähnung bei Rahel de Castro findet hingegen der von Johanna Goldschmidt und Amalie Westendarp 1848 gegründete «Frauenverein zur Bekämpfung und Ausgleichung religiöser Vorurteile», der insbesondere die gesellschaftliche Annäherung christlicher und jüdischer Frauen zum Ziel hatte. Dies verwundert, da Rahel de Castro den Kampf um die Emanzipation der Juden verfolgte und mit Ludmilla Assing diskutierte. Am 21. Februar 1849 schreibt sie: «Heute ist in Hamburg der entscheidende Tag gewesen, der die Juden-Emancipation ganz völlig durchgebracht hat; es war endlich Zeit. [...] Zunzens Rede habe ich gelesen, sehr schön und wahr, er hat sich selbst darin mit seiner noblen Gesinnung ausgesprochen, consequent das Ziel verfolgend. Wären solche Männer nur nicht so seltene Erscheinungen.»

Rahel de Castro liebte Gesellschaften, aber es war für sie offenbar nicht möglich, abgesehen von Freundinnen, Besuch zu empfangen, denn häufig äußert sie die Hoffnung, daß die Brüder, wenn sie zu Hause seien, Gäste laden sollten. Da die Brüder häufig auf Reisen waren, enthalten die Briefe viele Klagen über Einsamkeit. Wenn die Brüder da waren, fanden bei de Castros musikalische Soiréen statt, an denen Familienmitglieder mitwirkten, aber auch die Brüder Moritz[22] und Pius Warburg[23]. Zwischen Pius Warburg in Altona, der gleichfalls unverheiratet blieb, und Rahel de Castro entwickelte sich im Laufe der Jahre möglicherweise eine enge Freundschaft, denn er wird, ohne explizit als Freund bezeichnet zu werden, in den Briefen häufig ganz selbstverständlich und vertraut erwähnt.

Freude bereiteten Rahel de Castro auch die Gesellschaften, die innerhalb der Familie anläßlich der hohen Feiertage veranstaltet wurden; sie fanden als große festliche Essen zumeist bei den Geschwistern statt, die Kinder hatten. Wenn der Ablauf des Jahres auch durch die hohen Feiertage strukturiert wurde, so hatten doch auch die christlichen Feiertage ihre Bedeutung. Sylvester fand in Anlehnung an christliches Brauchtum eine große Bescherung in der Familie statt, bei der nicht nur die Kinder bedacht wurden, sondern ebenso die Erwachsenen. Rahel de Castro berichtet jedes Jahr mit nahezu kindlicher Freude, welche schönen Geschenke sie von den Geschwistern erhalten habe.

Mit den Jahren setzte sich der Prozeß des Auseinanderbrechens der Familie, der mit dem Tod der Mutter begonnen hatte, immer weiter fort. Die Nichten und Neffen, die als Kinder selbstverständlich auch die Kinder der unverheirateten Tanten und Onkel waren, gingen eigene Wege. So hinterließ der erste Ball bei Abensurs, an dem eine der Nichten teilnahm, zwiespältige Gefühle. Rahel de

---

22 Moritz Warburg (1810-1886) war in Altona als Rechtsanwalt tätig. 1848 wurde er in die schleswig-holsteinische Verfassunggebende Versammlung gewählt. 1867 wurde er Mitglied des preußischen Abgeordnetenhauses. Dort war er bis 1870 Mitglied des liberalen Linken Zentrums, dann Mitglied der Fortschrittspartei. 1885 gab er sein Mandat wegen schwerer Krankheit auf.
23 Pius Warburg (1816-1900) war ebenfalls Rechtsanwalt. Die beiden Brüder veranstalteten ebenfalls anspruchsvolle musikalische Abende. Vgl. Daniela Tiggemann: «Familiensolidarität, Leistung und Luxus. Familien der Hamburger Oberschicht im 19. Jahrhundert», in: Herzig: «Die Juden in Hamburg»: 426

Castro freute sich zwar über das gelungene Debut des jungen Mädchens, aber mit deren Eintritt in die Gesellschaft und der tatsächlich bald folgenden standesgemäßen Verheiratung war das Ende des alten Hauses de Castro besiegelt. Rahel de Castro hat nie Probleme hinsichtlich der Tatsache geäußert, daß sie unverheiratet geblieben ist. Das geschieht erst in dem Moment, als die Nichten und Neffen keine Kinder mehr sind und sich abzeichnet, daß sie einen eigenen Familienkreis haben werden. Zu diesem Zeitpunkt zieht Rahel de Castro die Ehelosigkeit zum ersten Mal in Zweifel, nicht als Lebensform, sondern nur hinsichtlich der Einsamkeit des Alters, die gerade Frauen besonders träfe.

Aus der Abgeschlossenheit war die Literatur der eine Draht zur Welt, der andere war die Korrespondenz. Rahel de Castro war eine Schaltstelle für Korrespondenzen und Nachrichten, wie der schon geflügelte Satz «Wie Sie sicher durch Fräulein Rahel de Castro wissen ...» belegt. Sie führte gewissermaßen auf der Ebene der Korrespondenz einen Salon, indem sie das Briefeschreiben in ihrem Kreis förderte und vorantrieb. Dies sah so aus, daß Rahel de Castro in ihrem Freundeskreis möglichen Briefschreibern mitteilte, wann sie eine Sendung von Briefen an bestimmte Personen auf die Post geben werde und daß sie von dem Angeschriebenen Post, die sie mitsenden könne, erwarte. Gleichzeitig teilte sie alle Neuigkeiten, die für den Briefempfänger interessant sein könnten, mit. Andererseits war sie auch Verteilerin von Briefsammelsendungen, die bei ihr ankamen, und verbreitete in dieser Funktion ebenfalls Informationen. Dieses Netz von Korrespondenzen ermöglichte es ihr, die Grenzen ihres eigenen Lebensraumes zu überschreiten, direkte und vermittelte Beziehungen zu anderen Menschen zu knüpfen und sie zu strukturieren, ohne das Wagnis einzugehen, den gesicherten Lebensbereich verlassen zu müssen. Auf diese Weise konnte sie teilnehmen an dem Berliner Salon ihrer Freundin Ludmilla Assing, an den Eskapaden von deren Schwester Ottilie, an dem Leben des Ehepaares Zunz, am Italienaufenthalt der Freunde aus Altona, des Ehepaares Steinheim. Aber sie konnte auch aktiv auf die Intensität von Beziehungen einwirken, Mißverständnisse ausräumen, Gedankenaustausch fördern. Rahel de Castro selbst hielt sich weitgehend im Hintergrund.

Aus dem in der Sammlung Varnhagen verwahrten Briefkonvolut von mehr als zweihundert Briefen Rahel de Castros an Ludmilla Assing aus den Jahren 1840-1875 werden an dieser Stelle zehn aus den Jahren 1847-1849 vorgestellt. Diese Briefe wurden ausgewählt, weil sie eine Bruchstelle im Leben Rahel de Castros dokumentieren: den Tod der Mutter und die 1848er Revolution. Beide Ereignisse weisen Rahel de Castro auf die Möglichkeit hin, Veränderungen herbeizuführen. Die Briefe zeigen, daß ihr sowohl für ihre persönliche Lebenssituation als auch für die politische Realität diese Chance bewußt ist. Rahel de Castro aber verbleibt resigniert in den bestehenden Verhältnissen und erlaubt sich nur Träume.

Rahel de Castro an Ludmilla Assing

Altona, den 4. November 1847

Liebe Ludmilla![24]
Welch liebe freundliche Zeilen haben Sie mir sobald nach Ihrer Ankunft geschrieben, ich muß Ihnen auch inmitten vieler Morgenbesuche, meinen Dank dafür bringen, und sagen, wie ich sie als gutes Omen für unsere Wintercorrespondenz betrachte.
Ich kann heute nur con amore schreiben, keinen langen Brief, den behalte ich mir vor, aber kurz und allerlei unter diesem: Schreiben Sie Steinheims umgehend, und senden Sie mir den Brief.[25] Bravo retournirt von Copenhagen und wird sich zwei bis drei Tage in Altona aufhalten, ehe er auf den Flügeln seines ihm gewährten Consulats als Dänischer Consul nach Rom geht.[26] Also eine portofreie Gelegenheit Steinheims lange Briefe zu schicken, ohne dünnes Papier worauf Lust und Schmerz, Tränen und Freude, Krieg und Frieden, Tod und Leben zusammenfließen in unleserlicher Schrift.
Die alte Madame Bremer ist nach fünftägigem Unwohlsein gestorben, fast auf dem Felde ihres Berufes, denn sie war 7 Tage vorher noch ganz allein im Altonaer Theater und hat sich daher eine Erkältung geholt.[27] Meine Mutter hat der Sterbefall erschüttert.[28] Sie wissen alte Leute missen nicht gern alte Bekannte und dann ist sie ja leider selbst sehr hinfällig. Doch nicht schlimmer wie Sie sie verlassen haben. Ihr liebes Bild hängt in meinem Zimmer, und Claras ebenfalls[29]; ich sage Ihnen tausend Dank für alle schönen Erinnerungen, die sich darin vereinigen. Sonst ist alles beim Alten und meine Stimmung hängt sehr oft von den Launen Anderer ab, am besten, man läßt sich nicht verstimmen, und ich leiste tapfere Gegenwehr.
Die Ottilie war am Sonntag bei uns, sehr erkältet, sie schreibt mir aber, sie sei besser; auch fand ich sie gesunder, nur besorgt um Baison, der noch immer leidend ist.[30] Die schöne Oper in Hamburg stellt indessen mit Recht das Publicum

---

24 Vgl. Anm. 3
25 Vgl. Anm. 4 und Jutta Dick: «Fluchtpunkt oder Arkadien. Salomon Ludwig Steinheim in Italien (1845-1866)», in: «Viaggiatori Ebrei/Berichte jüdischer Reisender vom Mittelalter bis in die Gegenwart», hg. v. Associazione Italiana per lo Studio del Giudaismo, Bologna 1992: 129-144
26 Johann Bravo (1794-1886) war in Altona geboren und lebte seit 1826 als Maler in Rom. Ab Ende 1847 ist er dort dänischer Konsul.
27 Nicht nachgewiesen
28 Vgl. Anm. 8
29 Vgl. Anm. 10
30 Vgl. Anm. 3 und Jutta Dick: «Eine geistreiche Plauderin. Ottilie Assing», in: Ludger Heid und Joachim H. Knoll: «Deutsch-jüdische Geschichte im 19. und 20. Jahrhundert», Stuttgart-Bonn 1992: 463 - 496

zufrieden. Jenny Lind hatte das Haus wieder einmal überfüllt.[31] Ich sah und hörte noch nichts, war aber schon drei Abende aus, und zweimal nicht ohne Amusement.

Feodor Wehl läßt noch nichts von seinen Vorlesungen hören.[32] Sie schreiben mir wohl das Neueste darüber; denn in dieser Beziehung liegt nur Berlin näher von Hamburg.

Nun abermals eine Bitte. Das Fräulein Cohn[33], die in Oevelgönne Ihre Bekanntschaft zu machen wünschte, ist durch unangenehme Verhältnisse gezwungen eine Stelle zu suchen, am besten als Gesellschafterin, wozu sie in den höchsten Kreisen alle Eigenschaften besitzt sie auszufüllen. Vielleicht 30 Jahre alt, ist sie noch immer eine sehr liebliche recht hübsche Erscheinung. Sehr belesen, liest sie gut vor, ist etwas musicalisch, sehr gebildet, gescheit, gefühlvoll und gutmüthig. Dabei spricht sie das Englische wie ihre Muttersprache; und würde sich gerne dazu verstehen Kinder zu unterrichten, so viel ihre Fähigkeiten es erlauben. Auch im Haushalt würde sie gerne behülflich sein, sie ist ausgezeichnet ordentlich, geübt in Handarbeit, kurz mit Allem ausgestattet, um sich nützlich und angenehm zu machen, denn sie ist wirklich liebenswürdig. Wüßten Sie in Berlin vielleicht etwas? Es könnte auch in England, Rußland oder tout ailleurs sein, nach China wird grade keine Aussicht sein, sonst hätte ich mich an die rechte Quelle gewandt. Sie würden mich sehr verpflichten, wenn Sie sich ein wenig bemühen wollten unter Ihren Bekannten, liebe Ludmilla.

Die Lesezeichen, die Sie der Mutter geschickt haben, sind wunderhübsch; ich werde versuchen de faire autant.[34]

Mir fehlte nur der, den ich anstellen muß, um das Werk zu Stande zu bringen. Kämen Sie doch mit einer guten Schere. Kämen Sie überall nur und steckten den Kopf in die Thür. Eitler Wunsch!

Ich erwarte anstatt Ihrer den Briefträger und verspreche mir im voraus viel Plaisir davon.

Ihre Sie liebende alte Freundin
Rahel de Castro

---

31 Jenny Lind (1820-1887), verheiratete Goldschmidt; sie zählte zu den bedeutendsten Opernsängerinnen des 19. Jahrhunderts.
32 Feodor Wehl (1821-1890) war als Schriftsteller ein Vertreter des «Jungen Deutschland» und ein enger Freund Ludmilla Assings.
33   Nicht nachgewiesen.
34 Französisch: genauso.

"Piccinino" von der Sand müssen Sie lesen[35], den 3. und 4. Band der Studien von Stifter[36]. Ganz herrlich. Mundts[37] und den Onkel Varnhagen[38] grüße ich bestens. Der David[39] ist seit Sonntag hier, die Ottilie empfing ihn. - Meine politischen Unterhaltungen [Der Rest der Zeile ist unleserlich.] so bös es auch in der Schweiz und in Italien aussieht.

Altona, den 24. December 1847

Meine liebe gute Ludmilla!
Suchen Sie mich im Geiste noch unter den Lebenden auf? Dem Scheine nach müssen Sie mich längst begraben glauben, denn nur der Tod verstummt wie ich, auf ein liebes freundliches Briefchen, das in wenigen Zeilen so viel Leben und Frische bot, daß sich sein Inhalt recht warm an mein Herz legte, und ich beschloß augenblicklich zu antworten und Sie zu der Erscheinung bei Mundts, zu der jüngsten Ihrer Freundinnen, zu beglückwünschen. Ein Ereignis, das mich ebenso sehr erfreute und überraschte![40] Unleidliche Kopfschmerzen hielten mich aber wochenlang von aller Correspondenz fern, dann kamen die Briefschulden bis zur Erschöpfung über mich und endlich die Weihnachts-Arbeiten, die wir bis auf den Geburtstag unserer jüngsten Schwester, der heute ist, bis auf den Sylvester ausdehnen und ich sitze noch mitten drinnen. Länger sollten Sie aber nicht um die alte Freundin wie um eine Abgeschiedene trauern, deshalb benutze ich einige Momente zu einem Lebenszeichen und die Gelegenheit es vor Ihr Auge zu bringen, ist obendrein vorhanden, denn diese Zeilen gehen als Einlage in einem Briefe an meine Schwägerin Anna nach Berlin, wo diese in diesen Tagen ankommt und 14 Tage bis zu ihrer Abreise nach Italien verweilen wird.[41] Da können Sie den Steinheims noch schreiben und auch mündlich sagen lassen; und den neulich verspäteten Brief mitsenden, der hierbei zurückerfolgt. Bravo war denselben Tag abgereist wo er ankam. Wir bekamen einige Tage später einen herrlichen Brief von dem Onkel Steinheim. Denken Sie sich, sie sind in Sicilien gewesen! haben den Aetna bestiegen, und überglückliche acht September und October Wochen ver-

---

35 George Sand: «Le Piccinino», Paris 1847
36 Adalbert Stifter: «Studien», Bd. 3 und 4, Leipzig 1847
37 Theodor Mundt (1808-1861) zählte als Schriftsteller ebenfalls zum «Jungen Deutschland». Er konnte sich 1842 in Berlin habilitieren, nachdem er die Versicherung unterzeichnet hatte, «gewissenhaft alles, was Religion, Staatsverfassung und Sittengesetz beleidigt, zu vermeiden». Mundt und seine Frau Klara, die unter dem Pseudonym «Luise Mühlbach» zahlreiche Romane veröffentlichte, gehörten zum engen Freundeskreis Ludmilla Assings.
38 Es handelt sich um Karl August Varnhagen von Ense (1785-1885), bei dem Ludmilla Assing, nachdem beide Eltern verstorben waren, seit 1842 in Berlin lebte. Sie führte mit ihm - und nach seinem Tod allein - die Editionstätigkeit der Briefe von Rahel Levin-Varnhagens fort.
39 Vgl. Anm. 15
40 1847 wurde die Tochter Theodore geboren.
41 Lebensdaten nicht nachgewiesen; sie war mit Rahel de Castros Bruder Jacob verheiratet.

lebt! und was so schön ist, Steinheims Leiden ist viel milder geworden! Er schreibt sehr heiter und datiert das Ende seines Briefes bereits wieder aus Rom.
Von Steinheims, von uns Allen hier, in Bausch und Bogen, werden Ihnen der Bruder und die Schwägerin Manches erzählen können; ich berühre nur unsere Privat-Angelegenheiten, die Sie dann auch hübsch für sich behalten werden.
Mir geht es trostlos, und der Winter, der sich ziemlich gut anließ, daß ich mich von 3 Mal Ausgehen zweimal amüsierte, hält sein Versprechen schlecht. Das Haus ist doch die Hauptsache, und hier gibt es *nichts* Erfreuliches, der heutige Tag hat mir schon recht viele Tränen erpreßt. Doch genug darüber, und das Ganze! entre nous, liebe Ludmilla! Ich amüsiere mich auch, war neulich im Theater und hörte die Garcia in den Hugenotten und kam *sehr befriedigt* nach Hause.[42] Die Oper ist herrlich und wurde in jeder Beziehung ausgezeichnet gegeben. Die Garcia ist eine ausgezeichnete dramatische Sängerin, man ist nicht so entzückt von ihrer Persönlichkeit, wie von der Jenny Linds, sie ist ja auch ganz anderer Art, aber als Künstlerin steht sie höher. Nach Neujahr will ich öfter in die Oper gehen, ich will auch einmal anfangen etwas für mich zu thun. Alles Übrige im Hause ist nicht möglich zu machen. Die gute Mutter ist sonst leidlich wohl, unberufen! Gott erhalte sie!
Dann wollte ich Ihnen noch erzählen, daß Fräulein Schirges, die älteste, in Hamburg ist, und bis Ostern bei dem Bruder bleibt.[43] Sie hat uns Sonntag mit der Ottilie besucht, bei uns zu Mittag gegessen, und abends bis 9 Uhr einer Soirée beigewohnt, die wir gaben, und die ganz nett ausfiel, zumal waren wir beim Abendessen recht heiter, und ich sehr gut placiert. Besonders froh wurden die Gäste, weil sie alle die Mutter so wohl fanden, und das war dann auch mein Frohsein. Mein Befinden ist jetzt besser; ein Glück! Denn ich kann Gesundheit gebrauchen, mehr wie andere Menschen.
La Piccinino ist nicht befriedigend, die Sand läßt darin viel zu wünschen übrig, der Anfang spannte meine Erwartung höher. Die letzten Bände der Stifterschen Studien habe ich mit großem Interesse gelesen.[44] Den Levin von der Hahn kann ich noch nicht bekommen.[45] Was gibt es sonst Neues?

---

42 Michelle Pauline Viardot-Garcia (1821-1910), war eine Tochter des Tenors und Gesanglehrers Manuel Garcia aus Paris; sie gehörte zu den bekanntesten Opernsängerinnen ihrer Zeit. «Die», Hugenotten», Oper von Giacomo Meyerbeer; Uraufführung 1836 in Paris; deutsche Erstaufführung 1837 in Leipzig
43 Georg Schirges (1811-1879) zählte zum Freundeskreis Ludmilla Assings. Nach Karl Gutzkows Wechsel an die Dresdner Bühnen redigierte er 1844/45 den *Telegraph für Deutschland*. Er begründete 1845 den «Hamburger Bildungsverein» und 1846 das Arbeiterblatt *Die Werkstatt*. 1848 war er Deputierter beim «Gewerbecongreß» in Frankfurt. Er ließ sich dort nieder, wandte sich volkswirtschaftlichen Studien zu und war im Sinne der Schutzzollpartei tätig. Hier handelt es sich um seine Schwester Sophie.
44 Adalbert Stifter: «Studien», Bde. 3-6, Leipzig 1847
45 Ida Hahn-Hahn: «Levin», Berlin 1848

Ich höre wöchentlich die Vorlesungen des Professors Wurm[46] über die Schweiz, er spricht freisinnig, und spricht mich an, ohne daß ich die Vorträge gerade bedeutend nennen möchte. Außerdem lese ich den 2.Teil des Kosmos von Alexander von Humboldt - Ausgezeichnet schön! ich arbeite mich mühsam genug durch.[47]

Ottilie kommt kaum alle Woche einmal zu uns, sehr oft sehe ich sie in vierzehn Tagen nicht. Die Geschichte mit Hagen und seinem Lumpensammler werden Sie kennen[48] Von Wehl sehe und höre ich nichts; vielleicht durch die Schirges später, die will mich fleißig besuchen, und ich werde auch zu ihr gehen. Sie wissen, liebe Ludmilla, sie gefiel mir immer sehr.

Daß der Onkel Varnhagen so wohl ist, freut mich, ich hätte die größte Lust auch mit Ihnen zu Kranzler zu gehen[49]; könnte ich hier fort, sie sollten die Chocolade nicht immer allein austrinken. Ihre kleine Freundin, ich meine die jüngste, muß recht gewachsen sein, das Kindchen muß allerliebst sein, nach Ihrer Beschreibung! Grüßen Sie die Eltern herzlich.[50]

Was Sie wohl heute Schönes bekommen? Ich verfolge Sie im Geiste zu Fräulein Solmar[51] - Schreiben Sie mir bald, und recht ausführlich. Nehmen Sie kein Beispiel an diesen flüchtigen Zeilen, sondern gehen Sie, zu meiner Beschämung, mit einem guten Beispiel vor, und ich verspreche Ihnen im nächsten Jahr soll es besser werden.

Die Politik beschäftigt und beschäftigte mich auch sehr, aber sie wissen, sie ist *stumm*, und ich bin überall nur noch beredt auf dem Papier.
Die Ihrige
Rahel de Castro

Altona, den 20. Februar 1848

Liebe, gute Ludmilla!
Wahrlich Sie dürfen mir nicht zürnen, denn Sie empfangen diesen Brief am Geburtstage[52], und da müssen Sie schon ein freundliches Gesicht machen! Wenn ich sie alle herzählen könnte die Störungen, die mich vom Schreiben an Sie zurückhielten! Doch wozu? Das hieße die gute Zeit verschleudern, ich habe Ihnen

---

46 Christian Friedrich Wurm (1803-1859) war nach dem Studium der Theologie als Redakteur tätig und ab 1833 Gymnasialprofessor in Hamburg.
47 Alexander von Humboldt: «Kosmos. Entwurf einer physischen Weltbeschreibung», Stuttgart-Tübingen, 1845-1858
48 Nicht nachgewiesen.
49 Es handelt sich um das Café Kranzler am Kurfürstendamm.
50 Vgl. Anm. 33
51 Henriette Solmar (1794-1886) war eine Freundin Varnhagen von Enses und Rahels. Nach Rahels Tod begründete sie in deren Nachfolge einen Salon, in dem Varnhagen und ab 1842 auch Ludmilla Assing häufig die Abende verbrachten.
52 Ludmilla Assings Geburtstag war am 22. Februar.

Besseres mitzuteilen; daß ich Ihrer oft gedachte, und mit Liebe, das wissen Sie. Schön wäre es indessen, wenn man für die Mitteilung der Gedanken einen besseren Weg erfände wie den durch die Feder, die Post und den Briefträger! Etwa durch den electromagnetischen Telegraphen, der mir so nahe wäre, daß ich die Worte nur auszusprechen bräuchte, und er brächte sie im Nu, verkörpert zu Ihnen. Was hätten Sie dann seither von Ihrer alten Freundin gehört! Gute und böse Stunden, die sich mir abwechselnd boten. Ja, liebe Ludmilla, es waren viele dunkle Tage darunter, die kein Sonnenstrahl durchbrechen wollte, und selbst Ihr liebes Briefchen vom 25. Januar traf einen solchen, und gewährte mir erst am Abend die rechte Freude an die liebevolle Gesinnung, die sich darin ausspricht, und so manches Interessante was es darbietet. Heute will ich aber nur Heiteres besprechen, alles Dunkle, Trübe verscheuchen, nicht grau in grau wie ein Wintertag mit Sturm und Schnee, nein wie ein italienischer Himmel, blau in blau - und deshalb möchte ich die blaue Färbung diesmal zum Transport meiner Gedanken, zum Glückwunsch für das Geburtstags-Kindchen!

Von dem vielen Schönen, was Sie mir zum Lesen empfahlen, habe ich manches durchgearbeitet, wie den Levin, was ich mit für das Beste halte, was die Hahn geschrieben. Sie gibt sich Mühe nicht aristokratisch zu erscheinen, aber diese Gesinnung gibt sich doch kund, denn wie elend und jämmerlich läßt sie die anders Denkenden auftreten. In dem Levin schildert sie wohl den Sternberg? Im Ganzen hat das Buch mir Freude gemacht; ich hatte es schon gelesen auf eine frühere Empfehlung von Ihnen.

Die Briefe von Wilhelm von Humbold an eine Freundin hatte ich auch bereits, aber erst einen ersten Teil des ersten Bandes, noch geheftet, und geweilt, weil sie mit rage gelesen wurden.[53] - Bis jetzt finde ich sie nicht bedeutend, da sie keine allgemeinen Interessen besprechen und sich nur auf die Freundin beziehen, in deren Stelle *ich* die Briefe für mich behalten hätte. Gut geschrieben sind sie zwar, wie sich das von einem solchen Manne auch schon erwarten läßt, aber man kann Bedeutenderes von ihm lesen, meine ich, vielleicht zu vorlaut, da ich noch sehr im Anfange dieses Briefwechsels bin. - Von Feodor Wehl habe ich noch nichts gesehen, ich kann den Unterrock noch nicht bekommen[54], und wandte mich deshalb zum bepelzten Wierwolf, der wohl noch mehrere Personen portraitiert, wie die im Genre des Königs.[55] Es ist mit einer Kühnheit geschrieben, die ich liebe, obgleich ich nicht eingeweiht genug bin, um für den ganzen Inhalt immer ein gleiches Interesse zu haben. Ich bin beim 3ten Bande. Dazwischen überraschte mich ein 4ter Band des Piccinino. Darin erkenne ich die Sand kaum. - Im ersten war eine große Anlage auf die jetzigen Zustände Siciliens bezüglich, die sich in der Wirklichkeit großartiger zu Ende spielt wie in der Erfindung der sonst so begabten, genialen Schriftstellerin. So wie wir denn überall am Vorabende großer

---

53 Wilhelm von Humboldt: «Briefe an eine Freundin» [Charlotte Diede], Leipzig 1847
54 Feodor Wehl: «Die galanten Damen der Weltgeschichte. Der Unterrock in der Weltgeschichte», Hamburg 1847.
55 Vermutlich handelt es sich um Oscar Ludwig Bernhard Wolff: «Portraits und Genrebilder. Erinnerungen und Lebensstudien», Cassel 1839.

Weltbegebenheiten sind. Doch von Politik kein Wort, Sie lesen die Zeitungen; Unsere Ansichten über diese bleibt sich bis auf kleine Nuancierungen wohl gleich? und haben dieselbe Richtung? Um mich darüber auszusprechen, bleiben *meine Ansichten* zu einseitig. Des gewaltigen Druckes meines Hausregimentes wegen, wie Sie wissen. Aber trösten Sie mich nicht mit dem allgemeinen Unglück der strengen Censur und der unfreien Presse! Was läge an mir, wenn mein Deutschland es besser hätte!! Ich bin keine Freundin des Martyrthums, doch dieses übernähme ich freudig, könnte es Hilfe der Gesammtheit bringen. Ilius Pamphilius und die Ambrosia ist noch gar nicht zu haben.[56] Ist es denn in Berlin schon im Publicum? Das Italienische Bilderbuch kann ich auch nicht bekommen[57]; weshalb schweigen Sie aber ganz von dem Buche, worin die Lewald die Hahn so mitnimmt?[58] Ich höre es soll abscheulich sein, wage aber nicht dem Urtheil zu trauen - ich weiß kaum den Titel - Sagen Sie mir etwas darüber.

Von Ihren schönen Weihnachts-Geschenken hörte ich kein Wort, wie selten sah ich aber die Ottilie in diesem Jahre. Endlich sind die Kinder genesen und ich erwarte sie fast heute, die seit dem 15. Januar nicht hier war. Wohl ist sie indessen, und ein luftiges Gewebe, einen gestrickten Schawl, den ich ihr am Geburtstag-Morgen sandte, hat sie Abends auf der Masquerade eingeweiht. Die Sophie Schirges war seitdem nicht wieder bei uns. Sie wollte bis Ostern in Hamburg bleiben, und ich beabsichtige sie in dieser Woche zu besuchen und zu mir einzuladen, dabei sollen dann Ihre Grüße auf das Schönste bestellt werden. Meine gute Mutter grüßt Sie freundlichst. Sie ist im Ganzen seit Neujahr etwas wohler und hat ihren Geburtstag am 24. Januar ungemein heiter verlebt. Unser Haus glich einem Taubenschlage. Die Gäste flogen ein und aus. Erstere mit vollen Händen. Letztere mit leeren zwar, aber mit Freudigkeit im Herzen, die alte ehrwürdige Frau so wohl und liebenswürdig gefunden zu haben. Zwei Tage früher war der Vorabend dieses sehr schönen Festes, das durch einen Brief des Onkels und der Tante Steinheim herbeigeführt wurde. Die Doctorin beschreibt den Sylvester-Abend, den sie zu Hause verlebte, wo grande Soirée war, ich meine im Style der Altonaer, bis auf die frugalere Bewirtung. Sie schildert Alles so lebhaft, daß ich es im Geiste lebendig vor mir sah und besonders die Tante - die von einer Grippe heimgesucht, gewiß etwas unruhig zwischen den Gästen einherlief, worunter auch Herr Commeter der 23te war.[59] Sie zählt sie Alle auf, und gibt von Jedem nebenher eine Schilderung und wodurch er sich überall und besonders an jenem Abend auszeichnete: Es waren mehrere Preußen darunter, Bildhauer, Geschichts- und Landschaftsmaler und sehr schöne Frauen, worunter auch talentvolle, besonders in der Musik, waren. Ein hübscher Brief, der ganz seinen Zweck erreichte, der Mutter

---

56 Bettina von Arnim: «Ilius Pamphilius und die Ambrosia», Berlin 1847/48
57 Fanny Lewald: «Italienisches Bilderbuch», Berlin 1847
58 Dies.: «Diogena», Roman von Iduna Gräfin H. H...., Leipzig 1847
59 Johann Mathias Commeter (1790-1869) war in Hamburg Kunsthändler und Kupferstecher. Seine Kupferstichsammlung bildete den Grundstock der graphischen Sammlung der späteren Hamburger Kunsthalle. Er war ein enger Freund des Ehepaares Steinheim und ließ sich 1847, nachdem er 1846 seine Galerie aufgegeben hatte, ebenfalls in Italien nieder.

ein Plaisir zu bereiten. Steinheims Brief ist sehr heiter geschrieben, er ist ganz wohl, und war in der besten Laune. Gemüthlichkeit, die nicht gefährdet war von scharfer Sarkastig spricht sich in seinen Mitteilungen aus, und gibt uns den Steinheim so in der Liebenswürdigkeit, worin er so unwiderstehlich sein konnte.
Jetzt sind auch wohl der Bruder und die Schwägerin in Rom, von denen wir die letzten Nachrichten aus Wien hatten.[60] Vier Stunden vor dieser Residenz saßen sie eine ganze Nacht im Wagen, der im Schnee stecken geblieben war, wie der ganze Bahnzug, und trösteten sich mit der Freude, dem Winter nun ganz zu entfliehen. Wenn ich Ihnen wieder schreibe, teile ich Ihnen mehr von ihnen und Steinheims mit. Heute nur noch, daß Sie auf die Schwägerin den vorteilhaftesten Eindruck gemacht, die Sie meine liebe Ludmilla sehr liebenswürdig fand. Clara schreibt Ihnen selbst. Ihr Brief an sie erfreute auch mich. Auch ich bin überall jetzt wieder couleur de rose. Die blaue Farbe wähle ich nur sinnbildlich als die Treue, mit der ich Ihnen zugetan bin, und ich hoffe die *rosa Stimmung* lesen Sie zwischen den blauen Zeilen heraus. Gestört bin ich sonst von allen Seiten beim Schreiben, das werden Sie schon bemerken. Doch so aber, ganz freudig, da man mir den Unterrock bringet - ich meine den in der Weltgeschichte. Welch eine schöne Aussicht für den Sonntag Abend, den ich nicht allein, aber wie viele, sehr einsam verleben werde. Denn das Alleinsein ist oft besser und verträglicher. Ich habe übrigens diesen Winter viel gelesen, viel geschrieben; höre regelmäßig die Vorlesungen der Professoren Wurm und Wiebel am Donnerstag und Dienstag. Letztere höre ich über Geognostik[61], was sehr zu der Lectüre des Kosmos paßt, und diesen studiere ich emsig, da ich ihn nebst einem Conversations Lexicon zum Geburtstag geschenkt bekommen habe. Das Theater besuche ich gar nicht, nach der Garcia war ich nicht wieder drin. Interessante Menschen kommen selten zu uns; der Wind hatte heute vor 8 Tagen ein paar hergeweht. Das ist mir die gesundeste und erheiterndste Nahrung. Nun wissen Sie wie ich lebe, freilich in greulicher Handschrift vorgeführt; nach langer Pause, viel zu flüchtig. Es hält sich die rosenrote Stimmung, habe ich Ruhe und Zeit, so hören Sie bald wieder von mir, und sehen einmal wieder die zierliche Handschrift im Gewande der Treue - von
Ihrer Rahel de Castro
Tausend Grüße dem Onkel Varnhagen, dessen Wohlsein mich freut. Vergessen Sie Mundts nicht zu grüßen und wenn Sie die kleine Theodore herzen, so sagen Sie ihr ich schicke ihr den Kuß.
Haben Sie einmal Zeit, so arbeiten Sie einige Lesezeichen für mich, Gelegenheit zum Schicken findet sich schon.
Montag Morgen den 20. Mein Urtheil über die Briefe von Humbold war vorlaut. Ich las heute zwei Stunden im 2ten Teile mit steigendem Interesse. Sie sind sehr schön, ganz vortrefflich diese dort ausgesprochenen Lebensansichten. Die zweite

---

[60] Es handelt sich um Jacob und Anna.
[61] Griechisch: Die Lehre vom Bau und der Zusammensetzung der festen Erdrinde. Vgl. K. W. M. Wiebel: «Die Insel Helgoland. Untersuchungen über deren Größe in Vorzeit und Gegenwart vom Standpunkt der Geschichte und Geologie», Hamburg 1848

Abteilung des 1ten Bandes [unleserlich]. Der Einblick in das edle, langjährige Verhältnis interessiert mich indessen sehr.

Oevelgoenne, den 19. Mai 1848

Liebe Ludmilla!
Seit gestern Abend weiß ich das Erfreulichste vom Kriegsschauplatze[62], und auch Paris ist wieder ruhig von den Stürmen, die Lamartine bedrohten[63]. Das scheint mir nun ein recht günstiger Augenblick mein Stillschweigen zu brechen und Ihr liebes, freundliches Briefchen zu beantworten, das ein viel besseres Schicksal verdient hätte, wie ich ihm in meiner Schreibträgheit bereitete, wochenlang unerwidert zu bleiben. Man hat des Schreibstoffes zuviel und weil man nicht weiß, wo man aufhören soll, fängt man lieber gar nicht an. Was erleben wir nicht Alles! Ich möchte noch recht jung sein, um die so schön sich vorbereitende Zukunft zu erleben, denn es wird sehr gut werden nach dieser alles umwälzenden Zeit, in der die Anarchie das freie ächt republicanische Princip bedroht. Das aber für die nächste Generation erblühen wird, wie jetzt die Natur, die ringsumher im Festschmucke prangt und der Zerstörung Hohn spricht in ihrem Walten. Während die Kanonen donnern, singen die Nachtigallen Hymnen ins frische Grün hinein, und es ist hier so schön, daß ich Sie mit Sehnsucht an meine Seite wünsche. Wie viel hübscher könnte ich Ihnen dann Alles erzählen, was Sie zu wissen begehren, und noch viel mehr, was ich Ihnen, liebe Ludmilla, sagen möchte. Seit gestern sind die bestimmtesten Hoffnungen zum Frieden da, der durch Englands Vermittlung herbeigeführt ist wie General Halbott nach Hannover berichtet und daß der letzte Kanonenschuß wohl gefallen sei.[64] Der Däne räumt die Inseln Alsen und Föhr und hebt das Embargo auf die genommenen Schiffe auf, und die Deutschen Bundes-

---

62 Rahel de Castro bezieht sich hier auf die schleswig-holsteinische Erhebung von 1848. Der Deutsche Bund führte Krieg gegen Dänemark, zugleich war Preußen für sich selbst gegen Dänemark in den Krieg getreten und die provisorische Landesregierung für die verselbständigten Herzogtümer Schleswig und Holstein ebenfalls. Am 3. Mai überschritten die Bundestruppen die dänische Grenze und drangen in Jütland vor. Die dänische Grenzfestung Fredericia fiel kampflos in Wrangels Hand. Unter dem Druck Englands und Rußlands kam es zum Stillstand der militärischen Handlungen.
63 Alphonse de Lamartine (1790-1869), Schriftsteller und Politiker, der wesentlichen Anteil am Sturz der Julimonarchie hatte, war 1848 für kurze Zeit Außenminister der provisorischen Regierung.
64 In einer Note vom 19. Mai 1848 machte der englische Außenminister Lord Palmerston einen Vermittlungsvorschlag, der einen Teilungsvorschlag enthielt: Nordschleswig, das heißt das überwiegend zum dänischen Volkstum sich bekennende nördliche Drittel des Herzogtums, sollte mit Dänemark verschmolzen, die überwiegend zum deutschen Volkstum sich bekennenden südlichen zwei Drittel des Herzogtums dagegen mit Holstein verbunden und dadurch in den deutschen Bund aufgenommen werden; die Personalunion zwischen dem vergrößerten Herzogtum Holstein und Dänemark sollte bestehenbleiben. Der Vorschlag scheiterte an der provisorischen Regierung der Herzogtümer sowie an der dänischen Regierung; Preußen hingegen signalisierte Zustimmung.

truppen verlassen Jütland. Es ist ein großes Glück! Denn der Krieg ist eine Roheit, von der ich unsere fortgeschrittene Zeit befreit glaubte, und meinte, alle Differenzen müßten sich geistig ausgleichen lassen. Ein Vorteil ist uns indessen aus diesem Krieg erwachsen, wir werden eine deutsche Flotte bekommen, und Sie dürfen ein wenig stolzieren, denn Ihre Vaterstadt Hamburg hat den ersten Impuls dazu gegeben.[65] Die Herren Goddefroy und Slomann haben eine Aufforderung ergehen lassen an ihre Mitbürger zur Beisteuer, und durch eine sehr erregende Rede in der Börsenhalle bewies Goddefroy die Nothwendigkeit für einen Bundesstaat wie Deutschland eine Flotte zu besitzen.[66] Er ließ es nicht bloß beim Reden, sondern die Tat zeigte seinen Eifer. Er und Slomann[67] haben jeder 8000 Rth und ein Schiff gegeben. Der Enthusiasmus geht so weit, daß auf dem Kehrwieder in der einen Straße, 8000 Th Banko zusammen gekommen ist, und auf dem Brok, wo nur arme Leute wohnen, hat die Sammlung 300 Th, bei Schillingen, eingebracht. Im Ganzen ist in Hamburg bereits eine halbe Million, ohne die Schiffe zusammen. Wenn man in ganz Deutschland so vielen Enthusiasmus zeigt, so dürfte unsere Flotte leicht die bedeutendste werden. Wie kriegerisch unser sonst so friedliches Altona ausgesehen hat, wie die Truppendurchmärsche Stadt fanden, glauben Sie kaum, und wie belebt die stillen Straßen waren, wenn Alles nach dem Bahnhofe strömmte, um die Nachrichten vom Kriegsschauplatze zu erfahren, die jeder Bahnzug mitbrachte, und die dort laut verlesen wurden. Besonders in den Tagen wie die Dänen bei Flensburg den Sieg für eine kurze Zeit davongetragen.[68] Jeder war auch fast beteiligt dabei, denn viele junge Männer Altonas waren unter den Freiwilligen fortgezogen, wie z.B. 2 Söhne des Apothekers Zeise[69], Luttermersk[70], ein Sohn des Doctors Alexander[71], ein Sohn des Doctor Stinzing[72], *Lendorfer*[73], dieser Letzte ist unter denen die auf der Dromig Maria als Gefangene sind; ein Sohn des Chirurgen Schwarz[74] ist unter den Gefallenen und nicht wenig Herzen in Altona schlagen sorgenvoll. Von unsern Bekannten ist keiner gefangen; keiner getödtet, und gestern kehrten sie heim, die Jünglinge, die so muthig in den

---

65 In einem Beschluß vom 19. Mai 1848 äußerte der Bundestag seine Befriedigung über diese Aktivitäten, und das in Hamburg gebildete Komitee trat führend in der allgemeinen Flottenbewegung hervor. Am 31. Mai fand in Hamburg der Deutsche Marinekongreß statt.
66 Johann Cesar Godeffroy (1813-1885), Überseekaufmann und Reeder in Hamburg
67 Robert Miles G. Sloman (1783-1867), Hamburger Schiffsreeder
68 Am 25. Mai zog Wrangel die Truppen bis Flensburg zurück, so daß Nordschleswig wieder in dänische Hände fiel. Preußen gab damit seine Bereitschaft kund, auf den Teilungsvorschlag Palmerstons einzugehen.
69 Heinrich Zeise (1793-1863) besaß von 1818-1844 in Altona eine Apotheke, dann betrieb er mit seinem ältesten Sohn eine Anstalt zur Herstellung von ätherischen Ölen.
70 Bernhard Luttermersk ist nur über die Matrikel der Universität Heidelberg von 1847 nachzuweisen. Sie verzeichnet unter der Matr.-Nr. 60 vom 20. April 1847, daß Bernhard Luttermersk in Altona als Sohn eines Schlächters geboren, 19 Jahre alt und jüdischen Glaubens ist und in Heidelberg zum Jurastudium eingeschrieben ist.
71 Adolph Alexander (1802-1863), Arzt in Altona.
72 Johann Wilhelm Stinzing (1789-1859) war Oberarzt am Altonaer Krankenhaus.
73 Nicht nachgewiesen.
74 Nicht nachgewiesen.

Kampf hinauszogen. Es war das Wismarische Corps, das gestern zurückkehrte, und in Altona sehr feierlich und jubelnd mit Blumen und Reden empfangen wurde, Abends wurden sie Alle bei Rainville[75] fetirt, und es soll sehr hübsch gewesen sein. Ich habe nichts davon gesehen, ich bin hier sehr gefesselt, Wunsch, Willen und die Pflicht gebieten es. Die Clara ist den ganzen Sommer bei uns; eine Ein-richtung die viele Vortheile hat. Noch läßt das Befinden der Mutter vieles zu wün-schen übrig. Ich hoffe aber viel von der Ruhe und der schönen Wasserluft für sie.

Den 22. Mai
Sie sehen welche Zeit sich zwischen meinen Wunsch und Willen und deren Ausführung gedrängt, gar selten finde ich hier den Moment zum Schreiben. Meine Schwägerin Anna ist seit fünf Wochen bei uns, obgleich sie in der Stadt schläft, so ist sie doch viel hier, und die Stunden mag ich mir nicht gerne verkürzen. Von dem was sie mir so reichhaltig von ihrem Aufenthalte in Rom erzählt, teile ich Ihnen für das lange Warten auf Antwort auch ein bißchen mit, und besonders daß sie den Onkel und die Tante Steinheim so wohl und munter und ganz heimisch auf italienischen Boden gefunden. Mein Bruder (der beiläufig gesagt uns schon längst wieder verlassen) hatte gerade an dem Tage einen Veterino bestellt[76] um mit seiner Frau die Reise nach Neapel anzutreten wie die Nachricht in Rom anlangte daß Metternich gestürzt und auf der Flucht sei.[77] Die Meinigen bewog dies zur Richtung nach Deutschland, weil sie sehr richtig voraussetzten daß es dabei in Deutschland sein Bewenden nicht haben werde, und ihre Gegenwart hier nothwendig sein könnte. Indessen das Fest der Zerstörung und Abreißung aller österreichischen Wappen, und das Freudenfest was dadurch veranlaßt wurde, feierten sie noch in Rom mit. Steinheim nahm sie mit nach dem venetianischen Platz wo man eben beschäftigt war das österreichische Wappen abzureißen. Jeder wollte einen Fetzen davon haben, und der Onkel Steinheim bekam ein ungeheures Stück Holz, wovon er, den ihn Umstehenden mittheilte. Er hatte sein Messer in der Hand, schnitt unter dicken Schweißtropfen, die ihm von der Stirn rannen Stücke davon ab, und reichte sie links und rechts umher. Die Menge die ihn umgab wurde immer zahlreicher und er teilte redlich mit ihr. Sehen Sie den Onkel Steinheim nicht leibhaftig vor sich, mit seinem Messer in der Hand? Steinheims hatten die Absicht den Sommer in Neapel zuzubringen, ob sie das ausführen, weiß ich nun nicht, obgleich wir vor 14 Tagen wieder einen Brief von Steinheims erhalten, der sehr munter und launig allerlei Hübsches und Interessantes mittheilt, wie auch daß er die Mutter im nächsten Jahr zu besuchen hoffe. Seitdem ist es in

---

75 Rainville war ein beliebtes Ausflugslokal in den Terrassengärten oberhalb der Elbe. Heinrich Heine hat ein Gedicht über Rainvilles Garten verfaßt.
76 Italienisch: Lohnkutscher.
77 Der österreichische Staatskanzler Metternich demissionierte am 13. März 1848.

Rom aber sehr unruhig gewesen, und Pio nono[78] hat Concessionen machen müssen, wie alle übrigen gekrönten Häupter, und die kirchliche-Macht hat sich nicht haltbarer erwiesen, wie alle weltlichen Mächte. Die Schwägerin Anna bleibt noch eine kurze Zeit bei uns, sie hat ihre alte Mutter verloren, und ihr Hiersein ist ein Trost für die Schwester, die in der Zukunft nun ganz allein steht. Sie teilt ihre Zeit auch zwischen dieser und unsrer Mama, die auch sehr leidend ist, und leider seit dem vorigen Sommer wieder bedeutend gealtert ist. Anna trifft mit ihrem Manne wahrscheinlich wieder in Berlin zusammen; wenn ihr dortiger Augenblick mehr wie ein Moment ist, werden Sie sie gewiß sehen, und dann können Sie ihr über Rom und Steinheims vieles abfragen. Jedenfalls erzähle ich Ihnen mündlich viel, denn ich zweifle gar nicht daß der Sommer Sie zu uns führe; wenn gleich der Nachtigalle Lied Sie vergebens lockt, die förmlich schmettert, während ich schreibe, und mir manche Hoffnung in's Herz singt. Mama wird sich auch freuen wenn Sie wieder neben ihr sitzen, und ihr erzählen wie Sie inmitten einer so bedeutenden Revolution und Angesichts der Barricaden gelebt. Es ist in Berlin wieder sehr unruhig und confuß gewesen. Wie die Minister dazu kommen den Prinzen von Preußen zurückberufen zu wollen, begreife ich nicht, kommt denn mit jeder Macht gleich das Verkehrte? Dann behüte uns Gott vor den 300 Deputierten die im Parlamente zu Frankfurt das Rechte beschließen sollen! Daß unser Doctor Riesser als solcher für Lauenburg gewählt, wissen Sie vielleicht? Denken Sie für Lauenburg! wo kein einziger Jude lebt![79] Die Geschichte hat großartige Momente, dieses ist ein solcher in diesen Tagen wo die große Freiheits-Idee aus der Hülse hervorsieht, und sich hoffentlich ganz aus dem Kerker befreien wird, worin sie Jahrhunderte gefesselt lag, geknechtet, von dem geknechteten Volke, daß erst 1848 die Kette zerreißt und die Oberhäupter in den Staub tritt, der ihnen so lange den hellen Blick trübte. Und Sie mit der Deutschen Kokarde! so schreibt uns der Jacob, der es nur vom Hörensagen weiß, denn sein Besuch hat Sie verfehlt.

Unser Altona ist kaum mehr zu erkennen, es hat förmlich ein politisches Leben bekommen. Der Bürger-Verein macht sich ganz vortrefflich. Stinzings Schwiegersohn hält dort Reden[80] und bei den Wahlumtrieben hatte dieser Verein ordentlich eine Farbe, eine Opposition, kurz wir machen uns liebenswürdig. In Hamburg lebt ein Doctor Baumeister der auch recht energisch auftritt, ein ächter Republicaner.[81] Doctor Scherer hat sich aber nicht nett gemacht, eine Streitsache mit Wille, worin er nach seinem eigenen Eingeständniß Unrecht hat, ein Plagiat das er sich zu Schulden kommen ließ, haben ihm in der Meinung aller Bessern gescha-

---

78 Papst Pius IX. hatte an die Bewegung des Risorgimento Konzessionen gemacht. Dazu gehörte auch das Niederreißen der Mauern des Ghettos in Rom sowie die Abschaffung der Zwangspredigten.
79 Gabriel Riesser nahm auf Einladung des Heidelberger Ausschusses der Sieben am Frankfurter Vorparlament teil. Mitglied der Nationalversammlung war er jedoch als Vertreter Lauenburgs, da er in Hamburg bei der Wahl zur konstituierenden deutschen Nationalversammlung unterlegen war. Im Oktober 1848 wurde Riesser 2. Vizepräsident der Nationalversammlung.
80 Carlo B. (d. i. Karl Baumeister): «Das schwarze Buch. Für Christ und Jud», Hamburg 1847
81 Nicht nachgewiesen.

det. Er muß aus Hamburg fort, und das soll schon vorgestern vor sich gegangen sein. Er hat die Redaction des Freihaven aufgeben müssen.[82]
Die Friedens-Nachricht von neulich war eine Eisenbahns Speculation, sie bestätigt sich nicht. Luttermersk ist auch noch nicht hier, wie viele Andre nicht, die im Preussischen Corps dienten, das noch nicht aufgelöst ist. Blokiert ist unsre Elbe übrigens nicht, es ziehen viele Schiffe vorüber, nur die Deutsche, die Hamburger und Bremer Flagge fehlen. Manche solche müssen den Dänen doch wohl entwischen denn vorgestern kam ein großer Dreimaster, die Wellen stolz durchschneidend, an, und hatte eine Bremer Flagge.[83] Das ist hier sehr hübsch, kommen Sie nur bald, es sind offene Arme bereit Sie zu empfangen und besonders breiten sich Ihnen entgegen die
Ihrer alten, sie liebenden Freundin
Rahel de Castro
Der Tod der Gutzkow hat mich tief erschüttert, die arme Mutter, die noch ärmeren Kinder![84]
Mundts tausend Grüße. Ihrer kleinen Freundin Theodora geben Sie gewiß gern tausend Küsse von mir! Den Onkel Varnhagen grüße ich schönstens. - Aus Paris haben wir bereits Briefe nach der letzten Katastrophe. Das ist ein großer Feuerbrand der über Europa ausströmt. Die Zeiten Ropespierre, Marat und Danton tauchen auf.[85]
Die Ottilie war schon einmal hier, viel sehen wir sie leider nicht.

Altona, den 5. Dezember 1848

Geliebte Ludmilla!
Während des ganzen Sommers durchzitterte meine Seele die Ahnung des harten Verlustes, der mich leider jetzt so schwer betroffen! Wie Sie aber von mir schieden, dachte ich ihn mir nicht so nahe bevorstehend, ja ich hoffte noch zuweilen der Todesengel könnte vorüberziehen, und der nächste Frühling könnte einem schöneren Sommer vorangehen, der, der theuren Mutter durch heiterere Tage, wie der vergangene, neue Lebenskraft; neue Lebensfreude durch die Ankunft Steinheims brächte. Das Hoffen eines Kindes, dem die Mutter Alles ist, und die nun in ihr auch ihr höchstes irdisches Gut verloren hat! Wie die Mutter aber am 4ten Oc-

---

83 Das preußische Eindringen in Schleswig beantwortete Dänemark am 19. April mit der Eröffnung des Seekriegs. Die dänische Flotte erhielt den Befehl, alle erreichbaren preußischen Handelsschiffe aufzubringen; auch die in dänischen Häfen liegenden preußischen Handelsschiffe verfielen der Beschlagnahme. Über einen Teil der preußischen Ostseehäfen verhängte Dänemark die Blockade.
84 Karl Gutzkows Frau Amalie war im April 1848 gestorben.
85 Im Dezember 1848 war Louis Bonaparte, Neffe Napoleons I., Präsident der Republik Frankreich geworden.

tober schon sehr leidend, nach der Stadt zog, da kannte ich mein Schicksal, und jegliche Hoffnung schwand, wie es schlimmer und schlimmer mit dem Befinden wurde, und Doctor Stinzing kein Wort des Trostes zu geben hatte. Das waren schreckliche Wochen! Eine geliebte Mutter dahinsterben zu sehen, die geduldig und ergeben, im klaren Bewußtsein ihres nahen Endes, Alles mit himmlischer Sanftmuth ertrug und versuchte um sich uns vielleicht erhalten zu können, denn es ist ihr das Sterben nur schwer geworden ihrer Kinder halber, deren Mittelpunkt sie war, und der Abschied von uns war ihr Todeskampf, sonst hat keine Agonie, kein Brechen der Augen ihr die Sterbestunde erschwert. Im Schlaf hat der Tod sie überrascht, auf ihrem Lehnstuhle sitzend, wie Sie sie oft gesehen, und wir Alle, Alle, die wir um sie waren, hätten den Moment nicht gewußt, wenn nicht die Augen der kindlichsten Liebe ihren Schlaf bewacht und belauscht hätten. Sogar der Abraham war anwesend, ihr geliebter Enkel, der tief ergriffen war, und es noch ist.

Von den letzten Lebenswochen der geliebten Dahingeschiedenen ist viel zu erzählen, wie eine Philosophin hat sie zu uns Allen geredet, und wenn ihr ganzes Leben mit seinen Handlungen mir nicht schon ein ehrwürdiges Vorbild wäre, meines Nachstrebens Ziel, die letzte Zeit wäre hinreichend mir ihren Werth und meinen großen Verlust in seinem ganzen Umfange klar zu machen. Das Schreiben ist noch eine schwere Aufgabe für mich, liebe Ludmilla, mehr werden Sie bei Zunz erfahren können, da mein Schwager Abensur dort der Überbringer der Briefe ist, der aber, seiner kurz zugemessenen Zeit halber, nicht bis zu Ihnen kommen kann!

Wohl haben Sie recht bei dem Verlust um den Tod einer Mutter kann einem niemand helfen! Sie haben das ja auch schmerzlich genug erfahren![86] und es gibt in der Tat im Leben viele schwarze Punkte wo es keinen Trost giebt. Ich glaube auch, daß man sich endlich einmal wiedersieht, und die vielen tröstlichen Sterne am Himmel sind mir schon oft der Bürge für diese Hoffnung geworden. Aber noch liegt das Leben auf Erden vor mir, und Sie wollen wissen wie es sich fortan gestalten werde? Des Bruders Jacobs Anwesenheit war mir ein großer Trost. Sie sagen nicht zu viel von ihm, denn die selige Mutter sagte noch den Tag vor ihrem Tode von ihm: Mein Jacob ist ein Engel! -

Wir bleiben Alle zusammen, *wie früher*; Clara führt die Wirtschaft, bis auf den Leinenschrank, und die Sorge für die Wäsche, die die andre Schwester übernommen hat[87] - so giebt es keine Conflikte, und das ist gut. Ich lebe wie früher, leider ohne sie, für die ich lebte! Doch wenn man will kann man sich einen Wirkungskreis schaffen, und Sie kennen mein Streben. Die Brüder machen *sich vortrefflich*, und Jede von uns ist ganz unabhängig gestellt, so daß wir für die Zukunft uns Unterhaltung und Zerstreuung schaffen können, auch wohl mal eine Reise, doch im Trauerjahr ist nicht daran zu denken, weil es unserm Gefühle nicht angemessen, und es ja auch allenthalben vorläufig zu unruhig ist. -

---

86 Rosa Maria Assing starb am 22. Januar 1840.
87 Vermutlich handelt es sich um Rivka.

Ich habe Aussicht den Sommer auf dem Lande bei Abensurs zu leben. An all dergleichen denke ich nur flüchtig, noch herrscht der Schmerz zu tief vor - Das Haus ist so leer, der Lehnstuhl, worin die Mutter gestorben, ist im Wohnzimmer mit einem Blumenkranz drinnen aufgehängt, damit ihn niemand entweihe und sich drin setze, und das schöne ähnliche Bild der Mutter hängt daneben. -
Die gute Clara grüßt Sie tausendfach, grade heute hat sie Kopfweh und kann nicht schreiben, auch kommt diese Gelegenheit so eilig. Recht bald hören Sie von ihr, und dann hoffe auch ich Mut zu einem ordentlichen Briefe zu haben; wie schwer nur dieser ward, denken Sie kaum, ich kann noch eigentlich nur noch weinen. Bis jetzt geht Alles gut - Clara und ich leben am meisten zusammen, wenn die Brüder nicht da sind, da dann die jüngste Schwester sich gewöhnlich auf ihr Zimmer zurückzieht. Seien Sie aber ruhig unsere Verhältnisse gestalten sich gut, und befriedigend. - Die Ottilie war nur einmal bei uns, Baison ist noch immer sehr leidend, ich sorge recht um sie. Steinheims haben jetzt die Trauerbotschaft auch schon und wir werden wohl in der nächsten Woche Briefe von ihnen bekommen.
Schreiben Sie mir bald und viel von Berlin. Die Weltbegebenheiten gehen neben meinem Schmerz mir im Kopfe und Herzen herum, ich lese die Zeitungen jetzt auch bereits wieder regelmäßig, wenn gleich ich manches oft wiederholen muß, weil meine Gedanken abschweifen, und ein Blick auf den leeren Lehnstuhl die Tränen fließen macht
Ihre tief betrübte
Rahel de Castro

Altona, den 10. Januar 1849

Meine gute geliebte Ludmilla!
Wie viel Erfreuliches und Tröstliches Sie mir durch Ihren lieben Brief gewährten, kann nur der ermessen, der wie ich einsam und verödet mit einem tiefen Schmerz im Herzen, um den Verlust der besten Mutter lebt, und der niemand um sich hat mit dem er sympathisierend Gedanken austauschen möchte! Ich fühle mich sehr vereinsamt und isoliert, denn sie wandelt nicht mehr unter uns, die mir Alles war und mir Alles ersetzte; und Custine hat Recht wenn er sagt: on est tout à fait malheureux, quand on a sa mère.[88] Dies Wort, worin Sie eine so schöne und tiefe Wahrheit empfunden, kannt ich, und erkannte es nie mehr wie jetzt. In der trüben Stimmung, die mich besonders den Jahres Abschnitt, die vielen Geburtstage, die in diesem Monate fallen, noch fühlbarer macht, fiel Ihr Brief(ch)en, liebe Ludmilla, wie ein heller Sonnenstrahl, der mich durch und durch erwärmte. Ich bedarf vor allem Umschau, nun sehe ich zwar Leute genug, aber wenig Menschen, und habe gar keine geistige Anregung, wenn ich sie nicht mitunter, und mühsam ge-

---

88 «Man ist immer unglücklich, wenn man eine Mutter hat»,Astolphe Louis Lénor de Custine (1790-1857) Diplomat und Schriftsteller

nug, außerhalb des Hauses suche, was denn in meiner jetzigen Gemüthsstimmung, und während der kurzen Wintertage eine doppelt schwere Aufgabe ist; und überall konnte ich von jeher besser finden wie suchen, und habe nur für das Erstere Talent! - Doch nichts mehr von mir! Sie haben mir so hübsch die Anregung gegeben, einmal von mir zu abstrahieren, und aus mir selbst herauszugehen. Das grausame Schicksal Ihres Tantesteinheimsneffen und meines armen Bernhards beschäftigt mich bereits seit dem Monate seiner entsetzlichen und unerhörten Verurteilung und die Erwartung was erfolgen würde, schon weit früher mit größter Teilnahme.[89] Sie hätten sich daher an niemanden besseres wenden können, wie an mich, da ich au fait de tout [90] bin, und ich aus seiner Gefangenschaft schon einen Brief von ihm erhalten habe, den ich auch bereits beantwortet; und dies wäre noch früher geschehen, wenn die Ottilie es nicht verzögert hätte, die mitschreiben wollte, aber seitdem, es sind fast vierzehn Tage, wieder gar nichts von sich sehen, noch hören läßt, und noch obendrein hat sie Bernhards Brief an mich gerichtet, den ich noch nicht wieder erhalten habe. Die Ottilie schafft mir auch Sorgen, obgleich sie lustig und guter Dinge war, wie sie am 2. Januar und das zweitemal nach meiner Mutter Tode, bei uns gewesen. Doch wieder zu Bernhard, denn ich schreibe eilig, weil ich vorgestern Abend, wie ich die erste Seite geschrieben hatte, durch den langweiligsten Besuch gestört wurde. Daß die Strafe nicht entehrend ist, und nur auf die zurück fällt, die sie diktierten, das Gefühl gibt ihm Kraft zum Dulden, Muth mit Geduld die hoffentlich baldige Milderung 4 jähriger Zuchthausstrafe zu ertragen, obgleich dies abscheuliche Gesetz der Strenge für Diciplinarfehler und Vergehungen ja erst im Juni von den Schleswig-Holsteinern gemacht ist, und das ist die Freiheit wofür so viel Blut vergossen ist! Die dummen Menschen! so wie eine Regierung sich constituieren will, so verfällt sie gleich in alle mögliche Fehler, die sie früher verdammte! Es wird noch manche Nacht darüber hingehen, bis die Morgendämmerung der Freiheit, die Sonne unserer Zukunft wird! Da sitzt der arme Schelm nun, in der Kleidung der Sträflinge, im grobleinwandenen Hemde, schwarzem Kittel und ist Nachts mit zweien - zwar nicht bedeutenden Verbrechern - zusammen und hat ein schlechtes Bett zur Lagerstätte, worauf er sich um 8 Uhr Abends schon ausruhen *muß* und sich um 5 1/2 davon erheben. Ein Glück ist es noch, daß er am Tage lesen darf und für den Director der Anstalt Secretairdienste versucht. Briefe schreiben kann er ja auch, aber die werden gelesen, wie alle die er empfängt, wie ich höre - wenn nicht einer wie der an mich gerichtete durchschleicht, den er einem Besuchenden mitgegeben, mich aber bittet seiner Zuschrift in der Antwort nicht zu erwähnen. Sie sehen, liebe Ludmilla, es ist sehr arg! nein, es ist abscheulich, und empört mich. Das ist auch fast die durchgehende Stimmung des Publicums, und es liegt hier eine Dankadresse an den Bernhard mit 150 Unterschriften bedeckt, die zwar nicht abgehen

---

89 Es handelt sich um Bernhard Luttermersk. Die Hintergründe seiner Verhaftung und der darauf folgenden Verurteilung sind bis heute nicht geklärt. Die Schreibweise «Tantesteinheimsneffen» ist aus dem Original übernommen.
90 Französisch: Über alles im Bilde sein.

kann noch soll, weil man ihm jetzt dadurch mehr schaden wie nützen würde, aber man sieht daraus, auf welche Seite sich die Meinung hinneigt. Doctor Cohn - der Mann der Emma Levy - wohnt in Glückstadt, und diese Familie tut was sie kann für den armen Gefangenen, und der Doctor besucht ihn zuweilen.[91] Emma hat ihm Weihnacht und Neujahr Weisbrodt und Kuchen gesandt; das Erstere entbehrt er sehr. Es geschieht übrigens von Seiten seiner Vormünder und seiner Mutter das Mögliche für ihn. Sie haben eine Petition an die gemeinsame Regierung Schleswig-Holsteins ergehen lassen. Die Mutter war sogar bei Bonin[92], der kürzlich in Altona war, mit einer Sendung [Verdeckt vom Bibliotheksstempel.] von der Königin von Preußen, für die Damen, die die verwundeten Preußen gepflegt, Bonin hat sie sehr artig empfangen; ihr einige Hoffnung gegeben daß die Strafe gemildert werden würde aber ihr auch zugleich gesagt, wie er sich sehr schwer vergangen, und große Strafe verdiene, nur grade nicht Zuchthaus. Auch einen Brief an die Tante Hirsch[93] habe ich gelesen, worin der Bernhard auch recht standhaft und hübsch sich ausspricht. Ottilie wollte nach Berlin schreiben; ich glaube an Sie, und versuchen ob von dort aus nicht etwas für den Bernhard geschehen könnte, daß man sich für ihn bei Bonin verwende, oder gar beim König selbst. Meinen und glauben Sie, daß so etwas bewerkstelligt werden könnte? Sprechen Sie doch mit dem Onkel Varnhagen darüber, und schreiben Sie mir davon umgehend, und schicken Sie mir ein Briefchen für den Bernhard mit, es wird ihm gewiß eine große Freude und Unterhaltung gewähren. Der eine Verwundete, mit dessen Frau, eine liebe, gescheute, gebildete Frau, ich recht bekannt bin, hat denselben Plan der Ottilie; er möchte an den König von Preußen in einer Petition sich wenden, wenn er es nur zu bewerkstelligen wüßte. Dieser wünscht sich wohl, trotz der Kaiserkrone und der Hegemonie, die ihm so gewiß scheint, sich so populär wie möglich zu machen, denn er sieht und fühlt gewiß, was trotz der oktroyierten Verfassung unter Blumen für Dornen schlummern, die ihn schon ritzen werden, wenn er ihren Wohlgeruch wie Weihrauch einatmen möchte. -

Schreiben Sie, liebe Ludmilla, und dann antworte ich wieder bald, und ohne mich durch langweiligen Besuch stören zu lassen.

Von Steinheims haben wir Briefe als Antwort auf die Trauerbotschaft. Wie ergriffen Beide sind, brauche ich Ihnen nicht zu sagen. Die Briefe haben nur den einen Inhalt! Steinheim schreibt sehr wohltuend, er hat mich beruhigt und mir sehr wohlgetan durch seinen tiefen Schmerz. Der Brief ist aus Rom. Der Bruder Jacob ist am 3ten abgereist, gestern erhielten wir Nachricht von ihm aus Stettin. Er leidet sehr durch die grause Kälte. Reactionär ist alles rings um mich herum, obgleich sies nicht wissen, ich natürlich *schweige*. Zunz bleibt sich immer gleich,

---

91 Nicht nachgewiesen
92 Eduard von Bonin (1793-1865), preußischer Offizier (seit 1842 Oberst), befehligte 1848 das preußische Korps in Holstein; er wurde General, nachdem er am 23. April unter Wrangel die Dänen am Danewerk und bei Schleswig geschlagen hatte. Nach dem Waffenstillstand bei Malmö wurde er Befehlshaber der holsteinischen Truppen.
93 Nicht nachgewiesen

das wußte auch ich.[94] Warum schreiben die Freunde mir nicht? Reisen kann ich nicht, mir fehlt die Zeit, denn Raum würde ich mir schon schaffen, ganz in der Art Ihrer Sie liebenden alten Freundin Rahel de Castro.
Mein Brief an Steinheims ist schon fertig; ich schreib ihnen auch über den Bernhard.
Clara grüßt und grüßt und schreibt - nun an Steinheims und bald Ihnen - Ich frankiere für diesmal den Brief nicht, weil ich ihn in Altona auf die Post gebe, und ihn dann sicherer expediert glaube.

Altona, den 25. Januar 1849
Abends

Meine gute, geliebte Ludmilla!
Indem ich heute grade dabei bin der Doctorin Zunz[95] zu schreiben, wird mir Ihr Brief überbracht, den ich diesen Abend gleich beantworte und weder eine Entschuldigung voraus schicke, daß es flüchtig geschieht, noch daß ich die Einlage sende, und Ihre Güte zur Besorgung in Anspruch nehme. - Ich stelle mir vor, daß Sie einer Antwort von mir mit Sehnsucht entgegensehen, und was sie Tröstliches enthalten kann, will ich Ihnen deshalb nicht vorenthalten. Wie sehr mich auch Baisons Tod erschreckt hat, begreifen Sie leicht, denn ich dachte mir ihn, wohl unwohler geworden, weil die Ottilie seit dem 2ten Januar nichts hatte von sich hören lassen; aber ihn nicht in Gefahr, noch ahnend, daß der Ottilie so Schreckliches bevorstände.[96] Sie haben recht, die traurigen Ereignisse folgen rasch, und es ist schwer, den Mut dabei nicht zu verlieren, um so mehr für mich, die so gerne mal mit Frohen froh sein möchte und dabei auf Stunden den eigenen Schmerz gemildert zu sehen. Ich eilte gleich den nächsten Tag zu der Ottilie, oder vielmehr den dritten, denn erst am Sonntag Abend erfuhr ich Baisons Tod, und am Montage ging erst der Bruder David zu der Ottilie. Sie wünschen zu wissen, wie ich sie gefunden? Tief, tief betrübt, liebe Ludmilla, wie ich sie fast noch nie gesehen; doch sehr gefaßt und besonnen. Ich traf sie ganz allein, und nachdem ich mir Alles von ihr hatte erzählen lassen, fragte ich sie: was sie für die nächste Zukunft beschlossen habe, und ob sie bei der Madame Baison zu bleiben gedenke? Dies scheint ganz und gar ihre Absicht zu sein, sie meinte: wie es wohl anders sein könnte, da sie Alles so mit durchgemacht habe. - Wir haben sehr ausführlich über dies Thema gesprochen, und ich habe ihr gesagt, wie es der Bruder schon Tage zuvor ge-

---

94 Vgl. Anm. 2
95 In den Briefen Rahel de Castros nimmt Adelheid Zunz, die Ehefrau von Leopold Zunz, eine zentrale Rolle ein, wohingegen Adelheid Zunz «de Castro» nur als Randerscheinung ihrer Gesellschaft erwähnt. Vgl. Glatzer: «Leopold Zunz»: 193
96 Jean Baptiste Baison starb am 13. Januar 1849. Ottilie Assing veröffentlichte unter Pseudonym seine Biographie: «Jean Baptiste Baison. Ein Lebensbild, herausgegeben von einem Schauspieler», Hamburg 1851

than hatte: wenn ich ihr mit Rat und Tat beistehen könnte, so möge sie sich an uns wenden. Die Antwort war, da wäre durchaus nichts der Art zu tun, da sie ja mit den Sachen zu schaffen habe; eine Antwort, die sie auch dem Bruder gegeben. Sie war übrigens sehr liebevoll, und hatte mir sogar den Tag zuvor durch den Bruder ein hübsches Tuch als Geburtstags Angebinde gesandt; natürlich weil es schon längere Zeit bereit lag. Ich gehöre wahrlich nicht zu denjenigen, die sich das Wort abnehmen lassen, Ihnen Dinge zu verschweigen, die Ihnen in der Tat nahe genug angehen, und was ich erfahre, will ich Ihnen gewiß mitteilen. Aber bis jetzt weiß ich nichts - die Ottilie hat mir durchaus keine Confidation[97] gemacht, und daß die Welt behauptet, Baison habe ihr Geld bekommen, und dies sei verloren, das ist ein altes Stadtgespräch, das sich jetzt erneuert, ohne daß man wissen kann, was Wahres daran ist. Am 2ten Januar, wie sie, Ottilie, zuletzt hier war, hat sie es noch verneint - seit Baisons Tode habe ich sie nicht darum gefragt, und so weiß ich nichts darüber. - Auch überall nicht wie die Umstände und Verhältnisse bei der Witwe sind. Den Tag nach der Beerdigung war die Clara bei der Ottilie, da aber die älteste Tochter der Baison gerade ein ganz kleines porcellanes Obertäschen übergeschluckt hatte, eine Spielerei, winzig klein; ohne augenblicklichen Schaden, noch Unbequemlichkeit davon, man aber doch, und mit Recht, sehr besorgt war, nach der Apotheke lief, zum Doctor schickte, und dergleichen mehr; so hat Clara sehr wenig mit der Ottilie gesprochen. Seitdem wissen wir nichts von ihr; obgleich sie mir versprach, sehr bald zu uns kommen zu wollen, und überall öfterer - und heute hat sie mir doch wahrscheinlich Ihr Briefchen gesandt? Doch ohne Zuschrift von ihr. In diesen Tagen will ich wieder zu ihr gehen, und was ich Wesentliches erfahre, sollen Sie wissen.
Der arme Bernhard ist sehr, sehr zu bedauern, um so mehr da vor dem Friedenabschlusse für ihn nichts wird geschehen können.[98] Schade daß in Berlin nichts geschehen konnte, während Bonin dort war.
Ich las gestern wieder einen Brief an die Tante Hirsch von ihm, und sehe daraus, daß er der Ottilie geschrieben. Einen Brief für ihn finden Sie sobald wie möglich, es macht ihm Freude, und er bedarf dessen.
Steinheims sind wohl, Steinheim hat an Warburg sehr kürzlich geschrieben aus Rom.[99] Heute oder morgen haben sie meine Antwort. Daß wir einen sehr schönen Brief vom Onkel und der Tante Steinheim bekommen, erzählte ich Ihnen doch neulich schon? Viel Tröstliches und Liebes enthielt er. - Als Neuestes teile ich Ihnen mit, daß die Juden in Hamburg seit heute das Bürgerrecht erhalten haben.[100] In Berlin sieht es wie auf einem Maskenballe aus. Alles ist en masque. Ich habe

---

97 Lateinisch: Bekenntnis
98 Am 26. August 1848 wurde der Waffenstillstand von Malmö geschlossen.
99 Moritz Warburg war von Steinheim als Geschäftsführer in Altona eingesetzt.
100 Die Juden in Hamburg erhielten mit Wirkung vom 21. Februar 1849 die politische und wirtschaftliche Gleichberechtigung durch Annahme der Grundrechte, wie sie die Paulskirche definiert hatte. Der Beschluß ist wohl im wesentlichen auf Riessers Wirken in der Nationalversammlung zurückzuführen. Vgl. Anm. 74

für Deutschland wenig Hoffnung mehr, eigentlich nur für die Zukunft, die ich viel-leicht nicht mehr erleben werde.-
David kommt bald, und Clara eilte mich von dem Augenblick an, wo sie meine Vorbereitung zum Schreiben sah. Deutschland ist nicht frei, die Freiheit erfreut keines Menschen Herz, so recht con amore, aber niemand ist gefesselter als
Ihre arme tief betrübte Freundin
Rahel de Castro
die Ihnen so gerne noch Vieles sagen möchte, einen schönen ungestörten Abend vor sich hat, und wie auf Nadeln sitzt, und Krähenfüsse statt Buchstaben schreibt. Adieu au revoir
N.S. Sollte dieser Brief wieder unfrankiert kommen, so entschuldigen Sie es, dann hatte ich keine Gelegenheit ihn nach Hamburg zu senden. Schicken Sie mir wieder unfrankierte Briefe, und bald und oft.

Altona, den 21. Februar 1849

Meine liebe, gute Ludmilla!
Ihr Brief an den Bernhard kam recht gelegen, denn es fand sich zugleich eine Gelegenheit zum Versenden, und nicht geringes Vergnügen wird er dem armen Gefangenen verursacht haben, bei dem die Freude wohl jetzt eine seltene Erscheinung ist. Auch die Ottilie hatte mir ein Briefchen für ihn mitgesandt, und ich fügte dem Allen einige Zeilen von meiner Hand bei, deren es diesmal nur weniger bedurfte. Ottiliens Brief trug das Gepräge ihrer Seelenstimmung, er war düster und traurigen Inhalts, wie ihr Gemüt. Und wer kann einen solchen Zustand wohl besser fassen wie ich, da auch ich weiß und es tief schmerzlich empfinde; daß das Grab nichts wieder heraus gibt. Die Ottilie war am 8ten Februar bei uns, und wir verlebten einen traurigen Tag und Abend zusammen. Für sie kann man wirklich nichts tun als den Dingen dort ruhig zusehen, und hoffen, daß sie sich für Madame Baison pecuniär günstig gestalten. Dazu rechne ich, daß durch Unterschriften der Hamburger Coryphäen unter den Kaufleuten, die Summe zusammengebracht werde, um die halbjährig rückständige Gage der Schauspieler, zu bezahlen, und daß sie dann das Ganze so vorteilhaft als möglich verkaufe, und sich mit dem Erlös zurückziehe. Ich bin nicht Ihrer Meinung, daß es am besten für die Madame Baison und die Ottilie sei, wenn sie das Theater behält. Die gewohnten Beschäftigungen, die in ewigen Plackereien bestehen, sind die bitterste Lebensprosa, geisttötend, und die arme Ottilie ging ganz dabei unter. Die Kunst liegt vielleicht überall im Argen, in Hamburg ist es ganz und gar der Fall, und ich glaube nicht, daß das Theater sich wieder hebe, unter den Zuständen der Jetztzeit gewiß nicht! Es sieht mir aber leider nicht danach aus, daß sich hinreichende Unterschriften finden lassen werden - Glauben Sie mir, Ottiliens Zukunft erfüllt mich mit Sorge, sie kommt mir nicht aus dem Sinne, und das ist eine Zutat zu meiner eigenen trüben Stimmung!
Ihre Zuschrift war mir, wie immer, eine liebe Erscheinung. Sie sind so regen Geistes, so lebensfrisch, daß Sie mir wohltun. Ich bedarf dergleichen, und wo ich es finde, nehme ich es gerne und freudig auf, weshalb ich Sie auch sehr bitte, an

Ihren Correspondenztagen meiner zu gedenken, und aus Liebe zu mir, ein Stündchen länger am Schreibtisch zu verweilen. Heute habe ich Posttag, und ehe ich die Feder weglege, komme ich, wie figure[101] zeigt, zu Ihnen. Die Clara schreibt Ihnen auch, und ich freue mich recht, daß unsre Briefe Ihnen den Geburtstag nicht verdorben, denn heiteren Inhalts ist noch nichts aus meiner Feder geflossen, seit ich sie in Oevelgönne zuletzt, noch hoffnungsvoll, gebrauchte. Der Verlust einer Mutter, einer solchen Mutter, ist un-ersetzlich! Die Liebe macht sich ewig fühlbar! Ich hoffe viel vom Frühling und vom Landleben für mich!

Abends

Heute ist in Hamburg der entscheidende Tag gewesen, der die Juden-Emancipation ganz völlig durchgebracht hat; es war endlich Zeit. Die Constituante macht sich gut, wenn nur diejenigen, die sich die Patrioten nennen, die patriotische Versammlung, die freie Gesetzgebung nicht zu binden versuchten. Ich bin überall nicht so mutig wie Sie, liebe Ludmilla, und halte die Mehrzahl der Menschen für reactionär; und besonders deshalb, weil die eigentliche Volksstimme noch lange nicht durchdringen wird. Wenn die Schulfrage erst einmal geordnet, und dem Volke das gibt, was ihm zukommt und mangelt, dann wird es im Besitze der Ausbildung seiner Freiheitsideen, der Freiheit den Sieg ganz rasch erringen. Denn die unpolierte scheint der Gegenwart nicht ächt, weil sie nicht glänzt und ihnen zu derbe ist, und mit Fäusten drein schlägt. Die Zahl der gebildeten Freien ist zu klein, um mit ihrem derben aber braven Cortège[102], durchzudringen in die glänzende, glatte Gesellschaft der Reaction. Geben Sie dem Volke das rechte Gleichgewicht, und der Sieg ist unser. Zunzens Rede habe ich gelesen, sehr schön und wahr, er hat sich selbst darin mit seiner ehrlichen noblen Gesinnung ausgesprochen, consequent das Ziel verfolgend.[103] Wären solche Männer nur nicht so seltene Erscheinungen!

Die Wahlen für die zweite Kammer sind in Berlin in der Tat glänzend ausgefallen, sie machen der Stadt Ehre, durch die dort vorherrschende Gesinnung, aber in den Provincen steht es anders.[104] Dort sind die Wahlen käuflich - spricht das nicht für meine obige Bemerkung? Die Zukunft wird noch große Kämpfe mit sich bringen! Es wird noch oft die Sonne untergehen, ehe ich eines schönen Tages aufwachen und mir ein großes Stück Freiheit zum Fenster hereinscheinen wird. Ich habe den Mut sehr verloren, wenn sich mein Blick nach Frankfurt richtet, ich bin ganz entmutigt, wenn ich nach Österreich sehe und England, Rußland, ja selbst Baiern, flössen mir Sorge und Schrecken ein. Ich kann mein Deutschland nicht aufgeben, aber ich hoffe wenig für seine Einheit, da es in sich so uneins ist. [durchgestrichenes Wort] Das ist wahr. Die Freiheit ist nicht zu vertilgen, weil sie

---

101 Französisch: Ausschmückung, Redewendung.
102 Französisch: Ehrengeleit.
103 Vermutlich verweist Rahel de Castro auf die Rede, die Zunz am 22. März 1848 in Berlin anläßlich der Beerdigung der Opfer der 1848er Revolution gehalten hatte: «Den Hinterbliebenen der Märzhelden Berlins».
104 Wahlen für die Zweite Kammer in Berlin.

die Wahrheit ist, und sie wird dereinst hell zum Vorschein kommen und den Nachkommen eine Leuchte werden. Wir müssen sie deshalb erkämpfen, wenn es gleich mancher von uns nicht mehr erleben wird, daß sie sich Bahn gebrochen, und keine Reaction je wieder auftauche. Deutschland ist wie mit in Erz gegossenen Buchstaben in mein Herz geschrieben, es bleibt eben deshalb dieses Herz, weil das Erz so fest und tief einschneidet.

Von Steinheims erwarten wir Briefe - Sie wissen, daß der Bernhard ein Gefangener in Glückstadt ist. Kommen werden sie zum Sommer nicht; sie schreiben die Lücke wäre zu groß die sie in Altona finden würden. Ob sie in Rom bleiben? wird der nächste Brief lehren; einstweilen wird ja dort der erste Act einer Republik aufgeführt, wie das Ende dort sein wird, weiß ich nicht, ich aber bin schließlich beharrlich in der Gesinnung, die Sie an mir kennen, und die auch beständig bleibt in der Freundschaft für Sie.

Ihre Rahel de Castro

Altona, den 31. März 1849

Geliebte Ludmilla,

Aus einigen flüchtigen, aber portofreien, Zeilen, mache ich mir kein Gewissen, ich betrachte sie als ein Lebenszeichen, wodurch ich Sie freundlich grüße und dem Verlangen nachgebe, Ihnen im Geiste die Hand zu drücken. Es fehlt mir heute eigentlich Alles was zum Schreiben gehört. Zeit, Papier, Licht, denn es ist die Dämmerung schon stark eingetreten, nur nicht die Lust mich mit Ihnen zu unterhalten, die ist im Gegentheil sehr lebhaft vorherrschend, da ich alle Schwierigkeiten bekämpfe.

So ist denn in Frankfurt der König von Preußen zum Kaiser von Deutschland gewählt.[105] Es hat mich nicht überrascht, ich sah es ankommen, dieses erbliche Kaiserreich - und was nun? Was überall? Was sagen die Unsrigen in Berlin? Man lebt in ewiger Spannung. Wissen Sie, ich hoffe nichts Großes, d. h. nichts für die nächste Zukunft, ich fürchte für diese sogar Manches. Hier in Altona sieht es kriegerisch aus. Es wimmelt von fremden Truppen, und dennoch glaube ich nicht an einen Krieg mit Dänemark, sondern befürchte einen schimpflichen Frieden. Schreiben Sie mir doch bald, und viel, und nicht in der Dämmerung und à la Rahel de Castro. Luttermersk, Rehwald[106] und noch 5 Soldaten sind von der Zuchthausstrafe befreit, und mit Festung begnadigt, aber auch zu Festungsarbeit verdammt. Er ist aber sehr froh, denn er schreibt er sei wieder in seine bürgerlichen Rechte eingesetzt. Von Steinheims hörte ich lange nichts. An Warburg schrieb der Onkel vor 5 Wochen, sie würden den Frühling nach Sorrento gehen; hier kommen sie nicht her, denn die Lücke sei zu groß. Madame Baison tritt diesen Abend in

---

105 Die Wahl fand am 28. März 1848 statt; Friedrich Wilhelm IV. lehnte die Kaiserkrone ab
106 Nicht nachgewiesen.

der Großmama auf. Die Sachen sind ja nun recht günstig für sie arrangiert. Nun hoffe ich auch die Ottilie öfterer wieder zu sehen. Neulich war ich bei ihr, ein Stündchen. Madame Hirsch ist gekommen, ich sehe auch kaum einen Buchstaben mehr. - Den 1ten Mai ziehe ich mit Abensurs nach Oevelgönne. Ich schreibe Ihnen vorher noch.
Rahel de Castro

Oevelgönne, den 7. Mai 1849

Diesmal lasse ich mich lange erwarten, hoffe aber wenn meine Antwort Sie, liebe Ludmilla, nach vierzehn Tagen erreicht, daß die Schwägerin Anna und der Bruder eine erfreuliche Zugabe der so lang verzögerten sein werden, und durch diese werden Sie wahrscheinlich erfahren wie ich den Winter verlebt habe. Die Tage verflossen mir sehr still und einfach und rasch genug, wenn ich bedenke, daß die Mutter bereits seit einem halben Jahre in kühler Erde gebettet ist, wo die Hülle ruht, nachdem sie die Seele befreit von so manchen irdischen Mühen und Sorgen, und der entfesselte Gottesfunke vielleicht von einem der schönen funkelnden Sterne, die Abends so hell und freundlich scheinen, auf mich herabblickt, und den tiefen Schmerz um die Verklärte eine mildere Färbung verleiht. Ja, liebe Ludmilla, meine Trauer hat eine andere Gestalt gewonnen, sie ist stiller, in sich gekehrter, und erlaubt mir einen freieren Blick nach Außen, wohin sich meine ganze Teilnahme wendet, die es nicht zuläßt, daß ich mich von der Welt und den Ereignissen der Zeit, der so sturmbewegten, lossage. Seit dem 1ten Mai bin ich hier, wo ich den Frühling im vollen Leben und Keimen vorfand, mit den Blütenknospen der Obstbäume, dem frischesten Grün und der schmetternden Nachtigall und zu allen diesen Herrlichkeiten das schönste Wetter, den heitersten Sonnenschein! Und doch wie öd und leer ist es hier, wo sie nicht mehr ist, für die ich seit so vielen Jahren lebte, atmete und auf die sich Alles bezog, was die Natur hier Schönes und Erfreuliches bot; denn wer verstand es besser wie die Mutter alles dessen froh zu werden und es Andern anschaulich zu machen. Selbst unter vielfachen Leiden im vorigen Sommer wie teilnehmend war sie noch für Alles, und wie ging ihr ganzes Streben dahin, daß wir es noch nach ihrem Tode geniessen sollten! Der Gedanke erfüllt mich mit tiefer Wehmut, indessen ich halte es für eine schöne Pflicht, es nun auch in diesem Sinne zu genießen, und der schönen Landwohnung froh zu werden. Ich fühle mich seit ich hier bin, trotz der großen fühlbaren Lücke wohler; ich schlafe besser und habe auch mehr Appetit. Bis wir uns wiedersehen bin ich auch hoffentlich wieder etwas stärker geworden, und Sie finden äußerlich die alte Rahel de Castro wieder, wie sich im Innern die alte Freundschaft für Sie erhalten hat und unverändert geblieben ist. Ich sehe Sie schon im Geiste wie Sie die Straße von Eimsbüttel nach Oevelgönne entlang gehen, und hier angelangt die hiesigen Badekarren benutzen um in die Elbe zu tauchen und Frische und Stärke anstatt Schätze und Perlen aus dem herrlichen Strom mit auf die Oberwelt zu bringen, und flüstern Ihnen die Wassernixen ihre Geheimnisse zu, so leihen Sie den nassen Wassergöttinnen eine Sprache, und teilen Sie der Welt und Nachwelt mit, wie es dort unten im Zauberlande aussieht.

Manche Herzenswunde hat wohl dort ihr Grab gefunden, und es böten sich gewiß Stoffe genug.

Ich besuche Sie, auch zuweilen in Eimsbüttel, ich bin jetzt eine gute Spaziergängerin, ich habe meine Kräfte diesen Winter sehr geübt; Sie kommen mir dann verabredetermaßen eine Strecke entgegen, oder begleiten mich auf dem Heimwege; und so leben wir ein Stückchen Sommer miteinander, der immer sein schönes und Gutes hat, wenn gleich Krieg und getäuschte Hoffnungen ihn sehr verkümmern. Wie mißlich sah es um die deutsche Einheit aus! und wie lange wird es noch dauern bis der Morgen tagt, wo mir, nach Ihrer Verheißung, ein heller Strahl Freiheit beim Erwachen in das Fenster scheinen sollte? Ja, der Morgen wird anbrechen, aber vielleicht erst mein Grab beleuchten! Der Moment ist verfehlt, im Frühling 1848 hätten das Volk und die Volksrepräsentanten sich nicht sollen täuschen lassen. Die Fürsten hängen zusammen wie die Kletten. Ich wünschte niemals für Deutschland eine erbliche Kaiserkrone, oder einen Kaiser ohne Krone; glaubte aber doch, daß sie, oder der Titel mit Freuden acceptiert werden würde. Indessen so viel und so wenig ich auch von der preußischen Regierung erwartet habe, dieses Zusammenhalten mit den andern Großmächten, es übersteigt meine Erwartung! Die Frankfurter Deputierten, worunter der verstimmte Riesser war, hätten nur nicht erst diniren sollen, sondern gleich abreisen müssen, nachdem sie dem König geantwortet, daß sie die Sache als eine vollkommene Ablehnung betrachteten, weil Bedingungen die Wahl vernichteten. So hätten sie das Parlament würdig vertreten, das sich jetzt consequent zu betragen anfängt, und ja durch 28 Staaten, und im ganzen Volke Anklang findet.[107] Ich fürchte es wird noch viel Blut kosten! Ein Bürgerkrieg wäre schrecklich, wie ich überall den Krieg als eine Ausgeburt jedes, aber besonders unsers jetzigen, in Bildung und Cultur so fortgeschrittenen Jahrhunderts, betrachte. Die Auflösung der Kammern in Berlin und Dresden. Die Unruhen in dem sonst so freundlichen Dresden, wo, wie ich glaubte, Natur und Kunst das politische Leben gefesselt hielt, wohin kann das führen, als zum Blutvergießen?[108] Ungarn könnte uns retten, wenn es in Italien nur besser ginge. Doch wer kann sich eines Urteils erkühnen in dieser Zeit, wo Alles kopfüber geht; ich meine dies nicht in dem Sinne der Gemäßigten, die die Ruhe um jeden Preis zu erkaufen wünschen. In Schleswig-Holstein geht die Sache ganz vortrefflich, ich fürchte, nach den Siegen der Unsrigen, keinen schimpflichen Frieden mehr; aber ich wünsche einen befriedigenden und hoffe wir erlangen ihn bald. Die Bundestruppen sind ja jetzt in Jütland eingesetzt, denn sonst ist den Dänen nicht beizukommen, und gelänge es Alsen zu bekommen, so wäre ihr Reich in Schleswig ewig zu Ende. Es ist ein Glück, daß die Unsrigen im Besitz der Düppeler Schanzen sind, denn nun können die Dänen von Alsen aus nicht wieder in Schleswig eindringen. Geschlagen können sie nur in Jütland werden, und, auf die-

---

107 In der Kollektivnote vom 14. April 1849 erklärten 28 deutsche Regierungen die bedingungslose Anerkennung der Reichsverfassung sowie die Zustimmung zur Kaiserwahl.
108 Im Mai 1849 kam es in Preußen, Sachsen, der Pfalz und Baden zu Unruhen, die schnell niedergeschlagen wurden.

se Weise, gezwungen die Blockade aufzuheben. Ein Sohn des Apothekers Zeise ist bei der Eroberung der Düppeler Schanze gefallen, nicht der Dichter.[109] Der arme Vater! - Schmerling war in Hamburg und an der Börse, wo man ihn ausgepfiffen hat. Abends brachte man ihm eine Katzenmusik.[110] Unser sonst so philiströses Hamburg hat sich sehr verändert, es regt sich dort in allen Beziehungen gewaltig.
Die Ottilie war gestern vor acht Tagen bei uns in Altona, blieb aber nur bis zum Abend, da sie mit der Madame Baison ins Thalia Theater gehen wollte. Den Tag zuvor hatte ich sie in ihrem Hause gesehen, und wir haben viel miteinander gesprochen. Sie sieht noch immer blaß und abgemagert aus, ihre Stimmung hat sich etwas gehoben, sie ist viel im Freien gewesen, hat auch die Madame von Halle[111] einen Abend besucht und brachte am Sonntage ehe sie zu uns kam, der jüngsten Tochter des Dr. Stinzing ihre Gratulaion. Die Mathilde ist seit 3 Wochen mit einem Preussen verlobt, der im vorigen Sommer bei ihnen im Quartier lag, ein Officier, der jetzt sich vom Militair freigemacht, und ein Gut in Schlesien, in der Nähe von Glogau, gekauft hat. Ein junger hübscher und wahrscheinlich sehr reicher Mann. Was die Ottilie betrifft, so freut es mich, daß sie die alten Freunde wieder aufsucht, die Zeit wird das ihrige thun. Sie ist noch jung genug, um ein neues Leben zu finden; suchen wird sie es nicht. Madame Baison hat in der Großmama sehr gefallen, wie ich es allgemein höre; man gibt ihr nur keine ordentliche Stelle. Das Theater liegt überall im Argen, und mit der Verkaufssumme sieht es langwierig aus, erst in 8 Jahren wird sie, unter den günstigsten Umständen, abgetragen sein.
Von Steinheims haben wir keine Nachrichten wissen, aber durch Warburg, dem er als seinem Geschäftsführer geschrieben, daß sie nun entschlossen sind, sich gänzlich in Italien niederzulassen und deshalb ihre Sachen, die in Heidelberg verpackt stehen, von dort herkommen lassen; ob sie auch während des Sommers dort bleiben, weiß ich nicht, da ich Warburg, ja selbst meinen Bruder, dem er es erzählt, noch nicht gesprochen, es sind dies nämlich die neuesten Nachrichten. Bernhards Lage hat sich wohl verändert, aber nicht eben verbessert. Er muß täglich 8 Stunden Erdarbeiten machen, aber auch häusliche Geschäfte verrichten, wie z. B. scheuern, Straßen fegen etc. und bekommt sehr schlechte Nahrung, die er aus eigener Casse verbessern kann. Es ist nur in Friedrichort nicht viel zu haben; dabei ist er die bête noire des Commandanten der Festung, der ihn in seinem ultra Absolutismus sehr chikaniert. Er hat an den ihm sehr freundlich gesinnten Mit-

---

109 Vgl. Anm. 63
110 Anton Ritter von Schmerling (1805-1893) wurde 1848 zunächst österreichischer Bundespräsidialgesandter in Frankfurt, dann Mitglied der Frankfurter Nationalversammlung sowie Reichsminister des Innern und Reichsministerpräsident.
111 Madame von Halle wird bei Meyer Kayserling als «hochgebildete Salonière» bezeichnet, deren wissenschaftliches Streben in ganz Berlin bekannt war. In: Ders.; «Die jüdischen Frauen in der Geschichte, Literatur und Kunst», Leipzig 1879 (Reprint: Hildesheim-Zürich-New York 1991: 229)

red[akteur] der freien Presse Dr. Beck geschrieben[112], um ihn zu veranlassen, durch den einflußreichen [Zeilenende fehlt] hausen seine Festungsarbeit in Festungsarrest zu verwandeln, was aber auch ohne [Zeilenende fehlt], wie er mir zuletzt schrieb; wobei mir einfällt, daß ich ihm längst hätte antworten müssen.

Für die mir empfohlene Lectüre, sage ich Ihnen meinen herzlichsten Dank. Jane Eyre hatte ich bereits, und mit Vergnügen gelesen; ein hübscher Roman mit hübschen Tendenzen und guter Charakteristik.[113] Die Memoiren von Caussidière[114] habe ich jetzt, die einen sehr interessanten Blick in die Zeit der Februarrevolution geben. Bei den confidences vom Lamartine[115] bin ich noch nicht, weil ich dabei bin seinen Raphael[116] zu lesen, denn es gibt ja Regentage wie heute - den ich nun lieber für diesmal zum Schreiben benutze. Gottschalls Bekanntschaft habe ich in seiner Marseillaise gemacht[117], die ich mit großem Interesse gelesen, seine Gedichte kenne ich noch nicht, höre aber von allen Seiten sie rühmen, und das einige davon entzückend schön sind. Ich freue mich in unserer Nähe einen so bedeutenden Dichter zu wissen; vielleicht lerne ich ihn noch persönlich kennen, was nicht mehr bei und durch die Ottilie geschehen kann. Hier in Oevelgönne lebt Gurlitt für den Sommer[118], es ist hier überall sehr lebhaft und sind nette Leute rings um uns herum. Ich lebe mit dem Schwager, der Schwester und den Kindern still und in Frieden, und das genügt mir. Abensur reist Mittwoch über acht Tage nach Braunschweig, jetzt ist er in Altona, besucht uns aber täglich. Jacob, der Reisende par excellence, ist längst fort, da er aber im Juli zurückkehrt, so sehen Sie ihn bei uns. Ein liebes Gemüt, aber über Politik darf unsereins nicht mit ihm sprechen, seine Ansichten sind zu abweichend.

Mündlich mehr von mir, wollen Sie noch mehr Schrift sehen, so antworten Sie rasch Ihrer alten Freundin

Rahel de Castro

---

112 Nicht nachgewiesen.
113 Charlotte Bronte: «Jane Eyre», London 1847
114 Marc Caussidière: «Mémoires», Paris 1848
115 Alphonse Marie Louis de Lamartine: «Les Confidences», Paris 1849
116 Vermutlich stand Rahel de Castro die englische Fassung des Werkes zur Verfügung, da die französische erst 1850 erschien. Ders.: «Raphael, or pages of the book of life at twenty», London 1849. Frz.: Raphael: «Pages de la vingtième année, illustré de six magnifiques eaux-fortes par Tony Johannot», Paris 1850
117 Rudolf Carl von Gottschall: «Die Marseillaise. Ein dramatisches Gedicht in 1 Akt», Hamburg 1849
118 Johann Friedrich Karl Gurlitt (1802-1864) war lutherischer Theologe und seit 1833 Pastor zu Billwerder. Er veröffentlichte zahlreiche Beiträge in den «Theologischen Studien und Kritiken»

Die Cassutos und ihre Bibliothek

Margreet H. Mirande de Boer (Amsterdam)

Dank der Sammeltätigkeiten meines Urgrossvaters J. Cassuto steht mir eine verhältnismässig umfangreiche Sammlung äusserst seltener spanisch-portugiesischer Judaica und Hebraica (Handschriften und Bücher, letztere teilweise unica) zur Verfügung, welche Sammlung gegen 1660 in Hamburg von einem portugiesischen Juden angelegt wurde (Alfonso Cassuto 1931: 326)

Vorgeschichte

Einige Jahre nach seiner Ankunft in Hamburg konnte der Jehuda de Mordechai Cassuto (1808-1893)[1], Hazzan der Portugiesisch-Jüdischen Gemeinde Bet Israel in Hamburg, aus dem Nachlaß der Familie Namias wertvolle sefardische und judaistische Bücher und Handschriften erwerben, darunter einige in Amsterdam gedruckte hebräische Gebetbücher sowie zahlreiche Manuskripte aus dem 18. Jahrhunderts Zusammen mit den Nachlässen der Familien Abudiente, Castro, Pardo, Leao, Bravo, Sealtiel und Namias[2] sowie dem Ankauf von seltenen liturgischen Büchern und Manuskripten wurde so der Grundstock für die spätere Sammlung Cassuto gelegt. Die mit großer Sachkenntnis und Liebe zusammengetragene Büchersammlung blieb über vier Generationen im Besitz der Familie Cassuto. In jeder Generation fand sich jemand, der sich für die Geschichte und Kultur seiner Vorfahren interessierte. Und jede Generation erweiterte nach Kräften die Sammlung:

> Die portugiesisch-jüdische Familie Namias in Hamburg, deren Mitglieder in verschiedenen Generationen Hazanim wa-

---

[1] Vgl. *Jewish Cronicle* vom 17. März 1893 und Jewish Encyclopaedia (New York) 3: 605
[2] Joseph Namias gilt als Begründer der umfangreichen Sammlung. Aus dem Nachlaß von Michael de Joseph Namias erwarb Jehuda Cassuto 1835 seine für damalige Zeit umfangreiche Bibliothek von spanischen, portugiesischen und hebräisch-sefardischer Drucken und Manuskripten; apud Cassuto 1927-1933: 55

ren vererbten ihre religiösen jüdischen spanischen und hebräischen Bücher auf ihre Nachkommen. Durch Heirat erweiterten sie ihre Sammlung. Um 1836 herum erwarb mein Urgroßvater Jehuda Cassuto (1808-1893) aus dem Nachlaß der Eheleute Michael Namias (1763-1836) und der 1828 verstorbenen Ester geborenen Mendes da Costa, Tochter des Jacob Mendes da Costa (Amsterdam 1710 - Altona 1780) in. Wandsbek[3]

Nach dem Tode von Isaac Cassuto (1848-1923), der nicht nur die Sammlung kontinuierlich ausgebaut hatte, sondern sich auch um die Erforschung der Geschichte der Hamburger Portugiesen verdient machte,[4] kam die Sammlung in den Besitz seines ältesten Sohnes Jehuda Leon (1878-1953).[5] Dieser hatte wenig Zeit, sich um die Sammlung zu kümmern, und überließ sie deshalb seinem einzigen Sohn Alfonso. «Leider hatte ich mich nie besonders mit jenen wertvollen Büchern abgeben können, weil mir eben die Zeit dazu fehlte [...].[6] Was er aber an Zeit nicht aufwenden konnte, machte er mit größeren Geldbeträgen wieder gut, so daß in der Mitte der zwanziger Jahre die Sammlung mehr als 400 Titel umfaßte, vor allem Werke der liturgischen Literatur.

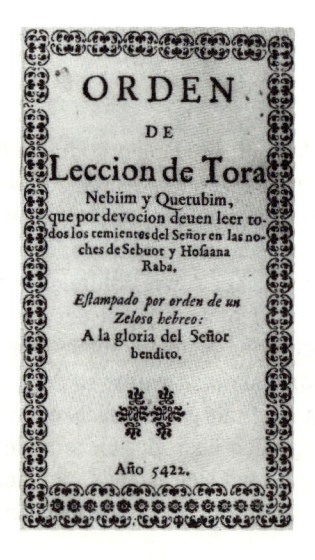

---

[3] Alfonso Cassuto «Meine Bibliothek» (Manuskript). Alfonso und Jehuda Leon Cassuto haben zwei Verzeichnisse ihrer umfangreichen Bibliothek zusammengestellt: *Alphabetisches Buecher-Verzeichnis dere Judaica & Hebraica* (Hamburg o.J.) und «*Bücherverzeichnis*» (Verkaufskatalog, Lissabon ca. 1974; 1609 Nummern),
[4] I. Cassuto 1908-1920
[5] Nachruf im *Hamburger Abendblatt* vom 1. Oktober 1953; vgl. auch Jehuda Leon Cassuto: Erinnerungen [Manuskript in der Bibliotheca Rosenthaliana]
[6] Jehuda Leon Cassuto: Erinnerungen

Ex libris Jehuda Leon Cassuto

Neben zahlreichen Amsterdamer Drucken in spanischer und portugiesischer Sprache aus der Zeit zwischen 1500 und 1800[7] gibt es wenige und darum um so kostbarere spanische und portugiesische Drucke aus Hamburg.[8] Dazu kommen zahlreiche Dokumente zur Geschichte der portugiesischen Gemeinde in Hamburg sowie religiöse Literatur aus den sefardischen Gemeinden Livorno, Venedig und London und portugiesische Drucke mit Auto-da-Fé-Predigten. Jehuda Leon Cassuto hinterließ bei seinem Tode im Jahre 1953 eine Büchersammlung von fast 1100 Nummern.[9] Nach der Emigration der Familie Cassuto nach Portugal, 1933, waren vor allem portugiesische Judaica und Hebraica gesammelt worden.

Unter Alfonso Cassuto (1910-1990)[10] wurde die Bibliothek schließlich zu einer ausgesprochen sefardischen Sammlung von ungefähr 1500 Nummern: 563 alte Drucke, Ausgaben des 19. und 20. Jahrhunderts, Sekundärliteratur, Reprints und bibliographische Werke, weiter ca. sechzig Handschriften, Einblattdrucke, Dokumente, Briefe und Porträts. Von manchen Nummern gibt es mehrere Du-

---

[7] Zwischen 1550 und 1820 wurden mehr als 700 spanische und portugiesische Bücher, Pamphlete, Traktate etc. in den Nordniederlanden gedruckt, davon über 4/5 von und für die Sefardim. Vgl. Harm den Boer 1988: 97 und Harm den Boer 1992

[8] Über die in Hamburg gedruckten Sefardica sind wir noch immer unzureichend informiert. Siehe auch Cassuto 1927 und Studemund-Halévy 1991

[9] Cassuto 1955

[10] Zur Person siehe Manuel Baptista: Ein Pionier der Judaistik in Portugal. Zum Tode von Alfonso Cassuto. In; *Tranvia* 19, 1990: 53-54; Manuel Baptista: (Nachruf) in: *Jornal de Letras, Artes e Ideias* vom 30. Januar 1990; Manuel Cadafaz de Matos: In Memoriam Alfonso Cassuto (1910-1990). In: *Studia Rosenthaliana* 24, 1990, 1: 7-9; Michael Studemund-Halévy / Peter Koj: Zakhor. In: *Tranvia* 28, 1993: 35-40

bletten. Die von ihm gemachten Abschriften wichtiger Gemeindeprotokolle befinden sich heute in der Bibliotheca Rosenthaliana.[11] Seit dem Verkauf der Sammlung an die Bibliotheca Rosenthaliana im Jahre 1974 werden die Drucke und Handschriften allmählich in den umfangreichen Bestand dieser berühmten Bibliothek integriert.[12] Der alphabetische Katalog und Standkatalog der Sammlung Cassuto befinden sich in der Bibliotheca Rosenthaliana und steht den Besuchern der Amsterdamer Universitätsbibliothek zur Verfügung.

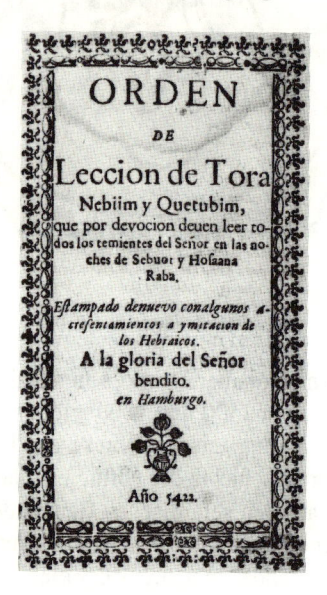

Alte Drucke und Handschriften

Der Hauptbestandteil der Sammlung Cassuto besteht aus 563 seltenen oder einmaligen Drucken und Handschriften. Hier sind vor allem zu erwähnen: 203 nordniederländische und 16 südniederländische Drucke, 179 portugiesische Drucke sowie 181 Drucke aus europäischen Städten mit einer sefardischen Druckerei oder

---

[11] Hs.Ros. 632: «Livro dos Difuntos em 9. Tisry do A.°˙ 5530: q^e corresponde a Era Vulgar A.° 1769. Altona K. K. Beth Jahacob Acatan do que no A.° se Transporto o nomen deste K. K. Neve Salom que D^s Guarde. Contem Tambem as Ascavot, Aniversarios as de Iegum, dos Legados, da Noite de Kipur, Da Pellamanha, & da Tarde de Kipur para os Hahamim q., G. D. Gloria [1769-1887]; Abschrift aus dem Jahre 1931, 78 S. [19-96]; Hs. Ros. 645: «Livro de Nacimentos Comesado / no Aô 5529 Em 13 Sivan Que correspon° Com 19 Junho a Era Vulgar do A.° 1769 / Altona K. K. Beth Jahacob A Catan» (1769-1877); Abschrift aus dem Jahre 1931, 74 S. (23-96); vgl. Mirande-de-Boer 1986

[12] 1972 schrieb Alfonso Cassuto über seine Sammlung: «In fast 50-jähriger eigener, ständiger Sammeltätigkeit habe ich nun manches seltene Stück hinzu erwerben können, von denen ich einige wenige, die mit Holland (besser gesagt mit Amsterdam) in Verbindung stehen, nachstehend ganz kurz beschreiben will.» (Cassuto 1972: 215); siehe auch Mirande de Boer 1986

einer sefardischen Gemeinde, darunter auch Hamburg. Die Manuskripte stammen größtenteils aus Spanien und Portugal und sind in der Regel in spanischer und portugiesischer Sprache erfaßt, dazu kommen noch einige hebräische Handschriften.[13]

Ex libris Alfonso Cassuto

Die nordniederländischen Drucke

Die Amsterdamer Drucke sind vor allem religiöser Art. In spanischer Sprache sind es vor allem Gebetbücher, Bibeltexte, Traktate, Predigten, in Portugiesisch meist Predigten, in Hebräisch Gebetbücher und Bibeln. Unter den Büchern mit täglichen Gebeten in spanischer Sprache, die im 17. und 18. Jahrhundert in vielen Auflagen erschienen sind, befindet sich ein seltenes Büchlein, das bis 1913 in der Bibliographie nicht erwähnt wurde.[14] Alfonso Cassuto zählte es zu seinen kostbarsten Drucken:[15]

---

[13] Mirande de Boer 1986; Schrijver 1986
[14] Neves 1913: 31; Harm den Boer 1988: 127
[15] Cassuto 1972: 220

[1]

Orden / De las Oraciones / COTIDIANAS / Por estilo sequido y corriente con las de Hanucah / Purim, y Ayuno del solo. / Como tambien de las tres / Pascuas, de Pesah, Sebuoth, / y Sucoth. / Impresso en / Amsterdam. / En Casa, y á Costa, de / DAVID TARTAS. / Año 5441 (früher Cass. 63).

Das kleine Buch ist zusammengebunden mit einem Kalender für die hohen Festtage:

[2]

CALENDARIO / De Ros-Hodes / FIESTAS / y / AYUNOS, / Que los Hebreos celebran / cada año, Con la declaracion porque / las guardan, y la razon por / que ayunan; desde el año / de 5441. à la criacion del / mundo, hasta 5471. que / corresponden con el vulgar / desde 1680. hasta 1710. / EN AMSTERDAM / En Casa de David Tartas

Ishac Athias, Verfasser der folgenden Predigtsammlung, war *Haham* der ersten Synagoge in Hamburg. Der THESORO ist der zweite Druck der 1627 in Venedig zum erstenmal veröffentlichten Sammlung. Dieses Exemplar stammt aus dem Besitz der Hamburger Portugiesenfamilie Namias und trägt die Katalognummer 481:[16]

[3]

THESORO / DE / PRECEPTOS / ADONDE SE ENCIERRAN / las joyas de los Seys cientos y treze pre -/ ceptos que encomendó el Se - / ñor a su Pueblo israel. / CON SV DECLARACION, / Razón, y Dinim, conforme a la verdadera Tradicion, recebi - / da de Mosè y enseñada por nuestros sabios / de gloriosa memoria. / Dividido en dos Partes, La primera de los Affirmativos, y la / segunda de los Negativos, con dos tablas muy cupiosas. / Por el excelente y doctissimo Señor / R. ISHAC ATIAS. / Su memoria para bendicion.
Estampada la primera vez en Venecia con aprovacion general de todos / los Señores Hachamim, y agora nuevamente en la Officina de / SEMUEL BEN ISRAEL SOEYRO. / En AMSTERDAM. / Año 5409 (1649)

Der Verfasser des folgenden Buches ist Jahacob Jehuda León Templo, der um 1630 Rabbiner der Haussynagoge der Familie Cardozo in Hamburg war.[17] Dieses

---

[16] Harm den Boer 1992: 392, Nr. 30; Kayserling 1890: 15; Cassuto 1927: 7, 23; Coppenhagen 1990: 68, Nr. 313
[17] Offenberg 1993; Coppenhagen 1990: 119, Nr. 389

ISHAC de CASTRO
SOBRE O PRINSIPIO,
E RESTAVRACAO
DO MVNDO.

ANDARAO AS GENTES A TVA LVS E OS REIS AO RESPLANDOR DE TEV SOL. IVDA

A 14. de Adar, 5372.

seltene Exemplar gehörte dem Hamburger Samuel Joseph Sealtiel (Katalognummer Cass. 115 und Cass. 469):[18]

[4]

Las / Alabanças de Santidad, / TRADUCION / de los Psalmos de / DAVID, / Por la misma Phrasis y palabras del / HEBRAYCO. / Ilustrada con su Paraphrasis que facilita la inteli - / gencia del Texto, y Anotaciones de mucha / dotrina, sacadas de los mas graves / Autores. / Dirigida al Ilustrissimo Señor / ISHAK SENIOR TEIXEYRA, / RESIDENTE de su MAGESTAD, / La / REYNA de SUEDIA / Por el HAHAM / YAHACOB YEHUDA, LEON Hebréo. / Autor de las Obras / Del Retrato del TABERNACULO de MOSEH, / y del TEMPLO de Selomoh, y todas / sus circunstancias.
En Amsterdam, Año 5431 [1671]

Ebenfalls von Jahacob Jehuda León Templo stammt das Buch «Retrato del Tabernaculo». Dieses berühmte Buch gehörte Binjamin de Joseph Benveniste, seinem - so Alfonso Cassuto - Vorgänger als Rabbiner der Portugiesisch-Jüdischen Gemeinde in Hamburg oder Altona. (Katalognummer Cass. 505):[19]

[5]

RETRATO / DEL / TABERNACULO / De / MOSEH / En que se descrive la hechura del S. Tabernaculo que Moséh / hizo antiguamente en el desiérto, y todas las dependencias de los / diferentes vasos y instrumentos con que era administrado. Tratase tambien / de la situacion de los Sacerdotes y de las tres escuadros de Levitas / con las doze de los Ysraelitas que en todo al derredor del Taber - / naculo se alojavan. Y se declara el grande espacio de tierra que / ocupava el admirable real de Ysrael. Segun la dotrina de la / Escritura Sagrada y exposiciones de nuestros Sabios Cuyo / retrato, tiene el mismo Autór en su poder, hecho con / suma curiosidad y perfecion. / Por el. H. YAACOB YEUDA, LEON HEBREO. / Autór del retrato del TABERNACULO de Moséh, y del TEMPLO De Selomoh.
En AMSTERDAM, / En la imprimeria de GILLIS JOOSTEN, Año 514. / á la Criacion del Mundo
Amsterdam 1654

---

[18] Harm den Boer 1992: 404-405, Nr. 59; Kayserling 1890: 30, 58; Neves 1913: 40; Offenberg 1978: 21
[19] Harm den Boer 1992: 396, Nr. 38; Kayserling 1890: 58; Offenberg 1978: 15; Palau 1923: 135639

Aus dem Besitz von Mosseh de Leão Cratto und Joseph Namias de Crasto stammt ein Exemplar der Erstauflage der bekannten Geschichte des sefardischen Judentums von Imanuel Aboab (Katalognummer Cass. 87):[20]

[6]

NOMOLOGIA / O DISCVRSOS / LEGALES / Compuestos por el virtuoso Haham Rabi / Imanuel Aboab de buena / memoria.
Estampados á costa, y despeza de sus / herederos, en el año de la / creacion 5389

Aus der großen Anzahl von Predigten in portugiesischer Sprache sei der folgende Druck erwähnt (Katalognummer Cass. 98):[21]

[7]

SERMOENS / DE / DAVID NUNES / TORRES. / PREGADOR / Da celebre irmandade de / ABI YETOMIM.
En Amsterdam, / En Casa de MOSEH DIAS, / ANNO 5450

Äußerst selten ist der Neudruck des zuerst 1645 in portugiesischer Sprache erschienenen Buches des Gelehrten, Druckers und Verlegers Menasseh ben Israel (Katalognummer Cass. 475): [22]

[8]

THESOVRO / DOS DINIM / Que o povo de Israel, he obri-/ gado sa ber, e observar. / Composto por / Menasseh ben Israel. / Amsterdam Anno 5470 [1710]

Unter den ca. 25 nicht-religiösen Drucken finden sich vor allem schöngeistige Bücher sowie historische und medizinische Abhandlungen in lateinischer, spanischer oder portugiesischer Sprache. Nicht alle Arbeiten stammen von jüdischen Autoren. Unter den Arbeiten nicht-jüdischer Schriftsteller sind vor allem die Ausgaben der «Medicina Lusitana» des portugiesischen Arztes Francisco da Fonseca

---

[20] Harm den Boer 1992: 385, Nr. 14; Kayserling 1890: 2; Simon 1950-1983: Bd. 4, 1234
[21] Harm den Boer 1992: 460, Nr. 260; Kayserling 1890: 106; Neves 1913: 20
[22] Harm den Boer 1992: 473, Nr. 297; Kayserling 1890: 69; Neves 1913: 62; Palau 1923: 162813; zur Person Menasseh ben Israel siehe Cecil Roth: «A Life of Menasseh ben Israel. Rabbi, Printer and Diplomat.» Philadelphia 1934; Yosef Kaplan et al. (Hg.): «Menasseh ben Israel and his World». Leiden 1989; J. H. Coppenhagen: «Menasseh ben Israel. A Bibliography». Jerusalem 1990

Henriquez zu erwähnen, von der die Sammlung Cassuto einen seltenen ersten und zweiten Druck besitzt (Katalognummer Cass. 279 und Cass. 702): [23]

[9]

MEDICINA LUSITANA, / E / SOCCORRO DELPHICO / A os clamores da Natureza humana, para total profligação / de seus males. / PELLO DOUTOR / FRANCISCO DA FONSECA HENRIQUEZ, / Trans-Montana, natural de Mirandella, Medico do Serenissimo / Rey de Portugal D. João o V. / Obra absolutissima. / Dividida em tres partes. / Em AMSTERDAM, / Em casa de Miguel Diaz, Anno 1710

> Declaraçaõ em Abono dos digniſſimos ſugeitós Señores Hahamim Ury Levy e ſeu Filho Aaron Levy, e de toda ſua familia.
>
> HE verdade que conheſi o Reverendo Señor Haham Ury Levi, primeiro circuncidador e fundador do judeſmo neſta vila de Amſterdam, Hazan do K. K. de Bet-Jacob, muitos annos, e o ouvi darſar com interprete diverſas vezes, e a ſeu filho Aaron Levi, Hazan do K. K. de Neve Salom, e grande Mohel, e quaſi todos decendentes do Bendito velho, toda gente honrada, e de bom proceder, e judeſmo. Oje 24 do homer anno 5433. da cria çaõ do mundo, e por fer o que aſſim digo a real verdade, ofirmey de minha maõ aquy em Amſterdam.
>
> DAVID COHEN DE LARA.
>
> O Aſima referido pelo Sr. H.H.R. David Cohen de Lara, poſſo taõ bem afirmar, como quem alcanſou os nomeados ſugeitos em quem ſempre reſplandeſeo toda virtude e temor do Señor, merecedores de toda boa memoria por ſerem os que neſta cidade foraõ as primeiras pedras do judaiſmo que enſinaraõ aos que do rigor da inquiziçaõ ſe vinhaõ amparar de ſua liberdade, e por ſer aſſim verdade ofirmey taõ bem de minha maõ neſta cidade de Amſterdam aos trez de ſivan de 5434. anos da criaçaõ,
>
> ISHACK ABOAB.

In seinem Aufsatz aus dem Jahre 1972 erwähnt Alfonso Cassuto ein Unikat seiner Sammlung. Das kleine, in hebräischer Sprache verfaßte Buch «Sefer Ha-Minhag» (Buch des Ritus) bringt unter anderem Gelegenheitsgebete nach dem sefardischen Ritus. Aber es ist vor allem aus einem anderen Grund interessant. Das letzte Blatt enthält den hebräischen und portugiesischen Originaltext der oft bezweifelten Zeugnisse der *Hahamim* David Cohen de Lara (1673) und Isaac Aboab (1674), ausgestellt für Uri und Aaron Halevi, *«primeiro circuncidador e fundador do judesmo nesta vila de Amsterdam»* (erster Beschneider und Begründer des Judentums in der Stadt Amsterdam). Eine portugiesische Fassung der Zeugnisse war auch Teil der erstenv bekannten Auflage des Berichtes *«Memória para os siglos futuros»* (Amsterdam ca. 1711), verfaßt von Uri Halevi, Sohn und Enkel, Drucker zu Amsterdam (1627-1715). Hier wird über die Rolle ihrer Familie bei der Gründung der jüdischen Gemeinde von Amsterdam berichtet. Herman Prins Salomon nimmt an, daß aus diesem einzigen Exemplar, zwischen dem vorletzten und letz-

---

[23] Cassuto 1972: 220-221

ten Blatt, der damals schon veröffentlichte Bericht der «*Memória para os siglos futuros*» entfernt worden ist, und daß der «Sefer ha-minhagim» von 1687 ein Neudruck einer früheren Auflage ist, die ca. 1674 gedruckt wurde, von der aber kein Exemplar bekannt ist (Katalognummer Ros. 19 D 38 - ehem. Cass. 62):[24]

[10]

Sefer Ha-Minhagim 'al Seder Ma' ase bereschit, Amsterdam Uri ha-Levi , 3. Sivan 447

Die südniederländischen Drucke

Diese Antwerpener und Brüsseler Drucke enthalten hauptsächlich belletristische Werke, z. B. von Manoel Thomas (geboren 1585 in Portugal als Abkömmling der Familie Abravanel) und dem berühmten Miguel (Daniel Levi) de Barrios.[25] Dieser Dichter und Chronist des portugiesisch-jüdischen Lebens zu Amsterdam wurde 1625 im spanischen Montilla als Angehöriger einer Familie von *conversos* geboren und ließ sich nach einigen Wanderungen um 1662 in Amsterdam nieder, wo er sich zum Judentum bekannte. Er starb dort 1701.

1663 wollte er das Dichtwerk «*Flor de Apolo*» (Blume des Apoll) veröffentlichen, was aber von der Zensur der Portugiesisch-Jüdischen Gemeinde verhindert wurde. Aus diesem Grund ließ er das Werk 1665 in Brüssel bei dem christlichen Drucker und Verleger Baltazar Vivien verlegen.[26] Dasselbe Schicksal traf 1672 das umfangreiche Werk «*Coro de las Musas*» (Chor der Musen). Weil das Buch schon in Amsterdam gedruckt war, bekam ein Teil der Auflage ein neues Titelblatt mit der Angabe Brüssel als Druckort und Baltazar Vivien als Drucker (Katalognummer ehem. Cass. 80 und ehem. Cass. 39):[27]

[11]

FLOR / DE APOLO, / DIRIGIDA / AL ILUSTRISSIMO SEÑOR / D. ANTONIO FERNANDEZ / DE CORDOUA, &c./ Por el Capitan / DON MIGUEL DE BARRIOS, /

---

[24] Seeligmann 1928: 628-645; Cassuto 1972: 220-221; da Silva Rosa 1933: 66; Salomon 1991: 129-141
[25] Zur Person siehe Kenneth Scholberg: «La poesia religiosa de Miguel de Barrios». Madrid 1963; W. Chr. Pieterse: «Daniel Levi de Barrios als geschiedschrijver van de Portugees-Israelietische gemeente te Amsterdam in zijn 'Triumpho del govierno popular'». Amsterdam 1968
[26] Harm den Boer 1992: 402, Nr. 53; Kayserling 1890: 17; Palau 1923: 24834
[27] Harm den Boer 1992: 406, Nr. 62; vgl. Neves 1913: 64; Kayserling 1890: 17; Harm den Boer 1992: 406, Nr. 61

EN BRUSELAS, / De la Imprenta de BALTAZAR VIVIEN, Impressor y Mercader / de libros, 1665

[12]

CORO DE LAS MUSAS / dirigido / Al Excelentissimo Señor / DON FRANCISCO DE MELO, / Cavallero de la Orden de Cristo, Comen / dador de S. Pedro de la Vega de Lila, y de / S. Martin de Rañados, Señor de la Villa / de Silvam, Alcayde Mayor, y Governador / de la Ciudad de Lamego, Trinchante Ma- / yor del Serenissimo Principe de Portugal, / de su Consejo, y su Embaxador Extraor - / dinario à la Magestad de la Gran Bretaña / Carlos Segundo etc. / Por el Capitan / Don Miguel de Barrios. / Con licencia de los Superiores. /
EN BRUSSELAS / De la imprenta de Baltazar Vivien, Impressor / y Mercader de libros. / Año de 1672

Die portugiesischen Drucke

Die portugiesischen Drucke sind vor allem portugiesische Inquisitionsdrucke. Dazu kommen aber auch zahlreiche belletristische und naturwissenschaftliche Werke. Die Sammlung Cassuto besitzt allein 22 Ausgaben von Theaterstücken von Antonio José da Silva «*o judeu*» (1705-1739) sowie Ausgaben der Werke João de Barros und Antonio Serrão de Castros. Unter den wissenschaftlichen Drucken befindet sich das «De crepusculis Liber unus» des berühmten Mathematikers und Astronomen Pedro Nunes, das 1571 in Coimbra erschien.[28] Die Sammlung Cassuto besitzt neben der kostbaren Erstausgabe auch die zweite Auflage. Dazu noch die Werke des Mathematikers Andre do Avellar und der Ärzte Amato Lusitano alias João Rodrigues de Castelo Branco und Jacob alias Castro Sarmento.

Was die Schmähschriften betrifft, so besitzt die Sammlung Cassuto unter anderem mehrere Schriften von Vincente da Costa Mattos, so zum Beispiel sein Buch «Breve discurso contra a heretica perfidia do Ivdaismo» (Kurze Abhandlung gegen die perfide Häresie des Judentums, Lissabon 1668)[29]; die berüchtigte und oft gelesene Schmähschrift «Centinela contra ivdios» (Wachturm gegen die Juden) des Spaniers Fr. Francisco de Torrejoncillo in verschiedenen Neudrucken und Neuauflagen in portugiesischer Übersetzung in mehreren Exemplaren.[30] Zu dieser Kategorie gehört auch der Druck «Libro de la verdad e de la fe» (Buch der Wahrheit und des Glaubens, Lissabon 1543), von Fr. Juan Soarez.[31] In diesem sehr seltenen, in spanischer Sprache verfaßten Buch werden die Irrtümer anderer

---

[28] Cass. 607
[29] Cass. 544
[30] Cass. 675, 646
[31] Cass. 272

Religionen bekämpft, und besonders natürlich die «*obstinação dos judios*» (Halsstarrigkeit der Juden). Zur kontroversen Diskussion über die Neuchristen verfaßte 1735 der Arzt und Neuchrist António Nunes Ribeiro Sanches (1699-1782)[32] seinen Traktat «Origem da denominação de Christão-velho, e Christão novo em Portugal» (Über den Ursprung der Bezeichnung Altchrist und Neuchrist in Portugal). In dieser Schrift macht er Vorschläge dafür, wie man die angeblichen Unterschiede zwischen Alt- und Neuchristen beseitigen könne, um die Entwicklung Portugals zu fördern. Die Sammlung Cassuto besitzt von der zweiten Fassung dieses Textes (Paris 1748) eine Abschrift des Autographen[33], die 1956 zweimal veröffentlicht worden ist :[34]

[13]

Origem da denominação de Christão-velho, e Christão novo, em Portugal, as cauzas da continuação destes nomes, como tambem cegueira judaica: com o méthodo para se extinguir em poucos annos esta differença entre os mesmos subditos, e cegueira judaica; tudo para augmento da Religião catholica, e utilidade do Estado
Paris 1748

Über die Inquisition selbst und ihre Behörde enthält die Sammlung Cassuto neben den drei Ausgaben des «Regimento do Santo Officio » (Regiment des Hei-ligen Offiziums, Lissabon 1613, 1640, 1774)[35] auch eine datierte Abschrift von 1612 «*Regimento primero do St⁰ Officio*» von 1552.[36] Nicht zu vergessen ein Manuskript mit Urteilen aus den Jahren 1588 bis 1745, die «Collecção de sentenças» (Sammlung von Urteilen, Lissabon 1788-1789)[37]. Besonders erwähnenswert ist eine Sammlung von 66 Predigten, die anläßlich der Auto-da-fés in Lissabon, Coimbra, Aveiro, Tomar, Evora und der portugiesischen Kolonie Goa zwischen 1612 und 1749 gehalten wurden. Alfonso Cassuto hat 1955 einen Katalog publiziert.[38] Im gleichen Jahre schrieb er, daß diese Predigtsammlung, die damals 68 Titel umfaßte und vielleicht alle bekannten Drucke der Auto-da-fé - Predigten enthielt, vermutlich die vollständige war - Frucht einer 25jährigen Sammlertätig-

---

32 Über António Nunes Ribeiro Sanches vgl. Maximiano Lemos: «Ribeiro Sanches, a sua vida e a sua obra.» Porto 1911; Rêgo 1956, 1973; A. L. Cassuto 1956: 16ff; Inocêncio F. da Silva 1859-1972: Bd. 8: 261-261
33 Ms. Ros. 646; Inocêncio 191859-1972: Bd. 8: 261-262 erwähnt eine Abschrift dieser Handschrift (Paris 1756)
34 A. L. Cassuto 1956; Rêgo 1956, 1973; Mirande-de-Boer 1986: 185, Nr. 33
35 Cass. 238, .243 / 244, 245
36 Ms. Ros. 629
37 Ms. Ros. 654, 1-6
38 Cassuto 1955

keit. Weil von vielen Predigten oft fünf oder sechs Varianten und Exemplare vorhanden sind, umfaßt die Sammlung insgesamt 130 Exemplare.[39]
Eine der letzten Auto-da-fé Predigten stammt von dem Dominikanerpater und Bischof von Grão-Pará Miguel de Bulhões. Diese Predigt hielt er anläßlich eines Auto-da-fé am 16. Oktober 1746 in Lissabon. Bei diesem Auto-da-fé wurde eine Zahl verdächtiger Personen verurteilt, deren Namen auf der äußerst seltenen «*lista das pessoas*» vorkommen.[40] Die Sammlung Cassuto besitzt ein zweites, unvollständiges Exemplar dieser Auflage:[41]

[14]

SERMAO / DO AUTO DA FE' / CELEBRADO / NA IGREJA DE / S. DOMINGOS / DESTA CORTE, / Que recitou em 16. de Outubro de 1746. / O EX.mo E REV.mo SENHOR / D. FR. MIGUEL / DE BULHOENS, / Bispo do Pará, e do Conselho de Sua Magestade, / E LHO DEDICA / Hum seu affectuosissimo Devoto. /
LISBOA: / Na Officina de PEDRO FERREIRO Impressor / da Augustissima Rainha nossa Senhora. / Anno do Senhor M.DCC.L. / Com todas as licenças necessarias. /

Das oben erwähnte, zweiseitige Dokument «*lista das pessoas*» gehörte vermutlich zu einem Sammelband mit Inquisitionsakten, von dem Ort und Jahr der Veröffentlichung unbekannt sind (Katalognummer Cass. 695 211):

[15]

Lista das pessoas, que sahirão, condenações, que tiverão, / e sentenças, que se lêrão no Auto publico da Fé, que se celebrou na / Igreja do Convento de S. Domingos desta Cidade de Lisboa / em 16. de Outubro de 1746 [...]

Drucke aus anderen Ländern, einschließlich Hamburg

Die 180 alten Drucke aus anderen europäischen Städten sind überwiegend Liturgische und biblische Bücher (größtenteils hebräisch), Predigten, Drucke über die Inquisition, theologische Traktate, Dispute und Kommentare. Zu diesen letzten

---

[39] Zu den Auto-da-fés: Coimbra: 21 (1612-1727); Aveiro: 1 [1618]; Tomar: 1 (1619) Évora: 17 [1615-1710]; Goa : 4 (1617-1672) und Lissabon: 24 (1621-1749); vgl. Cassuto 1955
[40] Barbosa Machado 1741-1759, 2. Bd: 406. Inocencio da Silva 1859-1972: 1. Bd.: 315-317; 6. Bd.: 228, 17. Bd.: 45. Cassuto 1955: 339-340; Glaser 1955: 74; Horch,1969: 104
[41] Cass. 1 L 22

Kategorien gehört das Werk von David Nieto, der 1624 in Venedig als Sohn ehemaliger portugiesischer Neuchristen geboren wurde. Sein Ruf als Prediger und Gelehrter war so groß, daß er 1701 zum *Haham* der Portugiesisch-Jüdischen Gemeinde in London gewählt wurde. Dieses Amt bekleidete er bis zu seinem Tode im Jahre 1728.

Am 20. November 1703 hielt David Nieto eine Predigt, in der er der konservativ-jüdischen Anschauung gemäß die Natur mit Gott identifizierte Er wurde schon bald des Spinozismus beschuldigt. In 1704 veröffentlichte er in London eine spanische Apologie «De La Divina Providencia, O Sea Naturaleza Universal, O Natura Naturante».[42] 1705 bestätigte Haham Zevi Ashkenazi aus Altona in einem Responsum die Rechtgläubigkeit von David Nieto.[43] 1716 erschien in London eine zweite Auflage der «De La Divina Providencia», der das Urteil des Zevi Ashkenazi hinzugefügt war. Die Sammlung Cassuto enthält zwei Exemplare dieser zweiten Auflage 1716 (ehem. Cass.467 und 468).[44]

Neben theologischen Drucken besitzt die Sammlung Cassuto zahlreiche wissenschaftliche Werke, vor allem medizinische, darunter Arbeiten von Zacuto Lusitano, Jacob de Castro Sarmento, Ezechiele de Castro, Stefano Rodrigo Castro, Petrus Vascus Castello. Darunter sind die noch heute wichtigen Arbeiten von Rodrigo de Castro . Erwähnenswert ist die portugiesische Übersetzung eines überaus seltenen astronomischen Werkes von D(iogo?) Iacob Barassa, Rabbiner und Gelehrter portugiesisch-jüdischer Abstammung (Katalognummer Cass. 653):[45]

[16]

LVNARIO, Y PRONOSTICO / MVI CORREPTO DO ANNO / de 1629. ao mereriano de finis terra, ou / Lusitania antiga: Composto por Lisandro Hebreo, tirado do li- / uro antigo chamado Targu q deixou a Rab / bino Ionathas Abenhuziel Babylonico so - / bre a Astronomia & artes matematicas q / dizem ensino Noe depois do diluuio de / que trata Albumazar, he tratado / de muyta curiosidade. / Traduzido em Pòrtuguez

---

[42] Petuchowsky 1954: 167; Petuchowsky 1970
[43] Decision del Doctissimo, y Excelentissimo .... Zevi Asqvenazi. London 1705. (Hebräisch mit spanischer Übersetzung). 1921 veröffentlichte Leon Roth eine englische Übersetzung dieses Responsums unter dem Titel : «David Nieto and the Orthodoxy of Spinozism». In: Chronicum Spinozanum 1, 1921: 278-282
[44] E. H. Lindo übersetzte die zweite Ausgabe 1853 ins Englische (MS im Hebrew Union College - Jewish Institute of Religion, Cincinnati)
[45] Cassuto 1972: 217; Barbosa Machado 1741-1759: Bd. 1: 635-636; Inocencio da Silva 1859-1972: 2: 147; 9: 120; 10: 109 Der Verfasser erklärt in der Vorrede, daß er als Sohn portugiesischer Juden in Ferrara gewohnt hätte, Rabbiner sei und in Spanien zum Christentum übergetreten sei. Nach Barbosa Machado soll Barrassa mit Jahacob Barasa identisch sei, den Menasseh Ben Israel in seinem Buch «De la Fragilidad Humana» Amsterdam 5402) als einen der sechs Parnassim der Talmud Tora widmete. nach J. H. Coppenhagen 1990 ist Jahacob Barrassa niemand anderes als der Astronom, Orientalist, Botaniker und Arzt Diego de Barres (S. 76, No 315)

pello D. Iacob Bar / rassa medico em Almina; / Com licencia em Seuilla por Pé - / dro Gomes de Pastrana a la es / quina de la Carcel Real / Año 1629

An schöngeistigen Drucken sind neben Werken von Manuel Thomas vor allem Werke portugiesische Autoren wie Miguel de Silveyra oder spanischsprachiger wie Diego Henriquez Basuto und Antonio Enriquez Gómez zu er-wähnen. Von diesen ehemaligen *conversos* ist besonders der letzte durch eine große Zahl von Theaterstücken bekannt geworden, die er zuerst und fast immer in Frankreich drucken ließ. Die Sammlung Cassuto besitzt nicht weniger als 25 Titel seiner Werke, sechs davon sind Erstdrucke. Antonio Enriquez Gómez wurde als Kind einer ursprünglich aus Portugal stammenden Familie 1602 in Segovia geboren. Um 1636 floh er aus Furcht vor der Inquisition, nach Frankreich, wo er sich zum Judentum bekannte. Er trat in den Dienst Ludwig XI. Aber auch außerhalb Spanien war er vor der Inquisition nicht sicher. Diese brachte ihn 1660, einige Jahre vor seinem Tode, in einem Auto-da-fé in Sevilla *in effigie* auf den Scheiterhaufen. 1649 verfaßte er sein bekanntestes Werk, das Heldengedicht «Sansón Nazareno», das erst sieben Jahre später in Rouen gedruckt wurde. Die Sammlung Cassuto enthält zwei weitere Exemplare dieser ersten Auflage (Katalognummer Cass. 140):[46]

[17]

ENRiQUEZ GOMEZ, Antonio
SANSON / NAZARENO/
POEMA HEROICO /
EN RVAN
En la emprenta de LAURENCO MAYRRY /
M. DC. LVI.

Hamburger Drucke

1630 erschienen in Hamburg [(?) die gesammelten Predigten von Samuel Jachia. Dieser Samuel Jachia alias Alvaro Dinis, Alberto Dionisus, Albrecht de Nies, Albertus de Nyes oder Samuel Heyac stammte aus Braga und wanderte 1605 mit seiner Familie über Amsterdam nach Hamburg aus.[47] In Hamburg handelte er mit

---

[46] Cass. 141 und 132; zu Antonio Enriquez Gomez siehe Timothey Oelman: «Two Poems of António Enríquez Gómez». PhD 1976, London; Timothey Oelman: «Marrano Poets of the Seventeenth Century of João Pinto Delgado, António Enríquez Gómez, Miguel de Barrios». East Brunswick 1982; vgl. auch Barbosa Machado 1741-1759: Bd. 1: 287-298. Kayserling 1890: 50; Palau 1948-191977: 79844

[47] Kellenbenz 1958: 363-373; Reuven Faingold: Auf der Suche nach Identität - der Prozess des portugiesischen Converso Vicente Furtado 1600-1615 (hebr.) In: *Pe'amim* 46-47, 1991: 235-259;

Getreide und Salz und wurde später Münzmeister in Altona und Glückstadt. In Altona gelang es ihm, ein Grundstück für den Portugiesisch-Jüdischen Friedhof zu erwerben. Später führte ihn sein wechselvolles Leben nach Wien und Prag, wo er Privilegien für portugiesischen Juden erhielt, die nach Schlesien einwandern wollten.[48] Bis 1629 lebte er überwiegend in Glückstadt. 1631 kam er nach Hamburg zurück, um seinen alten Beruf eines Handelsagenten wieder aufzunehmen. Mit wechselndem Erfolg. Er starb verarmt und einsam 1644 in Glückstadt, wo er auch begraben liegt. achia spielte eine wichtige Rolle im Vorstand und als geistlicher Führer der jungen Gemeinden Hamburg und Glückstadts. In seiner Eigenschaft als Prediger veröffentlichte er 1630 seine «Trinta discursos», dreißig in portugiesischer Sprache verfaßte Predigten, bestimmt für die Gemeindemitglieder und für die Vorlesung an den Festtagen. Es war lange Zeit unklar, ob dieses Buch in Amsterdam oder Hamburg gedruckt wurde. Bis heute sind nur zwei unvollständige Exemplare bekannt. Alfonso Cassuto, der die Predigten in der Gedenkschrift irrtümlich dem *Haham* Jehuda Carmi zugeschrieben und den Druck um das Jahr 670 datiert hatte, war noch 1930 der Meinung, daß dieses Buch in Hamburg oder Glückstadt gedruckt worden sei. Herman Prins Salomon kam nach Vergleich des Papieres, der Vignette, der Buchstaben und einiger Stellen mit an-deren Hamburger Drucken des 17. Jahrhunderts zu dem Ergebnis, daß das Buch mit Sicherheit in Hamburg gedruckt wurde. Das zweite Exemplar befindet sich in der Staats - und Universitätsbibliothek Carl von Ossietzky in Hamburg.[49] Da in beiden Ausgaben das Titelblatt fehlt, sind wir auf die Angaben von Ribeiro dos Santos angewiesen, der ein vollständiges Exemplar gesehen haben will. Die Folia 1-34, einschließlich des Titelblatts, fehlen. (Katalognummer Cass. 531):[50]

[18]

[Trinta discursos ou Darazes apropriados par os dias solennes: e da contricaom, e jejums fondados na Santa Ley, compost. e ordenad. por Semuel Jachia con a communicacao particular e assistencia de alguns Senhores Hahamim, em particular Haham [...] Abram Lumbroso. 5389 (1629)

Von ganz anderer Art ist das Werk des portugiesischen Diplomaten und Schriftstellers Antonio da Sylva e Sousa (1601-1675). Dieser trat unter der Regierung João IV. in den Staatsdienst und vertrat sein Land als Gesandter in mehreren nordeuropäischen Städten, unter anderem auch in Hamburg. Hier veröffent-

---

[48] Cassuto 1931
[49] Rodriguez de Castro 1781: 1. T.: 573; Ribeiro dos Santos 1793: 3. T.: 352; Kayserling 1890: 53. Cassuto 1927: 28; Cassuto 1929: 288-289; Salomon 1982: 48-50, 157-158
[50] Salomon 1982: 49, Anm. 12

lichte er 1656 unter dem Titel «Instrucçam Politica De Legados» ein Handbuch für Diplomaten. Dieses Buch gehört zu den seltenen nicht-sefardischen portugiesischen Drucke aus Hamburg. Das seltene Exemplar stammt aus der Sammlung des Bibliographen Inocêncio Francisco da Silva (1810-1876). Katalognummer Cass. 38: [51]

[19]

INSTRUCÇAM / POLITICA: De / LEGADOS: /
AO SERENISSIMO PRINCIPE / DOM AFONSO: /
NOSSO SENHOR. / POR ANTONIO DA SYLUA /
E SOUSA. /
Em AMBURGO / ANNO 1856

1927 lenkte Alfonso Cassuto die Aufmerksamkeit auf zwei Hamburger Drucke aus dem Jahre 1662. Die «Orden de Leccion de Leccion de Tora Nebiim y Quetubim» enthalten in spanischer Sprache Fragmente des Pentateuchs, der Propheten und der Schriften zur Vorlesung während des Wochenfestes. Alfonso Cassuto betrachtete den Neudruck als einen hamburgischen Raubdruck. Hermann Prins Salomon schloß unter anderem aus der groben Vignette auf der letzten Seite des Neudrucks, daß auch dieser ein hamburgischer Druck ist. Das kleine Buch enthält auf der Rückseite des Titelblatts eine Zueignung von einem nicht näher identifizierten Immanoel Israel.an die «*Muy Mag^{cos} e zeloros [sic] ss^{res} yrmaos da Jesiba de Migdal Hoz*», die Brüder der Talmudschule «Turm der Kraft». Auf dem Vorsatzblatt steht Namen der Eigentümerin: «*Este Livro toca de Sara de Jos. Namias*» (Dieses Buch gehört Sara de Joseph Namias). Katalognummern Cass. 69 und Cass. 315:[52]

[20]

ORDEN / DE / Leccion de Tora / Nebiim y Quetubim,
que por devocion deuen leer to-/ dos los temientes del Señor en las noches de Sebuot y Hosaana / Raba.
Estampado denuevo conalgunos a-/ cresentamientos a ymitacion de / los Hebraicos
A la gloria del Señor / bendito
en Hamburgo./ Año 5422

---

[51] Barbosa Machado 1741-1759: 1. T.: 390; Inocêncio da Silva 1859-1972:1. T.: 270-271
[52] Kayserling 1890: 63; Cassuto 1927: 29; Salomon 1982: 156-157

[21]

ORDEN / DE / Leccion de Tora / Nebiim y Quetubim, /
que por devocion deuen leer to- / dos los temientes del Señor en las no-/
ches de Sebuot y Hosaana / Raba.
Estampado de por orden de un / Zeloso hebreo:
A la gloria del Señor / bendito
Año 5422

Auch in der Erstauflage steht auf dem Vorsatzblatt der Satz: «*Este Livro toca de Sara de Jos. Namias*». Könnte man schließen, auch in Hinblick darauf, daß es in beiden Auflagen keinen einzigen hebräischen Buchstaben gibt, daß es sich hier um zwei Ausgaben für Frauen handelt ?[53]

Zu den Drucken portugiesisch-jüdischer Ärzte und Naturwissenschaftler, der Sammlung Cassuto gehört zahlreiche Ausgaben von Rodrigo de Castro.[54] Als Nachkomme einer portugiesischen Neuchristenfamilie, die seit Generationen hervorragende Ärzte hervorgebracht hatte, wurde Rodrigo de Castro 1546 in Lissabon geboren. Aus Angst vor der Inquisition siedelte die Familie de Castro zuerst nach Antwerpen und 1591 nach Hamburg.[55]. In Hamburg brachte Rodrigo de Castro es bald zu hohem Ansehen durch seine Kenntnisse. Nach seiner Rückkehr zum Judentum nannte er sich David Nehemias oder Nahmias. Rodrigo de Castro starb 1629 in Hamburg. Er hinterließ ein beeindruckendes Gesamtwerk hauptsächlich medizinischer Schriften nach. Sein berühmtestes Werk war seine «De universa muliebrium morborum Medicina», ein lateinisch verfaßtes Handbuch der Frauenkrankheiten, von dem der erste Teil 1603 in Köln verlegt wurde. Der zweite Teil erschien in Hamburg 1603; die zwei Teile in einem Band 1603-1604; weitere Auflagen 1617, 1628 und 1662; die letzte Hamburger Ausgabe wurde zusammen mit der noch heute aktuellen Schrift «Medicus Politicus» gedruckt. Die letzte Ausgabe überhaupt erschien 1689 in Köln. Neben den seltenen Hamburger Auflagen, enthält die Sammlung Cassuto auch ein Exemplar des venezianischen Druckes von 1644 (Katalognummer Cass. 150): [56]

[22]

RODERICIA CASTRO LUSITANI /
Philos. ac Med. D. per Europam notissimi /
De / universa muliebrium morborum / MEDICINA, /

---

[53] Cassuto 1927: 29. Salomon 1982: 156-157
[54] Zur Person de Castros und seine Stellung in Hamburg vgl. Michael Studemund-Halévy: «Bibliographie zur Geschichte der Juden in Hamburg». München 1994
[55] Kellenbenz 1958: 326; anderen Quellen zufolge soll die Familie über Den Haag und erst 1594 weiter nach Hamburg gezogen sein
[56] Barbosa Machado 1741-1759: 3. T.: 639-640; Rodriguez de Castro 1781: 1. T.: 545-546; Kayserling 1890: 36

Novo & antehac à nemine tentato ordine / Opus absolutissimum; /
Et Studiosis omnibus utile, Medicis vero pernecesessarium. /
PARS PRIMA THEORICA. /
Quatuor comprehensa Libris, in quibus cun- /
cta, quæ ad mulieris naturam, anatomen, semen, menstru- /
um, conceptum, uteri gestationem, fœtus formationem, & ho- /
minis ortum attinent, abundantissime / explicantur
QVARTA EDITIO AUCTIOR ET EMENDATIOR /
Hamburgi, /
Apud ZACHARIAS HERTELLIUM, Bibliop. /
Anno M. DC. LXII.

Bevor Jacob Abraham Bassan *Haham* der Portugiesisch-Jüdischen Gemeinde in Hamburg wurde (um 1750), war er Leiter der Amsterdamer Talmud-Akademie «Arbol e las Vidas» (Baum des Lebens).[57] Ein Jahr nach dem verheerenden Erdbeben in Lissabon schrieb er 1756 ein hebräisches Gelegenheitsgebet auf diese Katastrophe. Er übersetzte es ins Spanische und veröffentlichte es noch im selben Jahre in Hamburg. Alfonso Cassuto erwähnte diese «Horden de rogativa y paticion» 1927 als erster. Das Exemplar der Sammlung Cassuto ist bis heute das einzige Exemplar.[58] Haham Bassan starb um 1769 in Hamburg (Katalognummer Cass. 747):

[23]

HORDEN / DE / ROGATIVA Y PETICION, / PARA
orar y para rogar, al Senhor, para tiem- /
po de teramoto, o temblor de tierra, y /
segun se há oydo, la indignacion de Ds. /
se experimentó, en Varios lugares, y en /
diferentes partes, tembló la tierra, por lo /
que se ajuntaron los Senhores del Parnassim, /
y con la aprovacion del Sr. H. H. decreta- /
ron vn ayuno general, para Jueves, siendo /
9 del mez de Adar segundo deste anho, /
para orar y suplicar ala Divina magestad, /
por nós y por todo Jsrael nuestros Her- /
manos los proximos y los remotos, El /
todo podorozo apiade sobre nós, y sobre /

---

57 Cassuto 1927-1933: «Haham im Hamburg von ca. 1751 an. Seine Druckapprobationen finden sich in vielen Werken (auch aschkenasischen) aus jener Zeit. Er ist der Übersetzer eines anläßlich des Erdbebens in Lissabon {?} 1755 abgehaltenen Bittgottesdienstes in der Synagoge der Hamburger Portugiesisch-Jüdischen Gemeinde. Das einzige noch vorhandene Exemplar dieser Druckschrift befindet sich im Besitz des Verfassers. Er war ein Sohn des Abr. (gest. 5480 in Amsterdam) und Benvenida (gest. 5500 in Amsterdam).»

58 Zedner 1867: 473. Cassuto 1927: 27-28

todos lugares de nuestras moradas, /
y ampare por nos, Amen. /
Compuesto en Lengua Ebrea, y traduzido en Len- /
gua Espanhola por El H. H. R. /
JEHACOB de ABRAHAM BASSAN /
RAB. DEL K.K. BETH ISRAEL EN HAMBURGO. /
Estampado por orden de los Senhores /
Parnassim de dicho Kahal Anno 5516 /
Estampado en Hamburgo /
en Caza de la Viuda de I. H. Spieringk, /
Anno 1756

Abraham Meldola wurde 1754 in Amsterdam als Sohn des David de Rephael Meldola, dessen Familie ursprünglich aus Livorno stammte, geboren. Die Abraham Meldola zog 1772 nach Hamburg und wurde später *Hazzan* der Portugiesisch-Jüdischen Gemeinde in Altona. Hauptberuflich war er Notar und Übersetzer.[59] Er veröffentlichte neben einem Lehrbuch der portugiesischen Sprache unter anderem eine Danksagungsrede für die glückliche «Errettung Sr. Koenigl. Majestät Christian des Siebenten [...]» (Altona 1794). Diese in portugiesischer, hebräischer und deutscher Sprache verfaßte Rede wurde von Alfonso Cassuto 1927 in der Gedenkschrift erwähnt und gehört ebenfalls zu der Sammlung Cassuto (Cass. 542).[60]

1935 teilte Cassuto mit, daß er im «Livro da Caixa do K.K. Neve Salom d' Altona, Principiado ples Ssres do Mahamatt, no Aº 5544» den Hinweis gefunden habe, daß diese Danksagungsrede in einer Auflage von 350 Exemplaren gedruckt wurde, von denen der Verfasser 300 erhielt. Es handelt sich hier vielleicht um das einzige bekannte Exemplar.[61] Weiter findet sich in der Sammlung Cassuto ein Autograph Meldolas: Die «Sermoes Varias» (Gesammelte Predigten) hielt Abraham Meldola in dem Kehila Kadosh de Neve Salom in Al-tona zwischen 1773 und 1776 (Ms. Ros. 639).

Einige Jahre später gab er Predigtsammlung «Darhe David» seines Vaters David Meldola heraus. 1784 übersetzte Abraham Meldola eine Sammlung von Geschäftsbriefen des Kaufmanns Johann Christian Sinapius ins Spanische und Portugiesische (Katalognummer Cass. 328):[62]

---

[59] Zu Abraham Meldola vgl. Kar-Hans Körner «Sobre Abraão Meldola e a sua Grammatica Portugueza de 1785. In: Actas do 3. Congresso da Associação Internacional de Lusitanistas. Coimbra 1992; Lexikon der hamburgischen Schriftsteller bis zur Gegenwart, begr. von Hans Schröder. Hamburg 1851-1883. Bd. 5: 185-186; Michael Studemund-Halévy «Abraham Meldola», in: MaZe 2, 1994

[60] Cassuto 1927: 30

[61] Vgl. Anm. 3 (Nr. 931)

[62] Kayserling 1890: 67; Cassuto 1927: 30. (Von Kayserling wie auch von Cassuto irrtümlich genannt Traduccion de las cartas mercantiles y manuales ...)

[24]

Traduccion / de las / CARTAS /
MERCANTILES Y MORALES /
de J. C. Sinapius, / en Español y Portuguez, /
por / Abraham Meldola, /
Escr. y Trad. pub. jur. por Su Maj. Caes. el Emparador /
Josepho II.
TRADUCÇAÕ / DAS / CARTAS /
MERCANTIS & MORAES /
de J. C. Sinapius, / em Espanhol & Portuguez, /
por / Abraham Meldola /
Tabelhão & Trad. pub. jur. por S. M. Caes. o Emperador /
Josepho II. /
Hamburgo 1784 /
En la [Na] Imprenta de Mich. Christ. Bock.

Hamburger hebräische Drucke

Die Sammlung Cassuto besitzt drei hebräische Drucke aus Hamburg. Erstens eine Psalmenausgabe des christlichen Orientalisten und Hebraisten Elias Hutter (1553-ca.1607). Dieser arbeitete zwischen 1585 und 1594 in Hamburg, wo er eine neue hebräische Bibel herausgeben wollte. Er veröffentlichte Teile. Das Besondere an dieser Psalmenausgabe sind die sogenannt hohlen Buchstaben, die dazu dienen, Prä- und Suffixe kenntlich zu machen, um das Lesen zu vereinfachen. Dieses Buch wurde zum ersten Male erschien zum ersten Mal 1586 zu Hamburg. 1602 folgte eine Neuauflage, von der die Sammlung Casssuto ein Exemplar besitzt.(Katalognummer Cass. 625):[63]

[25]

HUTTER, Elias
Sefer Tehilim, sive Liber Psalmorum [...]
[Hamburg: Johannes Saxonis Hamburgensis 1602.] f°.
Titelblatt und Einleitung fehlen.

«Rema», der polnische Gelehrte Rav Moses Isserles (1525/30-1572), Maimonides des polnischen Judentums, war in seiner Zeit eine der größten halakhischen Autoritäten. Neben philosophischen Werken veröffentlichte er 1559 in

---

63 Steinschneider 1852-1860: 1. T., No. 272; Zedner 1867: 127; Grunwald d 1904: 153, Nr. 13

Cremona einen homiletischen und kabbalistischen Kommentar zum Buch Esther.[64] Der Hamburger Neudruck erschien 1711.(Katalognummer Cass, 1200):[65]

[26]

ISSERLES, Moses
Sefer Mehi[r] Yayin
Hamburg: Yshac Hisquihau de Cordova 5471
4°

Der aus Livorno stammende David de Rafael Meldola, verbrachte den größten Teil seines Lebens (1708-1792?) in Amsterdam, wo er einigen Wohltätigkeitsanstalten vorstand. Seine Predigten, Kommentare zum Pentateuch, wurden vermutlich erst nach seinem Tode zusammengestellt und von seinem Sohn Abraham Meldola unter dem Titel «Darhe David» herausgegeben. (Katalognummer Cass. 62):[66]

[27]

MELDOLA, David de Refael
[Sefer] Darhe David. [Amsterdam 1793 - Hamburg 1794.]
5 Teile in einem Band. Das Titelblatt des ersten Teils fehlt.

Manuskripte in der Sammlung Cassuto

Die Sammlung Cassuto enthält eine beachtliche Anzahl von Manuskripten des berühmten portugiesischen Jesuitenpaters Antonio Vieira (1608-1797), der sich unermüdlich für die Anerkennung der Juden und Neuchristen einsetzte, um so die ruhmvolle Wiederauferstehung Portugals zu bewirken.. Dabei scheute er auch den Konflikt mit der Inquisition.

Das Prachtstück der Bibliothek Cassuto aber ist die Sammlung portugiesischer Gebete, über die der Sammler 1972 schrieb: «[Hinweisen möchte ich] auf eine ganz ungewöhnliche und unbekannte Handschrift, die sehr grosse Bedeutung nicht nur für die portugiesische Juden hat. Es handelt sich um eine Übersetzung der jüdischen Gebete in die portugiesische Sprache aus der ersten Hälfte des 16. Jahrhunderts, Diese Handschrift besteht aus zwei Teilen, die von verschiedener

---

[64] Benayahu 1971: 209
[65] Steinschneider 1852-1860: 2. T., Nr. 6483, no 5; Grunwald 1904: 156, Nr. 73; Zedner 1867: 575
[66] Zedner 1867: 525. Kayserling 1890: 67; Grunwald 1904: 160, Nr. 182-183

Hand stammen. Der erste enthält die Gebete für Fast - und Feiertage mit Initialen, die manches Mal durch Federzeichnungen verziert sind, in gotischer Druckschrift geschrieben. Der zweite Teil, die täglichen Gebete enthaltend, in der charakteristischen Schrift des frühen 16. Jahrhunderts, wie sie sich in portugiesischen notariellen und offiziellen Dokumenten vorfindet. Ein einziges hebräisches Wort im zweiten Teil zeigt, dass dem Schreiber die hebräische Kursive ebenso geläufig war, wie die portugiesische Schrift.»[67]

Papier, Handschrift, Grammatik und Orthographie zeigen, daß diese Handschrift zwischen 1520 und 1550 entstanden sein muß. Hermann Prins Salomon schloß aus der Prüfung des Manuskripts, daß sie von einem vor 1550 nach Italien geflohenen portugiesischen Marannen geschrieben wurde. Weiter scheint sicher, daß dieses Manuskript die erste Übersetzung hebräisch-liturgischer Texte in eine moderne Fremdsprache enthält. Und in bezug auf das Portugiesische für längere Zeit die einzige. 1552 erschien in Ferrara die erste spanische Übersetzung hebräischer Gebete für das ganze Jahr. (Katalognummer Ms. Ros. 679):[68]

[28]

Gebetsbuch, die Gebete des Versöhnungsfestes, der Fasttage der Monate Ab und Tebet, des Gedalja und der Esther, wie auch die täglichen Gebete enthaltend.[69]

Arbeiten der Cassutos zum sefardischen Judentum

37 kleinere und größere Arbeiten haben die Cassutos in vier Generationen zur Geschichte und Kultur der sefardischen Juden veröffentlicht, vor allem über die Portugiesisch-Jüdische Gemeinde Bet Israel in Hamburg. Als Sammler von Sefardica und Hebraica haben sie die Grundlagen dafür geschaffen, daß wir heute über die nordeuropäische Marrano-Diaspora nicht nur gut informiert sind, sondern dank ihrer Sammlertätigkeit sie auch erforschen können.

Aus dem Niederländischen von Anthony J. Klijnsmit (Amsterdam)

---

[67] Cassuto 1972: 215-216
[68] Weitere bibliographische Daten können leider noch nicht übermittelt werden, weil die Handschrift restauriert und auf Mikrofilm gebracht wird.
[69] Salomon 1974: 161-183. Salomon 1986: 501-515. Mirande-de Boer 1986: 189

Bibliographie

Barbosa Machado, D.
Bibliotheca Lusitana Historica, Critica e Cronologica. 4 Bde.
Lisboa 1741-1759
Boer, Harm den
Spanish and Portuguese editions from the Northern Netherlands in Madrid and Lisbon public collections. Towards a bibliography of Spanish and Portuguese editions from the Northern Netherlands (1580-1820). Part I.
in: Studia Rosenthaliana, 22/1, 1988: 97-143
Boer, Harm den
La literatura hispano-portuguesa de los sefardies de Amsterdam en su contexto-historico-social (siglos XVII y XVIII). [Diss. Amsterdam]
Amsterdam 1992
Cassuto, Alfonso
Gedenkschrift anläßlich de 275Jährigen Bestehens der Portugiesisch-Jüdischen Gemeinde in Hamburg
Amsterdam 1927
Cassuto, Alfonso
Die Portugiesische Juden in Glückstadt
in: Jahrbuch der Jüdischen-Literarischen Gesellschaft 21, 1930: 287-317.
Cassuto, Alfonso
Die Familienamen der Kreolischen Juden'.
Jüdische Familienforschung, 7, 25, 1931: 326-328
Cassuto, Alfonso
Bibliografia de sermões dos Autos-da-Fé impressos. (Descrição bibliográfica da colecção do autor)
Coimbra 1955
Cassuto, Alfonso
Seltene Bücher aus meiner Bibliothek.
in: Studia Rosenthaliana, 6,2, 1972: 215-223
Cassuto, Álvaro Leon
Origem da denominação de Cristão Velho o Cristão-Novo em Portugal
in: Arquivo de Bibliografia Portuguesa 2, 8, 1956: 257-270
Coppenhgen, J. H.
Menasseh Ben Israel. A Bibliography
Jerusalem 1990
Glaser, Edward
Sermons at Autos-da-Fé. Introduction and bibliography
in: Studies in Bibliography and Booklore, 2,2, 1955: 53-78
Horch, Rosemarie Erika
Sermões impressos dos Autos da Fé. Bibliografia
Rio de Janeiro 1969
Kayserling, Meyer
Biblioteca española-portugueza-judaica
New York 1971 (3. Aufl.)
Kellenbenz, Hermann
Sefardim an der unteren Elbe
Wiesbaden 1988
Mirande de Boer, M.H.
An inventory of undescribed Portuguese and Spanish manuscripts in the Bibliotheca Rosenthaliana
in: Studia Rosenthaliana, 20,2, 1986: 176-190.
Neves, Álvaro
Bibliografia Luso-Judaica. Noticia subsidiaria da colecção de Alberto Carlos da Silva
Coimbra 1923
Palau y Dulcet, A.
Manual del librero hispano-americano. 28 Bde.
Barcelona 1877-1948 (2.Aufl.)
Petuchowsky, Jakob J.
Haham David Nieto and deistic trends in eighteenth-century Judaism
in: The Journal of Jewish Studies, 5,4, 1954: 167-171
Ribeiro dos Santos, A.
Memorias da litteratura sagrada dos judeos portuguezes no seculo XVII'
in: Memorias de la litteratura portugueza 3, 1793: 227-373
Rodriguez de Castro, J.
Biblioteca española. 2 Bde. [Reprographischer Nachdruck der ersten Auflage 1781]
Hildesheim & New York 1977
Salomon, Hermann Prins
The last trial in Portuguese'
in: Studi sull'Ebraismo italiano. [Roma 1974]: 161-183
Salomon. Herman Prins
Portrait of a New Christian. Fernão Alvares Melo (1569-1632)
Paris 1982
Salomon, Herman Prins
A shield of Selomoh in Portuguese and Spanish.
in: Philologica Hispaniensa in honorem Manuel Alvar. Bd. 3
Madrid 1986: 501-515

Salomon, Herman Prins
Myth or anti-myth? The oldest accounts concerning the origin of Portuguese Judaism at Amsterdam'. Deux études portugaises / Two Portuguese studies
Braga 1991

Schrijver, E. G. L.
A Concordance of to the manuscripts of the Bibliotheca Rosenthaliana
in: Studia Rosenthaliana 20,2, 1986: 191-199

Seeligmann, S.
De getuigenissen voor Uri Halevy
in: De Vrijdagavond 4, 41, 1928: 628-645

Silva, Inocencio Fr. da
Dicionario bibliografico portuguez. 24 Bde.
Lisboa 1859-1972

Silva Rosa, J.S. da
Reprints and Texts from the Library of the Portuguese Jewish Seminary Ets Haim. Bd. 1: Narraáa~o da vinda dos Judeos espanhoes a Amsterdam. With an introduction [...]
Amsterdam 1933

Silva Rosa, J.S. da
Die Spanischen und Portugiesischen gedruckten Judaica in der Bibliothek des Jüd. Port. Seminars Ets Haim in Amsterdam. [Reprographische Neuauflage der Auflage von 1933]
in: Kayserling, Meyer

Steinschneider, Moritz
Catalogus librorum hebraeorum in Bibliotheca Bodleiana
Berlin 1852-1860

Willemse, David
De Inquisitie en haar aanwezigheid in de Bibliotheca Rosenthaliana
in: Studia Rosenthaliana, 14,2, 1980: 206-227

Zedner, Jos.
Catalogue of the Hebrew Books in the Library of the British Museum
London 1867

«OS CASSUTOS TEEM SEMPRE SORTE»[1]

Jehuda Leon Cassuto[2]

Alfonso zeigte mir vor kurzem in dem etwa 1630 von Aboab verfassten Werke «Nomologia» eine Stelle, in der der Verfasser seinen damaligen Schicksalsgenossen den Rat erteilt, unter keinen Umständen zeitlich nach ihrer Auswanderung nach ihrer ursprünglichen Hemat Spanien oder Portugal zurückzukehren, das erste Jahr des Aufenthalts in der Fremde zu benutzen, sich nach allem umzusehen und umzuhören, im 2ten Jahre nur ganz kleine, möglichst risikolose Geschäfte zu betreiben und erst im 3ten Jahr die Anlage ihres Vermögens ernsthaft zu betreiben.[3]

1. Flucht nach Amsterdam[4]

Ich erfuhr von der Ernennung Adolf Hitlers zum Reichskanzler, als ich vom Gericht[5] aus wie üblich von meinem Heimweg anrief, ob nicht noch etwas in der

---

[1] «Die Cassutos haben immer Glück». Dieses Lebensmotto durchzieht die Erinnerung des Hamburgers Jehuda Leon Cassuto (1878-1953), der sie in der Emigration auf Anraten seiner Frau Rosy von 1938 bis 1944 niederschreibt. Das unveröffentlichte, maschinenschriftliche Manuskript besteht aus mehreren Teilen. *Erinnerungen*, [A], 224 S.; *Zusätze und Nachträge*: 126 S.; *Auswanderung* [E], 88 S.; *Zusätze* [NE], 47 S.; *Unser Leben in Porto*, 6 S.; *Nicht für Kinder*, 10 S.; *Allerlei Erfahrungsweisheiten*, 52 S. Die Herausgeber danken Dr. Álvaro Cassuto (Malveira da Serra) und Dr. Adri K. Offenberg (Bibliotheca Rosenthaliana, Amsterdam) für die freundliche Erlaubnis, Teile der Erinnerungen hier zu veröffentlichen. Die Textauswahl und die Anmerkungen besorgte Michael Studemund-Halévy.

[2] Jehuda Leon Cassuto (Hamburg 1878 - Venda Nova 1953) war das älteste Kind von Franziska Cassuto, geb. Mathiason (1866-1934) und Isaac Cassuto (1848-1923), Gerichtsdolmetscher und Sprachlehrer in Hamburg. Nach Besuch der Talmud Tora-Schule und einer kaufmännischen Lehre Mitarbeiter im Übersetzungsbüro seines Vaters. Mehrfach im Vorstand der Portugiesisch-Jüdischen Gemeinde. 1933 Emigration nach Portugal. Dort war er für kurze Zeit im Vorstand der jüdischen Gemeinde von Porto.

[3] «Nomologia o Discursos Legales, compuestos por el virtuoso H. H. Imanuel Aboab de buena memoria», Amsterdam 5389 / 1629, zitiert nach Jehuda Leon Cassuto NE 13. Vgl. auch Harm den Boer: Spanish and Portuguese Editions from the Northern Netherlands, in: Studia Rosenthaliana 23, 1989: 40. Das Exemplar der Cassutos wurde 1990 vom Auktionshaus Christie's angeboten. Vgl. Judaica, Books, Manuscripts, Works of Art and Pictures. Amsterdam, 20. Juni 1990: Nr. 4. Alfonso Cassuto (1910-1990), einziger Sohn des Ehepaares Jehuda Leon und Rosy Cassuto, geb. Cohen.

[4] NE 13: Brief an Raphael Cassuto 18. 8. 1936

[5] Jehuda Leon Cassuto war wie sein Vater auch Gerichtsdolmetscher.

Stadt zu besorgen sei, als Alfonso, der am Telephon war, mir erzählte, daß er soeben diese Ernennung durch das Radio erfahren habe, worauf ich ihn, der etwas aufgeregt zu sein schien, damit beruhigte, daß nicht alles so heiss gegessen werde, wie es auf den Tisch kommt und daß schon mancher radikale Politiker, wenn er erst zu einer leitenden Stelle gelangt ist, manchen Tropfen Wasser in seinen Wein giessen musste, nachdem er eingesehen hatte, daß seine früher so oft gepredigten Theorien sich in die Praxis nicht umsetzen liessen. Diese Beunruhigung war eigentlich mehr für mich selber bestimmt als für Alfonso. So war es nicht weiter verwunderlich, daß wir an eine bald bevorstehende Beschlagnahme des jüdischen Eigentums unter dem Vorwande, daß es ja selbstverständlich von dem arischen Wirtsvolke stamme und daher der raffenden Hand der Juden entzogen werden müsse, glaubten, weshalb wir uns entschlossen, zunächst unsere wertvolle Büchersammlung, die wir schon früher vor dem Zugriff der Kommunisten in Sicherheit bringen wollten und zum Teil bereits gebracht hatten, nach Amsterdam zu schaffen, zu welchem Ende wir am 30. März 1933 unser Auto aus dem Winterquartier schaffen liessen. Da wir in dem Auto nur eine beschränkte Zahl von Büchern mitnehmen konnten, verpackte Alfonso einen großen Teil derselben in die Kisten, mit deren Transport nach Amsterdam er die Firma Thomas Cook & Son, Alsterdamm, betraute. Als ich am Abend mit Alfonso nach *Snoga*[6] ging, wurde uns dort gesagt, daß man am folgenden Morgen Unruhen befürchte und deswegen mit dem Morgen-Gottessegen bereits ums 7 Uhr beginnen wolle, um schnellstmöglichst wieder nach Hause gelangen zu können.[7]

Es ist verwunderlich, daß gerade wir mit zu den ersten Leuten gehörten, die in Anbetracht des in der Heimat plötzlich ausgebrochenen (nicht angebrochenen!) neuen Regimes die entsprechende Konsequenz gezogen haben, sich den zu erwartenden unliebsamen Ereignissen in ihrer immerhin liebgewordenen Heimat zu entziehen. Wie überraschend der ganze Spuk über uns hereingebrochen war, mag daraus ersehen werden können, daß wir kurz vor der Berufung Hitler's zum Reichskanzler (30. Januar) davon sprachen, unsere wertvollen Bücher wieder von dem Schliessfach der Amsterdamschen Bank vor Ablauf der betr. Abonnementsdauer abzuholen, da keinerlei Gefahr mehr vorliege. Am Sonnabend 12. März waren Alfonso und ich auf dem Wege zur Synagoge[8], da abends die *Megilla*[9] verlesen wurde, wobei uns Rosy mit ihrer Mutter begleiten wollte, aber beim Grindelhof lieber wieder nach Hause umkehrten, sie hatten vor einem Zug wilder Men-

---

6   Portugiesisch: *Synagoge*
7   [...] *Ich bin s. Zt. von Hbg. aus fortgereist, nachdem der Boycott über die jüdischen, jetzt nicht-arischen Geschäfte verhängt wurde; tatsächlich ist mir doch auch meine Ernennung als beeidigter Übersetzer und Dolmetscher entzogen worden, so dass die Behörde mir die Möglichkeit, meinen Unterhalt wie bisher zu verdienen, nach 28jähriger Tätigkeit genommen hat* [...] (NE 11: Brief an Raphael Cassuto vom 31. 4. 1934)
8   Die Synagoge der Portugiesen lag in der Marcusstraße.
9   Hebräisch megilla, Pl. megillot; Bezeichnung der fünf biblischen Bücher Rut, Hohelied Salomos, Klagelieder des Jeremia, Buch Kohelet und Esther, die an Purim gelesen werden.

schen Angst bekommen, die mit wüstem Geschrei gegen die Juden durch die Grindelallee sich bewegten.

Rosy und Jehuda Leon Cassuto

Da Rosy Angst empfand, mit mir, wie sonst am Sonnabend Vormittag üblich, auszugehen, blieb sie zu Hause, um auch beim Packen der am folgenden Tage mit auf die Reise zu nehmenden Sachen zu helfen und Anordnungen zu treffen. Abgesehen von den durch Cook zu befördernden Büchern wollten wir ja unsere wertvollen Bücher per Auto nach Amsterdam schaffen. Ich machte mit Alfonso einen Spaziergang nach dem Harvestehuderweg[10], ohne auf dem ganzen ziemlich langen Weg etwas anderes als das gewohnte Bild zu sehen, nämlich daß Gruppen unserer Glaubensgenossen ungeniert an den verschiedenen Straßen-Ecken miteinander plauderten. Nach Haus zurückgekehrt, waren wir beim Mittagessen begriffen, als die Uhr 2 schlug und Rosy durch das Mädchen den Radioapparat anstellen ließ, wobei sie bemerkte, daß es unter den heutigen undurchsichtigen Ver-

---

[10] Die Stadtviertel Rotherbaum, Harvestehude und Eppendorf wurden im 20. Jahrhundert bevorzugte Wohngegend der Hamburger Juden. Vgl. auch Ina S. Lorenz «Ahasver geht nach Eppendorf - Zur Stadtteilkonzentration der Hamburger Juden im 19. und 20. Jahrhundert», in: Informationen zur Modernen Stadtgeschichte 1, 1987: 23-28; Harald Vieth (Hg.) «Hier lebten sie miteinander in Harvestehude-Rotherbaum. Jüdische Schicksale. Alltägliches. Heutiges. Hamburg 1993

hältnissen eine lebenswichtige Sache sei, die neuesten Nachrichten zu erfahren (sonst hatten wir am Sonnabend nie Radio gehört), in diesen Zeiten müsse man sich eben über vieles hinwegsetzen. Als wir nun bei der Übertragung der Tagesmeldungen auch erfuhren, daß jetzt ein besonderer Sichtvermerk für Auslandsreisen in deren Pässen verlangt werde, äusserte ich meine Ansicht, daß diese neue Bestimmung von so unscheinbarer Natur, lediglich gegen die Juden gerichtet sei und bezwecke, deren Ausreise aus der Heimat zu verhindern, damit man sie allesamt sofort um die Ecke bringen könne und in dieser Weise niemand entkommen könne; da aber diese Verfügung wahrscheinlich mit dem folgenden Tage (Sonntag, 2. April) in Kraft treten würde, sei es unbedingt nötig, falls wir überhaupt ins Ausland wollten, ob heute, morgen oder zu irgend einer späteren Zeit, noch vor Mitternacht des heutigen Tages die Grenze passiert zu haben. Dies schien allen einzuleuchten und so beschlossen wir, keine Zeit zu verlieren und trotz des Sonnabends die für den darauffolgenden Tag geplante Reise schnellstens anzutreten. Wir brachen daher unser Mittagsmahl sofort ab und holten das bereits vorbereitete Gepäck und andere noch als wichtig betrachtete Dinge zusammen, während Alfonso sofort zur Garage eilte, um das Auto zu holen, worauf in wenigen Minuten wir, d. h. Rosy, deren Mutter, Alfonso und ich nebst dem gesamten Gepäck im Auto verstaut waren, worauf wir uns noch etwa 40 Liter Benzin geben liessen und sodann, ohne daß uns irgendein Bekannter unterwegs erblickte, durchfuhren wir die gesamte Grindelallee, den Loignyplatz, die Lombardsbrücke, den Glockengiesserwall etc Bankstrasse, Bremen, Delmenhorst, Wildeshausen, Ahlhorn, Cloppenburg, Lastrup, Loningen, Herzlake, Haselühne (wo wir zum letzten Mal in Deutschland Benzin - fünf Liter - einnahmen, Lingen, Nordhorn, sowie die Grenzorte Fressedorferhaar-Denekamp, womit unser Auto mit der Hälfte seiner Insassen auf immer Hamburg den Rücken kehrte, d. h. auf Nimmerwiedersehen verließ.[11] Wie ich annehme, war es im Auto während jener Fahrt, daß ich der Meinung Ausdruck gegeben habe, vielleicht kehren wir von dieser Reise nie wieder in die Heimat zurück.

Gegen 11 Uhr nachts langten wir bei der deutschen Grenzstelle an, woselbst wir den Schlagbaum niedergelassen vorfanden; Alfonso musste daher erst den Grenzbeamten von seinem Radio-Apparat holen, von dem aus das Horst-Wessel-Lied erscholl, in das Alfonso nach besten Kräften durch Pfeifen mit einstimmte, um den Beamten damit weiszumachen, daß er ein guter Nazi sei. Der Zollwächter entschuldigte sich noch, daß er uns hatte warten lassen, worauf ihm Alfonso unsere nach Namen geordneten Pässe vorlegte, d. h. der Pass für Alfonso Cassuto lag zu oberst, dann folgte der schon etwas bedenklichere von Jehuda Leon Cassuto (allerdings war den meisten germanischen Mitbürgern mein erster Vorname immer ein Rätsel gewesen), worauf der von Frau Rosy Cassuto, geb. Cohen sichtbar wurde und der von Frau Hinde Cohen, geb. Simon, als der verfänglichste den

---

[11] Im Sommer 1933 kehrten Jehuda Leon und Rosy Cassuto für einige Wochen nach Hamburg zurück, um ihre Häuser zu verkaufen.

Schluß machte. Kurze Zeit danach erreichten wir ein gastliches Hotel in Denekamp, in dem man uns dort erzählte, daß an jenem Tage jenseits der Grenze diejenigen Christen, die ein jüdisches Geschäft aufgesucht hatten, verprügelt worden seien, soweit man ihnen nicht mit schwer zu entfernender Farbe einen entehrenden Spruch mittels Stempel auf die Stirn aufgedrückt hatte. Am Morgen des 2. April setzten wir unsere Autotour nach Amsterdam fort, woselbst wir gegen 12 Uhr mittags eintrafen und sofort da Silva Rosa[12] aufsuchten.

2. In Amsterdam

Am Vormittag des 3ten begaben wir uns zum Jüdischen Hilfscomité, das uns eine Wohnung zur Verfügung stellte. In dieser Wohnung verblieben wir von jenem Tage an bis einige Tage nach Pessach (14./15. -22. April). also etwas über 2 Wochen.

Da wir nun selber nicht wussten, was wir anfangen sollten, waren wir lange im Zweifel, ob wir in Holland bleiben oder gleich den anderen die Heimat wieder aufsuchen sollten. Am Nachmittag des 2. April erhielten wir den Besuch der beiden Töchter von da Silva Rosa, so daß sich der etwas später uns aufsuchende Gotthelf, der Sohn meines Schulkollegen Isaac Wohlgemuth, sich darüber wunderte, daß wir so schnell schon in Amsterdam Bekanntschaft gemacht hatten. Sowohl dieser, wie auch Flörsheim, sollen wiederholt nach Hamburg zurückgefahren und wieder nach Amsterdam gekommen sein, ohne irgendwelche Schwierigkeiten zu erfahren, doch war ich mir immer nicht schlüssig, ob ich das Risiko laufen solle oder nicht [...]. Unter anderen erfuhren wir auch, daß z. B. der Rabbiner Dr. Lichtig[13], der gleich uns von Hamburg nach Holland gekommen war, bald wieder zurückgekehrt sein sollte; immerhin hatte sich ja Hamburg vor anderen Gegenden Deutschlands vorteilhaft ausgezeichnet. Immerhin änderten wir von Tag zu Tag unsere Entschlüsse, so daß ich jeweils meine an Cook in Hamburg erteilten Anweisung wegen Einpackung unserer dortigen Sache wieder zurückzog. Th. Cook in Hamburg hatten ja auch unsere mit Judaica gepackten Kisten am Sonnabend 1. April aus der Wohnung abgeholt und nach Amsterdam expediert. Da wir aber nicht auf die Dauer von unseren bei uns vorhandenen Barmitteln leben konnten und für uns in Amsterdam wohl keine Verdienstmöglichkeit vorlag, um so weniger, als wir mit so vielen anderen Emigranten zu rechnen hatten, die, ohne viel Geld zur Verfügung zu haben, auch mit dem geringsten Verdienst zufrieden gewesen wären, suchten wir bei verschiedenen Bekannten Alfonso's im

---

12 Mit dem Amsterdamer Bibliothekar Jacob da Silva Rosa war die Familie Cassuto seit den 20er Jahren bekannt; da Silva Rosa, der die Cassutos 1936 in Porto besuchte, wurde von den Deutschen deportiert und in einem Vernichtungslager ermordet.
13 Zur Person von Rabbiner Arije Lichtig siehe die Nachrufe im *Hamburger Familienblatt* vom 22. Juli 1937, im *Gemeindeblatt der Deutsch-Israelitischen Gemeinde zu Hamburg* vom 20. August 1938 und im *Israelit* vom 22. Juli 1937

übrigen Auslande irgend etwas zu finden, was eine Existenzmöglichkeit bieten könnte. Zur Not wären wir auch zufrieden gewesen, wenn sich lediglich für Alfonso irgend etwas finden lassen würde, am liebsten eine Anstellung als Bibliothekar oder dergleichen[14], denn da wir eingesehen hatten, daß unser zuerst als sicher angenommener Grund zum Verlassen Hamburgs, nämlich, daß man das Auswandern der deutschen Juden durch Verfügung des neuen Sichtvermerks in den Pässen unmöglich machen wollte, um sie dann alle auszurotten, sich als irrig herausgestellt hatte, hielten wir es nun mehr für allein notwendig, daß Alfonso ausserhalb Deutschlands verbleibe, während wir nach Hamburg zurückfahren könnten, wo uns kaum etwas passieren könnte, wohingegen Alfonso in Deutschland unbedingt an der vordersten Front im Falle eines Krieges kämpfen müsste, und daß dieser Krieg kommen würde, falls das Regime Hitlers sich längere Zeit halten könnte, dessen waren wir vollkommen sicher.

Gar zu gern wären wir in Amsterdam geblieben, welche Stadt uns als Auswanderungsziel besonders sympathisch erschien, um dort die Entwicklung bzw. Rückentwicklung der Dinge in aller Ruhe abzuwarten. Aber die Vorsehung hat es anders, und zwar besser, gewollt, und so fanden wir in Amsterdam keinerlei Möglichkeit zum Aufbau einer neuen Existenz.

3. Briefe nach Porto

Von allen eintreffenden Antworten auf jene Anfragen wegen einer Anstellung war diejenige am positivsten, die uns am wenigstens sympathisch erschien, nämlich die aus Oporto von dem Hauptmann Artur Carlos de Barros Basto[15]. Der von Alfonso unterzeichnete Brief an Barros Basto lautete wie folgt:

> «*Cher Monsieur,*
> *Forcé par les évènements actuels en Allemagne, mes parents et moi-même nous nous sommes vus obligés à venir chercher l'hospitalité de Hollande, étant parti Shabat, 1er avril à 2.30 de l'après-midi dans notre automobile, après que à 2 h. nous avons entendu par la radio qu'un simple passeport ne suffirait plus pour partir à l' étranger, mais que le gouvernement demandait, dès ce soir-là, un visa. Heureusement*

---

[14] Alfonso Cassuto wandte sich an den amerikanischen Rabbiner David de Sola Pool, um über ihn eine Anstellung zu bekommen.

[15] Arturo Carlos de Barros Basto (1887-1961), aus einer Marranenfamilie stammend, gilt als Wiedererwecker der portugiesischen Juden. Zur bis heute umstrittenen Person siehe Cecil Roth «L'Apôtre des Marranes.», London 1919; Elaine und Robert Rosenthal: «The Portuguese Dreyfus», in: *Midstream* 33, 2, 1987: 44-48; Hermann Prins Salomon «The Captain, the Abade and 20th Century 'Marranism' in Portugal.», in: *Arquivos do Centro Cultural Português* 10, 1976: 631-642; Peter Cohen «De geschiedenis van het 'Nederlandsch Marranen Comité', 1930-1938», in: *Studia Rosenthaliana* 25, 1, 1991: 15-30

> *nous avons franchi la frontière à présent à Amsterdam. Le but de la présente est celui de vous demander, cher Monsieur, s' l y a quelque moyen de nous établir en Portugal. Un petit capital d'environ 56.000 Escudos et quelques livres précieux font toutes nos ressources. Croyez-vous que, sous ces circonstances, il nous sera possible de gagner notre vie chez vous ? J'entends parcourir votre pays et l'Espagne pour chercher de vieux livres antiques et de les vendre aux collectionnaires qui se trouvent à ma connaissance, tandis que mon père pourra faire l'importation d'articles allemands. Nous ferions tout notre possible pour gagner notre vie pour si modestement qu'il soit. Notez bien que nous sommes des israélites bien orthodoxes et que, jusqu'à ce samedi funeste nous n'avons pas su ce qui est profaner le Shabat. Dans l' espoir de vous lire, je vous prie de bien vouloir accepter nos meilleures salutations. NB. Veuillez bien ne pas communiquer le contenu de cette lettre à qui se soit. Je vous prie encore de me faire tenir l'adresse de M. Amzalak[16] et de M. A. Benarús[17].*

Darauf erfolgte umgehend die Antwort:

> *«Cher correligionnaire,*
> *Je viens de recevoir votre honorée lettre du 6 courant, et je vais donner la réponse. Je crois que votre famille pourra vivre à Porto qui est une ville commerciale et industrielle de 300.000 habitants et avec un hinterland peupleux. Mon avis est le suivant. Vous viendrez seul d'avance, vous étudierez la place et après vous écrivez à votre famille pour venir. Venez vite. Votre correligionnaire de vous. Barros Basto*
> *« Mon cher ami et correligionnaire.*
> *Je viens de recevoir votre lettre du 14 courant. En réponse je vous dis que la vie à Porto n'est pas chère. Il y a pour louer une petite maison même en face de la mienne, qui coûte par mois 450 escudos, ella a deux petits étages et un petit jardin derrière. Ici les légumes et le poisson est au bon marché, les tissus aussi. Ici pour le moment nous n'avons pas de viande cacher, seulement nous avons de petite shehi-*

---

[16] Prof. Dr. Moses Bensabat Amzalak (1892-1978), Professor für Wirtschaft an der Universität Lissabon, Präsident der Academia de Ciências de Lisboa, veröffentlichte zahlreiche Arbeiten zur Geschichte und Kultur der portugiesischen Juden. Zur Person siehe Abraham Elmaleh «Le Professeur Moses Bensabat Amzalak, sa vie et son œuvre littéraire, économique, historique et scientifique», Jerusalem 1962; Abecassis Bd. 1: 326-330; Joseph B. Glass / Ruth Kark «Sephardi entrepreneurs in Eretz Israel, 1816-1918», Jerusalem 1991

[17] Adolfo (Salomão) Bensabat Benarus (1863-1950), Schriftsteller und Journalist, veröffentlichte u. a. «Os Judeus - Estranha história deste povo até aos nossos dias»; «O Antisemitismo; «Israel - notas várias»; «Doze cadernos explicando as festividades religiosas dos judeus.» War viele Jahre Präsident der Comunidade Israelita de Lisboa.

tah[18]; mais vous pourrez la faire venir de Lisbonne une ou deux fois par semaine, mais je crois que vous serez habitués à manger comme nous très peu de viande, beaucoup de poisson et des légumes. Ici il y a beaucoup de poisson cacher. Il y a à la synagogue culte tous les jours avec minian [19] avec les Talmidim[20]. Les Talmidim mangent seulement du poisson et des légumes. Lorsque nous aurons tout prêt de la synagogue quelques familles suffisantes pour, nous pourrons en avoir la shehitah complète. La famille peut venir toute entière, restera quelques jours dans une pension modeste et après, si vous voulez, vous pouvez louer une maison et faire la cuisine à votre volonté. Je vous présenterai à un marchand de meubles qui peut à crédit vous vendre des meubles petit à petit. Vous pouvez, lorsque vous arriverez (vous seul) coucher à la synagogue et manger avec les élèves de l'école. Vous pouvez donner des leçons d'hébreu aux élèves et je peux vous donner 500 escudos par mois et, comme vous avez des heures libres, vous pouvez chercher des leçons etc. Je vous présenterai à des mes amis du commerce et intellectuels qui, je crois, vous seront utils pour vous et votre père. L'automobile, je ne sais pas, mais vous pouviez peut-être en profiter pour le voyage et ici pour le commerce. Ma femme parle allemand et de cette façon, votre maman trouvera à qui vous peut donner des indications sur le menage et où se trouvent les choses plus à bon marché. Je ne suis pas riche, nous vivons très simple. Au revoir, Votre devoué, Barros Basto calt. - Ici à Porto existe maintenant une bonne atmosphère favorable aux juifs; il faut profiter de cette vague de sympathie.

Nachdem wir nun unsere sämtlichen in Amsterdam vorhandenen Sachen durch Cook an ihre Agenten in Oporto hatten expedieren lassen, holten Alfonso und ich am Morgen des 14. Mai unseren wackeren Erskine-Studebaker aus der Garage, worauf wir um etwa 7 Uhr morgens die Fahrt ins Dunkle, dem Süden zu, antraten. Am Schabat Wajikrá, der Barmizwá-Parassa meines Vaters, hatten wir Hamburg verlassen, am Lag le-Gnomer fuhren wir von Amsterdam weiter.

4. Auf nach Portugal

Nach dem Passieren zahlreicher idyllisch gelegener Dörfer in fruchtbarster Gegend, begann das Wetter aufzuklaren und trocken zu werden, so daß auch un-

---

[18] Hebräisch Schächten, rituelle Schächtung
[19] Hebräisch *minyan*: Zahl - die vorgeschriebene Zahl von 10 männlichen Betern im Alter von mindestens 13 Jahren.
[20] Hebräisch *talmid*, Pl. *talmidim*: Schüler

sere anfangs etwas trübe Stimmung sich allmählich aufheiterte, und wir uns von Else[21] alles in Ruhe erzählen liessen, was sie seit unserer Abreise aus Hamburg erlebt hatte. Dicht hinter der französischen Grenze befand sich die aus dem ersten Weltkriege her bekannte Festung Maubeuge, die von Alfonso als Endziel für diesen ersten Reisetag bestimmt und rechtzeitig erreicht wurde; jedoch hatten wir bei der Einfahrt in dieser Stadt einen kleinen Zusammenstoss mit dortigen Strassenpassanten, die unsere ADAC-Fahne als eine Hitler-Fahne ansahen und deswegen das Verlangen an uns stellten, sie sofort zu entfernen, was wir bereitwilligst ausführten. Am darauffolgenden Morgen fuhren wir bei schönstem Wetter weiter und gelangten bei einbrechender Dunkelheit in Orléans an.

5. Im Lande der Väter

Als wir schliesslich in die Nähe von Pinhel, dem Orte gekommen waren, in welchem wir an jenem Abend unser Nachtquartier nehmen wollten, trafen wir einen Offizier, der uns fragte, ob wir wohl die geflüchteten Juden seien, die ihm durch Barros Basto avisiert worden seien und, als wir dies bejahten, uns den Weg zu dem dortigen besten Hotel angab. Als wir aber vor demselbigen eintrafen und sich dort anscheinend der größte Teil der einheimischen Bevölkerung um unser Auto versammelte und diese Leute infolge ihrer dunklen Physiognomie und sonstigen Äusseren einen ziemlich bedrohlichen Eindruck in uns hervorriefen, während das in einem viele Hunderte von Jahren alten Hause befindliche Hotel bedeutend weniger als einladend wirkte, wollte Rosy unter keinen Umständen jenes Hotel betreten, da sie dasselbe mit der davor wogenden unheimlichen Bevölkerung als eine Räuberhöhle betrachtete, in welcher man uns zu mindestens ausplündern würde, sondern viel eher nach einem besseren Hotel eventuell einem anderen Orte weiterfahren. Da aber das Hotel das einzige in ganz Pinhel war, sahen wir uns wohl oder übel genötigt, trotz aller zu gewärtigenden Gefahren doch jenes Hotel wieder aufzusuchen, das sich bei näherer Besichtigung als sehr sauber, wenn auch stark primitiv, da aus grauer Vorzeit stammend, erwies, aus welchem Grunde es noch eine sogenannte Totentür, eine vermauerte Tür-Öffnung enthielt, die nur bei der Fortschaffung einer Leiche aus dem Hause geöffnet zu werden pflegt. Der Wirt empfing uns ziemlich mißtrauisch und stellte an uns die Frage, ob wir wohl die Herrschaften jüdischen Bekenntnisses seien, von denen ihm Barros Basto geschrieben hatte, aber welchen Brief er als passionierter Analphabet nicht selber habe lesen können, und schien offensichtlich etwas über unsere Anständigkeit beruhigt zu sein. Am anderen Tage fragte er uns ganz unerwartet, ob wir nicht zur Synagoge gehen wollten, da er die Schlüssel zur Verwahrung habe, worauf wir natürlich zustimmten und er uns in die erste Etage seines Nachbargrundstücks führte, in der ein kleiner Raum als Gebetstelle eingerichtet war, aber

---

21 Das Hausmädchen Else begleitete die Cassutos in die Emigration.

keinerlei Besucher ausser uns aufwies. Auf einem Spaziergang trafen wir auf einen etwas verkrüppelten früheren Schüler von Barros Basto, der aber einen wenig vertrauenerweckenden Eindruck machte und es wohl deswegen für nötig hielt, sich durch ein aus einem hebräischen Gebetbuch gerissenes Blatt zu legitimieren.

Die Abenddämmerung war schon hereingebrochen, als wir die den Wald durchschneidende Landstraße bei deren Einmündung in Vila Nova de Gaia verliessen. Bald passierten wir die große Dourobrücke, die uns nach Oporto hineinführte, und sodann versuchten wir, durch Befragen verschiedener Passanten zu ergründen, wie man am besten nach der Avenida da Boavista gelange. Aber entweder verstanden uns die Leute nicht - mir ist allerdings unverständlich, wieso sie nicht wenigstens jenen Strassennamen verstanden haben sollten, den wir jedenfalls nicht verkehrt hätten aussprechen können -, oder aber sie vermieden es, ihre Unwissenheit einzugestehen.

Arturo Carlos de Barros Basto (1887-1961)

Am 26., Freitag Abend, erlebten wir den ersten Gottesdienst im zweiten Stock der Synagoge, bei welcher Gelegenheit wir verschiedene Gemeindemitglieder kennenlernten, die man wohl uns zu Ehren zusammengetrommelt hatte. Der Chasan oder Leiter des Gottesdienstes war der aus Arcozelo stammende Samuel, von Beruf in seiner Heimat Milchjunge, der in der sogenannten Jeschibá, wie es hiess, schon alle Klassen absolviert hatte, aber kaum notdürftig lesen konnte, während seine übrigen etwa 12 Kameraden noch lange nicht soweit in die hebräische

Sprache vorgedrungen waren wie er. Die dort zu Gehör gebrachten Melodien erinnerten keineswegs an die von Hamburg aus gewohnten, sondern eher an solche arabischer Herkunft. Sie waren den Schülern auch von dem früheren Lehrer J. Shababo[22] beigebracht worden, der aus Palästina stammen sollte und der wegen Differenzen mit Barros Basto von diesem entlassen worden war.

Inzwischen hatte Alfonso seine Lehrtätigkeit bei den Schülern der Jeschibá angetreten, und zwar hatte er vormittags und nachmittags je 3 Stunden Unterricht zu erteilen, während der Hauptmann Barros Basto selber seinen Unterricht den Schülern erst spät abends angedeihen ließ.

6. Zurück in Hamburg

Wenige Tage nach unserer Rückkehr nach Hamburg. Natürlich wurde dort auch viel über Auswanderung gesprochen, doch blieb es auch in der Folge nur eine theoretische Erwägung. An einem Sonntag Vormittag hatten wir den Besuch von Joseph Sealtiel jr.[23] Es kam die Rede aufs Auswandern, in welcher der Apotheker Paul Freundlich[24] sagte, für Euch mag ja das Auswandern das richtige sein, für uns aber nicht, denn mir als Frontkämpfer kann doch nichts passieren. Wenige Tage nach unserer Rückkehr nach Hamburg, als wir in der elektrischen Straßenbahn zur Stadt fuhren, erblickten wir Dr. Herbert Pardo[25], den ersten Vorsteher der Portugiesisch-Jüdischen Gemeinde, Mitglied der Hamburger Bürgerschaft und unseren Anwalt in Mietersachen, in einem Auto vorüberfahren: derselbe war, ähnlich wie wir, auf einer Informationsreise in Palästina in Palästina gewesen und soll dann dorthin zurückgereist sein, wo er alsdann eine Fabrik von Stahlmöbeln

---

[22] Jacob Shababo kam aus Safed; 1931 unterrichtete er als Professor für Hebräisch und jüdische Liturgie am Instituto Teológico in Porto. Auch als Verfasser zahlreicher hebräischer Gesänge bekannt.

[23] Joseph Sealtiel (1903-1945), Fondsmakler in Hamburg, Bruder des späteren israelischen Generals (Aluf) David Sealtiel; zeitweise Vorsitzender der Portugiesisch-Jüdischen Gemeinde. Er wurde 1941 deportiert und starb 1945 im Konzentrationslager Dachau.

[24] Paul Freundlich (geb. 1879) wurde am 11. Juli 1942 nach Auschwitz deportiert und dort ermordet.

[25] Ein prominentes Mitglied der Gemeinde war Herbert Pardo (1887-1974), der nach seinem Jurastudium in München, Berlin und Kiel 1910 in die SPD eintrat und 1918-1919 dem Hamburger Arbeiter- und Soldatenrat angehörte. Er war Mitglied der Verfassunggebenden Versammlung und von 1919 bis 1932 ohne Unterbrechung für die SPD Mitglied der Hamburger Bürgerschaft. Weitere Ämter: Mitglied des Bürgerausschusses, Mitglied des Staatsgerichtshofs, der Gefängnisbehörde und des Universitätsausschusses. Seit 1920 Syndicus des Polizeibeamtenvereins. und im Vorstand des Reichsbanners. Im September 1933 beschließt er als, überzeugter Zionist, mit seiner Frau Rut und zwei seiner Kinder nach Palästina auszuwandern. Im Juni 1934 hält er sich wieder in Hamburg auf. Pardos Schwestern Gertrud und Angela Pardo kehren vor Kriegsbeginn aus Palästina nach Hamburg zurück. Beide werde später deportiert und ermordet. Herbert Pardo ist zwischen 1947 und 1971 als Rechtsanwalt - mit ständigem Wohnsitz in Haifa - in Hamburg tätig, wo er sich vor allem mit Wiedergutmachungsfragen beschäftigt.

in Haifa errichtet haben soll. Er hatte wohl deswegen Furcht vor dem neuen Regime, weil er sich sehr deutlich als Sozialdemokrat gezeigt hatte, ohne es zu verschmähen, sich auch für kommunistische Klienten zu interessieren, aber anscheinend ist ihm deswegen nichts passiert, weil er sich gleich im Anfang dazu bereitfand, auszuwandern.

Eins Sonnabends machten wir einen Besuch bei Benno Sealtiel[26] und Frau, die, vornehm wie sie es gewohnt waren, bei Benny Meyer in der Hansastraße in Pension wohnten. Wir trafen auch bei ihm seinen Schwiegersohn Michael Isak, der sich mit mir in ein langes Gespräch darüber einlassen wollte, ob man die portugiesischen Marranen bei der Feststellung eines Minjan mitrechnen und sie zum Vorlesen der Tora mit heranziehen dürfe. Als ich, um auf wichtigere Dinge zu sprechen zu kommen, vom Auswandern sprach, sagte Benno's Schwager Hermann Bachrach[27] lächelnd zu seiner Frau (Gracia vulgo Gretchen geb. Sealtiel) nun, wir wandern doch nicht aus, was meinst Du dazu? Ebenso sprachen wir mit Michael Abendana Belmonte[28] über die Auswanderung für ihn und seine fünf Söhne. Aber es waren nur theoretische Überlegungen, die zu keinem Resultat führten, denn eine Auswanderung ist noch in höherem Maße als eine Eheschließung oder die Errichtung eines Geschäfts oder die Eingehung einer Associierung etc. im wesentlichen ein Sprung ins Dunkle, der ebensogut zum Erfolge wie zum Gegenteil führen kann. Von Oporto stand ich anfangs mit zwei seiner Söhne wegen Exports von Hamburg nach Portugal in Verbindung, ohne aber viel erreichen

---

[26] Benjamin Sealtiel, Vater des israelischen Generals David Shaltiel, starb in Hamburg. Sein Grab liegt auf dem Friedhof Hamburg-Langenfelde. Zur Person siehe den Roman von Willy Prins «Die Himmelsleiter», Hamburg 1977

[27] Hermann Bachrach emigrierte mit seiner Frau Gretchen, geb. Sealtiel, nach Holland. Von dort wurden beide in ein Vernichtungslager deportiert.

[28] Michael Abendana Belmonte (1885-1939). Über das Schicksal der Familie Abendana Belmonte, die in Hamburg seit dem 17. Jahrhundert ansässig war und deren bekanntestes Mitglied, Solomon Abendana Belmonte, im 19. Jahrhundert Hamburger Bürgerschaftsabgeordneter war und Vorsitzender der Gefängniskommission, ist wenig bekannt. Nach der Auswanderung der prominenten Familien Duque, Meldola, Cassuto und Pardo übernehmen Mitglieder der Familie Abendana Belmonte wichtige Funktionen in der stark dezimierten Gemeinde. Am 11. Juli 1937 wird Michael Abendana Belmonte in den Vorstand der Portugiesisch-Jüdischen Gemeinde gewählt. Zwei Jahre später werden am 26., 27. und 28. April 1939 seine fünf Söhne Alfred, Gustav, Paul, Salomon und Willibald gemeinsam mit ihrer Mutter Jenny von der Gestapo verhaftet. Am 3. Mai 1939 meldet die Gestapo dem zuständigen Standesamt Fuhlsbüttel den Tod der drei Brüder Alfred, Paul und Salomon, die im Polizeigefängnis am 29. und 30. April 1939 Selbstmord begangen haben sollen. Nur wenige Tage später stirbt ihr Vater Michael Abendana Belmonte dreiundachtzigjährig im Israelitischen Krankenhaus. Dem Gedenkbuch für die jüdischen Opfer zufolge soll er Selbstmord begangen haben. Willibald Abendana Belmonte wird am 8. November 1941 von Hamburg nach Minsk, Gustav und die einundachtzigjährige Mutter Jenny werden am 19. Juli 1942 nach Theresienstadt deportiert, wo sie mit zahlreichen Hamburger Sefarden den Tod finden. Zum Schicksal der Gebrüder Belmonte siehe Astrid Louven «Familie Belmonte: 'Die Belmonte-Brüder sind tot'», in: Galerie Morgenland (Hg.): «Wo Wurzeln waren ... Juden in Hamburg-Eimsbüttel 1933 bis 1945. Hamburg 1993»: 142-144

zu können. Als Dr. Meldola[29] im Jahre 1939 kurz vor Ausbruch des Zweiten Weltkrieges über Lissabon nach Brasilien fuhr, schrieb er mir von Lissabon aus und meldete, daß alle Söhne von Michael Abendana Belmonte wegen Devisenverschiebung hingerichtet worden seien und der Vater vor Schrecken gestorben sei, doch scheint dies nicht ganz zu stimmen, weil Adolf Warisch[30] bedeutend später behauptete, sie in der portugiesischen Synagoge getroffen zu haben.[31]

7. Fortgang auf immer

Zu den vielen Schwierigkeiten oder vielmehr Hindernissen, die wir während unserer Auswanderung erfahren mussten, die sich aber immer, oft erst nach Jahr und Tag, gerade als unsere Rettung erwiesen, gehörte auch die von uns eingesehene Unmöglichkeit, im Mai 1933 in Amsterdam zu bleiben, so daß wir den abenteuerlichen Entschluss fassten, allesamt die Reise per Auto nach Oporto zu unternehmen. Hätten wir eine kürzere und billigere Liquidierungsreise von Amsterdam aus unternommen, ohne erst Portugal überhaupt kennenzulernen, dann hätten wir selbstverständlich unser Kapital erst nach Amsterdam gebracht, um es dort in Grundstücken oder Hypotheken anzulegen. Und dann hätten wir 1940, als die politische Lage in Holland brenzlig wurde, weder unser Geld rechtzeitig flüssig machen noch in rgendein anderes Land flüchten können, da damals bereits kaum ein Land vorhanden war, daß sich nicht der Einwanderung deutscher Juden verschlossen hatte, so daß wir in Holland hätten bleiben und das gleiche Schicksal erleiden müssen, das so viele unserer dort verbliebenen deutschen Glaubensgenossen getroffen hat.

---

[29] Der Armenarzt Dr. Eduard Meldola y Montalto stammte ursprünglich aus Blumenau (Brasilien); er emigrierte über Portugal in seine Heimat Brasilien.
[30] Adolf [Adolph] Warisch (geb. 1857) wurde am 15. Juli 1942 nach Theresienstadt deportiert, wo er später umkam.
[31] Gemeint ist die neue Synagoge in der Innocentiastraße 37

DER GRINDELFRIEDHOF
ERSATZFRIEDHOF IN OHLSDORF

SEFARDIM CONTRA ASHKENAZIM

Der späte Streit um das Grabdenkmal Gabriel Riesser
1937/1938

Ina Susanne Lorenz (Hamburg)

> «*Bleiben Sie, sehr geehrte Herren, also bestrebt, solange es irgend geht, den Vorstand des Jüdischen Religionsverbandes von dem Irrtum seiner Auffassung zu überzeugen und den Frieden und die Ehre unserer Toten zu sichern.*»
>
> Oberrabbiner Dr. Joseph Carlebach, Haham der sefardischen Gemeinde Bet Israel, 15. August 1938

I. Feierliche Aufstellung des Grabmals

Am 30. Oktober 1865 erschienen im *Hamburgischen Correspondenten*[1] und in der ebenfalls in Hamburg erscheinenden Zeitschrift *Reform*[2] Berichte über die feierliche Enthüllung des Grabmonuments für Dr. Gabriel Riesser auf dem innerstädtischen jüdischen Friedhof am Grindel.[3] Seit dem Tode waren zwei Jahre vergangen. Die Gedächtnisrede hielt der jüngere und wohl auch enge Freund von Riesser, Dr. Isaac Wolffson.

War Riesser der erste jüdische Richter an einem Obergericht in einem deutschen Staat gewesen, so war Wolffson, ebenfalls Jurist wie Riesser, der erste jüdische Präsident eines gewählten Parlamentes, der Hamburger Bürgerschaft.[4] «Dr. Wolffson hielt eine tiefergreifende Gedächtnisrede», hieß es in der Sprache der Zeit. In der Tat fand Wolffson bewegende Worte, indem er in Riesser zu Recht den bekanntesten Vorkämpfer der Emanzipation der Juden sah:

---

[1] *Hamburgischer Correspondent*, Nr. 257 v. 30.10.1865, S. 3
[2] *Reform* v. 30. 10. 1865, S. 1 und Reform v. 1.11.1865, S. 1
[3] Literatur zu Gabriel Riesser vgl. Studemund-Halévy 1994. Die meisten Arbeiten sind älteren Datums. An neuerer Literatur vgl. Gad Arnsberg 1990a; 1990b; Mosche Zimmermann 1975
[4] Zu Isaac Wolffson vgl. Lorenz 1992, mit weiteren Nachweisen

Ina S. Lorenz: Sefardim contra Ashkenazim

«Unermüdet wirkte, kämpfte und stritt er, bis er die Emanzipation der Juden erreichte. Und als das Vaterland ihn zu hoher Stellung berief, als Deutschland auf ihn schaute, verlor er nie den Gesichtspunkt aus dem Auge, für die Unterdrückten zu wirken. In die-sem Sinne hat er doch für Deutschland das Edelste mit geschaffen: die Grundrechte des deutschen Volkes.» Da schwangen gewiß auch wehmütige Erinnerungen mit, denn die Anwesenden dürften kaum vergessen haben, daß dies Errungenschaften der Jahre 1848/49 alsbald verlorengegangen waren und in Hamburg erst 1862 wieder eine die religiösen Freiheiten beachtende Verfassungslage entstanden war. An dieser neuen, gewissermaßen zweiten Emanzipation der Juden waren Riesser und Wolffson maßgeblich beteiligt gewesen.

Das macht es ohne weiteres erklärlich, daß die Form des Begräbnisses, die Gestaltung des Grabdenkmals und die Aufstellungsfeier als eine Demonstration des liberalen Hamburger Judentums verstanden sein wollten. Es war gewiß Absicht, als liberale Juden jedermann aufzuzeigen, wie man im Sinne staatlicher und gesellschaftlicher Toleranz Mitglied eines emanzipatorischen jüdischen Bürgertums zu sein gedachte. Dieses Ziel nach innerer Würde, die Gleichheit fordert und Selbstverständlichkeit verlangt, richtete sich nicht nur gegen das nicht-jüdische Umfeld, sondern bezog auch die jüdische Orthodoxie der Stadt ein. Die innerjüdische Entwicklung war labil, denn seit der Verfassungsreform von 1862 beruhte die Mitgliedschaft in der jüdischen Gemeinde erstmals auf dem Grundsatz der Freiwilligkeit. Noch hatte sich die jüdische Gemeinde nicht neu gebildet.[5] Riesser und Wolffson waren Mitglieder des Hamburger Tempel, des liberalen jüdischen Kultusverbandes, der gegenüber der Orthodoxie auf religiöse und institutionelle Selbständigkeit beharrte.

Diese Situation mag es erklären, daß das Grabdenkmal nach jüdisch-religiöser Auffassung eine ärgerliche, ja verletzende figürliche Darstellung enthielt. Die Zeitschrift *Reform* beschrieb dies mit folgenden Worten:

«Riessers Denkmal: errichtet ist es von näheren Freunden des Verstorbenen. Auf einem Sockel aus Sandstein erhebt sich ein Postament, von carrarischem Marmor angefertigt, in einer Höhe von 10 Fuß. Die Breite beträgt 4, die Länge 6 Fuß. Auf vier konisch zulaufenden Säulen sitzt das gewölbte zackige Dach. Dieses vereint mit den Säulen, gibt dem Monumente die Form eines Tempels. Auf der hinteren Seite des Postaments befindet sich der Name des Verstorbenen: Dr. Gabriel Riesser. Auf den Seitenflächen steht dessen Geburts- und Todestag. Geboren ward er am 2. April 1806 und war sein Todestag der 22. April 1863. An der Vorderseite des Denkmals ist eine Nische ausgehauen, in welcher die Göttin der Wahrheit dargestellt ist, wie sie über die Schlange der Lüge, welche sie mit Füßen tritt, triumphiert. Die Enthüllungsfeier am Sonntage war eine würdige. Mehrere Sänger, der Freimaurerloge angehö-

---

[5] Vgl. Lorenz 1989

rend, eröffneten dieselbe mit dem Liede: 'Über allen Wipfeln' von Goethe»[6]

Was hier als «Göttin der Wahrheit» allegorisch und nachsichtig beschrieben wurde, war eine halbbekleidete Frauengestalt in einem ausdrucksstarken Hochrelief, entworfen von dem Architekten Albert Rosengarten, der auch die Ausführung der Bildhauer- und Steinmetzarbeiten geleitet hatte.[7] Nach halakhischer Auffassung waren auf Grabmälern und auf dem Begräbnisplatz ebenso wie in der Synagoge selbständige bildliche Darstellungen von Menschen nicht zugelassen.[8] So mußte eine halbbekleidete «Göttin» auf einem jüdischen Friedhof, dem Haus der Ewigkeit, geradezu frevelhaft erscheinen. Wie unsicher die allegorisierende Bezugnahme auf «die Wahrheit» war, mag verdeutlichen, daß die Frauengestalt im 20. Jahrhundert mit großer Selbstverständlichkeit als «Freiheit» oder «Justitia» apostrophiert wurde, mochten ihr auch die üblichen Attribute der Waage und der Augenbinde fehlen.[9] Aber das Grabmal war ein Geschenk der Hamburger Anwaltschaft, der man dies aus mancherlei Gründen nicht verweigern wollte. So fand man in der Art der Aufstellung einen bemerkenswerten Kompromiß: Man plazierte das Denkmal so, daß seine Vorderseite nicht dem Grabe Riessers zugewandt war.

II. Aufhebung des Grindelfriedhofs 1935-1937

1. Aufforderung zur Räumung

Im Januar 1935 teilte die Hamburgische Finanzverwaltung durch den Regierungsrat Köster der Deutsch-Israelitischen (DIG) und der Portugiesisch-Jüdischen Gemeinde (PJG) mit, daß der Staat die baldige Räumung des Begräbnisplatzes am Grindel fordern werde. Es liege kein Grund vor, den jüdischen Begräbnisplatz besser als die christlichen Friedhöfe zu behandeln; diese seien bereits geräumt. Dazu komme - so wurde eindeutig hinzugefügt - «die Veränderung der politischen Lage.»[10] Das war der Anfang langwieriger, zäher Verhandlungen zwischen der DIG und den staatlichen Behörden. Für das Jahr 1936 konnte man noch ein Stillhalten der Behörde erreichen. Es geschah allerdings keineswegs aufgrund der Überzeugungskraft der Vertreter der Gemeinde, sondern es handelte sich um außenpolitische Gründe. Im Jahr der Olympischen Spiele in Berlin sollte - wie ein

---

[6] Reform v. 1.11.1865, S.1
[7] *Hamburgischer Correspondent*, Nr. 257 v. 30.10.1865, S. 3; hier findet sich auch der Vermerk, der Entwurf des Denkmals rühre von dem jüdischen Architekten Albert Rosengarten her, der auch die Ausführung der Bildhauer- und Steinmetzarbeiten geleitet habe. Zu Rosengarten vgl. Rohde 1993
[8] Vgl. Gutachten des Oberrabbiner Dr. Joseph Carlebach vom 15.8.1938, Dokument 3
[9] Zu Hamburger Plastiken der Justitia vgl. Albers 1979: 148-149, 154, 155, 157, 159
[10] Staatsarchiv Hamburg (StAH) Bestand Jüdische Gemeinden (JG) 661 Fasc. 4, Bl. 1

Schreiben des in der Sache angerufenen «Reichs- und Preußischen Ministers für die kirchlichen Angelegenheiten» ausdrücklich festhielt[11] - alles vermieden werden, was eine erhöhte Aufmerksamkeit vor allem der ausländischen Öffentlichkeit auf das NS-Regime lenken konnte. So mußte dann mit Beginn des Jahres 1937 mit den Räumungsarbeiten des Grindelfriedhofs begonnen werden.

2. Rechtsgrundlagen

Diese Räumung, die eine erste Ursache für den späteren Streit zwischen der DIG und der PJG sein sollte, ist vielfach als Zwangsräumung und als besondere Schikane gegen die Hamburger Juden betrachtet worden. Das wird der Sache jedoch bei historischer Würdigung kaum gerecht. Natürlich sahen die Hamburger Juden in «ihrem» ehrwürdigen Begräbnisplatz am Grindel ein *bet olam*, Haus des Lebens, wie sie ihn seit Generationen erfahren und betrachtet hatten. In diesem Sinne war ihnen dieser Begräbnisplatz - ebenso wie die alten und vertrauten Begräbnisplätze in Altona und in Ottensen - zugleich symbolischer Nachweis für die Beständigkeit ihrer Gemeinde und ihres Judentums.

Dabei war im Verlaufe fast zweier Jahrhunderte in Vergessenheit geraten, daß die Stadt Hamburg diesen Begräbnisplatz den beiden jüdischen Gemeinden Hamburgs im Jahre 1711 mit der ausdrücklichen Bestimmung überlassen hatte, sich das Eigentum an Grund und Boden vorzubehalten.[12] Der Platz war als sogenannter Pestfriedhof angelegt worden, da Hamburg wegen der Pest im benachbarten Holstein damals die Stadttore geschlossen hatte und deshalb auch eine Beerdigung Hamburger Juden auf den außerhamburgischen jüdischen Begräbnisplätzen Altona und Ottensen, wie sie üblich war, nicht mehr zulassen wollte.[13] Demgemäß hatte man 1711 mit der Hamburger Gemeinde nur einen Grundhauervertrag, also einen Pachtvertrag, geschlossen. Als sehr angesehen galt der Friedhof ohnehin nicht, denn als Pestfriedhof nutzte man ihn für fremde und arme Juden. Erst als Haham Bernays auf ihm beigesetzt wurde, veränderte sich das Ansehen dieses Friedhofs zum Positiven.

Die Rechtsposition der beiden Gemeinden war also schwach, selbst wenn man von den politischen Zwängen im NS-Staat absieht. Zudem hatte der Stadtstaat Hamburg Ende des 19. Jahrhunderts schon einmal um eine Rückgabe nachgesucht, da der Friedhof vollständig belegt sei.[14] Die Stadt nahm allerdings davon

---

[11] Im Schreiben vom 20.2.1936 hieß es: «Der Herr Reichs- und Preußische Minister des Inneren hat darauf hingewiesen, dass die Räumung des Friedhofes [am Grindel] zweckmässigerweise so durchgeführt wird, daß Exhumierungen während der Zeit der sommerlichen Olympiaspiele vermieden werden. Ich bitte in diesem Sinne zu verfahren, notfalls die Räumungsfrist zu verlängern», - StAH 131-4 Senatskanzlei-Präsidialabt. 1934 A 10/20

[12] Vgl. die Bekanntmachung der DIG und der PJG betreffend Aufhebung des Grindelfriedhofs im Gemeindeblatt der Deutsch-Israelitischen Gemeinde zu Hamburg (GB) v. 20. März 1936, S. 2

[13] Vgl. Grunwald 1904: 39; Freimark 1981: 121

[14] «Denkschrift betr. den Grindelfriedhof» v. 11.6.1929, abgedruckt bei Lorenz 1987: 549 ff.

Abstand, nachdem sich 1899 Oberrabbiner Marcus Amram Hirsch in einem rabbinischen Gutachten für eine Totenruhe nach Schließung des letzten Grabes im Jahre 1909 von zumindest 40 Jahren ausgesprochen hatte.[15] Diese gewährte Frist war im Jahre 1935 noch nicht verstrichen. Bis zum Jahre 1883 blieb der Friedhof in steter Benutzung; danach durften nur noch reservierte Plätze belegt werden. Der letzte auf dem Grindelfriedhof Bestattete war der Hamburger Philantrop Gustav Tuch.[16] Die Stadt Hamburg forcierte auch im Hinblick auf die veränderten politischen Verhältnisse die Räumung mit deutlichen Worten. Nach der Auflösung christlicher Friedhöfe mußte ein innerstädtischer «Judenfriedhof», wie man kurz sagte, ein politisches Ärgernis sein. Konnte man darüber hinaus auf die Notwendigkeit der Straßenverbreiterungen und auf den Bau neuer Wohnblocks verweisen, so durften sich die Hamburger Juden nicht ernsthaft vorstellen, nochmals einen weiteren Aufschub zu erreichen.

3. Kosten der Räumung

Die jüdische Gemeinde (DIG) hatte bereits im September 1935 ein ausführliches Gutachten des renommierten Hamburger Rechtsanwalts Albert Wulff zur Rechtslage des Friedhofs anfertigen lassen.[17] Das Gutachten schloß die Frage der Kostenerstattung bei einer Umbettung ein.

Auf der Grundlage dieses Gutachtens verhandelte man. Es war durch Dr. Leo Lippmann, ehemals Staatsrat der Finanzdeputation der Stadt, noch modifiziert worden. Es gelang der Gemeinde, wenn sie schon einer Räumung zustimmen mußte, eine Kostenbeteiligung der Stadt zu erreichen. Im Januar 1937 erklärte der Präsident der Hamburgischen Vermögens- und Liegenschaftsverwaltung, Dr. Carl Werdermann, die Friedhofsfläche müsse bis zum 1. Mai 1937 geräumt sein. Der Kostenanteil des Staates werde wie bei der Räumung der vergleichbaren (christlichen) Friedhöfe an der Carolinen-/Jungiusstraße RM 3,- je Quadratmeter Gräberfläche betragen. Das ergab für die Gräberfläche des Grindelfriedhofes einen Gesamtbetrag von 34.000 RM.[18] Eine offizielle Abrechnung über die tatsäch-

---

[15] Vgl. das rabbinische Gutachten von OR Marcus Amram Hirsch v. 15. November 1899- StAH JG 661 Fasc. 1; hier steht die Forderung: «Es möge nach Schließung des letzten Grabes auf dem alten israelitischen Friedhof [am Grindel] im Jahre 1909 eine Ruhezeit von mindestens 40 Jahren gewährleistet werden.»
[16] Zur Friedhofsgeschichte siehe Duckesz 1937/1938: 61-75; Freimark 1981: 121 f.
[17] StAH JG 661 Fasc. 9 Bl. 1-11 (Rechtsgutachten vom 12. September 1935); StAH JG 661 Fasc. 1, Bl. 70-74 (Rechtsgutachten vom 16. September 1935 als Fortsetzung des Gutachtens vom 12. September 1935); Albert Wulff (1865-1941), Emigration 1936 nach Brasilien, 1941 nach Uruguay, war der Herausgeber der «Hamburgische Gesetze und Verordnungen. Systematisch geordnete Zusammenstellung mit Anmerkungen», 2. Aufl. Hamburg 1904, 3 Bde. und 3. Aufl. Hamburg 1930, 4 Bde.
[18] Schreiben der Hamburgischen Vermögens- und Liegenschaftsverwaltung vom 14. Januar 1937 - StAH JG 661 Fasc. 2 Bl. 30; von dieser Summe wurden 530 RM in Abzug gebracht wegen der Belassung der Einfriedungsmauer. In dem «Bericht zur Abrechnung 1937» (CAHJP AHW 414 Bl. 302) vom 15. Juli 1938 wird keine Abrechnung für die Räumungsarbeiten vorgenommen. Hier

lichen Räumungskosten scheint es weder 1937 noch 1938 gegeben zu haben. Nach einem Vermerk vom Syndikus der Gemeinde, Dr. Nathan Max Nathan, vom 5. Juli 1937 beabsichtigte man, die gesamten Kosten der Gemeinde zu Lasten des alten Jahres 1936 zu verbuchen. Man rechnete damit, unabhängig von der Kostenerstattung des Staates, daß die Gemeinde nicht mehr als 35.000 RM aufzubringen habe.[19]

Der Vorstand der DIG stimmte der Räumung mit Schreiben vom 19. Januar 1937 notgedrungen zu. Im März begann die Exhumierung nach den von Oberrabbiner Joseph Carlebach in seinem ausführlichen rabbinischen Gutachten festgelegten halakhischen Bestimmungen.[20] Es gab einige kleinere Unstimmigkeiten zwischen dem Oberrabbiner und der Gemeinde darüber, ob den vorgegebenen Bestimmungen des Rabbinatsgutachtens vollkommen Genüge getan sei; aber man verständigte sich rasch.[21] Auf dem Grindelfriedhof hatten sich ca. 6.500 Grabsteine befunden und mehr als 8.000 Tote, die dort bestattet worden waren.[22] In etwa drei Monaten war der Begräbnisplatz geräumt, und am 9. Juni 1937 übergab der von der Gemeinde bestellte technische Leiter, Dr. Ing. Karl Kaufmann, den geräumten Friedhof einem Angestellten der Baubehörde.

4. Anlage des «Grindel-Gedenkfriedhofes».

Der Umfang des Begräbnisplatzes am Grindel und die gesetzten Fristen verboten von vornherein eine Exhumierung und Wiederbestattung in invidualisierender Weise, d. h. Grab für Grab. In der Gemeinde kam man deshalb überein, ein Massengrab in der Art eines Ehrenfriedhofes vorzusehen. Man fertigte sechzehn gleichförmige schlichte Grabsteine für jene, die sich um die Gemeinde besonders verdient gemacht hatten. Auf dem gemeinde-intern sogenannten Grindel-Gedenkfriedhof an der Ilandkoppel wurden diese Steine in Form eines Rechtecks aufgestellt und umfaßten das in ihrer Mitte befindliche anonyme Massengrab. Am Kopf der Rechtecks stellte man das Grabdenkmal Riessers auf; obwohl man

---

steht nur der bemerkenswerte Satz «Eine Abrechnung über die im Vorjahre für die Räumung des Grindelfriedhofs bewilligten Mittel kann noch nicht erfolgen, da die Arbeiten noch nicht beendet sind.» Die Räumungsarbeiten waren bereits Anfang Juni 1937 abgeschlossen. In dem Haushaltsplan für 1937 waren an Ausgaben für das Beerdigungswesen 31.950 RM vorgesehen (GB v. 15. 1. 1937, S. 6). In einer Art Kostenvoranschlag hatte Leo Lippmann der Hamburgischen Vermögens- und Liegenschaftsverwaltung, Regierungsrat Dr. Struve, eine spezifizierte Rechnung über 79.450 RM aufgemacht (StAH JG 661 Fasc. 4 Bl. 22-26). Siehe auch Festschrift Leo Lippmann «Ein Beitrag zur Geschichte der Deutsch-Israelitischen Gemeinde in Hamburg in der Zeit vom Herbst 1935 bis Mai 1941», Manuskript MS, Hamburg o. D., S. 27; hier wird von einer Kostenerstattung des Staates von 33.000 RM und von Kosten für die Gemeinde von ca. 38.000 RM berichtet.

19 StAH JG 661 Fasc. 8 Bl. 91
20 Siehe das ausführliche rabbinische Gutachten von Oberrabbiner Dr. Joseph Carlebach und Rabbiner Dr. Leopold Lichtig vom 19. März 1936 in: StAH JG 661 Fasc. 6, Bl. 29-34
21 Vgl. StAH JG 661 Fasc. 6, Bl. 39-41
22 Vgl. Duckesz (Anm. 16), S. 68

Sockelpodest und Dachgiebel beseitigt hatte, überragte es immer noch die anderen Steine bei weitem. Durch seine bildnerische Darstellung wich es zudem von allen anderen ab und lenkte auch dadurch den Blick unausweichlich auf sich. Das Grabmal sollte damit Ursache für eine viele Monate andauernde Auseinandersetzung zwischen der portugiesischen (sefardischen) und der deutschen (ashkenasischen) Gemeinde werden, die in ihrer Intensität und Bitterkeit ihresgleichen suchen dürfte.

III. Der innerjüdische Konflikt

1. Die Vereinbarung

Die DIG hatte sich bereits 1935, als erstmals wieder die Räumung des Friedhofs am Grindel gefordert wurde, an die PJG angewandt. Zum einen betraf die Aufforderung auch die Portugiesische Gemeinde, die einige Gräber auf dem Grindelfriedhof hatte. Zum anderen - und dies war bei weitem wesentlicher - verfügte diese Gemeinde auf dem Ohlsdorfer Friedhof noch über ein freies Areal. Beide Gemeinden hatten es 1882 auf der Grundlage vertraglicher Regelungen erreichen können, daß ihnen der Staat auf dem neu eingerichteten kommunalen Friedhof jeweils Flächen auf der sogenannten Ilandkoppel als jüdische Friedhöfe zur autonomen Verwaltung überlassen hatte.[23] Im Hinblick auf ihre geringe und abnehmende Mitgliederzahl hatte die PJG die ihr vom Staat zuerkannten Flächen allerdings nur begrenzt genutzt.

So lag es nahe und war im beiderseitigen Interesse, zu einer Verständigung zwischen beiden Gemeinde zu kommen. Das gelang Anfang 1936. Man kam überein, daß die PJG für die erforderlich werdenden Umbettungen der DIG eine Fläche auf ihrem Friedhofsgelände zur Verfügung stellen werde. Nach den Vorstellungen der Beteiligten sollte das auch für die zu räumenden Grabsteine gelten.

Die Einzelheiten waren mündlich besprochen worden. Der bereits erwähnte Syndikus der DIG, Dr. Nathan, hielt namens des Vorstands den Inhalt der mündlichen Absprache in einem Schreiben vom 1. April 1936 an den Vorstand der PJG wie folgt fest:

> «*Wir bestätigen dankend die fernmündliche Vereinbarung zwischen Ihrem Mitgliede Herrn J. Sealtiel und unserem Dr. Nathan. Die beiden Herren haben vereinbart, dass die Portugiesisch-Jüdische Gemeinde unserer Gemeinde einen Teil des von Ihnen nicht benötigten Friedhofgeländes in Ohlsdorf, und zwar tunlichst einen unserm Friedhofsgelände*

---

[23] Vgl. auch den Vertrag über den Ohlsdorfer Friedhof zwischen dem Senat und den Vorständen der Deutsch-Israelitischen und der Portugiesisch-Jüdischen Gemeinde vom 19. Juni 1882, abgedruckt bei Lorenz 1987: 520-522

benachbarten Teil, für die Wiederbeisetzung von Überresten der auf dem Grindelfriedhof Bestatteten entschädigungslos zu Verfügung stellt»[24]

Kurz darauf verständigten sich im Mai 1936 Dr. Lippmann für die DIG und Joseph Sealtiel für die PJG ergänzend dahin, daß alle Arbeiten, die mit der Räumung des Grindelfriedhofes in Zusammenhang ständen, einheitlich vom Vorstand der DIG vorgenommen werden sollten.[25]

2. Streitbeginn

Am 8. Juni 1937 war die am 3. März begonnene Umbettung beendet und das Grabdenkmal für Gabriel Riesser in der geschilderten Weise aufgestellt worden.[26] Am 20. Oktober 1937 forderte der Vorstand der PJG, Joseph Sealtiel, in einem Telephongespräch mit Dr. Nathan die DIG dringend auf, das Denkmal so umstellen zu lassen, daß «die weibliche Figur nicht dem Exhumierungsfriedhof zugewendet ist». Gleichzeitig erklärte Sealtiel, «dass die PJG ihre Rechte über ihren Friedhofsteil nicht dadurch hergegeben habe, dass sie einen Teil des Friedhofgeländes zur Verfügung gestellt habe[27]». Dr. Nathan unterrichtete die Mitglieder des Vorstands der DIG; man war bestürzt und wohl auch verwundert, daß Sealtiel auf die Rechte der PJG über ihren Friedhofsteil hingewiesen hatte.

Der prinzipielle Konflikt zwischen sefardischer und ashkenasischer Gemeinde war damit offenkundig, wenngleich zunächst noch intern auf die Kenntnis beider Vorstände beschränkt. Es folgte eine über 12 Monate dauernde Auseinandersetzung zwischen den beiden Gemeinden. In einer Vielzahl von Gesprächen und offiziösen Besprechungen vermochte man sich nicht zu einigen. Immer wieder betonte die PJG ihren halakhischen Standpunkt, die DIG verwies auf die Rechtslage. Nach Auffassung des Vorstands der DIG war es nicht zweifelhaft, daß über die Verwendung des zur Verfügung gestellten Friedhofsteils allein die DIG zu entscheiden habe. Es gebe nur die einzige Einschränkung, daß dieser Teil allein zur Beisetzung der Exhumierten des Grindelfriedhofes zu verwenden sei. Daran habe man sich, darin war man sich auch im Hinblick auf das Denkmal für Gabriel Riesser sicher, gehalten. Lippmann verwies darauf, daß das Denkmal in der gleichen Gestaltung unbeanstandet auf dem Grindelfriedhof gestanden habe. Ferner bemerkte er: *«Die Tatsache, dass die Figur auf dem Grindelfriedhof zum Wege und zu fremden Gräbern und nicht nach dem Grabe von Gabriel Riesser gerichtet gewesen ist, ist für den Vorstand der DIG ohne wesentliche Bedeutung. Eine glei-*

---

[24] Siehe StAH JG 661 Fasc. 10, Bl. 20
[25] Schreiben Leo Lippmann vom 19.5.1937 - StAH JG 661 Fasc. 7, Bl. 37
[26] Vgl. hierzu allgemein Heitmann 1988: 58 f.; Fischer 1989: 319-331; Fischer 1981: 29; zur Problematik einer 1985 vorgenommenen Restaurierung des Grabdenkmals vgl. Kändler 1991: 203-207
[27] StAH JG 661 Fasc. 7, Bl. 38, 39 (Vermerk von Nathan Max Nathan v. 20.10.1937)

che Ausrichtung war auf dem Ersatzfriedhof Ohlsdorf nicht möglich.»[28] Der Vorstand der DIG billigte diese Auffassung, die man als eine im wesentlichen formale kennzeichnen könnte, in seiner Sitzung vom 2. November 1937 ausdrücklich und teilte dies dem Vorstand der PJG in einem Schreiben vom 3. November 1937 mit.

Die Portugiesische Gemeinde erwiderte alsbald, ihr bleibe angesichts der Haltung der DIG nichts anderes übrig, als einen *din tora*, d. h. ein innerjüdisches Schiedsgericht, bei dem Oberrabbinat des Synagogenverbandes, das für die PJG die Aufgaben eines Haham der Gemeinde wahrnahm, zu beantragen. Den Hinweis der DIG auf den bildnerischen Grabschmuck auf dem sefardischen Friedhof Königstraße halte man für belanglos.[29] Der Vorstand der PJG wolle auf seinem Friedhofsteil die Vorschriften des Religionsgesetzes beachten, selbst wenn die portugiesischen Juden in früherer Zeit diese Vorschriften unbeachtet gelassen hätten.[30] Lippmann verwahrte sich - allerdings ohne Angabe von Gründen - umgehend: Eine Entscheidung des *Bet Din* des Oberrabbinats des Synagogenverbandes, also eines rabbinischen Gerichts, komme nicht in Betracht. Wenig später schlug er in einer Sitzung des Vorstands der DIG nach einer persönlichen Erklärung sein Ausscheiden aus dem Vorstand im Interesse des Gemeindefriedens vor; er habe das Gefühl, «daß gewisse Kreise der Orthodoxie jede Arbeit, die ich mache, bekämpfen.»[31]

3. Rechtsfragen

In einer gemeinsamen Besprechung der Vorstände beider Gemeinden am 15. November 1937 vertrat die PJG nunmehr die Auffassung, sie habe gegen die Maßnahmen der DIG ein juristisches Einspruchsrecht. Da ihr die DIG dies erkennbar strittig mache, werde sie eine juristische Autorität befragen, um ihre Berechtigung nachzuweisen. Das entsprach insoweit dem Interesse der DIG, als diese - wie die Quellen erkennen lassen - einen Spruch eines *Bet Din* zu verhindern suchte. Das mochte darauf beruhen, daß ein *Bet Din*, wenn es vom Oberrabbinat des Synagogenverbandes, dem orthodoxen Kultusverband der Gemeinde ausging, dem auf wechselseitige Toleranz beruhenden Frieden der Gemeinde abträglich sein konnte. Man war - und dies mag die bestimmende Haltung von Lippmann auch erklären - nicht bereit, Fragen der Gestaltung des in der Zuständigkeit der Gemeinde liegenden Begräbnisplatzes einer religiösen Autorität zu überantworten. Immerhin hatte es gerade um den jüdischen Friedhof in Ohlsdorf eine Reihe innergemeindlicher Auseinandersetzungen gegeben, die ihren Ursprung

---

[28] StAH JG 66 1 Fasc. 7 Bl. 42 (Leo Lippmanns Entwurf einer Antwort vom 2. November 1937 an Joseph Sealtiel)
[29] Die DIG hatte auf Grunwald, 1902: 27, 31, 37, 43, 62, 65, 72, 75, 89 und 131 hingewiesen; es handele sich «auf dem alten portugiesischen Friedhof in Altona an der Königstraße [um] überaus zahlreiche Relief-Darstellungen von Personen auf den Gräbern» (StAH JG 661 Fasc.7, Bl. 101)
[30] StAH JG 661 Fasc. 7, Bl. 45 (Besprechungsvermerk Nathan Max Nathan vom 7.11.1937)
[31] Besprechung des Gemeindevorstandes am 16.11.1937, StAH JG 661 Fasc. 7 Bl. 49

auch in den vorhandenen oder nur vermeintlichen halakhischen Anforderungen an einen jüdischen Begräbnisplatz gehabt hatten.[32] Das wollte man in einer Zeit der Ausgrenzung und Diskriminierung nicht wiederholen.

Die PJG bat Rechtsanwalt Dr. Julius Jonas, gleichzeitig Vorsitzender der Gemeindevertreter der Hochdeutschen Israeliten-Gemeinde zu Altona, um eine Beurteilung der Rechtslage. Der Gutachter faßte das Ergebnis seiner rechtlichen Beurteilung in einem Schreiben vom 22. November 1937 folgendermaßen zusammen:

Es gebe ein mündliches Abkommen zwischen PJG und DIG, das von der DIG am 1. April 1936 ausdrücklich schriftlich bestätigt worden sei. In ihm stelle die PJG einen Teil des von ihr nicht benötigten Friedhofsgeländes in Ohlsdorf der DIG für die Wiederbeisetzung von Überresten der auf dem Grindelfriedhof Bestatteten zur Verfügung. Nur so weit reiche die Verpflichtung der PJG; diese habe niemals auf das ihr zustehende Recht auf Genehmigung der auf dem Gelände aufzustellenden Grabsteine sowohl nach der Form als auch nach dem Inhalt der Beschriftung verzichtet. Ebenso stünden der PJG alle Rechte auf Grund des Religionsgebrauchs oder auf Grund besonderer Statuten in bezug auf Grabsteine zu. Für die Gestaltung von Grabsteinen nach religionsgesetzlichen Vorschriften sei letzten Endes die Entscheidung des Oberrabbiners des Synagogenverbandes Hamburg, der zugleich Haham der Portugiesisch-Jüdischen Gemeinde Hamburg sei, bindend. Entspreche der in Frage stehende Grabstein nicht dem rabbinischen Gutachten, so könne die PJG die Entfernung des Steins verlangen. Sie könne, werde diesem Verlangen nicht entsprochen, den Stein alsdann auf Kosten der DIG entfernen lassen.[33]

Das war eine für die PJG äußerst günstige Rechtsauskunft. Sie besagte in ihrem Kern, daß die PJG für die äußere Gestaltung der «abgetretenen» Fläche jedenfalls gegenüber der DIG das vollständige Bestimmungsrecht habe, allenfalls intern durch die religiöse Autorität des Oberrabbinats des Synagogenverbandes gebunden. Für die DIG bezogen Dr. Leo Lippmann und Dr. Hermann Samson eine rechtliche Gegenposition. Nach Lippmann geht es bei einer Auslegung allein um das Verständnis des Ausdrucks «zur Verfügung stellen», wie es in dem wiedergegebenen Text des Schreibens vom 1. April als wesentlicher Inhalt der Absprache heißt.[34] Damit hätten die «Vertragsunterhändler» gemeint, daß das Gelände der DIG zur freien Verfügung überlassen worden sei mit der alleinigen Beschränkung, daß nur exhumierte Überreste des Grindelfriedhofes dorthin verbracht werden dürften. Die PJG habe sich nicht vorbehalten, einzelne Gräber auszuweisen; sie habe auch keine Bedenken gegen die ihr zur Kenntnisnahme über-

---

32 Vgl. hierzu Lorenz 1987: 536 f.
33 StAH JG 661 Fasc. 7, Bl. 55-56 (Stellungnahme des RA Dr. Julius Jonas v. 22. November 1937)
34 StAH JG 661 Fasc. 7, Bl. 57, 58, 69, 70 (Gutachterliche Äußerung von Leo Lippmann vom 24. November 1937)

sandte Platzgestaltung durch die DIG erhoben. Lippmann wiederholte seinen Standpunkt, daß eine Entscheidung des Oberrabbinats in keinem Falle erwogen werden könne. Die DIG habe in Fragen des Begräbniswesens stets autonom entschieden. Im Falle einer Streitigkeit zwischen einem Grabinhaber und der Gemeinde hätten nach seiner Auffassung die Verwaltungsgerichte zu entscheiden. Die von Dr. Jonas aufgeworfene Frage der Gestaltung der Grabsteine stellte sich bei dieser Sichtweise für Lippmann nicht.

Auch Dr. Hermann Samson, ebenfalls Jurist, vertrat in seiner gutachterlichen Stellungnahme die Auffassung, die Formulierung «zur Verfügung stellt» könne nur den Sinn haben, daß der zur Verfügung gestellte Geländeteil zukünftig als Teil des Friedhofs der DIG zu gelten habe.[35] Fragen des Eigentums stellten sich nicht, weil keine der beiden jüdischen Gemeinden Eigentümer des Friedhofsgeländes geworden sei. Gleichwohl sei die strittige Angelegenheit so anzusehen, als wenn Eigentumsverhältnisse der beiden Gemeinden bestanden hätten und die PJG ein Teilgrundstück der DIG zu Eigentum übertragen hätte. Daraus ergebe sich, daß die PJG sich ihres «Hoheitsrechts» über den abgegebenen Teil begeben habe. Das bedeute, daß die zur Verfügung gestellte Fläche von der DIG ebenso «beherrscht» werde, wie das bei dem von Anfang an ihr dienenden Geländeteil der Fall gewesen sei. Aus diesem Grunde seien für die Art der Beerdigung, die Behandlung der Gräber und Grabsteine nunmehr nur die Gesetze und Gebräuche der DIG maßgebend. Die von Dr. Samson in diesem Zusammenhang aufgeworfene Frage einer Schenkungssteuer wurde von Lippmann umgehend für gegenstandslos erklärt. Sie war in der Tat rechtlich verfehlt, innergemeindlich unangebracht und konnte nur unerwünschtes staatliches Interesse an einem innerjüdischen Vorgang auslösen.

Die gutachterlichen Auffassungen über die formale Rechtslage waren trotz des gemeinsamen Ausgangspunktes, nämlich der Rekonstruktion und Auslegung des Vereinbarten, also gegensätzlich. Eine weitere rechtliche Klärung unterblieb, weil die DIG durch das Aufstellen des Grabdenkmals vollendete Tatsachen geschaffen hatte und die PJG andere Wege erwog, um ihre Vorstellungen durchsetzen zu können. Der inzwischen zum 1. Januar 1938 gegründete Jüdische Religionsverband Hamburg e.V.[36] - ein Zusammenschluß der ehemaligen ashkenasischen Gemeinden von Hamburg, Altona, Wandsbek und Harburg-Wilhelmsburg - verfolgte gezielt eine Verzögerungstaktik. Dem konnte man - so mochte man sich vielleicht in der PJG sagen - nur mit moralischem Druck begegnen, unterstützt durch Stellungnahmen jüdischer Autoritäten. Zwar versicherten sich beide Seiten der unveränderten Gesprächsbereitschaft; aber ein klärendes Gespräch kam in den folgenden Monaten nicht zustande. Der PJG war bewußt, daß sie erneut die Initia-

---

[35] StAH JG 661 Fasc. 7, Bl. 59, 60, 61, 62, 68 (Schreiben RA Rudolf Samson vom 25. November 1937; Gutachten RA Dr. Hermann Samson vom 25. November 1937)
[36] Vgl. zur Gründungs- und Wirkungsgeschichte des Jüdischen Religionsverbandes Hamburg ausführlich Ina Lorenz 1991: 81-115

tive ergreifen mußte, wollte sie in absehbarer Zeit eine Änderung der tatsächlichen Verhältnisse erreichen.

4. Äußere Umgestaltung des Grabdenkmals

In den Verhandlungen um das Grabmal blieb die Tatsache unerwähnt, daß es bei der Wiederaufstellung bereits zu einigen, nicht unbedeutsamen Veränderungen gekommen war. Man hatte insgesamt eine Verkleinerung und Vereinfachung vorgenommen. So übernahm man von der ursprünglichen Grabmalanlage nur die eigentliche Grabstele selbst, ohne die große zweistufige Sockelplatte, ohne den Giebelaufsatz mit den sechs Akroterien. Auch die große rechteckige Umfassungsmauer entfiel. Das so wesentlich vereinfachte Grabdenkmal überragte dennoch die flankierenden kleineren Gedenk-Ehrensteine weithin sichtbar; es zog auch durch die Aufstellung in der Mittelachse des weiten Rechtecks die Aufmerksamkeit auf sich und dominierte so den Platz.

Diese Dominanz war nicht zufällig entstanden. In einer Sitzung des Gemeindevorstandes am 16. November 1937 hatte Lippmann erklärt, wenn man dem «Denkmal Gabriel Riessers» - nicht etwa Grabmal - eine Vorzugsstellung gebe, entspreche dies nur der historischen Bedeutung Riessers für die Stellung der Juden im 19. Jahrhundert und im ersten Drittel des 20. Jahrhunderts.[37] Lippmanns Sympathie für die herausragende Person des liberalen Judentums und der jüdischen Emanzipation war offenkundig. Für den Betrachter der Anlage mußte der Eindruck entstehen, daß die Hamburger Juden in Gabriel Riesser geradezu symbolhaft eine dauernd zu verehrende Leitfigur sahen. Dieses und den gleichzeitigen Verzicht - durch die Umstände der Zeit erzwungen - auf die grabmäßige Betonung berühmter Rabbiner als der geistigen Führer der Hamburger Juden, konnte die Orthodoxie nach ihrem religiösen Selbstverständnis schwerlich ertragen.

Dies konnte dem Vorstand der DIG nicht verborgen bleiben. Im November 1937 hatte sich die orthodoxe Beerdigungs-Brüderschaft - die *chewra kadischa* - an den Vorstand gewandt, auf die Verletzung des Religionsgesetzes hingewiesen und dringlich um Abhilfe gebeten.[38] Es sei unangemessen, Gabriel Riesser zu erhöhen und damit gleichzeitig die Ehre der verstorbenen großen Rabbiner herabzusetzen. Die politischen Verhältnisse im diskriminierenden und verfolgenden NS-Staat und die Bildung der neuen jüdischen Gesamtgemeinde verlangten danach, daß ein innergemeindlicher Streit alsbald beendet werde.

---

37 Besprechung des Vorstandes vom 16. November 1937 (StAH JG Fasc. 7 Bl., 49-50); zu diesem Zeitpunkt bestand der Vorstand aus folgenden Mitgliedern: RA Bernhard David (Vorsitzender), Dr. Ernst Loewenberg (Stellvertreter), Dr. Leo Lippmann (Stellvertreter), Nathan H. Offenburg, Dr. Siegfried Baruch, Dr. Fritz Warburg, John Hausmann, Max Haag, Dr. Alfred Unna, RA Rudolf Samson

38 Abdruck des Schreibens der Beerdigungs-Brüderschaft vom 18.11.1937 (StAH JG 661 Bl. 50, 51, 52), siehe Anhang Dokument 1

Um den Konflikt zu entschärfen, erwog der Vorstand der DIG am 8. März 1938, ob durch eine Umgestaltung der gesamten Grabanlage eine Lösung möglich sei. Man beschloß eine «unverbindliche Anfrage» bei Prof. Friedrich Adler, bis 1933 an der Kunstgewerbeschule Hamburg tätig, und dem Bildhauer Paul Henle, um zu klären, wie «das Denkmal bei Fortnahme der Frauengestalt dem heutigen Geschmack entsprechend umgestaltet werden könnte.[39]» Hierzu wurde das Vorstandsmitglied Dr. Loewenberg beauftragt. Dieser wandte sich erst Ende März 1938 an Prof. Adler und an Paul Henle, mit der Bitte um einen Entwurf, bei dem die figürliche Darstellung durch eine Platte mit Monumentalschrift ersetzt werden sollte. Zugleich wurde John Hausmann gebeten, den Oberrabbiner des liberalen Tempelverbandes, Dr. Bruno Italiener, wegen einer «passenden Beschriftung» zu konsultieren. Inzwischen hatte die PJG, durch Joseph Sealtiel, am 14. März 1938 um Auskunft darüber gebeten, ob es erforderlich sei, die dringenden Bitten der PJG anwaltlich zu formulieren.

Der Religionsverband war also gut beraten, die Angelegenheit nicht für erledigt anzusehen, wollte er nicht seinerseits den Frieden in der Gemeinde unbedacht gefährden. Denn Sealtiel hatte für die PJG gleichzeitig erklärt, man werde das Denkmal nunmehr verhängen lassen. Der von ihm konsultierte und für ihn maßgebliche Rechtsanwalt Dr. Jonas sei der Ansicht, daß es für die PJG besser sei, sich wegen der Verhängung durch den Religionsverband verklagen zu lassen, als dem Religionsverband gegenüber selber als Kläger aufzutreten. Man mag daran zweifeln, ob diese Ankündigung wirklich mehr war als eine taktisch gemeinte «Drohgebärde». Lippmann nahm dies jedenfalls nicht in dem Sinne ernst, daß er mit einem Rechtsstreit vor den staatlichen Gerichten rechnete.[40] Es war im übrigen im Frühjahr 1938 durchaus zweifelhaft, ob sich ein staatliches Gericht noch bereit finden würde, den Streit zweier jüdischer Gemeinden zu entscheiden.

Im April 1938 kam Prof. Adler zu dem bemerkenswerten, den Vorstand des Religionsverbandes vermutlich überraschenden Ergebnis, daß er sich eine künstlerisch befriedigende Lösung für die Gesamtanlage des Ehrenfriedhofs unter Erhaltung des Riesser-Denkmals in seiner derzeitigen Position überhaupt nicht vorstellen könne; Größe und Anlage des Denkmals würden jede Gesamtlösung stö-

---

[39] StAH JG 661 Fas. 7, Bl. 78 a, 81, 82, 84; zu den genannten Personen: Prof. Friedrich Adler (1878 - Deportation nach Auschwitz am 11.7.1942) war von 1907 bis zu seiner Entlassung 1933 an der Kunstgewerbeschule in Hamburg, danach am Hamburger Jüdischen Kulturbund tätig. Vgl. den Ausstellungskatalog «Friedrich Adler. Leben und Werk», München 1993; Paul Wilhelm Henle (1887-1962); zu den von Henle geschaffenen Grabmälern vgl. «Der Hamburger Hauptfriedhof Ohlsdorf. Geschichte und Grabmäler», Bd. 2, Hamburg 1990: 87, 135; Bruhns 1991: 345-360, (hier S. 347f., 355); Bruhns 1989

[40] In einem Vermerk Lippmanns an Ernst Loewenberg heißt es dazu: «[...] Ich kann mir aber nicht denken, dass die PJG sich zu einem derartigen Schritt hinreissen lassen wird. Ich habe die Angelegenheit mit mehreren Herren der Reichsvertretung und den Vertretern fremder Gemeinden besprochen. Kein Mensch hat Verständnis für das Vorgehen der PJG. Von verschiedenen Seiten bin ich darauf aufmerksam gemacht, dass auf zahlreichen jüdischen Friedhöfen Figuren auf den Grabsteinen angebracht sind.» - StAH JG 661 Fasc. 7, Bl. 83

ren. Das Denkmal selbst entspreche dem «modernen künstlerischen Empfinden» gar nicht mehr. Daher wäre er «vom ästhetischen Standpunkt für eine Verlegung des Denkmals.[41]» Damit war eine Kompromißlösung, wie sie der Religionsverband wohl hätte akzeptieren können, gescheitert.

Der Streit eskalierte weiter, als die PJG Ende Juli 1938 den jüdischen Steinmetz Eduard Berlin beauftragte, am 10. August vor dem Grabdenkmal rechts und links zwei Betonpflöcke zu errichten und an ihnen eine Zeltwand aufzuspannen, um damit «die Frauenfigur» zu verdecken.[42] Als man von dem Vorhaben erfuhr, untersagte man jede Veränderung auf dem Friedhofsgelände ohne ausdrückliche Zustimmung des Vorstands. Berlin, langjähriges Mitglied der Gemeinde, fügte sich dieser Anordnung.[43] Die PJG erwog daraufhin, die Arbeiten an einen nichtjüdischen Handwerker zu vergeben, und teilte diese Absicht dem Religionsverband mit.

In dem Aktenvermerk, den Dr. Nathan über das Telefonat mit Sealtiel über die Ankündigung der PJG fertigte, erscheint jetzt - im Juli 1938 - zum ersten Male in den Quellen der Bezug auf die drückenden äußeren Umstände für die Juden im NS-Staat. Die Akten der DIG weisen Dr. Nathan als einen besonnenen, ausgleichenden und die jeweiligen Interessen schonenden Syndikus aus. Er muß in dem Telefonat mit Sealtiel seinem Gesprächspartner wohl die tatsächlichen Zeitumstände nachdrücklich erläutert haben. In seinem Vermerk heißt es dazu nur, er habe gegenüber Sealtiel geäußert, er habe «die Angelegenheit mit Rücksicht auf die gegenwärtigen Sorgen der Juden in Deutschland als stillschweigend erledigt betrachtet.[44]» Dr. Nathan unternahm mit nachdrücklichen Worten einen erneuten vergeblichen Versuch, die PJG von einseitigen Handlungen abzubringen. In fast beschwörenden Worten formulierte er:

«Wir bedauern ausserordentlich, dass die traurige Lage, in der wir alle uns heute befinden, und die von Tag zu Tag neu an uns herantretenden Aufgaben uns keine Zeit gelassen haben, die Angelegenheit des Gabriel Riesser-Denkmals zu einem befriedigenden Ergebnisse zu bringen; an ernsthaften Versuchen hat es auf unserer Seite nicht gefehlt. Die Schwere der Zeit [...].»[45]

---

[41] Besprechungsvermerk von Ernst Loewenberg vom 26. April 1938, StAH JG 661 Fasc.7, Bl. 84
[42] Schreiben der PJG vom 25.7.1938 - StAH JG 661 Fasc. 7, Bl. 86
[43] Eduard Berlin war als Vertreter des Vereins selbständiger Jüdischer Handwerker von 1920 bis 1925 Mitglied im Repräsentanten-Kollegium der DIG; im März 1925 wurde er als Vertreter der Gruppierung «Die Wirtschaftsgruppe Handwerk und Gewerbe» nicht wiedergewählt, 1930 kandidierte er dann nicht mehr. Er wurde von der Gemeinde vielfach mit Steinmetzarbeiten im Friedhofsbereich und im Synagogenumbau betraut, vgl. Lorenz (Anm. 14), 178, 180, 182, 186, 192, 202, 204, 206, 214, 222, 251, 582, 724, 726, 956
[44] StAH JG 661 Fasc. 7, Bl. 85
[45] StAH JG 661 Fasc. 7, Bl. 86a. - Entwurf eines Schreibens von Nathan Max Nathan v. 26. 7. 1938

Die PJG war nicht zu beeinflussen. Sie erwog nunmehr - wie erwähnt -, entsprechende Arbeiten an einen nicht-jüdischen Handwerker zu vergeben.

5. Halakhische Fragen

Die PJG hatte sich gegenüber der vergleichsweise mächtigen DIG und später gegenüber dem Jüdischen Religionsverband weder mit ihrer abweichenden rechtlichen Beurteilung noch mit gestalterischen Maßnahmen durchsetzen können. Beide Versuche der Änderung waren letztlich an der Macht der Verhältnisse gescheitert. So besann man sich der Ausgangsfrage, die im Kern auf eine religionsgesetzliche Beurteilung zielte und damit an das moralische, religiös gebundene Gewissen der anderen Seite appellierte.

a) *Chewra kadischa*

Ein erster, bereits erwähnter Vorstoß der (orthodoxen) Beerdigungsbrüderschaft der DIG zu Beginn des Konflikts war aus der Sicht der PJG ohne Erfolg geblieben.[46] Die *chewra kadischa* hatte in ihrem Schreiben die schweren Bedenken der gesetzestreuen Kreise der Gemeinde dargelegt. Ihrer Auffassung nach sei das Aufstellen von Statuen ein Verstoß gegen das Religionsgesetz; das gelte insbesondere für eine Statue auf Grabsteinen. Es sei auch nicht hinzunehmen, daß der Gemeindevorstand die großen Rabbiner der Vergangenheit weniger ehren wolle als Gabriel Riesser, indem die alten Gedenksteine nicht wieder auf die Grabstätten gesetzt würden, wie es bei Riesser geschehe.

In einer Besprechung mit Vertretern der *chewra kadischa* war es der DIG gelungen, die Brüderschaft im Interesse des Gemeindefriedens in dieser Phase der Verhandlungen von einem Schritt an die jüdische Öffentlichkeit abzuhalten.[47] Man betonte aber auch, daß es eben dieser innergemeindlich zu wahrende Frieden sei, der die DIG daran hindere, der gewünschten Änderung nachzugeben. Wenn dies mehr sein sollte, als nur die einmal eingenommene Haltung zu bewahren, dann lassen die Quellen die hierfür maßgebenden Gründe nicht ohne weiteres erkennen.

b) *Das Gutachten*

Der Gedanke an den Gemeindefrieden mag Oberrabbiner Dr. Joseph Carlebach zu einem schlichtenden Vorschlag bewogen haben. Im Sommer 1938 erbat die PJG von ihm ein rabbinisches Gutachten, und zwar in seiner Eigenschaft als *Haham* der sefardischen Gemeinde Bet Israel. Bereits in der Besprechung mit der DIG am 15. November 1937 hatte Joseph Sealtiel das Einschalten des Oberrabbi-

---

[46] Abdruck des Schreibens der Beerdigungs-Brüderschaft vom 18. November 1937, siehe Dokument 1

[47] Protokoll der gemeinsamen Sitzung von Vertretern des Vorstandes und der Brüderschaft vom 30. November 1937 - StAH JG 661 Fasc. 7, Bl. 72; Abdruck im Dokument 2

ners angekündigt, damals allerdings in seiner Eigenschaft als Vorsitzender eines zu bildenden *Bet Din*. Hingegen hatte das Gutachten von Dr. Jonas empfohlen, den Oberrabbiner als Haham in Anspruch zu nehmen. Daran erinnerte man sich nunmehr.

Man verzichtete also auf ein Bet Din. Statt dessen erstattete unter dem 15. August 1938 der Oberrabbiner des Synagogenverbandes dem Vorstand der PJG in seiner Funktion als Haham dieser Gemeinde eine rabbinische Äußerung.[48] In seinem Gutachten stellte Carlebach zunächst einmal den Sachverhalt fest, so wie ihn die PJG ihm gegenüber dargestellt hatte. Alsdann erörterte er in vier Abschnitten die nach seiner Auffassung entscheidenden halakhischen Fragestellungen. Das Gutachten, hier im Anhang wiedergegeben, ist von großer Klarheit in seiner rabbinischen Beweisführung und eindrucksvoll in seiner inneren Autorität.

Rabbiner Carlebach bestätigt zunächst, daß die Hergabe und Übergabe des Friedhofsgeländes ohne Entschädigung ein Geschenk war, der anderen jüdischen Gemeinde überlassen in Erfüllung eines religiösen Gebotes (לשם מצוה). Nach jüdischem Religionsgesetz bedeute dies, daß immer zugleich die Absicht des Gebers zu beachten sei, auch wenn diese nicht ausdrücklich ausgesprochen wurde. Da die DIG selbst von einer «entschädigungslosen» Übergabe ausging, gelte damit für den Jüdischen Religionsverband eine unbedingte Verpflichtung, nicht gegen die treu dem jüdischen Gesetz anhängenden Mitglieder der PJG zu handeln. Carlebach bestätigte also weder die juristische Auffassung von Dr. Jonas, noch die Stellungnahmen von Dr. Lippmann und Dr. Samson. Diese hält er - ohne das dies ausgesprochen wird - ersichtlich für zu äußerlich, nicht auf die Ziele und Motive der Beteiligten eingehend. Wesentlicher war ihm, von den erkennbaren Absichten auszugehen. Erst das machte für ihn das richtige Verständnis der getroffenen Vereinbarung aus.

Des weiteren stellte Carlebach als Haham in einer eher objektivierenden Betrachtung fest, daß die Aufstellung des Riesserschen Monumentes «in keiner Weise mit dem jüdischen Gesetz und dem jüdischen Empfinden in Einklang zu bringen ist». Nach Joreh De'ah 141,7 (Shulhan Arukh) sei eine «volle Menschenstatue, auch zum Schmuck» verboten.[49] Carlebach spricht im Zusammenhang mit der bildnerischen Darstellung am Riesser Grabdenkmal von einer «Statue». Das war etwas ungenau, da es sich um ein Hochrelief handelt. Für die Auslegung des

---

48 Vgl. den Abdruck des Gutachtens von Oberrabbiner Carlebach im Dokument 3
49 Siehe «Der Schulchan aruch oder die vier jüdischen Gesetzbücher. Viertes (letztes) Buch, genannt Joreh Deah ... von Heinrich Georg Fr. Löwe sen.», Hamburg 1840; auf S. 73 heißt es hierzu: «Man darf keine Abbildungen machen, auch nicht für einen Nichtjuden, ... auch darf man nicht abbilden die Seraphim, und die Ophanniim, ... auch nicht die dienenden Engel, auch nicht das Bild eines Menschen. ... Alles oben Gesagte ist nur gültig, wenn die Bilder *erhabener* Arbeit sind.» Vgl. ferner «Kizzur Schulchan Aruch» von Rabbiner Schelomo Ganzfried s.A., ins Deutsche übertragen von Rabbiner Dr. Selig Bamberger in Hamburg, Basel o.J , Bd. 2: 956, Nr. 2: «Ebenso ist verboten, die Gestalt eines Menschen zu formen. Sogar nur das Angesicht eines Menschen allein ist auch verboten; es zu besitzen ist auch verboten.»

Shulhan Aruh dürfte dieser Unterschied allerdings kaum von Bedeutung sein. Carlebach scheute sich nicht, - aber anders als es Dr. Nathan getan hatte - mit eher prophetischem Blick auf die Zeitumstände hinzuweisen. Ihm war die jüdische Religion der unabdingbare Halt für den einzelnen Juden. Wer sie in Zweifel zog, der hatte die wirklichen Zeichen der Zeit nicht verstanden. Es war dies eine erstaunliche, für den flüchtigen Leser kaum merkbare Ermahnung an den «mitlesenden» Vorstand der Gesamtgemeinde.

Dieser Gedanke an die Umstände leitet auch den dritten Abschnitt der Stellungnahme ein. Die PJG wurde von ihm als ihrem Haham ermahnt, auf keinen Fall «in der heutigen Zeit» zu versuchen, ihren Rechtsstandpunkt vor einem nichtjüdischen Gericht durchzusetzen. Der Schaden wäre größer als der Gewinn. Aber zu «jedem sonstigen innergemeindlichen Mittel» zur Durchsetzung ihrer Forderung sei die portugiesische Gemeinde berechtigt. Carlebach erörterte mehrere Möglichkeiten, die er im Sinne der Verhältnismäßigkeit der Mittel zu bewerten scheint. Zu ihnen zählte er den Versuch, die Reichsvertretung der Juden in Deutschland (RVJD) um Vermittlung zu bitten. Natürlich war Carlebach bewußt, daß er damit auf die Weisheit und Weitsicht des Vorsitzenden, des liberalen Rabbiners Dr. Leo Baeck, setzte. Aber mit Deutlichkeit sprach er aus, was ihm wichtig war: Sollte jeder Versuch scheitern, so sei die PJG nach dem Religionsgesetz (Hoshen Mispat 4) berechtigt, zur Selbsthilfe zu greifen, indem sie selbst entweder das Monument umdrehe oder die angebrachte Statue, also die Figur, verhülle, etwa durch eine Efeu-Umrankung oder durch Umbau.

In einem vierten, letzten Teil wandte sich der Oberrabbiner an jene, die er zunächst aus der Sicht der anfragenden Gemeinde als Gegenpartei bezeichnet hatte, die aber nach seiner Auffassung ebenfalls Anspruch auf seine religiöse Fürsorge hatten. Er hoffte auf eine friedliche Vereinbarung, sah aber auch, in welch schwieriger Lage sich der Vorstand des Religionsverbandes inzwischen befand. Es war die den Juden geraubte Emanzipation, welche dieser Vorstand durch Aufstellen des Grabdenkmals in der Mahnung zu halten suchte, weil diese vielen in der gegenwärtigen Zeit als ein doppelt wertvolles Gut erschien. Es sei besser, wenn der Name Gabriel Riesser nicht länger in den Kampf der Meinungen hineingezogen werde. Auch in dieser abschließenden Erinnerung zeigt sich die geistige Kraft des Rabbiners. Nicht nur der Aufruf zur Versöhnung war es, sondern die Betonung der gemeinsamen Wurzel des Judentums, das in der Lage sei und sein müsse, den persönlichen Konflikt durch eine geistige Betrachtung der Dinge zu beenden.

Erst durch dieses rabbinische Gutachten erfährt man, welche Gründe den Vorstand des Religionsverbandes zumindest auch bewogen hatten, den Forderungen der PJG nicht nachzugeben. Denn wenn die allegorische Figur zu einem Symbol der Justitia geworden war, so mochte es auf Grund dieser Doppelung von Emanzipation und Gerechtigkeit vielen in der Gemeinde als Niedergang erscheinen, wenn die Gemeinde selbst in einer Zeit der Verfolgung, der Ausgrenzung, der wirtschaftlichen Not, der erkennbaren Zerstörung des deutschen Judentums dem Grabdenkmal durch bauliche Veränderungen seine symbolische Kraft nähme. Carlebach bestätigte als Rabbiner, daß eine weibliche Figur an einem Grabdenkmal nach dem jüdischen Religionsgesetz nicht erlaubt sei. Aber seine Stellungnahme zeichnete sich dadurch aus, daß er der entstandenen Konfliktlage eine ganz andere Bedeutung gab.

6. Die Vermittlung

Rabbiner Carlebach hatte sein Gutachten als Haham der PJG erstattet. Nur darauf konnte im Verhältnis zum Religionsverband und zum Synagogenverband auch seine Zuständigkeit beruhen. Sein äußerer Zweck war es daher, den Mitgliedern der PJG aus halakhischer Sicht zu verdeutlichen, wie sie sich angesichts der eingetretenen Lage nunmehr zu verhalten hätten.

a) *Die Initiative*

Obwohl es sich damit bei formaler Betrachtung um einen gemeindeinternen Vorgang handelt, berief sich die PJG gegenüber dem Religionsverband auf das Ergebnis der rabbinischen Stellungnahme, als sie ihre Forderung nach Änderung des Denkmals erneuerte.[50] Dieses Vorgehen war zwar verständlich, jedoch taktisch wenig geschickt, bot sich doch für den Religionsverband jetzt die Gelegenheit, mit gutem Grund Einsicht in das schriftliche Gutachten zu verlangen. Sealtiel übersandte es am 12. September 1938, nicht ohne dabei die Hoffnung auszusprechen, daß der Verband die Absicht haben werde, «den Wünschen des Herrn Oberrabbiner entsprechend, die Angelegenheit zu erledigen.[51]»

Der Vorstand des Jüdischen Religionsverbandes kam in seiner Sitzung am 21. September 1938 zu der Ansicht, daß man auch in Kenntnis des rabbinischen Gutachtens einer Entfernung des Denkmals nicht entsprechen könne. In der Niederschrift der Sitzung hieß es dann wörtlich: «Da aber das Gutachten anheimgibt, evtl. die Reichsvertretung der Juden in Deutschland zur Vermittlung zwischen den beiden Gemeinden zu ersuchen, übernimmt es Herr Dr. Lippmann, den Präsidenten der Reichsvertretung, Herr Rabbiner Dr. Baeck, unter Übersendung der Akte um Stellungnahme, insbesondere wegen einer Vermittlung, zu bitten.»[52]

Bereits unter dem 22. September 1938 richtete Lippmann an Leo Baeck ein ausführliches Schreiben mit Übersendung der entstandenen Akten.[53] Der Streit der beiden Gemeinden wird für den Adressaten ausführlich und pointiert dargestellt. Das Schreiben, diplomatisch geschickt abgefaßt, würdigt das rabbinische Gutachten, betont seine formale Unverbindlichkeit gegenüber dem Religionsver-

---

50 Schreiben der PJG vom 30.8.1938, StAH JG 661 Fasc. 7, Bl. 91
51 Schreiben von Joseph Sealtiel vom 12.9.1938, StAH JG 661 Fasc. 7, Bl. 93
52 StAH JG 661 Fasc. 7 Bl. 100 a
53 Abdruck des Schreibens von Leo Lippmann an Leo Baeck vom 22. September 1938 im Dokument 4

band und korrigiert es in zweifacher Hinsicht: Bei der umstrittenen Figur, die als Justitia bezeichnet wird, handele es nicht um eine Statue, sondern um ein Hochrelief, wie sie auf dem alten portugiesischen Friedhof in Altona üblich gewesen seien. Es liege zudem keine Schenkung vor, sondern ein «entgeltlicher Vertrag». Abschließend wird Baeck um eine Äußerung gebeten, ob er selbst oder die Reichsvertretung bereit seien, «auf Anruf eine Vermittlung zu übernehmen oder den Vorstand des Religionsverbandes Hamburg Ihre Auffassung wissen zu lassen, damit die weitere Ablehnung oder, falls Sie oder die Reichsvertretung zu einem anderen Ergebnis kommen, die evtl. dann zu ergreifenden Maßnahmen auch von der Autorität der Reichsvertretung getragen werden».

Dieses Vorgehen des Jüdischen Religionsverbandes zeigte taktische Meisterschaft. Der Vorstand hatte erkannt, daß angesichts der eindeutigen halakhischen Stellungnahme des Oberrabbiners weitere Passivität kaum länger vertretbar sein würde. Die PJG hatte die Ermächtigung ihres Haham zum Handeln erhalten. Zugleich war dem Religionsverband mittelbar verdeutlicht worden, daß es ihm religionsgesetzlich versagt sei, staatliche Gerichte zum Zwecke der Beendigung der Auseinandersetzung anzurufen. Dagegen würden formale Verwahrungen, daß man hier nur eine «Verwaltungsfrage» zu beantworten habe, wie es in dem Schreiben an Baeck formuliert wurde, kaum auf Dauer nützen. Der Jüdische Religionsverband befand sich also in der Gefahr, selbst durch sein eigenes, unnachgiebiges Verhalten den von ihm betonten Gesamtfrieden der Gemeinde in Frage zu stellen. So benutzte er einen nur an die PJG gerichteten Vorschlag und bat seinerseits die Reichsvertretung und - insoweit abwandelnd - auch dessen liberalen vorsitzenden Rabbiner um Vermittlung. Damit konnte man die PJG einstweilen daran hindern, während der Dauer dieser Bemühungen, auf die man als Religionsverband selbst Einfluß zu nehmen hoffte, einseitige Maßnahmen zu ergreifen. Die Initiative war ihr somit entglitten. Man beschied sie - was unzutreffend war - am 23. September, der Vorstand habe das Schreiben der PJG vom 30. August 1938 beraten, jedoch «wegen Vorliegens einer Reihe dringender wichtiger Angelegenheiten nicht zu Ende führen können.[54]» Das entsprach nicht, jedenfalls nicht in offener, fairer Weise, der Wahrheit.

b) Die Reichsvertretung

Leo Baeck antwortete unter dem 3. Oktober 1938. Er erklärte, die Reichsvertretung sei bereit, falls sie um Vermittlung angerufen werde, diese zu übernehmen. Von einer ihm angetragenen eigenen Vermittlung sprach Baeck hingegen nicht. Unter dem 12. Oktober 1938 beschied der Verband die PJG endgültig, «daß wir Ihrem Ersuchen, die Figur von der Vorderseite des Gabriel Riesser Denkmals zu entfernen oder die Figur zu verdecken oder das ganze Grabdenkmal an einen anderen Platz zu stellen, nicht entsprechen können». Man wäre aber einverstanden, wenn die PJG - der Anregung des Oberrabbiners Dr. Carlebach fol-

---

54 StAH JG 661 Fasc. 7 Bl. 103

gend - die Vermittlung der Reichsvertretung der Juden in Deutschland anrufen würde.[55] Der Vorsitzende des Jüdischen Religionsverbandes setzte einen Tag später Baeck von diesem Vorgehen in Kenntnis.

Auch dieses Vorgehen muß dem heutigen Betrachter als befremdlich erscheinen, wurde der PJG doch weder das eigene Ersuchen um Vermittlung noch die Antwort der Reichsvertretung mitgeteilt. Statt dessen versuchte man, die PJG ihrerseits auf ein bestimmtes Vorgehen festzulegen, das immerhin einen weiteren Aufschub versprach. Ehrlich war man jedenfalls nicht, mochte man auch vielleicht enttäuscht darüber sein, daß Baeck die Anregung Lippmanns nicht aufgegriffen hatte, die bisherige ablehnende Haltung ausdrücklich zu billigen. War dies die Absicht des Vorstandes gewesen, dann mußte er dieses Vorgehen jedenfalls als gescheitert ansehen. Das mag sein Schreiben vom 12. Oktober 1938 erklären, das sich sich so wenig um Verständnis bemühte.

Es ist nicht aufklärbar, ob die PJG nunmehr ihrerseits die Reichsvertretung der Juden in Deutschland um Vermittlung bat. Die überkommenen Quellen lassen weiteres nicht erkennen.[56] In den Niederschriften des Vorstandes des Religionsverbandes wird die Frage in den folgenden Jahren nicht mehr behandelt. Die PJG, die Ende 1938 anscheinend nur noch 70 Mitglieder hatte, wurde Ende 1940 mit dem Religionsverband verschmolzen.

IV. Schlußbetrachtung

Ein Fazit ist nicht zu ziehen. Das Grabdenkmal für Gabriel Riesser steht unverändert auf dem jüdischen Friedhof in Hamburg-Ohlsdorf an der Ilandkoppel, die Front dem angelegten Grab Riessers und anderen Gräbern zugewandt. Im Jahre 1985 restauriert und teilrekonstruiert, besitzt es wieder einen Dachgiebel, dieser und die vorhandenen Säulen betonen den tempelartigen, leicht romantisierenden Charakter. Der Blick auf das Hochrelief ist für den Betrachter frei; so kann er sich fragen, welche Allegorie hier verkörpert wird. Dem salomonischen Urteil des letzten Oberrabbiners der Hamburger Juden, durch Efeubewuchs dem Streit ein Ende zu machen, ist niemand gefolgt.

Die um Bewahrung ihrer Traditionen und religiösen Gefühle, um ein friedliches Zusammenleben bemühten Streitparteien gibt es nicht mehr. Ihr Konflikt mag heute gering erscheinen gegenüber dem, was in der Pogromnacht des 9. auf den 10. November 1938 für jedermann sichtbar in Deutschland geschah und sich in den Deportationen und Vernichtungslagern fortsetzte. Die Sicht von heute wird dem nicht gerecht, was aus der Zeit heraus verstanden werden sollte. Jede Seite,

---

[55] Schreiben vom 12. 10. 1938 - StAH JG 661 Fasc. 7, Bl. 105
[56] Die Akte StAH JG 661 Fasc. 7 endet mit dem Schreiben des Religionsverbandes an Dr. Leo Baeck vom 13.10.1938

jede der handelnden Personen hatte gute Gründe, in der Zeit der Ausgrenzung, der sozialen und rechtlichen Diskriminierung und der Verfolgung zu fragen, wie für Juden in Deutschland innere Sicherheit und jüdische Identität zu gewinnen sei.

Für Lippmann, Nathan, Samson, David und die anderen Mitglieder des Vorstandes der DIG war Gabriel Riesser ein Symbol für die Emanzipation des deutschen Judentums, für mögliche Toleranz in politischem und weltanschaulichem Kampf und für eine soziale Integration ohne Assimilation. Symbole gibt man nicht freiwillig auf, so wird die Überlegung gewesen sein. Für Joseph Sealtiel und seine Gemeinde galt anderes. Hier wurde der Streit ebenso hartnäckig geführt, vordergründig für die kleine portugiesische Gemeinde, in der Sache aber für die jüdische Orthodoxie. Ihr mochte erst die strengste Beachtung religionsgesetzlicher Gebote und Verbote jene jüdische Selbstgewißheit zu vermitteln, die sie - entsprechend ihrer Tradition - ihrem Gott schuldete. So war es nur äußerlich ein Streit zwischen Sefardim und Ashkenazim, den - wiederum symbolhaft - ein gemeinsamer Oberrabbiner zu entscheiden suchte. Er vermochte dies nicht, denn anderes stand dagegen.

DOKUMENTEN-ANHANG

Dokument Nr. 1
18. November 1937
Staatsarchiv Hamburg (StAH) Bestand Jüdische Gemeinden (JG)
661 Fasc.7 Bl. 50-52

חי'ק רקברנים ג'ח רקיק אשכנזים בהמבורג

Beerdigungs-Brüderschaft der Deutsch-Israelitischen Gemeinde

Hamburg, 18. November 1937
An den Vorstand
der Deutsch-Israel. Gemeinde
Hier

Sehr geehrte Herren!

Der unterzeichnete Vorstand der Chewra Kadischa gestattet sich, im Verfolg der vorige Woche mit Ihrem Vorsitzenden, Herrn Rechtsanwalt Bernhard David, gehabten eingehenden Rücksprache hiermit nochmals schriftlich die bereits mündlich vorgetragenen Ersuchen dem Gemeindevorstand zur Kenntnis zu bringen.
I. Die Herstellung und das Aufstellen von Statuen stellt einen Verstoss des Religionsgesetzes dar und ist insbesondere auch auf Grabsteinen verboten. Die Anbringung einer Statue auf dem Grabmal des Herrn Dr. Gabriel Riesser s. A. bewirkte daher schon seiner Zeit bei der Aufstellung auf dem Grindelfriedhof beträchtliche Erregung innerhalb weiter Kreise der Gemeinde und führte schliesslich dazu, die Figur nur an der Rückseite des Steines anzubringen. - Nachdem der Plan besteht, auf die neuen Ruhestätten der bedeutendsten Männer unserer Gemeinde die alten Gedenksteine nicht wieder zu setzen, durften die gesetzestreuen Kreise der Gemeinde mit Recht erwarten, dass auch das Riesserdenkmal nicht wieder auf das Grab gestellt wird und ein alter Streit nicht neu aufgerissen wird. Die Herrichtung der Anlage des Grindel-Ersatzfriedhofs in der bis jetzt erfolgten Form musste daher in diesen Kreisen grosse Erregung hervorrufen.
Die Aufstellung des Riessergedenksteines mit der Statue und zwar zur Frontseite hin kann und wird von den gesetzestreuen Gemeindekreisen keineswegs als

vollendete Tatsache hingenommen. Der unterzeichnete Vorstand fühlt sich berechtigt und berufen, den Gemeindevorstand zu bitten, die dem Religionsgesetz widersprechende Statue zu entfernen, zum mindesten sie nicht anders aufzustellen als es auf dem Grindelfriedhof der Fall war, umsomehr als man jeden Anlass vermeiden sollte, die religiöse Vollwertigkeit des Ohlsdorfer Friedhofs Zweifeln auszusetzen.

II. Es ist für die gesetzestreuen Kreise der Gemeinde undenkbar, dass der Gemeindevorstand die grossen Rabbonim, die in vergangenen Jahrzehnten Ruhm und Ansehen der Gemeinde weit über Hamburgs Grenzen hinaus erhöhten, weniger ehren will, als Dr. Gabriel Riesser geehrt wird. Eine Herabsetzung der Ehre der verstorbenen grossen Rabbonim, wir nennen nur den berühmten Haham Bernays s. A., stellt es jedoch dar, wenn diesen die alten Gedenksteine nicht wieder auf die Grabstätten gesetzt werden, während es bei Herrn Dr. Riesser s. A. wohl geschieht bezw. geschehen ist.

Der Vorstand der Chewra Kadischa bittet daher, allen auf dem Grindel-Ersatzfriedhof wieder zur Ruhe gekommenen Rabbonim diejenigen Steine auf die Grabstellen zu setzen, welche auf dem Grindelfriedhof standen. Diese sollen ein Bild der damaligen Zeit auch für die Zukunft bewahren, denn unsere alten Grabsteine sind von allergrösstem historischen Wert für unser Volk. Sie bekräftigen die dauernde Verehrung für diejenigen, die unter ihnen schlummern, während jede architektonische Schönheitsveränderung dem Wechsel unterworfen ist. Sollten einzelne Steine nicht erhalten geblieben sein und daher für diese neue Gedenksteine erforderlich werden, so bittet der unterzeichnete Vorstand, die Beschriftung der Steine nur in Uebereinstimmung mit den betreffenden Vorschriften des Religionsgesetzes vorzunehmen, da jedes Abweichen hiervon gerade bei den Trägern und Lehrern des Gesetzes eine Herabsetzung ihrer Ehre bedeutet. Bis vor einigen Jahren hat auch die Gemeinde in Berücksichtigung der altjüdischen Minhogim nur jüdische Beschriftung auf der Vorderseite der Gedenksteine zugelassen.

Der unterzeichnete Vorstand gibt auch an dieser Stelle nochmals seiner Zuversicht Ausdruck, dass der Gemeindevorstand den vorstehend niedergelegten Wünschen in vollem Umfang Rechnung trägt und ist jeder Zeit bereit, mit den Herren des Gemeindevorstandes auch nochmals mündlich Rücksprache zu pflegen. Da wie Ihrem Herrn Vorsitzenden mitgeteilt in dieser Angelegenheit aus Mit-gliederkreisen bereits ein Antrag für die Generalversammlung der Chewro Ka-discho vorliegt, - der CH. K. die Angelegenheit jedoch möglichst nicht vor dieses Forum bringen möchte - wäre es besonders begrüssenswert, wenn bereits vorher eine befriedigende Lösung herbeigeführt wird, worüber der unterzeichnete Vor-stand gern ehestens den Bescheid erwartet.

Hochachtend
Der Vorstand der Beerdig. Brüderschaft der Deutsch-Isr. Gem.
Ludwig Joshua   Julius Behrend
Vorsitzender   Schriftführer

Dokument Nr. 2
30. November 1937
Staatsarchiv Hamburg Jüdische Gemeinden 661 Fasc. 7 Bl. 92

Besprechung zwischen den Vertretern der Beerdigungs-Brüderschaft und des Vorstandes der Gemeinde am Dienstag, dem 30. November 1937, um 17 Uhr im Hause Ferdinandstraße 75.

Anwesend: von der D.I.G. die Herren Rechtsanwalt David, Dr. Loewenberg und Dr. Warburg, von der Beerdigungs-Brüderschaft die Herren Joshua, Behrend und B. J. Jacobson.

Auf den Brief der Beerdigungs-Brüderschaft vom 18.11.1937 hatte der Gemeindevorstand zu einer Besprechung gebeten. In einer ausführlichen Aussprache, an der sich sämtliche Herren beteiligten, werden die Fragen eingehend durchgesprochen. Die Herren der Beerdigungs-Brüderschaft betonen, dass sie bei allem, was sie täten, nur die heilige Verpflichtung fühlten, die sie dazu zwinge, die Sache über die Person zu stellen. Die Vertreter des Gemeindevorstandes weisen darauf hin, dass die Beerdigungs-Brüderschaft bisher stets auf die Notwendigkeiten der Gesamtgemeinde gesehen hätte und dass die Frage nur unter aller grösster Vorsicht behandelt werden dürfe. Sie hielten die Wünsche der Beerdigungs-Brüderschaft nicht für berechtigt und sähen keine Möglichkeit, ohne schwerste Gefährdung des Gemeindefriedens ihnen zu entsprechen. Herr Dr. Warburg betont insbesondere, dass er zu gegebener Zeit gern noch einmal nach Rücksprache mit massgebenden Herren der von einer etwaigen Änderung in erster Linie betroffenen Kreise die Frage aufnehmen wolle, dass es aber Bedingung sei, dass, was auch geschehe, im Einvernehmen mit *allen* Kreisen der Gemeinde erfolge. Nachdem Herr Rechtsanwalt David nachdrücklichst darauf aufmerksam gemacht hat, dass jeder Schritt in die Öffentlichkeit eine Gefährdung des Gemeindefriedens bedeute, erklären die Vertreter der Beerdigungs-Brüderschaft sich bereit, von sich aus alles zu tun, um eine öffentliche Besprechung dieser Frage, insbesondere auch eine Erörterung der Angelegenheit in der am 2. n. M. stattfindenden Generalversammlung der Beerdigungs-Brüderschaft zu verhindern in der Hoffnung, dass die Vertreter des Vorstandes versuchen würden, ihnen in ihrer Gewissensbedrückung zu helfen.

Schluss 19 Uhr

Dokument Nr. 3
15. August 1938
StAH JG 661 Fasc. 7 Bl. 95-97

Hamburg, 15. August 1938

Gutachten

erstattet an den löbl. Vorstand der Portugiesisch-Jüdischen
Gemeinde in Hamburg

Sehr geehrte Herren,
Sie haben an mich folgende Anfrage gerichtet: Die Portugiesisch-Jüdische Gemeinde in Hamburg hat dem Jüdischen Religionsverband Hamburg ein ihr gehöriges Terrain auf dem Friedhof in Ohlsdorf unentgeltlich l'schem mizwah überlassen, damit dort die Exhumierten des Grindelfriedhofs beigesetzt werden können. Unter diesen Exhumierten befinden sich auch die Reste Gabriel Riessers; zugleich wurde auch das Monument vom Grabe Riessers mit überführt und aufgestellt.

Dieses Grabmonument, auf dem sich eine Allegorie der Justitia, eine halbbekleidete Frauengestalt befindet, war schon bei Riessers Tod angefochten worden. Aber als einem Geschenk der Hamburger Anwaltschaft wollte man ihm damals die Aufstellung nicht verweigern, stellte es aber umgekehrt auf, so dass die Frauengestalt in der Reihe der Mazewoth nicht gesehen werden konnte. An der Ungesetzlichkeit und Unzulässigkeit einer solchen Mazewa war aber nie ein Zweifel. Trotzdem hat man es jetzt in Ohlsdorf in der Reihe der Ehrengräber aufgerichtet.

Dagegen hat Ihr Vorstand Einspruch erhoben. Die Überlassung des Friedhofsgeländes sei nur unter der stillschweigenden Voraussetzung erfolgt, dass alles dem jüdischen Religionsgesetz entsprechend dort vorgenommen werde; es gehe nicht an, dass eine Verletzung des jüdischen Empfindens und des Thora-Gesetzes dort gestattet würde. Die Gegenpartei hat darauf erwidert: einmal stände Ihnen ein solcher Anspruch nicht zu, nachdem Sie bedingungslos das Gelände überlassen hätten, und zweitens könnte sie in Schonung der Gefühle bestimmter Kreise des Jüdischen Religionsverbandes jetzt dieses Denkmal oder einzelne Teile nicht mehr entfernen. Sie haben, wie Sie mir mitteilen, daraufhin angeboten, eine rabbinische Entscheidung herbeizuführen, ob der Jüdische Religionsverband dem Einspruch Ihres Vorstandes stattgeben müsse oder nicht, zumal Ihre juridischen Berater Ihnen eine gutachterliche Erklärung gegeben hätten, dass die Portugiesisch-Jüdische Gemeinde auch vom Standpunkt des BGB berechtigt sei, die Entfernung des Monuments zu fordern. Trotz aller Verhandlungen und Bitten sei jedoch ein Entgegenkommen des Jüdischen Religionsverbandes nicht zu ermöglichen gewesen.

Sie wollen von mir eine Entscheidung als die Ihres Chacham, was Sie jetzt gegenüber Ihrem Gewissen und der Ehre der Portugiesisch-Jüdischen Gemeinde zu tun hätten.

I.

Zunächst möchte ich feststellen, dass Sie auch nach jüdischem Religionsgesetz befugt waren, Ihre Gewissensforderung bezüglich des Monuments selbst nachträglich anzumelden und zwar, weil Sie das Terrain ohne Entschädigung, also als eine Schenkung dem Jüdischen Religionsverband überlassen haben. Daher gilt für Sie der Satz des Rambam, Hilchoth Sechia umatanah, Kap. 6, Halacha 1: «Bei einer Schenkung stellt man immer die Absicht des Gebers in Schätzung, und wenn die Umstände eine bestimmte Auffassung des Gebers ausweisen, so tut man nach dieser mutmasslichen Absicht, obwohl er sie nicht mit ausdrücklichen Worten erklärt hat.» (Dieser Satz steht im Gegensatz zu dem Satz von Kauf und Verkauf, Rambam, Hilchoth Mechira, Kap. 11, Halacha 9: «Wer etwas bedingungslos verkauft, obwohl er im Herzen den Gedanken trug, nur unter bestimmten Voraussetzungen zu verkaufen, und obwohl die Umstände ausweisen, dass er es nur deswegen tat, so kann er doch nicht vom Verkauf zurücktreten, denn er hat es nicht ausdrücklich erklärt, und Abmachungen, die nur im Herzen, unausgesprochen, blieben, sind keine Abmachungen.) Ebenso entscheidet der Choschen Mischpath im Anfang 246. - Eine jüdische Gemeinde kann aber nur dann ein ihr gehöriges Gelände kostenlos hergeben, wenn sie sich auf den Satz berufen darf: Es ist jedermann lieb, dass eine Mizwah mit seinem Gelde geschieht (Pessachim 4b). Ihr löbl. Vorstand braucht nicht erst eine Befragung jedes einzelnen Mitgliedes wegen Abtretung des Geländes vorzunehmen, weil es dem Vorstand gewiss war, dass jeder Angehörige Ihrer Gemeinde sich freuen würde, dass dieses Gelände zu Mizwah-Zwecken verwendet werde. Denn jede jüdische Gemeinde hat nach jüdischem Recht den Charakter einer Societät, wo alle Glieder der Gemeinde als Socien am Besitz und den Verpflichtungen der Gemeinde teilhaben (Choschen Mischpath 163). Dann ist es aber für den Jüdischen Religionsverband unbedingte Pflicht gewesen, die Verwaltung dieses ihr kostenlos zur Benutzung gegebenen Geländes so zu führen, dass unter keinen Umständen sich aus einzelnen Massnahmen eine Gewissensbelastung der dem jüdischen Gesetz treu anhängenden Mitglieder ergeben würde. Hätte auch nur ein Mitglied der Portugiesisch-Jüdischen Gemeinde gewusst, dass mit dem Gelände etwas geschieht, wovon er glaubt, dass es mit dem Din nicht übereinstimmt, also eine Awerah sei, so hätte er seine stillschweigende Zustimmung zu der Abtretung an den Jüdischen Religionsverband nicht gegeben und nicht geben können. Die ganze Rechtsbasis der Abtretung des Geländes durch den Vorstand wird hinfällig, sobald auf diesem Gelände etwas geschieht, was dem Din nicht entspricht.

II.

Dass die Aufstellung des Riesser'schen Monuments in keiner Weise mit dem jüdischen Gesetz und dem jüdischen Empfinden in Einklang zu bringen ist, darüber ist kein Zweifel möglich. Der Schulchan Aruch, Jore Deah 141,7, sagt, dass nach allen Auffassungen eine volle Menschenstatue, auch zum Schmuck, verboten ist. Die Ablehnung jeder Vollplastik des Menschen ist eine heiligste Tradition des Judentums. Tausende haben sich zum Opfer gebracht, dass keine Bildsäule eines Römerkaisers im jüdischen Lande aufgestellt werde. Hinzu kommt, dass in einer so ernsten Zeit wie der Gegenwart jeder Verstoss gegen das Religionsgesetz eine schwere Anklage gegen die jüdische Gesamtheit bedeutet, die gewiss die Vorsehung in solcher Stunde nicht herausfordern darf. Endlich ist nichts der Ehre und dem Andenken eines so verdienten Mannes wie Gabriel Riesser abträglicher, als dass eine grosse Anzahl religiöser Juden, für die der Schulchan Aruch massgebend ist, es vermeiden würden, das Grab Riessers aufzusuchen, weil sie sich durch den Anblick der Statue beleidigt und verletzt fühlen. Auch abgesehen von allen Paragraphen des Gesetzes hätte es also der blosse Takt gebieten müssen, wo jetzt die Ursache wegfiel, aus der man bei Riessers Tod eine Verweigerung der Aufstellung für politisch unklug gehalten hatte, diese umstrittene Statue nicht von Neuem wieder zur Aufstellung zu bringen.

III.

Die Mitverantwortung für irgend ein Unrecht, das geschieht, kann aber nur soweit jemandem aufgebürdet werden, als es in seiner Hand lag, es zu verhindern. Wiederholt finden wir im Talmud, die Schuld der Sekenim, der Ältesten, war, sie hätten wehren können, sie haben aber nicht gewehrt.

Ich möchte nun zunächst es aussprechen, dass ich es unter keinen Umständen für richtig halte, den Rechtsstandpunkt der Portugiesisch-Jüdischen Gemeinde durch nichtjüdische Gerichte durchzusetzen. Mag Ihr Kampf, sehr geehrte Herren, um Ihre Gewissensforderung noch so berechtigt sein, so muss in der heutigen Zeit es unbedingt vermieden werden, einen Gemeindestreit vor die Öffentlichkeit zu bringen. Der Schaden wäre grösser als der Gewinn. Jedoch sind Sie zu jedem sonstigen innergemeindlichen Mittel zur Betonung und Durchsetzung ihrer Forderung berechtigt und verpflichtet. Solche Mittel sind: erstens die immer wieder betonte Ungültigkeit der ganzen Abtretung, solange diese Statue nicht entfernt ist, zweitens der Anruf der Reichsvertretung der Juden in Deutschland, zwischen Ihnen und dem Jüdischen Religionsverband zu vermitteln. Wenn alle diese Versuche scheitern sollten, sind Sie auch nach Choschen Mischpath 4 zur Selbsthilfe berechtigt, indem Sie selbst Hand anlegen und das Monument umdrehen, wie es auf dem Grindelfriedhof der Fall war, oder die darauf angebrachte Statue verhüllen, etwa durch eine Efeu-Umrankung oder sonst einen Umbau.

Ich möchte aber meine Hoffnung, dass immer wieder erneute Verhandlungen mit dem Vorstand des Jüdischen Religionsverbandes dennoch zu einem friedlichen Resultat führen nicht aufgeben. Ich kann verstehen, dass der Vorstand des Jüdischen Religionsverbandes in einer schwierigen Situation ist. Die uns geraubte Emanzipation wird von Vielen nun als ein doppelt wertvolles Gut betrachtet, und irgendeine Massnahme am Grabe Riessers erschiene ihnen, als ob man an Riessers Lebensleistung auch in unsern Kreisen zweifle. Selbstverständlich aber hat das eine mit dem anderen nichts zu tun. Im Gegenteil, gerade weil wir Riessers Leistung hochschätzen, darum darf seine Grabstätte nicht umkämpft und umstritten sein. Durch den jetzigen Zustand wird gerade das herbeigeführt, was der löbl. Vorstand des Jüdischen Religionsverbandes vermeiden will, nämlich die Schmälerung des Andenkens an Riesser und seine Lebensleistung. Wenn die Statue der Gerechtigkeit von dem an und für sich eindrucksvollen Monument entfernt wird, so bleibt es nach wie vor in seiner Schönheit, und der Name Riessers wird nicht mehr in den Kampf der Meinungen hineingezogen.

Bleiben Sie, sehr geehrte Herren, also bestrebt, solange es irgend geht, den Vorstand des Jüdischen Religionsverbandes von dem Irrtum seiner Auffassung zu überzeugen und den Frieden und die Ehre unserer Toten zu sichern.

DAS OBERRABBINAT
gez. Oberrabbiner Dr. Carlebach
Chacham der seph. Gem. Beth Jisrael.

***

Dokument Nr. 4
22. September 1938
StAH JG 661 Fasc. 7 Bl. 101-102

22.9.1938.

Sehr verehrter Herr Rabbiner Dr. Baeck,

im Auftrage des Vorstandes des Jüdischen Religionsverbandes Hamburg übersende ich Ihnen anbei eingeschrieben eine Akte, aus der Sie ersehen wollen, dass wegen des Gabriel Riesser-Denkmals auf dem Ohlsdorfer Friedhof in Hamburg jetzt schwere Unstimmigkeiten zwischen dem Jüdischen Religionsverband

Hamburg und der Portugiesisch-Jüdischen Gemeinde Hamburg entstanden sind. Das Gabriel Riesser-Denkmal, dessen äussere Erscheinung Sie aus der anliegenden Fotografie ersehen, ist nach dem Tode Gabriel Riessers von Hamburger Anwälten und, soviel ich weiss, auch aus öffentlichen Sammlungen, zu denen nicht nur Juden beitrugen, geschaffen worden. Schon bei der Aufstellung auf dem jetzt aufgehobenen Grindelfriedhof sollen von orthodoxer Seite Bedenken gegen die figürliche Darstellung einer Justitia auf dem Denkmal erhoben worden sein. Diese Bedenken sollen dadurch beseitigt worden sein, dass das Denkmal damals so aufgestellt worden ist, dass das Relief nicht nach der Seite des Toten hin angebracht wurde, sondern auf der Rückseite. Diese Rückseite lag aber an einem Hauptweg, so dass für alle, die den Friedhof besuchten, und vor allem auch von der Strasse aus das Relief als der bedeutsamste Schmuck, ja als der Hauptteil des Denkmals in Erscheinung trat. Vor kurzer Zeit musste der Grindelfriedhof geräumt werden. Die exhumierten Gebeine sind nach dem Ohlsdorfer Friedhof gebracht worden, und zwar auf einen Teil, der früher im Eigentum der Portugiesisch-Jüdischen Gemeinde stand. Sie ersehen das Nähere über das mit der Portugiesischen Gemeinde verhandelte aus den Aktenstücken Nr. 27, 31 und 32. Das Denkmal ist jetzt wieder so aufgestellt, dass das Relief auf der Vorderseite angebracht ist. Eine andere Aufstellung war nicht möglich, da die Grenze des Friedhofs die Rückseite des Denkmals berührt, und hinter dem Denkmal nur Raum für eine hohe Bepflanzung vorhanden ist, die den Ehrenfriedhof für besonders zu ehrende Tote des Grindelfriedhofs abschliesst. Der Vorstand des Jüdischen Religionsverbandes war bei Aufstellung des Denkmals in der jetzigen Form davon ausgegangen, dass auch auf dem alten Grindelfriedhof das Charakteristikum dieses Denkmals, nämlich das Relief der Justitia, so in Erscheinung gebracht wurde, dass sie als Charakteristikum allen Besuchern des Friedhofs erschien, und dass daher die jetzige Aufstellung nur dem entspricht, was seinerzeit gewesen ist.

Wie Sie aus der Akte weiter ersehen wollen, wird jetzt von Vertretern der Portugiesisch-Jüdischen Gemeinde, die hier, soweit bekannt ist, noch ca. 70 Mitglieder hat, der Standpunkt eingenommen, die jetzige Aufstellung widerspreche dem Religionsgesetz. Dieser Auffassung hat sich Herr Oberrabbiner Dr. Carlebach als Chacham der sephardischen Gemeinde in seinem Gutachten vom 15.8.1938 (vergl. act. 95 ff.) angeschlossen. Dem Vorstand der Gemeinde ist dieses Gutachten insofern nicht recht verständlich, als es sich nicht um eine ganzfigürliche Darstellung, sondern nur um ein Relief handelt, und weil, wie aus dem bekannten Buch: M. Grunwald «Portugiesengräber auf deutscher Erde» insbesondere S. 27, 31, 37, 43, 62, 65, 72, 75, 89, 131, zu ersehen ist, vor allem auch auf dem alten portugiesischen Friedhof in Altona an der Königstrasse überaus zahlreiche Relief-Darstellungen von Personen auf den Gräbern zu finden sind. Das Gutachten ist ferner nach Auffassung des Vorstandes des Jüdischen Religionsverbandes Hamburg irrig, weil nicht eine Schenkung des Friedhofteiles vorliegt, sondern ein entgeltlicher Vertrag (vergl. act. 20, 2. Absatz, act. 31 und 32).

Der Vorstand des Jüdischen Religionsverbandes Hamburg steht auf dem Standpunkt, dass er dem Ersuchen der Portugiesisch-Jüdischen Gemeinde auf Beseitigung der Figur oder auf eine Zudeckung der Figur nicht entsprechen kann. Er würde s. E. damit das Empfinden ausserordentlich vieler Personen sowohl in Hamburg wie im übrigen Deutschland schwer verletzen, und er würde s. E. auch einen Schritt tun, der schon früher, geschweige denn in der jetzigen Zeit, von der bei weitem grössten Zahl aller Juden Deutschlands nicht verstanden werden würde. Da Herr Oberrabbiner Carlebach aber in seinem Gutachten, das an und für sich für den Vorstand des Jüdischen Religionsverbandes nicht entscheidend ist - der Vorstand hat nach seinem eigenen Empfinden die Verwaltungsfrage zu entscheiden - anregt, evtl. die Vermittlung der Reichsvertetung anzurufen, erlaube ich mir, Ihnen anbei ergebenst die Akte zu übersenden mit der Bitte um Durchsicht und mit der Bitte um Mitteilung, ob Sie oder die Reichsvertretung evtl. bereit sind, auf Anruf eine Vermittlung zu übernehmen oder den Vorstand des Religionsverbandes Hamburg Ihre Auffassung wissen zu lassen, damit die weitere Ablehnung oder, falls Sie oder die Reichsvertretung zu einem anderen Ergebnis kommen, die evtl. dann zu ergreifenden Massnahmen auch von der Autorität der Reichsvertretung getragen werden. Sollten Sie eine mündliche Besprechung wünschen, so ist selbstverständlich der Vorstand des Jüdischen Religionsverbandes Hamburg bereit, Vertreter nach Berlin zu entsenden.

Ich benutze die Gelegenheit, um Ihnen sehr verehrter Herr Rabbiner, auch namens des Vorstandes des Jüdischen Religionsverbandes Hamburg die herzlichsten Wünsche zum Jahreswechsel auszusprechen.

Ihr Ihnen sehr ergebener
gez. Dr. Lippmann

(Leo Lippmann Dr.)

BIBLIOGRAPHIE

Albers, Jan
Bildwerke am Sievekingsplatz
in: Hamburgische Geschichts- und Heimatblätter 10, Oktober 1979: 146-163
Arnsberg, Gad (a)
Gabriel Riesser als deutsch-jüdischer Intellektueller und liberaler Ideologe
in: Menora 2, 1990: 81-104
Arnsberg, Gad (b)
Gabriel Riesser (hebr.)
Jerusalem 1990
Bruhns, Maike
Jüdische Künstler der Hamburgischen Sezession. «Ich kann mich in so einer Welt nie mehr zurecht finden». Begleitheft zur Ausstellung im Altonaer Museum
Hamburg 1989
Bruhns, Maike
Jüdische Künstler im Nationalsozialismus
in: Herzig, Arno (Hg.): Die Juden in Hamburg 1590 bis 1990: 345-360
Hamburg 1991
Duckesz, Eduard
Der Grindelfriedhof
in: Jahrbuch der Jüdischen Gemeinden Schleswig-Holsteins und der Hansestädte 9, 1937 / 1938: 61-75
Fischer, Manfred
Das Grabmal des Dr. Gabriel Riesser auf dem Jüdischen Friedhof in Ohlsdorf
in: Kultur für alle, 11, November, 1981: 29
Fischer, Manfred
Denkmal- und Baupflege am Beispiel des Riesser-Grabmals und des Neidlinger-Hauses
in: Zeitschrift für Hamburgische Geschichte 74-75, 1989: 319-341
Grunwald, Max
Portugiesengräber auf deutscher Erde
Hamburg 1902
Grunwald, Max
Hamburgs deutsche Juden bis zur Auflösung der Dreigemeinden 1811
Hamburg 1904
Heitmann, Andreas
Die Portugiesisch-Jüdische Gemeinde zu Hamburg 1871-1941
Staatsexamensarbeit Universität Hamburg
Hamburg 1988
Kändler, Eberhard
Die Restaurierung des Grabdenkmals Dr. Gabriel Riessers und seiner Kapitelle im Jahre 1905

in: Zeitschrift für Hamburgische Geschichte 77, 1991: 203-207
Leisner, Barbara et al.
Der Hamburger Hauptfriedhof Ohlsdorf. Geschichte und Grabmäler
Hamburg 1990, 2 Bde
[Lippmann, Leo]
Festschrift Leo Lippmann. Ein Beitrag zur Geschichte der Deutsch-Israelitischen Gemeinde in Hamburg in der Zeit von Herbst 1935 bis Mai 1941
Hamburg o. J. [Manuskript]
[Abdruck in: Leo Lippmann: «...dass ich wie ein guter Deutscher empfinde und handele».
Hamburg 1994]
Lorenz, Ina S.
Die Juden in Hamburg zur Zeit der Weimarer Republik. Eine Dokumentation
Hamburg 1987, 2 Bde
Lorenz, Ina S.
Zehn Jahre Kampf um das Hamburger System (1854-1873)
in: Freimark, Peter/Arno Herzig (Hg.): Die Hamburger Juden in der Emanzipationsphase (1780-1870): 41-82
Hamburg 1989
Lorenz, Ina S.
Die Gründung des «Jüdischen Religionsverbandes Hamburg (1937) und das Ende der jüdischen Gemeinden zu Altona, Wandsbek und Hamburg-Wilhelmsburg
in: Freimark, Peter et al. (Hg.): Juden in Deutschland. Emanzipation, Integration, Verfolgung und Vernichtung: 81-115
Hamburg 1991
Lorenz, Ina S.
«Da er Jude war und bleiben wollte ...» Isaac Wolffson - Jurist und Politiker in Hamburg
in: Stephan, Inge / Hans Gerd Winter (Hg.): Heil über dir, Hammonia: 447-470
Hamburg 1992
Rohde, Saskia
Albert Rosengarten (1809-1893). Die Anfänge des Synagogenbaus jüdischer Architekten in Deutschland
in: Menora 4, 1993: 228-258
Studemund-Halévy, Michael
Bibliographie zur Geschichte der Juden in Hamburg
München 1994
Wulff, Albert (Hg.)
Hamburgische Gesetze und Verordnungen. Systematisch geordnete Zusammenstellung mit Anmerkungen
Hamburg 1904, 4 Bde

Zimmermann. Mosche
Gabriel Riesser und Wilhelm Marr im Meinungsstreit. Die Judenfrage als Gegenstand der Auseinandersetzung zwischen Liberalen und Radikalen in Hamburg (1848-1862)
in: Zeitschrift für Hamburgische Geschichte 61, 1975: 59-84

GEDENKSCHRIFT

DER

PORTUGIESISCH-
JÜDISCHEN GEMEINDE
IN HAMBURG

5413-1652   *   5688-1927

ALFONSO CASSUTO

AMSTERDAM / MENNO HERTZBERGER / 1927

Sechzig Jahre danach[1]

Gespräch mit Álvaro Cassuto, Malveira da Serra[2]

- PK *Der Name Cassuto klingt sehr italienisch. Können Sie uns etwas über die Herkunft Ihrer Familie erzählen? Stimmt es, daß die Cassutos ursprünglich aus Italien kommen?*[3]
- AC Die Vorfahren meines Ururgroßvater Jehuda Cassuto stammen aus Italien, aus Livorno. Cassutos lebten aber auch schon im 15. Jahrhundert in Portugal.[4] Ein Isaac Cassuto war *tintureiro*, Färber, in Lissabon. Von diesem wissen wir, daß er

---

[1] Das Interview führte Peter Koj am 25. September 1992 in Malveira da Serra bei Lissabon. Die Anmerkungen stammen von Michael Studemund-Halévy.

[2] Dr. Álvaro Cassuto wurde 1938 in Porto geboren. Er studierte Jura und Musik an der Universität Lissabon. Ausbildung zum Dirigenten unter Freitas Branco und Herbert von Karajan. Von 1965 bis 1968 *maestro adjunto* des Orquestra Gulbenkian in Lissabon, 1970 stellvertretender Direktor des Sinfonieorchesters der RDP in Lissabon, seit 1975 Chefdirigent. In New York Assistent von Leopold Stokowsky beim American Symphony Orchestra. 1969 Koussevitzky-Preisträger für Nachwuchsdirigenten. Von 1974 bis 1979 Leiter des Symphonieorchesters der Universität von Californien, 1979 bis 1985 Chefdirigent der Rhode Island Philarmonic, 1987 bis 1987 Chefdirigent des National Orchestra of New York. Seit 1988 künstlerischer Leiter der Nova Filarmonia Portuguesa in Lissabon. Und seit dem 1. Januar 1993 Chefdirigent des neugegründeten Orquestra Sinfónica Portuguesa.

[3] Über seine Familie schreibt sein Vater Alfonso Cassuto in seiner unvollendeten Dissertation: *«Soweit mir bekannt ist, stammt meine Familie aus Italien, wie auch schon der Name andeutet, der aber nur die italienische Form eines anderen darstellt (Capsut). Der Amsterdamer Zweig ist zurückzuverfolgen bis zu einem gewissen Moses Hm Cassuto alias Moses de Vita, der gegen 1740 in jener Stadt lebte und dort auch gestorben ist. Dieser erscheint 1743 mit Diener, und sein Bruder Joseph 1726 und 1728 mit Diener auf der Leipziger Messe .. Mein Ururgroßvater David Hisquiau de Rocamora wurde in Amsterdam geboren, wo er sich auch verheiratet hat mit Ribca Mirjam de Ricardo. Er ist ein direkter Nachkomme des in Amsterdam verstorbenen Dr. Vicente alias Israel de Rocamora (gest. am 24 Nisan 5444 / 1684) Beichtvater der Kaiserin Marie von Österreich, ehemaligen Infantin von Spanien, und seiner Gattin Sara Toro (gest. am 2. Hesvan 5434 / 1674 in Amsterdam)*. Siehe ferner die ausgezeichnete Monographie von Maria José Pimenta Ferro Tavares: *Os judeus em Portugal no seculo XV*. Lissabon 1982-1984, 2 Bde. Weitere portugiesische Cassutos sind: Abraão Cassuto [Abraam Cacuto], *ferreiro*, aus Alcabideche [1442]. Ribi Daniel Capsuto (Cafsuto) aus Safed tauchte 1724 in Curação und 1728 in Bordeaux auf, um für das Heilige Land Geld zu sammeln; apud Isaac und Suzanne A. Emmanuel: «History of the Jews of the Netherlands Antilles», Cincinatti 1970, Bd. 1: 155; Gérard Nahon: «Les émissaires de la Terre Sainte», in: Métropoles et Périphéries sefarades d'Occident, Paris 1993: 375

[4] Vgl. Tavares 1982, Bd. 1: 85, 88

1482 um die Erlaubnis bat, eine Tür in Häusern, die er 40 Jahre früher gekauft hatte, öffnen zu dürfen. Ein anderer Cassuto, der ebenfalls Isaac hieß, wohnte in Alcabideche und war ein *ferreiro*, ein Schmied. Ob diese Cassutos wirklich portugiesischer Herkunft waren oder aus Italien eingewandert sind, weiß ich nicht. Mein Vater erzählte uns Kindern übrigens immer, daß sich der Name Cassuto vom arabischen *kafsut* herleitet.[5]

- PK *Uns interessiert natürlich vor allem die Geschichte der Cassutos, die mit Jehuda Cassuto in Hamburg beginnt.*

- AC Mein Ururgroßvater Jehuda wurde 1808 in Amsterdam geboren. Mein Urgroßvater Isaac 1848, mein Großvater Jehuda Leon 1878. Mein Vater Alfonso hätte also eigentlich 1908 geboren werden müssen, doch er verspätete sich um zwei Jahre. Ich selbst kam 1938 in Porto zur Welt. Jehuda Cassuto kam als 18- oder 20jähriger nach Hamburg, um die Stelle eines *Hazzan*, eines Kantors, bei der Portugiesisch-Jüdischen Gemeinde anzutreten.

- PK *Diese Stelle muß er wohl gleich nach seiner Ankunft angetreten haben, denn die Gemeinde schenkte ihm 1867 für seine 40jährigen Dienste das bei der Hamburger Ausstellung «400 Jahre Juden in Hamburg» gezeigte Schreibgerät, das, soviel ich weiß, immer der älteste männliche Nachkomme erbte.*[6]

- AC Das ist richtig. Jehuda trat seinen Dienst mit neunzehn Jahren an. Mein Ururgroßvater kam als junger und unverheirateter Mann nach Hamburg, um in einer Gemeinde zu dienen, die im Vergleich zu der von Amsterdam sehr, sehr klein war.[7] In Hamburg lebten zu dieser Zeit auch Mitglieder der bekannten se-

---

[5] Die Familie Cassuto, die nach einer Familientradition Spanien 1492 verlassen haben soll, hieß ursprünglich Capsut oder Capsuto. Der erste nachgewiesene Capsuto war ein Joseph ben Mosheh Capsut / Capsuto, der Ende des 15. Jahrhunderts in Spanien lebte. Nach der Vertreibung ließen sich Mitglieder der Familie auf Malta, in Tunesien (Casablanca, Monastir), Ägypten, Palästina (Jerusalem, Safed), Italien (Florenz), Holland (Amsterdam), Argentinien (Buenos Aires) nieder. Der erste in Amsterdam nachgewiesene Cassuto ist Ephraim Cassuto (geb. 1719) aus London, der 1738 in Amsterdam Gracia Cohen (geb. 1720) heiratete (Trouwen in Mokum / Jewish Marriage in Amsterdam, 1958-1811; Bd. 1: 118; Amsterdam 1986). Weitere Amsterdamer Cassutos: Ephraim Cassuto (geb. 1784), heiratete 1819 Caatje Quiros; Juda Cassuto (geb. 1742), heiratete 1777 Marianne Delmonte. Insgesamt verzeichnen die Amsterdamer Heiratsregister zwischen 1650 und 1911 achtundzwanzig männliche und weibliche Mitglieder der Familie Cassuto (vgl. Handleiding bij de index op de Ketuboth van de Portuguees-Israelitische Gemeente te Amsterdam van 1650 - 1911. Amsterdam o.J.). Zur Familie Cassuto siehe vor allem Abraham Laredo: «Les noms des juifs du Maroc», Madrid 1979: 1042-1043; M. R. Gaon: «Yehude ha-Mizrah be-Erez Yisrael», Jerusalem 5698 / 1938; Bd. 2: 598; Maria José Abecassis: «Genealogia Hebraica», Lissabon 1991. Bd. 4: 217-218, 278; Michael Studemund-Halévy und Peter Koj : «Zakhor», in: Tranvia 29, 1993: 35-40; M. Pearlman: «Your Name : Cassuto», in: Jewish Post and Opinion vom 21. August 1953; siehe auch den Beitrag von Margreet Mirande de Boer.

[6] Jehuda Leon Cassuto, der Großvater von Álvaro, beschreibt in seiner ungedruckten Autobiographie die Erbschaftsstreitigkeiten.

[7] Zu Anfang des 19. Jahrhunderts zählte die Hamburger Gemeinde ungefähr 45 steuerpflichtige Mitglieder (*contribuentes*), d. h. sie bestand aus ca. 250 Personen.

fardischen Familie der Rocamora[8], in die er zwei Jahre später einheiratete.[9] Die Rocamoras kamen ursprünglich aus Spanien. Von diesen weiß ich nur, daß ein direkter Vorfahre meiner Ururgroßmutter Vicente de Rocamora[10] hieß, der aber kein Jude war, sondern ein Dominikanermönch. Weil dieser seine Kusine, eine Nonne, geheiratet hatte, mußte er aus Spanien fliehen. In Amsterdam hat er dann als Jude gelebt, denn es war zu der Zeit einfacher, als Jude in Holland zu leben denn als Katholik ...[11]
- PK ... *und dazu noch als spanischer Katholik ...*
- AC Ja, natürlich! Er war, soviel ich weiß, auch Arzt. Jehuda und Isaac Cassuto waren die letzten rein sefardischen Juden. Später heirateten die Cassutos immer in ashkenasische Familien ein.[12] Mein Urgroßvater Isaac Cassuto, der in Hamburg

---

[8] Auf dem Portugiesenfriedhof an der Königstraße sind fünfzehn Mitglieder dieser Familie beerdigt. Das erste dort bestattete Mitglied war Abigail de Rocamora, die am 24. Nisan 5507 / 1747 starb; das letzte Sara de Rocamora, die am 1. Mai 5622 / 1868 bestattet wurde; apud Cassuto 1927-33: 68

[9] Jehuda Cassuto unterzeichnete am 10. Oktober 1827 seinen Vertrag als Hazzan und Ribi der Hamburger Gemeinde (Protokollbuch, Bd. 3); er heiratete am 30. Tebet 5591/1831 in erster Ehe Rahel de Rocamora, die wenig später am 20. Adar Sheni 5592/1832 im Kindbett [?] starb. Ihr Sohn Mordechai starb am 24. Adar Rishon 5592/1832. In zweiter Ehe heiratete Jehuda Cassuto seine Schwägerin Sara und in dritter Ehe Lea de Rocamora, mit der er neun Kinder hatte. Jehuda und Lea Cassuto wurden auf dem Grindelfriedhof beerdigt. Nach der Auflassung des Friedhofes wurden die Gräber auf den Portugiesenfriedhof an der Ilandkoppel in Hamburg-Ohlsdorf umgebettet.

[10] Dieser legendäre Vicente de Rocamora alias Isaac de Rocamora (1609-1683), der in keiner Beschreibung der jüdischen Gemeinde Amsterdams fehlt und über dessen abenteuerliches Leben es mehrere, sich widersprechende Versionen gibt, tauchte 1643 in Amsterdam auf, wo er sich beschneiden ließ. Ob er ein Neuchrist war, ein Marrane, wie Cecil Roth behauptet, oder ein Altchrist aus Valencia, wie Herman Prins Salomon vermutet, ist ungewiß. (Isaac de Rocamora stellte sogar den Antrag, in die Reformierte Kirche aufgenommen zu werden) - In Amsterdam wurde er ein geachteter Arzt, dem es sogar gelang, als einer von drei Juden ins Collegium Medicum aufgenommen zu werden. Dies allerdings nur, weil auf Bitten von Menasseh ben Israel sich der Gelehrte Gerardus Johannes Vossius bei Johannes Antonides van der Linden für ihn verwendete. Isaac de Rocamora war ein begabter Dichter, der lateinische und spanische Verse schrieb, von denen sich aber keine erhalten haben, und er wirkte auch als Preisrichter in der Amsterdamer *Academia de los Sitibundos*. Er starb am 15. April 1684 in Amsterdam und wurden auf dem Portugiesenfriedhof von Ouderkerk begraben. (Vgl. Jacob S. da Silva Rosa: «Geschiedenis der Portugeesche Joden te Amsterdam, 1593-1925», Amsterdam 1925: 65-66) Über diese schillernde Persönlichkeit heißt es in den «Memorias do Estabelecimento & Progresso dos Judeos Portuguezes & Espanhoes» (Amsterdam 5529 / 1769): *« No A[nn]0 5403, 1643 veyo de valença e se fez Circuncisdar nesta o Nobre e famoso D[outo]r em Medicina, Is[hac] de Rocamora; foi estim[a]do da Infanta d[o]na Maria d'Austria, filha de Phelipe 3ro de Espanha, q[ue] depois foi Consorte de Fernando 3 Rey de Hongaria e Bohemia; d[it]o D[outo]r desestimou as honras e grandeza da Corte p[ar]a vir Judaizar nesta Livrem[en]te. Cazou com D[o]na Abigail filha de mos[eh] touro e Com sara de Eliau Touro».*; apud L. Fuks (Hg.): «Memorias do Estabelecimento e progresso dos judeos portugueses e espanhoes nesta famosa cidade de Amsterdam». Assen / Amsterdam 1975

[11] Einer seiner Nachkommen war ein gewisser David Hisquiel de Rocamora, der am 12. Tebet 5585 / 1825 in Hamburg starb.

[12] Seit Mitte des 19. Jahrhunderts waren Ehen zwischen portugiesischen und hochdeutschen Hamburger Juden die Regel, auch wenn die auf ihre iberische Herkunft so stolzen Portugiesen diese oft als eine Mésalliance empfanden. Willy Prins schreibt in seinem Roman «Die Himmelsleiter» über die Hamburger Familie Sealtiel, mit der die Cassutos gut bekannt waren: *«Zwar konnte*

1848 geboren wurde, heiratete eine deutsche Jüdin, genauso wie mein Großvater Jehuda Leon und mein Vater Alfonso. Der Vater meiner Großmutter hieß Cohen, seine Frau war eine geborene Simon. Meine Großeltern mütterlicherseits hießen Hammer und kamen ursprünglich aus Polen. Meine Großmutter mütterlicherseits war eine geborene Kasten. Meine Eltern kannten sich aus Hamburg und haben 1935 in Porto geheiratet.

- PK *Sie sind in Portugal ein anerkannter Dirigent und Komponist. Jehuda Cassuto war nicht nur wegen seines schönen Baritons ein hochgeschätzter Hazzan, wie wir heute aus vielen Quellen wissen,[13] sondern auch Ihr Großvater Jehuda Leon, der ein begeisterter Violonist war. Ihr Vater nahm Klavierunterricht. Im Hauptberuf aber waren ihre Hamburger Vorfahren alle Dolmetscher, Sprachlehrer und an philologischen Dingen stark interessiert. Sie sind also ein bißchen aus der Art geschlagen ...*

- AC Ja, ich bin wirklich aus der Art geschlagen. Das von Jehuda Cassuto begründete Übersetzerbüro sollte immer ein männliches Mitglied unserer Familie fortführen, so wollte es die Familientradition. Auch mein Vater sollte einmal das Büro meines Großvaters erben. Und, wer weiß, wenn wir in Hamburg geblieben wären, hätte er es auch wirklich weitergeführt. Mein Großvater hatte schon als Kind Violine studiert und spielte später in einem bekannten Hamburger Amateurorchester, nur als begeisterter Amateur, beruflich war er ja vereidigter Übersetzer.[14] Auch meine Großmutter spielte Klavier. In unserem Haus in Lissabon stand sogar das Klavier, das wir aus Hamburg mitgebracht hatten.

- PK *Besitzen Sie dieses Klavier noch immer?*

- AC Nein, nicht mehr.

- PK *Also Liebe zur Musik, eine musikalische Ader, eine musikalische Betätigung gab es bei Ihnen in der Familie schon ...*

- AC Es gab eine musikalische Tätigkeit im Sinne des deutschen bürgerlichen ...

- PK *Bildungsbürgertums ...*

- AC Ja, genau!

- PK *Spielt aufgrund dieser Dolmetscher- und Übersetzertätigkeit Ihrer Vorfahren die portugiesische Sprache in der Familie Cassuto eine große Rolle?*

---

er [Benjamin Sealtiel] *seine portugiesische Abstammung bis auf 1703 zurückführen, und Cromwells Ansiedlung sefardischer, also iberischer Juden in England sowie die Zugehörigkeit zweier vorväterlicher Generationen zur aristokratischen Amsterdamer Portugiesengemeinde spielten äußerst dekorativ in das Geäste seines Stammbaumes hinein. Aber eine seiner weiblichen Vorfahren und seine Frau waren aschkenasisch, somit deutschstämmig. Diese für ihn bedauerliche Tatsache hat er zeitlebens ausgleichen wollen, indem er das Festhalten an den unwichtigsten Einzelheiten der portugiesischen Gebräuche und eine rigorose religiöse Observanz bis ins Närrische übertrieb»* (Hamburg 1977: 39)

[13] Siehe die Beiträge von Edwin Seroussi und [M.]

[14] In seiner Autobiographie schildert Jehuda Leon Cassuto ausführlich seine musikalischen Versuche und die seines Sohnes Alfonso.

- AC Ja. Mein Großvater war vereidigter Dolmetscher für Portugiesisch, Spanisch, Französisch, Italienisch, Englisch und Russisch. Russisch hat er aber erst später gelernt.
- PK *Es heißt, daß bei Ihnen zu Hause noch Portugiesisch gesprochen wurde.*
- AC Nein. Portugiesisch wurde bei uns überhaupt nicht gesprochen.[15] Es wurden verschiedene Ausdrücke benutzt bei, sagen wir, religiösen und wichtigen Anlässen. Man wünschte sich «*Boas festas*» oder «*Boas entradas*», zu Hause oder in der Synagoge. Man wünschte sich gegenseitig «Gutes Neues Jahr» auf Portugiesisch zum jüdischen Neujahrsfest. Mehr aber nicht. Mein Urgroßvater Isaac Cassuto wurde übrigens 1899 von dem bekannten portugiesischen Philologen und Ethnologen Leite de Vasconcelos über die Sprachverhältnisse der Hamburger Portugiesen interviewt. Dieses Interview bzw. die Interpretation dieses Interviews wurde später in dem Buch «Esquisse de la Dialectologie portugaise» veröffentlicht. Leite de Vasconcelos schreibt übrigens in diesem Buch, daß Isaac Cassuto portugiesische Ausdrücke mit deutschen Akzent benutzte.
- PK *Man kann aber doch sagen, daß die portugiesische Sprache und die portugiesische Kultur in Ihrer Familie eine sehr große Rolle gespielt hat. Isaac Cassuto übersetzte große Teile aus dem ersten Protokollbuch. Ihr Vater Alfonso wurde dann später ein anerkannter Sammler Hamburger Sefardica und Judaica und einer der besten Kenner von Geschichte und Kultur der Hamburger Portugiesen. Ihre Familie verließ Hamburg schon im Frühjahr 1933. Können Sie uns sagen, warum sie Portugal als Emigrationsland wählte?*
- AC Mein Vater hat in Hamburg an der Universität moderne Sprachen studiert, darunter auch Portugiesisch. Meine Familie und besonders mein Vater waren mit dem damaligen Portugiesisch-Lektor an der Hamburger Universität, Manuel de Paiva Boleo[16] befreundet. Durch ihn kam mein Vater in Kontakt mit dem Hauptmann Artur Carlos de Barros Basto (1880-1953),[17] der die Marranen in Portugal

---

[15] Zur Sprachkompetenz der Hamburger Portugiesen siehe Michael Studemund-Halévy: «Sprachverhalten und Assimilation der portugiesischen Juden in Hamburg», in: Arno Herzig (Hg.): Die Juden in Hamburg 1590-1991, Hamburg 1990: 283-298; Michael Studemund-Halévy: «The Decline of Spanish, Portuguese and Ladino among Hamburg Sephardi Jews», (unveröffentlichter Vortrag auf dem 4. Kongreß Misgav Yerushalayim, Jerusalem 1992); Michael Studemund-Halévy: «Hambourg - Ville Séfarade ?», in: Mémoires Juives [in Druck]

[16] Manuel de Paiva Boleo stammte aus Idanha-a-Nova. Wie Jehuda Leon Cassuto in seinen Erinnerungen berichtet, interessierte er sich für alles Jüdische, ohne dies aber öffentlich zu zeigen. Später wurde Paiva Boleo Professor für Romanistik an der Universität Coimbra und einer der führenden Romanisten Portugals. Er scheint später keinen Kontakt zur Familie Cassuto gehabt zu haben.

[17] Zur Personen des Hauptmann Barros Basto siehe die Dissertation von Peter Cohen: «De bevrijding der marranen - Tragische komedie of komische tragedie? De geschiedenis van een joodse missiebewegung». Amsterdam 1988; Peter Cohen: «De geschiedenis van het 'Nederlandsch Marranen Comité', 1930-1938», in: Studia Rosenthaliana 25, 1, 1991: 15-30; Herman Prins Salomon: «The Captain, the Abade and 20th Century 'Marranism in Portugal», in: Arquivos do Centro Cultural Português 10, 1976: 631-642; «Marranos in Portugal. Survey by the Portuguese Marranos Committee London», London 5698 / 1938.

missionierte, sie sozusagen wieder zum Judentum bekehren wollte. Dafür bekam er Geld von verschiedenen jüdischen Institutionen in England und Holland. Von dem Geld ließ er in Porto eine Synagoge bauen und eine jüdische Lehranstalt.[18] Die Marranen, die vor allem in den nördlichen Provinzen Portugals lebten, offiziell als Katholiken, hatten jahrhundertelang ihre jüdischen Traditionen beibehalten. Um diese Marranen ins Judentum zurückzuführen, suchte Barros Basto Menschen in Hamburg und Amsterdam, die ihm dabei helfen konnten. Also wurde mein Vater eingeladen, nach Porto zu kommen, um an der neugegründeten Yeshiva Rosh Pinna Hebräisch zu unterrichten. Er war damals gerade 22 Jahre alt. Am 1. April 1933, als mein Großvater befürchten mußte, seinen Beruf nicht länger ausüben zu können, sind meine Großeltern erst nach Amsterdam gegangen, wo sie viele Bekannte und Verwandte hatten. Im September 1933, sind sie dann endgültig nach Portugal ausgewandert, und zwar nach Porto.[19] Die erste Zeit muß für meine Familie sehr schwer gewesen sein. Mein Großvater und mein Vater kannten die portugiesische Mentalität nicht, waren vorher nie in Portugal gewesen. Für jemanden, der aus Hamburg kam und dort in relativ sicheren finanziellen Verhältnissen gelebt hatte, war der Wechsel schon recht schwierig. In Hamburg besaßen meine Großeltern in der Klosterallee und anderen guten Straßen einige fünf- bis sechsstöckige Häuser. Nicht, daß sie in Ostentation gelebt haben, aber ihnen ging es wirklich nicht schlecht in Hamburg ...

- PK *Konnte Ihr Großvater seine Häuser verkaufen und das Geld mit nach Portugal nehmen?*
- AC Ja, meinem Großvater gelang es 1933 noch rechtzeitig, verschiedene Häuser zu verkaufen.
- PK *Auch zu einem vernünftigen Preis?*
- AC Zu einem vernünftigen Preis, ja, der natürlich den Verhältnissen entsprechend nicht allzu hoch war. Von dem Geld hat er dann in Porto acht Häuser gebaut. Was die portugiesische Mentalität anbetrifft - es war nicht einfach, sich als Hamburger zurechtzufinden. Eine Dame zum Beispiel konnte nicht allein auf der Straße gehen, sie konnte sich auch nicht in ein Café setzen und einen Kaffee trinken. Solche Situationen waren für jemanden, der aus Hamburg kam, ganz prähistorisch. Aber damals war Portugal noch ganz, ganz abgeschlossen. Das änderte sich eigentlich erst mit dem Krieg, als viele Ausländer nach Portugal flüchteten. Und natürlich besonders nach dem Krieg.
- PK *Es kamen damals aber auch viele Nazi-Deutsche nach Portugal.*

---

[18] Jehuda Leon Cassuto gibt in dem zweiten Teil seiner Autobiographie (Auswanderung) eine sarkastische Beschreibung dieser Yeshiva, ihrer Schüler und ihres Gründers.

[19] Im Sommer 1933 fahren Jehuda Leon und seine Frau Rosy für einige Wochen nach Hamburg zurück, um ihre Häuser zu verkaufen. Besonders ihr Sohn Alfonso, der in Porto zurückgeblieben war, ermahnte sie eindringlich, auf jeden Fall nach Portugal zurückzukommen und sich nicht durch eine vielleicht entspanntere Lage in Hamburg beeindrucken zu lassen.

- AC Richtig. Aber das machte gerade in den Augen der Portugiesen keinen großen Unterschied. Ich erinnere mich noch genau, es war 1943 oder 1944, daß sich an der Avenida de Liberdade in Lissabon deutsche Damen zum Kaffeeklatsch in einem Café niedergesetzt hatte. Das was absolut unakzeptabel und schockierend, egal, ob sie Jüdinnen oder Nichtjüdinnen waren.
- PK *Stellten die Nazideutschen für Ihren Vater ein Problem dar?*
- AC Ja, natürlich. Als mein Vater - meine Mutter starb schon 1942 - nach dem Skandal und dem Zerwürfnis mit Barros Basto, der Schwierigkeiten mit den portugiesischen Behörden hatte, aus Gründen, die in diesem Zusammenhang nicht interessant sind, wollte mein Vater aus Porto weg und nach Lissabon.[20] Die Häuser, die mein Großvater gebaut hatte, wollte er natürlich unbedingt vorher verkaufen. Als mein Vater die Häuser zum Kauf anbot, sagte ihm ein Käufer, und daran kann ich mich noch gut erinnern: «Ach, eigentlich sind wir sind nicht so besonders interessiert, denn wenn die Deutschen kommen, ist das sowieso deutsches Eigentum, also Staatseigentum.» Viele Portugiesen waren während des Krieges überzeugt, daß das Eigentum von Juden in Portugal von Deutschen einfach übernommen wird. Schließlich hat mein Vater doch die acht Häuser verkauft, wieder zu einem verhältnismäßig geringen Preis. Das war 1943, keine sehr gute Zeit, um Häuser zu verkaufen.
- PK *Warum hat Ihr Vater nicht noch etwas gewartet?*
- AC Mein Vater wollte unbedingt weg. Er wollte sein Kapital flüssigmachen, nicht in Geld, aber in Goldbarren, um jederzeit die Möglichkeit zu haben, das Land verlassen zu können. 1943 wußte man ja nicht, welche Länder noch in diesen Krieg gezogen würden und ob Portugal neutral bleiben würde. Die Nazis waren ja schon an der französisch-spanischen Grenze. Mein Vater hat also die Häuser verkauft, weil ihm Bargeld bzw. Goldbarren bedeutend lieber waren als Immobilien.
- PK *Hat Ihr Vater nach dem Krieg daran gedacht, nach Deutschland zurückzukehren, oder lag ihm dieser Gedanke völlig fern?*
- AC Doch, doch. Mein Vater hat niemals die deutsche Staatsangehörigkeit aufgegeben. Ich selber übrigens bin immer noch Deutscher. Ein Sohn von deutschen Eltern gilt in Portugal als jemand, der im Ausland geboren ist. Sehen Sie, man muß zwei Dinge auseinanderhalten. Mein Vater fühlte sich in Portugal immer als Deutscher, und es hat ihn sehr mitgenommen, daß er nicht nach Deutschland zurückkehren konnte. In Hamburg waren sein Vater geboren, sein Großvater und sein Urgroßvater. In Hamburg hat er seine Jugend verbracht. Seine ganze Erziehung, seine Mentalität war deutsch. Er fühlte sich immer als Deutscher, eigentlich blieb er bis zu seinem Tod ein Hamburger. Die portugiesische Mentalität, der Mangel an Disziplin - das war nicht sein Fall.

---

[20] Siehe Elaine und Robert Rosenthal: «The Portugueze Dreyfus», in: Midstream 33, 2, 1987: 44-48

- PK *Kann man sagen, daß er sich in Portugal fremd gefühlt hat? Oder ist er irgendwann doch heimisch geworden?*
- AC Mein Großvater, daran erinnere ich mich noch sehr gut, konnte sich in Portugal einfach nicht zurechtfinden. Mein Vater aber hat sich dann doch noch angepaßt, sich irgendwie arrangiert. Verhältnismäßig früh, ungefähr 1950, stand es für ihn fest, n Portugal zu bleiben. Bis zu seinem Tod im Jahre 1990 hat er in Portugal gelebt, er hatte also viel mehr Zeit als mein Großvater, sich in Portugal heimisch zu fühlen. Mein Großvater dachte immer, vielleicht noch einmal nach Hamburg zurückkehren zu können. Viele deutsche Emigranten sind aber in Portugal geblieben.[21] Raphael, der Bruder meines Großvaters, hat immer gesagt, er würde aus Hamburg nicht weggehen. Er hatte im Ersten Weltkrieg ein Bein verloren, und er war Träger des Eisernen Kreuzes. Was könnte ihm da schon passieren. Mein Großvater war nicht so optimistisch. Trotzdem war er überzeugt, daß dieser Spuk einmal vorbei sein würde. Dann würde er wieder nach Hamburg zurückkehren.
- PK *Wann haben Sie von dem tragischen Schicksal Ihres Großonkels Raphael erfahren und von den vielen Familienangehörigen, die Opfer der Shoa wurden?*
- AC Nach dem Krieg hat mein Vater versucht, mit Hilfe eines ehemaligen Hamburger Portugiesen, der Anwalt war und rechtzeitig auswandern konnte, Einzelheiten zu erfahren. Dieser Anwalt, er hieß Pardo,[22] hat sich darum gekümmert. Auch um die Wiedergutmachung. Wir haben erst nach dem Krieg erfahren, daß die Juden in den Vernichtungslagern umgebracht wurden. Wir sind dann zum ersten Mal 1953 mit dem Auto nach Hamburg gefahren, mein Großvater, der kurze Zeit später verstarb, meine Großmutter, mein Vater, meine Schwester und ich.[23]
- PK *Das war sicher ein Abenteuer!*
- AC Ja (Gelächter). Wir sind 1955 und dann noch einmal 1957 nach Hamburg gefahren. Mein Vater hatte auch mit dem Gedanken gespielt, nach Argentinien auszuwandern, oder nach Amerika. Doch im Grunde hatte er keine Wahl. Er mußte in Portugal bleiben, in erster Linie wegen der Häuser, die mein Großvater in Porto besaß, und dann, weil es natürlich nicht einfach gewesen wäre, mit zwei Kindern, meiner Schwester und mir, sich anderswo eine neue Existenz aufzubauen. Schließlich - irgendwie hatte er sich ja doch eingelebt. Manchmal muß er auch daran gedacht haben, nach Hamburg zurückzugehen. Was ihn letztlich davon ab-

---

[21] Über das Exil-Land Portugal vergleiche die ausgezeichnete Studie von Patrick von zur Mühlen: «Fluchtweg Spanien-Portugal. Die deutsche Emigration und der Exodus aus Europa 1933-1945», Bonn 1992

[22] Herbert Pardo, dessen Familie zusammen mit den Sealtiels und den Cassutos die Geschicke der Portugiesisch-Jüdischen Gemeinde leitete, emigrierte 1933 nach Haifa. Nach dem Krieg kehrte Pardo nach Hamburg zurück, wo er vor allem als Anwalt in Wiedergutmachungsfragen auftrat.

[23] Das *Hamburger Abendblatt* berichtet am 10. Oktober 1953 vom Tod Jehuda Leon Cassutos. Dabei wurde fälschlich behauptet, daß Jehuda Leon letzter Vorsteher der Portugiesisch-Jüdischen Gemeinde war und in Hamburg begraben würde.

gebracht hat, war wohl unser erster Besuch nach dem Krieg. 1953 war Hamburg noch nicht wiederaufgebaut. Ich weiß noch, wie mein Vater beim Anblick seiner zerstörten Heimatstadt sagte: «Hierher zurückgehen, das kann ich nicht. Alle meine Erinnerungen sind zerstört.»

- PK *Wissen Sie eigentlich, wo Ihre Großeltern gewohnt haben?*
- AC Natürlich. In der Klosterallee.
- PK *Stand das Haus 1953 noch?*
- AC Nein. Vielleicht wollte mein Vater deshalb nicht mehr nach Hamburg zurück. Denn ihm war natürlich bewußt, daß er in ein anderes Hamburg zurückgehen würde, als er 1933 verlassen hatte.
- PK *Könnte das Fehlen einer jüdischen Gemeinde in Hamburg nach dem Krieg und besonders die Zerstörung der Portugiesischen Gemeinde auch eine Rolle gespielt haben ? War Ihr Vater eigentlich strenggläubig? Kann man ihn und Ihren Großvater als einen orthodoxen Juden bezeichnen?*
- AC Mein Vater war überhaupt nicht religiös. Und er sagte, daß seinem Vater der Glauben im Zweiten Weltkrieg abhanden gekommen sei. Denn wenn es einen Gott gäbe, könnte das, was passiert ist, nicht geschehen. Nach dem Krieg, als wir von der Ermordung der Juden erfahren haben, war für immer etwas zerbrochen. Mein Vater befolgte zwar noch religiöse Vorschriften, aß kein Schweinefleisch, aber nur, weil er es nicht anders kannte. Das hatte nichts mit Religiosität zu tun. Ich weiß auch nicht, wieweit er überhaupt gläubig war. Sehen Sie, die Idee, einer jüdischen Gemeinde anzugehören, ist mehr eine Sache der Identität und der Tradition als der persönlicher Religiosität. Denn nicht der Glaube war für die Portugiesen das besondere, sondern die Tatsache, einer bestimmten Gruppe anzugehören. Alle seine Bekannten und Freunde gehörten dieser Portugiesisch-Jüdischen Gemeinde an. Da gab es viele Verwandte, Cousins und Cousinen. Die haben alle zusammengehalten, genauso wie die Aristokratie zusammenhält. Die portugiesischen Juden in Hamburg kannten sich doch alle, viele waren miteinander verwandt. Sie hatten ihre eigene Synagoge, wo sie sich jeden Samstag und an den hohen Feiertagen trafen. Sie pflegten ihre Traditionen, und sie waren stolz, dieser Gruppe anzugehören. Wenn Sie wollen, es war so eine Art *Clubismo*, weniger eine Religionsgemeinschaft.
- PK *Und in Lissabon fiel das dann alles weg?*
- AC Ja, vollkommen.
- PK *Hat sich Ihr Vater hier denn überhaupt einer jüdischen Gemeinde angeschlossen?*
- AC Nein, er hat es versucht, aber er empfand sich in der Gemeinde immer als Außenseiter. Die portugiesischen Juden waren damals wie heute vor allem sefardische Juden aus Nordafrika und Gibraltar. Die Abecassis, Amzalak, die Bensaúde und so weiter kommen alle aus dem nordafrikanischen Judentum. Die Mentalität der portugiesischen Juden arabischer Herkunft verträgt sich wie Essig und Öl mit der eines Portugiesen aus Hamburg oder Amsterdam. Ein Zusammenleben

mit diesen Sefardim mußte für ihn ein Clash, ein schlimmer Schock sein, besonders dann, wenn der Glaube fehlte. Die beiden Gruppen hatten sich überhaupt nichts zu sage. Nur das das Wort *Shalom* bedeutete beiden Gruppen dasselbe - das war aber auch schon alles.

- PK *Mag das der Grund gewesen sein, warum Ihr Vater in Portugal seinen wissenschaftlichen Interessen nicht mehr nachging? In Hamburg hatte er sich schon als Schüler und später als Student - mit siebzehn Jahren verfaßte er die Festschrift zum 275jährigen Bestehen der Portugiesisch-Jüdischen Gemeinde und als Student der Universität Hamburg arbeitete er an seiner Dissertation über den Friedhof an der Königstraße - mit der Kultur und der Geschichte der Portugiesen befaßt. In Portugal publizierte er kaum noch größere Arbeiten*[24]

- AC Für meinen Vater war es natürlich viel interessanter, über die portugiesischen Juden in Hamburg zu schreiben, die er kannte, zu denen er gehörte und mit deren Tradition er sich identifizierte, als über das Judentum im allgemeinen oder über die Juden in Portugal. Mit denen hatte er nichts gemein und wollte er auch nichts zu tun haben. Er fühlte sich immer als ein deutscher Bürger und Mitglied der Portugiesisch-Jüdischen Gemeinde in Hamburg.

- PK *Seine unschätzbare Sammlung seltener Hamburger Sefardica und Judaica hat er aber stetig vervollständigt?*

- AC Ja, die Leidenschaft für diese Bücher hat er von seinem Großvater Isaac geerbt. Ein großer Teil der Bücher der Bibliothek, die mein Vater dann 1974 an die Bibliotheca Rosenthaliana in Amsterdam verkaufte, stammte von meinem Urgroßvater, der die Sammlung von seinem Vater geerbt hatte. Mein Vater hat als 12- und 13jähriger viel Zeit bei seinem Großvater verbracht. Als mein Urgroßvater 1923 starb, bekam er sie von seinem Vater geschenkt. Das war der Grundstock der Bibliothek meines Vaters, die er dann in Hamburg und in Portugal stetig ausbaute. In Portugal kaufte er alles, was mit sefardischen Juden zu tun hat, auf - Inquisitionspredigten und vor allem Bücher von sefardischen Autoren, die in Amsterdam oder Hamburg oder in Portugal von Neuchristen gedruckt wurden. Damals konnte man in Portugal noch Funde machen. Oft sagten ihm die Leute hier: «Es ist für uns einfacher, wenn Sie alle Bücher mitnehmen, als wenn Sie sich einzelne Titel aussuchen.» Mein Vater kaufte daher viele Bücher, die ihn nicht interessierten, und ließ sie dann durch Buchhändler verkaufen. Schließlich hat er gemerkt, daß diese Buchhändler sehr gut verdienten. Da hat er sich wohl gesagt, «das kann ich auch». So entstand wohl die Idee, ein Antiquariat zu eröffnen. Nach der Heirat meiner Schwester mit dem Siegfried Rosenthal im Jahre 1957 eröffnete er sein Antiquariat in der Rua do Alecrim. Der Buchhandel war nicht sein einziger Versuch, als Kaufmann Fuß zu fassen. Nach dem Krieg, 1947, hatte er sich in eine Fabrik eingekauft, eine Batteriefabrik. Ein Bekannter hatte ihm gesagt, das wäre ein gutes Geschäft. Mein Vater war in geschäftlichen Dingen völ-

---

[24] Siehe den Beitrag von Margreet Mirande de Boer sowie die «Bibliographie zur Geschichte der Juden in Hamburg» (München 1994) von Michael Studemund-Halévy

lig unerfahren. Das war für ihn eine Katastrophe. Er mußte sich mit portugiesischen Arbeitern abfinden. Bis 1952 hat er durchgehalten, dann verkaufte er die Fabrik.
- PK *Mit Büchern kannte er sich eben besser aus. ...*
- AC Ja, sehr viel besser.
- PK *Was mich jetzt noch interessiert, ist der Verkauf seiner Bibliothek nach Amsterdam bzw. nach Hamburg. Das hatte wahrscheinlich keine geschäftlichen Gründe?*
- AC Nein, überhaupt nicht. 1974 wollte mein Vater die Bücher, die er hatte, in Sicherheit bringen.[25] Mit der Revolution in Portugal war die Lage wieder sehr unklar, und eine Zeitlang wußte man nicht, wie sich die Lage entwickeln würde. Nicht, daß wir als Juden etwas zu befürchten hätten. Angst mußten vor allem die haben, die etwas besaßen. Es war also ein Konflikt zwischen den «*have and the have-not*». Jedenfalls hat er seine Judaica vorsichtshalber nach Amsterdam verkauft, an die Bibliotheca Rosenthaliana. Aber einen Teil seiner Judaica hat er behalten, hauptsächlich Doubletten, Bücher, von denen er zwei oder drei Exemplare besaß. Diese sind noch immer in Lissabon. Jedenfalls hatte er mit der Rosenthaliana ein Abkommen getroffen, daß ein Teil als Leihmaterial der Bibliothek verwaltet wird, das ihm also weiter gehörte und noch immer im Besitz unserer Familie ist. Viele Sachen wurden auch dem Jüdischen Museum in Amsterdam zur Aufbewahrung gegeben, genauso wie das Schreibgerät, von dem wir vorhin gesprochen hatten ...
- PK *... und die jetzt in Hamburg ausgeliehen wurden. Können Sie mir sagen, wo das Schreibgerät einmal bleiben wird? Sie wissen ja, daß sich die Hamburger dafür interessieren.*
- AC Was daraus werden soll, weiß ich jetzt nicht. Das ist natürlich sehr kompliziert. Besonders für mich. Ich weiß natürlich, daß die Stadt Hamburg sehr großes Interesse dafür hat, und das Schreibgerät für die Hansestadt auch wichtiger ist als für mich oder für Amsterdam, oder Portugal. Im Fall des Tintenfasses handelt es sich um eine *homenagem* für meinen Urgroßvater. Aber unabhängig davon ist es Teil der Geschichte der portugiesischen Juden im Hamburg. Da interessiert es nicht, daß ich ein Ururenkel von Jehuda Cassuto bin. Andererseits sehe ich die Sache ziemlich objektiv, und es gibt keinen Grund, warum ich diese Dinge der Stadt Hamburg stiften sollte. Denn ohne meinen Großvater und meinen Vater, die sie persönlich mit großem *sacrificio* gerettet hatten, würden sie heute nicht existieren.[26]

---

[25] Schon vor 1933 schafften die Cassutos ihre kostbare Bibliothek ins Ausland. Nicht aus Furcht vor den Nazis, sondern weil sie einen Putsch der Kommunisten fürchteten. Vgl. die Erinnerungen von Jehuda Leon Cassuto

[26] Das Schreibgerät wurde auf der Hamburger Ausstellung «Vierhundert Jahre Juden in Hamburg» ausgestellt.

- PK *Erwartet Hamburg vielleicht von Ihnen, daß Sie das Schreibgerät der Stadt schenken?*
- AC Nein, ich glaube nicht.
- PK *Hamburg wird sie Ihnen – wenn überhaupt – sicher abkaufen wollen.*
- AC Darüber weiß ich nichts. Aber ich fühle, daß ich meinem Vater, meinem Großvater und meinem Urgroßvater gegenüber eine Pflicht habe.
- PK *Ein anderes für Hamburg sehr wichtiges Stück ist das Manuskript der Dissertation Ihres Vaters. Kennen Sie diese Arbeit?*
- AC Ich habe das Manuskript gesehen, natürlich, aber nicht darin gelesen. Ich habe auch die Autobiographie meines Großvaters gesehen. Sehen Sie, das ist so eine Sache. Ich habe mich niemals für Genealogie oder Familiengeschichte interessiert. Die meiste Zeit habe ich mich um meine Karriere als Komponist und Dirigent gekümmert. Vor allem während der achtzehn Jahre, in denen ich in den USA gelebt und gearbeitet habe. Eigentlich habe ich mich erst nach dem Tode meines Vaters mit der Geschichte meiner Familie beschäftigt. Erst von diesem Tag an wurde mir bewußt, daß ich mich früher für alles hätte interessieren müssen. Aber ich weiß, daß alles sicher verwahrt ist. Eines Tages werde ich auch Zeit haben, mich darum zu kümmern. Aber ob die Cassutos schon im 15. Jahrhundert in Portugal lebten, das war mir eigentlich gleichgültig. Was würde ich schon erfahren, wenn ich die Dissertation meines Vaters kennen würde?
- PK *Wo wurde Ihr Vater begraben?*
- AC Auf dem Jüdischen Friedhof Alto São João in Lissabon. Hier sind auch mein Großvater, meine Großmutter, meine Mutter und deren Mutter begraben. Vorher lag meine Mutter nur in einem *jazigo*, in einem Bleisarg, denn mein Vater wollte sie nicht auf einem christlichen Friedhof in Porto begraben lassen.
- PK *Gab es damals keinen jüdischen Friedhof in Porto?*
- AC Nein. Mein Vater mußte bis 1968 warten, bevor er seinen Vater, seine Mutter, seine Schwiegermutter und seine Frau in Lissabon beerdigen lassen konnte.
- PK *Entschuldigen Sie die - indiskrete - Frage: Würden Sie sich später auch auf diesem Friedhof beerdigen lassen?*
- AC Das ist überhaupt nicht indiskret. Ja, ich denke schon, schließlich habe ich mir schon einen Platz reservieren lassen ... (Gelächter).
- PK *Wie stark ist Ihre Bindung an die jüdische Gemeinde Lissabons?*
- AC Ich habe überhaupt keine Bindung an die jüdische Gemeinde, ich habe keine Kontakte zu Juden mit Ausnahme meiner Schwester und meines Schwagers. In Lissabon verkehre ich nur mit Christen.
- PK *Aber Sie respektieren die Traditionen.*
- AC Für mich sind diese Traditionen etwas ganz Persönliches. Ich weiß, daß diese Traditionen mit meinem Vater zu tun haben, mit meinem Großvater, mit meinem Urgroßvater, mit Hamburg und auch mit mir. Aber diese Traditionen

kann ich nicht mit den portugiesischen Juden in Lissabon, in Portugal teilen. Ich bin Atheist. Aber ich weiß, daß ich aus einer Familie stamme, die diese Tradition pflegte. In diesem Sinne fühle ich mich verpflichtet, diese Tradition zu bewahren, solange ich lebe.

- PK *Wie stark sind Sie denn noch mit Hamburg verbunden? Angenommen, die Hansestadt lädt Sie ein, mit Ihrer Nova Filarmonia ein Konzert in Hamburg zu geben. Würden Sie kommen?*

Álvaro Cassuto

- AC Ja, das wäre für mich ein Vergnügen, denn Hamburg war die erste ausländische Stadt, die ich als Teenager kennenlernte. Und als Kind bin ich mit dem Bewußtsein aufgewachsen, daß Hamburg der Geburtsort meines Vaters, meines Großvaters, meines Urgroßvaters, meiner Mutter und so weiter ist. Alle sprachen immer von Hamburg, so wie ich immer von Lissabon sprach, als ich in den USA lebte.

- PK *Hamburg bedeutete für Sie also ein Stück Heimat?*
- AC Ja, so ist es. Ich hatte *saudade*. Mir war immer bewußt, daß ich von drei Hamburgern erzogen wurde: von meinem Vater, von meinem Großvater und von meiner Großmutter, die sehr, sehr deutsch waren und großen Wert auf Disziplin legten. Und dann hat ja meine ganze Entwicklung auch etwas mit der Emigration meines Vaters und meines Großvaters zu tun. Ich war erst auf der Englischen Schule, wo ich akzeptiert wurde, weil ich ein Sohn von Juden war, obwohl mein Vater Deutscher war. Mein Vater hatte niemals seine deutsche Staatsangehörigkeit aufgegeben.
- PK *Hat Ihr Vater jemals daran gedacht, Sie auf die Deutsche Schule zu schicken?*
- AC Nein. Das ging auch überhaupt nicht. Die Deutschen hätten mich niemals akzeptiert. Außerdem besuchten nach dem Krieg vor allem Kinder von Nazis diese Schule. Mein Vater war ja noch immer nicht sicher, ob wir in Portugal bleiben würden. Vier Jahre lang besuchte ich die Englische und fünf Jahre die Französische Schule. In der Französischen Schule war ich entweder «*le Juif*» oder «*le Boche*» (Gelächter). Wie gesagt, eigentlich war ich immer ein Außenseiter. Erst als Zwölfjähriger kam ich in die Portugiesische Schule. Die Prüfungen habe ich dann als Externer gemacht. Darum bin ich wohl als ein ziemlicher Individualist aufgewachsen, der ich heute noch bin. Ich bin Portugiese in dem Sinn, daß ich dieselben Rechte wie alle anderen Portugiesen besitze. Aber ich weiß ganz genau, daß ich gewisse portugiesische «*maneiras de ser*» niemals akzeptieren kann. Ich bin hier als Außenseiter aufgewachsen. Deswegen verstehe ich sehr gut, wie sich mein Vater gefühlt haben muß. Und wenn Sie mich nach meinem Verhältnis zu Hamburg fragen, so empfinde ich eine starke Identität mit all dem, wie meine Vorfahren gelebt haben. Denn im Grunde lebe ich ja auch noch heute so.

William B. Lockwood
Lehrbuch der modernen jiddischen Sprache
Mit ausgewählten Lesestücken
1994. XII, 253 S. 3-87118-987-1. Kart.

In den letzten Jahrzehnten hat sich auch außerhalb des Wissenschaftsbetriebs ein reges Interesse an der jiddischen Sprache entwickelt. Aus dem Deutschen hervorgegangen, als eigenständiges Idiom in hebräischen Buchstaben geschrieben war das Jiddische um 1940 Muttersprache von schätzungsweise zehn Millionen Menschen. Nach dem Holocaust praktisch nur noch in der Sowjetunion und den Vereinigten Staaten von Amerika gesprochen, ist unbekannt, wieviele Menschen heute der jiddischen Sprache mächtig sind. Im allgemeinen ist die Anziehungskraft der jeweiligen Landessprache so groß, daß man von einer rasch abnehmenden Sprecherzahl ausgehen muß. Meist wird Jiddisch nur noch in den geschlossenen ultra-orthodoxen Gemeinden an die heranwachsende Generation weitergegeben.

Zielgruppe: Lernende, die eine umfassende, praktische Einführung in die moderne jiddische Sprache wünschen. Professoren und Studenten der älteren Germanistik.

Konzeption: Im grammatischen Teil wird nicht die hebräische Originalschrift, sondern die lateinische Umschrift des YIVO (Institut für Judaistik, New York) verwendet. Einige Lesestücke werden ebenfalls in Umschrift wiedergegeben, so daß ohne Kenntnis der hebräischen Schrift bereits ein Eindruck von der Eigenart des Jiddischen möglich ist. Darauf folgt die ausführliche Schriftlehre mit Lesestücken in Originalschrift.
Der praktischen Ausrichtung des Lehr- und Lernbuchs entsprechend, stehen die Unterschiede zum Hochdeutschen im Mittelpunkt der sprachlichen Darstellung. Jedem Lesestück wird ein Glossar beigegeben, in dem alle dem deutschen Benutzer nicht ohne weiteres verständlichen Wörter und Redensarten erklärt werden.

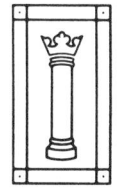

Siegmund A. Wolf
Jiddisches Wörterbuch
Wortschatz des deutschen Grundbestandes
der jiddischen (jüdischdeutschen) Sprache mit Leseproben
Unveränderter Nachdruck der 2., durchgesehenen Auflage
1986. 1993. 203 S. 3-87118-751-8. Leinen.

Jiddisch zählt zu den selbständigen, voll ausgebildeten Umgangs- und Schriftsprachen, die in Osteuropa entstanden sind. Wortschatz, Grammatik und Syntax sind eigenständig, erweisen jedoch sprachgeschichtlich die Herkunft aus dem Deutschen.
Über die geschichtliche Entwicklung und die Orthographie gibt die Einleitung einen Überblick.
Das Wörterbuch umfaßt das wesentlichste, deutsche Wortgut im Jiddischen. Leseproben und Wörterverzeichnis sind in deutschen (lateinischen) Lettern wiedergegeben.

Salomo A. Birnbaum
Grammatik der jiddischen Sprache
Mit einem Wörterbuch und Lesestücken
5., ergänzte Auflage 1988.
VI, 206 S. 3-87118-874-3. Kart.

Diese bereits 1918 in erster Auflage erschienene und für den Selbstunterricht konzipierte Grammatik bietet in knapper Form Darstellungen der Lese- und Lautlehre (mit zahlreichen Übungen), der Formenlehre sowie der Syntax.
Das Wörterbuch enthält die wichtigsten und häufigsten Wörter der Literatur- und Umgangssprache. Hinzu kommt eine bis in die 2. Hälfte der 80er Jahre aktualisierte Auswahlbibliographie.

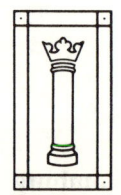

Gesamtverzeichnis bitte anfordern!

Helmut Buske Verlag · Richardstr. 47 · 22081 Hamburg